Steuergesetze

207. Ergänzungslieferung September 2021

(Anschluss an die Ergänzungslieferung Juli 2021)

Verlag C. H. BECK München

Anweisung zum Einordnen der Ergänzungslieferung September 2021

Herauszunehmen:	Zahl der Blätter
Titelblatt, Geleitwort	2
Inhalt 7/8	1
11/12	1
1 3/4	1
17–22	3
35/36	1
183/184	1
197/198	1
358/358a	1
125 1–16	8
200 1–2a	2
13/14	1
75–84	5
107–109a	2
197–202	3
250 1–2a	2
7/8	1
21/22	1
61–64	2
420a 1/2	1
7–10	2
450 13/14	1
500 1–2a	2
33–36	2
141–144	2
550 1/2	1
67–74	4
Übertrag:	54

Einzufügen:	Zahl der Blätter
Titelblatt, Geleitwort	2
Inhalt 7/8	1
11/12	1
1 3–4a	2
17–22a	4
35–36a	2
183/184	1
197–198a	2
358/358a	1
125 1–16	8
200 1–2a	2
13/14	1
75–84a	6
107–109a	2
197–202a	4
250 1–2a	2
7/8	1
21–22a	2
61–64	2
420a 1/2	1
7–10a	3
450 13/14	1
500 1–2a	2
33–36a	3
141–144	2
550 1/2	1
67–74a	5
Übertrag:	64

Herauszunehmen:	Zahl der Blätter
Übertrag:	54
720 1/2	1
725 25/26	1
750 1–4	2
800 3/4	1
139–140a	2
223–226	2
800d 1–6	3
800f(a) 1a/2a	1
800f(a) 7a–**800f**[1] 2	2
800j 1–4	2
802 1–2a	2
7/8	1
15–24	7
805 1–6	3
808 1–4	3
835 1/2	1
840 1/1a	1
15/16	1
840a 1–8	4
845 1/2	1
15–26	7
850 1–106	61
Sachverzeichnis 1–136	68
Insgesamt herauszunehmen:	231

Einzufügen:	Zahl der Blätter
Übertrag:	64
720 1/2	1
725 25/26	1
750 1–4a	3
800 3/4	1
139–140a	2
223–226	2
800d 1–8	4
800f(a) 1a/2a	1
800f(a) 7a–**800f**[1] 2	2
800j 1–**800k** 12	11
802 1–2a	2
7/8	1
15–24a	6
805 1–8	4
808 1–4	3
835 1/2	1
840 1–1c	2
15/16	1
Nach **840** 92 einzufügen: **840 StBerG 2022** 1–124	62
840a 1–8a	5
845 1/2	1
15–28	7
850 1–120	60
Sachverzeichnis 1–138	69
Insgesamt einzufügen:	316

[1] **800f: MV 2025.**

STEUERGESETZE

Einkommen- und Lohnsteuer, Körperschaftsteuer,
Umwandlungssteuer, Bewertung, Erbschaftsteuer, Realsteuern,
Umsatzsteuer, sonstige Verkehrsteuern, Förderungsgesetze,
Abgabenordnung, Finanzverwaltungsvorschriften

Textsammlung
mit Verweisungen und Sachverzeichnis

Stand: 1. Januar 2021 (Tabellen)
1. September 2021 (Texte)
(207. Ergänzungslieferung)

C.H.BECK

Dieses Titelblatt stammt aus der 207. Ergänzungslieferung September 2021.

Die Ergänzungslieferung September 2021 schließt an die
Ergänzungslieferung Juli 2021 an.

Redaktioneller Hinweis
Paragraphenüberschriften in eckigen Klammern sind nicht amtlich. Sie sind ebenso wie die Fußnoten urheber- und wettbewerbsrechtlich geschützt.
Die Angaben zum Stand der Sammlung auf dem Titelblatt beziehen sich auf das Verkündungsdatum der maßgeblichen Gesetz-, Verordnungs- und Amtsblätter.
Verbesserungsvorschläge und mögliche Fehlerhinweise sind jederzeit willkommen.

Verlag C. H. Beck oHG
Wilhelmstraße 9, 80801 München
Fax: (0 89) 3 81 89-3 98 · Internet: www.beck.de
E-Mail: bestellung@beck.de

www.beck.de

Grundwerk (zur Fortsetzung) 978 3 406 45605 3
Grundwerk (ohne Fortsetzung) 978 3 406 66000 9
ergänzt bis 978 3 406 78067 7

Wilhelmstraße 9, 80801 München
Druck: Druckerei C. H. Beck, Nördlingen
(Adresse wie Verlag)

Gedruckt auf säurefreiem, alterungsbeständigem Papier
(hergestellt aus chlorfrei gebleichtem Zellstoff)

Geleitwort

Zur 207. Ergänzungslieferung September 2021

Mit der vorliegenden **207. Ergänzungslieferung** wird Ihre rote **Loseblatt-Textausgabe Steuergesetze** für die Texte auf den allgemeinen **Rechtsstand September 2021** gebracht. Es sind alle verkündeten Änderungsgesetze bis Bundesgesetzblatt Teil I Nr. 71 vom 11.10.2021 ausgewertet.

Berücksichtigt wurden:

- Gesetz zum Ausbau des elektronischen Rechtsverkehrs mit den Gerichten und zur Änderung weiterer Vorschriften vom 5.10.2021 (BGBl. I S. 4607);
- Gesetz zur ganztägigen Förderung von Kindern im Grundschulalter (Ganztagsförderungsgesetz – GaFöG) vom 2.10.2021 (BGBl. I S. 4602);
- Fünfte Verordnung zur Änderung der Mitteilungsverordnung vom 23.9.2021 (BGBl. I S. 4386);
- Gesetz zur Errichtung eines Sondervermögens „Aufbauhilfe 2021" und zur vorübergehenden Aussetzung der Insolvenzantragspflicht wegen Starkregenfällen und Hochwassern im Juli 2021 sowie zur Änderung weiterer Gesetze (Aufbauhilfegesetz 2021 – AufbhG 2021) vom 10.9.2021 (BGBl. I S. 4147);
- Gesetz über die Entschädigung der Soldatinnen und Soldaten und zur Neuordnung des Soldatenversorgungsrechts vom 20.8.2021 (BGBl. I S. 3932);
- Gesetz zur Modernisierung des Personengesellschaftsrechts (Personengesellschaftsrechtsmodernisierungsgesetz – MoPeG) vom 10.8.2021 (BGBl. I S. 3436);
- Gesetz zur Förderung verbrauchergerechter Angebote im Rechtsdienstleistungsmarkt vom 10.8.2021 (BGBl. I S. 3415);
- Verordnung zur Änderung der Kassensicherungsverordnung vom 30.7.2021 (BGBl. I S. 3515);
- Gesetz zur Vereinheitlichung des Stiftungsrechts und zur Änderung des Infektionsschutzgesetzes vom 16.7.2021 (BGBl. I S. 2947);
- Gesetz zur Rehabilitierung der wegen einvernehmlicher homosexueller Handlungen, wegen ihrer homosexuellen Orientierung oder wegen ihrer geschlechtlichen Identität dienstrechtlich benachteiligten Soldatinnen und Soldaten vom 16. Juli 2021 (BGBl. I S. 2993);
- Gesetz zur erleichterten Umsetzung der Reform der Grundsteuer und zur Änderung weiterer steuerrechtlicher Vorschriften (Grundsteuerreform-Umsetzungsgesetz – GrStRefUG) vom 16.7.2021 (BGBl. I S. 2931);
- Richtlinie (EU) 2021/1159 des Rates vom 13. Juli 2021 zur Änderung der Richtlinie 2006/112/EG in Bezug auf befristete Befreiungen von Einfuhren und bestimmten Lieferungen als Reaktion auf die COVID-19-Pandemie (ABl. L 250 vom 15.7.2021, S. 1–3);

– Gesetz zur Neuregelung des Berufsrechts der anwaltlichen und steuerberatenden Berufsausübungsgesellschaften sowie zur Änderung weiterer Vorschriften im Bereich der rechtsberatenden Berufe vom 7.7.2021 (BGBl. I S. 2363);
– Gesetz zur Regelung des Erscheinungsbilds von Beamtinnen und Beamten sowie zur Änderung weiterer dienstrechtlicher Vorschriften vom 28.6.2021 (BGBl. I S. 2250).

Fragen, Anregungen und Kritik werden gerne unter steuerrecht@beck.de entgegengenommen.

München, im Oktober 2021 *Verlag C.H.BECK*

Steuerberatungsgesetz, Wirtschaftsprüferordnung

Tabellenanhang

[1] Und **StBerG 2022.**

Inhalt systematisch

8.8.2020 (BGBl. I S. 1818), Gesetz zur Einführung der Grundrente für langjährige Versicherung in der gesetzlichen Rentenversicherung mit unterdurchschnittlichem Einkommen und für weitere Maßnahmen zur Erhöhung der Alterseinkommen (Grundrentengesetz) vom 12.8. 2020 (BGBl. I S. 1879), Zweites Gesetz zur steuerlichen Entlastung von Familien sowie zur Anpassung weiterer steuerlicher Regelungen (Zweites Familienentlastungsgesetz – 2. FamEntlastG) vom 1.12.2020 (BGBl. I S. 2616), Gesetz zur Digitalisierung von Verwaltungsverfahren bei der Gewährung von Familienleistungen vom 3.12.2020 (BGBl. I S. 2668), Gesetz zur Erhöhung der Behinderten-Pauschbeträge und zur Anpassung weiterer steuerlicher Regelungen vom 9.12.2020 (BGBl. I S. 2770), Jahressteuergesetz 2020 (JStG 2020) vom 21.12. 2020 (BGBl. I S. 3096; geänd. BGBl. I 2021 S. 3932, 4034), Gesetz zur Verbesserung der Transparenz in der Alterssicherung und der Rehabilitation sowie zur Modernisierung der Sozialversicherungswahlen und zur Änderung anderer Gesetze (Gesetz Digitale Rentenübersicht) vom 11.2.2021 (BGBl. I S. 154), Drittes Gesetz zur Umsetzung steuerlicher Hilfsmaßnahmen zur Bewältigung der Corona-Krise (Drittes Corona-Steuerhilfegesetz) vom 10.3.2021 (BGBl. I S. 330), Gesetz zur Reform des Vormundschafts- und Betreuungsrechts vom 4.5.2021 (BGBl. I S. 882), Gesetz zur Verlängerung des erhöhten Lohnsteuereinbehalts in der Seeschifffahrt vom 12.5.2021 (BGBl. I S. 989), Gesetz zur Umsetzung der Richtlinie (EU) 2019/2034 über die Beaufsichtigung von Wertpapierinstituten vom 12.5.2021 (BGBl. I S. 990), Gesetz zur Modernisierung der Entlastung von Abzugsteuern und der Bescheinigung der Kapitalertragsteuer (Abzugsteuerentlastungsmodernisierungsgesetz – AbzStEntModG) vom 2.6.2021 (BGBl. I S. 1259), Gesetz zur Stärkung des Fondsstandorts Deutschland und zur Umsetzung der Richtlinie (EU) 2019/1160 zur Änderung der Richtlinien 2009/65/EG und 2011/61/EU im Hinblick auf den grenzüberschreitenden Vertrieb von Organismen für gemeinsame Anlagen (Fondsstandortgesetz – FoStoG) vom 3.6.2021 (BGBl. I S. 1498), Gesetz zur Umsetzung der Anti-Steuervermeidungsrichtlinie (ATAD-Umsetzungsgesetz – ATADUmsG) vom 25.6.2021 (BGBl. I S. 2035), Gesetz zur Modernisierung des Körperschaftsteuerrechts vom 25.6.2021 (BGBl. I S. 2050), Gesetz zur Abwehr von Steuervermeidung und unfairem Steuerwettbewerb und zur Änderung weiterer Gesetze vom 25.6.2021 (BGBl. I S. 2056), Gesetz zur Rehabilitierung der wegen einvernehmlicher homosexueller Handlungen, wegen ihrer homosexuellen Orientierung oder wegen ihrer geschlechtlichen Identität dienstrechtlich benachteiligten Soldatinnen und Soldaten vom 16.7.2021 (BGBl. I S. 2993) und Gesetz über die Entschädigung der Soldatinnen und Soldaten und zur Neuordnung des Soldatenversorgungsrechts vom 20.8.2021 (BGBl. I S. 3932)

BGBl. III/FNA 611-1

Inhaltsübersicht[1)]

1) Zum Teil nicht amtlich.

(Fortsetzung nächstes Blatt)

Aufgabe in entsprechender Anwendung des Absatzes 3 Satz 3 dem Gesamtbetrag der Einkünfte hinzuzurechnen. [2] Satz 1 gilt entsprechend bei Beendigung der unbeschränkten Einkommensteuerpflicht (§ 1 Absatz 1) durch Aufgabe des Wohnsitzes oder des gewöhnlichen Aufenthalts oder bei Beendigung der unbeschränkten Körperschaftsteuerpflicht (§ 1 Absatz 1 des Körperschaftsteuergesetzes) durch Verlegung des Sitzes oder des Orts der Geschäftsleitung sowie bei unbeschränkter Einkommensteuerpflicht (§ 1 Absatz 1) oder unbeschränkter Körperschaftsteuerpflicht (§ 1 Absatz 1 des Körperschaftsteuergesetzes) bei Beendigung der Ansässigkeit im Inland auf Grund der Bestimmungen eines Abkommens zur Vermeidung der Doppelbesteuerung.

2. Steuerfreie Einnahmen

§ 3 [Steuerfreie Einnahmen] Steuerfrei sind

1. a) Leistungen aus einer Krankenversicherung, aus einer Pflegeversicherung und aus der gesetzlichen Unfallversicherung,

   b) Sachleistungen und Kinderzuschüsse aus den gesetzlichen Rentenversicherungen einschließlich der Sachleistungen nach dem Gesetz über die Alterssicherung der Landwirte,

   c) Übergangsgeld nach dem Sechsten Buch Sozialgesetzbuch und Geldleistungen nach den §§ 10, 36 bis 39 des Gesetzes über die Alterssicherung der Landwirte,

   d) das Mutterschaftsgeld nach dem Mutterschutzgesetz, der Reichsversicherungsordnung und dem Gesetz über die Krankenversicherung der Landwirte, die Sonderunterstützung für im Familienhaushalt beschäftigte Frauen, der Zuschuss zum Mutterschaftsgeld nach dem Mutterschutzgesetz sowie der Zuschuss bei Beschäftigungsverboten für die Zeit vor oder nach einer Entbindung sowie für den Entbindungstag während einer Elternzeit nach beamtenrechtlichen Vorschriften;

2.[1] a) das Arbeitslosengeld, das Teilarbeitslosengeld, das Kurzarbeitergeld, der Zuschuss zum Arbeitsentgelt, das Übergangsgeld, der Gründungszuschuss nach dem Dritten Buch Sozialgesetzbuch sowie die übrigen Leistungen nach dem Dritten Buch Sozialgesetzbuch und den entsprechenden Programmen des Bundes und der Länder, soweit sie Arbeitnehmern oder Arbeitsuchenden oder zur Förderung der Aus- oder Weiterbildung oder Existenzgründung der Empfänger gewährt werden,

   b) das Insolvenzgeld, Leistungen auf Grund der in § 169 und § 175 Absatz 2 des Dritten Buches Sozialgesetzbuch genannten Ansprüche sowie Zahlungen des Arbeitgebers an einen Sozialleistungsträger auf Grund des gesetzlichen Forderungsübergangs nach § 115 Absatz 1 des Zehnten Buches Sozialgesetzbuch, wenn ein Insolvenzereignis nach § 165 Absatz 1 Satz 2 auch in Verbindung mit Satz 3 des Dritten Buches Sozialgesetzbuch vorliegt,

---

[1] § 3 Nr. 2 neu gef. mWv VZ 2015 durch G v. 25.7.2014 (BGBl. I S. 1266); Buchst. e geänd. mWv VZ 2021 durch G v. 21.12.2020 (BGBl. I S. 3096).

c) die Arbeitslosenbeihilfe nach dem Soldatenversorgungsgesetz,

d) Leistungen zur Sicherung des Lebensunterhalts und zur Eingliederung in Arbeit nach dem Zweiten Buch Sozialgesetzbuch,

e) mit den in den Nummern 1 bis 2 Buchstabe d [***ab 1.1.2021:*** und Nummer 67 Buchstabe b] genannten Leistungen vergleichbare Leistungen ausländischer Rechtsträger, die ihren Sitz in einem Mitgliedstaat der Europäischen Union, in einem Staat, auf den das Abkommen über den Europäischen Wirtschaftsraum Anwendung findet oder in der Schweiz haben;

2a., 2b.[1] *(aufgehoben)*

3. a)[2] Rentenabfindungen nach § 107 des Sechsten Buches Sozialgesetzbuch, nach § 21 des Beamtenversorgungsgesetzes, [***ab 1.1.2020:*** nach § 9 Absatz 1 Nummer 3 des Altersgeldgesetzes] oder entsprechendem Landesrecht und nach *§ 43* [***ab 1.1.2025:*** § 59] des Soldatenversorgungsgesetzes in Verbindung mit § 21 des Beamtenversorgungsgesetzes,

b) Beitragserstattungen an den Versicherten nach den §§ 210 und 286d des Sechsten Buches Sozialgesetzbuch sowie nach den §§ 204, 205 und 207 des Sechsten Buches Sozialgesetzbuch, Beitragserstattungen nach den §§ 75 und 117 des Gesetzes über die Alterssicherung der Landwirte und nach § 26 des Vierten Buches Sozialgesetzbuch,

c) Leistungen aus berufsständischen Versorgungseinrichtungen, die den Leistungen nach den Buchstaben a und b entsprechen,

d)[3] Kapitalabfindungen und Ausgleichszahlungen nach § 48 des Beamtenversorgungsgesetzes oder entsprechendem Landesrecht und nach den *§§ 28 bis 35 und 38* [***ab 1.1.2025:*** §§ 43 bis 50 und 53] des Soldatenversorgungsgesetzes;

4.[4] bei Angehörigen der Bundeswehr, der Bundespolizei, der Zollverwaltung, der Bereitschaftspolizei der Länder, der Vollzugspolizei und der Berufsfeuerwehr der Länder und Gemeinden und bei Vollzugsbeamten der Kriminalpolizei des Bundes, der Länder und Gemeinden

a) der Geldwert der ihnen aus Dienstbeständen überlassenen Dienstkleidung,

b) Einkleidungsbeihilfen und Abnutzungsentschädigungen für die Dienstkleidung der zum Tragen oder Bereithalten von Dienstkleidung Verpflichteten und für dienstlich notwendige Kleidungsstücke der Vollzugsbeamten der Kriminalpolizei sowie der Angehörigen der Zollverwaltung,

c) im Einsatz gewährte Verpflegung oder Verpflegungszuschüsse,

d) der Geldwert der auf Grund gesetzlicher Vorschriften gewährten Heilfürsorge;

---

[1] § 3 Nr. 2a und 2b aufgeh. mWv VZ 2015 durch G v. 25.7.2014 (BGBl. I S. 1266).

[2] § 3 Nr. 3 Buchst. a geänd. mWv VZ 2020 durch G v. 12.12.2019 (BGBl. I S. 2451); geänd. mWv 1.1.2025 durch G v. 20.8.2021 (BGBl. I S. 3932).

[3] § 3 Nr. 3 Buchst. d geänd. mWv 1.1.2025 durch G v. 20.8.2021 (BGBl. I S. 3932).

[4] § 3 Nr. 4 Satzteil vor Buchst. a geänd., Buchst. b geänd. mWv VZ 2015 durch G v. 25.7.2014 (BGBl. I S. 1266).

[*ab 1.1.2020:*

5.[1] a) die Geld- und Sachbezüge, die Wehrpflichtige während des Wehrdienstes nach § 4 des Wehrpflichtgesetzes erhalten,

b) die Geld- und Sachbezüge, die Zivildienstleistende nach § 35 des Zivildienstgesetzes erhalten,

c) die Heilfürsorge, die Soldaten nach § 16 des Wehrsoldgesetzes und Zivildienstleistende nach § 35 des Zivildienstgesetzes erhalten,

d) das an Personen, die einen in § 32 Absatz 4 Satz 1 Nummer 2 Buchstabe d genannten Freiwilligendienst leisten, gezahlte Taschengeld oder eine vergleichbare Geldleistung,

e) Leistungen nach § 5 des Wehrsoldgesetzes;]

6.[2] Bezüge, die auf Grund gesetzlicher Vorschriften aus öffentlichen Mitteln versorgungshalber an Wehrdienstbeschädigte, im Freiwilligen Wehrdienst Beschädigte, Zivildienstbeschädigte und im Bundesfreiwilligendienst Beschädigte oder ihre Hinterbliebenen, Kriegsbeschädigte, Kriegshinterbliebene und ihnen gleichgestellte Personen gezahlt werden, soweit es sich nicht um Bezüge handelt, die auf Grund der Dienstzeit gewährt werden. [2]Gleichgestellte im Sinne des Satzes 1 sind auch Personen, die Anspruch auf Leistungen nach dem *Bundesversorgungsgesetz* [*ab 1.1.2024:* Vierzehnten Buch Sozialgesetzbuch] oder auf Unfallfürsorgeleistungen nach dem Soldatenversorgungsgesetz, [*ab 1.1.2025:* Soldatenentschädigungsgesetz,] Beamtenversorgungsgesetz oder vergleichbarem Landesrecht haben;

7. Ausgleichsleistungen nach dem Lastenausgleichsgesetz, Leistungen nach dem Flüchtlingshilfegesetz, dem Bundesvertriebenengesetz, dem Reparationsschädengesetz, dem Vertriebenenzuwendungsgesetz, dem NS-Verfolgtenentschädigungsgesetz sowie Leistungen nach dem *Entschädigungsgesetz*[3] und nach dem Ausgleichsleistungsgesetz, soweit sie nicht Kapitalerträge im Sinne des § 20 Absatz 1 Nummer 7 und Absatz 2 sind;

8. Geldrenten, Kapitalentschädigungen und Leistungen im Heilverfahren, die auf Grund gesetzlicher Vorschriften zur Wiedergutmachung nationalsozialistischen Unrechts gewährt werden. [2]Die Steuerpflicht von Bezügen aus einem aus Wiedergutmachungsgründen neu begründeten oder wieder begründeten Dienstverhältnis sowie von Bezügen aus einem früheren Dienstverhältnis, die aus Wiedergutmachungsgründen neu gewährt oder wieder gewährt werden, bleibt unberührt;

8a.[4] Renten wegen Alters und Renten wegen verminderter Erwerbsfähigkeit aus der gesetzlichen Rentenversicherung, die an Verfolgte im Sinne des § 1 des Bundesentschädigungsgesetzes gezahlt werden, wenn rentenrechtliche Zeiten auf Grund der Verfolgung in der Rente enthalten sind. [2]Renten wegen Todes aus der gesetzlichen Rentenversicherung, wenn der

---

[1] § 3 Nr. 5 neu gef. mWv VZ 2020 durch G v. 12.12.2019 (BGBl. I S. 2451).

[2] § 3 Nr. 6 neu gef. mWv VZ 2014 durch G v. 25.7.2014 (BGBl. I S. 1266); Satz 2 geänd. mWv 1.1.2024 durch G v. 12.12.2019 (BGBl. I S. 2652); zur Anwendung siehe § 52 Abs. 54 (bis 31.12.2024); Nr. 6 geänd. mWv 1.1.2025 durch G v. 20.8.2021 (BGBl. I S. 3932).

[3] G aufgeh. durch Einigungsvertrag v. 31.8.1990 (BGBl. I S. 889).

[4] § 3 Nr. 8a eingef. durch G v. 7.12.2011 (BGBl. I S. 2592).

verstorbene Versicherte Verfolgter im Sinne des § 1 des Bundesentschädigungsgesetzes war und wenn rentenrechtliche Zeiten auf Grund der Verfolgung in dieser Rente enthalten sind;

9. Erstattungen nach § 23 Absatz 2 Satz 1 Nummer 3 und 4 sowie nach § 39 Absatz 4 Satz 2 des Achten Buches Sozialgesetzbuch;

10.[1] Einnahmen einer Gastfamilie für die Aufnahme eines Menschen mit Behinderungen oder von Behinderung bedrohten Menschen nach § 2 Absatz 1 des Neunten Buches Sozialgesetzbuch zur Pflege, Betreuung, Unterbringung und Verpflegung, die auf Leistungen eines Leistungsträgers nach dem Sozialgesetzbuch beruhen. [2]Für Einnahmen im Sinne des Satzes 1, die nicht auf Leistungen eines Leistungsträgers nach dem Sozialgesetzbuch beruhen, gilt Entsprechendes bis zur Höhe der Leistungen nach dem Zwölften Buch Sozialgesetzbuch. [3]Überschreiten die auf Grund der in Satz 1 bezeichneten Tätigkeit bezogenen Einnahmen der Gastfamilie den steuerfreien Betrag, dürfen die mit der Tätigkeit in unmittelbarem wirtschaftlichen Zusammenhang stehenden Ausgaben abweichend von § 3c nur insoweit als Betriebsausgaben abgezogen werden, als sie den Betrag der steuerfreien Einnahmen übersteigen;

11. Bezüge aus öffentlichen Mitteln oder aus Mitteln einer öffentlichen Stiftung, die wegen Hilfsbedürftigkeit oder als Beihilfe zu dem Zweck bewilligt werden, die Erziehung oder Ausbildung, die Wissenschaft oder Kunst unmittelbar zu fördern. [2]Darunter fallen nicht Kinderzuschläge und Kinderbeihilfen, die auf Grund der Besoldungsgesetze, besonderer Tarife oder ähnlicher Vorschriften gewährt werden. [3]Voraussetzung für die Steuerfreiheit ist, dass der Empfänger mit den Bezügen nicht zu einer bestimmten wissenschaftlichen oder künstlerischen Gegenleistung oder zu einer bestimmten Arbeitnehmertätigkeit verpflichtet wird. [4]Den Bezügen aus öffentlichen Mitteln wegen Hilfsbedürftigkeit gleichgestellt sind Beitragsermäßigungen und Prämienrückzahlungen eines Trägers der gesetzlichen Krankenversicherung für nicht in Anspruch genommene Beihilfeleistungen;

11a.[2] zusätzlich zum ohnehin geschuldeten Arbeitslohn vom Arbeitgeber in der Zeit vom 1. März 2020 bis zum 31. März 2022 auf Grund der Corona-Krise an seine Arbeitnehmer in Form von Zuschüssen und Sachbezügen gewährte Beihilfen und Unterstützungen bis zu einem Betrag von 1500 Euro;

12.[3] aus einer Bundeskasse oder Landeskasse gezahlte Bezüge, die zum einen
   a) in einem Bundesgesetz oder Landesgesetz,
   b) auf Grundlage einer bundesgesetzlichen oder landesgesetzlichen Ermächtigung beruhenden Bestimmung oder
   c) von der Bundesregierung oder einer Landesregierung

   als Aufwandsentschädigung festgesetzt sind und die zum anderen jeweils auch als Aufwandsentschädigung im Haushaltsplan ausgewiesen werden.

---

[1] Zur Anwendung von § 3 Nr. 10 a. F. siehe § 52 Abs. 4 Satz 3; Satz 1 geänd. mWv 15.12.2020 durch G v. 9.12.2020 (BGBl. I S. 2770).

[2] § 3 Nr. 11a eingef. durch G v. 19.6.2020 (BGBl. I S. 1385); geänd. durch G v. 21.12. 2020 (BGBl. I S. 3096); geänd. durch G v. 2.6.2021 (BGBl. I S. 1259).

[3] § 3 Nr. 12 Satz 1 neu gef. mWv VZ 2014 durch G v. 25.7.2014 (BGBl. I S. 1266).

²Das Gleiche gilt für andere Bezüge, die als Aufwandsentschädigung aus öffentlichen Kassen an öffentliche Dienste leistende Personen gezahlt werden, soweit nicht festgestellt wird, dass sie für Verdienstausfall oder Zeitverlust gewährt werden oder den Aufwand, der dem Empfänger erwächst, offenbar übersteigen;

13.[1] die aus öffentlichen Kassen gezahlten Reisekostenvergütungen, Umzugskostenvergütungen und Trennungsgelder. ²Die als Reisekostenvergütungen gezahlten Vergütungen für Verpflegung sind nur insoweit steuerfrei, als sie die Pauschbeträge nach § 9 Absatz 4a nicht übersteigen; Trennungsgelder sind nur insoweit steuerfrei, als sie die nach § 9 Absatz 1 Satz 3 Nummer 5 und Absatz 4a abziehbaren Aufwendungen nicht übersteigen;

14. Zuschüsse eines Trägers der gesetzlichen Rentenversicherung zu den Aufwendungen eines Rentners für seine Krankenversicherung und von dem gesetzlichen Rentenversicherungsträger getragene Anteile (§ 249a des Fünften Buches Sozialgesetzbuch) an den Beiträgen für die gesetzliche Krankenversicherung;

15.[2] Zuschüsse des Arbeitgebers, die zusätzlich zum ohnehin geschuldeten Arbeitslohn zu den Aufwendungen des Arbeitnehmers für Fahrten mit öffentlichen Verkehrsmitteln im Linienverkehr (ohne Luftverkehr) zwischen Wohnung und erster Tätigkeitsstätte und nach § 9 Absatz 1 Satz 3 Nummer 4a Satz 3 sowie für Fahrten im öffentlichen Personennahverkehr gezahlt werden. ²Das Gleiche gilt für die unentgeltliche oder verbilligte Nutzung öffentlicher Verkehrsmittel im Linienverkehr (ohne Luftverkehr) für Fahrten zwischen Wohnung und erster Tätigkeitsstätte und nach § 9 Absatz 1 Satz 3 Nummer 4a Satz 3 sowie für Fahrten im öffentlichen Personennahverkehr, die der Arbeitnehmer auf Grund seines Dienstverhältnisses zusätzlich zum ohnehin geschuldeten Arbeitslohn in Anspruch nehmen kann. ³Die nach den Sätzen 1 und 2 steuerfreien Leistungen mindern den nach § 9 Absatz 1 Satz 3 Nummer 4 Satz 2 abziehbaren Betrag;

16.[3] die Vergütungen, die Arbeitnehmer außerhalb des öffentlichen Dienstes von ihrem Arbeitgeber zur Erstattung von Reisekosten, Umzugskosten oder Mehraufwendungen bei doppelter Haushaltsführung erhalten, soweit sie die nach § 9 als Werbungskosten abziehbaren Aufwendungen nicht übersteigen;

17. Zuschüsse zum Beitrag nach § 32 des Gesetzes über die Alterssicherung der Landwirte;

18. das Aufgeld für ein an die Bank für Vertriebene und Geschädigte (Lastenausgleichsbank) zugunsten des Ausgleichsfonds (§ 5 des Lastenausgleichsgesetzes) gegebenes Darlehen, wenn das Darlehen nach § 7f des Gesetzes in der Fassung der Bekanntmachung vom 15. September 1953 (BGBl. I S. 1355) im Jahr der Hingabe als Betriebsausgabe abzugsfähig war;

---

[1] § 3 Nr. 13 geänd. mWv VZ 2014 durch G v. 20.2.2013 (BGBl. I S. 285).
[2] § 3 Nr. 15 eingef. mWv VZ 2019 durch G v. 11.12.2018 (BGBl. I S. 2338).
[3] § 3 Nr. 16 geänd. mWv VZ 2014 durch G v. 20.2.2013 (BGBl. I S. 285).

[Fassung für VZ 2019:]

19.[1] Weiterbildungsleistungen des Arbeitgebers für Maßnahmen nach § 82 Absatz 1 und 2 des Dritten Buches Sozialgesetzbuch sowie Weiterbildungsleistungen des Arbeitgebers, die der Verbesserung der Beschäftigungsfähigkeit des Arbeitnehmers dienen. [2]Die Weiterbildung darf keinen überwiegenden Belohnungscharakter haben;

[Fassung ab VZ 2020:]

19.[2] Weiterbildungsleistungen des Arbeitgebers oder auf dessen Veranlassung von einem Dritten

a) für Maßnahmen nach § 82 Absatz 1 und 2 des Dritten Buches Sozialgesetzbuch oder

b) die der Verbesserung der Beschäftigungsfähigkeit des Arbeitnehmers dienen.

[2]Steuerfrei sind auch Beratungsleistungen des Arbeitgebers oder auf dessen Veranlassung von einem Dritten zur beruflichen Neuorientierung bei Beendigung des Dienstverhältnisses. [3]Die Leistungen im Sinne der Sätze 1 und 2 dürfen keinen überwiegenden Belohnungscharakter haben;

20. die aus öffentlichen Mitteln des Bundespräsidenten aus sittlichen oder sozialen Gründen gewährten Zuwendungen an besonders verdiente Personen oder ihre Hinterbliebenen;

21., 22.[3] *(aufgehoben)*

23.[4] Leistungen nach

a) dem Häftlingshilfegesetz,

b) dem Strafrechtlichen Rehabilitierungsgesetz,

c) dem Verwaltungsrechtlichen Rehabilitierungsgesetz,

d) dem Beruflichen Rehabilitierungsgesetz,

e) dem Gesetz zur strafrechtlichen Rehabilitierung der nach dem 8. Mai 1945 wegen einvernehmlicher homosexueller Handlungen verurteilten Personen und

f) dem Gesetz zur Rehabilitierung der wegen einvernehmlicher homosexueller Handlungen, wegen ihrer homosexuellen Orientierung oder wegen ihrer geschlechtlichen Identität dienstrechtlich benachteiligten Soldatinnen und Soldaten;

24. Leistungen, die auf Grund des Bundeskindergeldgesetzes gewährt werden;

25. Entschädigungen nach dem Infektionsschutzgesetz vom 20. Juli 2000 (BGBl. I S. 1045);

---

[1] § 3 Nr. 19 eingef. mWv VZ 2019 durch G v. 12.12.2019 (BGBl. I S. 2451).
[2] § 3 Nr. 19 neu gef. mWv VZ 2020 durch G v. 21.12.2020 (BGBl. I S. 3096).
[3] § 3 Nrn. 21 und 22 aufgeh. durch G v. 1.11.2011 (BGBl. I S. 2131).
[4] § 3 Nr. 23 neu gef. mWv VZ 2021 durch G v. 16.7.2021 (BGBl. I S. 2993).

26.[1] Einnahmen aus nebenberuflichen Tätigkeiten als Übungsleiter, Ausbilder, Erzieher, Betreuer oder vergleichbaren nebenberuflichen Tätigkeiten, aus nebenberuflichen künstlerischen Tätigkeiten oder der nebenberuflichen Pflege alter, kranker Menschen oder Menschen mit Behinderungen im Dienst oder im Auftrag einer juristischen Person des öffentlichen Rechts, die in einem Mitgliedstaat der Europäischen Union, in einem Staat, auf

(Fortsetzung nächstes Blatt)

---

[1] § 3 Nr. 26 Satz 2 geänd. durch G v. 8.12.2010 (BGBl. I S. 1768); Satz 1 geänd. durch G v. 11.12.2018 (BGBl. I S. 2338); zur Anwendung siehe § 52 Abs. 4 Satz 5; Satz 1 geänd. durch G v. 9.12.2020 (BGBl. I S. 2770).

65.[1] a) Beiträge des Trägers der Insolvenzsicherung (§ 14 des Betriebsrentengesetzes)[2] zugunsten eines Versorgungsberechtigten und seiner Hinterbliebenen an eine Pensionskasse oder ein Unternehmen der Lebensversicherung zur Ablösung von Verpflichtungen, die der Träger der Insolvenzsicherung im Sicherungsfall gegenüber dem Versorgungsberechtigten und seinen Hinterbliebenen hat,

b) Leistungen zur Übernahme von Versorgungsleistungen oder unverfallbaren Versorgungsanwartschaften durch eine Pensionskasse oder ein Unternehmen der Lebensversicherung in den in § 4 Absatz 4 des Betriebsrentengesetzes[2] bezeichneten Fällen,

c) der Erwerb von Ansprüchen durch den Arbeitnehmer gegenüber einem Dritten im Fall der Eröffnung des Insolvenzverfahrens oder in den Fällen des § 7 Absatz 1 Satz 4 des Betriebsrentengesetzes[2], soweit der Dritte neben dem Arbeitgeber für die Erfüllung von Ansprüchen auf Grund bestehender Versorgungsverpflichtungen oder Versorgungsanwartschaften gegenüber dem Arbeitnehmer und dessen Hinterbliebenen einsteht; dies gilt entsprechend, wenn der Dritte für Wertguthaben aus einer Vereinbarung über die Altersteilzeit nach dem Altersteilzeitgesetz vom 23. Juli 1996 (BGBl. I S. 1078), zuletzt geändert durch Artikel 234 der Verordnung vom 31. Oktober 2006 (BGBl. I S. 2407), in der jeweils geltenden Fassung oder auf Grund von Wertguthaben aus einem Arbeitszeitkonto in den im ersten Halbsatz genannten Fällen für den Arbeitgeber einsteht und

d)[3] der Erwerb von Ansprüchen durch den Arbeitnehmer im Zusammenhang mit dem Eintritt in die Versicherung nach § 8 Absatz 3 des Betriebsrentengesetzes.

[2] In den Fällen nach Buchstabe a, b und c gehören die Leistungen der Pensionskasse, des Unternehmens der Lebensversicherung oder des Dritten zu den Einkünften, zu denen jene Leistungen gehören würden, die ohne Eintritt eines Falles nach Buchstabe a, b und c zu erbringen wären. [3] Soweit sie zu den Einkünften aus nichtselbständiger Arbeit im Sinne des § 19 gehören, ist von ihnen Lohnsteuer einzubehalten. [4] Für die Erhebung der Lohnsteuer gelten die Pensionskasse, das Unternehmen der Lebensversicherung oder der Dritte als Arbeitgeber und der Leistungsempfänger als Arbeitnehmer. [5] Im Fall des Buchstaben d gehören die Versorgungsleistungen des Unternehmens der Lebensversicherung oder der Pensionskasse, soweit sie auf Beiträgen beruhen, die bis zum Eintritt des Arbeitnehmers in die Versicherung geleistet wurden, zu den sonstigen Einkünften im Sinne des § 22 Nummer 5 Satz 1; soweit der Arbeitnehmer in den Fällen des § 8 Absatz 3 des Betriebsrentengesetzes[2] die Versicherung mit eigenen Beiträgen fortgesetzt hat, sind die auf diesen Beiträgen beruhenden Versorgungsleistungen sonstige Einkünfte im Sinne des § 22 Nummer 5 Satz 1 oder Satz 2;

---

[1] § 3 Nr. 65 Satz 5 angef. mWv VZ 2018 durch G v. 17.8.2017 (BGBl. I S. 3214).
[2] Nr. **70**.
[3] § 3 Nr. 65 Satz 1 Buchst. d angef. mWv VZ 2018 durch G v. 17.8.2017 (BGBl. I S. 3214).

66. Leistungen eines Arbeitgebers oder einer Unterstützungskasse an einen Pensionsfonds zur Übernahme bestehender Versorgungsverpflichtungen oder Versorgungsanwartschaften durch den Pensionsfonds, wenn ein Antrag nach § 4d Absatz 3 oder § 4e Absatz 3 gestellt worden ist;

67.[1] a) das Erziehungsgeld nach dem Bundeserziehungsgeldgesetz[2] und vergleichbare Leistungen der Länder,

b) das Elterngeld nach dem Bundeselterngeld- und Elternzeitgesetz[3] und vergleichbare Leistungen der Länder,

c) Leistungen für Kindererziehung an Mütter der Geburtsjahrgänge vor 1921 nach den §§ 294 bis 299 des Sechsten Buches Sozialgesetzbuch sowie

d) Zuschläge, die nach den §§ 50a bis 50e des Beamtenversorgungsgesetzes oder nach den *§§ 70 bis 74* [***ab 1.1.2025:*** §§ 96 bis 100] des Soldatenversorgungsgesetzes oder nach vergleichbaren Regelungen der Länder für ein vor dem 1. Januar 2015 geborenes Kind oder für eine vor dem 1. Januar 2015 begonnene Zeit der Pflege einer pflegebedürftigen Person zu gewähren sind; im Falle des Zusammentreffens von Zeiten für mehrere Kinder nach § 50b des Beamtenversorgungsgesetzes oder *§ 71* [***ab 1.1.2025:*** § 97] des Soldatenversorgungsgesetzes oder nach vergleichbaren Regelungen der Länder gilt dies, wenn eines der Kinder vor dem 1. Januar 2015 geboren ist;

68. die Hilfen nach dem Gesetz über die Hilfe für durch Anti-D-Immunprophylaxe mit dem Hepatitis-C-Virus infizierte Personen vom 2. August 2000 (BGBl. I S. 1270);

69. die von der Stiftung „Humanitäre Hilfe für durch Blutprodukte HIV-infizierte Personen" nach dem HIV-Hilfegesetz vom 24. Juli 1995 (BGBl. I S. 972) gewährten Leistungen;

70. die Hälfte

a) der Betriebsvermögensmehrungen oder Einnahmen aus der Veräußerung von Grund und Boden und Gebäuden, die am 1. Januar 2007 mindestens fünf Jahre zum Anlagevermögen eines inländischen Betriebsvermögens des Steuerpflichtigen gehören, wenn diese auf Grund eines nach dem 31. Dezember 2006 und vor dem 1. Januar 2010 rechtswirksam abgeschlossenen obligatorischen Vertrages an eine REIT-Aktiengesellschaft oder einen Vor-REIT veräußert werden,

b) der Betriebsvermögensmehrungen, die auf Grund der Eintragung eines Steuerpflichtigen in das Handelsregister als REIT-Aktiengesellschaft im Sinne des REIT-Gesetzes vom 28. Mai 2007 (BGBl. I S. 914) durch Anwendung des § 13 Absatz 1 und 3 Satz 1 des Körperschaftsteuergesetzes auf Grund und Boden und Gebäude entstehen, wenn diese Wirtschaftsgüter vor dem 1. Januar 2005 angeschafft oder hergestellt

---

[1] § 3 Nr. 67 neu gef. mWv VZ 2015 durch G v. 22.12.2014 (BGBl. I S. 2417); Nr. 67 Buchst. d geänd. mWv 1.1.2025 durch G v. 20.8.2021 (BGBl. I S. 3932).

[2] Nr. **61**.

[3] Nr. **62**.

wurden, und die Schlussbilanz im Sinne des § 13 Absatz 1 und 3 des Körperschaftsteuergesetzes auf einen Zeitpunkt vor dem 1. Januar 2010 aufzustellen ist.

(Fortsetzung nächstes Blatt)

[Fassung von Abs. 1 für VZ 2020:][1)]

3. von 14 533 Euro bis 57 051 Euro:
   (212,02 · z + 2397) · z + 972,79;
4. von 57 052 Euro bis 270 500 Euro:
   0,42 · x – 8963,74;
5. von 270 501 Euro an:
   0,45 · x – 17 078,74.

[3]Die Größe „y" ist ein Zehntausendstel des den Grundfreibetrag übersteigenden Teils des auf einen vollen Euro-Betrag abgerundeten zu versteuernden Einkommens. [4]Die Größe „z" ist ein Zehntausendstel des 14 532 Euro übersteigenden Teils des auf einen vollen Euro-Betrag abgerundeten zu versteuernden Einkommens. [5]Die Größe „x" ist das auf einen vollen Euro-Betrag abgerundete zu versteuernde Einkommen. [6]Der sich ergebende Steuerbetrag ist auf den nächsten vollen Euro-Betrag abzurunden.

[Fassung von Abs. 1 für VZ 2019:][1)]

3. von 14 255 Euro bis 55 960 Euro:
   (216,16 · z + 2397) · z + 965,58;
4. von 55 961 Euro bis 265 326 Euro:
   0,42 · x – 8780,9;
5. von 265 327 Euro an:
   0,45 · x – 16 740,68.

[3]Die Größe „y" ist ein Zehntausendstel des den Grundfreibetrag übersteigenden Teils des auf einen vollen Euro-Betrag abgerundeten zu versteuernden Einkommens. [4]Die Größe „z" ist ein Zehntausendstel des 14 254 Euro übersteigenden Teils des auf einen vollen Euro-Betrag abgerundeten zu versteuernden Einkommens. [5]Die Größe „x" ist das auf einen vollen Euro-Betrag abgerundete zu versteuernde Einkommen. [6]Der sich ergebende Steuerbetrag ist auf den nächsten vollen Euro-Betrag abzurunden.

(2)–(4) (weggefallen)

(5) Bei Ehegatten, die nach den §§ 26, 26 b zusammen zur Einkommensteuer veranlagt werden, beträgt die tarifliche Einkommensteuer vorbehaltlich der §§ 32b, 32d, 34, 34a, 34b und 34c das Zweifache des Steuerbetrags, der sich für die Hälfte ihres gemeinsam zu versteuernden Einkommens nach Absatz 1 ergibt (Splitting-Verfahren).

(6) [1]Das Verfahren nach Absatz 5 ist auch anzuwenden zur Berechnung der tariflichen Einkommensteuer für das zu versteuernde Einkommen

1. bei einem verwitweten Steuerpflichtigen für den Veranlagungszeitraum, der dem Kalenderjahr folgt, in dem der Ehegatte verstorben ist, wenn der Steuerpflichtige und sein verstorbener Ehegatte im Zeitpunkt seines Todes die Voraussetzungen des § 26 Absatz 1 Satz 1 erfüllt haben,
2. [2)] bei einem Steuerpflichtigen, dessen Ehe in dem Kalenderjahr, in dem er sein Einkommen bezogen hat, aufgelöst worden ist, wenn in diesem Kalenderjahr
   a) der Steuerpflichtige und sein bisheriger Ehegatte die Voraussetzungen des § 26 Absatz 1 Satz 1 erfüllt haben,
   b) der bisherige Ehegatte wieder geheiratet hat und
   c) der bisherige Ehegatte und dessen neuer Ehegatte ebenfalls die Voraussetzungen des § 26 Absatz 1 Satz 1 erfüllen.

---

1) § 32a Abs. 1 neu gef. mWv 1.1.2019 bzw. 1.1.2020 durch G v. 29.11.2018 (BGBl. I S. 2210).

2) § 32a Abs. 6 Satz 1 Nr. 2 Satz 2 aufgeh. mWv VZ 2013 (§ 52 Abs. 68 Satz 1 a. F.) durch G v. 1.11.2011 (BGBl. I S. 2131).

[2] Voraussetzung für die Anwendung des Satzes 1 ist, dass der Steuerpflichtige nicht nach den §§ 26, 26a einzeln zur Einkommensteuer veranlagt wird.[1)]

§ 32b Progressionsvorbehalt. (1) [1] Hat ein zeitweise oder während des gesamten Veranlagungszeitraums unbeschränkt Steuerpflichtiger oder ein beschränkt Steuerpflichtiger, auf den § 50 Absatz 2 Satz 2 Nummer 4 Anwendung findet,

1. a)[2)] Arbeitslosengeld, Teilarbeitslosengeld, Zuschüsse zum Arbeitsentgelt, Kurzarbeitergeld, Insolvenzgeld, Übergangsgeld nach dem Dritten Buch Sozialgesetzbuch; Insolvenzgeld, das nach § 170 Absatz 1 des Dritten Buches Sozialgesetzbuch einem Dritten zusteht, ist dem Arbeitnehmer zuzurechnen,
   b) Krankengeld, Mutterschaftsgeld, Verletztengeld, Übergangsgeld oder vergleichbare Lohnersatzleistungen nach dem Fünften, Sechsten oder Siebten Buch Sozialgesetzbuch, der Reichsversicherungsordnung, dem Gesetz über die Krankenversicherung der Landwirte oder dem Zweiten Gesetz über die Krankenversicherung der Landwirte,
   c) Mutterschaftsgeld, Zuschuss zum Mutterschaftsgeld, die Sonderunterstützung nach dem Mutterschutzgesetz sowie den Zuschuss bei Beschäftigungsverboten für die Zeit vor oder nach einer Entbindung sowie für den Entbindungstag während einer Elternzeit nach beamtenrechtlichen Vorschriften,
   d)[3)] Arbeitslosenbeihilfe nach dem Soldatenversorgungsgesetz,
   e) Entschädigungen für Verdienstausfall nach dem Infektionsschutzgesetz vom 20. Juli 2000 (BGBl. I S. 1045),

[Fassung bis 31.12.2023:]

   f) Versorgungskrankengeld oder Übergangsgeld nach dem Bundesversorgungsgesetz,

[Fassung ab 1.1.2024:][4)]

   f) Krankengeld der Sozialen Entschädigung *oder Übergangsgeld nach dem Vierzehnten Buch Sozialgesetzbuch,* [***ab 1.1.2025:*** Übergangsgeld nach dem Vierzehnten Buch Sozialgesetzbuch, Krankengeld der Soldatenentschädigung oder Übergangsgeld nach dem Soldatenentschädigungsgesetz,]

   g)[5)] nach § 3 Nummer 28 steuerfreie Aufstockungsbeträge oder Zuschläge sowie nach § 3 Nummer 28a steuerfreie Zuschüsse,

---

1) § 32a Abs. 6 Satz 2 geänd. mWv VZ 2013 durch G v. 1.11.2011 (BGBl. I S. 2131).

2) § 32b Abs. 1 Satz 1 Nr. 1 Buchst. a neu gef. mWv VZ 2015 durch G v. 25.7.2014 (BGBl. I S. 1266).

3) § 32b Abs. 1 Satz 1 Nr. 1 Buchst. d geänd. mWv VZ 2015 durch G v. 25.7.2014 (BGBl. I S. 1266).

4) § 32b Abs. 1 Satz 1 Nr. 1 Buchst. f neu gef. mWv VZ 2024 durch G v. 12.12.2019 (BGBl. I S. 2652); Buchst. f geänd. mWv 1.1.2025 durch G v. 20.8.2021 (BGBl. I S. 3932).

5) § 32b Abs. 1 Satz 1 Nr. 1 Buchst. g geänd. durch G v. 19.6.2020 (BGBl. I S. 1385).

[Fassung bis VZ 2020:]

auf die Bezüge durch Zahlung eines Kapitals abgefunden worden ist, oder

b) die Behinderung zu einer dauernden Einbuße der körperlichen Beweglichkeit geführt hat oder auf einer typischen Berufskrankheit beruht.

(3) [1]Die Höhe des Pauschbetrags richtet sich nach dem dauernden Grad der Behinderung. [2]Als Pauschbeträge werden gewährt bei einem Grad der Behinderung

von 25 und 30	310 Euro,
von 35 und 40	430 Euro,
von 45 und 50	570 Euro,
von 55 und 60	720 Euro,
von 65 und 70	890 Euro,
von 75 und 80	1060 Euro,
von 85 und 90	1230 Euro,
von 95 und 100	1420 Euro.

[3]Für behinderte Menschen, die hilflos im Sinne des Absatzes 6 sind, und für Blinde erhöht sich der Pauschbetrag auf 3700 Euro.

[Fassung ab VZ 2021:]

60	1440 Euro,
70	1780 Euro,
80	2120 Euro,
90	2460 Euro,
100	2840 Euro.

[3]Menschen, die hilflos im Sinne des Satzes 4 sind, Blinde und Taubblinde erhalten einen Pauschbetrag von 7400 Euro; in diesem Fall kann der Pauschbetrag nach Satz 2 nicht zusätzlich in Anspruch genommen werden. [4]Hilflos ist eine Person, wenn sie für eine Reihe von häufig und regelmäßig wiederkehrenden Verrichtungen zur Sicherung ihrer persönlichen Existenz im Ablauf eines jeden Tages fremder Hilfe dauernd bedarf. [5]Diese Voraussetzungen sind auch erfüllt, wenn die Hilfe in Form einer Überwachung oder einer Anleitung zu den in Satz 4 genannten Verrichtungen erforderlich ist oder wenn die Hilfe zwar nicht dauernd geleistet werden muss, jedoch eine ständige Bereitschaft zur Hilfeleistung erforderlich ist.

(4)[1)] [1]Personen, denen laufende Hinterbliebenenbezüge bewilligt worden sind, erhalten auf Antrag einen Pauschbetrag von 370 Euro (Hinterbliebenen-Pauschbetrag), wenn die Hinterbliebenenbezüge geleistet werden

1. nach dem *Bundesversorgungsgesetz oder einem anderen Gesetz, das die Vorschriften des Bundesversorgungsgesetzes* [***ab 1.1.2024:*** Vierzehnten Buch Sozialgesetzbuch oder einem anderen Gesetz, das die Vorschriften des Vierzehnten Buches Sozialgesetzbuch] über Hinterbliebenenbezüge für entsprechend anwendbar erklärt, oder
2. nach den Vorschriften über die gesetzliche Unfallversicherung oder
3. nach den beamtenrechtlichen Vorschriften an Hinterbliebene eines an den Folgen eines Dienstunfalls verstorbenen Beamten oder
4. nach den Vorschriften des Bundesentschädigungsgesetzes über die Entschädigung für Schäden an Leben, Körper oder Gesundheit oder

[***ab 1.1.2025:***

5. nach den Vorschriften des Soldatenentschädigungsgesetzes.]

[2]Der Pauschbetrag wird auch dann gewährt, wenn das Recht auf die Bezüge ruht oder der Anspruch auf die Bezüge durch Zahlung eines Kapitals abgefunden worden ist.

---

1) § 33b Abs. 4 Satz 1 Nr. 1 geänd. mWv 1.1.2024 durch G v. 12.12.2019 (BGBl. I S. 2652); Nr. 5 angef. mWv 1.1.2025 durch G v. 20.8.2021 (BGBl. I S. 3932).

(5)[1] [1]Steht der Behinderten-Pauschbetrag oder der Hinterbliebenen-Pauschbetrag einem Kind zu, für das der Steuerpflichtige Anspruch auf einen Freibetrag nach § 32 Absatz 6 oder auf Kindergeld hat, so wird der Pauschbetrag auf Antrag auf den Steuerpflichtigen übertragen, wenn ihn das Kind nicht in Anspruch nimmt. [2]Dabei ist der Pauschbetrag grundsätzlich auf beide Elternteile je zur Hälfte aufzuteilen, es sei denn, der Kinderfreibetrag wurde auf den anderen Elternteil übertragen. [3]Auf gemeinsamen Antrag der Eltern ist eine andere Aufteilung möglich. [4]In diesen Fällen besteht für Aufwendungen, für die der Behinderten-Pauschbetrag gilt, kein Anspruch auf eine Steuerermäßigung nach § 33. [*ab VZ 2021:* [5]Voraussetzung für die Übertragung nach Satz 1 ist die Angabe der erteilten Identifikationsnummer (§ 139b der Abgabenordnung) des Kindes in der Einkommensteuererklärung des Steuerpflichtigen.]

[Fassung bis VZ 2020:]

(6) [1]Wegen der außergewöhnlichen Belastungen, die einem Steuerpflichtigen durch die Pflege einer Person erwachsen, die nicht nur vorübergehend hilflos ist, kann er anstelle einer Steuerermäßigung nach § 33 einen Pauschbetrag von 924 Euro im Kalenderjahr geltend machen (Pflege-Pauschbetrag), wenn er dafür keine Einnahmen erhält. [2]Zu diesen Einnahmen zählt unabhängig von der Verwendung nicht das von den Eltern eines behinderten Kindes für dieses Kind empfangene Pflegegeld. [3]Hilflos im Sinne des Satzes 1 ist eine Person, wenn sie für eine Reihe von häufig und regelmäßig wiederkehrenden Verrichtungen zur Sicherung ihrer persönlichen Existenz im Ablauf eines jeden Tages fremder Hilfe dauernd bedarf. [4]Diese Voraussetzungen sind auch erfüllt, wenn die Hilfe in Form einer Überwachung oder einer Anleitung zu den in Satz 3 genannten Verrichtungen erforderlich ist oder wenn die Hilfe zwar nicht dauernd geleistet werden muss, jedoch eine ständige Bereitschaft zur Hilfeleistung erforderlich ist. [5]Voraussetzung ist, dass der Steuerpflichtige die Pflege entweder in seiner Wohnung oder in der Wohnung des Pflegebedürftigen persön-

[Fassung ab VZ 2021:]

(6) [1]Wegen der außergewöhnlichen Belastungen, die einem Steuerpflichtigen durch die Pflege einer Person erwachsen, kann er anstelle einer Steuerermäßigung nach § 33 einen Pauschbetrag geltend machen (Pflege-Pauschbetrag), wenn er dafür keine Einnahmen im Kalenderjahr erhält und der Steuerpflichtige die Pflege entweder in seiner Wohnung oder in der Wohnung des Pflegebedürftigen persönlich durchführt und diese Wohnung in einem Mitgliedstaat der Europäischen Union oder in einem Staat gelegen ist, auf den das Abkommen über den Europäischen Wirtschaftsraum anzuwenden ist. [2]Zu den Einnahmen nach Satz 1 zählt unabhängig von der Verwendung nicht das von den Eltern eines Kindes mit Behinderungen für dieses Kind empfangene Pflegegeld. [3]Als Pflege-Pauschbetrag wird gewährt:

1. bei Pflegegrad 2 — 600 Euro,
2. bei Pflegegrad 3 — 1100 Euro,
3. bei Pflegegrad 4 oder 5 — 1800 Euro.

[4]Ein Pflege-Pauschbetrag nach Satz 3 Nummer 3 wird auch gewährt, wenn die gepflegte Person hilflos im Sinne des § 33b Absatz 3 Satz 4 ist. [5]Bei erstmaliger Feststellung, Änderung oder Wegfall des Pflegegrads im Lau-

---

[1] § 33b Abs. 5 Satz 2 2. Satzteil angef. mWv VZ 2012 durch G v. 1.11.2011 (BGBl. I S. 2131).

[Fassung bis VZ 2020:]

lich durchführt und diese Wohnung in einem Mitgliedstaat der Europäischen Union oder in einem Staat belegen ist, auf den das Abkommen

[Fassung ab VZ 2021:]

fe des Kalenderjahres ist der Pflege-Pauschbetrag nach dem höchsten Grad zu gewähren, der im Kalenderjahr festgestellt war. [6] Gleiches gilt,

(Fortsetzung nächstes Blatt)

1. Januar 2016 liegen, der Antrag auf Kindergeld aber erst nach dem 31. Dezember 2015 gestellt wird. [6] § 66 Absatz 1 in der am 23. Juli 2015 geltenden Fassung ist für Kindergeldfestsetzungen anzuwenden, die Zeiträume betreffen, die nach dem 31. Dezember 2014 beginnen. [7] § 66 Absatz 1 in der am 1. Januar 2016 geltenden Fassung ist für Kindergeldfestsetzungen anzuwenden, die Zeiträume betreffen, die nach dem 31. Dezember 2015 beginnen. [8] § 66 Absatz 1 in der am 1. Januar 2017 geltenden Fassung ist für Kindergeldfestsetzungen anzuwenden, die Zeiträume betreffen, die nach dem 31. Dezember 2016 beginnen. [9] § 66 Absatz 1 in der am 1. Januar 2018 geltenden Fassung ist für Kindergeldfestsetzungen anzuwenden, die Zeiträume betreffen, die nach dem 31. Dezember 2017 beginnen. [10] § 66 Absatz 3 ist auf Anträge anzuwenden, die nach dem 31. Dezember 2017 und vor dem 18. Juli 2019 eingehen. [11] § 69 in der am 1. Januar 2018 geltenden Fassung ist erstmals am 1. November 2019 anzuwenden. [12] § 66 Absatz 1 in der Fassung des Artikels 2 des Gesetzes vom 29. November 2018 (BGBl. I S. 2210) ist für Kindergeldfestsetzungen anzuwenden, die Zeiträume betreffen, die nach dem 30. Juni 2019 beginnen. [13] § 66 Absatz 1 in der Fassung des Artikels 1 des Gesetzes vom 1. Dezember 2020 (BGBl. I S. 2616) ist für Kindergeldfestsetzungen anzuwenden, die Zeiträume betreffen, die nach dem 31. Dezember 2020 beginnen.

(50)[1)] [1] § 70 Absatz 1 Satz 2 ist auf Anträge anzuwenden, die nach dem 18. Juli 2019 eingehen. [2] § 70 Absatz 4 in der am 31. Dezember 2011 geltenden Fassung ist weiter für Kindergeldfestsetzungen anzuwenden, die Zeiträume betreffen, die vor dem 1. Januar 2012 enden.

(51)[2)] [1] § 89 Absatz 2 Satz 1 in der am 1. Januar 2017 geltenden Fassung ist erstmals für die Übermittlung von Daten ab dem 1. Januar 2017 anzuwenden. [2] § 89 Absatz 2 Satz 1 in der Fassung des Artikels 3 des Gesetzes vom 11. Dezember 2018 (BGBl. I S. 2338) ist erstmals für die Übermittlung von Daten ab dem 1. Januar 2020 anzuwenden.

(52)[3)] § 110 in der Fassung des Artikels 1 des Gesetzes vom 10. März 2021 (BGBl. I S. 330) ist für den Veranlagungszeitraum 2019 anzuwenden.

(53)[4)] § 111 in der Fassung des Artikels 1 des Gesetzes vom 10. März 2021 (BGBl. I S. 330) ist für die Veranlagungszeiträume 2019 und 2020 anzuwenden.

(54)[5)] *Für Personen, die Leistungen nach dem Soldatenversorgungsgesetz in der Fassung der Bekanntmachung vom 16. September 2009 (BGBl. I S. 3054), das zuletzt durch Artikel 19 des Gesetzes vom 4. August 2019 (BGBl. I S. 1147) geändert worden ist, in Verbindung mit dem Bundesversorgungsgesetz in der Fassung der Bekanntma-*

[1)] § 52 Abs. 50 Satz 1 eingef., bish. Wortlaut wird Satz 2 durch G v. 11.7.2019 (BGBl. I S. 1066).

[2)] § 52 Abs. 51 angef. durch G v. 18.7.2016 (BGBl. I S. 1679); Satz 2 angef., bish. Wortlaut wird Satz 1 durch G v. 11.12.2018 (BGBl. I S. 2338).

[3)] § 52 Abs. 52 eingef. durch G v. 29.6.2020 (BGBl. I S. 1512); geänd. durch G v. 10.3.2021 (BGBl. I S. 330).

[4)] § 52 Abs. 53 eingef. durch G v. 29.6.2020 (BGBl. I S. 1512); geänd. durch G v. 10.3.2021 (BGBl. I S. 330).

[5)] § 52 Abs. 54 angef. durch G v. 21.12.2020 (BGBl. I S. 3096) und **aufgeh. mWv 1.1.2025** durch G v. 20.8.2021 (BGBl. I S. 3932).

chung vom 22. Januar 1982 (BGBl. I S. 21), das zuletzt durch Artikel 1 der Verordnung vom 13. Juni 2019 (BGBl. I S. 793) geändert worden ist, erhalten, gelten die Vorschriften des § 3 Nummer 6 Satz 2, des § 32b Absatz 1 Satz 1 Nummer 1 Buchstabe f und des § 33b Absatz 4 Satz 1 Nummer 1 in der am 31. Dezember 2023 geltenden Fassung weiter.

§ 52a.[1] *(aufgehoben)*

§ 52b.[2] *(aufgehoben)*

§ 53.[3] *(aufgehoben)*

§ 54. (weggefallen)

(Fortsetzung nächste Seite)

[1] § 52a aufgeh. durch G v. 25.7.2014 (BGBl. I S. 1266).
[2] § 52b aufgeh. durch G v. 12.12.2019 (BGBl. I S. 2451).
[3] § 53 aufgeh. durch G v. 18.7.2016 (BGBl. I S. 1679).

125. Gesetz über deutsche Immobilien-Aktiengesellschaften mit börsennotierten Anteilen (REIT-Gesetz – REITG)[1]

Vom 28. Mai 2007 (BGBl. I S. 914)[2)·3)]

Geändert durch Jahressteuergesetz 2009 vom 19.12.2008 (BGBl. I S. 2794), OGAW-IV-Umsetzungsgesetz (OGAW-IV-UmsG) vom 22.6.2011 (BGBl. I S. 1126), Gesetz zur Modernisierung des Besteuerungsverfahrens vom 18.7.2016 (BGBl. I S. 1679), CSR-Richtlinie-Umsetzungsgesetz vom 11.4.2017 (BGBl. I S. 802), Zweites Gesetz zur Novellierung von Finanzmarktvorschriften auf Grund europäischer Rechtsakte (Zweites Finanzmarktnovellierungsgesetz – 2. FiMaNoG) vom 23.6.2017 (BGBl. I S. 1693) und Gesetz zur Modernisierung des Personengesellschaftsrechts (Personengesellschaftsrechtsmodernisierungsgesetz – MoPeG) vom 10.8.2021 (BGBl. I S. 3436).

BGBl. III/FNA 4121-5

Abschnitt 1. Allgemeine Vorschriften

§ 1 Wesen der REIT-Aktiengesellschaften. (1) REIT-Aktiengesellschaften sind Aktiengesellschaften, deren Unternehmensgegenstand sich darauf beschränkt,

1. Eigentum oder dingliche Nutzungsrechte an
   a) inländischem unbeweglichen Vermögen mit Ausnahme von Bestandsmietwohnimmobilien,
   b) ausländischem unbeweglichen Vermögen, soweit dies im Belegenheitsstaat im Eigentum einer REIT-Körperschaft, -Personenvereinigung oder -Vermögensmasse oder einer einem REIT vergleichbaren Körperschaft, Personenvereinigung oder Vermögensmasse stehen darf und
   c) anderen Vermögensgegenständen im Sinne des § 3 Abs. 7

   zu erwerben, zu halten, im Rahmen der Vermietung, der Verpachtung und des Leasings einschließlich notwendiger immobiliennaher Hilfstätigkeiten zu verwalten und zu veräußern,
2. Anteile an Immobilienpersonengesellschaften zu erwerben, zu halten, zu verwalten und zu veräußern,
3. Anteile an REIT-Dienstleistungsgesellschaften zu erwerben, zu halten, zu verwalten und zu veräußern,
4. Anteile an Auslandsobjektgesellschaften zu erwerben, zu halten, zu verwalten und zu veräußern sowie
5. Anteile an Kapitalgesellschaften zu erwerben, zu halten, zu verwalten und zu veräußern, die persönlich haftende Gesellschafter einer Gesellschaft im Sinne der Nummer 2 und an dieser vermögensmäßig nicht beteiligt sind

---

[1] Das REITG ist als Art. 1 des G zur Schaffung deutscher Immobilien-Aktiengesellschaften mit börsennotierten Anteilen verkündet worden.

[2] In Kraft ab 1.1.2007.

[3] Zum Anwendungsbereich siehe § 23.

und deren Aktien zum Handel an einem organisierten Markt im Sinne von § 2 Absatz 11[1)] des Wertpapierhandelsgesetzes in einem Mitgliedstaat der Europäischen Union oder in einem anderen Vertragsstaat des Abkommens über den Europäischen Wirtschaftsraum zugelassen sind.

(2) Entgeltliche Nebentätigkeiten für Dritte darf die REIT-Aktiengesellschaft ausschließlich über eine REIT-Dienstleistungsgesellschaft erbringen.

(3) REIT-Aktiengesellschaften unterliegen den allgemeinen für Aktiengesellschaften geltenden Vorschriften, soweit dieses Gesetz nichts Abweichendes bestimmt.

(4) [1] Der Abschlussprüfer des Jahresabschlusses hat im Rahmen der Jahresabschlussprüfung festzustellen, ob die Berechnung der Streubesitzquote und des maximalen Anteilsbesitzes je Aktionär nach § 11 Abs. 1 und 4 durch die REIT-Aktiengesellschaft mit den Meldungen nach § 11 Abs. 5 zum Bilanzstichtag übereinstimmt. [2] Er hat auch Feststellungen zur Einhaltung des § 13 zu treffen, hinsichtlich des § 13 Abs. 1 beziehen sich diese auf die im Geschäftsjahr für das vorangegangene Geschäftsjahr vorgenommene Ausschüttung. [3] Für Zwecke des § 19 Abs. 3 und des § 19a sind auch Feststellungen zur Zusammensetzung der Erträge hinsichtlich vorbelasteter und nicht vorbelasteter Erträge zu treffen.[2)] [4] Sofern kein Konzernabschluss aufgestellt wird, hat der Abschlussprüfer außerdem festzustellen, ob die §§ 12, 14 und 15 zum Bilanzstichtag eingehalten waren. [5] Das Ergebnis seiner Prüfungshandlungen hat der Abschlussprüfer in einem besonderen Vermerk zusammenzufassen. [6] Der Konzernabschlussprüfer hat im Rahmen der Konzernabschlussprüfung zu prüfen, ob die Anforderungen der §§ 12, 14 und 15 zum Bilanzstichtag eingehalten waren und darüber einen besonderen Vermerk anzufertigen. [7] Auf den besonderen Vermerk des Abschlussprüfers oder Konzernabschlussprüfers ist § 323 des Handelsgesetzbuchs entsprechend anzuwenden.

§ 2 Vor-REIT. [1] Ein Vor-REIT ist eine Aktiengesellschaft mit Sitz im Geltungsbereich dieses Gesetzes, die beim Bundeszentralamt für Steuern als Vor-REIT registriert ist. [2] Zum Ende des auf die Registrierung folgenden Geschäftsjahres hat der Vor-REIT gegenüber dem Bundeszentralamt für Steuern nachzuweisen, dass sein Unternehmensgegenstand im Sinne des § 1 Abs. 1 erster Halbsatz beschränkt ist. [3] Zum Ende des dem Jahr der Anmeldung folgenden und jedes darauf folgenden Geschäftsjahres hat der Vor-REIT auf Aufforderung des Bundeszentralamts für Steuern innerhalb einer in der Aufforderung bestimmten Frist durch Vorlage von geeigneten, von einem Wirtschaftsprüfer testierten Unterlagen nachzuweisen, dass er die Voraussetzungen des § 12 erfüllt. [4] Erfüllt der Vor-REIT zum Ende des dem Jahr der Anmeldung folgenden oder eines späteren Geschäftsjahres die Voraussetzungen des § 12 und des § 1 Abs. 1 erster Halbsatz nicht oder nicht mehr, entfällt der Status als Vor-REIT zum Ende dieses Geschäftsjahres.

---

1) Verweis geänd. mWv 3.1.2018 durch G v. 23.6.2017 (BGBl. I S. 1693).

2) § 1 Abs. 4 Satz 3 eingef. mWv Kj. 2008 durch G v. 19.12.2008 (BGBl. I S. 2794).

§ 3 Begriffsbestimmung. (1)[1] Immobilienpersonengesellschaften sind [*ab 1.1.2024:* rechtsfähige] Personengesellschaften, deren Unternehmensgegenstand im Sinne des § 1 Abs. 1 Nr. 1 und 2 beschränkt ist und die nach dem Gesellschaftsvertrag nur Vermögensgegenstände im Sinne des Absatzes 7 mit Ausnahme von Beteiligungen an Auslandsobjektgesellschaften und REIT-Dienstleistungsgesellschaften erwerben dürfen.

(2) REIT-Dienstleistungsgesellschaften sind Kapitalgesellschaften, deren sämtliche Anteile von der REIT-Aktiengesellschaft gehalten werden und deren Unternehmensgegenstand darauf beschränkt ist, entgeltliche immobiliennahe Nebentätigkeiten im Auftrag der REIT-Aktiengesellschaft für Dritte zu erbringen.

(3) Auslandsobjektgesellschaften sind Kapitalgesellschaften, deren sämtliche Anteile von der REIT-Aktiengesellschaft gehalten werden und deren unbewegliches Vermögen

1. mindestens 90 Prozent ihres Gesamtvermögens ausmacht,
2. ausschließlich außerhalb des Geltungsbereiches dieses Gesetzes belegen ist und
3. nur solche Vermögensgegenstände umfasst, die im Belegenheitsstaat im Eigentum einer REIT-Körperschaft, -Personenvereinigung oder -Vermögensmasse oder einer einem REIT vergleichbaren Körperschaft, Personenvereinigung oder Vermögensmasse stehen dürfen.

(4) Hilfstätigkeiten sind Tätigkeiten, die der Haupttätigkeit, also dem eigenen Anlagebestand dienen.

(5) Nebentätigkeiten sind Tätigkeiten, die einem fremden Anlagebestand dienen.

(6) Immobiliennah sind solche Tätigkeiten, die der Verwaltung, Pflege und Fortentwicklung von Immobilienbeständen dienen (insbesondere technische und kaufmännische Bestandsverwaltung, Mietbestandsverwaltung, Vermittlungstätigkeit, Projektsteuerung und Projektentwicklung).

(7) Vermögensgegenstände im Sinne dieses Gesetzes sind unbewegliches Vermögen im Sinne des Absatzes 8, ferner zu dessen Bewirtschaftung erforderliche Gegenstände sowie Bankguthaben, Geldmarktinstrumente, Forderungen und Verbindlichkeiten, die aus der Nutzung oder Veräußerung des unbeweglichen Vermögens stammen oder zum Zwecke der Wertsicherung, Bewirtschaftung oder Bestandsveränderung dieser Vermögensgegenstände bereitgehalten, eingegangen oder begründet werden, sowie Beteiligungen an Immobilienpersonengesellschaften, Auslandsobjektgesellschaften, REIT-Dienstleistungsgesellschaften sowie Kapitalgesellschaften im Sinne des § 1 Abs. 1 Nr. 5.

(8) [1] Unbewegliches Vermögen sind Grundstücke und grundstücksgleiche Rechte sowie vergleichbare Rechte nach dem Recht anderer Staaten. [2] Schiffe und Luftfahrzeuge gelten nicht als unbewegliches Vermögen.

(9) Bestandsmietwohnimmobilien sind Immobilien, die überwiegend Wohnzwecken dienen, sofern diese vor dem 1. Januar 2007 erbaut worden sind.

---

[1] § 3 Abs. 1 geänd. mWv 1.1.2024 durch G v. 10.8.2021 (BGBl. I S. 3436).

§ 4 Mindestnennbetrag des Grundkapitals. Der Mindestnennbetrag des Grundkapitals einer REIT-Aktiengesellschaft ist 15 Millionen Euro.

§ 5 Form der Aktien. (1) [1]Sämtliche Aktien der REIT-Aktiengesellschaft müssen als stimmberechtigte Aktien gleicher Gattung begründet werden. [2]Sie dürfen nur gegen volle Leistung des Ausgabebetrages ausgegeben werden.

(2) Ein Anspruch des Aktionärs auf Verbriefung seines Anteils besteht nicht.

§ 6 Firma. Die Firma einer REIT-Aktiengesellschaft muss, auch wenn sie nach § 22 des Handelsgesetzbuchs oder nach anderen gesetzlichen Vorschriften fortgeführt wird, die Bezeichnung „REIT-Aktiengesellschaft" oder „REIT-AG" enthalten.

§ 7 Bezeichnungsschutz. Eine Gesellschaft, die ihren Sitz im Geltungsbereich dieses Gesetzes hat, darf die Bezeichnung „REIT-Aktiengesellschaft" oder eine Bezeichnung, in der der Begriff „Real Estate Investment Trust" oder die Abkürzung „REIT" allein oder im Zusammenhang mit anderen Worten vorkommt, in der Firma oder als Zusatz zur Firma nur führen, wenn sie eine REIT-Aktiengesellschaft im Sinne dieses Gesetzes ist und die Voraussetzungen der §§ 8 bis 15 erfüllt.

Abschnitt 2. Qualifikation als REIT-Aktiengesellschaft

§ 8 Anmeldung als REIT-Aktiengesellschaft. Die Firma der REIT-Aktiengesellschaft (§ 6) ist bei dem zuständigen Gericht zur Eintragung in das Handelsregister anzumelden.

§ 9 Sitz. Die REIT-Aktiengesellschaft muss ihren Sitz und ihre Geschäftsleitung im Inland haben.

§ 10 Börsenzulassung. (1) Die Aktien der REIT-Aktiengesellschaft müssen zum Handel an einem organisierten Markt im Sinne des § 2 Absatz 11[1)] des Wertpapierhandelsgesetzes in einem Mitgliedstaat der Europäischen Union oder in einem anderen Vertragsstaat des Abkommens über den Europäischen Wirtschaftsraum zugelassen sein.

(2)[2)] [1]Der Antrag auf Zulassung gemäß Absatz 1 muss innerhalb von drei Jahren nach Anmeldung der Aktiengesellschaft als Vor-REIT beantragt werden. [2]Die Frist des Satzes 1 kann auf Antrag von der Bundesanstalt für Finanzdienstleistungsaufsicht bis zu zwei Mal um jeweils ein Jahr verlängert werden, wenn Umstände außerhalb des Verantwortungsbereichs des Vor-REIT eine solche Verlängerung rechtfertigen.

(3) [1]Wird innerhalb der nach Absatz 2 maßgeblichen Frist kein Antrag gestellt oder wird ein innerhalb dieser Frist gestellter Antrag bestandskräftig

---

[1)] Verweis geänd. mWv 3.1.2018 durch G v. 23.6.2017 (BGBl. I S. 1693).

[2)] § 10 Abs. 2 Satz 2 geänd. durch G v. 22.6.2011 (BGBl. I S. 1126); zur Anwendung siehe § 23 Abs. 11 Satz 1.

abgelehnt, so verliert die Gesellschaft ihren Status als Vor-REIT. [2]Der Status lebt wieder auf, wenn die Zulassung erneut beantragt wird.

§ 11 Streuung der Aktien. (1) [1]Mindestens 15 Prozent der Aktien einer REIT-Aktiengesellschaft müssen sich im Streubesitz befinden. [2]Im Zeitpunkt der Börsenzulassung müssen sich jedoch mindestens 25 Prozent der Aktien im Streubesitz befinden. [3]Den Streubesitz bilden die Aktien derjenigen Aktionäre, denen jeweils weniger als 3 Prozent der Stimmrechte an der REIT-Aktiengesellschaft zustehen. [4]Die Berechnung richtet sich nach den §§ 34 und 36[1)] des Wertpapierhandelsgesetzes.

(2) [1]Die REIT-Aktiengesellschaft hat jährlich zum 31. Dezember gegenüber der Bundesanstalt für Finanzdienstleistungsaufsicht die Streubesitzquote ihrer Aktionäre mitzuteilen. [2]Die Bundesanstalt für Finanzdienstleistungsaufsicht teilt dem Bundeszentralamt für Steuern mit, wenn die Quote von 15 Prozent unterschritten wird.

(3) Die REIT-Aktiengesellschaft hat in ihrer Satzung für den Fall der Beendigung der Steuerbefreiung gemäß § 18 Abs. 3 eine Entschädigung aller Aktionäre vorzusehen, denen weniger als 3 Prozent der Stimmrechte zustehen.

(4) [1]Kein Anleger darf direkt 10 Prozent oder mehr der Aktien oder Aktien in einem Umfang halten, dass er über 10 Prozent oder mehr der Stimmrechte verfügt. [2]Für die Anwendung dieses Absatzes gelten Aktien, die für Rechnung eines Dritten gehalten werden, als direkt durch den Dritten gehalten.

(5)[2)] Die Mitteilungspflichten nach § 33 Absatz 1[1)] des Wertpapierhandelsgesetzes und die Pflichten nach § 40 Absatz 1 und 2[1)] des Wertpapierhandelsgesetzes gelten auch dann, wenn ein Meldepflichtiger durch Erwerb, Veräußerung oder auf sonstige Weise 80 Prozent oder 85 Prozent der Stimmrechte an einer REIT-Aktiengesellschaft erreicht, überschreitet oder unterschreitet.

§ 12 Vermögens- und Ertragsanforderungen. (1) [1]Ist die REIT-Aktiengesellschaft zur Aufstellung eines Konzernabschlusses gemäß § 315e[3)] des Handelsgesetzbuchs verpflichtet, ist für Zwecke dieser Vorschrift oder der §§ 14 und 15 auf den Konzernabschluss abzustellen, anderenfalls auf den Einzelabschluss gemäß § 325 Abs. 2a des Handelsgesetzbuchs. [2]Dabei ist für Zwecke dieser Vorschrift oder der §§ 14 und 15 für als Finanzinvestition gehaltenes unbewegliches Vermögen der beizulegende Zeitwert im Sinne des IAS 40 maßgebend. [3]Beteiligungen an Immobilienpersonengesellschaften gelten für Zwecke dieser Vorschrift und der §§ 14 und 15 als unbewegliches Vermögen und sind mit dem beizulegenden Zeitwert zu bewerten.

(2) Bezogen auf die Summe der Aktiva gemäß Einzel- bzw. Konzernabschluss nach Absatz 1 abzüglich der Ausschüttungsverpflichtung im Sinne des § 13 Abs. 1 und der Rücklagen im Sinne des § 13 Abs. 3

a) müssen zum Ende eines jeden Geschäftsjahres mindestens 75 Prozent der Aktiva zum unbeweglichen Vermögen gehören und

---

[1)] Verweis geänd. mWv 3.1.2018 durch G v. 23.6.2017 (BGBl. I S. 1693).
[2)] § 11 Abs. 5 neu gef. mWv Kj. 2008 durch G v. 19.12.2008 (BGBl. I S. 2794).
[3)] Verweis geänd. durch G v. 11.4.2017 (BGBl. I S. 802); zur Anwendung siehe § 23 Abs. 13.

b) dürfen die Aktiva, die zum Vermögen von in den Konzernabschluss der REIT-Aktiengesellschaft einzubeziehenden REIT-Dienstleistungsgesellschaften gehören, zum Ende eines jeden Geschäftsjahres höchstens 20 Prozent ausmachen.

(3) Bezogen auf die gesamten Umsatzerlöse zuzüglich der sonstigen Erträge aus unbeweglichem Vermögen eines Geschäftsjahres gemäß Einzel- bzw. Konzernabschluss nach Absatz 1

a) müssen mindestens 75 Prozent der Umsatzerlöse zuzüglich der sonstigen Erträge aus unbeweglichem Vermögen eines Geschäftsjahres aus Vermietung, Leasing, Verpachtung einschließlich immobiliennaher Tätigkeiten oder Veräußerung von unbeweglichem Vermögen stammen und

b) darf die Summe der Umsatzerlöse zuzüglich der sonstigen Erträge aus unbeweglichem Vermögen eines Geschäftsjahres von REIT-Dienstleistungsgesellschaften, die in den Konzernabschluss der REIT-Aktiengesellschaft einzubeziehen sind, höchstens 20 Prozent ausmachen.

(4) [1] Zu den sonstigen Erträgen aus unbeweglichem Vermögen im Sinne des Absatzes 3 zählen nicht regelmäßig wiederkehrende Erträge, erfolgswirksam erfasste Bewertungsgewinne und -verluste, realisierte Veräußerungsverluste sowie Erträge aus Vermietung, Leasing, Verpachtung und Veräußerung von unbeweglichem Vermögen, soweit sie nicht unter den Umsatzerlösen zu erfassen sind. [2] Bewertungsgewinne und -verluste sind Gewinne und Verluste aus dem Ansatz des als Finanzinvestition gehaltenen unbeweglichen Vermögens im Einzel- bzw. Konzernabschluss nach Absatz 1 mit dem beizulegenden Zeitwert im Sinne des IAS 40. [3] Erfolgt der Ansatz des als Finanzinvestition gehaltenen unbeweglichen Vermögens im Einzel- bzw. Konzernabschluss der REIT-Aktiengesellschaft gemäß IAS 40 mit den fortgeführten Anschaffungskosten, sind in einer Nebenrechnung Bewertungsgewinne und -verluste im Sinne des Satzes 2 zu ermitteln und den sonstigen Erträgen hinzuzusetzen.

§ 13 Ausschüttung an die Anleger. (1)[1)] [1] Die REIT-Aktiengesellschaft ist verpflichtet, bis zum Ende des folgenden Geschäftsjahres mindestens 90 Prozent ihres handelsrechtlichen Jahresüberschusses im Sinne des § 275 des Handelsgesetzbuchs, gemindert um die Dotierung der Rücklage nach Absatz 3 Satz 1 sowie einen Verlustvortrag des Vorjahres und erhöht um die Auflösung der Rücklage gemäß Absatz 3 Satz 2, an die Aktionäre als Dividende auszuschütten. [2] § 150 des Aktiengesetzes findet keine Anwendung.

(2) Bei der Ermittlung des Jahresüberschusses sind planmäßige Abschreibungen nur in gleich bleibenden Jahresraten zulässig.

(3) [1] Gewinne einer REIT-Aktiengesellschaft aus der Veräußerung unbeweglichen Vermögens können im handelsrechtlichen Jahresabschluss bis zur Hälfte in eine Rücklage eingestellt werden. [2] Die Rücklage ist bis zum

---

[1)] § 13 Abs. 1 Satz 1 ergänzt durch G v. 19.12.2008 (BGBl. I S. 2794).

Ablauf des zweiten auf das Jahr der Einstellung folgenden Geschäftsjahres aufzulösen und erhöht den ausschüttungsfähigen Betrag nach Absatz 1, soweit die Rücklage nicht von den Anschaffungs- oder Herstellungskosten von im ersten oder zweiten auf das Jahr der Einstellung folgenden Geschäftsjahres angeschafften oder hergestellten unbeweglichen Vermögens abgezogen worden ist. [3]Gehörte das veräußerte unbewegliche Vermögen bereits zum Beginn der Steuerbefreiung zum Betriebsvermögen der REIT-Aktiengesellschaft, ist der Veräußerungsgewinn als Summe aus dem Veräußerungsgewinn I und dem Veräußerungsgewinn II zu ermitteln. [4]Veräußerungsgewinn I ist die Differenz zwischen dem Buchwert in der Handelsbilanz und dem im Rahmen von steuerlichen Gewinnermittlungen vor dem Beginn der Steuerbefreiung für den Grund und Boden oder das Gebäude angesetzten Wert. [5]Der restliche Veräußerungsgewinn bildet den Veräußerungsgewinn II. [6]Für die Rücklage nach Satz 1 darf nur der Veräußerungsgewinn II verwendet werden.

§ 14 Ausschluss des Immobilienhandels. (1) Die REIT-Aktiengesellschaft darf keinen Handel mit ihrem unbeweglichen Vermögen betreiben.

(2) [1]Ein Handel im Sinne von Absatz 1 findet nur statt, wenn die REIT-Aktiengesellschaft sowie ihre in einen Konzernabschluss einzubeziehenden Tochterunternehmen innerhalb der letzten fünf Geschäftsjahre Erlöse aus der Veräußerung von unbeweglichem Vermögen erzielt haben, die mehr als die Hälfte des Wertes des durchschnittlichen Bestandes an unbeweglichem Vermögen innerhalb desselben Zeitraums ausmachen. [2]Zur Ermittlung des durchschnittlichen Bestandes ist auf die Bestände abzustellen, die im Einzel- bzw. Konzernabschluss gemäß § 12 Abs. 1 der REIT-Aktiengesellschaft am Ende jener Geschäftsjahre, die in den Fünfjahreszeitraum einzubeziehen sind, ausgewiesen werden. [3]Besteht die REIT-Aktiengesellschaft noch nicht fünf Jahre, ist auf die Einzel- bzw. Konzernabschlüsse der bisherigen Geschäftsjahre abzustellen.

§ 15[1)] Mindesteigenkapital. [1]Das am Ende eines Geschäftsjahres im Einzel- bzw. Konzernabschluss nach § 12 Abs. 1 ausgewiesene Eigenkapital der REIT-Aktiengesellschaft darf 45 Prozent des Betrages, mit dem das unbewegliche Vermögen im Einzel- bzw. Konzernabschluss nach § 12 Abs. 1 angesetzt ist, nicht unterschreiten. [2]Nicht dem Mutterunternehmen gehörende und als Fremdkapital ausgewiesene Anteile an in den Konzernabschluss nach § 315e[2)] des Handelsgesetzbuchs einbezogenen Tochterunternehmen gelten für die Berechnung des Mindesteigenkapitals als Eigenkapital.

Abschnitt 3. Steuerliche Regelungen

§ 16 Steuerbefreiung der REIT-Aktiengesellschaft. (1) [1]Eine REIT-Aktiengesellschaft, die die Voraussetzungen der §§ 8 bis 15 erfüllt, unbe-

---

1) § 15 Satz 2 angef. mWv Kj. 2008 durch G v. 19.12.2008 (BGBl. I S. 2794).

2) Verweis geänd. durch G v. 11.4.2017 (BGBl. I S. 802); zur Anwendung siehe § 23 Abs. 13.

schränkt körperschaftsteuerpflichtig ist und nicht im Sinne eines Doppelbesteuerungsabkommens als in dem anderen Vertragsstaat ansässig gilt, ist von der Körperschaftsteuer befreit. 2 Eine REIT-Aktiengesellschaft, die die Voraussetzungen der §§ 8 bis 15 erfüllt, ist von der Gewerbesteuer befreit.

(2) 1 Sind einem Anteilseigner nach § 20 des Einkommensteuergesetzes direkt Gesellschaftsanteile in Höhe von 10 Prozent des Kapitals oder mehr zuzurechnen, entfällt entgegen Absatz 1 die Steuerbefreiung der REIT-Aktiengesellschaft nicht. 2 Der Anteilseigner verliert deswegen auch nicht seinen Anspruch auf Dividende oder sein Stimmrecht, er kann aber aus seiner Beteiligung im Übrigen nur die Rechte geltend machen, die ihm aus einer Beteiligung von weniger als 10 Prozent zustehen würden. 3 Dies gilt auch für die Anwendung der Doppelbesteuerungsabkommen. 4 Die Vorschriften des Wertpapierhandelsgesetzes bleiben unberührt.

(3) 1 Besteht das gesamte Vermögen der inländischen REIT-Aktiengesellschaft zum Ende eines Wirtschaftsjahres zu weniger als 75 Prozent aus unbeweglichem Vermögen gemäß der Berechnung nach § 12, setzt die zuständige Finanzbehörde eine Zahlung gegen die Aktiengesellschaft fest. 2 Die Zahlung beträgt mindestens 1 Prozent und höchstens 3 Prozent des Betrages, um den der Anteil des unbeweglichen Vermögens hinter dem Anteil von 75 Prozent zurückbleibt. 3 Bei der Festsetzung der Zahlung berücksichtigt die Finanzbehörde, ob und wie oft bereits in früheren Wirtschaftsjahren das unbewegliche Vermögen hinter der Vorgabe von 75 Prozent zurückgeblieben ist. 4 Eine Zahlung nach diesem Absatz kann auch neben einer Zahlung nach Absatz 4 oder 5 festgesetzt werden, wenn jeweils die Voraussetzungen für die Zahlung erfüllt sind.

(4) 1 Stammen in einem Wirtschaftsjahr weniger als 75 Prozent der Bruttoerträge der inländischen REIT-Aktiengesellschaft aus der Vermietung und Verpachtung oder der Veräußerung von unbeweglichem Vermögen gemäß der Berechnung nach § 12, setzt die zuständige Finanzbehörde eine Zahlung gegen die Aktiengesellschaft fest. 2 Die Zahlung beträgt mindestens 10 Prozent und höchstens 20 Prozent des Betrages, um den die Bruttoerträge aus der Vermietung und Verpachtung oder der Veräußerung von unbeweglichem Vermögen hinter der Vorgabe von 75 Prozent der Bruttoerträge zurückbleiben. 3 Absatz 3 Satz 3 und 4 ist entsprechend anzuwenden.

(5) 1 Schüttet eine inländische REIT-Aktiengesellschaft bis zum Ende des folgenden Wirtschaftsjahres weniger als 90 Prozent des Jahresüberschusses gemäß der Berechnung nach § 13 Abs. 1 an die Anteilseigner aus, setzt die zuständige Finanzbehörde eine Zahlung gegen die Kapitalgesellschaft fest. 2 Die Zahlung beträgt mindestens 20 Prozent und höchstens 30 Prozent des Betrages, um den die tatsächliche Ausschüttung hinter der Vorgabe von 90 Prozent des nach § 13 Abs. 1 berechneten Jahresüberschusses zurückbleibt. 3 Absatz 3 Satz 3 und 4 ist entsprechend anzuwenden.

(6) 1 Erbringt die REIT-Aktiengesellschaft oder eine ihr nachgeordnete Immobilienpersonengesellschaft entgeltliche Nebentätigkeiten für Dritte, setzt

die zuständige Finanzbehörde eine Zahlung gegen die Aktiengesellschaft fest. 2Die Zahlung beträgt mindestens 20 Prozent und höchstens 30 Prozent der durch die entgeltliche Nebentätigkeit erzielten Einnahmen. 3Absatz 3 Satz 3 und 4 ist entsprechend anzuwenden.

§ 17 Beginn der Steuerbefreiung. (1) Die Steuerbefreiung tritt zu Beginn des Wirtschaftsjahres ein, in dem die REIT-Aktiengesellschaft nach der Anmeldung gemäß § 8 unter einer Firma gemäß § 6 in das Handelsregister eingetragen wird.

(2) Bei Anwendung des § 13 Abs. 1 und 3 Satz 1 des Körperschaftsteuergesetzes gelten § 3 Nr. 70 Satz 1 Buchstabe b, Satz 2, 3 und § 3c Abs. 3 des Einkommensteuergesetzes entsprechend.

(3)[1)] 1Hält die steuerpflichtige Aktiengesellschaft Beteiligungen an Immobilienpersonengesellschaften, ist das unbewegliche Vermögen der Immobilienpersonengesellschaften, soweit es der Beteiligung der Aktiengesellschaft entspricht, mit dem Teilwert anzusetzen. 2Maßgebend ist der Zeitpunkt der Schlussbilanz der Aktiengesellschaft im Sinne des § 13 Abs. 1 und 3 Satz 1 des Körperschaftsteuergesetzes. 3Eine mittelbare Beteiligung über eine oder mehrere [***ab 1.1.2024:*** rechtsfähige] Personengesellschaften steht der unmittelbaren Beteiligung gleich, § 15 Abs. 1 Satz 1 Nr. 2 Satz 2 des Einkommensteuergesetzes gilt sinngemäß.

(4) Nach einem Verlust der Steuerbefreiung im Sinne des § 18 kann die Steuerbefreiung nicht vor Ablauf von vier Jahren seit dem Verlust wieder aufleben oder beginnen.

§ 18 Ende der Steuerbefreiung. (1) Die Steuerbefreiung nach § 16 Abs. 1 endet zum Ende des Wirtschaftsjahres, das dem Verlust der Börsenzulassung nach § 10 vorausgeht.

(2) Betreibt die REIT-Aktiengesellschaft im Sinne des § 14 Handel mit unbeweglichem Vermögen, entfällt die Steuerbefreiung erstmals für das Wirtschaftsjahr, in dem die Grenze nach § 14 Abs. 2 überschritten wird.

(3) 1Befinden sich während dreier aufeinander folgender Wirtschaftsjahre weniger als 15 Prozent der Aktien der REIT-Aktiengesellschaft im Streubesitz, so endet die Steuerbefreiung mit Ablauf des dritten Wirtschaftsjahres. 2Wird während dreier aufeinander folgender Wirtschaftsjahre gegen die Vorschrift über die Höchstbeteiligung nach § 11 Abs. 4 verstoßen, so endet die Steuerbefreiung mit Ablauf des dritten Wirtschaftsjahres. 3Solange die REIT-Aktiengesellschaft aus den Meldungen nach dem Wertpapierhandelsgesetz den Verstoß nicht entnehmen kann, ist Satz 1 und 2 nicht anzuwenden. 4Nach Aufdeckung eines Verstoßes gegen die Vorschriften über den Streubesitz oder die Höchstbeteiligung muss die REIT-Aktiengesellschaft bis zum Ende des auf die Aufdeckung des Verstoßes folgenden Wirtschaftsjahres die Einhaltung der Vorschriften über den Streubesitz und die Höchstbeteiligung erreichen. 5Gelingt ihr dies nicht, endet die Steuerbefreiung rückwirkend zum Ende des Wirtschaftsjahres, in dem der Verstoß aufgedeckt wurde.

---

1) § 17 Abs. 3 Satz 3 geänd. mWv 1.1.2024 durch G v. 10.8.2021 (BGBl. I S. 3436).

(4) Sind die Voraussetzungen des § 15 in drei aufeinander folgenden Wirtschaftsjahren nicht erfüllt, so endet die Steuerbefreiung mit Ablauf des dritten Wirtschaftsjahres.

(5) [1]Sind bei einer REIT-Aktiengesellschaft für drei aufeinander folgende Wirtschaftsjahre die Voraussetzungen desselben Absatzes des § 16 Abs. 3 bis 6 erfüllt, endet die Steuerbefreiung mit Ablauf des dritten Wirtschaftsjahres. [2]Sind bei einer REIT-Aktiengesellschaft die Voraussetzungen verschiedener, für fünf aufeinander folgende Wirtschaftsjahre aber jeweils mindestens einer der Absätze 3 bis 6 des § 16 erfüllt, endet die Steuerbefreiung mit Ablauf des fünften Wirtschaftsjahres. [3]Die zuständige Finanzbehörde kann ausnahmsweise bestimmen, dass die Steuerbefreiung nicht entfällt; in diesem Falle setzt sie die höchstmöglichen Zahlungen nach § 16 Abs. 3 bis 6 fest.

(6) In den Fällen der Absätze 1 bis 4 sowie des Absatzes 5 Satz 1 und 2 ist § 13 Abs. 2 des Körperschaftsteuergesetzes mit der Maßgabe anzuwenden, dass in der Anfangsbilanz die Wirtschaftsgüter mit dem Wert anzusetzen sind, der sich ausgehend von der Anfangsbilanz der inländischen REIT-Aktiengesellschaft bei ununterbrochener Steuerpflicht nach den Vorschriften über die steuerliche Gewinnermittlung ergeben würde.

(7) In den Fällen der Absätze 1 bis 4 sowie des Absatzes 5 Satz 1 und 2 ist die Rücklage nach § 13 Abs. 3 aufzulösen und erhöht zusammen mit den nicht ausgeschütteten Teilen des nach § 13 Abs. 1 berechneten Jahresüberschusses der Geschäftsjahre, für die die Steuerbefreiung der inländischen REIT-Aktiengesellschaft galt, den Gewinn der steuerpflichtigen Aktiengesellschaft im Jahr der erstmaligen Steuerpflicht.

§ 19[1)] Besteuerung der Anteilsinhaber. (1) [1]Die Ausschüttungen der REIT-Aktiengesellschaft und anderer REIT-Körperschaften, -Personenvereinigungen oder -Vermögensmassen sowie sonstige Vorteile, die neben oder an Stelle der Ausschüttungen gewährt werden, gehören zu den Einkünften aus Kapitalvermögen im Sinne des § 20 Abs. 1 Nr. 1 des Einkommensteuergesetzes, wenn sie nicht Betriebseinnahmen des Anteilseigners sind. [2]§ 20 Abs. 1 Nr. 2 des Einkommensteuergesetzes ist entsprechend, § 20 Abs. 2 Satz 1 Nr. 2 Buchstabe a des Einkommensteuergesetzes ist nicht anzuwenden.

(2)[2)] Auf die Veräußerung von Aktien an REIT-Aktiengesellschaften und Anteilen an anderen REIT-Körperschaften, -Personenvereinigungen oder -Vermögensmassen, die nicht Bestandteil eines Betriebsvermögens sind, sind § 17 sowie § 20 Abs. 2 Satz 1 Nr. 1 des Einkommensteuergesetzes anzuwenden, anderenfalls ist der Gewinn nach § 4 oder § 5 des Einkommensteuergesetzes zu ermitteln.

(3)[3)] Vorbehaltlich des § 19a sind § 3 Nr. 40 des Einkommensteuergesetzes und § 8b des Körperschaftsteuergesetzes nicht anzuwenden.

[1)] Zur Anwendung von § 19 siehe § 23 Abs. 2 bis 9.

[2)] § 19 Abs. 2 geänd. durch G v. 19.12.2008 (BGBl. I S. 2497); zur erstmaligen Anwendung siehe § 23 Abs. 6.

[3)] § 19 Abs. 3 geänd. durch G v. 19.12.2008 (BGBl. I S. 2794).

(4)[1] Betriebsvermögensminderungen oder Betriebsausgaben, die mit Aktien einer REIT-Aktiengesellschaft oder Anteilen an anderen REIT-Körperschaften, -Personenvereinigungen oder -Vermögensmassen in wirtschaftlichem Zusammenhang stehen, dürfen nur mit Betriebsvermögensmehrungen oder Betriebseinnahmen aus der Veräußerung von Aktien einer REIT-Aktiengesellschaft oder Anteilen an anderen REIT-Körperschaften, -Personenvereinigungen oder -Vermögensmassen ausgeglichen werden; § 10d des Einkommensteuergesetzes gilt entsprechend.

(5)[2] Andere REIT-Körperschaften, -Personenvereinigungen oder -Vermögensmassen im Sinne dieser Vorschrift sind alle Körperschaften, Personenvereinigungen oder Vermögensmassen, die nicht im Inland ansässig sind, deren Bruttovermögen zu mehr als zwei Dritteln aus unbeweglichem Vermögen besteht, deren Bruttoerträge zu mehr als zwei Dritteln aus der Vermietung und Verpachtung und der Veräußerung von unbeweglichem Vermögen stammen, die in ihrem Sitzstaat keiner Investmentaufsicht unterliegen, deren Anteile im Rahmen eines geregelten Marktes gehandelt werden und deren aus Immobilien stammenden Ausschüttungen an ihre Anleger nicht mit einer der deutschen Körperschaftsteuer vergleichbaren ausländischen Steuer in ihrem Sitzstaat vorbelastet sind.

(6)[3] Bezieht eine unbeschränkt steuerpflichtige Gesellschaft von einer anderen REIT-Körperschaft, -Personenvereinigung oder -Vermögensmasse Gewinne oder Dividenden, die auf Grund eines Doppelbesteuerungsabkommens von Deutschland als Ansässigkeitsstaat freizustellen sind, ist insoweit die Doppelbesteuerung unbeschadet des Abkommens nicht durch Freistellung, sondern durch Anrechnung der auf diese Einkünfte erhobenen ausländischen Steuer zu vermeiden.

§ 19a[4] Berücksichtigung von Vorbelastungen bei der Besteuerung der Anteilsinhaber. (1) [1]Abweichend von § 19 Abs. 3 sind § 3 Nr. 40 und § 3c Abs. 2 des Einkommensteuergesetzes sowie § 8b des Körperschaftsteuergesetzes anzuwenden, soweit die Dividenden einer REIT-Aktiengesellschaft oder einer anderen REIT-Körperschaft, -Personenvereinigung oder -Vermögensmasse aus vorbelasteten Teilen des Gewinns stammen. [2]Auf die Wertminderung einer Beteiligung an einer REIT-Aktiengesellschaft oder anderen Körperschaft, Personenvereinigung oder Vermögensmasse ist § 8b des Körperschaftsteuergesetzes oder § 3c Abs. 2 des Einkommensteuergesetzes anzuwenden, soweit sie auf Dividenden im Sinne von Satz 1 beruht.

(2) [1]Dividenden stammen im Sinne des Absatzes 1 aus vorbelasteten Teilen des Gewinns, wenn hierfür Einkünfte der REIT-Aktiengesellschaft oder der anderen REIT-Körperschaft, -Personenvereinigung oder -Vermögensmasse als verwendet gelten, die mit mindestens 15 Prozent deutscher Körperschaftsteuer

---

[1] § 19 Abs. 4 geänd. durch G v. 19.12.2008 (BGBl. I S. 2497); zur Anwendung siehe § 23 Abs. 7 und 8.

[2] § 19 Abs. 5 geänd. durch G v. 19.12.2008 (BGBl. I S. 2794).

[3] § 19 Abs. 6 angef. durch G v. 19.12.2008 (BGBl. I S. 2794); zur erstmaligen Anwendung siehe § 23 Abs. 9.

[4] § 19a eingef. durch G v. 19.12.2008 (BGBl. I S. 2794); zur Anwendung siehe § 23.

oder einer mit dieser vergleichbaren ausländischen Steuer für den jeweiligen Veranlagungszeitraum belastet sind. [2]Die Steuerbelastung ist dabei für jede Beteiligung an einer Kapitalgesellschaft oder einer Immobilienpersonengesellschaft und für jede Immobilie im Sinne des § 1 Abs. 1 Nr. 1 Buchstabe a und b getrennt zu ermitteln. [3]Abzustellen ist für jede Beteiligung an einer Immobilienpersonengesellschaft oder jede einzelne Immobilie im Sinne des § 1 Abs. 1 Nr. 1 Buchstabe a und b auf die jeweilige Steuerbelastung der Einkünfte in dem Wirtschaftsjahr, das dem Jahr der Ausschüttung der REIT-Aktiengesellschaft oder der anderen REIT-Körperschaft, -Personenvereinigung oder -Vermögensmasse vorangeht. [4]Dividenden oder sonstige Bezüge aus einer Beteiligung an einer Kapitalgesellschaft gelten nur als vorbelastete Teile des Gewinns, wenn sie von der Kapitalgesellschaft in dem ersten Wirtschaftsjahr, das dem Wirtschaftsjahr nachfolgt, dessen Gewinn ausgeschüttet wird, an die REIT-Aktiengesellschaft oder die andere REIT-Körperschaft, -Personenvereinigung oder -Vermögensmasse ausgeschüttet werden. [5]Die vorbelasteten Teile des Gewinns der REIT-Aktiengesellschaft oder anderen REIT-Körperschaft, -Personenvereinigung oder -Vermögensmasse gelten als vorrangig ausgeschüttet.

(3) [1]Der aus vorbelasteten Gewinnen stammende Teil der Dividende oder der sonstigen Bezüge ist in der Steuerbescheinigung nach § 45a des Einkommensteuergesetzes gesondert auszuweisen. [2]Veranlasst die REIT-Aktiengesellschaft einen zu hohen Ausweis des aus vorbelasteten Gewinnen stammenden Teils der Dividende oder der sonstigen Bezüge, ist die Steuerbescheinigung nach § 45a des Einkommensteuergesetzes nicht zu ändern. [3]Gegen die REIT-Aktiengesellschaft ist bei einem zu hohen Ausweis des aus vorbelasteten Gewinnen stammenden Teils der Dividende von der zuständigen Finanzbehörde entsprechend dem mutmaßlichen Steuerausfall auf der Ebene ihrer Aktionäre eine Zahlung von mindestens 20 Prozent und höchstens 30 Prozent des Betrags festzusetzen, um den die tatsächlich vorbelasteten Gewinne hinter dem Betrag zurückbleiben, von dem bei der Erteilung der Bescheinigung ausgegangen worden ist.

(4) Die Absätze 1 und 2 sind bei der Besteuerung von Dividenden und sonstigen Bezügen aus anderen REIT-Körperschaften, -Personenvereinigungen oder -Vermögensmassen nur anzuwenden, wenn der Anleger nachweist, dass für die Dividenden oder sonstigen Bezüge vorbelastete Gewinne der anderen REIT-Körperschaft, -Personenvereinigung oder -Vermögensmasse verwendet worden sind.

§ 20 Kapitalertragsteuerabzug. (1)[1)] [1]Von den Ausschüttungen, sonstigen Vorteilen und Bezügen nach Kapitalherabsetzung oder Auflösung einer inländischen REIT-Aktiengesellschaft oder einer anderen REIT-Körperschaft, -Personenvereinigung oder -Vermögensmasse und von den Gewinnen aus der Veräußerung von Aktien an REIT-Aktiengesellschaften oder Anteilen an

---

[1)] § 20 Abs. 1 neu gef. durch G v. 19.12.2008 (BGBl. I S. 2794); zur erstmaligen Anwendung siehe § 23 Abs. 10 Satz 1; Abs. 1 Satz 2 Zitat ergänzt durch G v. 22.6.2011 (BGBl. I S. 1126); zur Anwendung siehe § 23 Abs. 11 Satz 2.

anderen REIT-Körperschaften, -Personenvereinigungen oder -Vermögensmassen wird die Einkommensteuer oder Körperschaftsteuer durch Abzug vom Kapitalertrag erhoben. [2]Die für die Kapitalertragsteuer nach § 43 Absatz 1 Satz 1 Nummer 1, 1a, 6, 9 und Satz 2 des Einkommensteuergesetzes geltenden Vorschriften des Einkommensteuergesetzes sind entsprechend anzuwenden.

(2)[1)] *(aufgehoben)*

(3) In der Steuerbescheinigung nach § 45a des Einkommensteuergesetzes ist anzugeben, dass es sich um Bezüge von einer REIT-Aktiengesellschaft handelt.

(4) [1]Für die Anrechnung der einbehaltenen und abgeführten Kapitalertragsteuer nach § 36 Abs. 2 des Einkommensteuergesetzes oder deren Erstattung nach § 50d des Einkommensteuergesetzes gelten die Vorschriften des Einkommensteuergesetzes entsprechend. [2]Werden 10 Prozent oder mehr der Aktien, der stimmberechtigten Aktien oder der Stimmrechte indirekt gehalten oder kontrolliert, so wird im Fall der Anwendung eines Doppelbesteuerungsabkommens ungeachtet darin enthaltener oder für seine Anwendung vereinbarter weitergehender Vergünstigungen die deutsche Quellensteuer auf die Ausschüttungen stets mit dem Satz erhoben, den das Doppelbesteuerungsabkommen für Fälle des indirekten Haltens oder der Kontrolle von weniger als 10 Prozent der Aktien, der stimmberechtigten Aktien oder der Stimmrechte vorsieht. [3]Satz 2 gilt ebenfalls, wenn weniger als 10 Prozent der Aktien, der stimmberechtigten Aktien oder der Stimmrechte indirekt gehalten oder kontrolliert werden und dem Anteilseigner zugleich direkt Aktien nach Maßgabe des § 16 Abs. 2 zuzurechnen sind und bei Zusammenrechnung 10 Prozent oder mehr der Aktien, der stimmberechtigten Aktien oder der Stimmrechte gehalten oder kontrolliert werden.

§ 21 Verfahrensvorschriften. (1) [1]Auf die Zahlungen nach den §§ 16 und 19a[2)] sind die für die Körperschaftsteuer geltenden Vorschriften der Abgabenordnung entsprechend anzuwenden. [2]In öffentlich-rechtlichen Streitigkeiten wegen einer Zahlung ist der Finanzrechtsweg gegeben. [3]Das Aufkommen aus der Zahlung steht je zur Hälfte dem Bund und dem Land zu, in dem die REIT-Aktiengesellschaft ihren Sitz hat.

(2)[3)] [1]Die REIT-Aktiengesellschaft hat für den abgelaufenen Veranlagungszeitraum eine Steuererklärung abzugeben. [2]In dieser sind neben den Voraussetzungen für die Steuerbefreiung auch Angaben zum Einhalten der Vorgaben über die Zusammensetzung des Vermögens und der Erträge, der Erfüllung der Mindestausschüttungsverpflichtung und der Höhe des Eigenkapitals im Vergleich zum unbeweglichen Vermögen und zur Zusammensetzung der Erträge hinsichtlich vorbelasteter und nicht vorbelasteter Erträge zu machen. [3]§ 152 der Abgabenordnung ist mit der Maßgabe anzuwenden, dass ein Verspätungs-

---

[1)] § 20 Abs. 2 aufgeh. durch G v. 19.12.2008 (BGBl. I S. 2794); zur letztmaligen Anwendung siehe § 23 Abs. 10 Satz 2.

[2)] Verweis auf § 19a eingef. durch G v. 19.12.2008 (BGBl. I S. 2794).

[3)] § 21 Abs. 2 Satz 2 ergänzt durch G v. 19.12.2008 (BGBl. I S. 2794); Sätze 4 und 5 geänd. durch G v. 18.7.2016 (BGBl. I S. 1679); zur Anwendung von Satz 4 vgl. § 23 Abs. 12.

zuschlag auch bei Vorliegen der Voraussetzungen für die Steuerbefreiung festgesetzt werden kann. 4 Bemessungsgrundlage im Sinne des § 152 Absatz 5 Satz 2 der Abgabenordnung ist der nach § 13 Absatz 1 ermittelte auszuschüttende Betrag. 5 Eine beglaubigte Abschrift des besonderen Vermerks nach § 1 Absatz 4 ist der Steuererklärung beizufügen.

(3) 1 Nach Aufforderung durch die Finanzbehörde hat die REIT-Aktiengesellschaft die Ermittlung der Angaben nach Absatz 2 darzulegen. 2 Art und Umfang bestimmt die Finanzbehörde. 3 Die Finanzbehörde kann verlangen, dass der jeweilige Abschlussprüfer die Richtigkeit einzelner Angaben bestätigt. 4 Unberührt bleibt das Recht der Finanzbehörde, weitere Sachaufklärung zu betreiben, insbesondere eine Außenprüfung anzuordnen oder Sachverständige hinzuzuziehen.

Abschnitt 4. Schlussvorschriften

§ 22 Übergangsregelung zu § 7. 1 Abweichend von § 7 darf eine Gesellschaft die Bezeichnung „REIT-Aktiengesellschaft" oder eine Bezeichnung, in der der Begriff „Real Estate Investment Trust" oder die Abkürzung „REIT" allein oder im Zusammenhang mit anderen Worten vorkommt, in der Firma oder als Zusatz zur Firma nur bis zum 31. Dezember 2007 führen, wenn am 23. März 2007 die zulässige Eintragung der Firma in das Handelsregister bewirkt war. 2 Nach dem 31. Dezember 2007 ist die Eintragung unzulässig im Sinne des § 142 Abs. 1 Satz 1 des Gesetzes über die Angelegenheiten der freiwilligen Gerichtsbarkeit und kann nach dieser Vorschrift gelöscht werden.

§ 23[1] Anwendungsvorschriften. (1) Diese Fassung des Gesetzes ist vorbehaltlich der nachfolgenden Absätze erstmals für das Kalenderjahr 2008 anzuwenden.

(2) 1 Die §§ 19 und 19a sind erstmals auf Bezüge anzuwenden, die dem Anteilseigner nach dem Beginn der Steuerbefreiung der REIT-Aktiengesellschaft zufließen. 2 Abweichend von Satz 1 sind auf Gewinnausschüttungen, die auf einem den gesellschaftsrechtlichen Vorschriften entsprechenden Gewinnverteilungsbeschluss für ein abgelaufenes Wirtschaftsjahr beruhen, im ersten Wirtschaftsjahr der steuerbefreiten REIT-Aktiengesellschaft die §§ 19 und 19a noch nicht anzuwenden.

(3) § 19 Abs. 1 bis 4 und § 19a sind erstmals auf Bezüge von oder auf Gewinne aus der Veräußerung eines Anteils an einer anderen REIT-Körperschaft, -Personenvereinigung oder -Vermögensmasse anzuwenden, die der Anteilseigner nach dem 31. Dezember 2007 erzielt.

(4) Bei Wegfall der Steuerbefreiung sind auf Gewinnausschüttungen, die auf einem den gesellschaftsrechtlichen Vorschriften entsprechenden Gewinnverteilungsbeschluss für ein abgelaufenes Wirtschaftsjahr beruhen, für das noch die Steuerbefreiung der REIT-Aktiengesellschaft galt, die §§ 19 und 19a anzuwenden.

---

[1] § 23 neu gef. durch G v. 19.12.2008 (BGBl. I S. 2794).

(5) Die §§ 19 und 19a sind nicht mehr auf Bezüge anzuwenden, die dem Anleger nach dem Ende des Wirtschaftsjahres zufließen, in dem die ausländische Körperschaft, Personenvereinigung oder Vermögensmasse nicht mehr die Voraussetzungen des § 19 Abs. 5 erfüllt.

(6) § 19 Abs. 2 in der Fassung des Artikels 37 des Gesetzes vom 19. Dezember 2008 (BGBl. I S. 2794) ist erstmals anzuwenden auf die Veräußerung von Aktien an REIT-Aktiengesellschaften und Anteilen an anderen REIT-Körperschaften, -Personenvereinigungen oder -Vermögensmassen, die nach dem 31. Dezember 2008 erworben werden.

(7) Auf Veräußerungen oder die Bewertung von Anteilen an einer REIT-Aktiengesellschaft oder anderen REIT-Körperschaft, -Personenvereinigung oder -Vermögensmasse ist § 19 Abs. 4 anzuwenden, solange die REIT-Aktiengesellschaft steuerbefreit ist oder die andere REIT-Körperschaft, -Personenvereinigung oder -Vermögensmasse die Voraussetzungen des § 19 Abs. 5 erfüllt.

(8) § 19 Abs. 4 in der Fassung des Artikels 37 des Gesetzes vom 19. Dezember 2008 (BGBl. I S. 2794) ist erstmals anzuwenden auf Aktien an REIT-Aktiengesellschaften und Anteilen an anderen REIT-Körperschaften, -Personenvereinigungen oder -Vermögensmassen, die nach dem 31. Dezember 2008 veräußert werden.

(9) § 19 Abs. 6 ist erstmals auf nach dem 31. Dezember 2008 zufließende Dividenden anzuwenden.

(10) [1] § 20 Abs. 1 in der Fassung des Artikels 37 des Gesetzes vom 19. Dezember 2008 (BGBl. I S. 2794) ist erstmals auf Kapitalerträge anzuwenden, die dem Gläubiger nach dem 31. Dezember 2008 zufließen, und auf Veräußerungen von Aktien an REIT-Aktiengesellschaften oder Anteilen an anderen REIT-Körperschaften, -Personenvereinigungen oder -Vermögensmassen, die nach dem 31. Dezember 2008 erworben werden. [2] § 20 Abs. 2 in der am 1. Januar 2007 geltenden Fassung ist letztmals auf Veräußerungen von Aktien an REIT-Aktiengesellschaften oder Anteilen an anderen REIT-Körperschaften, -Personenvereinigungen oder -Vermögensmassen anzuwenden, die vor dem 1. Januar 2009 erworben werden.

(11)[1)] [1] § 10 Absatz 2 Satz 2 in der Fassung des Artikels 11 des Gesetzes vom 22. Juni 2011 (BGBl. I S. 1126) ist erstmals ab dem 1. Januar 2011 anzuwenden. [2] § 20 Absatz 1 Satz 2 in der Fassung des Artikels 11 des Gesetzes vom 22. Juni 2011 (BGBl. I S. 1126) ist erstmals auf Kapitalerträge anzuwenden, die dem Gläubiger nach dem 31. Dezember 2011 zufließen.

(12)[2)] § 21 Absatz 2 Satz 4 in der am 1. Januar 2017 geltenden Fassung ist erstmals ab dem 1. Januar 2017 anzuwenden.

(13)[3)] [1] Die §§ 12 und 15 in der Fassung des CSR-Richtlinie-Umsetzungsgesetzes vom 11. April 2017 (BGBl. I S. 802) sind erstmals auf Jahres- und Konzernabschlüsse, Lage- und Konzernlageberichte für das nach dem 31. De-

---

[1)] § 23 Abs. 11 angef. durch G v. 22.6.2011 (BGBl. I S. 1126).
[2)] § 23 Abs. 12 angef. durch G v. 18.7.2016 (BGBl. I S. 1679).
[3)] § 23 Abs. 13 angef. durch G v. 11.4.2017 (BGBl. I S. 802).

zember 2016 beginnende Geschäftsjahr anzuwenden. [2]Die §§ 12 und 15 in der bis zum 18. April 2017 geltenden Fassung sind letztmals anzuwenden auf Lage- und Konzernlageberichte für das vor dem 1. Januar 2017 beginnende Geschäftsjahr.

200. Bewertungsgesetz (BewG)

In der Fassung der Bekanntmachung vom 1. Februar 1991
(BGBl. I S. 230)[1)·2)·3)]

Geändert durch Steueränderungsgesetz 1991 vom 24.6.1991 (BGBl. I S. 1322), Steueränderungsgesetz 1992 vom 25.2.1992 (BGBl. I S. 297), Zinsabschlaggesetz vom 9.11.1992 (BGBl. I S. 1853), Gesetz zur Umsetzung des Föderalen Konsolidierungsprogramms vom 23.6.1993 (BGBl. I S. 944), Standortsicherungsgesetz vom 13.9.1993 (BGBl. I S. 1569), Mißbrauchsbekämpfungs- und Steuerbereinigungsgesetz vom 21.12.1993 (BGBl. I S. 2310), Pflege-Versicherungsgesetz vom 26.5.1994 (BGBl. I. S. 1014), Agrarsozialreformgesetz 1995 vom 29.7.1994 (BGBl. I S. 1890), Postneuordnungsgesetz vom 14.9.1994 (BGBl. I S. 2325), Entschädigungs- und Ausgleichsleistungsgesetz vom 27.9.1994 (BGBl. I S. 2624), Jahressteuergesetz 1996 vom 11.10.1995 (BGBl. I S. 1250), Gesetz zur Neuregelung der steuerrechtlichen Wohneigentumsförderung vom 15.12.1995 (BGBl. I S. 1783), Jahressteuergesetz 1997 vom 20.12.1996 (BGBl. I S. 2049), Gesetz zur Fortsetzung der Unternehmenssteuerreform vom 29.10.1997 (BGBl. I S. 2590), Gesetz zur Anpassung steuerlicher Vorschriften der Land- und Forstwirtschaft vom 29.6.1998 (BGBl. I S. 1692), Steuer-Euroglättungsgesetz vom 19.12.2000 (BGBl. I S. 1790), Gesetz zur Reform des Wohnungsbaurechts vom 13.9.2001 (BGBl. I S. 2376), Siebente Zuständigkeitsanpassungs-Verordnung vom 29.10.2001 (BGBl. I S. 2785), Gesetz zur Änderung des Bewertungsgesetzes vom 10.12.2001 (BGBl. I S. 3435), Steueränderungsgesetz 2001 vom 20.12.2001 (BGBl. I S. 3794), Neunte ZuständigkeitsanpassungsVO vom 31.10.2006 (BGBl. I S. 2407), Gesetz über steuerliche Begleitmaßnahmen zur Einführung der Europäischen Gesellschaft und zur Änderung weiterer steuerrechtlicher Vorschriften (SEStEG) vom 7.12.2006 (BGBl. I S. 2782), Jahressteuergesetz 2007 vom 13.12.2006 (BGBl. I S. 2878), Finanzmarktrichtlinie-Umsetzungsgesetz vom 16.7.2007 (BGBl. I S. 1330), Jahressteuergesetz 2008 vom 20.12.2007 (BGBl. I S. 3150), Erbschaftsteuerreformgesetz vom 24.12.2008 (BGBl. I S. 3018), Jahressteuergesetz 2010 (JStG 2010) vom 8.12.2010 (BGBl. I S. 1768), Steuervereinfachungsgesetz 2011 vom 1.11.2011 (BGBl. I S. 2131), Beitreibungsrichtlinie-Umsetzungsgesetz (BeitrRLUmsG) vom 7.12.2011 (BGBl. I S. 2592), LSV-Neuordnungsgesetz vom 12.4.2012 (BGBl. I S. 579), Amtshilferichtlinie-Umsetzungsgsetz (AmtshilfeRLUmsG) vom 26.6.2013 (BGBl. I S. 1809), Gesetz zur Anpassung des Investmentsteuergesetzes und anderer Gesetze an das AIFM-Umsetzungsgesetz (AIFM-Steuer-Anpassungsgesetz – AIFM-StAnpG) vom 18.12.2013 (BGBl. I S. 4318), Gesetz zur Anpassung steuerlicher Regelungen an die Rechtsprechung des Bundesverfassungsgerichts vom 18.7.2014 (BGBl. I S. 1042), Zehnte Zuständigkeitsanpassungsverordnung vom 31.8.2015 (BGBl. I S. 1474), Steueränderungsgesetz 2015 vom 2.11.2015 (BGBl. I S. 1834), Gesetz zur Anpassung des Erbschaftsteuer- und Schenkungsteuergesetzes an die Rechtsprechung des Bundesverfassungsgerichts vom 4.11.2016 (BGBl. I S. 2464), Gesetz zur Reform des Grundsteuer- und Bewertungsrechts (Grundsteuer-Reformgesetz – GrStRefG) vom 26.11.2019 (BGBl. I S. 1794)[4)], Gesetz zur weiteren steuerlichen Förderung der Elektromobilität und zur Änderung weiterer steuerlicher Vorschriften vom 12.12.2019 (BGBl. I S. 2451), Jahressteuergesetz 2020 (JStG 2020) vom 21.12.2020 (BGBl. I S. 3096), Gesetz zur Stärkung des Fondsstandorts Deutschland und zur Umsetzung der Richtlinie (EU) 2019/1160 zur Änderung der Richtlinien 2009/65/EG und 2011/61/EU im Hinblick auf den grenzüberschreitenden Vertrieb von Organismen für gemeinsame Anlagen (Fondsstandortgesetz –

---

1) Neubekanntmachung des BewG idF der Bek. v. 30.5.1985 (BGBl. I S. 845) auf Grund des § 123 Abs. 2 des BewG idF der Bek. v. 30.5.1985 in der ab 1.1.1991 geltenden Fassung.

2) **Zum Anwendungsbereich vgl. § 265.**

3) Zur Bewertung von Vermögen im Gebiet der ehem. DDR siehe §§ 125 ff.

4) **[Anm. des Lektorats:] Die Reform des GrStG tritt zum 1.1.2022 bzw. 1.1.2025 in Kraft. Bitte achten Sie auf die Fußnotenhinweise.**

FoStoG) vom 3.6.2021 (BGBl. I S. 1498), Gesetz zur Modernisierung des Körperschaftsteuerrechts vom 25.6.2021 (BGBl. I S. 2050), Gesetz zur Abwehr von Steuervermeidung und unfairem Steuerwettbewerb und zur Änderung weiterer Gesetze vom 25.6.2021 (BGBl. I S. 2056), Verordnung zur Neufassung der Anlagen 27 bis 33 des Bewertungsgesetzes vom 29.6.2021 (BGBl. I S. 2290) und Gesetz zur erleichterten Umsetzung der Reform der Grundsteuer und Änderung weiterer steuerrechtlicher Vorschriften (Grundsteuerreform-Umsetzungsgesetz – GrStRefUG) vom 16.7.2021 (BGBl. I S. 2931)

BGBl. III/FNA 610-7

Inhaltsübersicht

B. Land- und forstwirtschaftliches Vermögen

I. Allgemeines

(Fortsetzung nächstes Blatt)

(4)[1] [1]Noch nicht fällige Ansprüche aus Lebens-, Kapital- oder Rentenversicherungen werden mit dem Rückkaufswert bewertet. [2]Rückkaufswert ist der Betrag, den das Versicherungsunternehmen dem Versicherungsnehmer im Falle der vorzeitigen Aufhebung des Vertragsverhältnisses zu erstatten hat. [3]Die Berechnung des Werts, insbesondere die Berücksichtigung von ausgeschütteten und gutgeschriebenen Gewinnanteilen kann durch Rechtsverordnung geregelt werden.

§ 13[2] Kapitalwert von wiederkehrenden Nutzungen und Leistungen. (1) [1]Der Kapitalwert von Nutzungen oder Leistungen, die auf bestimmte Zeit beschränkt sind, ist mit dem aus Anlage 9a zu entnehmenden Vielfachen des Jahreswerts anzusetzen. [2]Ist die Dauer des Rechts außerdem durch das Leben einer oder mehrerer Personen bedingt, darf der nach § 14 zu berechnende Kapitalwert nicht überschritten werden.

(2) Immerwährende Nutzungen oder Leistungen sind mit dem 18,6fachen des Jahreswerts, Nutzungen oder Leistungen von unbestimmter Dauer vorbehaltlich des § 14 mit dem 9,3fachen des Jahreswerts zu bewerten.

(3) [1]Ist der gemeine Wert der gesamten Nutzungen oder Leistungen nachweislich geringer oder höher, so ist der nachgewiesene gemeine Wert zugrunde zu legen. [2]Der Ansatz eines geringeren oder höheren Werts kann jedoch nicht darauf gestützt werden, daß mit einem anderen Zinssatz als 5,5 Prozent oder mit einer anderen als mittelschüssigen Zahlungsweise zu rechnen ist.

§ 14 Lebenslängliche Nutzungen und Leistungen. (1)[3] [1]Der Kapitalwert von lebenslänglichen Nutzungen und Leistungen ist mit dem Vielfachen des Jahreswerts nach Maßgabe der Sätze 2 bis 4 anzusetzen. [2]Die Vervielfältiger sind nach der Sterbetafel des Statistischen Bundesamtes zu ermitteln und ab dem 1. Januar des auf die Veröffentlichung der Sterbetafel durch das Statistische Bundesamt folgenden Kalenderjahres anzuwenden. [3]Der Kapitalwert ist unter Berücksichtigung von Zwischenzinsen und Zinseszinsen mit einem Zinssatz von 5,5 Prozent als Mittelwert zwischen dem Kapitalwert für jährlich vorschüssige und jährlich nachschüssige Zahlungsweise zu berechnen. [4]Das Bundesministerium der Finanzen stellt die Vervielfältiger für den Kapitalwert einer lebenslänglichen Nutzung oder Leistung im Jahresbetrag von einem Euro nach Lebensalter und Geschlecht der Berechtigten in einer Tabelle zusammen und veröffentlicht diese zusammen mit dem Datum der Veröffentlichung der Sterbetafel im Bundessteuerblatt.[4]

(2) [1]Hat eine nach Absatz 1 bewertete Nutzung oder Leistung bei einem Alter

---

[1] § 12 Abs. 4 neu gef. mWv 1.1.2009 durch G v. 24.12.2008 (BGBl. I S. 3018).

[2] § 13 Abs. 1 neu gef., Abs. 2 geänd. und Abs. 3 Satz 2 angef. mWv 1.1.1993 durch G v. 9.11.1992 (BGBl. I S. 1853).

[3] § 14 Abs. 1 neu gef. mWv 1.1.2009 durch G v. 24.12.2008 (BGBl. I S. 3018).

[4] **Ab dem 1.1.2021:** BMF v. 4.10.2021 – IV C 7 - S 3104/19/10001 :006, DOK 2021/0863034, www.bundesfinanzministerium.de > Service > Publikationen > BMF-Schreiben.

1. bis zu 30 Jahren	nicht mehr als 10 Jahre,
2. von mehr als 30 Jahren bis zu 50 Jahren	nicht mehr als 9 Jahre,
3. von mehr als 50 Jahren bis zu 60 Jahren	nicht mehr als 8 Jahre,
4. von mehr als 60 Jahren bis zu 65 Jahren	nicht mehr als 7 Jahre,
5. von mehr als 65 Jahren bis zu 70 Jahren	nicht mehr als 6 Jahre,
6. von mehr als 70 Jahren bis zu 75 Jahren	nicht mehr als 5 Jahre,
7. von mehr als 75 Jahren bis zu 80 Jahren	nicht mehr als 4 Jahre,
8. von mehr als 80 Jahren bis zu 85 Jahren	nicht mehr als 3 Jahre,
9. von mehr als 85 Jahren bis zu 90 Jahren	nicht mehr als 2 Jahre,
10. von mehr als 90 Jahren	nicht mehr als 1 Jahr

bestanden und beruht der Wegfall auf dem Tod des Berechtigten oder Verpflichteten, so ist die Festsetzung der nicht laufend veranlagten Steuern auf Antrag nach der wirklichen Dauer der Nutzung oder Leistung zu berichtigen. [2]§ 5 Abs. 2 Satz 2 gilt entsprechend. [3]Ist eine Last weggefallen, so bedarf die Berichtigung keines Antrags.

(3) Hängt die Dauer der Nutzung oder Leistung von der Lebenszeit mehrerer Personen ab und erlischt das Recht mit dem Tod des zuletzt Sterbenden, so ist das Lebensalter und das Geschlecht derjenigen Person maßgebend, für die sich der höchste Vervielfältiger ergibt; erlischt das Recht mit dem Tod des zuerst Sterbenden, so ist das Lebensalter und Geschlecht derjenigen Person maßgebend, für die sich der niedrigste Vervielfältiger ergibt.

(4)[1)] [1]Ist der gemeine Wert der gesamten Nutzungen oder Leistungen nachweislich geringer oder höher als der Wert, der sich nach Absatz 1 ergibt, so ist der nachgewiesene gemeine Wert zugrunde zu legen. [2]Der Ansatz eines geringeren oder höheren Werts kann jedoch nicht darauf gestützt werden, daß mit einer kürzeren oder längeren Lebensdauer, mit einem anderen Zinssatz als 5,5 Prozent oder mit einer anderen als mittelschüssigen Zahlungsweise zu rechnen ist.

§ 15 Jahreswert von Nutzungen und Leistungen. (1) Der einjährige Betrag der Nutzung einer Geldsumme ist, wenn kein anderer Wert feststeht, zu 5,5 Prozent anzunehmen.

(2) Nutzungen oder Leistungen, die nicht in Geld bestehen (Wohnung, Kost, Waren und sonstige Sachbezüge), sind mit den üblichen Mittelpreisen des Verbrauchsorts anzusetzen.

(3) Bei Nutzungen oder Leistungen, die in ihrem Betrag ungewiß sind oder schwanken, ist als Jahreswert der Betrag zugrunde zu legen, der in Zukunft im Durchschnitt der Jahre voraussichtlich erzielt werden wird.

§ 16[2)] Begrenzung des Jahreswerts von Nutzungen. Bei der Ermittlung des Kapitalwerts der Nutzungen eines Wirtschaftsguts kann der Jahreswert dieser Nutzungen höchstens den Wert betragen, der sich ergibt, wenn der für

---

[1)] § 14 Abs. 4 Satz 2 neu gef. mWv 1.1.1993 durch G v. 9.11.1992 (BGBl. I S. 1853).
[2)] § 16 neu gef. mWv 1.1.1993 durch G v. 9.11.1992 (BGBl. I S. 1853).

§ 172[1)] Abweichender Bewertungsstichtag. Bei der forstwirtschaftlichen Nutzung sind abweichend von § 161 Abs. 1 für den Umfang und den Zustand des Bestands an nicht eingeschlagenem Holz die Verhältnisse am Ende des Wirtschaftsjahres zu Grunde zu legen, das dem Bewertungsstichtag vorangegangen ist.

c) Weinbauliche Nutzung

§ 173[1)] Umlaufende Betriebsmittel. (1) Bei ausbauenden Betrieben zählen die Vorräte an Weinen aus den Ernten der letzten fünf Jahre vor dem Bewertungsstichtag zum normalen Bestand an umlaufenden Betriebsmitteln.

(2) Abschläge für Unterbestand an Weinvorräten sind nicht zu machen.

d) Gärtnerische Nutzung

§ 174[1)] Abweichende Bewertungsverhältnisse. (1) [1]Die durch Anbau von Baumschulgewächsen genutzte Betriebsfläche wird nach § 161 Abs. 1 bestimmt. [2]Dabei sind die zum 15. September feststellbaren Bewirtschaftungsverhältnisse zu Grunde zu legen, die dem Bewertungsstichtag vorangegangen sind.

(2) [1]Die durch Anbau von Gemüse, Blumen und Zierpflanzen genutzte Betriebsfläche wird nach § 161 Abs. 1 bestimmt. [2]Dabei sind die zum 30. Juni feststellbaren Bewirtschaftungsverhältnisse zu Grunde zu legen, die dem Bewertungsstichtag vorangegangen sind.

(3) Sind die Bewirtschaftungsverhältnisse nicht feststellbar, richtet sich die Einordnung der Flächen nach der vorgesehenen Nutzung.

e) Übrige land- und forstwirtschaftliche Nutzungen

§ 175[1)] Übrige land- und forstwirtschaftliche Nutzungen. (1) Zu den übrigen land- und forstwirtschaftlichen Nutzungen gehören

1. die Sondernutzungen Hopfen, Spargel, Tabak und andere Sonderkulturen,
2. die sonstigen land- und forstwirtschaftlichen Nutzungen.

(2) Zu den sonstigen land- und forstwirtschaftlichen Nutzungen gehören insbesondere

1. die Binnenfischerei,
2. die Teichwirtschaft,
3. die Fischzucht für Binnenfischerei und Teichwirtschaft,
4. die Imkerei,
5. die Wanderschäferei,
6. die Saatzucht,
7. der Pilzanbau,
8. die Produktion von Nützlingen,
9. die Weihnachtsbaumkulturen.

[1)] Sechster Abschnitt (§§ 157–203) eingef. mWv 1.1.2009 durch G v. 24.12.2008 (BGBl. I S. 3018).

C. Grundvermögen

I. Allgemeines

§ 176[1] Grundvermögen. (1) Zum Grundvermögen gehören
1. der Grund und Boden, die Gebäude, die sonstigen Bestandteile und das Zubehör,
2. das Erbbaurecht,
3. das Wohnungseigentum, Teileigentum, Wohnungserbbaurecht und Teilerbbaurecht nach dem Wohnungseigentumsgesetz,

soweit es sich nicht um land- und forstwirtschaftliches Vermögen (§§ 158 und 159) oder um Betriebsgrundstücke (§ 99) handelt.

(2) In das Grundvermögen sind nicht einzubeziehen
1. Bodenschätze,
2. die Maschinen und sonstigen Vorrichtungen aller Art, die zu einer Betriebsanlage gehören (Betriebsvorrichtungen), auch wenn sie wesentliche Bestandteile sind. [2]Einzubeziehen sind jedoch die Verstärkungen von Decken und die nicht ausschließlich zu einer Betriebsanlage gehörenden Stützen und sonstigen Bauteile wie Mauervorlagen und Verstrebungen.

§ 177[1)·2)] Bewertung. (1) Den Bewertungen nach den §§ 179 und 182 bis 196 ist der gemeine Wert (§ 9) zugrunde zu legen.

[***ab 23.7.2021:***
(2) [1]Die für die Wertermittlung erforderlichen Daten des Gutachterausschusses im Sinne des § 193 Absatz 5 Satz 2 des Baugesetzbuchs sind bei den Bewertungen nach den §§ 182 bis 196 für längstens zwei Jahre ab dem Ende des Kalenderjahres maßgeblich, in dem der vom Gutachterausschuss zugrunde gelegte Auswertungszeitraum endet. [2]Soweit sich die maßgeblichen Wertverhältnisse nicht wesentlich geändert haben, können die Daten auch über einen längeren Zeitraum als zwei Jahre hinaus angewendet werden.]

II. Unbebaute Grundstücke

§ 178[1] Begriff der unbebauten Grundstücke. (1) [1]Unbebaute Grundstücke sind Grundstücke, auf denen sich keine benutzbaren Gebäude befinden. [2]Die Benutzbarkeit beginnt im Zeitpunkt der Bezugsfertigkeit. [3]Gebäude sind als bezugsfertig anzusehen, wenn den zukünftigen Bewohnern oder sonstigen Benutzern zugemutet werden kann, sie zu benutzen; die Abnahme durch die Bauaufsichtsbehörde ist nicht entscheidend.

(2) [1]Befinden sich auf dem Grundstück Gebäude, die auf Dauer keiner Nutzung zugeführt werden können, gilt das Grundstück als unbebaut. [2]Als unbebaut gilt auch ein Grundstück, auf dem infolge von Zerstörung oder Verfall der Gebäude auf Dauer kein benutzbarer Raum mehr vorhanden ist.

---

1) Sechster Abschnitt (§§ 157–203) eingef. mWv 1.1.2009 durch G v. 24.12.2008 (BGBl. I *S. 3018*).

2) § 177 bish. Wortlaut wird Abs. 1, Abs. 2 angef. durch G v. 16.7.2021 (BGBl. I S. 2931); zur Anwendung siehe § 265 Abs. 12.

§ 179[1)] [2)] Bewertung der unbebauten Grundstücke. [1]Der Wert unbebauter Grundstücke bestimmt sich regelmäßig nach ihrer Fläche und den Bodenrichtwerten (§ 196 des Baugesetzbuchs). [2]Die Bodenrichtwerte sind von den Gutachterausschüssen nach dem Baugesetzbuch zu ermitteln und den Finanzämtern mitzuteilen. [3]Bei der Wertermittlung ist stets der Bodenrichtwert anzusetzen, der vom Gutachterausschuss zuletzt [*ab 23.7.2021:* vor dem Bewertungsstichtag] zu ermitteln war. [4]Wird von den Gutachterausschüssen kein Bodenrichtwert ermittelt, ist der Bodenwert aus den Werten vergleichbarer Flächen abzuleiten.[3)]

III. Bebaute Grundstücke

§ 180[1)] Begriff der bebauten Grundstücke. (1) [1]Bebaute Grundstücke sind Grundstücke, auf denen sich benutzbare Gebäude befinden. [2]Wird ein Gebäude in Bauabschnitten errichtet, ist der fertiggestellte Teil als benutzbares Gebäude anzusehen.

(2) Als Grundstück im Sinne des Absatzes 1 gilt auch ein Gebäude, das auf fremdem Grund und Boden errichtet oder in sonstigen Fällen einem anderen als dem Eigentümer des Grund und Bodens zuzurechnen ist, selbst wenn es wesentlicher Bestandteil des Grund und Bodens geworden ist.

§ 181[1)] Grundstücksarten. (1) Bei der Bewertung bebauter Grundstücke sind die folgenden Grundstücksarten zu unterscheiden:

1. Ein- und Zweifamilienhäuser,
2. Mietwohngrundstücke,
3. Wohnungs- und Teileigentum,
4. Geschäftsgrundstücke,
5. gemischt genutzte Grundstücke und
6. sonstige bebaute Grundstücke.

(2) [1]Ein- und Zweifamilienhäuser sind Wohngrundstücke, die bis zu zwei Wohnungen enthalten und kein Wohnungseigentum sind. [2]Ein Grundstück gilt auch dann als Ein- oder Zweifamilienhaus, wenn es zu weniger als 50 Prozent, berechnet nach der Wohn- oder Nutzfläche, zu anderen als Wohnzwecken mitbenutzt und dadurch die Eigenart als Ein- oder Zweifamilienhaus nicht wesentlich beeinträchtigt wird.

(3) Mietwohngrundstücke sind Grundstücke, die zu mehr als 80 Prozent, berechnet nach der Wohn- oder Nutzfläche, Wohnzwecken dienen, und nicht Ein- und Zweifamilienhäuser oder Wohnungseigentum sind.

(4) Wohnungseigentum ist das Sondereigentum an einer Wohnung in Verbindung mit dem Miteigentumsanteil an dem gemeinschaftlichen Eigentum, zu dem es gehört.

[1)] Sechster Abschnitt (§§ 157–203) eingef. mWv 1.1.2009 durch G v. 24.12.2008 (BGBl. I S. 3018).

[2)] § 179 Satz 3 geänd. durch G v. 16.7.2021 (BGBl. I S. 2931); zur Anwendung siehe § 265 Abs. 12.

[3)] § 179 Satz 4 geänd. durch G v. 7.12.2011 (BGBl. I S. 2592); zur Anwendung siehe § 265 Abs. 3.

(5) Teileigentum ist das Sondereigentum an nicht zu Wohnzwecken dienenden Räumen eines Gebäudes in Verbindung mit dem Miteigentum an dem gemeinschaftlichen Eigentum, zu dem es gehört.

(6) Geschäftsgrundstücke sind Grundstücke, die zu mehr als 80 Prozent, berechnet nach der Wohn- und Nutzfläche, eigenen oder fremden betrieblichen oder öffentlichen Zwecken dienen und nicht Teileigentum sind.

(7) Gemischt genutzte Grundstücke sind Grundstücke, die teils Wohnzwecken, teils eigenen oder fremden betrieblichen oder öffentlichen Zwecken dienen und nicht Ein- und Zweifamilienhäuser, Mietwohngrundstücke, Wohnungseigentum, Teileigentum oder Geschäftsgrundstücke sind.

(8) Sonstige bebaute Grundstücke sind solche Grundstücke, die nicht unter die Absätze 2 bis 7 fallen.

(9) [1] Eine Wohnung ist die Zusammenfassung einer Mehrheit von Räumen, die in ihrer Gesamtheit so beschaffen sein müssen, dass die Führung eines selbständigen Haushalts möglich ist. [2] Die Zusammenfassung einer Mehrheit von Räumen muss eine von anderen Wohnungen oder Räumen, insbesondere Wohnräumen, baulich getrennte, in sich abgeschlossene Wohneinheit bilden und einen selbständigen Zugang haben. [3] Außerdem ist erforderlich, dass die für die Führung eines selbständigen Haushalts notwendigen Nebenräume (Küche, Bad oder Dusche, Toilette) vorhanden sind. [4] Die Wohnfläche muss mindestens 23 Quadratmeter (m^2) betragen.

§ 182[1)] Bewertung der bebauten Grundstücke. (1) Der Wert der bebauten Grundstücke ist nach dem Vergleichswertverfahren (Absatz 2 und § 183), dem Ertragswertverfahren (Absatz 3 und §§ 184 bis 188) oder dem Sachwertverfahren (Absatz 4 und §§ 189 bis 191) zu ermitteln.

(2) Im Vergleichswertverfahren sind grundsätzlich zu bewerten

1. Wohnungseigentum,
2. Teileigentum,
3. Ein- und Zweifamilienhäuser.

(3) Im Ertragswertverfahren sind zu bewerten

1. Mietwohngrundstücke,
2. Geschäftsgrundstücke und gemischt genutzte Grundstücke, für die sich auf dem örtlichen Grundstücksmarkt eine übliche Miete ermitteln lässt.

(4) Im Sachwertverfahren sind zu bewerten

1. Grundstücke im Sinne des Absatzes 2, wenn kein Vergleichswert vorliegt,
2. Geschäftsgrundstücke und gemischt genutzte Grundstücke mit Ausnahme der in Absatz 3 Nr. 2 genannten Grundstücke,
3. sonstige bebaute Grundstücke.

---

1) Sechster Abschnitt (§§ 157–203) eingef. mWv 1.1.2009 durch G v. 24.12.2008 (BGBl. I S. 3018).

§ 183[1), 2)] **Bewertung im Vergleichswertverfahren.** (1) [1]Bei Anwendung des Vergleichswertverfahrens sind Kaufpreise von Grundstücken heranzuziehen, die hinsichtlich der ihren Wert beeinflussenden Merkmale mit dem zu bewertenden Grundstück hinreichend übereinstimmen (Vergleichsgrundstücke). [2]Grundlage sind vorrangig die von den Gutachterausschüssen im Sinne der §§ 192 ff. des Baugesetzbuchs mitgeteilten Vergleichspreise.

(2) [1]Anstelle von Preisen für Vergleichsgrundstücke können von den Gutachterausschüssen für geeignete Bezugseinheiten, insbesondere Flächeneinheiten des Gebäudes, ermittelte und mitgeteilte Vergleichsfaktoren herangezogen werden. [2]Bei Verwendung von Vergleichsfaktoren, die sich nur auf das Gebäude beziehen, ist der Bodenwert nach § 179 gesondert zu berücksichtigen. [*ab 23.7.2021:* [3]Anzuwenden sind die Vergleichsfaktoren, die von den Gutachterausschüssen für den letzten Auswertungszeitraum abgeleitet werden, der vor dem Kalenderjahr endet, in dem der Bewertungsstichtag liegt.]

(3) Besonderheiten, insbesondere die den Wert beeinflussenden Belastungen privatrechtlicher und öffentlich-rechtlicher Art, werden im Vergleichswertverfahren nach den Absätzen 1 und 2 nicht berücksichtigt.

§ 184[1)] **Bewertung im Ertragswertverfahren.** (1) Bei Anwendung des Ertragswertverfahrens ist der Wert der Gebäude (Gebäudeertragswert) getrennt von dem Bodenwert auf der Grundlage des Ertrags nach § 185 zu ermitteln.

(2) Der Bodenwert ist der Wert des unbebauten Grundstücks nach § 179.

(3) [1]Der Bodenwert und der Gebäudeertragswert (§ 185) ergeben den Ertragswert des Grundstücks. [2]Es ist mindestens der Bodenwert anzusetzen. [3]Sonstige bauliche Anlagen, insbesondere Außenanlagen, sind regelmäßig mit dem Ertragswert des Gebäudes abgegolten.

§ 185[1)] **Ermittlung des Gebäudeertragswerts.** (1) [1]Bei der Ermittlung des Gebäudeertragswerts ist von dem Reinertrag des Grundstücks auszugehen. [2]Dieser ergibt sich aus dem Rohertrag des Grundstücks (§ 186) abzüglich der Bewirtschaftungskosten (§ 187).

(2) [1]Der Reinertrag des Grundstücks ist um den Betrag zu vermindern, der sich durch eine angemessene Verzinsung des Bodenwerts ergibt; dies ergibt den Gebäudereinertrag. [2]Der Verzinsung des Bodenwerts ist der Liegenschaftszinssatz (§ 188) zugrunde zu legen. [3]Ist das Grundstück wesentlich größer, als es einer den Gebäuden angemessenen Nutzung entspricht, und ist eine zusätzliche Nutzung oder Verwertung einer Teilfläche zulässig und möglich, ist bei der Berechnung des Verzinsungsbetrags der Bodenwert dieser Teilfläche nicht zu berücksichtigen.

(3) [1]Der Gebäudereinertrag ist mit dem sich aus der Anlage 21 ergebenden Vervielfältiger zu kapitalisieren. [2]Maßgebend für den Vervielfältiger sind der Liegenschaftszinssatz und die Restnutzungsdauer des Gebäudes. [3]Die

---

[1)] Sechster Abschnitt (§§ 157–203) eingef. mWv 1.1.2009 durch G v. 24.12.2008 (BGBl. I S. 3018).

[2)] § 183 Abs. 2 Satz 3 angef. durch G v. 16.7.2021 (BGBl. I S. 2931); zur Anwendung siehe § 265 Abs. 12.

Restnutzungsdauer wird grundsätzlich aus dem Unterschiedsbetrag zwischen der wirtschaftlichen Gesamtnutzungsdauer, die sich aus der Anlage 22 ergibt, und dem Alter des Gebäudes am Bewertungsstichtag ermittelt. [4] Sind nach Bezugsfertigkeit des Gebäudes Veränderungen eingetreten, die die wirtschaftliche Gesamtnutzungsdauer des Gebäudes verlängert oder verkürzt haben, ist von einer der Verlängerung oder Verkürzung entsprechenden Restnutzungsdauer auszugehen. [5] Die Restnutzungsdauer eines noch nutzbaren Gebäudes beträgt regelmäßig mindestens 30 Prozent der wirtschaftlichen Gesamtnutzungsdauer.

§ 186[1)] Rohertrag des Grundstücks. (1) [1] Rohertrag ist das Entgelt, das für die Benutzung des bebauten Grundstücks nach den am Bewertungsstichtag geltenden vertraglichen Vereinbarungen für den Zeitraum von zwölf Monaten zu zahlen ist. [2] Umlagen, die zur Deckung der Betriebskosten gezahlt werden, sind nicht anzusetzen.

(2) [1] Für Grundstücke oder Grundstücksteile,

1. die eigengenutzt, ungenutzt, zu vorübergehendem Gebrauch oder unentgeltlich überlassen sind,
2. die der Eigentümer dem Mieter zu einer um mehr als 20 Prozent von der üblichen Miete abweichenden tatsächlichen Miete überlassen hat,

ist die übliche Miete anzusetzen. [2] Die übliche Miete ist in Anlehnung an die Miete zu schätzen, die für Räume gleicher oder ähnlicher Art, Lage und Ausstattung regelmäßig gezahlt wird. [3] Betriebskosten sind nicht einzubeziehen.

§ 187[1) · 2)] Bewirtschaftungskosten. (1) Bewirtschaftungskosten sind die bei gewöhnlicher Bewirtschaftung nachhaltig entstehenden Verwaltungskosten, Betriebskosten, Instandhaltungskosten und das Mietausfallwagnis; durch Umlagen gedeckte Betriebskosten bleiben unberücksichtigt.

(2) [1] Die Bewirtschaftungskosten sind nach Erfahrungssätzen anzusetzen. [***ab 23.7.2021:*** [2] Anzuwenden sind die Erfahrungssätze, die von den Gutachterausschüssen für den letzten Auswertungszeitraum abgeleitet werden, der vor dem Kalenderjahr endet, in dem der Bewertungsstichtag liegt.] [3] Soweit von den Gutachterausschüssen *im Sinne der §§ 192ff. des Baugesetzbuchs* keine geeigneten Erfahrungssätze zur Verfügung stehen, ist von den pauschalierten Bewirtschaftungskosten nach Anlage 23 auszugehen.

§ 188[1) · 3)] Liegenschaftszinssatz. (1) Der Liegenschaftszinssatz ist der Zinssatz, mit dem der Verkehrswert von Grundstücken im Durchschnitt marktüblich verzinst wird.

[1)] Sechster Abschnitt (§§ 157–203) eingef. mWv 1.1.2009 durch G v. 24.12.2008 (BGBl. I S. 3018).

[2)] § 187 Abs. 2 Satz 2 eingef., bish. Satz 2 wird Satz 3 und geänd. (kursiver Satzteil aufgeh.) durch G v. 16.7.2021 (BGBl. I S. 2931); zur Anwendung siehe § 265 Abs. 12.

[3)] § 188 Abs. 2 Satz 1 neu gef. durch G v. 16.7.2021 (BGBl. I S. 2931); zur Anwendung siehe § 265 Abs. 12.

(2) 1 Anzuwenden sind die *von den Gutachterausschüssen im Sinne der §§ 192 ff. des Baugesetzbuchs ermittelten örtlichen Liegenschaftszinssätze.* [***ab 23.7.2021:*** Liegenschaftszinssätze, die von den Gutachterausschüssen für den letzten Auswertungszeitraum abgeleitet werden, der vor dem Kalenderjahr endet, in dem der Bewertungsstichtag liegt]. 2 Soweit von den Gutachterausschüssen keine geeigneten Liegenschaftszinssätze zur Verfügung stehen, gelten die folgenden Zinssätze:

1. 5 Prozent für Mietwohngrundstücke,
2. 5,5 Prozent für gemischt genutzte Grundstücke mit einem gewerblichen Anteil von bis zu 50 Prozent, berechnet nach der Wohn- und Nutzfläche,
3. 6 Prozent für gemischt genutzte Grundstücke mit einem gewerblichen Anteil von mehr als 50 Prozent, berechnet nach der Wohn- und Nutzfläche, und
4. 6,5 Prozent für Geschäftsgrundstücke.

§ 189[1)] **Bewertung im Sachwertverfahren.** (1) 1 Bei Anwendung des Sachwertverfahrens ist der Wert der Gebäude (Gebäudesachwert) getrennt vom Bodenwert nach § 190 zu ermitteln. 2 Sonstige bauliche Anlagen, insbesondere Außenanlagen, und der Wert der sonstigen Anlagen sind regelmäßig mit dem Gebäudewert und dem Bodenwert abgegolten.

(2) Der Bodenwert ist der Wert des unbebauten Grundstücks nach § 179.

(3) 1 Der Bodenwert und der Gebäudesachwert (§ 190) ergeben den vorläufigen Sachwert des Grundstücks. 2 Dieser ist zur Anpassung an den gemeinen Wert mit einer Wertzahl nach § 191 zu multiplizieren.

§ 190[1) · 2)] **Ermittlung des Gebäudesachwerts.** (1) 1 Bei der Ermittlung des Gebäudesachwerts ist von den Regelherstellungskosten des Gebäudes auszugehen. 2 Regelherstellungskosten sind die gewöhnlichen Herstellungskosten je Flächeneinheit. 3 Durch Multiplikation der jeweiligen nach Absatz 2 an den Bewertungsstichtag angepassten Regelherstellungskosten mit der Brutto-Grundfläche des Gebäudes ergibt sich der Gebäuderegelherstellungswert. 4 Die Regelherstellungskosten sind in der Anlage 24 enthalten.

(2) 1 Die Anpassung der Regelherstellungskosten erfolgt anhand der vom Statistischen Bundesamt veröffentlichten Baupreisindizes. 2 Dabei ist auf die Preisindizes für die Bauwirtschaft abzustellen, die das Statistische Bundesamt für den Neubau in konventioneller Bauart von Wohn- und Nichtwohngebäuden jeweils als Jahresdurchschnitt ermittelt. 3 Diese Preisindizes sind für alle Bewertungsstichtage des folgenden Kalenderjahres anzuwenden. 4 Das Bundesministerium der Finanzen veröffentlicht die maßgebenden Baupreisindizes im Bundessteuerblatt.[3)]

---

1) Sechster Abschnitt (§§ 157–203) eingef. mWv 1.1.2009 durch G v. 24.12.2008 (BGBl. I S. 3018).

2) § 190 neu gef. durch G v. 2.11.2015 (BGBl. I S. 1834); zur Anwendung siehe § 265 Abs. 10.

3) Für das Kj. 2019: BStBl. I 2019 S. 207.

(3) Das Bundesministerium der Finanzen wird ermächtigt, durch Rechtsverordnung mit Zustimmung des Bundesrates die Anlage 24 zu diesem Gesetz dadurch zu ändern, dass es die darin aufgeführten Regelherstellungskosten nach Maßgabe marktüblicher gewöhnlicher Herstellungskosten aktualisiert, soweit dies zur Ermittlung des gemeinen Werts erforderlich ist.

(4) [1] Vom Gebäuderegelherstellungswert ist eine Alterswertminderung abzuziehen. [2] Diese wird regelmäßig nach dem Verhältnis des Alters des Gebäudes am Bewertungsstichtag zur wirtschaftlichen Gesamtnutzungsdauer nach Anlage 22 bestimmt. [3] Sind nach Bezugsfertigkeit des Gebäudes Veränderungen eingetreten, die die wirtschaftliche Gesamtnutzungsdauer des Gebäudes verlängert haben, so ist von einem entsprechenden späteren Baujahr auszugehen. [4] Bei bestehender Abbruchverpflichtung für das Gebäude ist bei der Ermittlung der Alterswertminderung von der tatsächlichen Gesamtnutzungsdauer des Gebäudes auszugehen. [5] Der nach Abzug der Alterswertminderung verbleibende Gebäudewert ist regelmäßig mit mindestens 30 Prozent des Gebäuderegelherstellungswerts anzusetzen.

§ 191[1), 2)] **Wertzahlen.** (1) [1] Als Wertzahlen im Sinne des § 189 Abs. 3 sind die Sachwertfaktoren anzuwenden, die von den Gutachterausschüssen im Sinne der §§ 192 ff. des Baugesetzbuchs für das Sachwertverfahren bei der Verkehrswertermittlung abgeleitet wurden. [***ab 23.7.2021:*** [2] Anzuwenden sind die Sachwertfaktoren, die von den Gutachterausschüssen für den letzten Auswertungszeitraum abgeleitet werden, der vor dem Kalenderjahr endet, in dem der Bewertungsstichtag liegt.]

(2) Soweit von den Gutachterausschüssen keine geeigneten Sachwertfaktoren zur Verfügung stehen, sind die in der Anlage 25 bestimmten Wertzahlen zu verwenden.

IV. Sonderfälle

§ 192[1)] **Bewertung in Erbbaurechtsfällen.** [1] Ist das Grundstück mit einem Erbbaurecht belastet, sind die Werte für die wirtschaftliche Einheit Erbbaurecht (§ 193) und für die wirtschaftliche Einheit des belasteten Grundstücks (§ 194) gesondert zu ermitteln. [2] Mit der Bewertung des Erbbaurechts (§ 193) ist die Verpflichtung zur Zahlung des Erbbauzinses und mit der Bewertung des Erbbaurechtsgrundstücks (§ 194) ist das Recht auf den Erbbauzins abgegolten; die hiernach ermittelten Grundbesitzwerte dürfen nicht weniger als 0 Euro betragen.[3)]

§ 193[1)] **Bewertung des Erbbaurechts.** (1) Der Wert des Erbbaurechts ist im Vergleichswertverfahren nach § 183 zu ermitteln, wenn für das zu bewer-

---

1) Sechster Abschnitt (§§ 157–203) eingef. mWv 1.1.2009 durch G v. 24.12.2008 (BGBl. I S. 3018).

2) § 191 Abs. 1 Satz 2 angef. durch G v. 16.7.2021 (BGBl. I S. 2931); zur Anwendung siehe *§ 265 Abs. 12*.

3) § 192 Satz 2 angef. durch G v. 7.12.2011 (BGBl. I S. 2592); zur Anwendung siehe § 265 Abs. 3.

tende Erbbaurecht Vergleichskaufpreise oder aus Kaufpreisen abgeleitete Vergleichsfaktoren vorliegen.

(2) In allen anderen Fällen setzt sich der Wert des Erbbaurechts zusammen aus einem Bodenwertanteil nach Absatz 3 und einem Gebäudewertanteil nach Absatz 5.

(3) [1] Der Bodenwertanteil ergibt sich aus der Differenz zwischen

1. dem angemessenen Verzinsungsbetrag des Bodenwerts des unbelasteten Grundstücks nach Absatz 4 und
2. dem vertraglich vereinbarten jährlichen Erbbauzins.

[2] Der so ermittelte Unterschiedsbetrag ist über die Restlaufzeit des Erbbaurechts mit dem sich aus Anlage 21 ergebenden Vervielfältiger zu kapitalisieren.

(4)[1)] [1] Der angemessene Verzinsungsbetrag des Bodenwerts des unbelasteten Grundstücks ergibt sich durch Anwendung des Liegenschaftszinssatzes, *der von den Gutachterausschüssen im Sinne der §§ 192 ff. des Baugesetzbuchs ermittelt wurde,* [***ab 23.7.2021:*** im Sinne des § 188 Absatz 2 Satz 1] auf den Bodenwert nach § 179. [2] Soweit von den Gutachterausschüssen keine geeigneten Liegenschaftszinssätze zur Verfügung stehen, gelten die folgenden Zinssätze:

1. 3 Prozent für Ein- und Zweifamilienhäuser und Wohnungseigentum, das wie Ein- und Zweifamilienhäuser gestaltet ist,
2. 5 Prozent für Mietwohngrundstücke und Wohnungseigentum, das nicht unter Nummer 1 fällt,
3. 5,5 Prozent für gemischt genutzte Grundstücke mit einem gewerblichen Anteil von bis zu 50 Prozent, berechnet nach der Wohn- und Nutzfläche, sowie sonstige bebaute Grundstücke,
4. 6 Prozent für gemischt genutzte Grundstücke mit einem gewerblichen Anteil von mehr als 50 Prozent, berechnet nach der Wohn- und Nutzfläche, und
5. 6,5 Prozent für Geschäftsgrundstücke und Teileigentum.

(5) [1] Der Gebäudewertanteil ist bei der Bewertung des bebauten Grundstücks im Ertragswertverfahren der Gebäudeertragswert nach § 185, bei der Bewertung im Sachwertverfahren der Gebäudesachwert nach § 190. [2] Ist der bei Ablauf des Erbbaurechts verbleibende Gebäudewert nicht oder nur teilweise zu entschädigen, ist der Gebäudewertanteil des Erbbaurechts um den Gebäudewertanteil des Erbbaugrundstücks nach § 194 Abs. 4 zu mindern.

§ 194[2)] Bewertung des Erbbaugrundstücks. (1) Der Wert des Erbbaugrundstücks ist im Vergleichswertverfahren nach § 183 zu ermitteln, wenn für das zu bewertende Grundstück Vergleichskaufpreise oder aus Kaufpreisen abgeleitete Vergleichsfaktoren vorliegen.

[1)] § 193 Abs. 4 Satz 1 geänd. durch G v. 16.7.2021 (BGBl. I S. 2931); zur Anwendung siehe § 265 Abs. 12.

[2)] Sechster Abschnitt (§§ 157–203) eingef. mWv 1.1.2009 durch G v. 24.12.2008 (BGBl. I S. 3018).

(2) 1 In allen anderen Fällen bildet der Bodenwertanteil nach Absatz 3 den Wert des Erbbaugrundstücks. 2 Dieser ist um einen Gebäudewertanteil nach Absatz 4 zu erhöhen, wenn der Wert des Gebäudes vom Eigentümer des Erbbaugrundstücks nicht oder nur teilweise zu entschädigen ist.

(3) 1 Der Bodenwertanteil ist die Summe des über die Restlaufzeit des Erbbaurechts abgezinsten Bodenwerts nach § 179 und der über diesen Zeitraum kapitalisierten Erbbauzinsen. 2 Der Abzinsungsfaktor für den Bodenwert wird in Abhängigkeit vom Zinssatz nach § 193 Abs. 4 und der Restlaufzeit des Erbbaurechts ermittelt; er ist Anlage 26 zu entnehmen. 3 Als Erbbauzinsen sind die am Bewertungsstichtag vereinbarten jährlichen Erbbauzinsen anzusetzen; sie sind mit dem sich aus Anlage 21 ergebenden Vervielfältiger zu kapitalisieren.

(4) Der Gebäudewertanteil des Erbbaugrundstücks entspricht dem Gebäudewert oder dem anteiligen Gebäudewert, der dem Eigentümer des Erbbaugrundstücks bei Beendigung des Erbbaurechts durch Zeitablauf entschädigungslos zufällt; er ist nach Maßgabe der Anlage 26 auf den Bewertungsstichtag abzuzinsen.

§ 195[1)] Gebäude auf fremdem Grund und Boden. (1) In Fällen von Gebäuden auf fremdem Grund und Boden sind die Werte für die wirtschaftliche Einheit des Gebäudes auf fremdem Grund und Boden (Absatz 2) und die wirtschaftliche Einheit des belasteten Grundstücks (Absatz 3) gesondert zu ermitteln.

(2) 1 Das Gebäude auf fremdem Grund und Boden wird bei einer Bewertung im Ertragswertverfahren mit dem Gebäudeertragswert nach § 185, bei einer Bewertung im Sachwertverfahren mit dem Gebäudesachwert nach § 190 bewertet. 2 Ist der Nutzer verpflichtet, das Gebäude bei Ablauf des Nutzungsrechts zu beseitigen, ist bei der Ermittlung des Gebäudeertragswerts der Vervielfältiger nach Anlage 21 anzuwenden, der sich für die am Bewertungsstichtag verbleibende Nutzungsdauer ergibt. 3 § 185 Abs. 3 Satz 5 ist nicht anzuwenden. 4 Ist in diesen Fällen der Gebäudesachwert zu ermitteln, bemisst sich die Alterswertminderung im Sinne des § 190 Absatz 4[2)] Satz 1 bis 3 nach dem Alter des Gebäudes am Bewertungsstichtag und der tatsächlichen Gesamtnutzungsdauer. 5 § 190 Absatz 4 Satz 5[2)] ist nicht anzuwenden.

(3) 1 Der Wert des belasteten Grundstücks ist der auf den Bewertungsstichtag abgezinste Bodenwert nach § 179 zuzüglich des über die Restlaufzeit des Nutzungsrechts kapitalisierten Entgelts. 2 Der Abzinsungsfaktor für den Bodenwert wird in Abhängigkeit vom Zinssatz nach § 193 Abs. 4 und der Restlaufzeit des Nutzungsverhältnisses ermittelt; er ist Anlage 26 zu entnehmen. 3 Das über die Restlaufzeit des Nutzungsrechts kapitalisierte Entgelt ergibt sich durch Anwendung des Vervielfältigers nach Anlage 21 auf das zum Bewertungsstichtag vereinbarte jährliche Entgelt.

[1)] Sechster Abschnitt (§§ 157–203) eingef. mWv 1.1.2009 durch G v. 24.12.2008 (BGBl. I S. *3018*).

[2)] Verweis geänd. durch G v. 2.11.2015 (BGBl. I S. 1834); zur Anwendung siehe § 265 Abs. 10.

§ 196[1] Grundstücke im Zustand der Bebauung. (1) [1] Ein Grundstück im Zustand der Bebauung liegt vor, wenn mit den Bauarbeiten begonnen wurde und Gebäude und Gebäudeteile noch nicht bezugsfertig sind. [2] Der Zustand der Bebauung beginnt mit den Abgrabungen oder der Einbringung von Baustoffen, die zur planmäßigen Errichtung des Gebäudes führen.

(2) Die Gebäude oder Gebäudeteile im Zustand der Bebauung sind mit den bereits am Bewertungsstichtag entstandenen Herstellungskosten dem Wert des bislang unbebauten oder bereits bebauten Grundstücks hinzuzurechnen.

§ 197[1] Gebäude und Gebäudeteile für den Zivilschutz. Gebäude, Teile von Gebäuden und Anlagen, die wegen der in § 1 des Zivilschutzgesetzes vom 25. März 1997 (BGBl. I S. 726), das zuletzt durch Artikel 2 des Gesetzes vom 27. April 2004 (BGBl. I S. 630) geändert worden ist, in der jeweils geltenden Fassung bezeichneten Zwecke geschaffen worden sind und im Frieden nicht oder nur gelegentlich oder geringfügig für andere Zwecke benutzt werden, bleiben bei der Ermittlung des Grundbesitzwerts außer Betracht.

V. Nachweis des niedrigeren gemeinen Werts

§ 198[1] · [2] Nachweis des niedrigeren gemeinen Werts. (1) [1] Weist der Steuerpflichtige nach, dass der gemeine Wert der wirtschaftlichen Einheit am Bewertungsstichtag niedriger ist als der nach den §§ 179, 182 bis 196 ermittelte Wert, so ist dieser Wert anzusetzen. [2] Für den Nachweis des niedrigeren gemeinen Werts gelten grundsätzlich die auf Grund des § 199 Abs. 1 des Baugesetzbuchs erlassenen Vorschriften.

[*ab 23.7.2021:*

(2) Als Nachweis des niedrigeren gemeinen Werts kann regelmäßig ein Gutachten des zuständigen Gutachterausschusses im Sinne der §§ 192 ff. des Baugesetzbuchs oder von Personen, die von einer staatlichen, staatlich anerkannten oder nach DIN EN ISO/IEC 17024 akkreditierten Stelle als Sachverständige oder Gutachter für die Wertermittlung von Grundstücken bestellt oder zertifiziert worden sind, dienen.

(3) Als Nachweis des niedrigeren gemeinen Werts kann ein im gewöhnlichen Geschäftsverkehr innerhalb eines Jahres vor oder nach dem Bewertungsstichtag zustande gekommener Kaufpreis über das zu bewertende Grundstück dienen, wenn die maßgeblichen Verhältnisse hierfür gegenüber den Verhältnissen am Bewertungsstichtag unverändert sind.]

(Fortsetzung nächstes Blatt)

---

[1] Sechster Abschnitt (§§ 157–203) eingef. mWv 1.1.2009 durch G v. 24.12.2008 (BGBl. I S. 3018).

[2] § 198 bish. Wortlaut wird Abs. 1, Abs. 2 und 3 angef. durch G v. 16.7.2021 (BGBl. I S. 2931); zur Awendung siehe § 265 Abs. 12.

V. Ermächtigungen

§ 263[1)] Ermächtigungen. (1) [1]Das Bundesministerium der Finanzen wird ermächtigt, durch Rechtsverordnung mit Zustimmung des Bundesrates die folgenden Anlagen zu ändern:

1. die Anlagen 27 bis 33 durch Anpassung der darin aufgeführten Bewertungsfaktoren und Zuschläge zum Reinertrag an die Ergebnisse der Erhebungen nach § 2 des Landwirtschaftsgesetzes oder an die Erhebungen der Finanzverwaltung zum nächsten Feststellungszeitpunkt,
2. im Einvernehmen mit dem Bundesministerium für Ernährung und Landwirtschaft die Anlagen 34 und 35 durch Anpassung des darin aufgeführten Umrechnungsschlüssels und der Gruppen der Zweige eines Tierbestands an geänderte wirtschaftliche oder technische Entwicklungen und
3. die Anlagen 36 bis 43 durch Anpassung der darin aufgeführten Bewertungsfaktoren des Ertrags- und Sachwertverfahrens an geänderte wirtschaftliche oder technische Verhältnisse.

[2]In der jeweiligen Rechtsverordnung kann das Bundesministerium der Finanzen zur Sicherstellung der Gleichmäßigkeit der Besteuerung, insbesondere zur Sicherstellung einer relations- und realitätsgerechten Abbildung der Grundsteuerwerte, anordnen, dass ab dem nächsten Feststellungszeitpunkt Grundsteuerwerte unter Berücksichtigung der tatsächlichen Verhältnisse und der geänderten Wertverhältnisse durch Anwendung der jeweils angepassten Anlagen 27 bis 43 festgestellt werden.

(2)[2)] Das Bundesministerium der Finanzen wird ermächtigt, durch Rechtsverordnung mit Zustimmung des Bundesrates die gemeindebezogene Einordnung in die jeweilige Mietniveaustufe zur Ermittlung der Zu- und Abschläge nach § 254 in Verbindung mit Anlage 39 Teil II auf der Grundlage der Einordnung nach § 12 des Wohngeldgesetzes in Verbindung mit § 1 Absatz 3 und der Anlage der Wohngeldverordnung für steuerliche Zwecke herzuleiten und den dafür maßgeblichen Gebietsstand festzulegen.

Dritter Teil.[3)] Schlussbestimmungen

§ 264[4)] Bekanntmachung. Das Bundesministerium der Finanzen wird ermächtigt, den Wortlaut dieses Gesetzes und der zu diesem Gesetz erlassenen Rechtsverordnungen in der jeweils geltenden Fassung satzweise nummeriert bekannt zu machen.

[1)] Siebenter Abschnitt des Zweiten Teils (§§ 218 bis 263) angefügt durch G. v. 26.11.2019 (BGBl. I S. 1794); zur Anwendung siehe § 266.

[2)] § 263 Abs. 2 geänd. durch G v. 16.7.2021 (BGBl. I S. 2931).

[3)] Dritter Teil eingef. durch G v. 20.12.1996 (BGBl. I S. 2049).

[4)] Bish. §§ 157, 158 werden §§ 204, 205 und neu gef. durch G v. 24.12.2008 (BGBl. I S. 3018); werden §§ 264, 265 durch Gesetz vom 26.11.2019 (BGBl. I S. 1794).

§ 265[1] Anwendungsvorschriften. (1)[2] Dieses Gesetz in der Fassung des Artikels 7 des Gesetzes vom 1. November 2011 (BGBl. I S. 2131) ist auf Bewertungsstichtage nach dem 30. Juni 2011 anzuwenden.

(2) Soweit die §§ 40, 41, 44, 55 und 125 Beträge in Deutscher Mark enthalten, gelten diese nach dem 31. Dezember 2001 als Berechnungsgrößen fort.

(3)[3] § 145 Absatz 3 Satz 1 und 4, § 166 Absatz 2 Nummer 1, § 179 Satz 4 und § 192 Satz 2 in der Fassung des Artikels 10 des Gesetzes vom 7. Dezember 2011 (BGBl. I S. 2592) sind auf Bewertungsstichtage nach dem 13. Dezember 2011 anzuwenden.

(4)[3] Anlage 1, Anlage 19 und Teil II der Anlage 24 in der Fassung des Artikels 10 des Gesetzes vom 7. Dezember 2011 (BGBl. I S. 2592) sind auf Bewertungsstichtage nach dem 31. Dezember 2011 anzuwenden.

(5)[4] § 11 Absatz 4 in der Fassung des Artikels 3 des Gesetzes vom 18. Dezember 2013 (BGBl. I S. 4318) ist auf Bewertungsstichtage ab dem 22. Juli 2013[5] anzuwenden.

(6)[6] § 48a in der Fassung des Artikels 20 des Gesetzes vom 26. Juni 2013 (BGBl. I S. 1809) ist auf Bewertungsstichtage ab dem 1. Januar 2014 anzuwenden.

(7)[7] § 26 in der Fassung des Artikels 6 des Gesetzes vom 18. Juli 2014 (BGBl. I S. 1042) ist auf Bewertungsstichtage ab dem 1. August 2001 anzuwenden, soweit Feststellungsbescheide noch nicht bestandskräftig sind.

(8)[8] § 97 Absatz 1b Satz 4 in der am 6. November 2015 geltenden Fassung ist auf Bewertungsstichtage nach dem 31. Dezember 2015 anzuwenden.

(9)[8] § 154 Absatz 1 Satz 1 Nummer 3 und Satz 2 in der am 6. November 2015 geltenden Fassung ist auf Bewertungsstichtage nach dem 31. Dezember 2015 anzuwenden.

(10)[9] Die §§ 190, 195 Absatz 2 Satz 4 und 5 sowie die Anlagen 22, 24 und 25 in der am 6. November 2015 geltenden Fassung sind auf Bewertungsstichtage nach dem 31. Dezember 2015 anzuwenden.

(11)[10] § 203 in der Fassung des Artikels 2 des Gesetzes vom 4. November 2016 (BGBl. I S. 2464) ist auf Bewertungsstichtage nach dem 31. Dezember 2015 anzuwenden.

(12)[11] § 177 Absatz 1 und 2, § 179 Satz 3, § 183 Absatz 2 Satz 3, § 187 Absatz 2 Satz 2 und 3, § 188 Absatz 2 Satz 1, § 191 Absatz 1 Satz 2, § 193

---

[1] Bish. §§ 157, 158 werden §§ 204, 205 und neu gef. durch G v. 24.12.2008 (BGBl. I S. 3018); werden §§ 264, 265 durch Gesetz vom 26.11.2019 (BGBl. I S. 1794).
[2] § 265 Abs. 1 geänd. durch G v. 1.11.2011 (BGBl. I S. 2131).
[3] § 265 Abs. 3 und 4 angef. durch G v. 7.12.2011 (BGBl. I S. 2592).
[4] § 265 Abs. 5 eingef. durch G v. 18.12.2013 (BGBl. I S. 4318).
[5] Datum des Inkrafttretens des Kapitalanlagegesetzbuchs.
[6] § 265 Abs. 6 angef. durch G v. 26.6.2013 (BGBl. I S. 1809).
[7] § 265 Abs. 7 angef. durch G v. 18.7.2014 (BGBl. I S. 1042).
[8] § 265 Abs. 8 und 9 angef. durch G v. 2.11.2015 (BGBl. I S. 1834).
[9] § 265 Abs. *10* angef. durch G v. 2.11.2015 (BGBl. I S. 1834).
[10] § 265 Abs. 11 angef. durch G v. 4.11.2015 (BGBl. I S. 2464).
[11] § 265 Abs. 12 angef. durch G v. 16.7.2021 (BGBl. I S. 2931).

Absatz 4 Satz 1 und § 198 Absatz 1 bis 3 in der Fassung des Artikels 1 des Gesetzes vom 16. Juli 2021 (BGBl. I S. 2931) sind auf Bewertungsstichtage nach dem 22. Juli 2021 anzuwenden.

§ 266[1] Erstmalige Anwendung des Siebenten Abschnitts des Zweiten Teils. (1) Die erste Hauptfeststellung für die Grundsteuerwerte nach § 221 wird auf den 1. Januar 2022 für die Hauptveranlagung auf den 1. Januar 2025 durchgeführt.

(2) [1]Für die Anwendung des § 219 Absatz 3 bei der Hauptfeststellung nach Absatz 1 ist zu unterstellen, dass anstelle von Einheitswerten Grundsteuerwerte für die Besteuerung nach dem Grundsteuergesetz in der am 1. Januar 2022 geltenden Fassung von Bedeutung sind. [2]Die Steuerbefreiungen des Grundsteuergesetzes in der am 1. Januar 2022 gültigen Fassung sind bei der Hauptfeststellung nach Absatz 1 zu beachten. [3]Bei Artfortschreibungen und Zurechnungsfortschreibungen nach § 222 Absatz 2 ist von der Hauptfeststellung auf den 1. Januar 2022 bis zum 1. Januar 2025 zu unterstellen, dass anstelle von Einheitswerten Grundsteuerwerte nach dem Grundsteuergesetz in der jeweils geltenden Fassung von Bedeutung sind.

(3) Werden der Finanzbehörde durch eine Erklärung im Sinne des § 228 auf den 1. Januar 2022 für die Bewertung eines Betriebs der Land- und Forstwirtschaft oder eines Grundstücks vor dem 1. Januar 2022 eingetretene Änderungen der tatsächlichen Verhältnisse erstmals bekannt, sind diese bei Fortschreibungen nach § 22 und Nachfeststellungen nach § 23 auf Feststellungszeitpunkte vor dem 1. Januar 2022 nicht zu berücksichtigen.

(4)[2] [1]Einheitswertbescheide, Grundsteuermessbescheide und Grundsteuerbescheide, die vor dem 1. Januar 2025 erlassen wurden, werden kraft Gesetzes zum 31. Dezember 2024 mit Wirkung für die Zukunft aufgehoben, soweit sie auf den §§ 19 bis 23, 27, 76, 79 Absatz 5, § 93 Absatz 1 Satz 2 des Bewertungsgesetzes in Verbindung mit Artikel 2 Absatz 1 Satz 1 und 3 des Gesetzes zur Änderung des Bewertungsgesetzes in der Fassung des Artikels 2 des Gesetzes vom 22. Juli 1970 (BGBl. I S. 1118) beruhen. [2]Gleiches gilt für Einheitswertbescheide, Grundsteuermessbescheide und Grundsteuerbescheide, die vor dem 1. Januar 2025 erlassen wurden, soweit sie auf den §§ 33, 34, 125, 129 des Bewertungsgesetzes in der Fassung vom 1. Februar 1991 (BGBl. I S. 230), das zuletzt durch Artikel 2 des Gesetzes vom 4. November 2016 (BGBl. I S. 2464) und § 42 des Grundsteuergesetzes vom 7. August 1973 (BGBl. I S. 965), das zuletzt durch Artikel 38 des Gesetzes vom 19. Dezember 2008 (BGBl. I S. 2794) geändert worden ist, beruhen. [3]Für die Bewertung des inländischen Grundbesitzes (§ 19 Absatz 1 in der Fassung vom 31. Dezember 2024) für Zwecke der Grundsteuer bis einschließlich zum Kalenderjahr 2024 ist das Bewertungsgesetz in der Fassung vom 1. Februar 1991 (BGBl. I S. 230), das zuletzt durch Artikel 2 des Gesetzes vom 4. November 2016 (BGBl. I S. 2464) geändert worden ist, weiter anzuwenden.

---

[1] § 266 eingef. durch G v. 26.11.2019 (BGBl. I S. 1794).

[2] § 266 Abs. 4 Satz 2 angef. mWv 1.7.2021 durch G v. 3.6.2021 (BGBl. I S. 1498); Satz 2 eingef., bish. Satz 2 wird Satz 3 durch G v. 16.7.2021 (BGBl. I S. 2931).

[***bis 31.12.2028:***

(5)[1] *Bestehende wirtschaftliche Einheiten, die für Zwecke der Einheitsbewertung unter Anwendung der §§ 26 oder 34 Absatz 4 bis 6 in der bis zum 31. Dezember 2024 gültigen Fassung gebildet wurden, können weiterhin für Zwecke der Feststellung von Grundsteuerwerten nach den Regelungen des Siebenten Abschnitts zugrunde gelegt werden.*]

(Fortsetzung nächste Seite)

---

[1] § 266 Abs. 5 eingef. mWv 1.7.2021 und aufgeh. mit Ablauf des 31.12.2028 durch G v. 16.7.2021 (BGBl. I S. 2931).

Anlage 38[1)]
(zu § 253 Absatz 2 und § 259 Absatz 4)

Wirtschaftliche Gesamtnutzungsdauer

Ein- und Zweifamilienhäuser	80 Jahre
Mietwohngrundstücke, Mehrfamilienhäuser	80 Jahre
Wohnungseigentum	80 Jahre
Geschäftsgrundstücke, gemischt genutzte Grundstücke und sonstige bebaute Grundstücke:	
Gemischt genutzte Grundstücke (Wohnhäuser mit Mischnutzung)	80 Jahre
Museen, Theater, Sakralbauten	70 Jahre
Bürogebäude, Verwaltungsgebäude	60 Jahre
Banken und ähnliche Geschäftshäuser	60 Jahre
Einzelgaragen und Mehrfachgaragen	60 Jahre
Kindergärten (Kindertagesstätten), allgemeinbildende Schulen und berufsbildende Schulen, Hochschulen, Sonderschulen	50 Jahre
Wohnheime, Internate, Alten- und Pflegeheime	50 Jahre
Kauf-/Warenhäuser	50 Jahre
Krankenhäuser, Kliniken, Tageskliniken, Ärztehäuser	40 Jahre
Gemeindezentren, Saalbauten, Veranstaltungsgebäude, Vereinsheime	40 Jahre
Beherbergungsstätten, Hotels, Verpflegungseinrichtungen	40 Jahre
Sport- und Tennishallen, Freizeitbäder, Kur- und Heilbäder	40 Jahre
Tief-, Hoch- und Nutzfahrzeuggaragen als Einzelbauwerke, Carports	40 Jahre
Betriebs- und Werkstätten, Industrie- und Produktionsgebäude	40 Jahre
Lager- und Versandgebäude	40 Jahre
Verbrauchermärkte, Autohäuser	30 Jahre
Reithallen, ehemalige landwirtschaftliche Mehrzweckhallen, Scheunen und Ähnliches	30 Jahre

Teileigentum ist in Abhängigkeit von der baulichen Gestaltung den vorstehenden Gebäudearten zuzuordnen.

Auffangklausel
Für nicht aufgeführte Gebäudearten ist die wirtschaftliche Gesamtnutzungsdauer aus der wirtschaftlichen Gesamtnutzungsdauer vergleichbarer Gebäudearten abzuleiten.

---

1) Anlage 38 eingef. durch G v. 26.11.2019 (BGBl. I S. 1794); zur Anwendung siehe § 266.

Anlage 39[1)]
(zu § 254)

Ermittlung des Rohertrags

I. Monatliche Nettokaltmieten in EUR/Quadratmeter Wohnfläche (Wertverhältnisse/Stand: 1. Januar 2022)**

Land	Gebäudeart*	Wohnfläche**	Baujahr des Gebäudes				
			bis 1948	1949 bis 1978	1979 bis 1990	1991 bis 2000	ab 2001
Baden-Württemberg	Einfamilienhaus	unter 60 m²	7,13	6,88	7,01	8,73	9,40
		von 60 m² bis unter 100 m²	6,24	6,41	6,62	7,58	7,51
		100 m² und mehr	5,53	6,10	6,37	6,61	7,78
	Zweifamilienhaus	unter 60 m²	7,63	8,16	8,15	8,56	8,89
		von 60 m² bis unter 100 m²	5,60	6,06	6,11	6,55	7,60
		100 m² und mehr	5,10	5,38	5,45	6,20	7,31
	Mietwohngrundstück	unter 60 m²	8,60	9,17	9,11	10,10	12,44
		von 60 m² bis unter 100 m²	6,78	7,09	7,33	7,82	8,97
		100 m² und mehr	6,84	6,42	6,82	7,27	8,97
Bayern	Einfamilienhaus	unter 60 m²	7,86	7,54	7,76	9,28	10,64
		von 60 m² bis unter 100 m²	6,89	7,04	7,34	8,07	8,50
		100 m² und mehr	6,09	6,69	7,06	7,03	8,80
	Zweifamilienhaus	unter 60 m²	6,91	7,35	7,41	7,48	8,25
		von 60 m² bis unter 100 m²	5,06	5,45	5,57	5,72	7,07
		100 m² und mehr	4,61	4,85	4,96	5,42	6,79
	Mietwohngrundstück	unter 60 m²	9,82	10,41	10,44	11,12	14,56
		von 60 m² bis unter 100 m²	7,74	8,04	8,40	8,61	10,50
		100 m² und mehr	7,80	7,29	7,81	8,00	10,50
Berlin	Einfamilienhaus	unter 60 m²	9,04	7,79	7,28	10,70	14,45
		von 60 m² bis unter 100 m²	7,92	7,25	6,89	9,28	11,56
		100 m² und mehr	7,01	6,91	6,63	8,09	11,96
	Zweifamilienhaus	unter 60 m²	8,95	8,55	7,83	9,70	12,62
		von 60 m² bis unter 100 m²	6,56	6,33	5,87	7,43	10,79
		100 m² und mehr	5,97	5,64	5,23	7,02	10,37

[1)] Anlage 39 neu gef. mWv 23.7.2021 durch G v. 16.7.2021 (BGBl. I S. 2931).

Land	Gebäudeart*	Wohnfläche**	Baujahr des Gebäudes bis 1948	1949 bis 1978	1979 bis 1990	1991 bis 2000	ab 2001
Berlin	Mietwohngrundstück	unter 60 m²	8,47	8,07	7,34	9,60	14,83
		von 60 m² bis unter 100 m²	6,68	6,23	5,91	7,44	10,70
		100 m² und mehr	6,73	5,65	5,50	6,91	10,70
Brandenburg	Einfamilienhaus	unter 60 m²	8,34	7,20	7,28	10,66	12,20
		von 60 m² bis unter 100 m²	7,31	6,71	6,88	9,26	9,75
		100 m² und mehr	6,47	6,39	6,62	8,07	10,09
	Zweifamilienhaus	unter 60 m²	7,50	7,17	7,10	8,79	9,68
		von 60 m² bis unter 100 m²	5,50	5,31	5,32	6,72	8,28
		100 m² und mehr	5,00	4,73	4,75	6,36	7,96
	Mietwohngrundstück	unter 60 m²	7,45	7,11	7,00	9,13	11,94
		von 60 m² bis unter 100 m²	5,88	5,49	5,63	7,07	8,61
		100 m² und mehr	5,92	4,98	5,24	6,58	8,61
Bremen	Einfamilienhaus	unter 60 m²	7,03	6,49	6,73	7,62	9,00
		von 60 m² bis unter 100 m²	6,16	6,06	6,36	6,62	7,19
		100 m² und mehr	5,45	5,77	6,11	5,77	7,44
	Zweifamilienhaus	unter 60 m²	7,88	8,09	8,19	7,84	8,91
		von 60 m² bis unter 100 m²	5,78	6,00	6,15	6,00	7,62
		100 m² und mehr	5,26	5,33	5,48	5,67	7,33
	Mietwohngrundstück	unter 60 m²	8,08	8,26	8,33	8,38	11,33
		von 60 m² bis unter 100 m²	6,38	6,38	6,71	6,49	8,17
		100 m² und mehr	6,42	5,79	6,24	6,04	8,17
Hamburg	Einfamilienhaus	unter 60 m²	8,69	7,01	7,52	9,56	10,26
		von 60 m² bis unter 100 m²	7,62	6,53	7,11	8,31	8,20
		100 m² und mehr	6,74	6,22	6,84	7,24	8,49
	Zweifamilienhaus	unter 60 m²	10,45	9,34	9,82	10,55	10,89
		von 60 m² bis unter 100 m²	7,67	6,92	7,37	8,07	9,31
		100 m² und mehr	6,97	6,16	6,57	7,64	8,96
	Mietwohngrundstück	unter 60 m²	9,18	8,19	8,57	9,70	11,89
		von 60 m² bis unter 100 m²	7,23	6,32	6,89	7,51	8,58
		100 m² und mehr	7,30	5,73	6,42	6,98	8,58

Land	Gebäudeart*	Wohnfläche**	Baujahr des Gebäudes				
			bis 1948	1949 bis 1978	1979 bis 1990	1991 bis 2000	ab 2001
Hessen	Einfamilienhaus	unter 60 m²	7,96	6,97	6,91	7,83	10,02
		von 60 m² bis unter 100 m²	6,97	6,50	6,54	6,80	8,00
		100 m² und mehr	6,17	6,18	6,29	5,93	8,29
	Zweifamilienhaus	unter 60 m²	7,45	7,23	7,02	6,72	8,27
		von 60 m² bis unter 100 m²	5,46	5,36	5,26	5,15	7,08
		100 m² und mehr	4,97	4,77	4,70	4,87	6,81
	Mietwohngrundstück	unter 60 m²	9,44	9,13	8,81	8,90	13,01
		von 60 m² bis unter 100 m²	7,45	7,05	7,10	6,89	9,39
		100 m² und mehr	7,50	6,39	6,60	6,40	9,39
Mecklenburg-Vorpommern	Einfamilienhaus	unter 60 m²	7,02	5,75	5,50	8,12	8,77
		von 60 m² bis unter 100 m²	6,15	5,37	5,20	7,05	7,01
		100 m² und mehr	5,44	5,11	5,01	6,14	7,26
	Zweifamilienhaus	unter 60 m²	7,48	6,80	6,35	7,92	8,24
		von 60 m² bis unter 100 m²	5,48	5,05	4,77	6,07	7,05
		100 m² und mehr	4,99	4,49	4,25	5,74	6,78
	Mietwohngrundstück	unter 60 m²	8,20	7,44	6,92	9,09	11,22
		von 60 m² bis unter 100 m²	6,48	5,74	5,57	7,04	8,10
		100 m² und mehr	6,52	5,21	5,18	6,55	8,10
Niedersachsen	Einfamilienhaus	unter 60 m²	6,62	6,36	6,31	7,72	8,40
		von 60 m² bis unter 100 m²	5,80	5,93	5,97	6,70	6,71
		100 m² und mehr	5,13	5,64	5,74	5,84	6,95
	Zweifamilienhaus	unter 60 m²	6,78	7,21	7,00	7,23	7,58
		von 60 m² bis unter 100 m²	4,98	5,34	5,25	5,53	6,48
		100 m² und mehr	4,52	4,76	4,68	5,24	6,24
	Mietwohngrundstück	unter 60 m²	8,07	8,57	8,28	9,00	11,22
		von 60 m² bis unter 100 m²	6,36	6,62	6,67	6,98	8,10
		100 m² und mehr	6,42	6,01	6,20	6,48	8,10
Nordrhein-Westfalen	Einfamilienhaus	unter 60 m²	6,97	6,56	6,82	8,30	8,32
		von 60 m² bis unter 100 m²	6,10	6,11	6,44	7,20	6,65
		100 m² und mehr	5,40	5,82	6,19	6,28	6,88

Land	Gebäudeart*	Wohnfläche**	Baujahr des Gebäudes				
			bis 1948	1949 bis 1978	1979 bis 1990	1991 bis 2000	ab 2001
Nordrhein-Westfalen	Zweifamilienhaus	unter 60 m²	7,07	7,38	7,50	7,70	7,44
		von 60 m² bis unter 100 m²	5,19	5,47	5,62	5,89	6,37
		100 m² und mehr	4,71	4,87	5,02	5,57	6,12
	Mietwohngrundstück	unter 60 m²	7,83	8,13	8,23	8,90	10,22
		von 60 m² bis unter 100 m²	6,17	6,29	6,62	6,90	7,38
		100 m² und mehr	6,22	5,69	6,15	6,41	7,38
Rheinland-Pfalz	Einfamilienhaus	unter 60 m²	7,12	6,81	6,88	8,13	9,32
		von 60 m² bis unter 100 m²	6,23	6,36	6,50	7,06	7,45
		100 m² und mehr	5,52	6,05	6,25	6,15	7,72
	Zweifamilienhaus	unter 60 m²	7,30	7,77	7,66	7,64	8,44
		von 60 m² bis unter 100 m²	5,35	5,76	5,75	5,85	7,22
		100 m² und mehr	4,87	5,13	5,13	5,53	6,94
	Mietwohngrundstück	unter 60 m²	8,33	8,82	8,67	9,11	11,95
		von 60 m² bis unter 100 m²	6,57	6,81	6,98	7,06	8,62
		100 m² und mehr	6,62	6,18	6,49	6,57	8,62
Saarland	Einfamilienhaus	unter 60 m²	6,07	6,18	6,13	8,39	9,03
		von 60 m² bis unter 100 m²	5,32	5,76	5,79	7,29	7,21
		100 m² und mehr	4,71	5,48	5,57	6,35	7,47
	Zweifamilienhaus	unter 60 m²	6,33	7,13	6,93	8,00	8,30
		von 60 m² bis unter 100 m²	4,63	5,28	5,19	6,13	7,09
		100 m² und mehr	4,22	4,71	4,63	5,80	6,82
	Mietwohngrundstück	unter 60 m²	7,74	8,70	8,41	10,24	12,62
		von 60 m² bis unter 100 m²	6,10	6,73	6,77	7,94	9,10
		100 m² und mehr	6,15	6,10	6,30	7,37	9,10
Sachsen	Einfamilienhaus	unter 60 m²	6,70	6,21	5,71	8,23	8,97
		von 60 m² bis unter 100 m²	5,87	5,79	5,39	7,15	7,17
		100 m² und mehr	5,19	5,52	5,19	6,23	7,43
	Zweifamilienhaus	unter 60 m²	5,92	6,09	5,47	6,67	7,00
		von 60 m² bis unter 100 m²	4,34	4,51	4,11	5,11	5,99
		100 m² und mehr	3,94	4,01	3,67	4,83	5,75

Land	Gebäudeart*	Wohnfläche**	Baujahr des Gebäudes				
			bis 1948	1949 bis 1978	1979 bis 1990	1991 bis 2000	ab 2001
Sachsen	Mietwohngrundstück	unter 60 m²	7,57	7,77	6,95	8,93	11,12
		von 60 m² bis unter 100 m²	5,98	6,01	5,60	6,92	8,02
		100 m² und mehr	6,02	5,44	5,20	6,42	8,02
Sachsen-Anhalt	Einfamilienhaus	unter 60 m²	6,23	5,78	5,53	7,43	7,79
		von 60 m² bis unter 100 m²	5,45	5,39	5,22	6,45	6,23
		100 m² und mehr	4,83	5,14	5,02	5,62	6,45
	Zweifamilienhaus	unter 60 m²	6,19	6,37	5,96	6,75	6,83
		von 60 m² bis unter 100 m²	4,54	4,72	4,47	5,17	5,85
		100 m² und mehr	4,13	4,20	3,98	4,89	5,62
	Mietwohngrundstück	unter 60 m²	7,22	7,41	6,90	8,24	9,90
		von 60 m² bis unter 100 m²	5,69	5,72	5,55	6,38	7,14
		100 m² und mehr	5,74	5,19	5,16	5,93	7,14
Schleswig-Holstein	Einfamilienhaus	unter 60 m²	7,16	6,92	6,87	8,47	9,24
		von 60 m² bis unter 100 m²	6,28	6,45	6,49	7,35	7,37
		100 m² und mehr	5,55	6,14	6,24	6,41	7,64
	Zweifamilienhaus	unter 60 m²	7,55	8,10	7,86	8,18	8,58
		von 60 m² bis unter 100 m²	5,54	6,01	5,90	6,27	7,34
		100 m² und mehr	5,03	5,34	5,26	5,92	7,06
	Mietwohngrundstück	unter 60 m²	7,85	8,39	8,10	8,89	11,09
		von 60 m² bis unter 100 m²	6,19	6,47	6,52	6,89	7,99
		100 m² und mehr	6,24	5,87	6,06	6,40	7,99
Thüringen	Einfamilienhaus	unter 60 m²	7,36	6,58	6,41	8,31	9,59
		von 60 m² bis unter 100 m²	6,45	6,13	6,05	7,22	7,66
		100 m² und mehr	5,71	5,83	5,82	6,29	7,94
	Zweifamilienhaus	unter 60 m²	7,07	7,00	6,67	7,30	8,12
		von 60 m² bis unter 100 m²	5,19	5,19	5,00	5,59	6,95
		100 m² und mehr	4,71	4,62	4,45	5,29	6,68
	Mietwohngrundstück	unter 60 m²	7,70	7,61	7,22	8,33	11,00
		von 60 m² bis unter 100 m²	6,08	5,88	5,81	6,45	7,94
		100 m² und mehr	6,12	5,33	5,40	6,00	7,94

II. Mietniveaustufen

Zur Berücksichtigung von Mietniveauunterschieden zwischen Gemeinden eines Landes sind die Nettokaltmieten zu I. durch folgende Ab- oder Zuschläge anzupassen:

Mietniveaustufe 1	– 20,0 %
Mietniveaustufe 2	– 10,0 %
Mietniveaustufe 3	+/– 0 %
Mietniveaustufe 4	+ 10,0 %
Mietniveaustufe 5	+ 20,0 %
Mietniveaustufe 6	+ 30,0 %
Mietniveaustufe 7	+ 40,0 %

Die gemeindebezogene Einordnung in die Mietniveaustufen und der dafür maßgebliche Gebietsstand ergibt sich aus der Rechtsverordnung zur Durchführung des § 254 des Bewertungsgesetzes in der jeweils aktuellen Fassung.

(Fortsetzung nächstes Blatt)

250. Erbschaftsteuer- und Schenkungsteuergesetz (ErbStG)[1), 2)]

In der Fassung der Bekanntmachung vom 27. Februar 1997
(BGBl. I S. 378)

Geändert durch Steuerentlastungsgesetz 1999/2000/2002 vom 24.3.1999 (BGBl. I S. 402), Gesetz zur weiteren steuerlichen Förderung von Stiftungen vom 14.7.2000 (BGBl. I S. 1034), Steuer-Euroglättungsgesetz vom 19.12.2000 (BGBl. I S. 1790), Steueränderungsgesetz 2001 vom 20.12.2001 (BGBl. I S. 3794), Gesetz zur Modernisierung des Stiftungsrechts vom 15.7.2002 (BGBl. I S. 2634), Drittes Gesetz zur Änderungverwaltungsverfahrensrechtlicher Vorschriften vom 21.8.2002 (BGBl. I S. 3322), Haushaltsbegleitgesetz 2004 vom 29.12.2003 (BGBl. I S. 3076), Gesetz zur weiteren Stärkung des bürgerschaftlichen Engagements vom 10.10.2007 (BGBl. I S. 2332), Erbschaftsteuerreformgesetz vom 24.12.2008 (BGBl. I S. 3018)[3)], Wachstumsbeschleunigungsgesetz vom 22.12.2009 (BGBl. I S. 3950), Jahressteuergesetz 2010 (JStG 2010) vom 8.12.2010 (BGBl. I S. 1768), Steuervereinfachungsgesetz 2011 vom 1.11.2011 (BGBl. I S. 2131), Betreibungsrichtlinie-Umsetzungsgesetz (BeitrRLUmsG) vom 7.12.2011 (BGBl. I S. 2592), Gesetz zu dem Abkommen vom 4.2.2010 zwischen der Bundesrepublik Deutschland und der Französischen Republik über den Güterstand der Wahl-

---

[1)] Neubekanntmachung des Erbschaft- und Schenkungsteuergesetzes idF der Bek. v. 19.2.1991 (BGBl. I S. 468) auf Grund des § 36 Abs. 2 ErbStG idF der Bek. v. 19.2.1991 (BGBl. I S. 468) in der ab 28.12.1996 geltenden Fassung.

[2)] **Zum Anwendungsbereich vgl. § 37.**

Zur Anwendung im Beitrittsgebiet ab 1.1.1991 siehe § 37a.

[3)] Siehe **Übergangsregelung in Art. 3 des ErbStRG:**

„**Art. 3 Rückwirkende Anwendung des durch dieses Gesetz geänderten Erbschaftsteuer- und Bewertungsrechts.** (1) Ein Erwerber kann bis zur Unanfechtbarkeit der Steuerfestsetzung beantragen, dass die durch dieses Gesetz geänderten Vorschriften des Erbschaftsteuer- und Schenkungsteuergesetzes, mit Ausnahme des § 16 des Erbschaftsteuer- und Schenkungsteuergesetzes, und des Bewertungsgesetzes auf Erwerbe von Todes wegen anzuwenden sind, für die die Steuer nach dem 31. Dezember 2006 und vor dem 1. Januar 2009 entstanden ist. In diesem Fall ist § 16 des Erbschaftsteuer- und Schenkungsteuergesetzes in der Fassung der Bekanntmachung vom 27. Februar 1997 (BGBl. I S. 378), der zuletzt durch Artikel 19 Nr. 4 des Gesetzes vom 19. Dezember 2000 (BGBl. I S. 1790) geändert worden ist, anzuwenden.[*)]

(2) Ist die Steuer, die auf einen Erwerb von Todes wegen nach dem 31. Dezember 2006 und vor dem 1. Januar 2009 entstanden ist, vor dem 1. Januar 2009 festgesetzt worden, kann der Antrag innerhalb von sechs Monaten nach Inkrafttreten des Gesetzes gestellt werden; in diesem Fall kann die Steuerfestsetzung entsprechend geändert werden.

(3) Der Erwerber kann den Antrag nicht widerrufen, wenn die Steuerfestsetzung nachträglich deshalb geändert wird, weil er gegen die Verschonungsvoraussetzungen (§§ 13a, 19a des Erbschaftsteuer- und Schenkungsteuergesetzes in der Fassung des Artikels 1 des Gesetzes vom 24. Dezember 2008, BGBl. I S. 3018) verstoßen hat.[*)]“

Art. 3 *tritt am* 1.7.2009 außer Kraft (Art. 6 Abs. 3 ErbStRG).

[*)] **Vgl. zu Abs. 1 auch Wachstumsbeschleunigungsgesetz Art. 14:** „**Anwendung des Artikels 3 des Erbschaftsteuerreformgesetzes:** Hat ein Erwerber einen Antrag nach Artikel 3 Absatz 1 des Erbschaftsteuerreformgesetzes vom 24. Dezember 2008 (BGBl. I S. 3018) gestellt, ist Artikel 3 Absatz 1 und 3 des Erbschaftsteuerreformgesetzes mit der Maßgabe anzuwenden, dass an die Stelle der §§ 13a und 19a des Erbschaftsteuer- und Schenkungsteuergesetzes in der Fassung des Artikels 1 des Gesetzes vom 24. Dezember 2008 (BGBl. I S. 3018) die §§ 13a und 19a des Erbschaftsteuer- und Schenkungsteuergesetzes in der Fassung des Artikels 6 des Gesetzes vom 22. Dezember 2009 (BGBl. I S. 3950) treten.“

Art. 14 tritt am 1.7.2010 außer Kraft (Art. 15 Abs. 5 Wachstumsbeschleunigungsgesetz).

Zugewinngemeinschaft vom 15.3.2012 (BGBl. II S. 178), Amtshilferichtlinie-Umsetzungsgesetz (AmtshilfeRLUmsG) vom 26. Juni 2013 (BGBl. I S. 1809), Gesetz zum Internationalen Erbrecht und zur Änderung von Vorschriften zum Erbschein sowie zur Änderung sonstiger Vorschriften vom 29.6.2015 (BGBl. I S. 1042), Steueränderungsgesetz 2015 vom 2.11.2015 (BGBl. I S. 1834), Gesetz zur Neuregelung des Kulturgutschutzrechts vom 31.7.2016 (BGBl. I S. 1914), Gesetz zur Anpassung des Erbschaftsteuer- und Schenkungsteuergesetzes an die Rechtsprechung des Bundesverfassungsgerichts vom 4.11.2016 (BGBl. I S. 2464), Gesetz zur Bekämpfung der Steuerumgehung und zur Änderung weiterer steuerlicher Vorschriften (Steuerumgehungsbekämpfungsgesetz – StUmgBG) vom 23.6.2017 (BGBl. I S. 1682), Gesetz zum Ausschluss verfassungsfeindlicher Parteien von der Parteienfinanzierung vom 18.7.2017 (BGBl. I S. 2730), Gesetz zur Vermeidung von Umsatzsteuerausfällen beim Handel mit Waren im Internet und zur Änderung weiterer steuerlicher Vorschriften vom 11.12.2018 (BGBl. I S. 2338), Gesetz über steuerliche und weitere Begleitregelungen zum Austritt des Vereinigten Königreichs Großbritannien und Nordirland aus der Europäischen Union (Brexit-Steuerbegleitgesetz – Brexit-StBG) vom 25.3.2019 (BGBl. I S. 357), Gesetz zur Reform des Grundsteuer- und Bewertungsrechts (Grundsteuer-Reformgesetz – GrStRefG) vom 26.11.2019 (BGBl. I S. 1794), Jahressteuergesetz 2020 (JStG 2020) vom 21.12.2020 (BGBl. I S. 3096), Gesetz zur Umsetzung der Richtlinie (EU) 2019/2034 über die Beaufsichtigung von Wertpapierinstituten vom 12.5.2021 (BGBl. I S. 990), Gesetz zur Modernisierung des Körperschaftsteuerrechts vom 25.6.2021 (BGBl. I S. 2050), Gesetz zur Abwehr von Steuervermeidung und unfairem Steuerwettbewerb und zur Änderung weiterer Gesetze vom 25.6.2021 (BGBl. I S. 2056), Gesetz zur erleichterten Umsetzung der Reform der Grundsteuer und Änderung weiterer steuerrechtlicher Vorschriften (Grundsteuerreform-Umsetzungsgesetz – GrStRefUG) vom 16.7.2021 (BGBl. I S. 2931) und Gesetz zur Vereinheitlichung des Stiftungsrechts und zur Änderung des Infektionsschutzgesetzes vom 16.7.2021 (BGBl. I S. 2947)

BGBl. III/FNA 611-8-2-2

Inhaltsübersicht

(Fortsetzung nächstes Blatt)

Wert angesetzt worden ist, gilt höchstens der dem Steuerwert des Endvermögens[1] entsprechende Betrag nicht als Erwerb im Sinne des § 3. [***ab 29.12. 2020:*** 6 Sind bei der Ermittlung der Bereicherung des überlebenden Ehegatten oder des überlebenden Lebenspartners Steuerbefreiungen berücksichtigt worden, gilt die Ausgleichsforderung im Verhältnis des um den Wert des steuerbefreiten Vermögens geminderten Werts des Endvermögens zum ungeminderten Wert des Endvermögens des Erblassers nicht als Erwerb im Sinne des § 3.]

(2)[2] Wird der Güterstand der Zugewinngemeinschaft in anderer Weise als durch den Tod eines Ehegatten oder eines Lebenspartners[2] beendet oder wird der Zugewinn nach § 1371 Abs. 2 des Bürgerlichen Gesetzbuchs ausgeglichen, gehört die Ausgleichsforderung (§ 1378 des Bürgerlichen Gesetzbuchs) nicht zum Erwerb im Sinne der §§ 3 und 7.

(3)[2] Wird der Güterstand der Wahl-Zugewinngemeinschaft (§ 1519 des Bürgerlichen Gesetzbuchs) beendet und der Zugewinn ausgeglichen, so gehört die Ausgleichsforderung (Artikel 12 Absatz 1 des Abkommens vom 4. Februar 2010 zwischen der Bundesrepublik Deutschland und der Französischen Republik über den Güterstand der Wahl-Zugewinngemeinschaft) nicht zum Erwerb im Sinne der §§ 3 und 7.

§ 6 Vor- und Nacherbschaft. (1) Der Vorerbe gilt als Erbe.

(2) 1 Bei Eintritt der Nacherbfolge haben diejenigen, auf die das Vermögen übergeht, den Erwerb als vom Vorerben stammend zu versteuern. 2 Auf Antrag ist der Versteuerung das Verhältnis des Nacherben zum Erblasser zugrunde zu legen. 3 Geht in diesem Fall auch eigenes Vermögen des Vorerben auf den Nacherben über, sind beide Vermögensanfälle hinsichtlich der Steuerklasse getrennt zu behandeln. 4 Für das eigene Vermögen des Vorerben kann ein Freibetrag jedoch nur gewährt werden, soweit der Freibetrag für das der Nacherbfolge unterliegende Vermögen nicht verbraucht ist. 5 Die Steuer ist für jeden Erwerb jeweils nach dem Steuersatz zu erheben, der für den gesamten Erwerb gelten würde.

(3) 1 Tritt die Nacherbfolge nicht durch den Tod des Vorerben ein, gilt die Vorerbfolge als auflösend bedingter, die Nacherbfolge als aufschiebend bedingter Anfall. 2 In diesem Fall ist dem Nacherben die vom Vorerben entrichtete Steuer abzüglich desjenigen Steuerbetrags anzurechnen, welcher der tatsächlichen Bereicherung des Vorerben entspricht.

(4) Nachvermächtnisse und beim Tod des Beschwerten fällige Vermächtnisse oder Auflagen[3] stehen den Nacherbschaften gleich.

§ 7 Schenkungen unter Lebenden. (1) Als Schenkungen unter Lebenden gelten

1. jede freigebige Zuwendung unter Lebenden, soweit der Bedachte durch sie auf Kosten des Zuwendenden bereichert wird;

---

[1] § 5 Abs. 1 Sätze 1, 4 und 5 geänd. bzw. ergänzt mWv 1.1.2009 durch G v. 24.12.2008 (BGBl. I S. 3018); Satz 6 angef. durch G v. 21.12.2020 (BGBl. I S. 3096); zur Anwendung siehe § 37 Abs. 18.

[2] § 5 Abs. 2 geänd. bzw. ergänzt, Abs. 3 angef. durch G v. 15.3.2012 (BGBl. II S. 178); nach Art. 6 Abs. 1 des G tritt er jedoch erst dann in Kraft, wenn das Abkommen v. 4.2.2010 in Kraft tritt. Dies geschah mWv 1.5.2013.

[3] § 6 Abs. 4 ergänzt mWv 1.1.2009 durch G v. 24.12.2008 (BGBl. I S. 3018).

2. was infolge Vollziehung einer von dem Schenker angeordneten Auflage oder infolge Erfüllung einer einem Rechtsgeschäft unter Lebenden beigefügten Bedingung ohne entsprechende Gegenleistung erlangt wird, es sei denn, daß eine einheitliche Zweckzuwendung vorliegt;
3. was jemand dadurch erlangt, daß bei Genehmigung einer Schenkung Leistungen an andere Personen angeordnet oder zur Erlangung der Genehmigung freiwillig übernommen werden;
4.[1] die Bereicherung, die ein Ehegatte oder ein Lebenspartner[2] bei Vereinbarung der Gütergemeinschaft (§ 1415 des Bürgerlichen Gesetzbuchs) erfährt;
5. was als Abfindung für einen Erbverzicht (§§ 2346 und 2352 des Bürgerlichen Gesetzbuchs) gewährt wird;
6.[3] *(aufgehoben)*
7. was ein Vorerbe dem Nacherben mit Rücksicht auf die angeordnete Nacherbschaft vor ihrem Eintritt herausgibt;
8.[4] der Übergang von Vermögen auf Grund eines Stiftungsgeschäfts unter Lebenden. [2]Dem steht gleich die Bildung oder Ausstattung einer Vermögensmasse ausländischen Rechts, deren Zweck auf die Bindung von Vermögen gerichtet ist;
9.[5] was bei *Aufhebung einer Stiftung* [***ab 1.7.2023:*** Auflösung, Aufhebung, Zulegung oder Zusammenlegung von Stiftungen] oder bei Auflösung eines Vereins, dessen Zweck auf die Bindung von Vermögen gerichtet ist, erworben wird. [2]Dem steht gleich der Erwerb bei Auflösung einer Vermögensmasse ausländischen Rechts, deren Zweck auf die Bindung von Vermögen gerichtet ist, sowie der Erwerb durch Zwischenberechtigte während des Bestehens der Vermögensmasse. [3]Wie eine Auflösung wird auch der Formwechsel eines rechtsfähigen Vereins, dessen Zweck wesentlich im Interesse einer Familie oder bestimmter Familien auf die Bindung von Vermögen gerichtet ist, in eine Kapitalgesellschaft behandelt;
10. was als Abfindung für aufschiebend bedingt, betagt oder befristet erworbene Ansprüche, soweit es sich nicht um einen Fall des § 3 Abs. 2 Nr. 5 handelt, vor dem Zeitpunkt des Eintritts der Bedingung oder des Ereignisses gewährt wird.

(2) [1]Im Fall des Absatzes 1 Nr. 7 ist der Versteuerung auf Antrag das Verhältnis des Nacherben zum Erblasser zugrunde zu legen. [2]§ 6 Abs. 2 Satz 3 bis 5 gilt entsprechend.

(3) Gegenleistungen, die nicht in Geld veranschlagt werden können, werden bei der Feststellung, ob eine Bereicherung vorliegt, nicht berücksichtigt.

---

[1] Wegen der Sonderregelung bei der Vereinbarung der Gütergemeinschaft vgl. Art. 5 G zur Reform des Erbschaftsteuer- und Schenkungsteuerrechts v. 17.4.1974 (BGBl. I S. 933).

[2] § 7 Abs. 1 Nr. 4 ergänzt mWv 1.1.2009 durch G v. 24.12.2008 (BGBl. I S. 3018).

[3] § 7 Abs. 1 Nr. 6 aufgeh. mWv 1.1.2009 durch G v. 24.12.2008 (BGBl. I S. 3018).

[4] § 7 Abs. 1 Nr. 8 Satz 2 angef. mWv 5.3.1999 durch G v. 24.3.1999 (BGBl. I S. 402).

[5] § 7 Abs. 1 Nr. 9 Satz 2 angef. mWv 5.3.1999 durch G v. 24.3.1999 (BGBl. I S. 402), Nr. 9 Satz 3 angef. mWv 1.1.2009 durch G v. 24.12.2008 (BGBl. I S. 3018); Abs. 1 Nr. 9 Satzteil vor Satz 2 geänd. mWv 1.7.2023 durch G v. 16.7.2021 (BGBl. I S. 2947).

digen Wahlbehörde oder dem zuständigen Wahlorgan angezeigt hat, dass er mit eigenen Wahlvorschlägen auf Bundes-, Landes- oder Kommunalebene an der jeweils nächsten Wahl teilnehmen will.

[2]Die Steuerbefreiung fällt mit Wirkung für die Vergangenheit weg, wenn der Verein an der jeweils nächsten Wahl nach der Zuwendung nicht teilnimmt, es sei denn, dass der Verein sich ernsthaft um eine Teilnahme bemüht hat;

19.[1)] Leistungen von Religionsgemeinschaften, juristischen Personen des öffentlichen Rechts, Körperschaften, Personenvereinigungen oder Vermögensmassen an Personen in Ansehung der Beeinträchtigung ihrer körperlichen oder seelischen Unversehrtheit, insbesondere aufgrund sexuellen Missbrauchs, durch Handlungen von Personen, die für die Religionsgemeinschaft, juristische Person des öffentlichen Rechts, Körperschaft, Personenvereinigung oder Vermögensmasse oder für eine ihr über-, neben- oder nachgeordnete Einrichtung tätig sind oder waren, wenn die Leistungen in einem geordneten Verfahren gewährt werden, das allen betroffenen Personen offensteht. [2]§ 30 Absatz 1 und 2 sind mit der Maßgabe anzuwenden, dass eine Anzeigepflicht ausschließlich für den Leistenden besteht. [3]Die Anzeige ist mit einer Bestätigung des Leistenden über das Vorliegen der Voraussetzungen nach Satz 1 zu verbinden.

(2) [1]Angemessen im Sinne des Absatzes 1 Nr. 5 und 12 ist eine Zuwendung, die den Vermögensverhältnissen und der Lebensstellung des Bedachten entspricht. [2]Eine dieses Maß übersteigende Zuwendung ist in vollem Umfang steuerpflichtig.

(3) [1]Jede Befreiungsvorschrift ist für sich anzuwenden. [2]In den Fällen des Absatzes 1 Nr. 2 und 3 kann der Erwerber der Finanzbehörde bis zur Unanfechtbarkeit der Steuerfestsetzung erklären, daß er auf die Steuerbefreiung verzichtet.

§ 13a[2)] Steuerbefreiung für Betriebsvermögen, Betriebe der Land- und Forstwirtschaft und Anteile an Kapitalgesellschaften. (1) [1]Begünstigtes Vermögen im Sinne des § 13b Absatz 2 bleibt vorbehaltlich der folgenden Absätze zu 85 Prozent steuerfrei (Verschonungsabschlag), wenn der Erwerb begünstigten Vermögens im Sinne des § 13b Absatz 2 zuzüglich der Erwerbe im Sinne des Satzes 2 insgesamt 26 Millionen Euro nicht übersteigt. [2]Bei mehreren Erwerben begünstigten Vermögens im Sinne des § 13b Absatz 2 von derselben Person innerhalb von zehn Jahren werden bei der Anwendung des Satzes 1 die früheren Erwerbe nach ihrem früheren Wert dem letzten Erwerb hinzugerechnet. [3]Wird die Grenze von 26 Millionen Euro durch mehrere innerhalb von zehn Jahren von derselben Person anfallende

---

[1)] § 13 Nr. 19 angef. durch G v. 16.7.2021 (BGBl. I S. 2931); zur Anwendung siehe § 37 Abs. 19.

[2)] § 13a neu gef. durch G v. 4.11.2016 (BGBl. I S. 2464); zur Anwendung siehe grds. § 37 Abs. 12 Satz 1. Zur Anwendung von § 13a Abs. 1 Sätze 3 und 4 siehe § 37 Abs. 12 Satz 2.

Erwerbe überschritten, entfällt die Steuerbefreiung für die bis dahin nach Satz 1 oder Absatz 10 als steuerfrei behandelten früheren Erwerbe mit Wirkung für die Vergangenheit. [4]Die Festsetzungsfrist für die Steuer der früheren Erwerbe endet nicht vor dem Ablauf des vierten Jahres, nachdem das für die Erbschaftsteuer zuständige Finanzamt von dem letzten Erwerb Kenntnis erlangt.[1)]

(2) [1]Der nach Anwendung des Absatzes 1 verbleibende Teil des begünstigten Vermögens bleibt außer Ansatz, soweit der Wert dieses Vermögens insgesamt 150 000 Euro nicht übersteigt (Abzugsbetrag). [2]Der Abzugsbetrag von 150 000 Euro verringert sich, soweit der Wert dieses Vermögens insgesamt die Wertgrenze von 150 000 Euro übersteigt, um 50 Prozent des diese Wertgrenze übersteigenden Betrags. [3]Der Abzugsbetrag kann innerhalb von zehn Jahren für von derselben Person anfallende Erwerbe begünstigten Vermögens nur einmal berücksichtigt werden.

(3) [1]Voraussetzung für die Gewährung des Verschonungsabschlags nach Absatz 1 ist, dass die Summe der maßgebenden jährlichen Lohnsummen (Sätze 6 bis 13) des Betriebs, bei Beteiligungen an einer Personengesellschaft oder Anteilen an einer Kapitalgesellschaft des Betriebs der jeweiligen Gesellschaft innerhalb von fünf Jahren nach dem Erwerb (Lohnsummenfrist) insgesamt 400 Prozent der Ausgangslohnsumme nicht unterschreitet (Mindestlohnsumme). [2]Ausgangslohnsumme ist die durchschnittliche Lohnsumme der letzten fünf vor dem Zeitpunkt der Entstehung der Steuer (§ 9) endenden Wirtschaftsjahre. [3]Satz 1 ist nicht anzuwenden, wenn

1. die Ausgangslohnsumme 0 Euro beträgt oder
2. der Betrieb unter Einbeziehung der in den Sätzen 11 bis 13 genannten Beteiligungen und Gesellschaften sowie der nach Maßgabe dieser Bestimmung anteilig einzubeziehenden Beschäftigten nicht mehr als fünf Beschäftigte hat.

[4]An die Stelle der Mindestlohnsumme von 400 Prozent tritt bei

1. mehr als fünf, aber nicht mehr als zehn Beschäftigten eine Mindestlohnsumme von 250 Prozent,
2. mehr als zehn, aber nicht mehr als 15 Beschäftigten eine Mindestlohnsumme von 300 Prozent.

[5]Unterschreitet die Summe der maßgebenden jährlichen Lohnsummen die Mindestlohnsumme, vermindert sich der nach Absatz 1 zu gewährende Verschonungsabschlag mit Wirkung für die Vergangenheit in demselben prozentualen Umfang, wie die Mindestlohnsumme unterschritten wird. [6]Die Lohnsumme umfasst alle Vergütungen (Löhne und Gehälter und andere Bezüge und Vorteile), die im maßgebenden Wirtschaftsjahr an die auf den Lohn- und Gehaltslisten erfassten Beschäftigten gezahlt werden. [7]Außer Ansatz bleiben Vergütungen an solche Beschäftigte,

---

[1)] § 13a neu gef. durch G v. 4.11.2016 (BGBl. I S. 2464); zur Anwendung siehe grds. § 37 Abs. 12 Satz 1. Zur Anwendung von § 13a Abs. 1 Sätze 3 und 4 siehe § 37 Abs. 12 Satz 2.

1. die sich im Mutterschutz im Sinne des Mutterschutzgesetzes in der Fassung der Bekanntmachung vom 20. Juni 2002 (BGBl. I S. 2318), das zuletzt durch Artikel 6 des Gesetzes vom 23. Oktober 2012 (BGBl. I S. 2246) geändert worden ist, befinden oder
2. die sich in einem Ausbildungsverhältnis befinden oder
3. die Krankengeld im Sinne des § 44 des Fünften Buches Sozialgesetzbuch – Gesetzliche Krankenversicherung – (Artikel 1 des Gesetzes vom 20. Dezember 1988, BGBl. I S. 2477, 2482), das zuletzt durch Artikel 3 des Gesetzes vom 30. Mai 2016 (BGBl. I S. 1254) geändert worden ist, beziehen oder
4. die Elterngeld im Sinne des Bundeselterngeld- und Elternzeitgesetzes in der Fassung der Bekanntmachung vom 27. Januar 2015 (BGBl. I S. 33) beziehen oder
5. die nicht ausschließlich oder überwiegend in dem Betrieb tätig sind (Saisonarbeiter);

diese im Zeitpunkt der Entstehung der Steuer (§ 9) einem Betrieb zuzurechnenden Beschäftigten bleiben bei der Anzahl der Beschäftigten des Betriebs im Sinne der Sätze 3 und 4 unberücksichtigt. [8] Zu den Vergütungen zählen alle Geld- oder Sachleistungen für die von den Beschäftigten erbrachte Arbeit, unabhängig davon, wie diese Leistungen bezeichnet werden und ob es sich um

(Fortsetzung nächstes Blatt)

§ 16 Absatz 1 und 2, § 19 Absatz 2, § 21 Absatz 1 und § 35 *Absatz 4*[1] in der Fassung des Artikels 11 des Gesetzes vom 7. Dezember 2011 (BGBl. I S. 2592) finden auf Antrag auch auf Erwerbe Anwendung, für die die Steuer vor dem 14. Dezember 2011 entsteht, soweit Steuerbescheide noch nicht bestandskräftig sind.

(8)[2] § 13a Absatz 1 Satz 4, Absatz 4 Satz 5 und § 13b Absatz 2 in der Fassung des Artikels 30 des Gesetzes vom 26. Juni 2013 (BGBl. I S. 1809) sind auf Erwerbe anzuwenden, für die die Steuer nach dem 6. Juni 2013[3] entsteht.

(9)[4] § 34 Absatz 2 Nummer 2 in der Fassung des Artikels 17 des Gesetzes vom 29. Juni 2015 (BGBl. I S. 1042) ist auf Erwerbe anzuwenden, für die die Steuer nach dem 16. August 2015 entsteht.

(10)[5] [1]§ 13 Absatz 1 Nummer 16 Buchstabe b und c und § 30 Absatz 4 Nummer 1 in der am 6. November 2015[6] geltenden Fassung sind auf Erwerbe anzuwenden, für die die Steuer nach dem 5. November 2015[7] entstanden ist. [2]§ 13 Absatz 1 Nummer 16 Buchstabe b und c in der am 6. November 2015[6] geltenden Fassung ist auch auf Erwerbe anzuwenden, für die die Steuer vor dem 6. November 2015[6] entsteht, soweit Steuerbescheide noch nicht bestandskräftig sind.

(11)[8] § 13 Absatz 1 Nummer 2 Buchstabe b Doppelbuchstabe bb in der am 6. August 2016 geltenden Fassung ist auf Erwerbe anzuwenden, für die die Steuer nach dem 5. August 2016 entstanden ist.

(12)[9] [1]Die §§ 10, 13a bis 13d, 19a, 28 und 28a in der Fassung des Artikels 1 des Gesetzes vom 4. November 2016 (BGBl. I S. 2464) finden auf Erwerbe Anwendung, für die die Steuer nach dem 30. Juni 2016 entsteht. [2]§ 13a Absatz 1 Satz 3 und 4 in der Fassung des Artikels 1 des Gesetzes vom 4. November 2016 (BGBl. I S. 2464) findet auf frühere Erwerbe Anwendung, für die die Steuer nach dem 30. Juni 2016 entsteht. [3]§ 13c Absatz 2 Satz 3 bis 5 in der Fassung des Artikels 1 des Gesetzes vom 4. November 2016 (BGBl. I S. 2464) findet auf frühere Erwerbe Anwendung, für die die Steuer nach dem 30. Juni 2016 entsteht.

(13)[10] [1]§ 17 in der am 25. Juni 2017 geltenden Fassung ist auf Erwerbe anzuwenden, für die die Steuer nach dem 24. Juni 2017 entsteht. [2]§ 17 in der am 25. Juni 2017 geltenden Fassung ist auch auf Erwerbe anzuwenden, für die die Steuer vor dem 25. Juni 2017 entstanden ist, soweit Steuerbescheide noch nicht bestandskräftig sind.

---

[1] Jetzt Absatz 5.
[2] § 37 Abs. 8 angef. durch G v. 26.6.2013 (BGBl. I S. 1809).
[3] Tag des Beschlusses des Deutschen Bundestages über die Empfehlung des Vermittlungsausschusses zum AmtshilfeRLUmsG.
[4] § 37 Abs. 9 angef. durch G v. 29.6.2015 (BGBl. I S. 1042).
[5] § 37 Abs. 10 angef. durch G v. 2.11.2015 (BGBl. I S. 1834).
[6] Tag *nach* Verkündung des G v. 2.11.2015 (BGBl. I S. 1834).
[7] Tag *der* Verkündung des G v. 2.11.2015 (BGBl. I S. 1834).
[8] § 37 Abs. 11 angef. durch G v. 31.7.2016 (BGBl. I S. 1914).
[9] § 37 Abs. 12 angefügt durch Gesetz vom 4.11.2016 (BGBl. I S. 2464).
[10] § 37 Abs. 13 angef. durch G v. 23.6.2017 (BGBl. I S. 1682).

(14)[1] § 2 Absatz 1 Nummer 3, § 3 Absatz 2 Nummer 4, § 9 Absatz 1 Nummer 1 Buchstabe f, § 13 Absatz 1 Nummer 16 Buchstabe c Satz 2 und § 16 Absatz 1 und 2 in der am 25. Juni 2017 geltenden Fassung sind auf Erwerbe anzuwenden, für die die Steuer nach dem 24. Juni 2017 entsteht.

(15)[2] § 13 Absatz 1 Nummer 18 Buchstabe a in der Fassung des Artikels 6 des Gesetzes vom 18. Juli 2017 (BGBl. I S. 2730) ist auf Erwerbe anzuwenden, für die die Steuer nach dem 29. Juli 2017 entsteht.

(16)[3] [1]Die §§ 19a und 28 in der Fassung des Artikels 18 des Gesetzes vom 11. Dezember 2018 (BGBl. I S. 2338) finden auf Erwerbe Anwendung, für die die Steuer nach dem 14. Dezember 2018[4] entsteht. [2]§ 28a in der Fassung des Artikels 18 des Gesetzes vom 11. Dezember 2018 (BGBl. I S. 2338) findet auf Erwerbe Anwendung, für die ein Erlass erstmals nach dem 14. Dezember 2018[4] ausgesprochen wurde.

(17)[5] Auf Erwerbe, für die die Steuer vor dem Zeitpunkt entstanden ist, ab dem das Vereinigte Königreich Großbritannien und Nordirland nicht mehr Mitgliedstaat der Europäischen Union ist und auch nicht wie ein solcher zu behandeln ist, ist dieses Gesetz mit der Maßgabe anzuwenden, dass das Vereinigte Königreich Großbritannien und Nordirland weiterhin als Mitgliedstaat der Europäischen Union gilt.

(18)[6] § 3 Absatz 2 Nummer 5, § 5 Absatz 1 Satz 6, § 10 Absatz 1 Satz 3 sowie Absatz 6 und 8, § 13 Absatz 1 Nummer 9a, § 13a Absatz 9a, § 13b Absatz 10 Satz 1, § 14 Absatz 2, § 29 Absatz 1 Nummer 4 Satz 2, § 30 Absatz 5, § 31 Absatz 1 sowie § 35 Absatz 1, 4 und 5 in der am 29. Dezember 2020[7] geltenden Fassung sind auf Erwerbe anzuwenden, für die die Steuer nach dem 28. Dezember 2020[8] entsteht.

(19)[9] § 13 Absatz 1 Nummer 19 in der Fassung des Artikels 6 des Gesetzes vom 16. Juli 2021 (BGBl. I S. 2931) ist in allen Fällen anzuwenden, soweit die Steuerbescheide noch nicht bestandskräftig sind.

§ 37a Sondervorschriften aus Anlaß der Herstellung der Einheit Deutschlands. (1) (weggefallen)

(2) [1]Für den Zeitpunkt der Entstehung der Steuerschuld ist § 9 Abs. 1 Nr. 1 auch dann maßgebend, wenn der Erblasser in dem in Artikel 3 des Einigungsvertrages genannten Gebiet vor dem 1. Januar 1991 verstorben ist, es sei denn, daß die Steuer nach dem Erbschaftsteuergesetz der Deutschen Demokratischen Republik vor dem 1. Januar 1991 entstanden ist. [2]§ 9 Abs. 2 gilt entsprechend, wenn die Versteuerung nach § 34 des Erbschaftsteuergesetzes (ErbStG)

---

[1] § 37 Abs. 14 angef. durch G v. 23.6.2017 (BGBl. I S. 1682).
[2] § 37 Abs. 15 angef. durch G v. 18.7.2017 (BGBl. I S. 2730).
[3] § 37 Abs. 16 angef. durch G v. 11.12.2018 (BGBl. I S. 2338).
[4] Tag der Verkündung des G v. 11.12.2018 (BGBl. I S. 2338).
[5] § 37 Abs. 17 angef. mWv 29.3.2019 durch Brexit-StBG v. 25.3.2019 (BGBl. I S. 357).
[6] § 37 Abs. 18 angef. durch G v. 21.12.2020 (BGBl. I S. 3096).
[7] Tag *nach* Verkündung des G v. 21.12.2020 (BGBl. I S. 3096).
[8] Tag *der* Verkündung des G v. 21.12.2020 (BGBl. I S. 3096).
[9] § 37 Abs. 19 angef. durch G v. 16.7.2021 (BGBl. I S. 2931).

der Deutschen Demokratischen Republik in der Fassung vom 18. September 1970 (Sonderdruck Nr. 678 des Gesetzblattes) ausgesetzt wurde.

(3) (weggefallen)

(4) Als frühere Erwerbe im Sinne des § 14 gelten auch solche, die vor dem 1. Januar 1991 dem Erbschaftsteuerrecht der Deutschen Demokratischen Republik unterlegen haben.

(5) Als frühere Erwerbe desselben Vermögens im Sinne des § 27 gelten auch solche, für die eine Steuer nach dem Erbschaftsteuerrecht der Deutschen Demokratischen Republik erhoben wurde, wenn der Erwerb durch Personen im Sinne des § 15 Abs. 1 Steuerklasse I erfolgte.

(6) § 28 ist auch anzuwenden, wenn eine Steuer nach dem Erbschaftsteuerrecht der Deutschen Demokratischen Republik erhoben wird.

(7) [1] Ist in dem in Artikel 3 des Einigungsvertrages genannten Gebiet eine Steuerfestsetzung nach § 33 des Erbschaftsteuergesetzes der Deutschen Demokratischen Republik in der Weise erfolgt, daß die Steuer jährlich im voraus von dem Jahreswert von Renten, Nutzungen oder Leistungen zu entrichten ist, kann nach Wahl des Erwerbers die Jahressteuer zum jeweils nächsten Fälligkeitstermin mit ihrem Kapitalwert abgelöst werden. [2] § 23 Abs. 2 ist entsprechend anzuwenden.

(8) Wurde in Erbfällen, die vor dem 1. Januar 1991 eingetreten sind, oder für Schenkungen, die vor diesem Zeitpunkt ausgeführt worden sind, die Versteuerung nach § 34 des Erbschaftsteuergesetzes der Deutschen Demokratischen Republik ausgesetzt, ist diese Vorschrift weiterhin anzuwenden, auch wenn die Steuer infolge der Aussetzung der Versteuerung erst nach dem 31. Dezember 1990 entsteht.

§§ 38 und 39. (weggefallen)

420a. Grundsteuergesetz 2025 (GrStG 2025)[1)]

Vom 7. August 1973 (BGBl. I S. 965)

Geändert durch Einführungsgesetz zur Abgabenordnung vom 14.12.1976 (BGBl. I S. 3341), Einigungsvertrag vom 31.8.1990 (BGBl. II S. 889, 986), Standortsicherungsgesetz vom 13.9.1993 (BGBl. I S. 1569), Eisenbahnneuordnungsgesetz vom 27.12.1993 (BGBl. I S. 2378), Postneuordnungsgesetz vom 14.9.1994 (BGBl. I S. 2325), Gesetz zur Fortsetzung der Unternehmenssteuerreform vom 29.10.1997 (BGBl. I S. 2590), Gesetz zur Änderung des Einführungsgesetzes zur Insolvenzordnung und anderer Gesetze vom 19.12.1998 (BGBl. I S. 3836), Steuerbereinigungsgesetz 1999 vom 22.12.1999 (BGBl. I S. 2601), Steuer-Euroglättungsgesetz vom 19.12.2000 (BGBl. I S. 1790), Gesetz zur Umbenennung des Bundesgrenzschutzes in Bundespolizei vom 21.6.2005 (BGBl. I S. 1818), Gesetz zur Beschleunigung der Umsetzung von Öffentlich Privaten Partnerschaften und zur Verbesserung gesetzlicher Rahmenbedingungen für Öffentlich Private Partnerschaften vom 1.9.2005 (BGBl. I S. 2676), Jahressteuergesetz 2009 vom 19.12.2008 (BGBl. I S. 2794), Gesetz zur Reform des Grundsteuer- und Bewertungsrechts (Grundsteuer-Reformgesetz – GrStRefG) vom 26.11. 2019 (BGBl. I S. 1794), Gesetz zur Änderung des Grundsteuergesetzes zur Mobilisierung von baureifen Grundstücken für die Bebauung vom 30.11.2019 (BGBl. I S. 1875), Jahressteuergesetz 2020 (JStG 2020) vom 21.12.2020 (BGBl. I S. 3096) und Gesetz zur erleichterten Umsetzung der Reform der Grundsteuer und Änderung weiterer steuerrechtlicher Vorschriften (Grundsteuerreform-Umsetzungsgesetz – GrStRefUG) vom 16.7.2021 (BGBl. I S. 2931)

BGBl. III/FNA 611-7

Inhaltsübersicht

[1)] Das Grundsteuergesetz wurde verkündet als Art. 1 des Gesetzes zur Reform des Grundsteuerrechts. **Die hier abgedruckte Fassung berücksichtigt die Grundsteuer-Reform zum 1.1.2025 (siehe § 37). Die bis zum 31.12.2024 gültige Fassung ist abgedruckt unter Nr. 420.**

Der Bundestag hat mit Zustimmung des Bundesrates das folgende Gesetz beschlossen:

Abschnitt I. Steuerpflicht

§ 1 Heberecht. (1) Die Gemeinde bestimmt, ob von dem in ihrem Gebiet liegenden Grundbesitz Grundsteuer zu erheben ist.

(2) Bestehen in einem Land keine Gemeinden, so stehen das Recht des Absatzes 1 und die in diesem Gesetz bestimmten weiteren Rechte dem Land zu.

(3) Für den in gemeindefreien Gebieten liegenden Grundbesitz bestimmt die Landesregierung durch Rechtsverordnung, wer die nach diesem Gesetz den Gemeinden zustehenden Befugnisse ausübt.

§ 2[1] Steuergegenstand. Steuergegenstand ist der inländische Grundbesitz im Sinne des Bewertungsgesetzes:

1. die Betriebe der Land- und Forstwirtschaft (§§ 232 bis 234, 240 des Bewertungsgesetzes); diesen stehen die in § 218 Satz 2 des Bewertungsgesetzes[2] bezeichneten Betriebsgrundstücke gleich;
2. die Grundstücke (§§ 243, 244 des Bewertungsgesetzes[2]); diesen stehen die in § 218 Satz 3 des Bewertungsgesetzes[2] bezeichneten Betriebsgrundstücke gleich.

---

[1] *§ 2 geänd.* **mWv 1.1.2025** (§ 37 Abs. 1) durch G v. 26.11.2019 (BGBl. I S. 1794); § 2 Nr. 1 geänd. durch G v. 21.12.2020 (BGBl. I S. 3096).
[2] Nr. **200**.

Abschnitt II. Bemessung der Grundsteuer

§ 13[1] **Steuermesszahl und Steuermessbetrag.** [1]Bei der Berechnung der Grundsteuer ist von einem Steuermessbetrag auszugehen. [2]Dieser ist durch Anwendung eines Promillesatzes (Steuermesszahl) auf den Grundsteuerwert oder seinen steuerpflichtigen Teil zu ermitteln, der nach dem Bewertungsgesetz im Veranlagungszeitpunkt (§ 16 Absatz 1, § 17 Absatz 3, § 18 Absatz 3) für den Steuergegenstand maßgebend ist.

§ 14[2] **Steuermesszahl für Betriebe der Land- und Forstwirtschaft.** Für Betriebe der Land- und Forstwirtschaft beträgt die Steuermeßzahl 0,55 Promille.

§ 15[3] **Steuermesszahl für Grundstücke.** (1) Die Steuermesszahl beträgt

1. für unbebaute Grundstücke im Sinne des § 246 des Bewertungsgesetzes[4] 0,34 Promille,
2. für bebaute Grundstücke
   a) im Sinne des § 249 Absatz 1 Nummer 1 bis 4 des Bewertungsgesetzes[4] 0,31 Promille,
   b) im Sinne des § 249 Absatz 1 Nummer 5 bis 8 des Bewertungsgesetzes[4] 0,34 Promille.

(2) [1]Die Steuermesszahl nach Absatz 1 Nummer 2 Buchstabe a wird um 25 Prozent ermäßigt, wenn

1. für das Grundstück nach § 13 Absatz 3 des Wohnraumförderungsgesetzes vom 13. September 2001 (BGBl. I S. 2376), das zuletzt durch Artikel 3 des Gesetzes vom 2. Oktober 2015 (BGBl. I S. 1610) geändert worden ist, eine Förderzusage erteilt wurde und
2. die sich aus der Förderzusage im Sinne des § 13 Absatz 2 des Wohnraumförderungsgesetzes ergebenden Bindungen für jeden Erhebungszeitraum innerhalb des Hauptveranlagungzeitraums.

[2]Liegen die Voraussetzungen des Satzes 1 für einen Teil der Gebäude oder für Teile eines Gebäudes vor, so ist die Ermäßigung der Steuermesszahl entsprechend anteilig zu gewähren.

(3) Absatz 2 gilt entsprechend für Grundstücke, für die nach dem Ersten Wohnungsbaugesetz vom 24. April 1950 (BGBl. I S. 83) in der bis zum 31. Dezember 1987 geltenden Fassung, nach dem Zweiten Wohnungsbaugesetz vom 27. Juni 1956 (BGBl. I S. 523) in der bis zum 31. Dezember 2001 geltenden Fassung oder nach den Wohnraumförderungsgesetz der Länder eine Förderzusage erteilt wurde.

---

[1] § 13 neu gef. **mWv 1.1.2025** (§ 37 Abs. 1) durch G v. 26.11.2019 (BGBl. I S. 1794).
[2] § 14 geänd. **mWv 1.1.2025** (§ 37 Abs. 1) durch G v. 26.11.2019 (BGBl. I S. 1794).
[3] § 15 neu gef. **mWv 1.1.2025** (§ 37 Abs. 1) durch G v. 26.11.2019 (BGBl. I S. 1794); Abs. 1 Nr. 2 Buchst. a geänd., Abs. 2 Satz 1 Nr. 1 geänd., Nr. 2 neu gef. und Abs. 2 Satz 2 angef., Abs. 3 neu gef. durch G v. 16.7.2021 (BGBl. I S. 2931).
[4] Nr. **200**.

(4) [1]Liegen für ein Grundstück weder die Voraussetzungen des Absatzes 2 noch des Absatzes 3 vor, wird die Steuermesszahl nach Absatz 1 Nummer 2 Buchstabe a um 25 Prozent ermäßigt, wenn das jeweilige Grundstück

1. einer Wohnungsbaugesellschaft zugerechnet wird, deren Anteile mehrheitlich von einer oder mehreren Gebietskörperschaften gehalten werden und zwischen der Wohnungsbaugesellschaft und der Gebietskörperschaft oder den Gebietskörperschaften ein Gewinnabführungsvertrag besteht,
2. einer Wohnungsbaugesellschaft zugerechnet wird, die als gemeinnützig im Sinne des § 52 der Abgabenordnung anerkannt ist, oder
3. einer Genossenschaft oder einem Verein zugerechnet wird, der seine Geschäftstätigkeit auf die in § 5 Absatz 1 Nummer 10 Buchstabe a und b des Körperschaftsteuergesetzes[1] genannten Bereiche beschränkt und von der Körperschaftsteuer befreit ist.

[2]Der Abschlag auf die Steuermesszahl nach Satz 1 wird auf Antrag für jeden Erhebungszeitraum innerhalb des Hauptveranlagungszeitraums gewährt, wenn nachgewiesen wird, dass die jeweiligen Voraussetzungen am Hauptveranlagungsstichtag vorlagen. [3]Entfallen die Voraussetzungen des Satzes 1 während des Hauptveranlagungszeitraums, ist dies nach § 19 Absatz 2 anzuzeigen.

(5) [1]Die Steuermesszahl nach Absatz 1 Nummer 2 wird für bebaute Grundstücke um 10 Prozent ermäßigt, wenn sich auf dem Grundstück Gebäude befinden, die Baudenkmäler im Sinne des jeweiligen Landesdenkmalschutzgesetzes sind. [2]Stehen auf einem Grundstück nur ein Teil der Gebäude oder nur Teile eines Gebäudes im Sinne des jeweiligen Landesdenkmalschutzgesetzes unter Denkmalschutz, so ist die Ermäßigung der Steuermesszahl entsprechend anteilig zu gewähren.

§ 16 Hauptveranlagung. (1)[2] [1]Die Steuermeßbeträge werden auf den Hauptfeststellungszeitpunkt (§ 221 Absatz 2 des Bewertungsgesetzes[3]) allgemein festgesetzt (Hauptveranlagung). [2]Dieser Zeitpunkt ist der Hauptveranlagungszeitpunkt.

(2) [1]Der bei der Hauptveranlagung festgesetzte Steuermeßbetrag gilt vorbehaltlich der §§ 17 und 20 von dem Kalenderjahr an, das zwei Jahre nach dem Hauptveranlagungszeitpunkt beginnt. [2]Dieser Steuermeßbetrag bleibt unbeschadet der §§ 17 und 20 bis zu dem Zeitpunkt maßgebend, von dem an die Steuermeßbeträge der nächsten Hauptveranlagung wirksam werden. [3]Der sich nach den Sätzen 1 und 2 ergebende Zeitraum ist der Hauptveranlagungszeitraum.

(3) Ist die Festsetzungsfrist (§ 169 der Abgabenordnung[4]) bereits abgelaufen, so kann die Hauptveranlagung unter Zugrundelegung der Verhältnisse vom Hauptveranlagungszeitpunkt mit Wirkung für einen späteren Veran-

---

[1] Nr. **100**.

[2] § 16 Abs. 1 Satz 1 geänd. **mWv 1.1.2025** (§ 37 Abs. 1) durch G v. 26.11.2019 (BGBl. I S. 1794); *siehe auch* **§ 36 Abs. 3**.

[3] Nr. **200**.

[4] Nr. **800**.

lagungszeitpunkt vorgenommen werden, für den diese Frist noch nicht abgelaufen ist.

§ 17[1] **Neuveranlagung.** (1) Wird eine Wertfortschreibung (§ 222 Absatz 1 des Bewertungsgesetzes[2]) oder eine Artfortschreibung oder Zurechnungsfortschreibung (§ 222 Absatz 2 des Bewertungsgesetzes[2]) durchgeführt, so wird der Steuermeßbetrag auf den Fortschreibungszeitpunkt neu festgesetzt (Neuveranlagung).

(2) Der Steuermeßbetrag wird auch dann neu festgesetzt, wenn dem Finanzamt bekannt wird, daß

1. Gründe, die im Feststellungsverfahren über den Grundsteuerwert[3] nicht zu berücksichtigen sind, zu einem anderen als dem für den letzten Veranlagungszeitpunkt festgesetzten Steuermeßbetrag führen oder
2. die letzte Veranlagung fehlerhaft ist; § 176 der Abgabenordnung[4] ist hierbei entsprechend anzuwenden; das gilt jedoch nur für Veranlagungszeitpunkte, die vor der Verkündung der maßgeblichen Entscheidung eines obersten Gerichts des Bundes liegen.

(3) [1] Der Neuveranlagung werden die Verhältnisse im Neuveranlagungszeitpunkt zugrunde gelegt. [2] Neuveranlagungszeitpunkt ist

1. in den Fällen des Absatzes 1 der Beginn des Kalenderjahres, auf den die Fortschreibung durchgeführt wird;
2. in den Fällen des Absatzes 2 Nr. 1 der Beginn des Kalenderjahres, auf den sich erstmals ein abweichender Steuermeßbetrag ergibt. [2] § 16 Abs. 3 ist entsprechend anzuwenden;
3. in den Fällen des Absatzes 2 Nr. 2 der Beginn des Kalenderjahres, in dem der Fehler dem Finanzamt bekannt wird, bei einer Erhöhung des Steuermeßbetrags jedoch frühestens der Beginn des Kalenderjahres, in dem der Steuermeßbescheid erteilt wird.

(4) Treten die Voraussetzungen für eine Neuveranlagung während des Zeitraums zwischen dem Hauptveranlagungszeitpunkt und dem Zeitpunkt des Wirksamwerdens der Steuermeßbeträge (§ 16 Abs. 2) ein, so wird die Neuveranlagung auf den Zeitpunkt des Wirksamwerdens der Steuermeßbeträge vorgenommen.

§ 18 Nachveranlagung. (1)[5] Wird eine Nachfeststellung (§ 223 Absatz 1 des Bewertungsgesetzes[2]) durchgeführt, so wird der Steuermeßbetrag auf den Nachfeststellungszeitpunkt nachträglich festgesetzt (Nachveranlagung).

(2) Der Steuermeßbetrag wird auch dann nachträglich festgesetzt, wenn der Grund für die Befreiung des Steuergegenstandes von der Grundsteuer weg-

---

[1] § 17 Abs. 1 geänd. **mWv 1.1.2025** (§ 37 Abs. 1) durch G v. 26.11.2019 (BGBl. I S. 1794).
[2] Nr. **200**.
[3] Korrigiert durch G v. 21.12.2020 (BGBl. I S. 3096).
[4] Nr. **800**.
[5] § 18 Abs. 1 geänd. **mWv 1.1.2025** (§ 37 Abs. 1) durch G v. 26.11.2019 (BGBl. I S. 1794).

fällt, der für die Berechnung der Grundsteuer maßgebende Grundsteuerwert[1] (§ 13 Abs. 1) aber bereits festgestellt ist.

(3) [1]Der Nachveranlagung werden die Verhältnisse im Nachveranlagungszeitpunkt zugrunde gelegt. [2]Nachveranlagungszeitpunkt ist

1. in den Fällen des Absatzes 1 der Beginn des Kalenderjahres, auf den der Grundsteuerwert[3] nachträglich festgestellt wird;
2. in den Fällen des Absatzes 2 der Beginn des Kalenderjahres, der auf den Wegfall des Befreiungsgrundes folgt. [2]§ 16 Abs. 3 ist entsprechend anzuwenden.

(4) Treten die Voraussetzungen für eine Nachveranlagung während des Zeitraums zwischen dem Hauptveranlagungszeitpunkt und dem Zeitpunkt des Wirksamwerdens der Steuermeßbeträge (§ 16 Abs. 2) ein, so wird die Nachveranlagung auf den Zeitpunkt des Wirksamwerdens der Steuermeßbeträge vorgenommen.

§ 19[2] **Anzeigepflicht.** (1) [1]Jede Änderung in der Nutzung oder in den Eigentumsverhältnissen eines ganz oder teilweise von der Grundsteuer befreiten Steuergegenstandes hat derjenige anzuzeigen, der nach § 10 als Steuerschuldner in Betracht kommt. [2]Die Anzeige ist innerhalb von drei Monaten nach Eintritt der Änderung bei dem Finanzamt zu erstatten, das für die Festsetzung des Steuermeßbetrags zuständig ist.

(2) [1]Den Wegfall der Voraussetzungen für die ermäßigte Steuermesszahl nach § 15 Absatz 2 bis 5 hat derjenige anzuzeigen, der nach § 10 als Steuerschuldner in Betracht kommt. [2]Die Anzeige ist innerhalb von drei Monaten nach dem Wegfall der Voraussetzungen bei dem Finanzamt zu erstatten, das für die Festsetzung des Steuermessbetrags zuständig ist.

§ 20[3] **Aufhebung des Steuermessbetrags.** (1) Der Steuermeßbetrag wird aufgehoben,

1. wenn der Grundsteuerwert aufgehoben wird oder
2. wenn dem Finanzamt bekannt wird, daß
   a) für den ganzen Steuergegenstand ein Befreiungsgrund eingetreten ist oder
   b) der Steuermeßbetrag fehlerhaft festgesetzt worden ist.

(2) Der Steuermeßbetrag wird aufgehoben

1. in den Fällen des Absatzes 1 Nr. 1 mit Wirkung vom Aufhebungszeitpunkt (§ 224 Absatz 2 des Bewertungsgesetzes)[4] an;

---

[1] Korrigiert durch G v. 21.12.2020 (BGBl. I S. 3096).

[2] § 19 Abs. 2 angef., bish. Wortlaut wird Abs. 1 **mWv 1.1.2025** (§ 37 Abs. 1) durch G v. 26.11.2019 (BGBl. I S. 1794); Abs. 2 Satz 1 Verweis geänd. durch G v. 16.7.2021 (BGBl. I S. 2931).

[3] § 20 Abs. 1 Nr. 2 geänd. mWv 1.1.1977 durch G v. 14.12.1976 (BGBl. I S. 3341); Abs. 1 *Nr. 1, Abs. 2 Nr. 1* geänd. **mWv 1.1.2025** (§ 37 Abs. 1) durch G v. 26.11.2019 (BGBl. I S. 1794).

[4] Nr. **200**.

2. in den Fällen des Absatzes 1 Nr. 2 Buchstabe a mit Wirkung vom Beginn des Kalenderjahres an, der auf den Eintritt des Befreiungsgrundes folgt. [2] § 16 Abs. 3 ist entsprechend anzuwenden;
3. in den Fällen des Absatzes 1 Nr. 2 Buchstabe b mit Wirkung vom Beginn des Kalenderjahres an, in dem der Fehler dem Finanzamt bekannt wird.

(3) Treten die Voraussetzungen für eine Aufhebung während des Zeitraums zwischen dem Hauptveranlagungszeitpunkt und dem Zeitpunkt des Wirksamwerdens der Steuermeßbeträge (§ 16 Abs. 2) ein, so wird die Aufhebung auf den Zeitpunkt des Wirksamwerdens der Steuermeßbeträge vorgenommen.

§ 21 Änderung von Steuermessbescheiden. [1] Bescheide über die Neuveranlagung oder die Nachveranlagung von Steuermessbeträgen können schon

(Fortsetzung nächstes Blatt)

Einkommensteuergesetzes sind vorbehaltlich der nachfolgenden Absätze bei der Ermittlung des Gewerbeertrags entsprechend anzuwenden.

(2) [1]Der nach Anwendung des § 3a Absatz 3 Satz 2 Nummer 1 des Einkommensteuergesetzes verbleibende geminderte Sanierungsertrag im Sinne des § 3a Absatz 3 Satz 1 des Einkommensteuergesetzes mindert nacheinander

1. den negativen Gewerbeertrag des Sanierungsjahrs des zu sanierenden Unternehmens,
2. Fehlbeträge im Sinne des § 10a Satz 3 und
3. im Sanierungsjahr ungeachtet des § 10a Satz 2 die nach § 10a Satz 6 zum Ende des vorangegangenen Erhebungszeitraums gesondert festgestellten Fehlbeträge; die in § 10a Satz 1 und 2 genannten Beträge werden der Minderung entsprechend aufgebraucht.

[2]Ein nach Satz 1 verbleibender Sanierungsertrag mindert die Beträge nach Satz 1 Nummer 1 bis 3 eines anderen Unternehmens, wenn dieses die erlassenen Schulden innerhalb eines Zeitraums von fünf Jahren vor dem Schuldenerlass auf das zu sanierende Unternehmen übertragen hat und soweit die entsprechenden Beträge zum Ablauf des Wirtschaftsjahrs der Übertragung bereits entstanden waren. [3]Der verbleibende Sanierungsertrag nach Satz 2 ist zunächst um den Minderungsbetrag nach § 3a Absatz 3 Satz 2 Nummer 13 des Einkommensteuergesetzes zu kürzen. [4]Bei der Minderung nach Satz 1 ist § 10a Satz 4 und 5 entsprechend anzuwenden. [5]In Fällen des § 10a Satz 9 ist § 8 Absatz 9 Satz 9 des Körperschaftsteuergesetzes entsprechend anzuwenden. [6]An den Feststellungen der vortragsfähigen Fehlbeträge nehmen nur die nach Anwendung der Sätze 1 und 2 verbleibenden Beträge teil.

(3) [1]In den Fällen des § 2 Absatz 2 Satz 2 ist § 15 Satz 1 Nummer 1a des Körperschaftsteuergesetzes entsprechend anzuwenden. [2]Absatz 2 Satz 3 gilt entsprechend.

§ 8 Hinzurechnungen. Dem Gewinn aus Gewerbebetrieb (§ 7) werden folgende Beträge wieder hinzugerechnet, soweit sie bei der Ermittlung des Gewinns abgesetzt worden sind:

1.[1)] Ein Viertel der Summe aus

a) Entgelten für Schulden. [2]Als Entgelt gelten auch der Aufwand aus nicht dem gewöhnlichen Geschäftsverkehr entsprechenden gewährten Skonti oder wirtschaftlich vergleichbaren Vorteilen im Zusammenhang mit der Erfüllung von Forderungen aus Lieferungen und Leistungen vor Fälligkeit sowie die Diskontbeträge bei der Veräußerung von Wechsel- und anderen Geldforderungen. [3]Soweit Gegenstand der Veräußerung eine Forderung aus einem schwebenden Vertragsverhältnis ist, gilt die Differenz zwischen dem Wert der Forderung aus dem schwebenden Vertragsverhältnis, wie ihn die Vertragsparteien im Zeitpunkt des Vertragsschlusses der Veräußerung zugrunde gelegt haben, und dem vereinbarten Veräußerungserlös als bei der Ermittlung des Gewinns abgesetzt,

---

[1)] § 8 Nr. 1 neu gef. mWv EZ 2008 durch G v. 14.8.2007 (BGBl. I S. 1912).

b) Renten und dauernden Lasten. 2 Pensionszahlungen auf Grund einer unmittelbar vom Arbeitgeber erteilten Versorgungszusage gelten nicht als dauernde Last im Sinne des Satzes 1,

c) Gewinnanteilen des stillen Gesellschafters,

d)[1] einem Fünftel der Miet- und Pachtzinsen (einschließlich Leasingraten) für die Benutzung von beweglichen Wirtschaftsgütern des Anlagevermögens, die im Eigentum eines anderen stehen. [***EZ 2020–EZ 2030:*** 2 Eine Hinzurechnung nach Satz 1 ist nur zur Hälfte vorzunehmen bei

aa) Fahrzeugen mit Antrieb ausschließlich durch Elektromotoren, die ganz oder überwiegend aus mechanischen oder elektrochemischen Energiespeichern oder aus emissionsfrei betriebenen Energiewandlern gespeist werden (Elektrofahrzeuge),

bb) extern aufladbaren Hybridelektrofahrzeugen, für die sich aus der Übereinstimmungsbescheinigung nach Anhang IX der Richtlinie 2007/46/EG oder aus der Übereinstimmungsbescheinigung nach Artikel 38 der Verordnung (EU) Nr. 168/2013 ergibt, dass das Fahrzeug eine Kohlendioxidemission von höchstens 50 Gramm je gefahrenen Kilometer hat oder die Reichweite des Fahrzeugs unter ausschließlicher Nutzung der elektrischen Antriebsmaschine mindestens 80 Kilometer[2] beträgt, und

cc) Fahrrädern, die keine Kraftfahrzeuge sind,]

e) der Hälfte[3] der Miet- und Pachtzinsen (einschließlich Leasingraten) für die Benutzung der unbeweglichen Wirtschaftsgüter des Anlagevermögens, die im Eigentum eines anderen stehen, und

f) einem Viertel der Aufwendungen für die zeitlich befristete Überlassung von Rechten (insbesondere Konzessionen und Lizenzen, mit Ausnahme von Lizenzen, die ausschließlich dazu berechtigen, daraus abgeleitete Rechte Dritten zu überlassen). 2 Eine Hinzurechnung nach Satz 1 ist nicht vorzunehmen auf Aufwendungen, die nach § 25 des Künstlersozialversicherungsgesetzes Bemessungsgrundlage für die Künstlersozialabgabe sind,

soweit die Summe den Betrag von *100 000 Euro* [***ab EZ 2020:*** 200 000 Euro][4] übersteigt;

2., 3.[5] *(aufgehoben)*

4. die Gewinnanteile, die an persönlich haftende Gesellschafter einer Kommanditgesellschaft auf Aktien auf ihre nicht auf das Grundkapital gemachten Einlagen oder als Vergütung (Tantieme) für die Geschäftsführung verteilt worden sind;

5. die nach § 3 Nr. 40 des Einkommensteuergesetzes oder § 8b Abs. 1 des Körperschaftsteuergesetzes[6] außer Ansatz bleibenden Gewinnanteile (Di-

[1] § 8 Nr. 1 Buchst. d Satz 2 angef. durch G v. 12.12.2019 (BGBl. I S. 2451); zur Anwendung siehe § 36 Abs. 4.

[2] Siehe hierzu § 36 Abs. 4 Satz 2.

[3] § 8 Nr. 1 Buchst. e geänd. mWv EZ 2010 durch G v. 22.12.2009 (BGBl. I S. 3950).

[4] *Betrag geänd. mWv 1.7.2020 durch G v. 29.6.2020 (BGBl. I S. 1512).*

[5] § 8 Nrn. 2, 3 aufgeh. mWv EZ 2008 durch G v. 14.8.2007 (BGBl. I S. 1912).

[6] Nr. **100**.

500. Umsatzsteuergesetz (UStG)

In der Fassung der Bekanntmachung vom 21. Februar 2005
(BGBl. I S. 386)[1)]

Geändert durch Gesetz zur Neuorganisation der Bundesfinanzverwaltung und zur Schaffung eines Refinanzierungsregisters vom 22.9.2005 (BGBl. I S. 2809), Gesetz zur steuerlichen Förderung von Wachstum und Beschäftigung vom 26.4.2006 (BGBl. I S. 1091), Gesetz zur Eindämmung missbräuchlicher Steuergestaltungen vom 28.4.2006 (BGBl. I S. 1095), Haushaltsbegleitgesetz 2006 vom 29.6.2006 (BGBl. I S. 1402), Erstes Gesetz zum Abbau bürokratischer Hemmnisse insbesondere in der mittelständischen Wirtschaft vom 22.8.2006 (BGBl. I S. 1970), Jahressteuergesetz 2007 vom 13.12.2006 (BGBl. I S. 2878), Zweites Gesetz zum Abbau bürokratischer Hemmnisse insbesondere in der mittelständischen Wirtschaft vom 7.9.2007 (BGBl. I S. 2246), Gesetz zur weiteren Stärkung des bürgerschaftlichen Engagements vom 10.10.2007 (BGBl. I S. 2332), Jahressteuergesetz 2008 vom 20.12.2007 (BGBl. I S. 3150), Jahressteuergesetz 2009 vom 19.12.2008 (BGBl. I S. 2794), Steuerbürokratieabbaugesetz vom 20.12.2008 (BGBl. I S. 2850), Bürgerentlastungsgesetz Krankenversicherung vom 16.7.2009 (BGBl. I S. 1959), Wachstumsbeschleunigungsgesetz vom 22.12.2009 (BGBl. I S. 3950), Gesetz zur Umsetzung steuerlicher EU-Vorgaben sowie zur Änderung steuerlicher Vorschriften vom 8.4.2010 (BGBl. I S. 386), Gesetz zur Weiterentwicklung der Organisation der Grundsicherung für Arbeitsuchende vom 3.8.2010 (BGBl. I S. 1112), Jahressteuergesetz 2010 (JStG 2010) vom 8.12.2010 (BGBl. I S. 1768), Gesetz zur Ermittlung von Regelbedarfen und zur Änderung des Zweiten und Zwölften Buches Sozialgesetzbuch vom 24.3.2011 (BGBl. I S. 453), Gesetz zur bestätigenden Regelung verschiedener steuerlicher und verkehrsrechtlicher Vorschriften des Haushaltsbegleitgesetzes 2004 vom 5.4.2011 (BGBl. I S. 554), Sechstes Gesetz zur Änderung von Verbrauchsteuergesetzen vom 16.6.2011 (BGBl. I S. 1090), Gesetz zur Anpassung der Rechtsgrundlagen für die Fortentwicklung des Emissionshandels vom 21.7. 2011 (BGBl. I S. 1475), Steuervereinfachungsgesetz 2011 vom 1.11.2011 (BGBl. I S. 2131), Drittes Gesetz zur Änderung des Umsatzsteuergesetzes vom 6.12.2011 (BGBl. I S. 2562), Beitreibungsrichtlinie-Umsetzungsgesetz (BeitrRLUmsG) vom 7.12.2011 (BGBl. I S. 2592), Gesetz zur Änderung des Gemeindefinanzreformgesetzes und von steuerlichen Vorschriften vom 8.5.2012 (BGBl. I S. 1030), Amtshilferichtlinie-Umsetzungsgesetz (AmtshilfeRLUmsG) vom 26.6.2013 (BGBl. I S. 1809), Gesetz zur Anpassung des Investmentsteuergesetzes und anderer Gesetze an das AIFM-Umsetzungsgesetz (AIFM-Steuer-Anpassungsgesetz – AIFM-StAnpG) vom 18.12.2013 (BGBl. I S. 4318), Gesetz zur Anpassung des nationalen Steuerrechts an den Beitritt Kroatiens zur EU und zur Änderung weiterer steuerlicher Vorschriften vom 25.7.2014 (BGBl. I S. 1266), Gesetz zur Anpassung der Abgabenordnung an den Zollkodex der Union und zur Änderung weiterer steuerlicher Vorschriften vom 22.12.2014 (BGBl. I S. 2417), Steueränderungsgesetz 2015 vom 2.11.2015 (BGBl. I S. 1834), Gesetz zur Modernisierung des Besteuerungsverfahrens vom 18.7.2016 (BGBl. I S. 1679), Gesetz zur Reform der Investmentbesteuerung (Investmentsteuerreformgesetz – InvStRefG) vom 19.7. 2016 (BGBl. I S. 1730), Drittes Gesetz zur Stärkung der pflegerischen Versorgung und zur Änderung weiterer Vorschriften (Drittes Pflegestärkungsgesetz – PSG III) vom 23.12.2016 (BGBl. I S. 3191), Gesetz zur Stärkung der Teilhabe und Selbstbestimmung von Menschen mit Behinderungen (Bundesteilhabegesetz – BTHG) vom 23.12.2016 (BGBl. I S. 3234), Branntweinmonopolverwaltung-Auflösungsgesetz (BfBAG) vom 10.3.2017 (BGBl. I S. 420), Gesetz zur Umsetzung der Vierten EU-Geldwäscherichtlinie, zur Ausführung der EU-Geldtransferverordnung und zur Neuorganisation der Zentralstelle für Finanztransaktionsuntersuchungen vom 23.6.2017 (BGBl. I S. 1822), Zweites Gesetz zur Entlastung insbesondere der mittelständischen Wirtschaft von Bürokratie (Zweites Bürokratieentlastungsgesetz) vom 30.6.2017 (BGBl. I S. 2143), Gesetz zum Ausschluss verfassungsfeindlicher Parteien von der Parteienfinanzierung vom 18.7.2017 (BGBl. I S. 2730), Gesetz zur Durchführung der Verord-

---

[1)] Neubekanntmachung des UStG idF der Bek. v. 9.6.1999 (BGBl. I S. 1270) auf Grund des § 26 Abs. 6 UStG in der ab 1.1.2005 geltenden Fassung.

nung (EU) Nr. 910/2014 des Europäischen Parlaments und des Rates vom 23. Juli 2014 über elektronische Identifizierung und Vertrauensdienste für elektronische Transaktionen im Binnenmarkt, zur Aufhebung der Richtlinie 1999/93/EG (eIDAS-Durchführungsgesetz) vom 18.7.2017 (BGBl. I S. 2745), Gesetz zur Vermeidung von Umsatzsteuerausfällen beim Handel mit Waren im Internet und zur Änderung weiterer steuerlicher Vorschriften vom 11.12.2018 (BGBl. I S. 2338), Zweites Gesetz zur Anpassung des Datenschutzrechts an die Verordnung (EU) 2016/679 und zur Umsetzung der Richtlinie (EU) 2016/680 (Zweites Datenschutz-Anpassungs- und Umsetzungsgesetz EU – 2. DSAnpUG-EU) vom 20.11.2019 (BGBl. I S. 1626), Drittes Gesetz zur Entlastung insbesondere der mittelständischen Wirtschaft von Bürokratie (Drittes Bürokratieentlastungsgesetz) vom 22.11.2019 (BGBl. I S. 1746), Gesetz zur Reform des Grundsteuer- und Bewertungsrechts (Grundsteuer-Reformgesetz – GrStRefG) vom 26.11.2019 (BGBl. I S. 1794), Gesetz zur weiteren steuerlichen Förderung der Elektromobilität und zur Änderung weiterer steuerlicher Vorschriften vom 12.12.2019 (BGBl. I S. 2451), Gesetz zur Regelung des Sozialen Entschädigungsrechts vom 12.12.2019 (BGBl. I S. 2652; geänd. durch G v. 21.12.2020, BGBl. I S. 3096 und durch G v. 20.8.2021, BGBl. I S. 3932), Gesetz zur Einführung einer Pflicht zur Mitteilung grenzüberschreitender Steuergestaltungen vom 21.12.2019 (BGBl. I S. 2875), Gesetz zur Umsetzung des Klimaschutzprogramms 2030 im Steuerrecht vom 21.12.2019 (BGBl. I S. 2886), Gesetz zur Umsetzung steuerlicher Hilfsmaßnahmen zur Bewältigung der Corona-Krise (Corona-Steuerhilfegesetz) vom 19.6. 2020 (BGBl. I S. 1385), Zweites Gesetz zur Umsetzung steuerlicher Hilfsmaßnahmen zur Bewältigung der Corona-Krise (Zweites Corona-Steuerhilfegesetz) vom 29.6.2020 (BGBl. I S. 1512), Jahressteuergesetz 2020 (JStG 2020) vom 21.12.2020 (BGBl. I S. 3096; geänd. durch G v. 20.8.2021, BGBl. I S. 3932), Drittes Gesetz zur Umsetzung steuerlicher Hilfsmaßnahmen zur Bewältigung der Corona-Krise (Drittes Corona-Steuerhilfegesetz) vom 10.3.2021 (BGBl. I S. 330), Gesetz zur Reform des Vormundschafts- und Betreuungsrechts vom 4.5.2021 (BGBl. I S. 882), Gesetz zur Modernisierung der Entlastung von Abzugsteuern und der Bescheinigung der Kapitalertragsteuer (Abzugsteuerentlastungsmodernisierungsgesetz – AbzStEntModG) vom 2.6.2021 (BGBl. I S. 1259), Gesetz zur digitalen Modernisierung von Versorgung und Pflege (Digitale-Versorgung-und-Pflege-Modernisierungs-Gesetz – DVPMG) vom 3.6.2021 (BGBl. I S. 1309), Fondsstandortgesetz (FoStoG) vom 3.6.2021 (BGBl. I S. 1498) und Gesetz über die Entschädigung der Soldatinnen und Soldaten und zur Neuordnung des Soldatenversorgungsrechts vom 20.8.2021 (BGBl. I S. 3932)

BGBl. III/FNA 611-10-14

Inhaltsübersicht

I. Steuergegenstand und Geltungsbereich §§

II. Steuerbefreiungen und Steuervergütungen

(Fortsetzung nächstes Blatt)

erbracht werden und es sich ihrer Art nach um Leistungen handelt, auf die sich die Zulassung, der Vertrag oder die Regelung nach dem Sozialgesetzbuch jeweils bezieht, oder

ii)[1] von Einrichtungen nach § 138 Abs. 1 Satz 1 des Strafvollzugsgesetzes erbracht werden;

c)[2] Leistungen nach den Buchstaben a und b, die [***ab 1.1.2020:*** im Rahmen der hausarztzentrierten Versorgung nach § 73b des Fünften Buches Sozialgesetzbuch oder der besonderen Versorgung nach § 140a des Fünften Buches Sozialgesetzbuch von Einrichtungen erbracht werden, mit denen entsprechende Verträge bestehen, sowie Leistungen zur Sicherstellung der ambulanten Versorgung in stationären Pflegeeinrichtungen die durch Einrichtungen erbracht werden, mit denen Verträge nach § 119b des Fünften Buches Sozialgesetzbuch bestehen];

d)[3] *sonstige Leistungen von Gemeinschaften, deren Mitglieder Angehörige der in Buchstabe a bezeichneten Berufe oder Einrichtungen im Sinne des Buchstaben b sind, gegenüber ihren Mitgliedern, soweit diese Leistungen für unmittelbare Zwecke der Ausübung der Tätigkeiten nach Buchstabe a oder Buchstabe b verwendet werden und die Gemeinschaft von ihren Mitgliedern lediglich die genaue Erstattung des jeweiligen Anteils an den gemeinsamen Kosten fordert;*

e)[4] die zur Verhütung von nosokomialen Infektionen und zur Vermeidung der Weiterverbreitung von Krankheitserregern, insbesondere solcher mit Resistenzen, erbrachten Leistungen eines Arztes oder einer Hygienefachkraft, an in den Buchstaben *a, b und d* [***ab 1.1.2020:*** a und b] genannte Einrichtungen, die diesen dazu dienen, ihre Heilbehandlungsleistungen ordnungsgemäß unter Beachtung der nach dem Infektionsschutzgesetz und den Rechtsverordnungen der Länder nach § 23 Absatz 8 des Infektionsschutzgesetzes bestehenden Verpflichtungen zu erbringen;

[***ab 1.1.2021:***

f)[5] die eng mit der Förderung des öffentlichen Gesundheitswesens verbundenen Leistungen, die erbracht werden von

aa) juristischen Personen des öffentlichen Rechts,

bb) Sanitäts- und Rettungsdiensten, die die landesrechtlichen Voraussetzungen erfüllen, oder

cc) Einrichtungen, die nach § 75 des Fünften Buches Sozialgesetzbuch die Durchführung des ärztlichen Notdienstes sicherstellen;]

15.[6] die Umsätze der gesetzlichen Träger der Sozialversicherung, der gesetzlichen Träger der Grundsicherung für Arbeitsuchende nach dem Zweiten

---

1) § 4 Nr. 14 Buchst. b Doppelbuchst. hh angef., bish. Doppelbuchst. hh wird Doppelbuchst. ii mWv 1.1.2015 durch G v. 22.12.2014 (BGBl. I S. 2417).

2) § 4 Nr. 14 Buchst. c neu gef. mWv 1.1.2020 durch G v. 12.12.2019 (BGBl. I S. 2451).

3) § 4 Nr. 14 Buchst. d aufgeh. mWv 1.1.2020 durch G v. 12.12.2019 (BGBl. I S. 2451).

4) § 4 Nr. 14 Buchst. e angef. mWv 1.7.2013 durch G v. 26.6.2013 (BGBl. I S. 1809); Verweis geänd. mWv 1.1.2020 durch G v. 12.12.2019 (BGBl. I S. 2451).

5) § 4 Nr. 14 Buchst. f angef. mWv 1.1.2021 durch G v. 21.12.2020 (BGBl. I S. 3096).

6) § 4 Nr. 15 Buchst. b Satz 2 aufgeh. mWv 18.12.2019 durch G v. 12.12.2019 (BGBl. I S. 2451); Nr. 15 geänd. mWv 1.1.2024 durch G v. 12.12.2019 (BGBl. I S. 2652); zur weiteren Anwendung siehe § 27 Abs. 26 (idF ab 1.1.2024 d. G v. 12.12.2019, BGBl. I S. 2652); einl. Satzteil und Buchst. b geänd. mWv 1.1.2025 durch G v. 20.8.2021 (BGBl. I S. 3932).

Buch Sozialgesetzbuch sowie der gemeinsamen Einrichtungen[1] nach § 44b Abs. 1 des Zweiten Buches Sozialgesetzbuch, der örtlichen und überörtlichen Träger der Sozialhilfe sowie der *Verwaltungsbehörden und sonstigen Stellen der Kriegsopferversorgung einschließlich der Träger der Kriegsopferfürsorge* [***ab 1.1.2024:*** nach Bundes- oder Landesrecht zur Durchführung des Vierzehnten Buches Sozialgesetzbuch {***ab 1.1.2025:*** oder des Soldatenentschädigungsgesetzes} zuständigen Verwaltungsbehörden]

a) untereinander,

[Fassung bis 31.12.2023:]

b) an die Versicherten, die Bezieher von Leistungen nach dem Zweiten Buch Sozialgesetzbuch, die Empfänger von Sozialhilfe oder die Versorgungsberechtigten;

[Fassung ab 1.1.2024:]

b) an die Versicherten, die Bezieher von Leistungen nach dem Zweiten Buch Sozialgesetzbuch, die Empfänger von Sozialhilfe *oder die Berechtigten der Sozialen Entschädigung* [***ab 1.1.2025:*** , die Berechtigten der Sozialen Entschädigung oder die Berechtigten der Soldatenentschädigung];

15a.[2] die auf Gesetz beruhenden Leistungen der Medizinischen Dienste *der Krankenversicherung* (§ 278 SGB V) und des Medizinischen Dienstes *der Spitzenverbände der Krankenkassen (§ 282 SGB V)* [***neue Fassung:*** Bund (§ 281 SGB V)] untereinander und für die gesetzlichen Träger der Sozialversicherung und deren Verbände und für die Träger der Grundsicherung für Arbeitsuchende nach dem Zweiten Buch Sozialgesetzbuch sowie die gemeinsamen Einrichtungen nach § 44b des Zweiten Buches Sozialgesetzbuch;

15b.[3] Eingliederungsleistungen nach dem Zweiten Buch Sozialgesetzbuch, Leistungen der aktiven Arbeitsförderung nach dem Dritten Buch Sozialgesetzbuch und vergleichbare Leistungen, die von Einrichtungen des öffentlichen Rechts oder anderen Einrichtungen mit sozialem Charakter erbracht werden. [2] Andere Einrichtungen mit sozialem Charakter im Sinne dieser Vorschrift sind Einrichtungen,

a) die nach § 178 des Dritten Buches Sozialgesetzbuch zugelassen sind,

b) die für ihre Leistungen nach Satz 1 Verträge mit den gesetzlichen Trägern der Grundsicherung für Arbeitsuchende nach dem Zweiten Buch Sozialgesetzbuch geschlossen haben oder

c) die für Leistungen, die denen nach Satz 1 vergleichbar sind, Verträge mit juristischen Personen des öffentlichen Rechts, die diese Leistungen mit dem Ziel der Eingliederung in den Arbeitsmarkt durchführen, geschlossen haben;

---

[1] Bezeichnung geänd. mWv 1.1.2011 durch G v. 3.8.2010 (BGBl. I S. 1112).

[2] § 4 Nr. 15a geänd. mWv 1.1.2011 durch G v. 24.3.2011 (BGBl. I S. 453); geänd. (kursiver Satzteil aufgeh., Klammerzusatz ersetzt kursiven Satzteil) durch G v. 12.12.2019 (BGBl. I S. 2451); zur Anwendung siehe § 27 Abs. 27.

[3] § 4 Nr. 15b eingef. mWv 1.1.2015 durch G v. 25.7.2015 (BGBl. I S. 1266).

15c.[1] Leistungen zur Teilhabe am Arbeitsleben nach § 49 des Neunten Buches Sozialgesetzbuch, die von Einrichtungen des öffentlichen Rechts oder anderen Einrichtungen mit sozialem Charakter erbracht werden. [2]Andere Einrichtungen mit sozialem Charakter im Sinne dieser Vorschrift sind Rehabilitationsdienste und -einrichtungen nach den §§ 36 und 51 des Neunten Buches Sozialgesetzbuch, mit denen Verträge nach § 38 des Neunten Buches Sozialgesetzbuch abgeschlossen worden sind;

16.[2] die *mit dem Betrieb von Einrichtungen zur Betreuung oder Pflege körperlich, geistig oder seelisch hilfsbedürftiger Personen eng verbundenen Leistungen, die von* [***ab 1.1.2021:*** eng mit der Betreuung oder Pflege körperlich, kognitiv oder psychisch hilfsbedürftiger Personen verbundenen Leistungen, die erbracht werden von]

a) juristischen Personen des öffentlichen Rechts,

b) Einrichtungen, mit denen ein Vertrag nach § 132 des Fünften Buches Sozialgesetzbuch besteht,

c) Einrichtungen, mit denen ein Vertrag nach § 132a des Fünften Buches Sozialgesetzbuch, § 72 oder § 77 des Elften Buches Sozialgesetzbuch besteht oder die Leistungen zur häuslichen Pflege oder zur Heimpflege erbringen und die hierzu nach § 26 Abs. 5 in Verbindung mit § 44 des Siebten Buches Sozialgesetzbuch bestimmt sind,

d) Einrichtungen, die Leistungen der häuslichen Krankenpflege oder Haushaltshilfe erbringen und die hierzu nach § 26 Abs. 5 in Verbindung mit den §§ 32 und 42 des Siebten Buches Sozialgesetzbuch bestimmt sind,

e) Einrichtungen, mit denen eine Vereinbarung nach § 194[3] des Neunten Buches Sozialgesetzbuch besteht,

f) Einrichtungen, die nach § 225[3] des Neunten Buches Sozialgesetzbuch anerkannt sind,

g)[4] Einrichtungen, soweit sie Leistungen erbringen, die landesrechtlich als Angebote zur Unterstützung im Alltag nach § 45a des Elften Buches Sozialgesetzbuch anerkannt sind,

h)[5] Einrichtungen, mit denen eine Vereinbarung nach § 123 des Neunten Buches Sozialgesetzbuch oder nach § 76 des Zwölften Buches Sozialgesetzbuch besteht,

i)[6] Einrichtungen, mit denen ein Vertrag nach § 8 Absatz 3 des Gesetzes zur Errichtung der Sozialversicherung für Landwirtschaft, Forsten und Gartenbau über die Gewährung von häuslicher Krankenpflege oder Haushaltshilfe nach den §§ 10 und 11 des Zweiten Gesetzes über die

---

[1] § 4 Nr. 15c eingef. mWv 1.1.2017 und geänd. mWv 1.1.2018 durch G v. 23.12.2016 (BGBl. I S. 3234).

[2] § 4 Nr. 16 neu gef. mWv 1.1.2009 durch G v. 19.12.2008 (BGBl. I S. 2794); Sätze 1 und 2 geänd. mWv 1.1.2021 durch G v. 21.12.2020 (BGBl. I S. 3096).

[3] Verweis geänd. mWv 1.1.2018 durch G v. 23.12.2016 (BGBl. I S. 3234).

[4] § 4 Nr. 16 Satz 1 Buchst. g geänd. mWv 1.1.2016 durch G v. 2.11.2015 (BGBl. I S. 1834); geänd mWv 1.1.2017 durch G v. 23.12.2016 (BGBl. I S. 3191).

[5] § 4 Nr. 16 Satz 1 Buchst. h geänd. mWv 1.1.2018 durch G v. 23.12.2016 (BGBl. I S. 3234).

[6] § 4 Nr. 16 Satz 1 Buchst. i neu gef. mWv 30.6.2013 durch G v. 26.6.2013 (BGBl. I S. 1809).

Krankenversicherung der Landwirte, § 10 des Gesetzes über die Alterssicherung der Landwirte oder nach § 54 Absatz 2 des Siebten Buches Sozialgesetzbuch besteht,

j) Einrichtungen, die aufgrund einer Landesrahmenempfehlung nach § 2 der Frühforderungsverordnung als fachlich geeignete interdisziplinäre Frühförderstellen anerkannt sind,

k)[1] Einrichtungen, die als Betreuer nach *§ 1896* [***ab 1.1.2023:*** § 1814] Absatz 1 des Bürgerlichen Gesetzbuchs bestellt worden sind, sofern es sich nicht um Leistungen handelt, die nach *§ 1908i Absatz 1 in Verbindung mit § 1835* [***ab 1.1.2023:*** § 1877] Absatz 3 des Bürgerlichen Gesetzbuchs vergütet werden,

[***ab 1.1.2021:***

l)[2] Einrichtungen, mit denen eine Vereinbarung zur Pflegeberatung nach § 7a des Elften Buches Sozialgesetzbuch besteht, oder]

[Fassung bis 31.12.2023:]

l)[3] Einrichtungen, bei denen im vorangegangenen Kalenderjahr die Betreuungs- oder Pflegekosten in mindestens 25 Prozent der Fälle von den gesetzlichen Trägern der Sozialversicherung *oder der Sozialhilfe* [***ab 1.1.2020:*** , den Trägern der Sozialhilfe, den Trägern der Eingliederungshilfe nach § 94 des Neunten Buches Sozialgesetzbuch] oder der für die Durchführung der Kriegsopferversorgung zuständigen Versorgungsverwaltung einschließlich der Träger der Kriegsopferfürsorge ganz oder zum überwiegenden Teil vergütet worden sind,

erbracht werden.

[Fassung ab 1.1.2021:]

m)[4] Einrichtungen, bei denen die Betreuungs- oder Pflegekosten oder die Kosten für eng mit der Betreuung oder Pflege verbundene Leistungen in mindestens 25 Prozent der Fälle von den gesetzlichen Trägern der Sozialversicherung, den Trägern der Sozialhilfe, den Trägern der Eingliederungshilfe nach § 94 des Neunten Buches Sozialgesetzbuch [***ab 1.1.2025:*** , dem Träger der Soldatenentschädigung] oder *der für die Durchführung der Kriegsopferversorgung zuständigen Versorgungsverwaltung einschließlich der Träger der Kriegsopferfürsorge* [***ab 1.1.2024:*** den für die Durchführung des Vierzehnten Buches Sozialgesetzbuch zuständigen Stellen] ganz oder zum überwiegenden Teil vergütet werden.

---

[1] § 4 Nr. 16 Satz 1 Buchst. k eingef., bish. Buchst. k wird Buchst. l; geändert mWv 1.7. 2013 durch G v. 26.6.2013 (BGBl. I S. 1809); geänd. mWv 1.1.2023 durch G v. 4.5.2021 (BGBl. I S. 882).

[2] § 4 Nr. 16 Satz 1 Buchst. l eingef. mWv 1.1.2021 durch G v. 21.12.2020 (BGBl. I S. 3096).

[3] § 4 Nr. 16 Satz 1 Buchst. k eingef., bish. Buchst. k wird Buchst. l mWv 1.7.2013 durch G v. 26.6.2013 (BGBl. I S. 1809); geänd. mWv 1.1.2020 durch G v. 23.12.2016 (BGBl. I S. 3234).

[4] § 4 Nr. 16 Satz 1 Buchst. l wird Buchst. m und neu gef. mWv 1.1.2021 durch G v. *21.12.2020* (BGBl. I S. 3096); geänd. mWv 1.1.2024 durch G v. 12.12.2019 (BGBl. I S. 2652); zur weiteren Anwendung der alten Fassung siehe § 27 Abs. 26; Buchst. m geänd. mWv 1.1.2024 bzw. 1.1.2025 durch G v. 20.8.2021 (BGBl. I S. 3932).

[2] Leistungen im Sinne des Satzes 1, die von Einrichtungen nach den Buchstaben b bis *l* [***ab 1.1.2021:*** m] erbracht werden, sind befreit, soweit es sich ihrer Art nach um Leistungen handelt, auf die sich die Anerkennung, der Vertrag oder die Vereinbarung nach Sozialrecht oder die Vergütung jeweils bezieht;

(Fortsetzung nächstes Blatt)

ruar 2014 erbrachte steuerpflichtige Leistung schuldet, und stellt sich diese Annahme als unrichtig heraus, ist die gegen den leistenden Unternehmer wirkende Steuerfestsetzung zu ändern, soweit der Leistungsempfänger die Erstattung der Steuer fordert, die er in der Annahme entrichtet hatte, Steuerschuldner zu sein. [2]§ 176 der Abgabenordnung steht der Änderung nach Satz 1 nicht entgegen. [3]Das für den leistenden Unternehmer zuständige Finanzamt kann auf Antrag zulassen, dass der leistende Unternehmer dem Finanzamt den ihm gegen den Leistungsempfänger zustehenden Anspruch auf Zahlung der gesetzlich entstandenen Umsatzsteuer abtritt, wenn die Annahme der Steuerschuld des Leistungsempfängers im Vertrauen auf eine Verwaltungsanweisung beruhte und der leistende Unternehmer bei der Durchsetzung des abgetretenen Anspruchs mitwirkt. [4]Die Abtretung wirkt an Zahlungs statt, wenn

1. der leistende Unternehmer dem Leistungsempfänger eine erstmalige oder geänderte Rechnung mit offen ausgewiesener Umsatzsteuer ausstellt,
2. die Abtretung an das Finanzamt wirksam bleibt,
3. dem Leistungsempfänger diese Abtretung unverzüglich mit dem Hinweis angezeigt wird, dass eine Zahlung an den leistenden Unternehmer keine schuldbefreiende Wirkung mehr hat, und
4. der leistende Unternehmer seiner Mitwirkungspflicht nachkommt.

(20)[1] § 18h Absatz 3 und 4 in der Fassung des Artikels 8 des Gesetzes vom 25. Juli 2014 (BGBl. I S. 1266) ist erstmals auf Besteuerungszeiträume anzuwenden, die nach dem 31. Dezember 2014 enden.

(21)[2] § 18 Absatz 2 in der am 1. Januar 2015 geltenden Fassung ist erstmals auf Voranmeldungszeiträume anzuwenden, die nach dem 31. Dezember 2014 enden.

(22)[3] [1]§ 2 Absatz 3 in der am 31. Dezember 2015 geltenden Fassung ist auf Umsätze, die nach dem 31. Dezember 2015 und vor dem 1. Januar 2017 ausgeführt werden, weiterhin anzuwenden. [2]§ 2b in der am 1. Januar 2016 geltenden Fassung ist auf Umsätze anzuwenden, die nach dem 31. Dezember 2016 ausgeführt werden. [3]Die juristische Person des öffentlichen Rechts kann dem Finanzamt gegenüber einmalig erklären, dass sie § 2 Absatz 3 in der am 31. Dezember 2015 geltenden Fassung für sämtliche nach dem 31. Dezember 2016 und vor dem 1. Januar 2021 ausgeführte Leistungen weiterhin anwendet.[4] [4]Eine Beschränkung der Erklärung auf einzelne Tätigkeitsbereiche oder Leistungen ist nicht zulässig. [5]Die Erklärung ist bis zum 31. Dezember 2016 abzugeben. [6]Sie kann nur mit Wirkung vom Beginn eines auf die Abgabe folgenden Kalenderjahres an widerrufen werden. [7]§ 18 Absatz 4f und 4g ist erstmals auf Besteuerungszeiträume anzuwenden, die nicht der Erklärung nach Satz 3 unterliegen.

(22a)[5] [1]Hat eine juristische Person des öffentlichen Rechts gegenüber dem Finanzamt gemäß Absatz 22 Satz 3 erklärt, dass sie § 2 Absatz 3 in der am

---

[1] § 27 Abs. 20 angef. durch G v. 25.7.2014 (BGBl. I S. 1266).
[2] § 27 Abs. 21 angef. durch G v. 22.12.2014 (BGBl. I S. 2417).
[3] § 27 Abs. 22 angef. durch G v. 2.11.2015 (BGBl. I S. 1834); Satz 7 angef. duch G v. 21.12.2020 (BGBl. I S. 3096).
[4] Siehe hierzu Abs. 22a.
[5] § 27 Abs. 22a eingef. durch G v. 19.6.2020 (BGBl. I S. 1385).

31. Dezember 2015 geltenden Fassung für sämtliche nach dem 31. Dezember 2016 und vor dem 1. Januar 2021 ausgeführte Leistungen weiterhin anwendet und die Erklärung für vor dem 1. Januar 2021 endende Zeiträume nicht widerrufen, gilt die Erklärung auch für sämtliche Leistungen, die nach dem 31. Dezember 2020 und vor dem 1. Januar 2023 ausgeführt werden. 2 Die Erklärung nach Satz 1 kann auch für Zeiträume nach dem 31. Dezember 2020 nur mit Wirkung vom Beginn eines auf die Abgabe folgenden Kalenderjahres an widerrufen werden. 3 Es ist nicht zulässig, den Widerruf auf einzelne Tätigkeitsbereiche oder Leistungen zu beschränken.

(23)[1] § 3 Absatz 13 bis 15 sowie § 10 Absatz 1 Satz 6 in der Fassung des Artikels 9 des Gesetzes vom 11. Dezember 2018 (BGBl. I S. 2338) sind erstmals auf Gutscheine anzuwenden, die nach dem 31. Dezember 2018 ausgestellt werden.

(24)[2] 1 § 3a Absatz 5 Satz 3 bis 5 und § 14 Absatz 7 Satz 3 in der Fassung des Artikels 9 des Gesetzes vom 11. Dezember 2018 (BGBl. I S. 2338) sind auf Umsätze anzuwenden, die nach dem 31. Dezember 2018 ausgeführt werden. 2 § 18 Absatz 4c Satz 1 und Absatz 4d in der Fassung des Artikels 9 des Gesetzes vom 11. Dezember 2018 (BGBl. I S. 2338) ist auf Besteuerungszeiträume anzuwenden, die nach dem 31. Dezember 2018 enden.

(25)[3] 1 Das Bundesministerium der Finanzen teilt den Beginn, ab dem Daten nach § 22f Absatz 5 auf Anforderung zu übermitteln sind, durch ein im Bundessteuerblatt zu veröffentlichendes Schreiben mit. 2 Gleiches gilt für die Festlegung des Kalenderjahres, ab dem Daten nach § 22f Absatz 3 auf Anforderung zu übermitteln sind. 3 § 25e Absatz 1 bis Absatz 4 in der Fassung des Artikels 9 des Gesetzes vom 11. Dezember 2018 (BGBl. I S. 2338) ist für die in § 22f Absatz 1 Satz 4 in der am 1. Januar 2019 geltenden Fassung genannten Unternehmer ab 1. März 2019 und für andere als die in § 22f Absatz 1 Satz 4 in der am 1. Januar 2019 geltenden Fassung genannten Unternehmer ab 1. Oktober 2019 anzuwenden.

(25a)[4] Für Personen, die Leistungen nach dem Soldatenversorgungsgesetz in der Fassung der Bekanntmachung vom 16. September 2009 (BGBl. I S. 3054), das zuletzt durch Artikel 19 des Gesetzes vom 4. August 2019 (BGBl. I S. 1147) geändert worden ist, in Verbindung mit dem Bundesversorgungsgesetz in der Fassung der Bekanntmachung vom 22. Januar 1982 (BGBl. I S. 21), das zuletzt durch Artikel 1 der Verordnung vom 13. Juni 2019 (BGBl. I S. 793) geändert worden ist, erhalten, gelten die Vorschriften des § 4 Nummer 15 Buchstabe b Satz 1 und Nummer 16 Buchstabe l[5] in der am 31. Dezember 2023 geltenden Fassung weiter.

---

[1] § 27 Abs. 23 angef. durch G v. 11.12.2018 (BGBl. I S. 2338).

[2] § 27 Abs. 24 angef. durch G v. 11.12.2018 (BGBl. I S. 2338).

[3] § 27 Abs. 25 angef. durch G v. 11.12.2018 (BGBl. I S. 2338); Satz 1 neu gef., Satz 3 aufgeh. und bish. Satz 4 wird Satz 3 durch G v. 21.12.2020 (BGBl. I S. 3096).

[4] § 27 Abs. 25a als Abs. 26 eingef. **mWv 1.1.2024** durch G v. 12.12.2019 (BGBl. I S. 2652); Absatzzählung geänd. durch Art. 38 G v. 21.12.2020 (BGBl. I S. 3096); Abs. 25a aufgeh. mWv 1.1.2025 durch G v. 20.8.2021 (BGBl. I S. 3932). **Sollte wohl bereits ab 1.1.2024 wieder aufgeh. werden bzw. nie in Kraft treten.**

[5] Richtig wohl: „Buchstabe m".

(26)[1] § 25 Absatz 3 in der Fassung des Artikels 11 des Gesetzes vom 12. Dezember 2019 (BGBl. I S. 2451) ist erstmals auf Umsätze anzuwenden, die nach dem 31. Dezember 2021 bewirkt werden.

(27)[2) · 2)] § 4 Nummer 15a in der bis zum 31. Dezember 2019 geltenden Fassung gilt bis zu den Zeitpunkten nach § 412 Absatz 1 Satz 4 des Fünften Buches Sozialgesetzbuch sowie § 412 Absatz 5 Satz 9 in Verbindung mit § 412 Absatz 1 Satz 4 des Fünften Buches Sozialgesetzbuch fort.

(28)[2] § 15 Absatz 4b, § 16 Absatz 2 Satz 1 und § 18 Absatz 9 in der Fassung des Artikels 12 des Gesetzes vom 12. Dezember 2019 (BGBl. I S. 2451) sind erstmals auf Voranmeldungs-, Besteuerungs- und Vergütungszeiträume anzuwenden, die nach dem 31. Dezember 2019 enden.

(29)[2] § 22b Absatz 2 und 2a in der Fassung des Artikels 12 des Gesetzes vom 12. Dezember 2019 (BGBl. I S. 2451) ist erstmals auf Voranmeldungs-, Besteuerungs- und Meldezeiträume anzuwenden, die nach dem 31. Dezember 2019 enden.

(30)[2] § 25f in der Fassung des Artikels 12 des Gesetzes vom 12. Dezember 2019 (BGBl. I S. 2451) ist erstmals auf Voranmeldungs- und Besteuerungszeiträume anzuwenden, die nach dem 31. Dezember 2019 enden.

(31)[3] Der Termin, ab dem § 21 Absatz 3a in der Fassung des Artikels 3 des Gesetzes vom 29. Juni 2020 (BGBl. I S. 1512) erstmals anzuwenden ist, wird mit einem Schreiben des Bundesministeriums der Finanzen bekanntgegeben.

(32)[4] § 24 Absatz 1 in der Fassung des Artikels 11 des Gesetzes vom 21. Dezember 2020 (BGBl. I S. 3096) ist erstmals auf Umsätze anzuwenden, die nach dem 31. Dezember 2021 bewirkt werden.

(33)[5] [1]§ 18i Absatz 3 und 6, § 18j Absatz 4 und 7, § 18k Absatz 4 und 7 in der Fassung des Artikels 13 des Gesetzes vom 21. Dezember 2020 (BGBl. I S. 3096) sind erstmals auf Umsätze anzuwenden, die nach dem 30. Juni 2021 ausgeführt werden. [2]Die in den §§ 18i, 18j und 18k enthaltenen Verweise auf die §§ 3, 3a, 3c, 16, 18i, 18j, 18k und 22 beziehen sich auf die jeweilige Fassung der Artikel 13 und 14 des vorgenannten Gesetzes.

(34)[6] [1]Die §§ 3 und 3a Absatz 5, die §§ 3c, 4, 5, 11, 13 Absatz 1 Nummer 1 Buchstabe f bis i, § 14a Absatz 2, § 16 Absatz 1c bis 1e, § 18 Absatz 1, 3 und 9, die §§ 21a, 22, 22f und 25e in der Fassung des Artikels 14 des Gesetzes vom 21. Dezember 2020 (BGBl. I S. 3096) sind erstmals auf Umsätze und Einfuhren anzuwenden, die nach dem 30. Juni 2021 ausgeführt werden. [2]§ 13 Absatz 1 Nummer 1 Buchstabe d und e, § 16 Absatz 1a und 1b, § 18 Ab-

---

[1] § 27 Abs. 26 bis 30 angef. durch G v. 12.12.2019 (BGBl. I S. 2451).
[2] § 27 Abs. 27 geänd. durch G v. 3.6.2021 (BGBl. I S. 1309).
[3] § 27 Abs. 31 angef. durch G v. 29.6.2020 (BGBl. I S. 1512); zum Aufschubzeitraum vgl. BMF v. 6.10.2020, BStBl. I S. 984.
[4] § 27 Abs. 32 angef. durch G v. 21.12.2020 (BGBl. I S. 3096); geänd. durch G v. 2.6.2021 (BGBl. I S. 1259).
[5] § 27 Abs. 33 angef. durch G v. 21.12.2020 (BGBl. I S. 3096).
[6] § 27 Abs. 34 eingef. durch G v. 21.12.2020 (BGBl. I S. 3096).

satz 4c bis 4e und § 18h sind letztmalig auf Umsätze anzuwenden, die vor dem 1. Juli 2021 ausgeführt werden.

§ 27a Umsatzsteuer-Identifikationsnummer. (1)[1)] [1]Das Bundeszentralamt für Steuern[2)] erteilt Unternehmern im Sinne des § 2 auf Antrag eine Umsatzsteuer-Identifikationsnummer. [2]Das Bundeszentralamt für Steuern[2)] erteilt auch juristischen Personen, die nicht Unternehmer sind oder die Gegenstände nicht für ihr Unternehmen erwerben, eine Umsatzsteuer-Identifikationsnummer, wenn sie diese für innergemeinschaftliche Erwerbe benötigen. [3]Im Fall der Organschaft wird auf Antrag für jede juristische Person eine eigene Umsatzsteuer-Identifikationsnummer erteilt. [4]Der Antrag auf Erteilung einer Umsatzsteuer-Identifikationsnummer nach den Sätzen 1 bis 3 ist schriftlich zu stellen. [5]In dem Antrag sind Name, Anschrift und Steuernummer, unter der der Antragsteller umsatzsteuerlich geführt wird, anzugeben.

[***ab 1.1.2021:***

(1a)[3)] [1]Das nach § 21 der Abgabenordnung für die Umsatzbesteuerung des Unternehmers zuständige Finanzamt kann die nach Absatz 1 Satz 1 bis 3 erteilte Umsatzsteuer-Identifikationsnummer begrenzen, wenn ernsthafte Anzeichen vorliegen oder nachgewiesen ist, dass die Umsatzsteuer-Identifikationsnummer zur Gefährdung des Umsatzsteueraufkommens verwendet wird. [2]Dies gilt auch, soweit das Umsatzsteueraufkommen anderer Mitgliedstaaten gefährdet wird.]

(2)[4)] [1]Die Landesfinanzbehörden übermitteln dem Bundeszentralamt für Steuern[2)] die für die Erteilung der Umsatzsteuer-Identifikationsnummer nach Absatz 1 erforderlichen Angaben über die bei ihnen umsatzsteuerlich geführten natürlichen und juristischen Personen und Personenvereinigungen. [2]Diese Angaben dürfen nur für die Erteilung einer Umsatzsteuer-Identifikationsnummer, für Zwecke der Verordnung (EU) Nr. 904/2010 des Rates vom 7. Oktober 2010 über die Zusammenarbeit der Verwaltungsbehörden und die Betrugsbekämpfung auf dem Gebiet der Mehrwertsteuer (ABl. L 268 vom 12.10.2010, S. 1), für die Umsatzsteuerkontrolle, für Zwecke der Amtshilfe zwischen den zuständigen Behörden anderer Staaten in Umsatzsteuersachen sowie für Übermittlungen an das Statistische Bundesamt nach § 2a des Statistikregistergesetzes und an das Bundeskartellamt zur Überprüfung und Vervollständigung der Daten nach § 3 Absatz 1 Nummer 4 des Wettbewerbsregistergesetzes verarbeitet werden. [***ab 1.1.2021:*** [3]Außerdem übermitteln die Landesfinanzbehörden dem Bundeszentralamt für Steuern die nach Absatz 1a erforderlichen Daten.] [4]Bundeszentralamt für Steuern[2)] übermittelt den Landesfinanzbehörden die erteilten Umsatzsteuer-Identifikationsnummern und die Daten, die sie für die Umsatzsteuerkontrolle benötigen.

[1)] § 27a Abs. 1 Sätze 2 und 3 ersetzt durch Satz 2, bish. Sätze 4 bis 6 werden Sätze 3 bis 5, neuer Satz 4 Verweis geänd. mWv 1.1.2010 durch G v. 8.4.2010 (BGBl. I S. 386).

[2)] Bezeichnung geänd. durch G v. 22.9.2005 (BGBl. I S. 2809).

[3)] § 27a Abs. 1a eingef. mWv 1.1.2021 durch G v. 21.12.2020 (BGBl. I S. 3096).

[4)] § 27a Abs. 2 Satz 2 geänd. mWv 26.11.2019 durch G v. 20.11.2019 (BGBl. I S. 1626); Satz 3 eingef., bish. Satz 3 wird Satz 4 mWv 1.1.2021 durch G v. 21.12.2020 (BGBl. I S. 3096); Satz 2 neu gef. mWv 9.6.2021 durch G v. 2.6.2021 (BGBl. I S. 1259).

550. Richtlinie 2006/112/EG des Rates vom 28. November 2006 über das gemeinsame Mehrwertsteuersystem

(ABl. L 347 S. 1, ber. ABl. 2007 L 335 S. 60 und ABl. 2017 L 336 S. 60)

Celex-Nr. 3 2006 L 0112

geänd. durch Art. 1 ÄndRL 2006/138/EG v. 19.12.2006 (ABl. L 384 S. 92), Art. 1 ÄndRL 2007/75/EG v. 20.12.2007 (ABl. L 346 S. 13), Art. 1, 2, 3, 4 und 5 ÄndRL 2008/8/EG v. 12.2.2008 (ABl. L 44 S. 11), Art. 1 ÄndRL 2008/117/EG v. 16.12.2008 (ABl. 2009 L 14 S. 7), Art. 1 ÄndRL 2009/47/EG v. 5.5.2009 (ABl. L 116 S. 18), Art. 1 ÄndRL 2009/69/EG v. 25.6.2009 (ABl. L 175 S. 12), Art. 1 ÄndRL 2009/162/EU v. 22.12.2009 (ABl. 2010 L 10 S. 14), Art. 1 ÄndRL 2010/23/EU v. 16.3.2010 (ABl. L 72 S. 1), Art. 1 ÄndRL 2010/45/EU v. 13.7.2010 (ABl. L 189 S. 1, ber. ABl. L 299 S. 46), Art. 1 ÄndRL 2010/88/EU v. 7.12.2010 (ABl. L 326 S. 1), Anh. III 6.1 und Anh. V 8.2 ÄndEU-BeitrAkt2013 v. 9.12.2011 (ABl. 2012 L 112 S. 21), Art. 1 ÄndRL 2013/42/EU v. 22.7.2013 (ABl. L 201 S. 1), Art. 1 ÄndRL 2013/43/EU v. 22.7.2013 (ABl. L 201 S. 4), Art. 1 ÄndRL 2013/61/EU v. 17.12.2013 (ABl. L 353 S. 5), Art. 1 ÄndRL (EU) 2016/856 v. 25.5.2016 (ABl. L 142 S. 12), Art. 1 ÄndRL (EU) 2016/1065 v. 27.6.2016 (ABl. L 177 S. 9), Art. 1 und 2 ÄndRL (EU) 2017/2455 v. 5.12.2017 (ABl. L 348 S. 7, ber. ABl. 2018 L 190 S. 21, L 225 S. 1 und ABl. 2019 L 245 S. 9, geänd. durch ABl. 2020 L 244 S. 3), Art. 1 ÄndRL (EU) 2018/912 v. 22.6.2018 (ABl. L 162 S. 1), Art. 1 ÄndRL (EU) 2018/1695 v. 6.11.2018 (ABl. L 282 S. 5, ber. 2018 L 329 S. 53), Art. 1 ÄndRL (EU) 2018/1713 v. 6.11.2018 (ABl. L 286 S. 20), Art. 1 ÄndRL (EU) 2018/1910 v. 4.12.2018 (ABl. L 311 S. 3), Art. 1 ÄndRL (EU) 2018/2057 v. 20.12.2018 (ABl. L 329 S. 3), Art. 1 ÄndRL (EU) 2019/475 v. 18.2.2019 (ABl. L 83 S. 42), Art. 1 RL (EU) 2019/1995 v. 21.11.2019 (ABl. L 310 S. 1, geänd. durch ABl. 2020 L 244 S. 3), Art. 1 RL (EU) 2019/2235 v. 16.12.2019 (ABl. L 336 S. 10), Art. 1 RL (EU) 2020/284 v. 18.2.2020 (ABl. L 62 S. 7), Art. 1 RL (EU) 2020/285 v. 18.2.2020 (ABl. L 62 S. 13), Art. 1 RL (EU) 2020/1756 v. 20.11.2020 (ABl. L 396 S. 1), Art. 1 RL (EU) 2020/2020 v. 7.12.2020 (ABl. L 419 S. 1), Art. 1 RL (EU) 2021/1159 v. 13.7.2021 (ABl. L 250 S. 1)[1)]

DER RAT DER EUROPÄISCHEN UNION –

gestützt auf den Vertrag zur Gründung der Europäischen Gemeinschaft, insbesondere auf Artikel 93,

auf Vorschlag der Kommission,

nach Stellungnahme des Europäischen Parlaments,

nach Stellungnahme des Europäischen Wirtschafts- und Sozialausschusses,

in Erwägung nachstehender Gründe:

(1) Die Richtlinie 77/388/EWG des Rates vom 17. Mai 1977 zur Harmonisierung der Rechtsvorschriften der Mitgliedstaaten über die Umsatzsteuern – Gemeinsames Mehrwertsteuersystem: einheitliche steuerpflichtige Bemessungsgrundlage[2)] wurde mehrfach erheblich geändert. Anlässlich neuerlicher Änderungen empfiehlt sich aus Gründen der Klarheit und Wirtschaftlichkeit eine Neufassung.

(2) Bei dieser Neufassung sollten die noch geltenden Bestimmungen der Richtlinie 67/227/EWG des Rates vom 11. April 1967 zur Harmonisierung der Rechtsvorschriften der Mitgliedstaaten über die Umsatzsteuer[3)] übernommen werden. Die genannte Richtlinie sollte daher aufgehoben werden.

---

1) **Die redaktionellen Hinweise zur „Anwendung" beziehen sich auf die jeweiligen Umsetzungs- und Anwendungsfristen für die Mitgliedstaaten, die in den Änderungsrichtlinien jeweils festgelegt sind.**

2) **Amtl. Anm.:** ABl. L 145 vom 13.6.1977, S. 1. Zuletzt geändert durch die Richtlinie 2006/98/EG (ABl. L 363 vom 20.12.2006 S. 129).

3) **Amtl. Anm.:** ABl. 71 vom 14.4.1967, S. 1301/67. Zuletzt geändert durch die Richtlinie 77/388/EWG.

(3) Im Einklang mit dem Grundsatz besserer Rechtsetzung sollten zur Gewährleistung der Klarheit und Wirtschaftlichkeit der Bestimmungen die Struktur und der Wortlaut der Richtlinie neu gefasst werden; dies sollte jedoch grundsätzlich nicht zu inhaltlichen Änderungen des geltenden Rechts führen. Einige inhaltliche Änderungen ergeben sich jedoch notwendigerweise im Rahmen der Neufassung und sollten dennoch vorgenommen werden. Soweit sich solche Änderungen ergeben, sind sie in den Bestimmungen über die Umsetzung und das Inkrafttreten der Richtlinie erschöpfend aufgeführt.

(4) Voraussetzung für die Verwirklichung des Ziels, einen Binnenmarkt zu schaffen ist, dass in den Mitgliedstaaten Rechtsvorschriften über die Umsatzsteuern angewandt werden, durch die die Wettbewerbsbedingungen nicht verfälscht und der freie Waren- und Dienstleistungsverkehr nicht behindert werden. Es ist daher erforderlich, eine Harmonisierung der Rechtsvorschriften über die Umsatzsteuern im Wege eines Mehrwertsteuersystems vorzunehmen, um soweit wie möglich die Faktoren auszuschalten, die geeignet sind, die Wettbewerbsbedingungen sowohl auf nationaler Ebene als auch auf Gemeinschaftsebene zu verfälschen.

(5) Die größte Einfachheit und Neutralität eines Mehrwertsteuersystems wird erreicht, wenn die Steuer so allgemein wie möglich erhoben wird und wenn ihr Anwendungsbereich alle Produktions- und Vertriebsstufen sowie den Bereich der Dienstleistungen umfasst. Es liegt folglich im Interesse des Binnenmarktes und der Mitgliedstaaten, ein gemeinsames System anzunehmen, das auch auf den Einzelhandel Anwendung findet.

(6) Es ist notwendig, schrittweise vorzugehen, da die Harmonisierung der Umsatzsteuern in den Mitgliedstaaten zu Änderungen der Steuerstruktur führt und merkliche Folgen auf budgetärem, wirtschaftlichem und sozialem Gebiet hat.

(7) Das gemeinsame Mehrwertsteuersystem sollte, selbst wenn die Sätze und Befreiungen nicht völlig harmonisiert werden, eine Wettbewerbsneutralität in dem Sinne bewirken, dass gleichartige Gegenstände und Dienstleistungen innerhalb des Gebiets der einzelnen Mitgliedstaaten ungeachtet der Länge des Produktions- und Vertriebswegs steuerlich gleich belastet werden.

(8) In Durchführung des Beschlusses 2000/597/EG, Euratom des Rates vom 29. September 2000 über das System der Eigenmittel der Europäischen Gemeinschaften[1] wird der Haushalt der Europäischen Gemeinschaften, unbeschadet der sonstigen Einnahmen, vollständig aus eigenen Mitteln der Gemeinschaften finanziert. Diese Mittel umfassen unter anderem Einnahmen aus der Mehrwertsteuer, die sich aus der Anwendung eines gemeinsamen Satzes auf eine Bemessungsgrundlage ergeben, die einheitlich nach Gemeinschaftsvorschriften bestimmt wird.

(9) Es ist unerlässlich, einen Übergangszeitraum vorzusehen, der eine schrittweise Anpassung der nationalen Rechtsvorschriften in den betreffenden Bereichen ermöglicht.

(10) Während dieser Übergangszeit sollten in den Bestimmungsmitgliedstaaten die innergemeinschaftlichen Umsätze anderer Steuerpflichtiger als derjenigen, die steuerbefreit sind, zu den Sätzen und Bedingungen dieser Mitgliedstaaten besteuert werden.

(11) Ferner sollten in dieser Übergangszeit in den Bestimmungsmitgliedstaaten der innergemeinschaftliche Erwerb, der von steuerbefreiten Steuerpflichtigen oder von nichtsteuerpflichtigen juristischen Personen in Höhe eines bestimmten Betrags getätigt wird, sowie bestimmte innergemeinschaftliche Versandgeschäfte und Lieferungen neuer Fahrzeuge, die an Privatpersonen oder an steuerbefreite oder nichtsteuerpflichtige Einrichtungen bewirkt werden, zu den Sätzen und Bedingungen dieser Mitgliedstaaten insofern besteuert werden, als die Behandlung dieser Umsätze ohne besondere Bestimmungen zu erheblichen Wettbewerbsverzerrungen zwischen den Mitgliedstaaten führen könnten.

(12) Aufgrund ihrer geografischen, wirtschaftlichen und sozialen Lage sollten bestimmte Gebiete vom Anwendungsbereich dieser Richtlinie ausgenommen werden.

(13) Der Begriff des Steuerpflichtigen sollte in einer Weise definiert werden, dass die Mitgliedstaaten zur Gewährleistung größtmöglicher Steuerneutralität auch Personen einbeziehen können, die gelegentlich Umsätze bewirken.

(14) Der Begriff des steuerbaren Umsatzes kann insbesondere hinsichtlich der diesem Umsatz gleichgestellten Umsätze zu Schwierigkeiten führen. Diese Begriffe sollten deshalb genauer definiert werden.

(15) Um den innergemeinschaftlichen Handelsverkehr im Bereich der Bearbeitung beweglicher körperlicher Gegenstände zu erleichtern, sollten die Einzelheiten der Besteuerung

---

[1] **Amtl. Anm.:** ABl. L 253 vom 7.10.2000, S. 42.

gliedstaat trifft besondere Maßnahmen, damit ein innergemeinschaftlicher Erwerb von Gegenständen, der nach Artikel 40 als in seinem Gebiet bewirkt gilt, nicht mit der Mehrwertsteuer belastet wird, wenn folgende Voraussetzungen erfüllt sind:

a) der Erwerb von Gegenständen wird von einem Steuerpflichtigen bewirkt, der nicht in diesem Mitgliedstaat niedergelassen ist, aber in einem anderen Mitgliedstaat für Mehrwertsteuerzwecke erfasst ist;

b) der Erwerb von Gegenständen erfolgt für die Zwecke einer anschließenden Lieferung dieser Gegenstände durch den unter Buchstabe a genannten Steuerpflichtigen in diesem Mitgliedstaat;

c) die auf diese Weise von dem Steuerpflichtigen im Sinne von Buchstabe a erworbenen Gegenstände werden von einem anderen Mitgliedstaat aus als dem, in dem der Steuerpflichtige für Mehrwertsteuerzwecke erfasst ist, unmittelbar an die Person versandt oder befördert, an die er die anschließende Lieferung bewirkt;

d) Empfänger der anschließenden Lieferung ist ein anderer Steuerpflichtiger oder eine nichtsteuerpflichtige juristische Person, der bzw. die in dem betreffenden Mitgliedstaat für Mehrwertsteuerzwecke erfasst ist;

e) der Empfänger der Lieferung im Sinne des Buchstaben d ist gemäß Artikel 197 als Schuldner der Steuer für die Lieferung bestimmt worden, die von dem Steuerpflichtigen bewirkt wird, der nicht in dem Mitgliedstaat ansässig ist, in dem die Steuer geschuldet wird.

Abschnitt 3. Steuerbefreiungen für bestimmte Beförderungsleistungen

Art. 142 [Steuerbefreiung innergemeinschaftlicher Güterbeförderungen nach und von den Azoren und Madeira] Die Mitgliedstaaten befreien die innergemeinschaftliche Güterbeförderung nach oder von den Inseln, die die autonomen Regionen Azoren und Madeira bilden, sowie die Güterbeförderung zwischen diesen Inseln von der Steuer.

Kapitel 5. Steuerbefreiungen bei der Einfuhr

Art. 143[1] [Steuerbefreiung bestimmter Einfuhren] (1) Die Mitgliedstaaten befreien folgende Umsätze von der Steuer:

a) die endgültige Einfuhr von Gegenständen, deren Lieferung durch Steuerpflichtige in ihrem jeweiligen Gebiet in jedem Fall mehrwertsteuerfrei ist;

---

[1] Art. 143 Abs. 2 eingef., bish. Wortlaut wird Abs. 1 durch RL v. 25.6.2009 (ABl. L 175 S. 12); Abs. 1 Buchst. fa eingef., Buchst. g und l neu gef. durch RL v. 22.12.2009 (ABl. 2010 L 10 S. 14); Abs. 1 Buchst. ca eingef. **mWv 1.7.2021** durch RL v. 5.12.2017 (ABl. L 348 S. 7, geänd. durch ABl. 2020 L 244 S. 3); Abs. 1 Buchst. ga eingef. mWv 19.1.2020 durch RL v. 16.12.2019 (ABl. L 336 S. 10); zur **Anwendung durch die Mitgliedstaaten ab 1.7.2022** siehe Art. 3 Abs. 1 UAbs. 2 RL 2019/2235/EU; Abs. 1 Buchst. fb und Abs. 3 eingef. mWv 1.1.2021 durch RL v. 13.7.2021 (ABl. L 250 S. 1); zur Anwendung durch die Mitgliedstaaten ab 1.1.2021 siehe Art. 2 Abs. 2 der RL 2021/1159/EU.

b) die endgültige Einfuhr von Gegenständen, die in den Richtlinien 69/169/EWG[1)] 83/181/EWG[2)] und 2006/79/EG[3)] des Rates geregelt ist;

c) die endgültige Einfuhr von Gegenständen aus Drittgebieten, die Teil des Zollgebiets der Gemeinschaft sind, im freien Verkehr, die unter die Steuerbefreiung nach Buchstabe b fallen würde, wenn die Gegenstände gemäß Artikel 30 Absatz 1 eingeführt worden wären;

[***Anwendung ab 1.7.2021:***

ca) die Einfuhr von Gegenständen, für die die Mehrwertsteuer im Rahmen der Sonderregelung gemäß Titel XII Kapitel 6 Abschnitt 4 zu erklären ist und für die spätestens bei der Einreichung der Einfuhranmeldung die gemäß Artikel 369q zugeteilte individuelle Mehrwertsteuer-Identifikationsnummer des Lieferers oder des in seinem Auftrag handelnden Vermittlers für die Anwendung der Sonderregelung der zuständigen Zollstelle im Mitgliedstaat der Einfuhr vorgelegt wurde;]

d) die Einfuhr von Gegenständen, die von einem Drittgebiet oder einem Drittland aus in einen anderen Mitgliedstaat als den Mitgliedstaat der Beendigung der Versendung oder Beförderung versandt oder befördert werden, sofern die Lieferung dieser Gegenstände durch den gemäß Artikel 201 als Steuerschuldner bestimmten oder anerkannten Importeur bewirkt wird und gemäß Artikel 138 befreit ist;

e) die Wiedereinfuhr von unter eine Zollbefreiung fallenden Gegenständen durch denjenigen, der sie ausgeführt hat, und zwar in dem Zustand, in dem sie ausgeführt wurden;

f) die Einfuhr von Gegenständen im Rahmen der diplomatischen und konsularischen Beziehungen, für die eine Zollbefreiung gilt;

fa) die Einfuhr von Gegenständen durch die Europäische Gemeinschaft, die Europäische Atomgemeinschaft, die Europäische Zentralbank oder die Europäische Investitionsbank oder die von den Europäischen Gemeinschaften geschaffenen Einrichtungen, auf die das Protokoll vom 8. April 1965 über die Vorrechte und Befreiungen der Europäischen Gemeinschaften anwendbar ist, und zwar in den Grenzen und zu den Bedingungen, die in diesem Protokoll und den Übereinkünften zu seiner Umsetzung oder in den Abkommen über ihren Sitz festgelegt sind, sofern dies nicht zu Wettbewerbsverzerrungen führt;

[1)] **Amtl. Anm.:** Richtlinie 69/169/EWG des Rates vom 28. Mai 1969 zur Harmonisierung der Rechts- und Verwaltungsvorschriften über die Befreiung von den Umsatzsteuern und Sonderverbrauchsteuern bei der Einfuhr im grenzüberschreitenden Reiseverkehr (ABl. L 133 vom 4.6.1969, S. 6). Zuletzt geändert durch die Richtlinie 2005/93/EG (ABl. L 346 vom 29.12.2005, S. 16).

[2)] **Amtl. Anm.:** Richtlinie 83/181/EWG des Rates vom 28. März 1983 zur Festlegung des Anwendungsbereichs von Artikel 14 Absatz 1 Buchstabe d der Richtlinie 77/388/EWG hinsichtlich der Mehrwertsteuerbefreiung bestimmter endgültiger Einfuhren von Gegenständen (ABl. L 105 vom 23.4.1983, S. 38). Zuletzt geändert durch die Beitrittsakte von 1994.

[3)] **Amtl. Anm.:** Richtlinie 2006/79/EG des Rates vom 5. Oktober 2006 über die Steuerbefreiungen bei der Einfuhr von Waren in Kleinsendungen nichtkommerzieller Art mit Herkunft aus Drittländern (kodifizierte Fassung) (ABl. L 286 vom 17.10.2006, S. 15).

fb) die Einfuhr von Gegenständen durch die Kommission oder durch eine nach dem Unionsrecht geschaffene Agentur oder Einrichtung, sofern die Kommission oder eine solche Agentur oder Einrichtung diese Gegenstände in Wahrnehmung der ihr durch das Unionsrecht übertragenen Aufgaben einführt, um auf die COVID-19-Pandemie zu reagieren, es sei denn, die eingeführten Gegenstände werden entweder unmittelbar oder zu einem späteren Zeitpunkt von der Kommission oder einer solchen Agentur oder Einrichtung für die Zwecke der entgeltlichen Weiterlieferungen verwendet;

g) die Einfuhr von Gegenständen durch internationale Einrichtungen, die nicht unter Buchstabe fa genannt sind und die von den Behörden des Aufnahmemitgliedstaats als internationale Einrichtungen anerkannt sind, sowie durch Angehörige dieser Einrichtungen, und zwar in den Grenzen und zu den Bedingungen, die in den internationalen Übereinkommen über die Gründung dieser Einrichtungen oder in den Abkommen über ihren Sitz festgelegt sind;

[***Anwendung ab 1.7.2022:***

ga) die Einfuhr von Gegenständen in Mitgliedstaaten durch die Streitkräfte anderer Mitgliedstaaten für den eigenen Gebrauch oder Verbrauch oder für den ihres zivilen Begleitpersonals oder für die Versorgung ihrer Kasinos oder Kantinen, wenn diese Streitkräfte an einer Verteidigungsanstrengung teilnehmen, die zur Durchführung einer Tätigkeit der Union im Rahmen der Gemeinsamen Sicherheits- und Verteidigungspolitik unternommen wird;]

h) die Einfuhr von Gegenständen in den Mitgliedstaaten, die Vertragsparteien des Nordatlantikvertrags sind, durch die Streitkräfte anderer Parteien dieses Vertrags für den Gebrauch oder Verbrauch durch diese Streitkräfte oder ihr ziviles Begleitpersonal oder für die Versorgung ihrer Kasinos oder Kantinen, wenn diese Streitkräfte der gemeinsamen Verteidigungsanstrengung dienen;

i) die Einfuhr von Gegenständen, die von den gemäß dem Vertrag zur Gründung der Republik Zypern vom 16. August 1960 auf der Insel Zypern stationierten Streitkräften des Vereinigten Königreichs durchgeführt wird, wenn sie für den Gebrauch oder Verbrauch durch diese Streitkräfte oder ihr ziviles Begleitpersonal oder für die Versorgung ihrer Kasinos oder Kantinen bestimmt ist;

j) die durch Unternehmen der Seefischerei in Häfen durchgeführte Einfuhr von Fischereierzeugnissen, die noch nicht Gegenstand einer Lieferung gewesen sind, in unbearbeitetem Zustand oder nach Haltbarmachung für Zwecke der Vermarktung;

k) die Einfuhr von Gold durch Zentralbanken;

l) die Einfuhr von Gas über ein Erdgasnetz oder jedes an ein solches Netz angeschlossene Netz oder von Gas, das von einem Gastanker aus in ein Erdgasnetz oder ein vorgelagertes Gasleitungsnetz eingespeist wird, von Elektrizität oder von Wärme oder Kälte über Wärme- oder Kältenetze.

(2) *[1]* Die Steuerbefreiung gemäß Absatz 1 Buchstabe d ist in den Fällen, in denen auf die Einfuhr von Gegenständen eine Lieferung von Gegenständen folgt, die gemäß Artikel 138 Absatz 1 und Absatz 2 Buchstabe c von der Steu-

er befreit ist, nur anzuwenden, wenn der Importeur zum Zeitpunkt der Einfuhr den zuständigen Behörden des Einfuhrmitgliedstaats mindestens die folgenden Angaben hat zukommen lassen:

a) seine im Einfuhrmitgliedstaat erteilte MwSt.-Identifikationsnummer oder die im Einfuhrmitgliedstaat erteilte MwSt.-Identifikationsnummer seines Steuervertreters, der die Steuer schuldet;

b) die in einem anderen Mitgliedstaat erteilte MwSt.-Identifikationsnummer des Erwerbers, an den die Gegenstände gemäß Artikel 138 Absatz 1 geliefert werden, oder seine eigene MwSt.-Identifikationsnummer, die in dem Mitgliedstaat erteilt wurde, in dem die Versendung oder Beförderung der Gegenstände endet, wenn die Gegenstände gemäß Artikel 138 Absatz 2 Buchstabe c verbracht werden;

c) den Nachweis, aus dem hervorgeht, dass die eingeführten Gegenstände dazu bestimmt sind, aus dem Einfuhrmitgliedstaat in einen anderen Mitgliedstaat befördert oder versandt zu werden.

[2] Allerdings können die Mitgliedstaaten festlegen, dass der Nachweis nach Buchstabe c den zuständigen Behörden lediglich auf Ersuchen vorzulegen ist.

(3) Sind die Voraussetzungen für die Steuerbefreiung gemäß Absatz 1 Buchstabe fb nicht mehr erfüllt, so unterrichtet die Kommission oder die betreffende Agentur oder Einrichtung den Mitgliedstaat, in dem die Steuerbefreiung angewandt wurde, entsprechend und die Einfuhr dieser Gegenstände unterliegt der Mehrwertsteuer nach den zu diesem Zeitpunkt geltenden Bedingungen.

Art. 144 [Steuerbefreiung in der Steuerbemessungsgrundlage für Einfuhren bereits enthaltener Dienstleistungen] Die Mitgliedstaaten befreien Dienstleistungen, die sich auf die Einfuhr von Gegenständen beziehen und deren Wert gemäß Artikel 86 Absatz 1 Buchstabe b in der Steuerbemessungsgrundlage enthalten ist.

Art. 145 [Stand-Still-Klausel zum Anwendungsbereich der Steuerbefreiung bestimmter Einfuhren – Auftrag an EU-Kommission zur Überprüfung] (1) Falls erforderlich, unterbreitet die Kommission dem Rat so rasch wie möglich Vorschläge zur genauen Festlegung des Anwendungsbereichs der Befreiungen der Artikel 143 und 144 und der praktischen Einzelheiten ihrer Anwendung.

(2) *[1]* Bis zum Inkrafttreten der in Absatz 1 genannten Bestimmungen können die Mitgliedstaaten die geltenden nationalen Vorschriften beibehalten.

[2] Die Mitgliedstaaten können ihre nationalen Vorschriften anpassen, um Wettbewerbsverzerrungen zu verringern und insbesondere die Nicht- oder Doppelbesteuerung innerhalb der Gemeinschaft zu vermeiden.

[3] Die Mitgliedstaaten können die Verwaltungsverfahren anwenden, die ihnen zur Durchführung der Steuerbefreiung am geeignetsten erscheinen.

(3) Die Mitgliedstaaten teilen der Kommission ihre bereits geltenden nationalen Vorschriften mit, sofern diese noch nicht mitgeteilt wurden, und die Vorschriften, die sie im Sinne des Absatzes 2 erlassen; die Kommission unterrichtet hiervon die übrigen Mitgliedstaaten.

Kapitel 6. Steuerbefreiungen bei der Ausfuhr

Art. 146 [Steuerbefreiung von Ausfuhrumsätzen] (1) Die Mitgliedstaaten befreien folgende Umsätze von der Steuer:

a) die Lieferungen von Gegenständen, die durch den Verkäufer oder für dessen Rechnung nach Orten außerhalb der Gemeinschaft versandt oder befördert werden;

b) die Lieferungen von Gegenständen, die durch den nicht in ihrem jeweiligen Gebiet ansässigen Erwerber oder für dessen Rechnung nach Orten außerhalb der Gemeinschaft versandt oder befördert werden, mit Ausnahme der vom Erwerber selbst beförderten Gegenstände zur Ausrüstung oder Versorgung von Sportbooten und Sportflugzeugen sowie von sonstigen Beförderungsmitteln, die privaten Zwecken dienen;

c) die Lieferungen von Gegenständen an zugelassene Körperschaften, die diese im Rahmen ihrer Tätigkeit auf humanitärem, karitativem oder erzieherischem Gebiet nach Orten außerhalb der Gemeinschaft ausführen;

d) Dienstleistungen in Form von Arbeiten an beweglichen körperlichen Gegenständen, die zwecks Durchführung dieser Arbeiten in der Gemeinschaft erworben oder eingeführt worden sind und die vom Dienstleistungserbringer oder dem nicht in ihrem jeweiligen Gebiet ansässigen Dienstleistungsempfänger oder für deren Rechnung nach Orten außerhalb der Gemeinschaft versandt oder befördert werden;

e) Dienstleistungen, einschließlich Beförderungsleistungen und Nebentätigkeiten zur Beförderung, ausgenommen die gemäß den Artikeln 132 und 135 von der Steuer befreiten Dienstleistungen, wenn sie in unmittelbarem Zusammenhang mit der Ausfuhr oder der Einfuhr von Gegenständen stehen, für die Artikel 61 oder Artikel 157 Absatz 1 Buchstabe a gilt.

(2) Die Steuerbefreiung des Absatzes 1 Buchstabe c kann im Wege einer Mehrwertsteuererstattung erfolgen.

Art. 147 [Voraussetzungen der Steuerbefreiung von Ausfuhrlieferungen im nichtkommerziellen Reiseverkehr] (1) *[1]* Betrifft die in Artikel 146 Absatz 1 Buchstabe b genannte Lieferung Gegenstände zur Mitführung im persönlichen Gepäck von Reisenden, gilt die Steuerbefreiung nur, wenn die folgenden Voraussetzungen erfüllt sind:

a) der Reisende ist nicht in der Gemeinschaft ansässig;

b) die Gegenstände werden vor Ablauf des dritten auf die Lieferung folgenden Kalendermonats nach Orten außerhalb der Gemeinschaft befördert;

c) der Gesamtwert der Lieferung einschließlich Mehrwertsteuer übersteigt 175 EUR oder den Gegenwert in Landeswährung; der Gegenwert in Landeswährung wird alljährlich anhand des am ersten Arbeitstag im Oktober geltenden Umrechnungskurses mit Wirkung zum 1. Januar des folgenden Jahres festgelegt.

[2] Die Mitgliedstaaten können jedoch eine Lieferung, deren Gesamtwert unter dem in Unterabsatz 1 Buchstabe c vorgesehenen Betrag liegt, von der Steuer befreien.

(2) *[1]* [1]Für die Zwecke des Absatzes 1 gilt ein Reisender als „nicht in der Gemeinschaft ansässig", wenn sein Wohnsitz oder sein gewöhnlicher Aufenthaltsort nicht in der Gemeinschaft liegt. [2]Dabei gilt als „Wohnsitz oder gewöhnlicher Aufenthaltsort" der Ort, der im Reisepass, im Personalausweis oder in einem sonstigen Dokument eingetragen ist, das in dem Mitgliedstaat, in dessen Gebiet die Lieferung bewirkt wird, als Identitätsnachweis anerkannt ist.

[2] Der Nachweis der Ausfuhr wird durch Rechnungen oder entsprechende Belege erbracht, die mit dem Sichtvermerk der Ausgangszollstelle der Gemeinschaft versehen sein müssen.

[3] [1]Jeder Mitgliedstaat übermittelt der Kommission ein Muster des Stempelabdrucks, den er für die Erteilung des Sichtvermerks im Sinne des Unterabsatzes 2 verwendet. [2]Die Kommission leitet diese Information an die Steuerbehörden der übrigen Mitgliedstaaten weiter.

Kapitel 7. Steuerbefreiungen bei grenzüberschreitenden Beförderungen

Art. 148 [Steuerbefreiung von Vorumsätzen in der Seeschifffahrt und in der Luftfahrt] Die Mitgliedstaaten befreien folgende Umsätze von der Steuer:

a) die Lieferungen von Gegenständen zur Versorgung von Schiffen, die auf hoher See im entgeltlichen Passagierverkehr, zur Ausübung einer Handelstätigkeit, für gewerbliche Zwecke oder zur Fischerei sowie als Bergungs- oder Rettungsschiffe auf See oder zur Küstenfischerei eingesetzt sind, wobei im letztgenannten Fall die Lieferungen von Bordverpflegung ausgenommen sind;

b) die Lieferungen von Gegenständen zur Versorgung von Kriegsschiffen im Sinne des Codes der Kombinierten Nomenklatur (KN) 8906 10 00, die ihr Gebiet verlassen, um einen Hafen oder Ankerplatz außerhalb des Mitgliedstaats anzulaufen;

c) Lieferung, Umbau, Reparatur, Wartung, Vercharterung und Vermietung der unter Buchstabe a genannten Schiffe, sowie Lieferung, Vermietung, Reparatur und Wartung von Gegenständen, die in diese Schiffe eingebaut sind – einschließlich der Ausrüstung für die Fischerei –, oder die ihrem Betrieb dienen;

d) Dienstleistungen, die nicht unter Buchstabe c fallen und die unmittelbar für den Bedarf der unter Buchstabe a genannten Schiffe und ihrer Ladung erbracht werden;

e) die Lieferungen von Gegenständen zur Versorgung von Luftfahrzeugen, die von Luftfahrtgesellschaften verwendet werden, die hauptsächlich im entgeltlichen internationalen Verkehr tätig sind;

f) Lieferung, Umbau, Reparatur, Wartung, Vercharterung und Vermietung der unter Buchstabe e genannten Luftfahrzeuge, sowie Lieferung, Vermietung, Reparatur und Wartung von Gegenständen, die in diese Luftfahrzeuge eingebaut sind oder ihrem Betrieb dienen;

g) Dienstleistungen, die nicht unter Buchstabe f fallen und die unmittelbar für den Bedarf der unter Buchstabe e genannten Luftfahrzeuge und ihrer Ladung erbracht werden.

Art. 149 [Kannbestimmung: Portugal – See- und Luftverkehrsbeförderungen zwischen den Azoren und Madeira] Portugal kann Beförderungen im See- und Luftverkehr zwischen den Inseln, die die autonomen Regionen Azoren und Madeira bilden, sowie zwischen diesen Regionen und dem Mutterland grenzüberschreitenden Beförderungen gleichstellen.

Art. 150 [Auftrag an EU-Kommission zur Überprüfung des Anwendungsbereichs der Steuerbefreiung von Vorumsätzen in der Seeschifffahrt und in der Luftfahrt] (1) Falls erforderlich unterbreitet die Kommission dem Rat so rasch wie möglich Vorschläge zur genauen Festlegung des Anwendungsbereichs der Befreiungen des Artikels 148 und der praktischen Einzelheiten ihrer Anwendung.

(2) Bis zum Inkrafttreten der in Absatz 1 genannten Bestimmungen können die Mitgliedstaaten den Anwendungsbereich der Befreiungen nach Artikel 148 Buchstaben a und b beschränken.

Kapitel 8. Steuerbefreiungen bei bestimmten, Ausfuhren gleichgestellten Umsätzen

Art. 151[1)] [Steuerbefreiungen von Umsätzen an diplomatische Vertretungen, internationale Einrichtungen und NATO-Streitkräfte]

(1) *[1]* Die Mitgliedstaaten befreien folgende Umsätze von der Steuer:

a) Lieferungen von Gegenständen und Dienstleistungen, die im Rahmen der diplomatischen und konsularischen Beziehungen bewirkt werden;

aa) Lieferungen von Gegenständen und Dienstleistungen, die für die Europäische Gemeinschaft, die Europäische Atomgemeinschaft, die Europäische Zentralbank oder die Europäische Investitionsbank oder die von den Europäischen Gemeinschaften geschaffenen Einrichtungen, auf die das Protokoll vom 8. April 1965 über die Vorrechte und Befreiungen der Europäischen Gemeinschaften anwendbar ist, bestimmt sind, und zwar in den Grenzen und zu den Bedingungen, die in diesem Protokoll und den Übereinkünften zu seiner Umsetzung oder in den Abkommen über ihren Sitz festgelegt sind, sofern dies nicht zu Wettbewerbsverzerrungen führt;

ab) Lieferungen von Gegenständen und Dienstleistungen an die Kommission oder an eine nach dem Unionsrecht geschaffene Agentur oder Einrich-

---

1) Art. 151 Abs. 1 UAbs. 1 Buchst. aa eingef., Buchst. b neu gef. mWv 15.1.2010 durch RL v. 22.12.2009 (ABl. 2010 L 10 S. 14); Abs. 1 UAbs. 1 Buchst. ba und bb eingef. mWv 19.1.2020 durch RL v. 16.12.2019 (ABl. L 336 S. 10); zur **Anwendung durch die Mitgliedstaaten ab 1.7.2022** siehe Art. 3 Abs. 1 UAbs. 2 RL 2019/2235/EU; Abs. 1 UAbs. 1 Buchst. ab eingef., Abs. 1 UAbs. 2 neu gef., Abs. 3 angef. mWv 1.1.2021 durch RL v. 13.7.2021 (ABl. L 250 S. 1); zur Anwendung durch die Mitgliedstaaten ab 1.1.2021 siehe Art. 2 Abs. 2 der RL 2021/1159/EU.

tung, sofern die Kommission oder eine solche Agentur oder Einrichtung diese Gegenstände oder Dienstleistungen in Wahrnehmung der ihr durch das Unionsrecht übertragenen Aufgaben erwirbt, um auf die COVID-19-Pandemie zu reagieren, es sei denn, die erworbenen Gegenstände und Dienstleistungen werden entweder unmittelbar oder zu einem späteren Zeitpunkt von der Kommission oder einer solchen Agentur oder Einrichtung für die Zwecke der entgeltlichen Weiterlieferungen verwendet;

b) Lieferungen von Gegenständen und Dienstleistungen, die für nicht unter Buchstabe aa genannte internationale Einrichtungen, die vom Aufnahmemitgliedstaat als internationale Einrichtungen anerkannt sind, sowie für die Angehörigen dieser Einrichtungen bestimmt sind, und zwar in den Grenzen und zu den Bedingungen, die in den internationalen Übereinkommen über die Gründung dieser Einrichtungen oder in den Abkommen über ihren Sitz festgelegt sind;

[*Anwendung ab 1.7.2022:*

ba) Lieferungen von Gegenständen und Dienstleistungen in einem Mitgliedstaat, die entweder für den Gebrauch oder Verbrauch durch die Streitkräfte anderer Mitgliedstaaten oder ihr ziviles Begleitpersonal oder für die Versorgung ihrer Kasinos oder Kantinen bestimmt sind, wenn diese Streitkräfte an einer Verteidigungsanstrengung teilnehmen, die zur Durchführung einer Tätigkeit der Union im Rahmen der Gemeinsamen Sicherheits- und Verteidigungspolitik unternommen wird;

bb) Lieferungen von Gegenständen und Dienstleistungen in einen anderen Mitgliedstaat, die für den Gebrauch oder Verbrauch durch die Streitkräfte eines anderen Mitgliedstaats als die des Bestimmungsmitgliedstaats selbst oder ihr ziviles Begleitpersonal oder für die Versorgung ihrer Kasinos oder Kantinen bestimmt sind, wenn diese Streitkräfte an einer Verteidigungsanstrengung teilnehmen, die zur Durchführung einer Tätigkeit der Union im Rahmen der Gemeinsamen Sicherheits- und Verteidigungspolitik unternommen wird;]

c) Lieferungen von Gegenständen und Dienstleistungen, die in den Mitgliedstaaten, die Vertragsparteien des Nordatlantikvertrags sind, an die Streitkräfte anderer Vertragsparteien bewirkt werden, wenn diese Umsätze für den Gebrauch oder Verbrauch durch diese Streitkräfte oder ihr ziviles Begleitpersonal oder für die Versorgung ihrer Kasinos oder Kantinen bestimmt sind und wenn diese Streitkräfte der gemeinsamen Verteidigungsanstrengung dienen;

d) Lieferungen von Gegenständen und Dienstleistungen, deren Bestimmungsort in einem anderen Mitgliedstaat liegt und die für die Streitkräfte anderer Vertragsparteien des Nordatlantikvertrags als die des Bestimmungsmitgliedstaats selbst bestimmt sind, wenn diese Umsätze für den Gebrauch oder Verbrauch durch diese Streitkräfte oder ihr ziviles Begleitpersonal oder für die Versorgung ihrer Kasinos oder Kantinen bestimmt sind und wenn diese Streitkräfte der gemeinsamen Verteidigungsanstrengung dienen;

e) Lieferungen von Gegenständen und Dienstleistungen, die für die gemäß dem Vertrag zur Gründung der Republik Zypern vom 16. August 1960 auf der Insel Zypern stationierten Streitkräfte des Vereinigten Königreichs bestimmt sind, wenn diese Umsätze für den Gebrauch oder Verbrauch durch die Streitkräfte oder ihr ziviles Begleitpersonal oder für die Versorgung ihrer Kasinos oder Kantinen bestimmt sind.

[2] Bis eine einheitliche Steuerregelung erlassen ist, gelten die in Unterabsatz 1 geregelten Befreiungen mit Ausnahme der unter Buchstabe ab genannten Befreiungen unter den vom Aufnahmemitgliedstaat festgelegten Beschränkungen.

(2) Bei Gegenständen, die nicht aus dem Mitgliedstaat versandt oder befördert werden, in dem die Lieferung dieser Gegenstände bewirkt wird, und bei Dienstleistungen kann die Steuerbefreiung im Wege der Mehrwertsteuererstattung erfolgen.

(3) Sind die Voraussetzungen für die Steuerbefreiung gemäß Absatz 1 Unterabsatz 1 Buchstabe ab nicht mehr erfüllt, so unterrichtet die Kommission oder die betreffende Agentur oder Einrichtung, die die steuerbefreite Lieferung oder Dienstleistung erhalten hat, den Mitgliedstaat, in dem die Steuerbefreiung angewandt wurde, entsprechend und die Lieferung dieser Gegenstände oder Dienstleistungen unterliegt der Mehrwertsteuer nach den zu diesem Zeitpunkt geltenden Bedingungen.

Art. 152 [Steuerbefreiung der Lieferungen von Gold an Zentralbanken] Die Mitgliedstaaten befreien die Lieferungen von Gold an Zentralbanken von der Steuer.

Kapitel 9. Steuerbefreiungen für Dienstleistungen von Vermittlern

Art. 153 [Steuerbefreiung von Vermittlungsleistungen im Zusammenhang mit grenzüberschreitenden Umsätzen] *[1]* Die Mitgliedstaaten befreien Dienstleistungen von Vermittlern, die im Namen und für Rechnung

(Fortsetzung nächstes Blatt)

720. Gesetz zum Ausgleich von Auswirkungen besonderer Schadensereignisse in der Forstwirtschaft (Forstschäden-Ausgleichsgesetz)

In der Fassung der Bekanntmachung vom 26. August 1985 (BGBl. I S. 1756)[1)]

Zuletzt geänd. durch Gesetz zur Modernisierung des Personengesellschaftsrechts (Personengesellschaftsrechtsmodernisierungsgesetz – MoPeG) vom 10.8.2021 (BGBl. I S. 3436)

BGBl. III/FNA 790-15

– Auszug –

§ 3 Steuerfreie Rücklage für die Bildung eines betrieblichen Ausgleichsfonds. (1) [1] Steuerpflichtige, die Einkünfte aus dem Betrieb von Forstwirtschaft im Sinne des § 13 des Einkommensteuergesetzes[2)] beziehen und bei denen der nach § 4 Abs. 1 des Einkommensteuergesetzes[2)] ermittelte Gewinn der Besteuerung zugrunde gelegt wird, können unter den Voraussetzungen des Absatzes 2 eine den steuerlichen Gewinn mindernde Rücklage bilden. [2] Satz 1 gilt entsprechend für natürliche Personen, Körperschaften, Personenvereinigungen und Vermögensmassen, bei denen Einkünfte aus dem Betrieb von Forstwirtschaft steuerlich als Einkünfte aus Gewerbebetrieb zu behandeln sind. [3] Die Rücklage darf 100 vom Hundert, die jährliche Zuführung zur Rücklage 25 vom Hundert der im Durchschnitt der vorangegangenen drei Wirtschaftsjahre erzielten nutzungssatzmäßigen Einnahmen nicht übersteigen. [4] Sinkt in den Folgejahren die nutzungssatzmäßige Einnahme ab, so bleibt dies ohne Wirkung auf die zulässige Höhe einer bereits gebildeten Rücklage.

(2) [1] Eine Rücklage nach Absatz 1 ist nur zulässig, wenn mindestens in gleicher Höhe ein betrieblicher Ausgleichsfonds gebildet wird. [2] Die Gelder für den Fonds müssen auf ein besonderes Konto bei einem Kreditinstitut eingezahlt worden sein. [3] Sie können auch für den Erwerb von festverzinslichen Schuldverschreibungen und Rentenschuldverschreibungen, die vom Bund, von den Ländern und Gemeinden oder von anderen Körperschaften des öffentlichen Rechts oder von Kreditinstituten mit Sitz und Geschäftsleitung im Geltungsbereich dieses Gesetzes ausgegeben oder die mit staatlicher Genehmigung in Verkehr gebracht werden, verwendet werden, wenn diese Wertpapiere in das Depot eines Kreditinstituts gegeben werden.

(3) Der Ausgleichsfonds darf nur in Anspruch genommen werden

1. zur Ergänzung der durch eine Einschlagsbeschränkung geminderten Erlöse;
2. für vorbeugende oder akute Forstschutzmaßnahmen;
3. für Maßnahmen zur Konservierung oder Lagerung von Holz;

[1)] Neubekanntmachung des Forstschäden-AusgleichsG v. 29.8.1969 auf Grund Art. 3 G zur Änd. des Forstschäden-AusgleichsG v. 26.8.1985 (BGBl. I S. 1753) in der ab 1.9.1985 geltenden Fassung.

[2)] Nr. **1**.

4. für die Wiederaufforstung oder Nachbesserung von Schadensflächen und die nachfolgende Waldpflege;
5. für die Beseitigung der unmittelbar oder mittelbar durch höhere Gewalt verursachten Schäden an Wegen und sonstigen Betriebsvorrichtungen.

(4) [1]Die Rücklage ist in Höhe der in Anspruch genommenen Fondsmittel zum Ende des Wirtschaftsjahres der Inanspruchnahme gewinnerhöhend aufzulösen. [2]Wird der Fonds ganz oder zum Teil zu anderen als den in Absatz 3 bezeichneten Zwecken in Anspruch genommen, so wird außerdem ein Zuschlag zur Einkommensteuer oder Körperschaftsteuer in Höhe von 10 vom Hundert des Teils der aufgelösten Rücklage erhoben, der nicht auf die in Absatz 3 bezeichneten Zwecke entfällt.

(5) Die Rücklage nach Absatz 1 ist bei der Berechnung der in § 141 Abs. 1 Nr. 5 der Abgabenordnung[1)] bezeichneten Grenze nicht zu berücksichtigen.

§ 4 Pauschsatz für Betriebsausgaben. (1)[2)] [1]Steuerpflichtige, die für ihren Betrieb nicht zur Buchführung verpflichtet sind und ihren Gewinn nicht nach § 4 Absatz 1, § 5 des Einkommensteuergesetzes ermitteln, können im Wirtschaftsjahr einer Einschlagsbeschränkung nach § 1 zur Abgeltung der Betriebsausgaben pauschal 90 Prozent der Einnahmen aus der Verwertung des eingeschlagenen Holzes abziehen. [2]Soweit Holz auf dem Stamm verkauft wird, betragen die pauschalen Betriebsausgaben 65 Prozent der Einnahmen aus der Verwertung des stehenden Holzes.

(2) Absatz 1 gilt auch, wenn diese Forstwirte nach § 1 Abs. 5 von der Einschlagsbeschränkung ausgenommen sind, jedoch freiwillig die Einschlagsbeschränkung befolgen.

§ 4a[3)] Bewertung von Holzvorräten aus Kalamitätsnutzungen bei der Forstwirtschaft. Steuerpflichtige mit Einkünften aus Forstwirtschaft, bei denen der nach § 4 Absatz 1, § 5 des Einkommensteuergesetzes[4)] ermittelte Gewinn der Besteuerung zugrunde gelegt wird, können im Falle einer Einschlagsbeschränkung nach § 1 von einer Aktivierung des eingeschlagenen und unverkauften Kalamitätsholzes ganz oder teilweise absehen.

§ 5 Sonstige steuerliche Maßnahmen. (1)[5)] Im Wirtschaftsjahr einer Einschlagsbeschränkung nach § 1 gilt für jegliche Kalamitätsnutzung einheitlich der Steuersatz nach § 34b Absatz 3 Nummer 2 des Einkommensteuergesetzes[4)].

(2) Kalamitätsnutzungen, die in Folgejahren gezogen werden und im ursächlichen Zusammenhang mit einer Kalamitätsnutzung stehen, welche in der Zeit einer Einschlagsbeschränkung angefallen ist, können einkommensteuerlich so behandelt werden, als wären sie im Jahr der Einschlagsbeschränkung mit der ersten Mitteilung des Schadensfalles angefallen.

[1)] Nr. **800**.
[2)] § 4 Abs. 1 neu gef. mWv 1.1.2012 durch G v. 1.11.2011 (BGBl. I S. 2131).
[3)] § 4a neu gef. mWv 1.1.2012 durch G v. 1.11.2011 (BGBl. I S. 2131).
[4)] Nr. **1**.
[5)] § 5 Abs. 1 geänd. mWv 1.1.2012 durch G v. 1.11.2011 (BGBl. I S. 2131).

[Fassung bis 31.12.2021:]

(4) 1Einem unbeschränkt Steuerpflichtigen sind für die Anwendung der §§ 7 bis 14 auch Anteile oder Stimmrechte zuzurechnen, die eine Person hält, die seinen Weisungen so zu folgen hat oder so folgt, daß ihr kein eigener wesentlicher Entscheidungsspielraum bleibt. 2Diese Voraussetzung ist nicht schon allein dadurch erfüllt, daß der unbeschränkt Steuerpflichtige an der Person beteiligt ist.

(5) Ist für die Gewinnverteilung der ausländischen Gesellschaft nicht die Beteiligung am Nennkapital maßgebend oder hat die Gesellschaft kein Nennkapital, so ist der Aufteilung der Einkünfte nach Absatz 1 der Maßstab für die Gewinnverteilung zugrunde zu legen.

(6)[1)] 1Ist eine ausländische Gesellschaft Zwischengesellschaft für Zwischeneinkünfte mit Kapitalanlagecharakter im Sinne des Absatz 6a[2)] und ist ein unbeschränkt Steuerpflichtiger an der Gesellschaft zu mindestens 1 Prozent beteiligt, sind diese Zwischeneinkünfte bei diesem Steuerpflichtigen in dem in Absatz 1 bestimmten Umfang steuerpflichtig, auch wenn die Voraussetzungen des Absatzes 1 im Übrigen nicht erfüllt sind. 2Satz 1 ist nicht anzuwenden, wenn die den Zwischeneinkünften mit Kapitalanlagecharakter zugrunde liegenden Bruttoerträge nicht mehr als 10 Prozent der den gesamten Zwischeneinkünften zugrunde liegenden Bruttoerträge der ausländischen Zwischengesellschaft betragen und die bei einer Zwischengesellschaft oder bei einem Steuerpflichtigen hiernach außer Ansatz zu lassen-

[Fassung ab 1.1.2022:]

Hälfte der Anteile am Nennkapital unmittelbar oder mittelbar zuzurechnen sind oder unmittelbar oder mittelbar ein Anspruch auf mehr als die Hälfte des Gewinns oder des Liquidationserlöses dieser Gesellschaft zusteht.

(3) 1Für Zwecke der §§ 7 bis 12 ist eine Person dem Steuerpflichtigen unter den Voraussetzungen des § 1 Absatz 2 nahestehend. 2Eine Personengesellschaft oder Mitunternehmerschaft ist selbst nahestehende Person, wenn sie die Voraussetzungen des § 1 Absatz 2 erfüllt.

(4) 1Unbeschadet des Absatzes 3 gelten Personen als dem Steuerpflichtigen nahestehend, wenn sie mit ihm in Bezug auf die Zwischengesellschaft durch abgestimmtes Verhalten zusammenwirken. 2Bei den unmittelbaren oder mittelbaren Gesellschaftern einer Personengesellschaft oder Mitunternehmerschaft, die an einer Zwischengesellschaft unmittelbar oder mittelbar beteiligt ist, wird ein Zusammenwirken durch abgestimmtes Verhalten widerlegbar unterstellt.

(5) 1Die Absätze 1 bis 4 sind nicht anzuwenden, wenn auf die Einkünfte, für die die ausländische Gesellschaft Zwischengesellschaft ist, die Vorschriften des Investmentsteuergesetzes in der jeweils geltenden Fassung anzuwenden sind. 2Satz 1 gilt nicht, wenn die den Einkünften zugrunde liegenden Geschäfte zu mehr als einem Drittel mit dem Steuerpflichtigen oder ihm nahestehenden Personen betrieben werden.

---

1) § 7 Abs. 6 neu gef. durch G v. 20.12.2001 (BGBl. I S. 3858).
2) Geänd. durch G v. 16.5.2003 (BGBl. I S. 660).

[Fassung bis 31.12.2021:]

den Beträge insgesamt 80 000 Euro[1]) nicht übersteigen. [3]Satz 1 ist auch anzuwenden bei einer Beteiligung von weniger als 1 Prozent, wenn die ausländische Gesellschaft ausschließlich oder fast ausschließlich Bruttoerträge erzielt, die Zwischeneinkünften mit Kapitalanlagecharakter zugrunde liegen, es sei denn, dass mit der Hauptgattung der Aktien der ausländischen Gesellschaft ein wesentlicher und regelmäßiger Handel an einer anerkannten Börse stattfindet.

(6a)[2]) Zwischeneinkünfte mit Kapitalanlagecharakter sind Einkünfte der ausländischen Zwischengesellschaft (§ 8), die aus dem Halten, der Verwaltung, Werterhaltung oder Werterhöhung von Zahlungsmitteln, Forderungen, Wertpapieren, Beteiligungen (mit Ausnahme der in § 8 Abs. 1 Nr. 8 und 9 genannten Einkünfte) oder ähnlichen Vermögenswerten stammen, es sei denn, der Steuerpflichtige weist nach, dass sie aus einer Tätigkeit stammen, die einer unter § 8 Abs. 1 Nr. 1 bis 6 fallenden eigenen Tätigkeit der ausländischen Gesellschaft dient, ausgenommen Tätigkeiten im Sinne des § 1 Abs. 1 Nr. 6 des Kreditwesengesetzes in der Fassung der Bekanntmachung vom 9. September 1998 (BGBl. I S. 2776), das zuletzt durch Artikel 3 Abs. 3 des Gesetzes vom 22. August 2002 (BGBl. I S. 3387) geändert worden ist, in der jeweils geltenden Fassung.

(7)[3]) Die Absätze 1 bis 6a sind nicht anzuwenden, wenn auf die Einkünfte, für die die ausländische

---

[1]) Betrag geänd. durch G v. 20.12.2007 (BGBl. I S. 3150).

[2]) § 7 Abs. 6a eingef. durch G v. 16.5.2003 (BGBl. I S. 660).

[3]) § 7 Abs. 7 neu gef. durch G v. 9.12.2004 (BGBl. I S. 3310); HS 2 aufgeh. mWv 1.1.2018 durch G v. 19.7.2016 (BGBl. I S. 1730).

750. Gesetz zur steuerlichen Förderung von Forschung und Entwicklung (Forschungszulagengesetz – FZulG)[1)]

Vom 14. Dezember 2019 (BGBl. I S. 2763)

Geändert durch Zweites Gesetz zur Umsetzung steuerlicher Hilfsmaßnahmen zur Bewältigung der Corona-Krise (Zweites Corona-Steuerhilfegesetz) vom 29. Juni 2020 (BGBl. I S. 1512) und Jahressteuergesetz 2020 (JStG 2020) vom 21.12.2020 (BGBl. I S. 3096), Gesetz zur Modernisierung des Körperschaftsteuerrechts vom 25.6.2021 (BGBl. I S. 2050) und Gesetz zur erleichterten Umsetzung der Reform der Grundsteuer und Änderung weiterer steuerrechtlicher Vorschriften (Grundsteuerreform-Umsetzungsgesetz – GrStRefUG) vom 16.7.2021 (BGBl. I S. 2931)

FNA 610-6-19

Inhaltsübersicht

§ 1[2)] Anspruchsberechtigung. (1) Anspruchsberechtigt sind Steuerpflichtige im Sinne des Einkommensteuer- und des Körperschaftsteuergesetzes, soweit sie Einkünfte nach § 2 Absatz 1 Satz 1 Nummer 1 bis 3 des Einkommensteuergesetzes erzielen, nicht von der Besteuerung befreit sind und die in diesem Gesetz aufgeführten Voraussetzungen erfüllen.

(2) [1]Bei Mitunternehmerschaften nach § 15 Absatz 1 Satz 1 Nummer 2 des Einkommensteuergesetzes tritt an die Stelle des Steuerpflichtigen die Mitunternehmerschaft als Anspruchsberechtigter. [***ab 1.1.2022:*** [2]Nach § 1a des Körperschaftsteuergesetzes optierende Gesellschaften sind als Steuerpflichtige im Sinne des Körperschaftsteuergesetzes anspruchsberechtigt.]

[1)] **BMF v. 1.7.2020:** Mit Beschluss vom 26. Juni 2020 hat die Europäische Kommission mitgeteilt, dass die Freistellung des Forschungszulagengesetzes (FZulG) nach der Allgemeinen Gruppenfreistellungsverordnung (AGVO) über den anfänglichen sechsmonatigen Zeitraum hinaus fortbesteht. Der Beschluss zur weiteren Anwendbarkeit des FZulG wurde, in BGBl. I 2020, S. 1596 bekannt gemacht (vgl. auch § 16).

[2)] § 1 Abs. 2 Satz 2 angef., bish. Wortlaut wird Satz 1 mWv 1.1.2022 durch G v. 25.6.2021 (BGBl. I S. 2050).

§ 2 Begünstigte Forschungs- und Entwicklungsvorhaben. (1) Forschungs- und Entwicklungsvorhaben sind begünstigt, soweit sie einer oder mehreren der Kategorien Grundlagenforschung, industrielle Forschung oder experimentelle Entwicklung zuzuordnen sind.

(2) Ist ein Produkt oder ein Verfahren im Wesentlichen festgelegt und ist das primäre Ziel der weiteren Tätigkeit die Marktentwicklung oder soll durch diese Tätigkeit das Produktionssystem zum reibungslosen Funktionieren gebracht werden, kann diese Tätigkeit nicht mehr den in Absatz 1 genannten Kategorien zugerechnet werden.

(3) [1] Begünstigte Forschungs- und Entwicklungsvorhaben nach Absatz 1 zielen darauf ab, eine genau definierte unteilbare Aufgabe ökonomischer, wissenschaftlicher oder technischer Art mit klar festgelegten Zielen durchzuführen. [2] Ein Forschungs- und Entwicklungsvorhaben kann aus mehreren Arbeitspaketen, Tätigkeiten oder Dienstleistungen bestehen. [3] Es umfasst klare Ziele und die Tätigkeiten, die zur Erreichung dieser Ziele durchzuführen sind, sowie konkrete Vorgaben, anhand derer die Ergebnisse dieser Tätigkeiten festgestellt und mit den einschlägigen Zielen verglichen werden können. [4] Wenn zwei oder mehrere Forschungs- und Entwicklungsvorhaben nicht eindeutig voneinander getrennt werden können und einzeln betrachtet keine Aussicht auf technologischen Erfolg haben, werden sie als ein einziges Vorhaben betrachtet.

(4) Begünstigte Forschungs- und Entwicklungsvorhaben können durchgeführt werden

1. als eigenbetriebliche Forschung und/oder als Auftragsforschung,
2. als Kooperation von einem Anspruchsberechtigten mit mindestens einem anderen Unternehmen,
3. als Kooperation von einem Anspruchsberechtigten in Zusammenarbeit mit einer oder mehreren Einrichtungen für Forschung und Wissensverbreitung.

(5)[1)] Werden Forschungs- und Entwicklungsvorhaben im Sinne des Absatzes 1 in Auftrag gegeben, sind diese nur dann begünstigt, wenn der Auftragnehmer seine Geschäftsleitung in einem Mitgliedstaat der Europäischen Union hat oder in einem anderen Staat, auf den das Abkommen über den Europäischen Wirtschaftsraum (EWR-Abkommen) Anwendung findet und der aufgrund vertraglicher Verpflichtung Amtshilfe entsprechend dem EU-Amtshilfegesetz in einem Umfang leistet, der für die Überprüfung der Anspruchsvoraussetzungen erforderlich ist.

§ 3 Förderfähige Aufwendungen und Bemessungsgrundlage. (1) [1] Förderfähige Aufwendungen sind die beim Anspruchsberechtigten dem Lohnsteuerabzug gemäß § 38 Absatz 1 des Einkommensteuergesetzes unterliegenden Arbeitslöhne für Arbeitnehmer, die der Arbeitnehmer unmittelbar vom Arbeitgeber erhält, sowie die Ausgaben des Arbeitgebers für die Zukunftssicherung des Arbeitnehmers nach § 3 Nummer 62 des Einkommensteuergesetzes. [2] Die in Satz 1 bezeichneten Aufwendungen sind nur förderfähig, soweit die Arbeitnehmer mit Forschungs- und Entwicklungstätigkeiten in begünstigten Forschungs- und Entwicklungsvorhaben im Sinne des § 2 Absatz 1 des

---

[1)] § 2 Abs. 5 geänd. mWv 1.1.2020 durch G v. 16.7.2021 (BGBl. I S. 2931).

Anspruchsberechtigten betraut sind. [3] Zu den in den Sätzen 1 und 2 bezeichneten Aufwendungen gehören auch solche aufgrund eines zwischen einer Kapitalgesellschaft und einem Gesellschafter oder Anteilseigner abgeschlossenen Anstellungsvertrages, der die Voraussetzungen für den Lohnsteuerabzug des Arbeitslohns erfüllt.

(2) Förderfähig sind die in Absatz 1 bezeichneten Aufwendungen auch dann, wenn sie vom Anspruchsberechtigten für im Sinne des Absatzes 1 tätige Arbeitnehmer geleistet werden, für die der Lohnsteuerabzug im Sinne des § 38 Absatz 1 Satz 1 Nummer 1 des Einkommensteuergesetzes nur deswegen nicht vorgenommen wird, weil nach einem Abkommen zur Vermeidung der Doppelbesteuerung das Besteuerungsrecht einem anderen Mitgliedstaat der Europäischen Union oder einem anderen Vertragsstaat des Abkommens über den Europäischen Wirtschaftsraum oder der Schweizerischen Eidgenossenschaft zugewiesen ist.

(3) [1] Förderfähige Aufwendungen sind auch Eigenleistungen eines Einzelunternehmers in einem begünstigten Forschungs- und Entwicklungsvorhaben. [2] Je nachgewiesener Arbeitsstunde, die der Einzelunternehmer mit Forschungs- und Entwicklungstätigkeiten beschäftigt ist, sind 40 Euro je Arbeitsstunde bei insgesamt maximal 40 Arbeitsstunden pro Woche als förderfähige Aufwendungen anzusetzen. [3] Haben Gesellschafter einer anspruchsberechtigten Mitunternehmerschaft vertraglich vereinbart, dass ein oder mehrere Gesellschafter für Forschungs- und Entwicklungstätigkeiten in begünstigten Forschungs- und Entwicklungsvorhaben eine Tätigkeitsvergütung erhalten, dann ist diese Tätigkeitsvergütung förderfähiger Aufwand, soweit sie 40 Euro je Arbeitsstunde bei maximal 40 Arbeitsstunden pro Woche nicht übersteigt. [4] Voraussetzung ist, dass die Vereinbarung zivilrechtlich wirksam, ernsthaft gewollt und tatsächlich durchgeführt und so eindeutig und klar abgefasst ist, dass sie von anderen Tätigkeitsvergütungen im Dienste der Gesellschaft abgegrenzt werden kann.

(4)[1)] [1] Für in Auftrag gegebene Forschungs- und Entwicklungsvorhaben im Sinne des § 2 Absatz 5 betragen die förderfähigen Aufwendungen 60 Prozent des beim Anspruchsberechtigten für den Auftrag entstandenen Entgelts. [2] Werden in Auftrag gegebene Forschungs- und Entwicklungsvorhaben im Sinne des § 2 Absatz 5 vom Auftragnehmer ganz oder teilweise an Unterauftragnehmer weitervergeben, ist das für einen Unterauftrag entstandene Entgelt kein förderfähiger Aufwand.

(5)[2)] [1] Bemessungsgrundlage sind die im Wirtschaftsjahr entstandenen förderfähigen Aufwendungen des Anspruchsberechtigten im Sinne der Absätze 1 bis 4, maximal 2 000 000 Euro. [2] Für nach dem 30. Juni 2020 und vor dem 1. Juli 2026 entstandene förderfähige Aufwendungen des Anspruchsberechtigten im Sinne der Absätze 1 bis 4 beträgt die Bemessungsgrundlage maximal 4 000 000 Euro.

[1)] § 3 Abs. 4 Satz 2 angef., bish. Wortlaut wird Satz 1 und geänd. mWv 1.1.2020 durch G v. 21.12.2020 (BGBl. I S. 3096).

[2)] § 3 Abs. 5 Satz 2 angef. mWv 1.7.2020 durch G v. 29.6.2020 (BGBl. I S. 1512).

(6)[1] 1 Für Anspruchsberechtigte, die am Ende des Wirtschaftsjahres, für das die Forschungszulage beantragt wird, mit anderen Unternehmen verbunden sind, gilt die Grenze im Sinne des Absatzes 5 für die verbundenen Unternehmen insgesamt. 2 In diesem Sinne gelten zwei oder mehr Unternehmen als miteinander verbunden, wenn ein Unternehmen auf ein anderes Unternehmen einen beherrschenden Einfluss im Sinne des § 290 Absatz 2 bis 4 des Handelsgesetzbuchs ausübt. 3 Maßgeblich ist die Bemessungsgrundlage eines Kalenderjahres. 4 Ein Bescheid über die Festsetzung von Forschungszulage für ein verbundenes Unternehmen kann auch, nachdem er bestandskräftig ist, noch geändert werden, wenn

1. ein Bescheid über die Festsetzung von Forschungszulage für dasselbe Kalenderjahr eines mit ihm verbundenen Unternehmens aufgehoben, geändert oder berichtigt wird und
2. diese Änderung Einfluss auf die Aufteilung des Höchstbetrages zwischen den verbundenen Unternehmen hat. 2 Das die Änderung begehrende Unternehmen kann insoweit weitere förderfähige Aufwendungen geltend machen, wenn hierauf bisher aufgrund der Begrenzung des Höchstbetrages für verbundene Unternehmen verzichtet wurde.

(7) Für Kooperationsvorhaben im Sinne des § 2 Absatz 4 Nummer 2 und 3 gilt für jeden am Vorhaben beteiligten Anspruchsberechtigten die Bemessungsgrundlage im Sinne des Absatzes 5, soweit nicht die Voraussetzungen des Absatzes 6 vorliegen.

§ 4 Höhe der Forschungszulage. (1) 1 Die Forschungszulage beträgt 25 Prozent der Bemessungsgrundlage nach § 3 Absatz 5. 2 Der Anspruch auf Forschungszulage entsteht mit Ablauf des Wirtschaftsjahres, in dem die förderfähigen Aufwendungen im Sinne des § 3 Absatz 1 und 2 vom Arbeitnehmer bezogen worden sind oder die nach § 3 Absatz 3 und 4 förderfähigen Aufwendungen beim Anspruchsberechtigten entstanden sind.

(2) Die Summe der für ein Forschungs- und Entwicklungsvorhaben gewährten staatlichen Beihilfen darf einschließlich der Forschungszulagen nach diesem Gesetz pro Unternehmen und Forschungs- und Entwicklungsvorhaben den Betrag von 15 000 000 Euro nicht überschreiten.

§ 5[2] Antrag auf Forschungszulage. (1) 1 Der Anspruchsberechtigte hat nach Ablauf des Wirtschaftsjahres, in dem die förderfähigen Aufwendungen im Sinne des § 3 Absatz 1 und 2 vom Arbeitnehmer bezogen worden sind oder die nach § 3 Absatz 3 und 4 förderfähigen Aufwendungen entstanden sind, einen Antrag auf Forschungszulage nach amtlich vorgeschriebenem Datensatz über die amtlich bestimmte Schnittstelle bei dem für die Besteuerung des Anspruchsberechtigten nach dem Einkommen zuständigen Finanzamt zu stellen. 2 Dies gilt auch in Fällen, in denen die Einkünfte nach § 180 Absatz 1 Satz 1 Nummer 2 Buchstabe b der Abgabenordnung gesondert festgestellt

---

[1] § 3 Abs. 6 angef. mWv 1.1.2020 durch G v. 16.7.2021 (BGBl. I S. 2931).

[2] § 5 Abs. 1 Satz 2 eingef., bish. Satz 2 wird Satz 3, Abs. 2 Satz 2 angef., Abs. 3 Satz 1 geänd., Abs. 4 angef. mWv 1.1.2020 durch G v. 16.7.2021 (BGBl. I S. 2931).

werden. [3]Ist eine Mitunternehmerschaft Anspruchsberechtigter, so ist der Antrag bei dem Finanzamt zu stellen, das für die einheitliche und gesonderte Feststellung der Einkünfte zuständig ist.

(2) [1]In dem Antrag nach Absatz 1 sind die Forschungs- und Entwicklungsvorhaben, für die eine Forschungszulage beantragt wird, sowie die förderfähigen Aufwendungen im Sinne des § 3 Absatz 1 bis 4 so genau zu bezeichnen, dass eine Überprüfung möglich ist. [2]Die Verteilung der für verbundene Unternehmen maximal förderfähigen Bemessungsgrundlage nach § 3 Absatz 5 ist von jedem verbundenen Unternehmen im Antrag nach Absatz 1 anzugeben.

(3) [1]Für den Antrag ist eine Bescheinigung nach § 6 für die im Antrag aufgeführten Forschungs- und Entwicklungsvorhaben erforderlich. [2]Der Anspruchsberechtigte hat im Antrag zu versichern, dass sich die im Rahmen des Bescheinigungsverfahrens nach § 6 erklärten und der Bescheinigung zu Grunde gelegten Sachverhalte nicht verändert haben.

(4) In den Fällen des Absatzes 1 Satz 2 stellt das für die gesonderte Feststellung der Einkünfte zuständige Finanzamt die für diesen Betrieb nach § 3 Absatz 1 bis 4 förderfähigen Aufwendungen gesondert fest.

§ 6 Bescheinigung. (1) Grundlage für die Festsetzung der Forschungszulage ist eine Bescheinigung der auf Grundlage der nach § 14 zu erlassenen Rechtsverordnung bestimmten Stelle für jedes im Antrag aufgeführte Forschungs- und Entwicklungsvorhaben des Anspruchsberechtigten.

(2) [1]Die Bescheinigung ist nach einem vom Bundesministerium der Finanzen in Abstimmung mit den obersten Finanzbehörden der Länder und im Einvernehmen mit dem Bundesministerium für Wirtschaft und Energie und dem Bundesministerium für Bildung und Forschung vorgeschriebenen Muster zu erstellen und hat die Feststellung zu enthalten, dass die Voraussetzungen des § 2 für das vom Antragsteller näher bezeichnete Forschungs- und Entwicklungsvorhaben vorliegen. [2]Die Feststellung ist zu begründen.

(3) [1]Die erste Bescheinigung für ein Wirtschaftsjahr ist für den Antragsteller vorbehaltlich des Satzes 2 gebührenfrei. [2]Im Fall weiterer Anträge auf Bescheinigung für Forschungs- und Entwicklungsvorhaben desselben Wirtschaftsjahres können ab der Ausstellung der zweiten Bescheinigung nach Ab-

(Fortsetzung nächstes Blatt)

mit Waren im Internet und zur Änderung weiterer steuerlicher Vorschriften vom 11.12.2018 (BGBl. I S. 2338), Gesetz zur Umsetzung des Gesetzes zur Einführung des Rechts auf Eheschließung für Personen gleichen Geschlechts vom 18.12.2018 (BGBl. I S. 2639), Gesetz gegen illegale Beschäftigung und Sozialleistungsmissbrauch vom 11.7.2019 (BGBl. I S. 1066), Gesetz zur Reform der Psychotherapeutenausbildung vom 15.11.2019 (BGBl. I S. 1604), Zweites Gesetz zur Anpassung des Datenschutzrechts an die Verordnung (EU) 2016/679 und zur Umsetzung der Richtlinie (EU) 2016/680 (Zweites Datenschutz-Anpassungs- und Umsetzungsgesetz EU – 2. DSAnpUG-EU) vom 20.11.2019 (BGBl. I S. 1626), Gesetz zur Umsetzung der Richtlinie (EU) 2016/680 im Strafverfahren sowie zur Anpassung datenschutzrechtlicher Bestimmungen an die Verordnung (EU) 2016/679 vom 20.11.2019 (BGBl. I S. 1724), Drittes Gesetz zur Entlastung insbesondere der mittelständischen Wirtschaft von Bürokratie (Drittes Bürokratieentlastungsgesetz) vom 22.11.2019 (BGBl. I S. 1746), Gesetz zur Reform des Grundsteuer- und Bewertungsrechts (Grundsteuer-Reformgesetz – GrSt RefG) vom 26.11.2019 (BGBl. I S. 1794), Gesetz zur weiteren steuerlichen Förderung der Elektromobilität und zur Änderung weiterer steuerlicher Vorschriften vom 12.12.2019 (BGBl. I S. 2451), Gesetz zur Umsetzung der Änderungsrichtlinie zur Vierten EU-Geldwäscherichtlinie vom 12.12.2019 (BGBl. I S. 2602), Gesetz zur Einführung einer Pflicht zur Mitteilung grenzüberschreitender Steuergestaltungen vom 21.12.2019 (BGBl. I S. 2875), Elfte Zuständigkeitsanpassungsverordnung vom 19.6.2020 (BGBl. I S. 1328), Zweites Gesetz zur Umsetzung steuerlicher Hilfsmaßnahmen zur Bewältigung der Corona-Krise (Zweites Corona-Steuerhilfegesetz) vom 29.6.2020 (BGBl. I S. 1512), Gesetz zur Einführung der Grundrente für langjährige Versicherung in der gesetzlichen Rentenversicherung mit unterdurchschnittlichem Einkommen und für weitere Maßnahmen zur Erhöhung der Alterseinkommen (Grundrentengesetz) vom 12.8.2020 (BGBl. I S. 1879), Gesetz zur Fortentwicklung des Rechts des Pfändungsschutzkontos und zur Änderung von Vorschriften des Pfändungsschutzes (Pfändungsschutzkonto-Fortentwicklungsgesetz – PKoFoG) vom 22.11.2020 (BGBl. I S. 2466), Gesetz zur Digitalisierung von Verwaltungsverfahren bei der Gewährung von Familienleistungen vom 3.12.2020 (BGBl. I S. 2668), Gesetz zur Stärkung der Sicherheit im Pass-, Ausweis- und ausländerrechtlichen Dokumentenwesen vom 3.12.2020 (BGBl. I S. 2744), Gesetz über die Umwandlung des Informationstechnikzentrums Bund in eine nichtrechtsfähige Anstalt des öffentlichen Rechts und zur Änderung weiterer Vorschriften vom 7.12.2020 (BGBl. I S. 2756), Jahressteuergesetz 2020 (JStG 2020) vom 21.12.2020 (BGBl. I S. 3096), Gesetz zur Verbesserung der Transparenz in der Alterssicherung und der Rehabilitation sowie zur Modernisierung der Sozialversicherungswahlen und zur Änderung anderer Gesetze (Gesetz Digitale Rentenübersicht) vom 11.2.2021 (BGBl. I S. 154), Gesetz zur Einführung und Verwendung einer Identifikationsnummer in der öffentlichen Verwaltung und zur Änderung weiterer Gesetze (Registermodernisierungsgesetz – RegMoG) vom 28.3.2021 (BGBl. I S. 591), Gesetz zur Verbesserung des Schutzes von Gerichtsvollziehern vor Gewalt sowie zur Änderung weiterer zwangsvollstreckungsrechtlicher Vorschriften und zur Änderung des Infektionsschutzgesetzes vom 7.5.2021 (BGBl. I S. 850), Gesetz zur Reform des Vormundschafts- und Betreuungsrechts vom 4.5.2021 (BGBl. I S. 882), Gesetz zur Modernisierung der Entlastung von Abzugsteuern und der Bescheinigung der Kapitalertragsteuer (Abzugsteuerentlastungsmodernisierungsgesetz – AbzStEntModG) vom 2.6.2021 (BGBl. I S. 1259), Gesetz zur Stärkung der Finanzmarktintegrität (Finanzmarktintegritätsstärkungsgesetz – FISG) vom 3.6.2021 (BGBl. I S. 1534), Gesetz zur Abwehr von Steuervermeidung und unfairem Steuerwettbewerb und zur Änderung weiterer Gesetze vom 25.6.2021 (BGBl. I S. 2056), Gesetz zur europäischen Vernetzung der Transparenzregister und zur Umsetzung der Richtlinie (EU) 2019/1153 des Europäischen Parlaments und des Rates vom 20. Juni 2019 zur Nutzung von Finanzinformationen für die Bekämpfung von Geldwäsche, Terrorismusfinanzierung und sonstigen schweren Straftaten (Transparenzregister- und Finanzinformationsgesetz) vom 25.6.2021 (BGBl. I S. 2083), Gesetz zur Modernisierung des notariellen Berufsrechts und zur Änderung weiterer Vorschriften vom 25.6.2021 (BGBl. I S. 2154) und Gesetz zum Ausbau des elektronischen Rechtsverkehrs mit den Gerichten und zur Änderung weiterer Vorschriften vom 5.10.2021 (BGBl. I S. 4607)

BGBl. III/FNA 610-1-3

Inhaltsübersicht

Erster Teil. Einleitende Vorschriften

§ 151[1] **Aufnahme der Steuererklärung an Amtsstelle.** Eine Steuererklärung, die schriftlich oder elektronisch abzugeben ist, kann bei der zuständigen Finanzbehörde zur Niederschrift erklärt werden, wenn dem Steuerpflichtigen nach seinen persönlichen Verhältnissen weder die elektronische Übermittlung noch die Schriftform zuzumuten ist, insbesondere, wenn er nicht in der Lage ist, eine gesetzlich vorgeschriebene Selbstberechnung der Steuer vorzunehmen oder durch einen Dritten vornehmen zu lassen.

§ 152[2]·[3] **Verspätungszuschlag.** (1) [1]Gegen denjenigen, der seiner Verpflichtung zur Abgabe einer Steuererklärung nicht oder nicht fristgemäß nachkommt, kann ein Verspätungszuschlag festgesetzt werden. [2]Von der Festsetzung eines Verspätungszuschlags ist abzusehen, wenn der Erklärungspflichtige glaubhaft macht, dass die Verspätung entschuldbar ist; das Verschulden eines Vertreters oder eines Erfüllungsgehilfen ist dem Erklärungspflichtigen zuzurechnen.

(2)[4] Abweichend von Absatz 1 ist ein Verspätungszuschlag festzusetzen, wenn eine Steuererklärung, die sich auf ein Kalenderjahr oder auf einen gesetzlich bestimmten Zeitpunkt bezieht,

1. nicht binnen 14 Monaten nach Ablauf des Kalenderjahrs oder nicht binnen 14 Monaten nach dem Besteuerungszeitpunkt,
2. in den Fällen des § 149 Absatz 2 Satz 2 nicht binnen 19 Monaten nach Ablauf des Kalenderjahrs oder nicht binnen 19 Monaten nach dem Besteuerungszeitpunkt oder
3. in den Fällen des § 149 Absatz 4 nicht bis zu dem in der Anordnung bestimmten Zeitpunkt

abgegeben wurde.

(3) Absatz 2 gilt nicht,

1. wenn die Finanzbehörde die Frist für die Abgabe der Steuererklärung nach § 109 verlängert hat oder diese Frist rückwirkend verlängert,
2. wenn die Steuer auf null Euro oder auf einen negativen Betrag festgesetzt wird,
3. wenn die festgesetzte Steuer die Summe der festgesetzten Vorauszahlungen und der anzurechnenden Steuerabzugsbeträge nicht übersteigt oder
4.[5] bei jährlich abzugebenden Lohnsteueranmeldungen, bei Anmeldungen von Umsatzsteuer-Sondervorauszahlungen nach § 48 Absatz 2 der Umsatzsteuer-Durchführungsverordnung sowie bei jährlich abzugebenden Versicherungsteuer- und Feuerschutzsteueranmeldungen.

---

[1] § 151 neu gef. mWv 1.1.2017 durch G v. 18.7.2016 (BGBl. I S. 1679); zur Anwendung s. auch Art. 97 § 1 Abs. 11 EGAO (Nr. **800a**).

[2] Zur Anwendung in den neuen Bundesländern siehe Art. 97a § 2 Nr. 3 EGAO (Nr. **800a**).

[3] § 152 neu gef. durch G v. 18.7.2016 (BGBl. I S. 1679); zur Anwendung siehe Art. 97 § 8 Abs. 3 und 4 EGAO (Nr. **800a**).

[4] Zur Anwendung auf den Grundsteuerwert 2020 vgl. Art. 97 Abs. 5 EGAO (Nr. **800a**); zu Nr. 1 und 2 siehe Art. 97 § 36 Abs. 3 Nrn. 8 und 9.

[5] § 152 Abs. 3 Nr. 4 neu gef. mWv 9.6.2021 durch G v. 2.6.2021 (BGBl. I S. 1259).

(4) [1]Sind mehrere Personen zur Abgabe einer Steuererklärung verpflichtet, kann die Finanzbehörde nach ihrem Ermessen entscheiden, ob sie den Verspätungszuschlag gegen eine der erklärungspflichtigen Personen, gegen mehrere der erklärungspflichtigen Personen oder gegen alle erklärungspflichtigen Personen festsetzt. [2]Wird der Verspätungszuschlag gegen mehrere oder gegen alle erklärungspflichtigen Personen festgesetzt, sind diese Personen Gesamtschuldner des Verspätungszuschlags. [3]In Fällen des § 180 Absatz 1 Satz 1 Nummer 2 Buchstabe a ist der Verspätungszuschlag vorrangig gegen die nach § 181 Absatz 2 Satz 2 Nummer 4 erklärungspflichtigen Personen festzusetzen.

(5) [1]Der Verspätungszuschlag beträgt vorbehaltlich des Satzes 2, der Absätze 8 und 13 Satz 2 für jeden angefangenen Monat der eingetretenen Verspätung 0,25 Prozent der festgesetzten Steuer, mindestens jedoch 10 Euro für jeden angefangenen Monat der eingetretenen Verspätung. [2]Für Steuererklärungen, die sich auf ein Kalenderjahr oder auf einen gesetzlich bestimmten Zeitpunkt beziehen, beträgt der Verspätungszuschlag für jeden angefangenen Monat der eingetretenen Verspätung 0,25 Prozent der um die festgesetzten Vorauszahlungen und die anzurechnenden Steuerabzugsbeträge verminderten festgesetzten Steuer, mindestens jedoch 25 Euro für jeden angefangenen Monat der eingetretenen Verspätung. [3]Wurde ein Erklärungspflichtiger von der Finanzbehörde erstmals nach Ablauf der gesetzlichen Erklärungsfrist zur Abgabe einer Steuererklärung innerhalb einer dort bezeichneten Frist aufgefordert und konnte er bis zum Zugang dieser Aufforderung davon ausgehen, keine Steuererklärung abgeben zu müssen, so ist der Verspätungszuschlag nur für die Monate zu berechnen, die nach dem Ablauf der in der Aufforderung bezeichneten Erklärungsfrist begonnen haben.

(6) [1]Für Erklärungen zur gesonderten Feststellung von Besteuerungsgrundlagen, für Erklärungen zur Festsetzung des Gewerbesteuermessbetrags und für Zerlegungserklärungen gelten vorbehaltlich des Absatzes 7 die Absätze 1 bis 3 und Absatz 4 Satz 1 und 2 entsprechend. [2]Der Verspätungszuschlag beträgt für jeden angefangenen Monat der eingetretenen Verspätung 25 Euro.

(7) Für Erklärungen zu gesondert festzustellenden einkommensteuerpflichtigen oder körperschaftsteuerpflichtigen Einkünften beträgt der Verspätungszuschlag für jeden angefangenen Monat der eingetretenen Verspätung 0,0625 Prozent der positiven Summe der festgestellten Einkünfte, mindestens jedoch 25 Euro für jeden angefangenen Monat der eingetretenen Verspätung.

(8)[1)] [1]Absatz 5 gilt nicht für

1. vierteljährlich oder monatlich abzugebende Steueranmeldungen,
2. nach § 41a Absatz 2 Satz 2 zweiter Halbsatz des Einkommensteuergesetzes jährlich abzugebende Lohnsteueranmeldungen,
3. nach § 8 Absatz 2 Satz 3 des Versicherungsteuergesetzes jährlich abzugebende Versicherungsteueranmeldungen,
4. nach § 8 Absatz 2 Satz 3 des Feuerschutzsteuergesetzes jährlich abzugebende Feuerschutzsteueranmeldungen und

---

[1)] § 152 Abs. 8 Satz 1 neu gef. mWv 29.12.2020 durch G v. 21.12.2020 (BGBl. I S. 3096).

5.[1] Anmeldungen der Umsatzsteuer-Sondervorauszahlung nach § 48 Absatz 2 der Umsatzsteuer-Durchführungsverordnung.

[2] In diesen Fällen sind bei der Bemessung des Verspätungszuschlags die Dauer und Häufigkeit der Fristüberschreitung sowie die Höhe der Steuer zu berücksichtigen.

(9) [1] Bei Nichtabgabe der Steuererklärung ist der Verspätungszuschlag für einen Zeitraum bis zum Ablauf desjenigen Tages zu berechnen, an dem die erstmalige Festsetzung der Steuer wirksam wird. [2] Gleiches gilt für die Nicht-

(Fortsetzung nächstes Blatt)

---

[1] § 152 Abs. 3 Nr. 5 angef. mWv 9.6.2021 durch G v. 2.6.2021 (BGBl. I S. 1259).

§ 331 Unmittelbarer Zwang. Führen das Zwangsgeld oder die Ersatzvornahme nicht zum Ziel oder sind sie untunlich, so kann die Finanzbehörde den Pflichtigen zur Handlung, Duldung oder Unterlassung zwingen oder die Handlung selbst vornehmen.

§ 332 Androhung der Zwangsmittel. (1) [1]Die Zwangsmittel müssen schriftlich angedroht werden. [2]Wenn zu besorgen ist, dass dadurch der Vollzug des durchzusetzenden Verwaltungsakts vereitelt wird, genügt es, die Zwangsmittel mündlich oder auf andere nach der Lage gebotene Weise anzudrohen. [3]Zur Erfüllung der Verpflichtung ist eine angemessene Frist zu bestimmen.

(2) [1]Die Androhung kann mit dem Verwaltungsakt verbunden werden, durch den die Handlung, Duldung oder Unterlassung aufgegeben wird. [2]Sie muss sich auf ein bestimmtes Zwangsmittel beziehen und für jede einzelne Verpflichtung getrennt ergehen. [3]Zwangsgeld ist in bestimmter Höhe anzudrohen.

(3) [1]Eine neue Androhung wegen derselben Verpflichtung ist erst dann zulässig, wenn das zunächst angedrohte Zwangsmittel erfolglos ist. [2]Wird vom Pflichtigen ein Dulden oder Unterlassen gefordert, so kann das Zwangsmittel für jeden Fall der Zuwiderhandlung angedroht werden.

(4) Soll die Handlung durch Ersatzvornahme ausgeführt werden, so ist in der Androhung der Kostenbetrag vorläufig zu veranschlagen.

§ 333 Festsetzung der Zwangsmittel. Wird die Verpflichtung innerhalb der Frist, die in der Androhung bestimmt ist, nicht erfüllt oder handelt der Pflichtige der Verpflichtung zuwider, so setzt die Finanzbehörde das Zwangsmittel fest.

§ 334 Ersatzzwangshaft. (1) [1]Ist ein gegen eine natürliche Person festgesetztes Zwangsgeld uneinbringlich, so kann das Amtsgericht auf Antrag der Finanzbehörde nach Anhörung des Pflichtigen Ersatzzwangshaft anordnen, wenn bei Androhung des Zwangsgelds hierauf hingewiesen worden ist. [2]Ordnet das Amtsgericht Ersatzzwangshaft an, so hat es einen Haftbefehl auszufertigen, in dem die antragstellende Behörde, der Pflichtige und der Grund der Verhaftung zu bezeichnen sind.

(2) [1]Das Amtsgericht entscheidet nach pflichtgemäßem Ermessen durch Beschluss. [2]Örtlich zuständig ist das Amtsgericht, in dessen Bezirk der Pflichtige seinen Wohnsitz oder in Ermangelung eines Wohnsitzes seinen gewöhnlichen Aufenthalt hat. [3]Der Beschluss des Amtsgerichts unterliegt der Beschwerde *nach den* §§ 567 bis 577 der Zivilprozessordnung.

(3)[1)] [1]Die Ersatzzwangshaft beträgt mindestens einen Tag, höchstens zwei Wochen. [2]Die Vollziehung der Ersatzzwangshaft richtet sich nach den § 802g Abs. 2 und § 802h[2)] der Zivilprozessordnung und den §§ 171 bis 175 und 179 bis 186 des Strafvollzugsgesetzes.

[1)] § 334 Abs. 3 Satz 2 geänd. durch G v. 20.11.2019 (BGBl. I S. 1724).
[2)] Verweise geänd. mWv 1.1.2013 durch G v. 29.7.2009 (BGBl. I S. 2258).

(4) Ist der Anspruch auf das Zwangsgeld verjährt, so darf die Haft nicht mehr vollstreckt werden.

§ 335 Beendigung des Zwangsverfahrens. Wird die Verpflichtung nach Festsetzung des Zwangsmittels erfüllt, so ist der Vollzug einzustellen.

2. Unterabschnitt: Erzwingung von Sicherheiten

§ 336 Erzwingung von Sicherheiten. (1) Wird die Verpflichtung zur Leistung von Sicherheiten nicht erfüllt, so kann die Finanzbehörde geeignete Sicherheiten pfänden.

(2) [1]Der Erzwingung der Sicherheit muss eine schriftliche Androhung vorausgehen. [2]Die §§ 262 bis 323 sind entsprechend anzuwenden.

Vierter Abschnitt: Kosten

§ 337[1)] Kosten der Vollstreckung. (1) [1]Im Vollstreckungsverfahren werden Kosten (Gebühren und Auslagen) erhoben. [2]Schuldner dieser Kosten ist der Vollstreckungsschuldner.

(2)[2)] Für das Mahnverfahren werden keine Kosten erhoben.

§ 338 Gebührenarten. Im Vollstreckungsverfahren werden Pfändungsgebühren (§ 339), Wegnahmegebühren (§ 340) und Verwertungsgebühren (§ 341) erhoben.

§ 339[3)] Pfändungsgebühr. (1) Die Pfändungsgebühr wird erhoben für die Pfändung von beweglichen Sachen, von Tieren, von Früchten, die vom Boden noch nicht getrennt sind, von Forderungen und von anderen Vermögensrechten.

(2) Die Gebühr entsteht:

1. sobald der Vollziehungsbeamte Schritte zur Ausführung des Vollstreckungsauftrags unternommen hat,
2. mit der Zustellung der Verfügung, durch die eine Forderung oder ein anderes Vermögensrecht gepfändet werden soll.

(3) Die Gebühr beträgt *26* [***ab 1.11.2021:*** 28,60][4)] Euro.

(4) [1]Die Gebühr wird auch erhoben, wenn

1. die Pfändung durch Zahlung an den Vollziehungsbeamten abgewendet wird,
2. auf andere Weise Zahlung geleistet wird, nachdem sich der Vollziehungsbeamte an Ort und Stelle begeben hat,

---

[1)] § 337 Abs. 1 neu gef. mWv 1.1.2005 durch G v. 9.12.2004 (BGBl. I S. 3310).

[2)] § 337 Abs. 2 Satz 2 aufgeh. mWv 30.6.2013 durch G v. 26.6.2013 (BGBl. I S. 1809).

[3)] § 339 neu gef. mWv 1.1.2005 durch G v. 9.12.2004 (BGBl. I S. 3310); Abs. 4 Satz 1 Nr. 4 geänd. mWv 1.1.2022 durch G v. 7.5.2021 (BGBl. I S. 850); siehe auch Art. 97 § 17a EGAO (Nr. **800a**).

[4)] Betrag geänd. mWv 31.12.2014 durch G v. 22.12.2014 (BGBl. I S. 2417); geänd. mWv 1.11.2021 durch G v. 5.10.2021 (BGBl. I S. 4607).

3. ein Pfändungsversuch erfolglos geblieben ist, weil pfändbare Gegenstände nicht vorgefunden wurden, oder
4. die Pfändung in den Fällen des § 281 Abs. 3 dieses Gesetzes sowie der *§§ 812 und 851b Abs. 1* [***ab 1.1.2022:*** § 811 Absatz 4 und § 851b Absatz 1] der Zivilprozessordnung unterbleibt.

2 Wird die Pfändung auf andere Weise abgewendet, wird keine Gebühr erhoben.

§ 340[1] **Wegnahmegebühr.** (1) 1 Die Wegnahmegebühr wird für die Wegnahme beweglicher Sachen einschließlich Urkunden in den Fällen der §§ 310, 315 Abs. 2 Satz 5, §§ 318, 321, 331 und 336 erhoben. 2 Dies gilt auch dann, wenn der Vollstreckungsschuldner an den zur Vollstreckung erschienenen Vollziehungsbeamten freiwillig leistet.

(2) § 339 Abs. 2 Nr. 1 ist entsprechend anzuwenden.

(3) 1 Die Höhe der Wegnahmegebühr beträgt *26* [***ab 1.11.2021:*** 28,60][2] Euro. 2 Die Gebühr wird auch erhoben, wenn die in Absatz 1 bezeichneten Sachen nicht aufzufinden sind.

(4) (weggefallen)

§ 341[3] **Verwertungsgebühr.** (1) Die Verwertungsgebühr wird für die Versteigerung und andere Verwertung von Gegenständen erhoben.

(2) Die Gebühr entsteht, sobald der Vollziehungsbeamte oder ein anderer Beauftragter Schritte zur Ausführung des Verwertungsauftrags unternommen hat.

(3) Die Gebühr beträgt *52* [***ab 1.11.2021:*** 57,20][2] Euro.

(4) Wird die Verwertung abgewendet (§ 296 Abs. 1 Satz 4), ist eine Gebühr von *26* [***ab 1.11.2021:*** 28,60][2] Euro zu erheben.

§ 342[4] **Mehrheit von Schuldnern.** (1) Wird gegen mehrere Schuldner vollstreckt, so sind die Gebühren, auch wenn der Vollziehungsbeamte bei derselben Gelegenheit mehrere Vollstreckungshandlungen vornimmt, von jedem Vollstreckungsschuldner zu erheben.

(2) 1 Wird gegen Gesamtschuldner wegen der Gesamtschuld bei derselben Gelegenheit vollstreckt, so werden Pfändungs-, Wegnahme- und Verwertungsgebühren nur einmal erhoben. 2 Die in Satz 1 bezeichneten Personen schulden die Gebühren als Gesamtschuldner.

§ 343. (weggefallen)

---

[1] § 340 Abs. 3 neu gef., Abs. 4 aufgeh. mWv 1.1.2005 durch G v. 9.12.2004 (BGBl. I S. 3310).

[2] Betrag geänd. mWv 31.12.2014 durch G v. 22.12.2014 (BGBl. I S. 2417); geänd. mWv 1.11.2021 durch G v. 5.10.2021 (BGBl. I S. 4607).

[3] § 341 Abs. 3 und 4 neu gef. mWv 1.1.2005 durch G v. 9.12.2004 (BGBl. I S. 3310); Abs. 4 geänd. mWv 5.8.2009 durch G v. 30.7.2009 (BGBl. I S. 2474).

[4] § 342 Abs. 2 bish. Satz 3 aufgeh. mWv 1.1.2005 durch G v. 9.12.2004 (BGBl. I S. 3310).

§ 344[1)] Auslagen. (1) Als Auslagen werden erhoben:

1.[2)] Schreibauslagen für nicht von Amts wegen zu erteilende oder per Telefax übermittelte Abschriften; die Schreibauslagen betragen unabhängig von der Art der Herstellung

a) für die ersten 50 Seiten je Seite 0,50 Euro,

b) für jede weitere Seite 0,15 Euro,

c) für die ersten 50 Seiten in Farbe je Seite 1,00 Euro,

d) für jede weitere Seite in Farbe 0,30 Euro.

[2] Werden anstelle von Abschriften elektronisch gespeicherte Dateien überlassen, betragen die Auslagen 1,50 Euro je Datei. [3] Für die in einem Arbeitsgang überlassenen oder in einem Arbeitsgang auf einen Datenträger übertragenen Dokumente werden insgesamt höchstens 5 Euro erhoben. [4] Werden zum Zweck der Überlassung von elektronisch gespeicherten Dateien Dokumente zuvor auf Antrag von der Papierform in die elektronische Form übertragen, beträgt die Pauschale für Schreibauslagen nach Satz 2 nicht weniger, als die Pauschale im Fall von Satz 1 betragen würde,

2. Entgelte für Post- und Telekommunikationsdienstleistungen, ausgenommen die Entgelte für Telefondienstleistungen im Orts- und Nahbereich,

3. Entgelte für Zustellungen durch die Post mit Zustellungsurkunde; wird durch die Behörde zugestellt (§ 5 des Verwaltungszustellungsgesetzes), so werden 7,50 Euro erhoben,

4. Kosten, die durch öffentliche Bekanntmachung entstehen,

5. an die zum Öffnen von Türen und Behältnissen sowie an die zur Durchsuchung von Vollstreckungsschuldnern zugezogenen Personen zu zahlende Beträge,

6. Kosten für die Beförderung, Verwahrung und Beaufsichtigung gepfändeter Sachen, Kosten für die Aberntung gepfändeter Früchte und Kosten für die Verwahrung, Fütterung, Pflege und Beförderung gepfändeter Tiere,

7. Beträge, die in entsprechender Anwendung des Justizvergütungs- und -entschädigungsgesetzes an Auskunftspersonen und Sachverständige (§ 107) sowie Beträge, die an Treuhänder (§ 318 Abs. 5) zu zahlen sind,

7a. Kosten, die von einem Kreditinstitut erhoben werden, weil ein Scheck des Vollstreckungsschuldners nicht eingelöst wurde,

7b. Kosten für die Umschreibung eines auf einen Namen lautenden Wertpapiers oder für die Wiederinkurssetzung eines Inhaberpapiers,

8. andere Beträge, die auf Grund von Vollstreckungsmaßnahmen an Dritte zu zahlen sind, insbesondere Beträge, die bei der Ersatzvornahme oder beim unmittelbaren Zwang an Beauftragte und an Hilfspersonen gezahlt werden, und sonstige durch Ausführung des unmittelbaren Zwanges oder Anwendung der Ersatzzwangshaft entstandene Kosten.

[1)] § 344 neu gef. mWv 1.1.2005 durch G v. 9.12.2004 (BGBl. I S. 3310).

[2)] § 344 Abs. 1 Nr. 1 neu gef. mWv 31.12.2014 durch G v. 22.12.2014 (BGBl. I S. 2417).

800d. Verordnung über die technischen Rahmenbedingungen des elektronischen Rechtsverkehrs und über das besondere elektronische Behördenpostfach[1] (Elektronischer-Rechtsverkehr-Verordnung – ERVV)

Vom 24. November 2017

(BGBl. I S. 3803)

FNA 310-4-19

Geänd. durch Verordnung v. 9.2.2018 (BGBl. I S. 200) und Gesetz zum Ausbau des elektronischen Rechtsverkehrs mit den Gerichten und zur Änd. weiterer Vorschriften v. 5.10.2021 (BGBl. I S. 4607)

Kapitel 1. Allgemeine Vorschrift

§ 1[2] Anwendungsbereich. (1) [1]Diese Verordnung gilt für die Übermittlung elektronischer Dokumente an die Gerichte der Länder und des Bundes sowie die Bearbeitung elektronischer Dokumente durch diese Gerichte nach § 130a der Zivilprozessordnung, § 46c des Arbeitsgerichtsgesetzes, § 65a des Sozialgerichtsgesetzes, § 55a der Verwaltungsgerichtsordnung und § 52a der Finanzgerichtsordnung. [2]Sie gilt ferner nach Maßgabe des Kapitels 5 für die Übermittlung elektronischer Dokumente an Strafverfolgungsbehörden und Strafgerichte der Länder und des Bundes nach § 32a der Strafprozessordnung sowie die Bearbeitung elektronischer Dokumente.

(2) Besondere bundesrechtliche Vorschriften über die Übermittlung elektronischer Dokumente und strukturierter maschinenlesbarer Datensätze bleiben unberührt.

Kapitel 2. Technische Rahmenbedingungen des elektronischen Rechtsverkehrs

§ 2[3] Anforderungen an elektronische Dokumente. (1) [1]Das elektronische Dokument ist im Dateiformat PDF zu übermitteln. [2]Wenn bildliche

[1] **Amtl. Anm.:** Notifiziert gemäß der Richtlinie (EU) 2015/1535 des Europäischen Parlaments und des Rates vom 9. September 2015 über ein Informationsverfahren auf dem Gebiet der technischen Vorschriften und der Vorschriften für die Dienste der Informationsgesellschaft (ABl. L 241 vom 17.9.2015, S. 1).

[2] § 1 Abs. 1 Satz 2 angef. mWv 16.2.2018 durch VO v. 9.2.2018 (BGBl. I S. 200); Abs. 1 Satz 2 geänd. mWv 1.1.2022 durch G v. 5.10.2021 (BGBl. I S. 4607).

[3] § 2 Abs. 1 Satz 1 geänd., Abs. 2 neu gef. mWv 1.1.2022 durch G v. 5.10.2021 (BGBl. I S. 4607).

Darstellungen im Dateiformat PDF nicht verlustfrei wiedergegeben werden können, darf das elektronische Dokument zusätzlich im Dateiformat TIFF übermittelt werden. [3]Die Dateiformate PDF und TIFF müssen den nach § 5 Absatz 1 Nummer 1 bekanntgemachten Versionen entsprechen.

(2) Das elektronische Dokument soll den nach § 5 Absatz 1 Nummer 1 und 6 bekanntgemachten technischen Standards entsprechen.

(3) Dem elektronischen Dokument soll ein strukturierter maschinenlesbarer Datensatz im Dateiformat XML beigefügt werden, der den nach § 5 Absatz 1 Nummer 2 bekanntgemachten Definitions- oder Schemadateien entspricht und mindestens enthält:

1. die Bezeichnung des Gerichts;
2. sofern bekannt, das Aktenzeichen des Verfahrens;
3. die Bezeichnung der Parteien oder Verfahrensbeteiligten;
4. die Angabe des Verfahrensgegenstandes;
5. sofern bekannt, das Aktenzeichen eines denselben Verfahrensgegenstand betreffenden Verfahrens und die Bezeichnung der die Akten führenden Stelle.

§ 3 Überschreitung der Höchstgrenzen. Wird glaubhaft gemacht, dass die nach § 5 Absatz 1 Nummer 3 bekanntgemachten Höchstgrenzen für die Anzahl oder das Volumen elektronischer Dokumente nicht eingehalten werden können, kann die Übermittlung als Schriftsatz nach den allgemeinen Vorschriften erfolgen, möglichst unter Beifügung des Schriftsatzes und der Anlagen als elektronische Dokumente auf einem nach § 5 Absatz 1 Nummer 4 bekanntgemachten zulässigen physischen Datenträger.

§ 4 Übermittlung elektronischer Dokumente mit qualifizierter elektronischer Signatur. (1) Ein elektronisches Dokument, das mit einer qualifizierten elektronischen Signatur der verantwortenden Person versehen ist, darf wie folgt übermittelt werden:

1. auf einem sicheren Übermittlungsweg oder
2. an das für den Empfang elektronischer Dokumente eingerichtete Elektronische Gerichts- und Verwaltungspostfach des Gerichts über eine Anwendung, die auf OSCI oder einem diesen ersetzenden, dem jeweiligen Stand der Technik entsprechenden Protokollstandard beruht.

(2) Mehrere elektronische Dokumente dürfen nicht mit einer gemeinsamen qualifizierten elektronischen Signatur übermittelt werden.

§ 5[1] Bekanntmachung technischer Standards. (1) Die Bundesregierung macht folgende technische Standards für die Übermittlung und Eignung zur

[1] § 5 Überschrift, Abs. 1 einl. Satzteil, Nr. 5 geänd., Nr. 6 angef., Abs. 2 Sätze 1 und 2 geänd. mWv 1.1.2022 durch G v. 5.10.2021 (BGBl. I S. 4607).

Bearbeitung elektronischer Dokumente im Bundesanzeiger[1] und auf der Internetseite www.justiz.de bekannt:

1. die Versionen der Dateiformate PDF und TIFF;
2. die Definitions- oder Schemadateien, die bei der Übermittlung eines strukturierten maschinenlesbaren Datensatzes im Format XML genutzt werden sollen;
3. die Höchstgrenzen für die Anzahl und das Volumen elektronischer Dokumente;
4. die zulässigen physischen Datenträger;
5. die Einzelheiten der Anbringung der qualifizierten elektronischen Signatur am elektronischen Dokument und
6. die technischen Eigenschaften der elektronischen Dokumente.

(2) [1] Die technischen Standards müssen den aktuellen Stand der Technik und die Barrierefreiheit im Sinne der Barrierefreie-Informationstechnik-Verordnung vom 12. September 2011 (BGBl. I S. 1843), die zuletzt durch Artikel 4 der Verordnung vom 25. November 2016 (BGBl. I S. 2659) geändert worden ist, in der jeweils geltenden Fassung, berücksichtigen und mit einer Mindestgültigkeitsdauer bekanntgemacht werden. [2] Die technischen Standards können mit einem Ablaufdatum nach der Mindestgültigkeitsdauer versehen werden, ab dem sie voraussichtlich durch neue bekanntgegebene Standards abgelöst sein müssen.

Kapitel 3. Besonderes elektronisches Behördenpostfach

§ 6[2] Besonderes elektronisches Behördenpostfach; Anforderungen. (1) Die Behörden sowie juristischen Personen des öffentlichen Rechts können zur Übermittlung elektronischer Dokumente auf einem sicheren Übermittlungsweg ein besonderes elektronisches Behördenpostfach verwenden,

1. das auf dem Protokollstandard OSCI oder einem diesen ersetzenden, dem jeweiligen Stand der Technik entsprechenden Protokollstandard beruht,
2. bei dem die Identität des Postfachinhabers in einem Identifizierungsverfahren geprüft und bestätigt wurde,
3. bei dem der Postfachinhaber in ein sicheres elektronisches Verzeichnis eingetragen ist und
4. bei dem feststellbar ist, dass das elektronische Dokument vom Postfachinhaber versandt wurde.

(2) Das besondere elektronische Behördenpostfach muss

1. über eine Suchfunktion verfügen, die es ermöglicht, andere Inhaber von besonderen elektronischen Postfächern aufzufinden,

---

[1] Siehe hierzu ua die Elektronischer-Rechtsverkehr-Bek. 2018, die Elektronischer-Rechtsverkehr-Bek. 2019 und die Elektronischer-Rechtsverkehr-Bek. 2021.

[2] § 6 Abs. 1 einl. Satzteil, Abs. 2 Nr. 3 geänd., Abs. 3 angef. mWv 1.1.2022 durch G v. 5.10.2021 (BGBl. I S. 4607).

2. für andere Inhaber von besonderen elektronischen Postfächern adressierbar sein und
3. barrierefrei sein im Sinne der Barrierefreie-Informationstechnik-Verordnung.

(3) Das Elektronische Gerichts- und Verwaltungspostfach eines Gerichts, einer Staatsanwaltschaft, einer Amtsanwaltschaft, einer Justizvollzugsanstalt oder einer Jugendarrestanstalt steht einem besonderen elektronischen Behördenpostfach gleich, soweit diese Stelle Aufgaben einer Behörde nach Absatz 1 wahrnimmt; § 7 findet keine Anwendung.

§ 7 Identifizierungsverfahren. (1) [1]Die von den obersten Behörden des Bundes oder den Landesregierungen für ihren Bereich bestimmten öffentlich-rechtlichen Stellen prüfen die Identität der Behörden oder juristischen Personen des öffentlichen Rechts und bestätigen dies in einem sicheren elektronischen Verzeichnis. [2]Die obersten Behörden des Bundes oder mehrere Landesregierungen können auch eine öffentlich-rechtliche Stelle gemeinsam für ihre Bereiche bestimmen.

(2) Bei der Prüfung der Identität ist zu ermitteln, ob

1. der Postfachinhaber eine inländische Behörde oder juristische Person des öffentlichen Rechts ist und
2. Name und Sitz des Postfachinhabers zutreffend bezeichnet sind.

§ 8 Zugang und Zugangsberechtigung; Verwaltung. (1) Der Postfachinhaber bestimmt die natürlichen Personen, die Zugang zum besonderen elektronischen Behördenpostfach erhalten sollen, und stellt ihnen das Zertifikat und das Zertifikats-Passwort zur Verfügung.

(2) [1]Der Zugang zum besonderen elektronischen Behördenpostfach erfolgt ausschließlich mithilfe des Zertifikats und des Zertifikats-Passworts des Postfachinhabers. [2]Die Zugangsberechtigten dürfen das Zertifikat nicht an Unbefugte weitergeben und haben das Zertifikats-Passwort geheim zu halten.

(3) Der Postfachinhaber kann die Zugangsberechtigungen zum besonderen elektronischen Behördenpostfach jederzeit aufheben oder einschränken.

(4) [1]Der Postfachinhaber hat zu dokumentieren, wer zugangsberechtigt ist, wann das Zertifikat und das Zertifikats-Passwort zur Verfügung gestellt wurden und wann die Zugangsberechtigung aufgehoben wurde. [2]Er stellt zugleich sicher, dass der Zugang zu seinem besonderen elektronischen Behördenpostfach nur den von ihm bestimmten Zugangsberechtigten möglich ist.

(5) Unbeschadet der Absätze 1, 3 und 4 kann die Verwaltung des besonderen elektronischen Behördenpostfachs behördenübergreifend automatisiert und an zentraler Stelle erfolgen.

§ 9 Änderung und Löschung. (1) Der Postfachinhaber hat Änderungen seines Namens oder Sitzes unverzüglich der nach § 7 Absatz 1 bestimmten Stelle anzuzeigen.

(2) [1]Der Postfachinhaber kann jederzeit die Löschung seines besonderen elektronischen Behördenpostfachs veranlassen. [2]Er hat die Löschung seines besonderen elektronischen Behördenpostfachs zu veranlassen, wenn seine Berechtigung zur Nutzung des besonderen elektronischen Behördenpostfachs endet.

Kapitel 4. Besonderes elektronisches Bürger- und Organisationenpostfach; Postfach- und Versanddienst eines Nutzerkontos[1)]

§ 10[1)] Besonderes elektronisches Bürger- und Organisationenpostfach. (1) Natürliche Personen, juristische Personen sowie sonstige Vereinigungen können zur Übermittlung elektronischer Dokumente auf einem sicheren Übermittlungsweg ein besonderes elektronisches Bürger- und Organisationenpostfach verwenden,

1. das auf dem Protokollstandard OSCI oder einem diesen ersetzenden, dem jeweiligen Stand der Technik entsprechenden Protokollstandard beruht,
2. bei dem die Identität des Postfachinhabers festgestellt worden ist,
3. bei dem der Postfachinhaber in ein sicheres elektronisches Verzeichnis eingetragen ist,
4. bei dem sich der Postfachinhaber beim Versand eines elektronischen Dokuments authentisiert und
5. bei dem feststellbar ist, dass das elektronische Dokument vom Postfachinhaber versandt wurde.

(2) Das besondere elektronische Bürger- und Organisationenpostfach muss

1. über eine Suchfunktion verfügen, die es ermöglicht, Inhaber eines besonderen elektronischen Anwaltspostfachs, eines besonderen elektronischen Notarpostfachs oder eines besonderen elektronischen Behördenpostfachs aufzufinden,
2. für Inhaber besonderer elektronischer Anwaltspostfächer, besonderer elektronischer Notarpostfächer oder besonderer elektronischer Behördenpostfächer adressierbar sein und
3. barrierefrei sein im Sinne der Barrierefreie-Informationstechnik-Verordnung.

(3) Wird für eine rechtlich unselbständige Untergliederung einer juristischen Person oder sonstigen Vereinigung ein besonderes elektronisches Bürger- und Organisationenpostfach eingerichtet, so muss der Postfachinhaber so bezeichnet sein, dass eine Verwechslung mit der übergeordneten Organisationseinheit ausgeschlossen ist.

[1)] Kapitel 4 (§§ 10–13) eingef. mWv 1.1.2022 durch G v. 5.10.2021 (BGBl. I S. 4607).

§ 11[1)] Identifizierung und Authentisierung des Postfachinhabers. (1) Die Länder oder mehrere Länder gemeinsam bestimmen jeweils für ihren Bereich eine öffentlich-rechtliche Stelle, die die Freischaltung eines besonderen elektronischen Bürger- und Organisationenpostfachs veranlasst.

(2) [1]Der Postfachinhaber hat im Rahmen der Identitätsfeststellung seinen Namen und seine Anschrift nachzuweisen. [2]Der Nachweis kann nur durch eines der folgenden Identifizierungsmittel erfolgen:

1. den elektronischen Identitätsnachweis nach § 18 des Personalausweisgesetzes, nach § 12 des eID-Karte-Gesetzes oder nach § 78 Absatz 5 des Aufenthaltsgesetzes,
2. ein qualifiziertes elektronisches Siegel nach Artikel 38 der Verordnung (EU) Nr. 910/2014 des Europäischen Parlaments und des Rates vom 23. Juli 2014 über elektronische Identifizierung und Vertrauensdienste für elektronische Transaktionen im Binnenmarkt und zur Aufhebung der Richtlinie 1999/93/EG (ABl. L 257 vom 28.8.2014, S. 73; L 23 vom 29.1.2015, S. 19; L 155 vom 14.6.2016, S. 44),
3. bei öffentlich bestellten oder beeidigten Personen, die Dolmetscher- oder Übersetzungsleistungen erbringen, eine Bestätigung der nach dem Gerichtsdolmetschergesetz oder dem jeweiligen Landesrecht für die öffentliche Bestellung und Beeidigung dieser Personen zuständigen Stelle, auch hinsichtlich der Angaben zu Berufsbezeichnung sowie zur Sprache, für die die Bestellung erfolgt,
4. bei Gerichtsvollziehern eine Bestätigung der für ihre Ernennung zuständigen Stelle, auch hinsichtlich der Dienstbezeichnung, oder
5. eine in öffentlich beglaubigter Form abgegebene Erklärung über den Namen und die Anschrift des Postfachinhabers sowie die eindeutige Bezeichnung des Postfachs.

[3]Eine nach Satz 2 Nummer 5 angegebene geschäftliche Anschrift ist durch eine Bescheinigung nach § 21 Absatz 1 der Bundesnotarordnung, einen amtlichen Registerausdruck oder eine beglaubigte Registerabschrift nachzuweisen. [4]Geht eine angegebene geschäftliche Anschrift nicht aus einem öffentlichen Register hervor, so stellt die Stelle nach Absatz 1 diese durch geeignete Maßnahmen fest. [5]Die Übermittlung von Daten nach Satz 2 Nummer 3 bis 5 an die in Absatz 1 genannte öffentlich-rechtliche Stelle erfolgt in strukturierter maschinenlesbarer Form. [6]Im Fall des Satzes 2 Nummer 5 ist der öffentlich-rechtlichen Stelle zusätzlich eine öffentlich beglaubigte elektronische Abschrift der Erklärung zu übermitteln.

(3) Der Postfachinhaber hat sich beim Versand eines elektronischen Dokuments zu authentisieren durch

1. den elektronischen Identitätsnachweis nach § 18 des Personalausweisgesetzes, nach § 12 des eID-Karte-Gesetzes oder nach § 78 Absatz 5 des Aufenthaltsgesetzes,

---

1) Kapitel 4 (§§ 10–13) eingef. mWv 1.1.2022 durch G v. 5.10.2021 (BGBl. I S. 4607).

2. ein Authentisierungszertifikat, das auf einer qualifizierten elektronischen Signaturerstellungseinheit nach dem Anhang II der Verordnung (EU) Nr. 910/2014 gespeichert ist, oder
3. ein nichtqualifiziertes Authentisierungszertifikat, das über Dienste validierbar ist, die über das Internet erreichbar sind.

§ 12[1)] **Änderung von Angaben und Löschung des Postfachs.** (1) [1]Bei Änderung seiner Daten hat der Postfachinhaber unverzüglich die Anpassung seines Postfachs bei der nach § 11 Absatz 1 bestimmten Stelle zu veranlassen. [2]Das betrifft insbesondere die Änderung seines Namens oder seiner Anschrift, bei juristischen Personen oder sonstigen Vereinigungen auch bei der Änderung des Sitzes.

(2) Der Postfachinhaber kann jederzeit die Löschung seines besonderen elektronischen Bürger- und Organisationenpostfachs veranlassen.

§ 13[1)] **Elektronische Kommunikation über den Postfach- und Versanddienst eines Nutzerkontos.** (1) Zur Übermittlung elektronischer Dokumente auf einem sicheren Übermittlungsweg kann der Postfach- und Versanddienst eines Nutzerkontos im Sinne des § 2 Absatz 5 des Onlinezugangsgesetzes genutzt werden, wenn bei diesem Postfach- und Versanddienst

1. eine technische Vorrichtung besteht, die auf dem Protokollstandard OSCI oder einem diesen ersetzenden, dem jeweiligen Stand der Technik entsprechenden Protokollstandard beruht,
2. die Identität des Nutzers des Postfach- und Versanddienstes durch ein Identifizierungsmittel nach § 11 Absatz 2 Satz 2 Nummer 1 oder 2 festgestellt ist,
3. der Nutzer des Postfach- und Versanddienstes sich beim Versand eines elektronischen Dokuments entsprechend § 11 Absatz 3 authentisiert und
4. feststellbar ist, dass das elektronische Dokument von dem Nutzer des Postfach- und Versanddienstes versandt wurde.

(2) Der Postfach- und Versanddienst muss barrierefrei sein im Sinne der Barrierefreie-Informationstechnik-Verordnung.

Kapitel 5. Elektronischer Rechtsverkehr mit Strafverfolgungsbehörden und Strafgerichten[2)]

§ 14[3)] **Schriftlich abzufassende, zu unterschreibende oder zu unterzeichnende Dokumente.** Die Kapitel 2 bis 4 gelten im Bereich des elektronischen Rechtsverkehrs mit Strafverfolgungsbehörden und Strafgerichten für

---

[1)] Kapitel 4 (§§ 10–13) eingef. mWv 1.1.2022 durch G v. 5.10.2021 (BGBl. I S. 4607).

[2)] Früheres Kapitel 4 (§§ 10, 11) eingef. mWv 16.2.2018 durch VO v. 9.2.2018 (BGBl. I S. 200); Kapitel 5 (§ 12) aufgeh., bish. Kapitel 4 (§§ 10, 11) wird Kapitel 5 (§§ 14, 15) mWv 1.1.2022 durch G v. 5.10.2021 (BGBl. I S. 4607).

[3)] Früherer § 10 eingef. mWv 16.2.2018 durch VO v. 9.2.2018 (BGBl. I S. 200); bish. § 10 wird § 14 und einl. Satzteil geänd. mWv 1.1.2022 durch G v. 5.10.2021 (BGBl. I S. 4607).

schriftlich abzufassende, zu unterschreibende oder zu unterzeichnende Dokumente, die gemäß § 32a Absatz 3 der Strafprozessordnung elektronisch eingereicht werden, mit der Maßgabe, dass der Datensatz nach § 2 Absatz 3 mindestens folgende Angaben enthält:

1. die Bezeichnung der Strafverfolgungsbehörde oder des Gerichts;
2. sofern bekannt, das Aktenzeichen des Verfahrens oder die Vorgangsnummer;
3. die Bezeichnung der beschuldigten Personen oder der Verfahrensbeteiligten; bei Verfahren gegen Unbekannt enthält der Datensatz anstelle der Bezeichnung der beschuldigten Personen die Bezeichnung „Unbekannt" sowie, sofern bekannt, die Bezeichnung der geschädigten Personen;
4. die Angabe der den beschuldigten Personen zur Last gelegten Straftat oder des Verfahrensgegenstandes;
5. sofern bekannt, das Aktenzeichen eines denselben Verfahrensgegenstand betreffenden Verfahrens und die Bezeichnung der die Akten führenden Stelle.

§ 15[1)] Sonstige verfahrensbezogene elektronische Dokumente.

(1) [1] Sonstige verfahrensbezogene elektronische Dokumente, die an Strafverfolgungsbehörden oder Strafgerichte übermittelt werden, sollen den Anforderungen des § 2 entsprechen. [2] Entsprechen sie diesen Anforderungen nicht und sind sie zur Bearbeitung durch die Behörde oder das Gericht aufgrund der dortigen technischen Ausstattung oder der dort einzuhaltenden Sicherheitsstandards nicht geeignet, so liegt ein wirksamer Eingang nicht vor. [3] In der Mitteilung nach § 32a Absatz 6 Satz 1 der Strafprozessordnung ist auf die in § 2 geregelten technischen Rahmenbedingungen hinzuweisen.

(2) Die Übermittlung kann auch auf anderen als den in § 32a Absatz 4 der Strafprozessordnung genannten Übermittlungswegen erfolgen, wenn ein solcher Übermittlungsweg für die Entgegennahme verfahrensbezogener elektronischer Dokumente generell und ausdrücklich eröffnet ist.

[1)] Früherer § 11 eingef. mWv 16.2.2018 durch VO v. 9.2.2018 (BGBl. I S. 200); bish. § 11 wird § 15 mWv 1.1.2022 durch G v. 5.10.2021 (BGBl. I S. 4607).

800f (a). Verordnung über Mitteilungen an die Finanzbehörden durch andere Behörden und öffentlich-rechtliche Rundfunkanstalten (Mitteilungsverordnung – MV)

Vom 7. September 1993 (BGBl. I S. 1554)

Geändert durch Verordnungen vom 19. Dezember 1994 (BGBl. I S. 3848), vom 26.5.1999 (BGBl. I S. 1077), Gesetze vom 19.12.2000 (BGBl. I S. 1790), vom 23.12.2003 (BGBl. I S. 2848); durch Art. 1 der VO vom 18.11.2020 (BGBl. I S. 2449), durch Art. 1 der VO vom 12.1.2021 (BGBl. I S. 67) und VO vom 23.9.2021 (BGBl. I S. 4386)[1)]

BGBl. III/FNA 610-1-8

Auf Grund des § 93a der Abgabenordnung vom 16. März 1976 (BGBl. I S. 613, 1977 I S. 269), der durch Artikel 1 Nr. 10 des Gesetzes vom 19. Dezember 1985 (BGBl. I S. 2436) eingefügt worden ist, verordnet die Bundesregierung:

1. Teil. Allgemeine Vorschriften

§ 1[2)] **Grundsätze.** (1) [1]Behörden (§ 6 Abs. 1 der Abgabenordnung) und öffentlich-rechtliche Rundfunkanstalten sind verpflichtet, Mitteilungen an die Finanzbehörden nach Maßgabe der folgenden Vorschriften ohne Ersuchen zu übersenden. [2]Dies gilt nicht, wenn die Finanzbehörden bereits auf Grund anderer Vorschriften über diese Tatbestände Mitteilungen erhalten. [3]Eine Verpflichtung zur Mitteilung besteht auch dann nicht, wenn die Gefahr besteht, daß das Bekanntwerden des Inhalts der Mitteilung dem Wohl des Bundes oder eines deutschen Landes Nachteile bereiten würde. [4]Ist eine mitteilungspflichtige Behörde einer obersten Dienstbehörde nachgeordnet, muß die oberste Behörde dem Unterlassen der Mitteilung zustimmen; die Zustimmung kann für bestimmte Fallgruppen allgemein erteilt werden.

(2) Auf Grund dieser Verordnung sind personenbezogene Daten, die dem Sozialgeheimnis unterliegen (§ 35 des Ersten Buches Sozialgesetzbuch), und nach Landesrecht zu erbringende Sozialleistungen nicht mitzuteilen.

§ 2[3)] **Allgemeine Zahlungsmitteilungen.** (1) [1]Die Behörden haben Zahlungen mitzuteilen, wenn der Zahlungsempfänger nicht im Rahmen einer land- und forstwirtschaftlichen, gewerblichen oder freiberuflichen Haupttätigkeit gehandelt hat, oder soweit die Zahlung nicht auf das Geschäftskonto des Zahlungsempfängers erfolgt. [2]Zahlungen sind auch mitzuteilen, wenn zweifelhaft ist, ob der Zahlungsempfänger im Rahmen der Haupttätigkeit gehandelt hat oder die Zahlung auf das Geschäftskonto erfolgt. [3]Eine Mitteilungspflicht besteht nicht, wenn ein Steuerabzug durchgeführt wird.

[1)] **Diese Fassung der MV gilt bis 31.12.2024; zur Fassung ab 1.1.2025 siehe Text hinter Seite 8a auf den Seiten 1 ff.**

[2)] § 1 Abs. 1 Satz 1 geänd. durch VO v. 26.5.1999 (BGBl. I S. 1077).

[3)] § 2 neu gef. durch VO v. 26.5.1999 (BGBl. I S. 1077); Abs. 3 angef. mWv 29.9.2021 durch VO v. 23.9.2021 (BGBl. I S. 4386).

(2) Die Finanzbehörden können Ausnahmen von der Mitteilungspflicht zulassen, wenn die Zahlungen geringe oder keine steuerliche Bedeutung haben.

(3) Absatz 1 gilt für die in § 93a Absatz 2 der Abgabenordnung bezeichneten öffentlichen Stellen erstmals für nach dem 31. Dezember 2023 geleistete Zahlungen.

§ 3 Honorare der Rundfunkanstalten. (1) [1]Die öffentlich-rechtlichen Rundfunkanstalten haben Honorare für Leistungen freier Mitarbeiter mitzuteilen, die in unmittelbarem Zusammenhang mit der Vorbereitung, Herstellung oder Verbreitung von Hörfunk- und Fernsehsendungen erbracht werden. [2]Das gilt nicht, wenn die Besteuerung den Regeln eines Abzugsverfahrens unterliegt oder wenn die Finanzbehörden auf Grund anderweitiger Regelungen Mitteilungen über die Honorare erhalten.

(2) Honorare im Sinne des Absatzes 1 sind alle Güter, die in Geld oder Geldeswert bestehen und dem Steuerpflichtigen für eine persönliche Leistung oder eine Verwertung im Sinne des Urheberrechtsgesetzes zufließen.

§ 4 Wegfall oder Einschränkung einer steuerlichen Vergünstigung. Die Behörden haben Verwaltungsakte mitzuteilen, die den Wegfall oder die Einschränkung einer steuerlichen Vergünstigung zur Folge haben können.

§ 4a[1)] Ordnungsgelder nach § 335 des Handelsgesetzbuchs. (1) Das Bundesamt für Justiz hat als mitteilungspflichtige Stelle (§ 93c Absatz 1 der Abgabenordnung) den Finanzbehörden die Adressaten und die Höhe von nach dem 31. Dezember 2021 im Verfahren nach § 335 des Handelsgesetzbuchs festgesetzten Ordnungsgeldern mitzuteilen, sofern das festgesetzte Ordnungsgeld mindestens 5000 Euro beträgt.

(2) [1]Die in Absatz 1 bezeichneten Daten sind den Finanzbehörden nach Maßgabe des § 93c der Abgabenordnung nach amtlich vorgeschriebenem Datensatz über die amtlich bestimmte Schnittstelle zu übermitteln. [2]Die Mitteilung hat abweichend von § 93c Absatz 1 Nummer 1 der Abgabenordnung spätestens bis zum 31. März des auf die Festsetzung des Ordnungsgelds folgenden Kalenderjahres zu erfolgen. [3]Das Bundesministerium der Finanzen kann im Einvernehmen mit den obersten Finanzbehörden der Länder die Mitteilungsfrist nach Satz 2 durch ein im Bundessteuerblatt Teil I zu veröffentlichendes Schreiben verlängern, sofern die technischen Voraussetzungen für die Annahme der Mitteilungen nicht rechtzeitig vorliegen. [4]Die §§ 8 bis 12 sind nicht anzuwenden.

(3) [1]Sind dem Bundesamt für Justiz bei Festsetzung des Ordnungsgelds die in § 93c Absatz 1 Nummer 2 Buchstabe c und d der Abgabenordnung bezeichneten Daten nicht bekannt, soll es den Finanzbehörden die Handelsregisternummer der Gesellschaft oder andere ihm bekannte und zur automationsgestützten Identifizierung des Adressaten der Ordnungsgeldfestsetzung geeignete Daten übermitteln. [2]Die den Finanzbehörden übermittelten Daten sind abweichend von § 93c Absatz 1 Nummer 4 der Abgabenordnung fünf

---

[1)] § 4a eingef. durch VO v. 26.5.1999 (BGBl. I S. 1077); neu gef. mWv 21.1.2021 bis 31.12.2024 durch VO v. 12.1.2021 (BGBl. I S. 67).

(3) [1]Mitteilungen über im Kalenderjahr 2020 ausgezahlte Leistungen sind abweichend von § 93c Absatz 1 Nummer 1 der Abgabenordnung nach Veröffentlichung des amtlich vorgeschriebenen Datensatzes und der Freigabe der amtlich bestimmten Schnittstelle bis zum 30. April 2021 zu übermitteln. [2]Das Bundesministerium der Finanzen kann im Einvernehmen mit den obersten Finanzbehörden der Länder die Frist nach Satz 1 durch ein im Bundessteuerblatt Teil I zu veröffentlichendes Schreiben[1)] verlängern, sofern die technischen Voraussetzungen für die Annahme der Mitteilungen nicht rechtzeitig vorliegen. [3]Auf begründeten Antrag einer mitteilungspflichtigen Stelle kann die oberste Finanzbehörde desjenigen Landes, in dem die mitteilungspflichtige Stelle ihren Sitz hat, dieser die Frist nach Satz 1 oder Satz 2 um längstens zehn Monate verlängern, sofern die technischen Voraussetzungen für die Übersendung der Mitteilungen bei der mitteilungspflichtigen Stelle nicht rechtzeitig vorliegen; das Bundesministerium der Finanzen ist über eine gewährte Fristverlängerung zu unterrichten.

(4) [1]Von den Absätzen 1 bis 3 abweichende Bestimmungen dieser Verordnung sind nicht anzuwenden. [2]§ 1 Absatz 2 und § 2 Absatz 2 bleiben unberührt.

§ 14[2)] Mitteilung von Zahlungen der Kassenärztlichen Vereinigungen an die Anbieter von Leistungen nach der Coronavirus-Testverordnung. (1) [1]Die Kassenärztlichen Vereinigungen haben als mitteilungspflichtige Stelle im Sinne des § 93c Absatz 1 der Abgabenordnung den Finanzbehörden die von ihnen nach dem 31. Dezember 2020 an Leistungserbringer geleisteten Zahlungen nach der Coronavirus-Testverordnung nach amtlich vorgeschriebenem Datensatz über die amtlich bestimmte Schnittstelle nach Maßgabe des § 93c der Abgabenordnung mitzuteilen. [2]Als Steuerpflichtiger im Sinne des § 93c Absatz 1 Nummer 2 Buchstabe c oder Buchstabe d der Abgabenordnung ist stets der Leistungserbringer zu benennen, auch wenn die Erstattungsforderung abgetreten, verpfändet oder gepfändet ist. [3]Von der Mitteilungspflicht ausgenommen sind Zahlungen nach Satz 1 an öffentliche Stellen des Bundes oder eines Landes im Sinne des § 6 Absatz 1a bis 1c der Abgabenordnung.

(2) [1]Zur Sicherstellung der Besteuerung sind neben den in § 93c Absatz 1 Nummer 2 der Abgabenordnung genannten Angaben folgende Angaben mitzuteilen:

1. die im jeweils vorangegangenen Kalenderjahr geleisteten Zahlungen im Sinne von Absatz 1 unter Angabe des jeweiligen Rechtsgrunds der Zahlung,
2. das Datum der Zahlungen und
3. bei unbarer Zahlung die Bankverbindung für das Konto, auf das die Zahlungen geleistet wurden.

[2]Werden mitteilungspflichtige Zahlungen in einem späteren Kalenderjahr ganz oder teilweise zurückerstattet, ist die Rückzahlung abweichend von § 93c

---

1) BMF v. 21.1.2021, BStBl. I S. 136.

2) § 14 eingef. mW bis 31.12.2024 durch VO v. 23.9.2021 (BGBl. I S. 4386).

Absatz 3 der Abgabenordnung von der mitteilungspflichtigen Stelle unter Angabe des Datums, an dem die Zahlung bei der mitteilungspflichtigen Stelle eingegangen ist, mitzuteilen.

(3) [1] Mitteilungen über die im Kalenderjahr 2021 ausgezahlten Leistungen sind abweichend von § 93c Absatz 1 Nummer 1 der Abgabenordnung nach Veröffentlichung des amtlich vorgeschriebenen Datensatzes und der Freigabe der amtlich bestimmten Schnittstelle bis zum 30. April 2022 zu übermitteln. [2] Das Bundesministerium der Finanzen kann im Einvernehmen mit den obersten Finanzbehörden der Länder die Frist nach Satz 1 durch ein im Bundessteuerblatt Teil I zu veröffentlichendes Schreiben verlängern, sofern die technischen Voraussetzungen für die Annahme der Mitteilungen nicht rechtzeitig vorliegen. [3] Auf begründeten Antrag einer mitteilungspflichtigen Stelle kann die oberste Finanzbehörde desjenigen Landes, in dem die mitteilungspflichtige Stelle ihren Sitz hat, dieser die Frist nach Satz 1 oder Satz 2 um längstens zehn Monate verlängern, sofern die technischen Voraussetzungen für die Übersendung der Mitteilungen bei der mitteilungspflichtigen Stelle nicht rechtzeitig vorliegen; das Bundesministerium der Finanzen ist über eine gewährte Fristverlängerung zu unterrichten.

(4) [1] Von den Absätzen 1 bis 3 abweichende Bestimmungen dieser Verordnung sind nicht anzuwenden. [2] § 1 Absatz 2 und § 2 Absatz 2 bleiben hiervon unberührt.

800f. Verordnung über Mitteilungen an die Finanzbehörden durch andere Behörden und öffentlich-rechtliche Rundfunkanstalten (Mitteilungsverordnung – MV)

Vom 7. September 1993 (BGBl. I S. 1554)

Geändert durch Verordnungen vom 19. Dezember 1994 (BGBl. I S. 3848), vom 26.5.1999 (BGBl. I S. 1077), Gesetze vom 19.12.2000 (BGBl. I S. 1790), vom 23.12.2003 (BGBl. I S. 2848); durch Art. 2 der VO v. 18.11.2020 (BGBl. I S. 2449)[1], Art. 2 der VO v. 12.1.2021 (BGBl. I S. 67) und Art. 1 der VO v. 23.9.2021 (BGBl. I S. 4386)

BGBl. III/FNA 610-1-8

Auf Grund des § 93a der Abgabenordnung vom 16. März 1976 (BGBl. I S. 613, 1977 I S. 269), der durch Artikel 1 Nr. 10 des Gesetzes vom 19. Dezember 1985 (BGBl. I S. 2436) eingefügt worden ist, verordnet die Bundesregierung:

1. Teil. Allgemeine Vorschriften

§ 1[2] Grundsätze. (1) [1]Behörden und andere öffentliche Stellen einschließlich öffentlich-rechtlicher Rundfunkanstalten (§ 6 Absatz 1 bis 1c der Abgabenordnung) sind verpflichtet, Mitteilungen an die Finanzbehörden nach Maßgabe der folgenden Vorschriften ohne Ersuchen zu übersenden. [2]Dies gilt nicht, wenn die Finanzbehörden bereits auf Grund anderer Vorschriften über diese Tatbestände Mitteilungen erhalten. [3]Eine Verpflichtung zur Mitteilung besteht auch dann nicht, wenn die Gefahr besteht, daß das Bekanntwerden des Inhalts der Mitteilung dem Wohl des Bundes oder eines deutschen Landes Nachteile bereiten würde. [4]Ist eine mitteilungspflichtige Behörde einer obersten Dienstbehörde nachgeordnet, muß die oberste Behörde dem Unterlassen der Mitteilung zustimmen; die Zustimmung kann für bestimmte Fallgruppen allgemein erteilt werden.

(2) Auf Grund dieser Verordnung sind personenbezogene Daten, die dem Sozialgeheimnis unterliegen (§ 35 des Ersten Buches Sozialgesetzbuch), und nach Landesrecht zu erbringende Sozialleistungen nicht mitzuteilen.

§ 2[3] Allgemeine Zahlungsmitteilungen. (1) [1]Behörden und andere öffentliche Stellen mit Ausnahme öffentlich-rechtlicher Rundfunkanstalten haben den Finanzbehörden alle Zahlungen mitzuteilen. [2]Satz 1 gilt nicht, sofern

1. der Zahlungsempfänger zweifelsfrei im Rahmen einer land- und forstwirtschaftlichen, gewerblichen oder freiberuflichen Haupttätigkeit gehandelt hat

---

[1] Änderungen treten gem. Art. 3 Abs. 2 der VO mWv 1.1.2025 in Kraft.

[2] § 1 Abs. 1 Satz 1 geänd. durch VO v. 26.5.1999 (BGBl. I S. 1077); geänd. mWv 1.1.2025 durch VO v. 18.11.2020 (BGBl. I S. 2449).

[3] § 2 neu gef. durch VO v. 26.5.1999 (BGBl. I S. 1077); Abs. 1 neu gef. mWv 1.1.2025 durch VO v. 18.11.2020 (BGBl. I S. 2449); Abs. 2 Satz 2, 3 geänd. mWv 1.1.2025 durch VO v. 12.1.2021 (BGBl. I S. 67); Abs. 3 angef. mWv 29.9.2021 durch VO v. 23.9.2021 (BGBl. I S. 4386).

und die Zahlung zweifelsfrei auf das Geschäftskonto des Zahlungsempfängers erfolgt,
2. ein Steuerabzug durchgeführt wird oder
3. die Zahlungen aufgrund anderweitiger Rechtsvorschriften den Finanzbehörden mitzuteilen sind.

[3]Satz 2 Nummer 1 gilt nicht für Zahlungen an Berufsbetreuer im Sinne von § 292 des Gesetzes über das Verfahren in Familiensachen und in den Angelegenheiten der freiwilligen Gerichtsbarkeit sowie für Vergütungen an Sachverständige, Dolmetscher und Übersetzer im Sinne von Abschnitt 3 des Justizvergütungs- und -entschädigungsgesetzes.

(2) Die Finanzbehörden können Ausnahmen von der Mitteilungspflicht zulassen, wenn die Zahlungen geringe oder keine steuerliche Bedeutung haben.

(3) Absatz 1 gilt für die in § 93a Absatz 2 der Abgabenordnung bezeichneten öffentlichen Stellen erstmals für nach dem 31. Dezember 2023 geleistete Zahlungen.

§ 3 Honorare der Rundfunkanstalten. (1) [1]Die öffentlich-rechtlichen Rundfunkanstalten haben Honorare für Leistungen freier Mitarbeiter mitzuteilen, die in unmittelbarem Zusammenhang mit der Vorbereitung, Herstellung oder Verbreitung von Hörfunk- und Fernsehsendungen erbracht werden. [2]Das gilt nicht, wenn die Besteuerung den Regeln eines Abzugsverfahrens unterliegt oder wenn die Finanzbehörden auf Grund anderweitiger Regelungen Mitteilungen über die Honorare erhalten.

(2) Honorare im Sinne des Absatzes 1 sind alle Güter, die in Geld oder Geldeswert bestehen und dem Steuerpflichtigen für eine persönliche Leistung oder eine Verwertung im Sinne des Urheberrechtsgesetzes zufließen.

§ 4[1)] Wegfall oder Einschränkung einer steuerlichen Vergünstigung. Behörden und andere öffentliche Stellen mit Ausnahme öffentlich-rechtlicher Rundfunkanstalten haben Verwaltungsakte mitzuteilen, die den Wegfall oder die Einschränkung einer steuerlichen Vergünstigung zur Folge haben können.

§ 4a[2)] Ordnungsgelder nach § 335 des Handelsgesetzbuchs. (1) Das Bundesamt für Justiz hat als mitteilungspflichtige Stelle (§ 93c Absatz 1 der Abgabenordnung) den Finanzbehörden die Adressaten und die Höhe von nach dem 31. Dezember 2021 im Verfahren nach § 335 des Handelsgesetzbuchs festgesetzten Ordnungsgeldern mitzuteilen, sofern das festgesetzte Ordnungsgeld mindestens 5000 Euro beträgt.

(2) [1]Sind dem Bundesamt für Justiz bei Festsetzung des Ordnungsgelds die in § 93c Absatz 1 Nummer 2 Buchstabe c und d der Abgabenordnung bezeichneten Daten nicht bekannt, soll es den Finanzbehörden die Handelsregisternummer der Gesellschaft oder andere ihm bekannte und zur automationsgestützten Identifizierung des Adressaten der Ordnungsgeldfestsetzung geeignete Daten übermitteln. [2]Die den Finanzbehörden übermittelten Daten

---

[1)] § 4 geänd. mWv 1.1.2025 durch VO v. 18.11.2020 (BGBl. I S. 2449).

[2)] § 4a eingef. durch VO v. 26.5.1999 (BGBl. I S. 1077); neu gef. mWv 21.1.2021, Abs. 2 aufgeh., bish. Abs. 3 wird Abs. 2 mWv 1.1.2025 durch VO v. 12.1.2021 (BGBl. I S. 67).

800j. Verordnung zur Bestimmung der technischen Anforderungen an elektronische Aufzeichnungs- und Sicherungssysteme im Geschäftsverkehr (Kassensicherungsverordnung – KassenSichV)[1)·2)]

Vom 26. September 2017 (BGBl. I S. 3515)

Geändert durch Verordnung zur Änderung der Kassensicherungsverordnung vom 30.7.2021 (BGBl. I S. 3295)

FNA 610-1-26

Auf Grund des § 146a Absatz 3 Satz 1 der Abgabenordnung, der durch Artikel 1 Nummer 3 des Gesetzes vom 22. Dezember 2016 (BGBl. I S. 3152) eingefügt worden ist, verordnet das Bundesministerium der Finanzen im Einvernehmen mit dem Bundesministerium des Innern und dem Bundesministerium für Wirtschaft und Energie und unter Wahrung der Rechte des Bundestages:

§ 1[3)] **Elektronische Aufzeichnungssysteme.** [1] Elektronische Aufzeichnungssysteme im Sinne des § 146a Absatz 1 Satz 1 der Abgabenordnung sind elektronische oder computergestützte Kassensysteme oder Registrierkassen. [2] Nicht als elektronische Aufzeichnungssysteme gelten

1. Fahrscheinautomaten und Fahrscheindrucker,
2. Kassen- und Parkscheinautomaten der Parkraumbewirtschaftung sowie Ladepunkte für Elektro- oder Hybridfahrzeuge,
3. elektronische Buchhaltungsprogramme,
4. Waren- und Dienstleistungsautomaten,
5. Taxameter und Wegstreckenzähler,
6. Geldautomaten sowie
7. Geld- und Warenspielgeräte.

§ 2 Protokollierung von digitalen Grundaufzeichnungen. [1] Für jede Aufzeichnung eines Geschäftsvorfalls oder anderen Vorgangs im Sinne des § 146a Absatz 1 Satz 1 der Abgabenordnung muss von einem elektronischen Aufzeichnungssystem unmittelbar eine neue Transaktion gestartet werden. [2] Die Transaktion hat zu enthalten:

1. den Zeitpunkt des Vorgangbeginns,
2. eine eindeutige und fortlaufende Transaktionsnummer,
3. die Art des Vorgangs,

---

1) **[Amtl. Anm.:]** Notifiziert gemäß der Richtlinie (EU) 2015/1535 des Europäischen Parlaments und des Rates vom 9. September 2015 über ein Informationsverfahren auf dem Gebiet der technischen Vorschriften und der Vorschriften für die Dienste der Informationsgesellschaft (ABl. L 241 vom 17.9.2015, S. 1).

2) Zur **Fassung ab 2024** siehe ab Seite 5.

3) § 1 neu gef. mWv 10.8.2021 durch VO v. 30.7.2021 (BGBl. I S. 3295).

4. die Daten des Vorgangs,
5. die Zahlungsart,
6. den Zeitpunkt der Vorgangsbeendigung oder des Vorgangsabbruchs,
7. einen Prüfwert sowie
8. die Seriennummer des elektronischen Aufzeichnungssystems oder die Seriennummer des Sicherheitsmoduls.

[3]Die Zeitpunkte nach Satz 2 Nummer 1 und 6, die Transaktionsnummer nach Satz 2 Nummer 2 und der Prüfwert nach Satz 2 Nummer 7 werden manipulationssicher durch das Sicherheitsmodul festgelegt. [4]Die Transaktionsnummer muss so zu beschaffen sein, dass Lücken in Transaktionsaufzeichnungen erkennbar sind.

§ 3 Speicherung der Grundaufzeichnungen. (1) Die Speicherung der laufenden Geschäftsvorfälle oder anderen Vorgänge im Sinne des § 146a Absatz 1 Satz 1 der Abgabenordnung muss vollständig, unverändert und manipulationssicher auf einem nichtflüchtigen Speichermedium erfolgen.

(2) Die gespeicherten Geschäftsvorfälle oder anderen Vorgänge im Sinne des § 146a Absatz 1 Satz 1 der Abgabenordnung müssen als Transaktionen so verkettet werden, dass Lücken in den Aufzeichnungen erkennbar sind.

(3) Werden die gespeicherten digitalen Grundaufzeichnungen ganz oder teilweise von einem elektronischen Aufzeichnungssystem in ein externes elektronisches Aufbewahrungssystem übertragen, so muss sichergestellt werden, dass die Verkettung aller Transaktionen nach Absatz 2 und die Anforderungen an die einheitliche digitale Schnittstelle nach § 4 erhalten bleiben.

(4) Eine Verdichtung von Grundaufzeichnungen in einem elektronischen Aufbewahrungssystem ist für die Dauer der Aufbewahrung nach § 147 Absatz 3 der Abgabenordnung unzulässig, wenn dadurch deren Lesbarkeit nicht mehr gewährleistet ist.

§ 4[1)] Einheitliche digitale Schnittstelle. [1]Die einheitliche digitale Schnittstelle ist eine Datensatzbeschreibung für den standardisierten Datenexport aus dem Speichermedium nach § 3 Absatz 1, der Anbindung an das elektronische Aufzeichnungssystem und dem elektronischen Aufbewahrungssystem zur Übergabe an den mit der Kassen-Nachschau oder Außenprüfung betrauten Amtsträger der Finanzbehörde. [2]Sie stellt eine einheitliche Strukturierung und Bezeichnung der nach § 146a Absatz 1 der Abgabenordnung aufzuzeichnenden Daten in Datenschema und Datenfelderbeschreibung für die Protokollierung nach § 2 und die Speicherung nach § 3 sicher. [3]Dies gilt unabhängig vom Programm des Herstellers. [4]Die einheitliche digitale Schnittstelle für den standardisierten Export aus dem Speichermedium nach § 3 Absatz 1 und die einheitliche digitale Schnittstelle für den standardisierten Export aus dem elektronischen Aufzeichnungssystem können getrennt voneinander erstellt und veröffentlicht werden.

---

1) § 4 Satz 1 geänd., Satz 4 angef. mWv 10.8.2021 durch VO v. 30.7.2021 (BGBl. I S. 3295).

§ 5[1] **Anforderungen an die technische Sicherheitseinrichtung.** [1]Das Bundesamt für Sicherheit in der Informationstechnik legt im Benehmen mit dem Bundesministerium der Finanzen in Technischen Richtlinien und Schutzprofilen die technischen Anforderungen fest an

1. die digitale Schnittstelle, soweit diese den standardisierten Export aus dem Speichermedium und die Anbindung der zertifizierten technischen Sicherheitseinrichtung an das elektronische Aufzeichnungssystem betreffen,
2. das Sicherheitsmodul und
3. das Speichermedium.

[2]Die jeweils aktuellen Versionen werden im Bundessteuerblatt Teil I und auf der Internetseite des Bundesamts für Sicherheit in der Informationstechnik veröffentlicht.

§ 6[2] **Anforderungen an den Beleg.** [1]Ein Beleg muss mindestens enthalten:

1. den vollständigen Namen und die vollständige Anschrift des leistenden Unternehmers,
2. das Datum der Belegausstellung und den Zeitpunkt des Vorgangbeginns im Sinne des § 2 Satz 2 Nummer 1 sowie den Zeitpunkt der Vorgangsbeendigung im Sinne des § 2 Satz 2 Nummer 6,
3. die Menge und die Art der gelieferten Gegenstände oder den Umfang und die Art der sonstigen Leistung,
4. die Transaktionsnummer im Sinne des § 2 Satz 2 Nummer 2,
5. das Entgelt und den darauf entfallenden Steuerbetrag für die Lieferung oder sonstige Leistung in einer Summe sowie den anzuwendenden Steuersatz oder im Fall einer Steuerbefreiung einen Hinweis darauf, dass für die Lieferung oder sonstige Leistung eine Steuerbefreiung gilt und
6. die Seriennummer des elektronischen Aufzeichnungssystems oder die Seriennummer des Sicherheitsmoduls.

[2]Die Angaben nach Satz 1 müssen

1. für jedermann ohne maschinelle Unterstützung lesbar oder
2. aus einem QR-Code auslesbar sein.

[3]Der QR-Code nach Satz 2 Nummer 2 hat der digitalen Schnittstelle der Finanzverwaltung (DSFinV), die für die jeweils zugehörige Art des Aufzeichnungssystems vorgeschrieben ist, zu entsprechen. [4]Die digitale Schnittstelle wird auf der Internetseite des Bundeszentralamtes für Steuern in der jeweils geltenden Fassung veröffentlicht. [5]Ein Beleg kann in Papierform oder mit Zustimmung des Belegempfängers elektronisch in einem standardisierten Datenformat ausgegeben werden.

---

[1] § 5 Überschr. geänd., Satz 1 neu gef. mWv 10.8.2021 durch VO v. 30.7.2021 (BGBl. I S. 3295).
[2] § 6 Satz 2 neu gef., Sätze 3 und 4 eingef., bish. Satz 3 wird Satz 5 mWv 10.8.2021 durch VO v. 30.7.2021 (BGBl. I S. 3295).

§ 7[1] **Zertifizierung.** (1) [1]Für die Zertifizierung technischer Sicherheitseinrichtungen gelten § 9 des BSI-Gesetzes sowie die BSI-Zertifizierungs- und -Anerkennungsverordnung vom 17. Dezember 2014 (BGBl. I S. 2231) in der jeweils geltenden Fassung. [2]Die Prüfung und Bewertung kann auch durch vom Bundesamt für Sicherheit in der Informationstechnik anerkannte sachverständige Stellen erfolgen, die zugleich gemäß der Verordnung (EG) Nr. 765/2008 des Europäischen Parlaments und des Rates vom 9. Juli 2008 über die Vorschriften für die Akkreditierung und Marktüberwachung im Zusammenhang mit der Vermarktung von Produkten und zur Aufhebung der Verordnung (EWG) Nr. 339/93 des Rates (ABl. L 218 vom 13.8.2008, S. 30) in der jeweils geltenden Fassung akkreditiert sind.

(2) [1]Die Kosten einer Zertifizierung trägt der Antragsteller. [2]Die Besondere Gebührenverordnung BMI vom 2. September 2019 (BGBl. I S. 1359) in der jeweils geltenden Fassung ist anzuwenden.

§ 8 Inkrafttreten. Diese Verordnung tritt am Tag nach der Verkündung[2] in Kraft.

---

[1] § 7 Abs. 2 Satz 2 neu gef. mWv 10.8.2021 durch VO v. 30.7.2021 (BGBl. I S. 3295).
[2] Dies ist der 7.10.2017.

Verordnung zur Bestimmung der technischen Anforderungen an elektronische Aufzeichnungs- und Sicherungssysteme im Geschäftsverkehr (Kassensicherungsverordnung – KassenSichV)[1]

Vom 26. September 2017 (BGBl. I S. 3515)

Geändert durch Verordnung zur Änderung der Kassensicherungsverordnung vom 30.7.2021 (BGBl. I S. 3295)

FNA 610-1-26

ab 2024

Auf Grund des § 146a Absatz 3 Satz 1 der Abgabenordnung, der durch Artikel 1 Nummer 3 des Gesetzes vom 22. Dezember 2016 (BGBl. I S. 3152) eingefügt worden ist, verordnet das Bundesministerium der Finanzen im Einvernehmen mit dem Bundesministerium des Innern und dem Bundesministerium für Wirtschaft und Energie und unter Wahrung der Rechte des Bundestages:

§ 1[2] Elektronische Aufzeichnungssysteme. (1) [1]Elektronische Aufzeichnungssysteme im Sinne des § 146a Absatz 1 Satz 1 der Abgabenordnung sind elektronische oder computergestützte Kassensysteme oder Registrierkassen. [2]Nicht als elektronische Aufzeichnungssysteme gelten

1. Fahrscheinautomaten und Fahrscheindrucker,
2. Kassen- und Parkscheinautomaten der Parkraumbewirtschaftung sowie Ladepunkte für Elektro- oder Hybridfahrzeuge,
3. elektronische Buchhaltungsprogramme,
4. Waren- und Dienstleistungsautomaten,
5. Geldautomaten sowie
6. Geld- und Warenspielgeräte.

(2) Als elektronische Aufzeichnungssysteme im Sinne des § 146a Absatz 1 Satz 1 der Abgabenordnung gelten ebenfalls

1. Taxameter im Sinne des Anhangs IX der Richtlinie 2014/32/EU des Europäischen Parlaments und des Rates vom 26. Februar 2014 zur Harmonisierung der Rechtsvorschriften der Mitgliedstaaten über die Bereitstellung von Messgeräten auf dem Markt (ABl. L 96 vom 29.3.2014, S. 149; L 13 vom 20.1.2016, S. 57), die durch die Richtlinie 2015/13 (ABl. L 3 vom 7.1.2015, S. 42) geändert worden ist, in der jeweils geltenden Fassung (EU-Taxameter) und
2. Wegstreckenzähler.

---

[1] **Amtl. Anm.:** Notifiziert gemäß der Richtlinie (EU) 2015/1535 des Europäischen Parlaments und des Rates vom 9. September 2015 über ein Informationsverfahren auf dem Gebiet der technischen Vorschriften und der Vorschriften für die Dienste der Informationsgesellschaft (ABl. L 241 vom 17.9.2015, S. 1).

[2] § 1 neu gef. mWv 10.8.2021, Abs. 1 Satz 2 Nr. 5 und 6 neu gef., Nr. 7 aufgeh., Abs. 2 angef. mWv 1.1.2024 durch VO v. 30.7.2021 (BGBl. I S. 3295).

ab 2024

§ 2[1] Protokollierung von digitalen Grundaufzeichnungen. [1]Für jede Aufzeichnung eines Geschäftsvorfalls oder anderen Vorgangs im Sinne des § 146a Absatz 1 Satz 1 der Abgabenordnung muss von einem elektronischen Aufzeichnungssystem unmittelbar eine neue Transaktion gestartet werden. [2]Die Transaktion hat zu enthalten:

1. den Zeitpunkt des Vorgangbeginns,
2. eine eindeutige und fortlaufende Transaktionsnummer,
3. die Art des Vorgangs,
4. die Daten des Vorgangs,
5. die Zahlungsarten,
6. den Zeitpunkt der Vorgangsbeendigung oder des Vorgangsabbruchs,
7. einen Prüfwert sowie
8. die Seriennummer des elektronischen Aufzeichnungssystems und die Seriennummer des Sicherheitsmoduls.

[3]Die Zeitpunkte nach Satz 2 Nummer 1 und 6, die Transaktionsnummer nach Satz 2 Nummer 2 und der Prüfwert nach Satz 2 Nummer 7 werden manipulationssicher durch das Sicherheitsmodul festgelegt. [4]Die Transaktionsnummer muss so zu beschaffen sein, dass Lücken in Transaktionsaufzeichnungen erkennbar sind.

§ 3 Speicherung der Grundaufzeichnungen. (1) Die Speicherung der laufenden Geschäftsvorfälle oder anderen Vorgänge im Sinne des § 146a Absatz 1 Satz 1 der Abgabenordnung muss vollständig, unverändert und manipulationssicher auf einem nichtflüchtigen Speichermedium erfolgen.

(2) Die gespeicherten Geschäftsvorfälle oder anderen Vorgänge im Sinne des § 146a Absatz 1 Satz 1 der Abgabenordnung müssen als Transaktionen so verkettet werden, dass Lücken in den Aufzeichnungen erkennbar sind.

(3) Werden die gespeicherten digitalen Grundaufzeichnungen ganz oder teilweise von einem elektronischen Aufzeichnungssystem in ein externes elektronisches Aufbewahrungssystem übertragen, so muss sichergestellt werden, dass die Verkettung aller Transaktionen nach Absatz 2 und die Anforderungen an die einheitliche digitale Schnittstelle nach § 4 erhalten bleiben.

(4) Eine Verdichtung von Grundaufzeichnungen in einem elektronischen Aufbewahrungssystem ist für die Dauer der Aufbewahrung nach § 147 Absatz 3 der Abgabenordnung unzulässig, wenn dadurch deren Lesbarkeit nicht mehr gewährleistet ist.

§ 4[2] Einheitliche digitale Schnittstelle. [1]Die einheitliche digitale Schnittstelle ist eine Datensatzbeschreibung für den standardisierten Datenexport aus dem Speichermedium nach § 3 Absatz 1, der Anbindung an das elektronische Aufzeichnungssystem und dem elektronischen Aufbewahrungssystem zur

---

[1] § 2 Satz 2 Nr. 5 und 8 geänd. mWv 1.1.2024 durch VO v. 30.7.2021 (BGBl. I S. 3295).
[2] § 4 Satz 1 geänd., Satz 4 angef. mWv 10.8.2021 durch VO v. 30.7.2021 (BGBl. I S. 3295).

Übergabe an den mit der Kassen-Nachschau oder Außenprüfung betrauten Amtsträger der Finanzbehörde. [2]Sie stellt eine einheitliche Strukturierung und Bezeichnung der nach § 146a Absatz 1 der Abgabenordnung aufzuzeichnenden Daten in Datenschema und Datenfelderbeschreibung für die Protokollierung nach § 2 und die Speicherung nach § 3 sicher. [3]Dies gilt unabhängig vom Programm des Herstellers. [4]Die einheitliche digitale Schnittstelle für den standardisierten Export aus dem Speichermedium nach § 3 Absatz 1 und die einheitliche digitale Schnittstelle für den standardisierten Export aus dem elektronischen Aufzeichnungssystem können getrennt voneinander erstellt und veröffentlicht werden.

§ 5[1)] Anforderungen an die technische Sicherheitseinrichtung. [1]Das Bundesamt für Sicherheit in der Informationstechnik legt im Benehmen mit dem Bundesministerium der Finanzen in Technischen Richtlinien und Schutzprofilen die technischen Anforderungen fest an

1. die digitale Schnittstelle, soweit diese den standardisierten Export aus dem Speichermedium und die Anbindung der zertifizierten technischen Sicherheitseinrichtung an das elektronische Aufzeichnungssystem betreffen,
2. das Sicherheitsmodul und
3. das Speichermedium.

[2]Die jeweils aktuellen Versionen werden im Bundessteuerblatt Teil I und auf der Internetseite des Bundesamts für Sicherheit in der Informationstechnik veröffentlicht.

§ 6[2)] Anforderungen an den Beleg. [1]Ein Beleg muss mindestens enthalten:

1. den vollständigen Namen und die vollständige Anschrift des leistenden Unternehmers,
2. das Datum der Belegausstellung und den Zeitpunkt des Vorgangbeginns im Sinne des § 2 Satz 2 Nummer 1 sowie den Zeitpunkt der Vorgangsbeendigung im Sinne des § 2 Satz 2 Nummer 6,
3. die Menge und die Art der gelieferten Gegenstände oder den Umfang und die Art der sonstigen Leistung,
4. die Transaktionsnummer im Sinne des § 2 Satz 2 Nummer 2,
5. das Entgelt und den darauf entfallenden Steuerbetrag für die Lieferung oder sonstige Leistung in einer Summe sowie den anzuwendenden Steuersatz oder im Fall einer Steuerbefreiung einen Hinweis darauf, dass für die Lieferung oder sonstige Leistung eine Steuerbefreiung gilt,
6. die Seriennummer des elektronischen Aufzeichnungssystems sowie die Seriennummer des Sicherheitsmoduls und

---

1) § 5 Überschrift geänd., Satz 1 neu gef. mWv 10.8.2021 durch VO v. 30.7.2021 (BGBl. I S. 3295).

2) § 6 Satz 2 neu gef., Sätze 3 und 4 eingef., bish. Satz 3 wird Satz 5 mWv 10.8.2021, Satz 1 Nr. 5 und 6 geänd., Nr. 7 angef. mWv 1.1.2024 durch VO v. 30.7.2021 (BGBl. I S. 3295).

ab 2024

7. den Prüfwert im Sinne des § 2 Satz 2 Nummer 7 und den fortlaufenden Signaturzähler, der vom Sicherheitsmodul festgelegt wird.

[2] Die Angaben nach Satz 1 müssen

1. für jedermann ohne maschinelle Unterstützung lesbar oder
2. aus einem QR-Code auslesbar sein.

[3] Der QR-Code nach Satz 2 Nummer 2 hat der digitalen Schnittstelle der Finanzverwaltung (DSFinV), die für die jeweils zugehörige Art des Aufzeichnungssystems vorgeschrieben ist, zu entsprechen. [4] Die digitale Schnittstelle wird auf der Internetseite des Bundeszentralamtes für Steuern in der jeweils geltenden Fassung veröffentlicht. [5] Ein Beleg kann in Papierform oder mit Zustimmung des Belegempfängers elektronisch in einem standardisierten Datenformat ausgegeben werden.

§ 7[1] Anforderungen an EU-Taxameter. (1) Die §§ 2 und 6 Satz 1 sind auf EU-Taxameter nicht anzuwenden.

(2) [1] Mit dem Umschalten von der Betriebseinstellung „Kasse" auf die Betriebseinstellung „Frei" muss unmittelbar eine neue Transaktion im Sicherheitsmodul gestartet werden. [2] Die Transaktion bei EU-Taxametern hat zu enthalten:

1. die Zählwerksdaten, die allgemeinen Daten, die Preisdaten einer Fahrt und die Tarifdaten im Sinne des Anhangs IX Nummer 4 der Richtlinie 2014/32/EU,
2. den Zeitpunkt der Beendigung der Betriebseinstellung „Kasse",
3. eine eindeutige und fortlaufende Transaktionsnummer sowie
4. einen Prüfwert.

[3] Die Daten nach Satz 2 Nummer 2 bis 4 werden manipulationssicher durch das Sicherheitsmodul festgelegt. [4] Die Transaktionsnummer muss so beschaffen sein, dass Lücken in den Transaktionsaufzeichnungen erkennbar sind.

(3) [1] Bei EU-Taxametern hat der Beleg mindestens zu enthalten:

1. die allgemeinen Daten und die Preisdaten einer Fahrt im Sinne des Anhangs IX Nummer 4 der Richtlinie 2014/32/EU,
2. den Zeitpunkt der Beendigung der Betriebseinstellung „Kasse" nach Absatz 2 Satz 2 Nummer 2,
3. die Transaktionsnummer nach Absatz 2 Satz 2 Nummer 3,
4. den Prüfwert nach Absatz 2 Satz 2 Nummer 4 und
5. die Seriennummer des Sicherheitsmoduls.

[2] § 6 Satz 2 bis 4 gilt entsprechend. [3] Ein Beleg kann in Papierform oder mit Zustimmung des Belegempfängers elektronisch in einem standardisierten Datenformat ausgegeben werden.

(4) [1] Verfügt ein EU-Taxameter nicht über einen Belegdrucker, so kann der Beleg außerhalb des EU-Taxameters in Papierform oder mit Zustimmung des

---

[1] § 7 eingef. mWv 1.1.2024 durch VO v. 30.7.2021 (BGBl. I S. 3295).

Belegempfängers elektronisch in einem standardisierten Datenformat ausgegeben werden. [2]Die Ausstellung des Belegs kann zu einem späteren Zeitpunkt nach dem Geschäftsvorfall und gegenüber einem nicht an dem Geschäftsvorfall unmittelbar Beteiligten geschehen. [3]Die umsatzsteuerlichen Anforderungen an eine Rechnung bleiben unberührt.

§ 8[1)] Anforderungen an Wegstreckenzähler. (1) Die §§ 2 und 6 Satz 1 sind auf Wegstreckenzähler nicht anzuwenden.

(2) [1]Die Transaktion bei Wegstreckenzählern hat
1. die Zählwerksdaten und die allgemeinen Daten nach § 7 Absatz 2 Satz 2 Nummer 1,
2. die Preisdaten einer Fahrt nach § 7 Absatz 2 Satz 2 Nummer 1,
3. eine eindeutige und fortlaufende Transaktionsnummer sowie
4. einen Prüfwert

zu enthalten.

[2]Die Daten nach Satz 1 Nummer 1 und 2 sind nur aufzuzeichnen, soweit diese durch den Wegstreckenzähler erzeugt werden. [3]Die Daten nach Satz 1 Nummer 3 und 4 werden manipulationssicher durch das Sicherheitsmodul festgelegt. [4]Die Transaktionsnummer muss so beschaffen sein, dass Lücken in den Transaktionsaufzeichnungen erkennbar sind.

(3) [1]Bei Wegstreckenzählern hat der Beleg mindestens zu enthalten:
1. die allgemeinen Daten und die Preisdaten einer Fahrt nach § 7 Absatz 3 Satz 1 Nummer 1, soweit diese durch den Wegstreckenzähler erzeugt werden,
2. die Transaktionsnummer nach Absatz 2 Satz 1 Nummer 3,
3. den Prüfwert nach Absatz 2 Satz 1 Nummer 4 und
4. die Seriennummer des Sicherheitsmoduls.

[2]§ 6 Satz 2 bis 4 gilt entsprechend. [3]Ein Beleg kann in Papierform oder mit Zustimmung des Belegempfängers elektronisch in einem standardisierten Datenformat ausgegeben werden.

(4) [1]Bei Wegstreckenzählern kann der Beleg durch eine dem Gesetz entsprechende Aufzeichnung des Geschäftsvorfalls ersetzt werden, wenn keine digitale Schnittstelle vorhanden ist. [2]Ist eine digitale Schnittstelle vorhanden, gilt § 7 Absatz 4 sinngemäß.

§ 9[2)] Übergangsregelung für EU-Taxameter mit INSIKA-Technik. (1) Soweit ein EU-Taxameter vor dem 1. Januar 2021 mit der INSIKA-*Technik* ausgerüstet wurde, ist § 7 für dieses EU-Taxameter erst ab dem 1. Januar 2026 anzuwenden.

(2) Absatz 1 gilt nicht, sofern das EU-Taxameter aus dem Fahrzeug, in das es am 1. Januar 2021 eingebaut war, ausgebaut und in ein neues Fahrzeug eingebaut wird.

[1)] § 8 eingef. mWv 1.1.2024 durch VO v. 30.7.2021 (BGBl. I S. 3295).
[2)] § 9 eingef. mWv 1.1.2024 durch VO v. 30.7.2021 (BGBl. I S. 3295).

ab 2024

ab 2024

(3) [1]Das Vorliegen der Voraussetzungen nach den Absätzen 1 und 2 ist dem zuständigen Finanzamt bis zum 31. Januar 2024 mitzuteilen. [2]Sofern ein Fall des Absatzes 2 nach dem 1. Januar 2024 vorliegt, ist dieser dem zuständigen Finanzamt innerhalb eines Monats mitzuteilen.

§ 10[1)] Anwendungszeitpunkt für Wegstreckenzähler. [1]Für Wegstreckenzähler ist § 8 ab dem Tag anzuwenden, an dem

1. mindestens drei voneinander unabhängige Unternehmen Wegstreckenzähler am Markt anbieten, die über eine geeignete digitale Schnittstelle im Sinne der Kassensicherungsverordnung verfügen, und
2. eine Konformitätsbewertungsstelle nach § 13 oder § 14 des Mess- und Eichgesetzes die Konformität der Wegstreckenzähler nach Nummer 1 mit den Anforderungen des Mess- und Eichgesetzes feststellt.

[2]Der Zeitpunkt nach Satz 1 ist durch das Bundesministerium der Finanzen im Bundessteuerblatt Teil I bekannt zu geben. [3]Die Sätze 1 und 2 gelten für Wegstreckenzähler, die ab dem in Satz 1 veröffentlichten Zeitpunkt neu in den Verkehr gebracht werden.

§ 11[2)] Zertifizierung. (1) [1]Für die Zertifizierung technischer Sicherheitseinrichtungen gelten § 9 des BSI-Gesetzes sowie die BSI-Zertifizierungs- und -Anerkennungsverordnung vom 17. Dezember 2014 (BGBl. I S. 2231) in der jeweils geltenden Fassung. [2]Die Prüfung und Bewertung kann auch durch vom Bundesamt für Sicherheit in der Informationstechnik anerkannte sachverständige Stellen erfolgen, die zugleich gemäß der Verordnung (EG) Nr. 765/2008 des Europäischen Parlaments und des Rates vom 9. Juli 2008 über die Vorschriften für die Akkreditierung und Marktüberwachung im Zusammenhang mit der Vermarktung von Produkten und zur Aufhebung der Verordnung (EWG) Nr. 339/93 des Rates (ABl. L 218 vom 13.8.2008, S. 30) in der jeweils geltenden Fassung akkreditiert sind.

(2) [1]Die Kosten einer Zertifizierung trägt der Antragsteller. [2]Die Besondere Gebührenverordnung BMI vom 2. September 2019 (BGBl. I S. 1359) in der jeweils geltenden Fassung ist anzuwenden.

§ 12 Inkrafttreten. Diese Verordnung tritt am Tag nach der Verkündung[3)] in Kraft.

[1)] § 10 eingef. mWv 1.1.2024 durch VO v. 30.7.2021 (BGBl. I S. 3295).

[2)] Früherer § 7 Abs. 2 Satz 2 neu gef. mWv 10.8.2021, bish. § 7 wird § 11 mWv 1.1.2024 durch VO v. 30.7.2021 (BGBl. I S. 3295).

[3)] Verkündet am 6.10.2017.

800k. Gesetz zur Einführung und Verwendung einer Identifikationsnummer in der öffentlichen Verwaltung (Identifikationsnummerngesetz – IDNrG)[1]

Vom 28. März 2021 (BGBl. I S. 591)

Geändert durch Gesetz zur Regelung des Erscheinungsbilds von Beamtinnen und Beamten sowie zur Änderung weiterer dienstrechtlicher Vorschriften vom 28.6.2021 (BGBl. I S. 2250)

FNA 210–9

(mit Ausnahme von § 12 noch **nicht** in Kraft)

§ 1 Ziele des Gesetzes. Die Identifikationsnummer nach § 139b der Abgabenordnung (Identifikationsnummer) wird als zusätzliches Ordnungsmerkmal in die sich aus der Anlage zu diesem Gesetz ergebenden Register des Bundes und der Länder eingeführt, um

1. Daten einer natürlichen Person in einem Verwaltungsverfahren eindeutig zuzuordnen,
2. die Datenqualität der zu einer natürlichen Person gespeicherten Daten zu verbessern sowie
3. die erneute Beibringung von bei öffentlichen Stellen bereits vorhandenen Daten durch die betroffene Person zu verringern.

§ 2 Aufgaben registerführender Stellen. Öffentliche Stellen in Bund und Ländern, welche Register nach § 1 führen (registerführende Stellen), sind zur Erreichung der Ziele nach § 1 verpflichtet

1. bis spätestens zum Ablauf des fünften auf das Inkrafttreten dieses Gesetzes folgenden Kalenderjahres die Identifikationsnummer als zusätzliches Ordnungsmerkmal zu Personendaten in die sich aus der Anlage zu diesem Gesetz ergebenden Register zu speichern,
2. die in diesen Registern gespeicherten Daten, die den Datenkategorien in § 4 Absatz 2 und 3 entsprechen, durch die beim Bundeszentralamt für Steuern gespeicherten Daten nach § 4 Absatz 2 und 3 zu ersetzen und diese im Vergleich zu den beim Bundeszentralamt für Steuern gespeicherten Daten nach § 4 Absatz 2 und 3 nach fachlichem Bedarf aktuell zu halten; hierbei bleiben besondere Vorschriften über die Berichtigung von Daten unberührt; ein automatisierter Abgleich ist zulässig; sowie
3.[2] natürlichen Personen die Übermittlung ihrer Daten unter Verwendung der Identifikationsnummer digital über eine zentrale Stelle transparent zu machen (Datenschutzcockpit).

---

[1] § 12 dieses Gesetzes ist gem. Art. 22 Satz 1 G v. 28.3.2021 (BGBl. I S. 591) bereits am 7.4.2021 in Kraft getreten, bzgl. der weiteren §§ dieses Gesetzes gilt gem Art. 22 Satz 2 G v. 28.3.2021 (BGBl. I S. 591): **„Im Übrigen treten die Artikel 1 und 2 an dem Tag in Kraft, an dem das Bundesministerium des Innern, für Bau und Heimat im Bundesgesetzblatt bekannt gibt, dass die technischen Voraussetzungen für den Betrieb nach dem Identifikationsnummerngesetz gegeben sind."**

[2] § 2 Nr. 3 geänd. durch G v. 28.6.2021 (BGBl. I S. 2250).

§ 3 Einrichtung und Aufgaben der Registermodernisierungsbehörde.
(1) [1]Die Registermodernisierungsbehörde hat folgende Aufgaben:

1. Erstellen einer Übersicht über bestehende Register,
2. Übermittlung der Identifikationsnummer sowie der übrigen Daten nach § 4 Absatz 2 und 3 an
   a) registerführende Stellen in Bund und Ländern zur Erfüllung der Aufgaben nach § 2 sowie
   b) öffentliche Stellen nach § 6 Absatz 2,
3. übergeordnete Steuerung
   a) der einzelnen Projekte zur Umsetzung dieses Gesetzes sowie
   b) von registerübergreifenden Maßnahmen zur Verbesserung der Datenqualität.

[2]Das Bundesverwaltungsamt nimmt die Aufgaben der Registermodernisierungsbehörde wahr.

(2) [1]Die Registermodernisierungsbehörde darf zur Aufgabenerfüllung nach Maßgabe dieses Gesetzes sowie in entsprechender Anwendung von § 30 Absatz 6 und 11 der Abgabenordnung und der Steuerdaten-Abrufverordnung in der jeweils geltenden Fassung beim Bundeszentralamt für Steuern nach § 139b Absatz 3 Nummer 1, 3 bis 10 und 12 bis 16 der Abgabenordnung gespeicherte Daten im automatisierten Verfahren abrufen und an

1. registerführende Stellen zur Erfüllung der Aufgaben nach § 2 sowie
2. öffentliche Stellen zum Zwecke der Erbringung von Verwaltungsleistungen nach dem Onlinezugangsgesetz

übermitteln. [2]Die Erfüllung der sonstigen Aufgaben des Bundesverwaltungsamts bleibt unberührt.

§ 4 Zu einer Person gespeicherte Daten. (1) Die Daten nach den Absätzen 2 und 3 einer natürlichen Person werden vom Bundeszentralamt für Steuern gespeichert, wenn diese Person eine Identifikationsnummer nach § 139b der Abgabenordnung erhalten hat.

(2) [1]Die zur Identifizierung einer natürlichen Person erforderlichen personenbezogenen Daten sind die Basisdaten. [2]Einer natürlichen Person werden folgende Daten als Basisdaten zugeordnet:

1. Identifikationsnummer,
2. Familienname,
3. frühere Namen,
4. Vornamen,
5. Doktorgrad,
6. Tag und Ort der Geburt,
7. Geschlecht,
8. Staatsangehörigkeiten,

9. gegenwärtige oder letzte bekannte Anschrift,
10. Sterbetag sowie
11. Tag des Einzugs und des Auszugs.

(3) Einer natürlichen Person werden zudem folgende weitere Daten zugeordnet:

1. Auskunftssperren nach dem Bundesmeldegesetz sowie
2. Datum des letzten Verwaltungskontakts (Monat, Jahr).

(4) Das Datum nach Absatz 3 Nummer 2 wird der Registermodernisierungsbehörde von gesetzlich bestimmten Registern bei Vorliegen eines Verwaltungskontakts automatisiert übermittelt und an das Bundeszentralamt für Steuern weitergeleitet.

§ 5 Zweck und Vergabe der Identifikationsnummer. (1) [1]Die Identifikationsnummer dient im Rahmen dieses Gesetzes

1. der Zuordnung der Datensätze zu einer Person sowie
2. dem Abgleich von Datensätzen einer natürlichen Person, die den Datenkategorien in § 4 Absatz 2 und 3 entsprechen, in verschiedenen Registern untereinander, soweit eine andere gesetzliche Vorschrift dies erlaubt.

[2]Die Verarbeitung der Identifikationsnummer nach diesem Gesetz durch öffentliche und nicht-öffentliche Stellen zu anderen Zwecken ist außer zu Verarbeitungen zur Erbringung von Verwaltungsleistungen nach dem Onlinezugangsgesetz auf Grund von Rechtsvorschriften oder mit Einwilligung der betroffenen Person sowie zum Zwecke eines registerbasierten Zensus unzulässig. [3]Die Verarbeitung der Identifikationsnummer nach § 139b der Abgabenordnung bleibt unberührt.

(2) Hinsichtlich der Vergabe der Identifikationsnummer durch das Bundeszentralamt für Steuern gilt § 139b der Abgabenordnung in Verbindung mit der Steueridentifikationsnummerverordnung.

(3) Die Registermodernisierungsbehörde stellt sicher, dass bei einer Verarbeitung der Identifikationsnummer für Datenübermittlungen an die Registermodernisierungsbehörde oder bei Datenabrufen von der Registermodernisierungsbehörde fehlerhafte Angaben der Identifikationsnummer erkannt werden und in solchen Fällen keine weitere Datenverarbeitung erfolgt.

§ 6 Automatisierter Datenabruf bei der Registermodernisierungsbehörde. (1) [1]Registerführende Stellen rufen zur Erfüllung der Aufgaben nach § 2 die Daten nach § 4 Absatz 2 und 3 bei der Registermodernisierungsbehörde ab, es sei denn, dass der Abruf bei der Meldebehörde erfolgt. [2]Die registerführenden Stellen dürfen die abgerufenen Daten zur Erfüllung der Aufgaben nach § 2 Nummer 1 und 2 verarbeiten.

(2) [1]Die Daten nach § 4 Absatz 2 und 3 sollen von einer öffentlichen Stelle bei der Registermodernisierungsbehörde zum Zwecke der Erbringung von Verwaltungsleistungen nach dem Onlinezugangsgesetz abgerufen werden. [2]Die Verarbeitung erfolgt nach Maßgabe der für die öffentliche Stelle jeweils anwendbaren Rechtsgrundlage.

(3) Datenabrufe bei der Registermodernisierungsbehörde nach diesem Gesetz erfolgen ausschließlich im automatisierten Verfahren wie folgt:

1. Enthält das Datenabrufersuchen mindestens den Familiennamen, den Wohnort, die Postleitzahl sowie das Geburtsdatum der betroffenen Person, übermittelt die Registermodernisierungsbehörde der ersuchenden Stelle die Identifikationsnummer sowie die weiteren zur betroffenen Person gespeicherten Daten nach § 4 Absatz 2 und 3, soweit sie zur Erfüllung der Aufgaben der ersuchenden Stelle erforderlich sind.
2. Enthält das Datenabrufersuchen mindestens die Identifikationsnummer und das Geburtsdatum der betroffenen Person, übermittelt die Registermodernisierungsbehörde der ersuchenden Stelle die übrigen zur Person gespeicherten Daten nach § 4 Absatz 2 und 3, soweit sie zur Erfüllung der Aufgaben der ersuchenden Stelle erforderlich sind.

(4) [1]Daten dürfen von der Registermodernisierungsbehörde den ersuchenden Stellen nur übermittelt werden, wenn sichergestellt ist, dass die Voraussetzung zum Datenabruf vorliegt. [2]Das Datenabrufersuchen darf keine Daten enthalten, die nicht in § 4 Absatz 2 bezeichnet sind. [3]Ist eine eindeutige Identifizierung der betroffenen Person nicht möglich, teilt die Registermodernisierungsbehörde dies der ersuchenden Stelle mit und übermittelt keine Daten nach § 4 Absatz 2 und 3.

(5) [1]Liegt zu Daten einer Person eine Auskunftssperre nach dem Bundesmeldegesetz vor, übermittelt die Registermodernisierungsbehörde an registerführende Stellen die Daten ausschließlich im Rahmen der erstmaligen Datenübermittlung der Identifikationsnummer nach Absatz 1 in Verbindung mit § 2 Nummer 1 und 2. [2]Bei Abrufen zur Aktualisierung und übrigen Abrufen erhält die abrufende öffentliche Stelle von der Registermodernisierungsbehörde eine Mitteilung, die keine Rückschlüsse darauf zulassen darf, ob zu der betroffenen Person keine Daten vorhanden sind oder ob eine Auskunftssperre besteht.

§ 7 Verfahren der Datenübermittlungen mit der Registermodernisierungsbehörde und zwischen öffentlichen Stellen. (1) [1]Die Verfahren der Datenabrufe öffentlicher Stellen bei der Registermodernisierungsbehörde, Antworten der Registermodernisierungsbehörde an die ersuchenden Stellen sowie Datenersetzungen nach § 2 Nummer 2 sind elektronisch unter Nutzung eines vom Bundesministerium des Innern, für Bau und Heimat im Einvernehmen mit dem Bundesministerium der Finanzen im Bundesanzeiger bekannt zu machenden Datenaustauschstandards zu führen. [2]Die Registermodernisierungsbehörde führt eine automatisierte Prüfung der übermittelten Daten daraufhin durch, ob sie der richtigen Identifikationsnummer zugeordnet, vollständig und schlüssig sind und ob sie dem Datenaustauschstandard nach Satz 1 entsprechen. [3]Der elektronische Datenaustausch zwischen Bund und Ländern ist gemäß § 3 des Gesetzes über die Verbindung der informationstechnischen Netze des Bundes und der Länder – Gesetz zur Ausführung von Artikel 91c Absatz 4 des Grundgesetzes – vom 10. August 2009 (BGBl. I S. 2702, 2706), das durch Artikel 72 der Verordnung vom 19. Juni 2020 (BGBl. I S. 1328) geändert worden ist, ausschließlich über das Verbindungsnetz zu führen.

(2) 1 Datenübermittlungen unter Nutzung einer Identifikationsnummer nach diesem Gesetz zwischen öffentlichen Stellen verschiedener Bereiche erfolgen über Vermittlungsstellen verschlüsselt in gesicherten Verfahren, die dem aktuellen Stand von Sicherheit und Technik entsprechen müssen. 2 Es werden mindestens sechs Bereiche gebildet, die durch die Rechtsverordnung nach § 12 Absatz 1 Satz 1 näher bestimmt werden. 3 Die Vermittlungsstellen müssen öffentliche Stellen sein. 4 Sie sind für den sicheren, verlässlichen und nachvollziehbaren Transport elektronischer Nachrichten zuständig und müssen diese Aufgabe ohne Kenntnis der Nachrichteninhalte erbringen können. 5 Sie kontrollieren und protokollieren abstrakt die Übermittlungsberechtigung. 6 Liegt die Übermittlungsberechtigung abstrakt nicht vor, werden keine personenbezogenen Daten übermittelt. 7 Die bestehende Anwendung des Verfahrens nach Satz 1 innerhalb von Bereichen bleibt unberührt.

(3) Gemeinde und Gemeindeverbände sind zur Umsetzung der Verpflichtungen nach Absatz 2 bei Datenübermittlungen innerhalb einer Gemeinde oder eines Gemeindeverbands sieben Jahre nach Inkrafttreten dieses Gesetzes verpflichtet.

§ 8 Befugnisse und Verantwortlichkeiten. (1) Die datenschutzrechtliche Verantwortung des einzelnen Datenabrufs trägt die jeweilige abrufende Stelle.

(2) 1 Die Registermodernisierungsbehörde hat durch geeignete technische und organisatorische Maßnahmen nach den Artikeln 24, 25 und 32 der Verordnung (EU) 2016/679 des Europäischen Parlaments und des Rates vom 27. April 2016 zum Schutz natürlicher Personen bei der Verarbeitung personenbezogener Daten, zum freien Datenverkehr und zur Aufhebung der Richtlinie 95/46/EG (Datenschutz-Grundverordnung) (ABl. L 119 vom 4.5.2016, S. 1; L 314 vom 22.11.2016, S. 72; L 127 vom 23.5.2018, S. 2) sicherzustellen, dass die Daten nach § 4 Absatz 2 und 3 nicht unbefugt verarbeitet werden können. 2 Die abrufende Stelle hat bei Einrichtung eines automatisierten Abrufverfahrens durch geeignete technische und organisatorische Maßnahmen nach den Artikeln 24, 25 und 32 der Verordnung (EU) 2016/679 sicherzustellen, dass Daten nur von hierzu befugten Personen abgerufen werden können.

(3) 1 Bei Datenabrufen prüft die Registermodernisierungsbehörde automatisiert bei jedem Aufbau einer Verbindung anhand sicherer Authentifizierungsverfahren die Identität der abrufenden Stelle; über die Identität der abrufenden Stelle darf kein Zweifel bestehen. 2 Andernfalls werden keine personenbezogenen Daten übermittelt.

(4) 1 Die Registermodernisierungsbehörde überprüft die Zulässigkeit der Abrufe über Absatz 3 hinaus durch geeignete Stichprobenverfahren sowie wenn dazu Anlass besteht. 2 Die abrufende Stelle hat ein Berechtigungskonzept zu erstellen, welches mit dem jeweiligen Datenschutzbeauftragten der abrufenden Stelle abzustimmen ist.

§ 9 Protokollierung. (1) 1 Alle Datenübermittlungen zwischen öffentlichen Stellen unter Nutzung einer Identifikationsnummer nach diesem Gesetz sind durch die jeweiligen Stellen in einer Weise zu protokollieren, die die Kontrolle der Zulässigkeit von Datenabrufen technisch unterstützt. 2 Die Datenübermittlungen zwischen der Registermodernisierungsbehörde und dem Bundeszentralamt für Steuern sowie Datenabrufe bei der Registermodernisierungsbehörde werden bei der Registermodernisierungsbehörde protokolliert.

(2)[1] Die Protokolldaten nach Absatz 1 dürfen nur zur datenschutzrechtlichen Prüfung sowie zur Gewährleistung der datenschutzrechtlichen Rechte der betroffenen Person, einschließlich der Übermittlung an das Datenschutzcockpit der betroffenen Person nach § 10 des Onlinezugangsgesetzes, verwendet werden.

(3) [1]Die Protokolldaten sind zwei Jahre aufzubewahren und danach unverzüglich zu löschen, soweit ihre längere Aufbewahrung nicht zur Erfüllung eines Zwecks nach Absatz 2 erforderlich ist. [2]Ist eine längere Aufbewahrung erforderlich, so sind die Gründe der Erforderlichkeit zu dokumentieren. [3]Abweichende gesetzliche Regelungen bleiben unberührt.

§ 10 Qualitätssicherung. (1) Das Bundeszentralamt für Steuern ist für die Qualitätssicherung der nach § 4 Absatz 2 und 3 gespeicherten Daten verantwortlich.

(2) [1]Die Registermodernisierungsbehörde ist für die Koordinierung der registerübergreifenden Qualitätssicherung verantwortlich. [2]Hierzu etabliert sie Verfahren, die eine hohe Aktualität, Validität und Konsistenz der Daten, einschließlich einer Bereinigung um Mehrfach-, Über- und Untererfassungen, gewährleisten, und wirkt mit registerführenden Stellen zusammen.

(3) Die Entscheidung über die Änderung eines Datums trifft

1. für Daten, die von einer inländischen Personenstandsbehörde beurkundet wurden, die zuständige Personenstandsbehörde,
2. hinsichtlich des Bestehens der deutschen Staatsangehörigkeit die zuständige Staatsangehörigkeitsbehörde,
3. für andere Daten einer im Inland gemeldeten Person die zuständige Meldebehörde, es sei denn, dass eine andere Behörde befugt ist, die Richtigkeit des Datums mit Wirkung für Dritte verbindlich festzustellen,
4. für andere Daten einer nicht im Inland gemeldeten Person die Behörde, die die Daten an das Bundeszentralamt für Steuern übermittelt hat, es sei denn, dass eine andere Behörde befugt ist, die Richtigkeit des Datums mit Wirkung für Dritte verbindlich festzustellen.

(4) [1]Jede nach § 6 Absatz 1 oder 2 zum Abruf von Daten berechtigte öffentliche Stelle, die konkrete Anhaltspunkte für die Unrichtigkeit oder Unvollständigkeit der Daten nach § 4 Absatz 2 und 3 erlangt hat, hat die Registermodernisierungsbehörde unverzüglich hierüber zu unterrichten. [2]Nach Überprüfung der Information nach Satz 1 hat die Registermodernisierungsbehörde das Bundeszentralamt für Steuern über das Prüfergebnis zu informieren. [3]Die Verfahren nach § 139b Absatz 8 und 9 der Abgabenordnung sowie nach § 139d der Abgabenordnung in Verbindung mit § 6 Absatz 2 der Steueridentifikationsnummerverordnung bleiben unberührt.

(5) Jede nach § 6 Absatz 1 oder 2 zum Abruf von Daten berechtigte öffentliche Stelle, in deren Dateisystemen oder Registern Daten nach § 4 Absatz 2

---

[1] § 9 Abs. 2 geänd. durch G v. 28.6.2021 (BGBl. I S. 2250).

und 3 zu einer natürlichen Person gespeichert sind, ist verpflichtet, auf Verlangen der Registermodernisierungsbehörde an der Aufklärung von Unrichtigkeiten oder Unvollständigkeiten dieser Daten in ihrem eigenen oder dem Datenbestand einer anderen öffentlichen Stelle mitzuwirken.

(6) [1]Jede öffentliche Stelle, die beim Abgleich der bei ihr gespeicherten Daten mit den von der Registermodernisierungsbehörde auf ihr Datenabrufersuchen übermittelten Daten eine Unrichtigkeit oder Unvollständigkeit in ihren Registern festgestellt hat, ist verpflichtet, ihren Datenbestand von Amts wegen zu berichtigen oder zu ergänzen. [2]Besondere Vorschriften über die Berichtigung von Daten bleiben unberührt.

§ 11 Löschung. Die Registermodernisierungsbehörde hat die Daten nach § 4 Absatz 2 und 3 unverzüglich nach der Übermittlung und Protokollierung nach § 9 zu löschen.

§ 12[1)] Verordnungsermächtigung. (1) [1]Die Bundesregierung wird ermächtigt, durch Rechtsverordnung mit Zustimmung des Bundesrates die Anzahl und die Abgrenzung der Bereiche nach § 7 Absatz 2 Satz 2 zu bestimmen. [2]Die Anzahl und die Abgrenzung der Bereiche hat dabei so zu erfolgen, dass das Risiko, bezogen auf die einzelne Person ein vollständiges Persönlichkeitsprofil durch Datenübermittlungen innerhalb eines Bereichs zu erstellen, wirksam begrenzt wird.

(2) Das Bundesministerium des Innern, für Bau und Heimat wird ermächtigt, im Einvernehmen mit dem Bundesministerium der Finanzen durch Rechtsverordnung mit Zustimmung des Bundesrates Näheres zu den technischen Verfahren der Datenübermittlungen nach § 7 Absatz 2 zu bestimmen.

(3) Das Bundesministerium des Innern, für Bau und Heimat wird ermächtigt, im Einvernehmen mit dem Bundesministerium der Finanzen und im Benehmen mit dem IT-Planungsrat durch Rechtsverordnung, die nicht der Zustimmung des Bundesrates bedarf, Näheres zu bestimmen

1. zu dem technischen Verfahren der Datenübermittlung zwischen der Registermodernisierungsbehörde und dem Bundeszentralamt für Steuern nach § 3,
2. zu dem technischen Format der Daten nach § 4 Absatz 2 und 3,
3. zu den technischen Verfahren der Datenübermittlung an und durch die Registermodernisierungsbehörde nach § 7 Absatz 1 und § 10 Absatz 4,
4. zu den spezifischen technischen und organisatorischen Maßnahmen der Registermodernisierungsbehörde nach den Artikeln 24, 25 und 32 der Verordnung (EU) 2016/679 und der Authentifizierungsverfahren nach § 8 Absatz 3 sowie

---

1) § 12 ist gem. Art. 22 Satz 1 G v. 28.3.2021 (BGBl. I S. 591) bereits am 7.4.2021 in Kraft getreten.

5. zu den technischen Standards und Verantwortlichkeiten der Protokollierung nach § 9 Absatz 1 Satz 2.

(4) Das jeweils zuständige Bundesministerium wird ermächtigt, die Anwendung des Verfahrens nach § 7 Absatz 2 auch innerhalb eines Verwaltungsbereichs durch Rechtsverordnung mit Zustimmung des Bundesrates zu bestimmen.

§ 13 Prüfung durch den oder die Bundesbeauftragten für den Datenschutz und die Informationsfreiheit. Der oder die Bundesbeauftragte für den Datenschutz und die Informationsfreiheit soll die Registermodernisierungsbehörde hinsichtlich der Datenverarbeitungen nach diesem Gesetz zwei Jahre nach Inkrafttreten dieses Gesetzes und dann erneut zweimal alle zwei Jahre prüfen.

§ 14 Verhältnis zu anderen Vorschriften. (1) Der Datenaustausch nach § 139b Absatz 6 bis 9 der Abgabenordnung bleibt unberührt.

(2) Andere gesetzliche Vorschriften zur Verarbeitung personenbezogener Daten bleiben unberührt.

§ 15 Ausschluss abweichenden Landesrechts. Von den in diesem Gesetz oder auf Grundlage dieses Gesetzes getroffenen Regelungen kann durch Landesrecht nicht abgewichen werden.

§ 16 Evaluierung. (1) [1]Das Bundesministerium des Innern, für Bau und Heimat berichtet dem Deutschen Bundestag im dritten Jahr nach Inkrafttreten dieses Gesetzes und dann fortlaufend alle drei Jahre jeweils über die Datenverarbeitungen durch die Registermodernisierungsbehörde. [2]Hierbei ist insbesondere über die Ergebnisse der Überprüfungen nach § 8 Absatz 4 zu berichten.

(2) [1]Das Bundesministerium des Innern, für Bau und Heimat berichtet dem Deutschen Bundestag unter Einbeziehung von wissenschaftlichem Sachverstand im fünften Jahr nach Inkrafttreten dieses Gesetzes über die Wirksamkeit der in diesem Gesetz enthaltenen Maßnahmen für die Erreichung der in § 1 genannten Ziele. [2]Der Bericht hat insbesondere Empfehlungen zu enthalten, ob

1. für andere Bereiche weitere, bereichsspezifische Identifikationsnummern eingeführt werden oder eine einheitliche Identifikationsnummer für alle Register umgesetzt wird und
2. das Verfahren nach § 7 Absatz 2 auch innerhalb von Verwaltungsbereichen Anwendung finden sollte.

§ 17 Strafvorschriften. (1) Mit Freiheitsstrafe bis zu einem Jahr oder mit Geldstrafe wird bestraft, wer die Identifikationsnummer

1. wissentlich, ohne hierzu berechtigt zu sein, erhebt, speichert, übermittelt oder verbreitet oder

2. ohne hierzu berechtigt zu sein, verwendet, um personenbezogene Daten, die nicht offenkundig sind, zu erheben, zu speichern oder zu übermitteln.

(2) [1] Die Tat wird nur auf Antrag verfolgt. [2] Antragsberechtigt sind die betroffene Person, der Verantwortliche und die Datenschutzaufsichtsbehörden.

Anlage
(zu § 1)

Register nach § 1 dieses Gesetzes

Register im Sinne des § 1 dieses Gesetzes sind:

1. Melderegister
2. elektronisch geführte Personenstandsregister
3. Ausländerzentralregister
4. Stammsatzdatei der Datenstelle der Rentenversicherung gemäß § 150 des Sechsten Buches Sozialgesetzbuch
5. Versichertenkonten der Rentenversicherungsträger gemäß § 149 des Sechsten Buches Sozialgesetzbuch
6. Rentenzahlbestandsregister des Renten-Services der Deutschen Post AG
7. die Stammsatzdatei der landwirtschaftlichen Sozialversicherung nach § 62 des Gesetzes über die Alterssicherung der Landwirte
8. bei den berufsständischen Versorgungswerken systematisch geführte personenbezogene Datenbestände zu Leistungsberechtigten
9. bei der Künstlersozialkasse systematisch geführte personenbezogene Datenbestände zu den nach näherer Bestimmung des Künstlersozialversicherungsgesetzes versicherten Künstlern und Publizisten
10. bei der Bundesagentur für Arbeit systematisch geführte personenbezogene Datenbestände nach dem Dritten Buch Sozialgesetzbuch
11. bei den Trägern der Grundsicherung für Arbeitsuchende systematisch geführte personenbezogene Datenbestände nach dem Zweiten Buch Sozialgesetzbuch
12. Dateisystem der Beschäftigungsbetriebe nach § 18i des Vierten Buches Sozialgesetzbuch
13. eID-Karte-Register
14. Zentrales Unternehmerverzeichnis der gesetzlichen Unfallversicherung
15. Zentrales Fahrzeugregister
16. Zentrales Fahrerlaubnisregister
17. Fahreignungsregister
18. Lehrlingsrolle gemäß § 28 der Handwerksordnung
19. Handwerksrolle gemäß § 6 der Handwerksordnung
20. Verzeichnis der Inhaber von Betrieben eines zulassungsfreien oder eines handwerksähnlichen Gewerbes gemäß § 19 der Handwerksordnung
21. Personalausweisregister
22. Passregister
23. Ausländerdateien nach § 62 der Aufenthaltsverordnung
24. Verzeichnis der Berufsausbildungsverhältnisse nach § 34 des Berufsbildungsgesetzes

25. bei den allgemeinbildenden und beruflichen Schulen, Schulbehörden, Bildungseinrichtungen nach § 2 des Hochschulstatistikgesetzes systematisch geführte personenbezogene Datenbestände zu Bildungsteilnehmenden
26. Versichertenverzeichnis der Krankenkassen
27. Bundeszentralregister
28. Nationales Waffenregister
29. bei den Elterngeldstellen nach § 12 des Bundeselterngeld- und Elternzeitgesetzes systematisch geführte personenbezogene Datenbestände zu Leistungsempfängern
30. Verzeichnis der gemäß § 14 der Gewerbeordnung angezeigten Gewerbebetriebe
31. Gewerbezentralregister
32. Versichertenverzeichnis der Pflegekassen
33. Register für Grundsicherung im Alter
34. Register für ergänzende Hilfe zum Lebensunterhalt
35. bei den Wohngeldbehörden nach § 24 des Wohngeldgesetzes systematisch geführte personenbezogene Datenbestände zu Leistungsempfängern
36. bei den Ämtern für Ausbildungsförderung und dem Bundesverwaltungsamt nach den §§ 39 und 40 des Bundesausbildungsförderungsgesetzes systematisch geführte personenbezogene Datenbestände zu Leistungsempfängern
37. Register der Versorgungsämter
38. bei den für die Durchführung des Asylbewerberleistungsgesetzes zuständigen Behörden nach den §§ 10 und 10a des Asylbewerberleistungsgesetzes systematisch geführte personenbezogene Datenbestände zu Leistungsempfängern
39. Vermittlerregister nach § 11a der Gewerbeordnung
40. Berufsregister der Steuerberater und Wirtschaftsprüfer
41. Register zum vorübergehenden Schutz nach § 91a des Aufenthaltsgesetzes
42. Beitragskontendatenbank
43. bei den öffentlichen Arbeitgebern in Bund, Ländern und Kommunen nach § 2 Absatz 1 des Finanz- und Personalstatistikgesetzes systematisch geführte personenbezogene Datenbestände über die Beschäftigten
44.[1] sämtliche von den Architekten- und Ingenieurkammern der Länder auf gesetzlicher Grundlage zu führenden Listen, Verzeichnisse oder Register
45. bei den Industrie- und Handelskammern geführten Verzeichnisse ihrer Mitglieder nach § 2 des Gesetzes zur vorläufigen Regelung des Rechts der Industrie- und Handelskammern
46. Krisenvorsorgeliste nach § 6 Absatz 3 des Konsulargesetzes
47. Zentrale Luftfahrerdatei

---

[1] Nr. 44 neu gef. durch G v. 28.6.2021 (BGBl. I S. 2250).

48. Register für Betreiber von unbemannten und zulassungspflichtigen Fluggeräten
49. Luftfahrzeugrolle nach § 64 Absatz 1 Nummer 1 des Luftverkehrsgesetzes
50. Zulassungsregister nach § 14 des Umweltauditgesetzes
51. Verzeichnis über die Bescheinigungen über die Fahrzeugführerschulung nach Abschnitt 8.2.2 der Vorschriften für die Ausbildung der Fahrzeugbesatzung (sog. ADR-Infodatenbank) gemäß § 14 Absatz 3 der Gefahrgutverordnung Straße, Eisenbahn und Binnenschifffahrt

802. Finanzgerichtsordnung (FGO)[1]

In der Fassung der Bekanntmachung vom 28. März 2001
(BGBl. I S. 442, ber. S. 2262, I 2002 S. 679)

Geändert durch Zustellungsreformgesetz vom 25.6.2001 (BGBl. I S. 1206), Gesetz zur Anpassung der Formvorschriften an den modernen Rechtsgeschäftsverkehr vom 13.7.2001 (BGBl. I S. 1542), Gesetz zur Änderung des Finanzverwaltungsgesetzes und anderer Gesetze vom 14.12.2001 (BGBl. I S. 3714), Steueränderungsgesetz 2001 vom 20.12.2001 (BGBl. I S. 3794), Steuerverkürzungsbekämpfungsgesetz vom 19.12.2001 (BGBl. I S. 3922), Kostenrechtsmodernisierungsgesetz vom 5.5.2004 (BGBl. I S. 718), 1. Justizmodernisierungsgesetz vom 24.8.2004 (BGBl. I S. 2198), Anhörungsrügengesetz vom 9.12.2004 (BGBl. I S. 3220), Gesetz zur Vereinfachung und Vereinheitlichung der Verfahrensvorschriften zur Wahl und Berufung ehrenamtlicher Richter vom 21.12.2004 (BGBl. I S. 3599), Justizkommunikationsgesetz vom 22.3.2005 (BGBl. I S. 837, ber. 2022), Föderalismusreform-Begleitgesetz vom 5.9.2006 (BGBl. I S. 2098), Gesetz zur Neuregelung des Rechtsberatungsrechts vom 12.12.2007 (BGBl. I S. 2840), Gesetz zur Modernisierung von Verfahren im anwaltlichen und notariellen Berufsrecht vom 30.7.2009 (BGBl. I S. 2449), Gesetz über den Rechtsschutz bei überlangen Gerichtsverfahren und strafrechtlichen Ermittlungsverfahren vom 24.11.2011 (BGBl. I S. 2302), Gesetz zur Änderung von Vorschriften über Verkündung und Bekanntmachungen sowie der Zivilprozessordnung, des Gesetzes betreffend die Einführung der Zivilprozessordnung und der Abgabenordnung vom 22.12.2011 (BGBl. I S. 3044), Gesetz zur Förderung der Mediation und anderer Verfahren der außergerichtlichen Konfliktbeilegung vom 21.7.2012 (BGBl. I S. 1577), Gesetz zur Einführung von Kostenhilfe für Drittbetroffene in Verfahren vor dem Europäischen Gerichtshof für Menschenrechte sowie zur Änderung der Finanzgerichtsordnung vom 20.4.2013 (BGBl. I S. 829), Gesetz zur Intensivierung des Einsatzes von Videokonferenztechnik in gerichtlichen und staatsanwaltschaftlichen Verfahren vom 25.4.2013 (BGBl. I S. 935), Amtshilferichtlinie-Umsetzungsgesetz (AmtshilfeRLUmsG) vom 26.6.2013 (BGBl. I S. 1809), Gesetz zur Änderung des Prozesskostenhilfe- und Beratungshilferechts vom 31.8.2013 (BGBl. I S. 3533; ber. BGBl. I 2016 S. 121), Gesetz zur Förderung des elektronischen Rechtsverkehrs mit den Gerichten vom 10.10.2013 (BGBl. I S. 3786), Gesetz zur Durchführung der Verordnung (EU) Nr. 1215/2012 sowie zur Änderung sonstiger Vorschriften vom 8.7.2014 (BGBl. I S. 890), Zehnte Zuständigkeitsanpassungsverordnung vom 31.8.2015 (BGBl. I S. 1474), Gesetz zur Neuordnung des Rechts der Syndikusanwälte und zur Änderung der Finanzgerichtsordnung vom 21.12.2015 (BGBl. I S. 2517), Gesetz zur Modernisierung des Besteuerungsverfahrens vom 18.7.2016 (BGBl. I S. 1679), Gesetz zur Änderung des Sachverständigenrechts und zur weiteren Änderung des Gesetzes über das Verfahren in Familiensachen und in den Angelegenheiten der freiwilligen Gerichtsbarkeit sowie zur Änderung des Sozialgerichtsgesetzes, der Verwaltungsgerichtsordnung, der Finanzgerichtsordnung und des Gerichtskostengesetzes vom 11.10.2016 (BGBl. I S. 2222), Gesetz zur Einführung der elektronischen Akte in der Justiz und zur weiteren Förderung des elektronischen Rechtsverkehrs vom 5.7.2017 (BGBl. I S. 2208), Gesetz zur Durchführung der Verordnung (EU) Nr. 910/2014 des Europäischen Parlaments und des Rates vom 23. Juli 2014 über elektronische Identifizierung und Vertrauensdienste für elektronische Transaktionen im Binnenmarkt und zur Aufhebung der Richtlinie 1999/93 EG (eIDAS-Durchführungsgesetz) vom 18.7.2017 (BGBl. I S. 2745), Gesetz zur Erweiterung der Medienöffentlichkeit in Gerichtsverfahren und zur Verbesserung der Kommunikationshilfen für Menschen mit Sprach- und Hörbehinderungen (Gesetz über die Erweiterung der Medienöffentlichkeit in Gerichtsverfahren – EMöGG) vom 8.10.2017 (BGBl. I S. 3546), Gesetz zur Einführung einer zivilprozessualen Musterfestsetzungsklage vom 12.7.2018 (BGBl. I S. 1151), Gesetz zur Einführung einer Karte für Unionsbürger und Angehörige des Europäischen Wirtschaftsraums vom 21.6.2019 (BGBl. I S. 846), *Zweites Gesetz zur Anpassung des Datenschutzrechts*

---

[1] Die Neubekanntmachung der Finanzgerichtsordnung vom 6.10.1965 (BGBl. I S. 1477) auf Grund des Art. 5 des G v. 19.12.2000 (BGBl. I S. 1757) in der ab 1.1.2001 geltenden Fassung.

an die Verordnung (EU) 2016/679 und zur Umsetzung der Richtlinie (EU) 2016/680 (Zweites Datenschutz-Anpassungs- und Umsetzungsgesetz EU – 2. DSAnpUG-EU) vom 20.11.2019 (BGBl. I S. 1626)[1], Gesetz zur Regelung der Wertgrenze für die Nichtzulassungsbeschwerde in Zivilsachen, zum Ausbau der Spezialisierung bei den Gerichten sowie zur Änderung weiterer prozessrechtlicher Vorschriften vom 12.12.2019 (BGBl. I S. 2633), Gesetz zur Reform des Vormundschafts- und Betreuungsrechts vom 4.5.2021 (BGBl. I S. 882), Gesetz zur Fortentwicklung der Strafprozessordnung und zur Änderung weiterer Vorschriften vom 25.6.2021 (BGBl. I S. 2099), Gesetz zur Neuregelung des Berufsrechts der anwaltlichen und steuerberatenden Berufsausübungsgesellschaften sowie zur Änderung weiterer Vorschriften im Bereich der rechtsberatenden Berufe vom 7.7.2021 (BGBl. I S. 2363) und Gesetz zum Ausbau des elektronischen Rechtsverkehrs mit den Gerichten und zur Änderung weiterer Vorschriften vom 5.10.2021 (BGBl. I S. 4607)

BGBl. III/FNA 350-1

Nichtamtliche Inhaltsübersicht

Erster Teil. Gerichtsverfassung

Abschnitt I. Gerichte

Abschnitt II. Richter

Abschnitt III. Ehrenamtliche Richter

---

[1] **[Amtl. und red. Anm.:]** Die mittelbare Änderung durch Art. 154a Nr. 3 Buchst. a G v. 20.11.2019 I 1626 ist nicht ausführbar, da das geänderte G v. 21.6.2019 I 846 zum Zeitpunkt des Inkrafttretens des mittelbaren Änderungsgesetzes bereits zum 1.11.2019 in Kraft getreten war. An einer Korrektur wird gearbeitet.

Abschnitt III. Verfahren im ersten Rechtszug §§

(Fortsetzung nächste Seite)

nenden Senats erklärt hat, dass er an seiner Rechtsauffassung festhält. [2]Kann der Senat, von dessen Entscheidung abgewichen werden soll, wegen einer Änderung des Geschäftsverteilungsplanes mit der Rechtsfrage nicht mehr befasst werden, tritt der Senat an seine Stelle, der nach dem Geschäftsverteilungsplan für den Fall, in dem abweichend entschieden wurde, nunmehr zuständig wäre. [3]Über die Anfrage und die Antwort entscheidet der jeweilige Senat durch Beschluss in der für Urteile erforderlichen Besetzung.

(4) Der erkennende Senat kann eine Frage von grundsätzlicher Bedeutung dem Großen Senat zur Entscheidung vorlegen, wenn das nach seiner Auffassung zur Fortbildung des Rechts oder zur Sicherung einer einheitlichen Rechtsprechung erforderlich ist.

(5) [1]Der Große Senat besteht aus dem Präsidenten und je einem Richter der Senate, in denen der Präsident nicht den Vorsitz führt. [2]Bei einer Verhinderung des Präsidenten tritt ein Richter aus dem Senat, dem er angehört, an seine Stelle.

(6) [1]Die Mitglieder und die Vertreter werden durch das Präsidium für ein Geschäftsjahr bestellt. [2]Den Vorsitz im Großen Senat führt der Präsident, bei Verhinderung das dienstälteste Mitglied. [3]Bei Stimmengleichheit gibt die Stimme des Vorsitzenden den Ausschlag.

(7) [1]Der Große Senat entscheidet nur über die Rechtsfrage. [2]Er kann ohne mündliche Verhandlung entscheiden. [3]Seine Entscheidung ist in der vorliegenden Sache für den erkennenden Senat bindend.

§ 12 [Geschäftsstelle] [1]Bei jedem Gericht wird eine Geschäftsstelle eingerichtet. [2]Sie wird mit der erforderlichen Anzahl von Urkundsbeamten besetzt.

§ 13 [Rechts- und Amtshilfe] Alle Gerichte und Verwaltungsbehörden leisten den Gerichten der Finanzgerichtsbarkeit Rechts- und Amtshilfe.

Abschnitt II. Richter

§ 14 [Richter auf Lebenszeit] (1) Die Richter werden auf Lebenszeit ernannt, soweit nicht in § 15 Abweichendes bestimmt ist.

(2) Die Richter des Bundesfinanzhofs müssen das 35. Lebensjahr vollendet haben.

§ 15 [Richter auf Probe] Bei den Finanzgerichten können Richter auf Probe oder Richter kraft Auftrags verwendet werden.

Abschnitt III. Ehrenamtliche Richter

§ 16 [Stellung] Der ehrenamtliche Richter wirkt bei der mündlichen Verhandlung und der Urteilsfindung mit gleichen Rechten wie der Richter mit.

§ 17[1)] [Voraussetzungen für die Berufung] [1]Der ehrenamtliche Richter muss Deutscher sein. [2]Er soll das 25. Lebensjahr vollendet und seinen Wohnsitz oder seine gewerbliche oder berufliche Niederlassung innerhalb des Gerichtsbezirks haben.

§ 18 [Ausschlussgründe] (1) Vom Amt des ehrenamtlichen Richters sind ausgeschlossen

1. Personen, die infolge Richterspruchs die Fähigkeit zur Bekleidung öffentlicher Ämter nicht besitzen oder wegen einer vorsätzlichen Tat zu einer Freiheitsstrafe von mehr als sechs Monaten oder innerhalb der letzten zehn Jahre wegen einer Steuer- oder Monopolstraftat verurteilt worden sind, soweit es sich nicht um eine Tat handelt, für die das nach der Verurteilung geltende Gesetz nur noch Geldbuße androht,
2. Personen, gegen die Anklage wegen einer Tat erhoben ist, die den Verlust der Fähigkeit zur Bekleidung öffentlicher Ämter zur Folge haben kann,
3. Personen, die nicht das Wahlrecht zu den gesetzgebenden Körperschaften des Landes besitzen.

(2) Personen, die in Vermögensverfall geraten sind, sollen nicht zu ehrenamtlichen Richtern berufen werden.

§ 19 [Unvereinbarkeit] Zum ehrenamtlichen Richter können nicht berufen werden

1. Mitglieder des Bundestages, des Europäischen Parlaments, der gesetzgebenden Körperschaften eines Landes, der Bundesregierung oder einer Landesregierung,
2. Richter,
3. Beamte und Angestellte der Steuerverwaltungen des Bundes und der Länder,
4. Berufssoldaten und Soldaten auf Zeit,
5.[2)] Rechtsanwälte, Notare, Patentanwälte, Steuerberater, *Vorstandsmitglieder von Steuerberatungsgesellschaften, die nicht Steuerberater sind* [***ab 1.8.2022:*** Mitglieder Geschäftsführungs- und Aufsichtsorgane von Berufsausübungsgesellschaften im Sinne der Bundesrechtsanwaltsordnung, der Patentanwaltsordnung und des Steuerberatungsgesetzes], ferner Steuerbevollmächtigte, Wirtschaftsprüfer, vereidigte Buchprüfer und Personen, die fremde Rechtsangelegenheiten geschäftsmäßig besorgen.

§ 20 [Recht zur Ablehnung der Berufung] (1) Die Berufung zum Amt des ehrenamtlichen Richters dürfen ablehnen

1. Geistliche und Religionsdiener,
2. Schöffen und andere ehrenamtliche Richter,
3.[3)] Personen, die zwei Amtsperioden lang als ehrenamtliche Richter beim Finanzgericht tätig gewesen sind,

---

[1)] § 17 Satz 2 geänd. mWv 1.1.2005 durch G v. 21.12.2004 (BGBl. I S. 3599).
[2)] § 19 Nr. 5 geänd. mWv 1.8.2022 durch G v. 7.7.2021 (BGBl. I S. 2363).
[3)] § 20 Abs. 1 Nr. 3 geänd. mWv 1.1.2005 durch G v. 21.12.2004 (BGBl. I S. 3599).

§ 48 [Klagebefugnis] (1) Gegen Bescheide über die einheitliche und gesonderte Feststellung von Besteuerungsgrundlagen können Klage erheben:

1. zur Vertretung berufene Geschäftsführer oder, wenn solche nicht vorhanden sind, der Klagebevollmächtigte im Sinne des Absatzes 2;
2. wenn Personen nach Nummer 1 nicht vorhanden sind, jeder Gesellschafter, Gemeinschafter oder Mitberechtigte, gegen den der Feststellungsbescheid ergangen ist oder zu ergehen hätte;
3. auch wenn Personen nach Nummer 1 vorhanden sind, ausgeschiedene Gesellschafter, Gemeinschafter oder Mitberechtigte, gegen die der Feststellungsbescheid ergangen ist oder zu ergehen hätte;
4. soweit es sich darum handelt, wer an dem festgestellten Betrag beteiligt ist und wie dieser sich auf die einzelnen Beteiligten verteilt, jeder, der durch die Feststellungen hierzu berührt wird;
5. soweit es sich um eine Frage handelt, die einen Beteiligten persönlich angeht, jeder, der durch die Feststellungen über die Frage berührt wird.

(2) [1] Klagebefugt im Sinne des Absatzes 1 Nr. 1 ist der gemeinsame Empfangsbevollmächtigte im Sinne des § 183 Abs. 1 Satz 1 der Abgabenordnung oder des § 6 Abs. 1 Satz 1 der Verordnung über die gesonderte Feststellung von Besteuerungsgrundlagen nach § 180 Abs. 2 der Abgabenordnung vom 19. Dezember 1986 (BGBl. I S. 2663). [2] Haben die Feststellungsbeteiligten keinen gemeinsamen Empfangsbevollmächtigten bestellt, ist klagebefugt im Sinne des Absatzes 1 Nr. 1 der nach § 183 Abs. 1 Satz 2 der Abgabenordnung fingierte oder der nach § 183 Abs. 1 Satz 3 bis 5 der Abgabenordnung oder nach § 6 Abs. 1 Satz 3 bis 5 der Verordnung über die gesonderte Feststellung von Besteuerungsgrundlagen nach § 180 Abs. 2 der Abgabenordnung von der Finanzbehörde bestimmte Empfangsbevollmächtigte; dies gilt nicht für Feststellungsbeteiligte, die gegenüber der Finanzbehörde der Klagebefugnis des Empfangsbevollmächtigten widersprechen. [3] Die Sätze 1 und 2 sind nur anwendbar, wenn die Beteiligten spätestens bei Erlass der Einspruchsentscheidung über die Klagebefugnis des Empfangsbevollmächtigten belehrt worden sind.

§ 49. (weggefallen)

§ 50[1)] [Klageverzicht] (1) [1] Auf die Erhebung der Klage kann nach Erlass des Verwaltungsakts verzichtet werden. [2] Der Verzicht kann auch bei Abgabe einer Steueranmeldung ausgesprochen werden, wenn er auf den Fall beschränkt wird, dass die Steuer nicht abweichend von der Steueranmeldung festgesetzt wird. [3] Eine trotz des Verzichts erhobene Klage ist unzulässig.

(1a) [1] Soweit Besteuerungsgrundlagen für ein Verständigungs- oder ein Schiedsverfahren nach einem Vertrag im Sinne des § 2 der Abgabenordnung von Bedeutung sein können, kann auf die Erhebung der Klage insoweit verzichtet werden. [2] Die Besteuerungsgrundlage, auf die sich der Verzicht beziehen soll, ist genau zu bezeichnen.

---

1) § 50 Abs. 2 Satz 1 geänd. mWv 1.1.2018 durch G v. 5.7.2017 (BGBl. I S. 2208).

(2) [1]Der Verzicht ist gegenüber der zuständigen Behörde schriftlich oder zu Protokoll zu erklären; er darf keine weiteren Erklärungen enthalten. [2]Wird nachträglich die Unwirksamkeit des Verzichts geltend gemacht, so gilt § 56 Abs. 3 sinngemäß.

Abschnitt II. Allgemeine Verfahrensvorschriften

§ 51 [Ausschließung und Ablehnung der Gerichtspersonen]
(1) [1]Für die Ausschließung und Ablehnung der Gerichtspersonen gelten die §§ 41 bis 49 der Zivilprozessordnung sinngemäß. [2]Gerichtspersonen können auch abgelehnt werden, wenn von ihrer Mitwirkung die Verletzung eines Geschäfts- oder Betriebsgeheimnisses oder Schaden für die geschäftliche Tätigkeit eines Beteiligten zu besorgen ist.

(2) Von der Ausübung des Amtes als Richter, als ehrenamtlicher Richter oder als Urkundsbeamter ist auch ausgeschlossen, wer bei dem vorausgegangenen Verwaltungsverfahren mitgewirkt hat.

(3) Besorgnis der Befangenheit nach § 42 der Zivilprozessordnung[1] ist stets dann begründet, wenn der Richter oder ehrenamtliche Richter der Vertretung einer Körperschaft angehört oder angehört hat, deren Interessen durch das Verfahren berührt werden.

§ 52 [Sitzungspolizei usw.] (1) Die §§ 169, 171b bis 197 des Gerichtsverfassungsgesetzes[2] über die Öffentlichkeit, Sitzungspolizei, Gerichtssprache, Beratung und Abstimmung gelten sinngemäß.

(2) Die Öffentlichkeit ist auch auszuschließen, wenn ein Beteiligter, der nicht Finanzbehörde ist, es beantragt.

(3) Bei der Abstimmung und Beratung dürfen auch die zu ihrer steuerrechtlichen Ausbildung beschäftigten Personen zugegen sein, soweit sie die Befähigung zum Richteramt besitzen und soweit der Vorsitzende ihre Anwesenheit gestattet.

§ 52a[3] [Elektronische Dokumente] (1)[4] Vorbereitende Schriftsätze und deren Anlagen, schriftlich einzureichende Anträge und Erklärungen der Beteiligten sowie schriftlich einzureichende Auskünfte, Aussagen, Gutachten, Übersetzungen und Erklärungen Dritter können nach Maßgabe der Absätze 2 bis 6 als elektronische Dokumente bei Gericht eingereicht werden.

(2) [1]Das elektronische Dokument muss für die Bearbeitung durch das Gericht geeignet sein. [2]Die Bundesregierung bestimmt durch Rechtsverordnung mit Zustimmung des Bundesrates *die für die Übermittlung und Bearbeitung geeig-*

---

[1] **Schönfelder Nr. 100.**
[2] **Schönfelder Nr. 95.**
[3] § 52a neu gef. mWv 1.1.2018 durch G v. 10.10.2013 (BGBl. I S. 3786); Abs. 7 Satz 2 *angef. durch G* v. 5.7.2017 (BGBl. I S. 2208); Abs. 2 Satz 2 neu gef., Abs. 6 Satz 1 geänd. mWv 1.1.2022 durch G v. 5.10.2021 (BGBl. I S. 4607).
[4] § 52a Abs. 1 geänd. mWv 1.1.2020 durch G v. 12.12.2019 (BGBl. I S. 2633).

neten technischen [***ab 1.1.2022:*** technische Rahmenbedingungen für die Übermittlung und die Eignung zur Bearbeitung durch das Gericht.]

(3)[1] [1]Das elektronische Dokument muss mit einer qualifizierten elektronischen Signatur der verantwortenden Person versehen sein oder von der verantwortenden Person signiert und auf einem sicheren Übermittlungsweg eingereicht werden. [2]Satz 1 gilt nicht für Anlagen, die vorbereitenden Schriftsätzen beigefügt sind.

(4)[2] [1]Sichere Übermittlungswege sind

1. der Postfach- und Versanddienst eines De-Mail-Kontos, wenn der Absender bei Versand der Nachricht sicher im Sinne des § 4 Absatz 1 Satz 2 des De-Mail-Gesetzes angemeldet ist und er sich die sichere Anmeldung gemäß § 5 Absatz 5 des De-Mail-Gesetzes bestätigen lässt,

[Fassung bis 31.7.2022:]

2. der Übermittlungsweg zwischen dem besonderen elektronischen Anwaltspostfach nach § 31a der Bundesrechtsanwaltsordnung oder einem entsprechenden, auf gesetzlicher Grundlage errichteten elektronischen Postfach und der elektronischen Poststelle des Gerichts,

[Fassung ab 1.8.2022:]

2. der Übermittlungsweg zwischen den besonderen elektronischen Anwaltspostfächern nach den §§ 31a und 31b der Bundesrechtsanwaltsordnung oder einem entsprechenden, auf gesetzlicher Grundlage errichteten elektronischen Postfach und der elektronischen Poststelle des Gerichts,

3. der Übermittlungsweg zwischen einem nach Durchführung eines Identifizierungsverfahrens eingerichteten Postfach einer Behörde oder einer juristischen Person des öffentlichen Rechts und der elektronischen Poststelle des Gerichts*; das Nähere regelt die Verordnung nach Absatz 2 Satz 2,*

[***ab 1.1.2022:***

4. der Übermittlungsweg zwischen einem nach Durchführung eines Identifizierungsverfahrens eingerichteten elektronischen Postfach einer natürlichen oder juristischen Person oder einer sonstigen Vereinigung und der elektronischen Poststelle des Gerichts,
5. der Übermittlungsweg zwischen einem nach Durchführung eines Identifizierungsverfahrens genutzten Postfach- und Versanddienst eines Nutzerkontos im Sinne des § 2 Absatz 5 des Onlinezugangsgesetzes und der elektronischen Poststelle des Gerichts,]
6. sonstige bundeseinheitliche Übermittlungswege, die durch Rechtsverordnung der Bundesregierung mit Zustimmung des Bundesrates festgelegt werden, bei denen die Authentizität und Integrität der Daten sowie die Barrierefreiheit gewährleistet sind.

[***ab 1.1.2022:*** [2]Das Nähere zu den Übermittlungswegen gemäß Satz 1 Nummer 3 bis 5 regelt die Rechtsverordnung nach Absatz 2 Satz 2.]

---

[1] § 52a Abs. 3 Satz 2 angef. mWv 1.1.2020 durch G v. 12.12.2019 (BGBl. I S. 2633).

[2] § 52a Abs. 4 Nr. 2 neu gef. mWv 1.8.2022 durch G v. 7.7.2021 (BGBl. I S. 2363); Nr. 3 geänd.; Nrn. 4 und 5 eingef., bish. Nr. 4 wird Nr. 6, Satz 2 angef., bish. Wortlaut von Abs. 4 wird Satz 1 mWv 1.1.2022 durch G v. 5.10.2021 (BGBl. I S. 4607).

(5) [1] Ein elektronisches Dokument ist eingegangen, sobald es auf der für den Empfang bestimmten Einrichtung des Gerichts gespeichert ist. [2] Dem Absender ist eine automatisierte Bestätigung über den Zeitpunkt des Eingangs zu erteilen. [3] Die Vorschriften dieses Gesetzes über die Beifügung von Abschriften für die übrigen Beteiligten finden keine Anwendung.

(6) [1] Ist ein elektronisches Dokument für das Gericht zur Bearbeitung nicht geeignet, ist dies dem Absender unter Hinweis auf die Unwirksamkeit des Eingangs unverzüglich mitzuteilen. [2] Das Dokument gilt als zum Zeitpunkt der früheren Einreichung eingegangen, sofern der Absender es unverzüglich in einer für das Gericht zur Bearbeitung geeigneten Form nachreicht und glaubhaft macht, dass es mit dem zuerst eingereichten Dokument inhaltlich übereinstimmt.

(7) [1] Soweit eine handschriftliche Unterzeichnung durch den Richter oder den Urkundsbeamten der Geschäftsstelle vorgeschrieben ist, genügt dieser Form die Aufzeichnung als elektronisches Dokument, wenn die verantwortenden Personen am Ende des Dokuments ihren Namen hinzufügen und das Dokument mit einer qualifizierten elektronischen Signatur versehen ist. [2] Der in Satz 1 genannten Form genügt auch ein elektronisches Dokument, in welches das handschriftlich unterzeichnete Schriftstück gemäß § 52b Absatz 6 Satz 4 übertragen worden ist.

§ 52b [Elektronisch geführte Prozessakten]

[Fassung ab 13.7.2017:][1)]

(1) [1] Die Prozessakten können elektronisch geführt werden. [2] Die Bundesregierung und die Landesregierungen bestimmen jeweils für ihren Bereich durch Rechtsverordnung[2)] den Zeitpunkt, von dem an die Prozessakten elektronisch geführt werden. [3] In der Rechtsverordnung[2)] sind die organisatorisch-technischen Rahmenbedingungen für die Bildung, Führung und Verwahrung der elektronischen Akten festzulegen. [4] Die Landesregierungen können die Ermächtigung auf die für die Finanzgerichtsbarkeit zuständigen obersten Landesbehörden übertragen. [5] Die Zulassung der elektronischen Akte kann auf einzelne Gerichte oder Verfahren beschränkt werden; wird von dieser Möglichkeit Gebrauch gemacht, kann in der Rechtsverord-

---

[1)] § 52b Abs. 1 Satz 5 Hs. 2 angef. mWv 13.7.2017, Abs. 1a eingef. mWv 1.1.2018 durch G v. 5.7.2017 (BGBl. I S. 2208).

[2)] Nr. **802a**.

[Fassung ab 13.7.2017:][1]

nung[2] bestimmt werden, dass durch Verwaltungsvorschrift, die öffentlich bekanntzumachen ist, geregelt wird, in welchen Verfahren die Prozessakten elektronisch zu führen sind. [6]Die Rechtsverordnung[2] der Bundesregierung bedarf nicht der Zustimmung des Bundesrates.

[ab 1.1.2018–31.12.2025:][3]

(1a) [1]Die Prozessakten werden ab dem 1. Januar 2026 elektronisch geführt. [2]Die Bundesregierung und die Landesregierungen bestimmen jeweils für ihren Bereich durch Rechtsverordnung[2] die organisatorischen und dem Stand der Technik entsprechenden technischen Rahmenbedingungen für die Bildung, Führung und Verwahrung der elektronischen Akten einschließlich der einzuhaltenden Anforderungen der Barrierefreiheit. [3]Die Bundesregierung und die Landesregierungen können jeweils für ihren Bereich durch Rechtsverordnung[2] bestimmen, dass Akten, die in Papierform angelegt wurden, in Papierform weitergeführt werden. [4]Die Landesregierungen können die Ermächtigungen nach den Sätzen 2 und 3 auf die für die Finanzgerichtsbarkeit zuständigen obersten Landesbehörden übertragen. [5]Die Rechtsverordnungen der Bundesregierung bedürfen nicht der Zustimmung des Bundesrates.

[Fassung ab 1.1.2026:][3]

(1) [1]Die Prozessakten werden elektronisch geführt. [2]Die Bundesregierung und die Landesregierungen bestimmen jeweils für ihren Bereich durch Rechtsverordnung[2] die organisatorischen und dem Stand der Technik entsprechenden technischen Rahmenbedingungen für die Bildung, Führung und Verwahrung der elektronischen Akten einschließlich der einzuhaltenden Anforderungen der Barrierefreiheit. [3]Die Bundesregierung und die Landesregierungen können jeweils für ihren Bereich durch Rechtsverordnung[2] bestimmen, dass Akten, die in Papierform angelegt wurden, in Papierform weitergeführt werden. [4]Die Landesregierungen können die Ermächtigungen nach den Sätzen 2 und 3 auf die für die Finanzgerichtsbarkeit zuständigen obersten Landesbehörden übertragen. [5]Die Rechtsverordnungen der Bundesregierung bedürfen nicht der Zustimmung des Bundesrates.

(2)[4] [1]Werden die Akten in Papierform geführt, ist von einem elektronischen Dokument ein Ausdruck für die Akten zu fertigen. [2]Kann dies bei Anlagen zu vorbereitenden Schriftsätzen nicht oder nur mit unverhältnismäßigem

---

[1] § 52b Abs. 1 Satz 5 Hs. 2 angef. mWv 13.7.2017, Abs. 1a eingef. mWv 1.1.2018 durch G v. 5.7.2017 (BGBl. I S. 2208).

[2] Nr. **802a**.

[3] § 52b Abs. 1 aufgeh., bish. Abs. 1a wird Abs. 1 und Satz 1 geänd. mWv 1.1.2026 durch G v. 5.7.2017 (BGBl. I S. 2208).

[4] § 52b Abs. 2 bis 6 neu gef. mWv 1.1.2018 durch G v. 10.10.2013 (BGBl. I S. 3786); Abs. 6 neu gef. mWv 1.1.2018 durch G v. 5.7.2017 (BGBl. I S. 2208).

Aufwand erfolgen, so kann ein Ausdruck unterbleiben. [3]Die Daten sind in diesem Fall dauerhaft zu speichern; der Speicherort ist aktenkundig zu machen.

(3)[1)] Ist das elektronische Dokument auf einem sicheren Übermittlungsweg eingereicht, so ist dies aktenkundig zu machen.

(4)[1)] Wird das elektronische Dokument mit einer qualifizierten elektronischen Signatur versehen und nicht auf einem sicheren Übermittlungsweg eingereicht, muss der Ausdruck einen Vermerk darüber enthalten,

1. welches Ergebnis die Integritätsprüfung des Dokumentes ausweist,
2. wen die Signaturprüfung als Inhaber der Signatur ausweist,
3. welchen Zeitpunkt die Signaturprüfung für die Anbringung der Signatur ausweist.

(5)[1)] Ein eingereichtes elektronisches Dokument kann im Falle von Absatz 2 nach Ablauf von sechs Monaten gelöscht werden.

(6)[1)] [1]Werden die Prozessakten elektronisch geführt, sind in Papierform vorliegende Schriftstücke und sonstige Unterlagen nach dem Stand der Technik zur Ersetzung der Urschrift in ein elektronisches Dokument zu übertragen. [2]Es ist sicherzustellen, dass das elektronische Dokument mit den vorliegenden Schriftstücken und sonstigen Unterlagen bildlich und inhaltlich übereinstimmt. [3]Das elektronische Dokument ist mit einem Übertragungsnachweis zu versehen, der das bei der Übertragung angewandte Verfahren und die bildliche und inhaltliche Übereinstimmung dokumentiert. [4]Wird ein von den verantwortenden Personen handschriftlich unterzeichnetes gerichtliches Schriftstück übertragen, ist der Übertragungsnachweis mit einer qualifizierten elektronischen Signatur des Urkundsbeamten der Geschäftsstelle zu versehen. [5]Die in Papierform vorliegenden Schriftstücke und sonstigen Unterlagen können sechs Monate nach der Übertragung vernichtet werden, sofern sie nicht rückgabepflichtig sind.

§ 52c[2)] Formulare; Verordnungsermächtigung. [1]Das Bundesministerium der Justiz und für Verbraucherschutz[3)] kann durch Rechtsverordnung mit Zustimmung des Bundesrates elektronische Formulare einführen. [2]Die Rechtsverordnung kann bestimmen, dass die in den Formularen enthaltenen Angaben ganz oder teilweise in strukturierter maschinenlesbarer Form zu übermitteln sind. [3]Die Formulare sind auf einer in der Rechtsverordnung zu bestimmenden Kommunikationsplattform im Internet zur Nutzung bereitzustellen. [4]Die Rechtsverordnung kann bestimmen, dass eine Identifikation des Formularverwenders abweichend von § 52a Absatz 3 auch durch Nutzung des elektronischen Identitätsnachweises nach § 18 des Personal-

---

[1)] § 52b Abs. 2 bis 6 neu gef. mWv 1.1.2018 durch G v. 10.10.2013 (BGBl. I S. 3786); Abs. 6 neu gef. mWv 1.1.2018 durch G v. 5.7.2017 (BGBl. I S. 2208).

[2)] § 52c eingef. mWv 1.7.2014 durch G v. 10.10.2013 (BGBl. I S. 3786); Satz 4 geänd. mWv 1.11.2019 durch G v. 21.6.2019 (BGBl. I S. 846).

[3)] Bezeichnung geänd. durch VO v. 31.8.2015 (BGBl. I S. 1474).

ausweisgesetzes [***künftige Fassung:*** , § 12 des eID-Karte-Gesetzes][1)] oder § 78 Absatz 5 des Aufenthaltsgesetzes erfolgen kann.

[*ab 1.1.2022:*

§ 52d[2)] Nutzungspflicht für Rechtsanwälte, Behörden und vertretungsberechtigte *Personen* (*ab 1.1.2026:* Bevollmächtigte). [1] Vorbereitende Schriftsätze und deren Anlagen sowie schriftlich einzureichende Anträge und Erklärungen, die durch einen Rechtsanwalt, durch eine Behörde oder durch eine juristische Person des öffentlichen Rechts einschließlich der von ihr zur Erfüllung ihrer öffentlichen Aufgaben gebildeten Zusammenschlüsse eingereicht werden, sind als elektronisches Dokument zu übermitteln. [2] Gleiches gilt für die nach diesem Gesetz vertretungsberechtigten Personen (***ab 1.1.2026:*** und Bevollmächtigten), für die ein sicherer Übermittlungsweg nach § 52a Absatz 4 Satz 1 Nummer 2 (***ab 1.1.2026:*** oder Nummer 4) zur Verfügung steht (***ab 1.1.2026:*** ; ausgenommen sind nach § 62 Absatz 2 Satz 2 Nummer 1 Halbsatz 1 oder Nummer 2 vertretungsbefugte Personen). [3] Ist eine Übermittlung aus technischen Gründen vorübergehend nicht möglich, bleibt die Übermittlung nach den allgemeinen Vorschriften zulässig. [4] Die vorübergehende Unmöglichkeit ist bei der Ersatzeinreichung oder unverzüglich danach glaubhaft zu machen; auf Anforderung ist ein elektronisches Dokument nachzureichen.]

§ 53 [Zustellung] (1) Anordnungen und Entscheidungen, durch die eine Frist in Lauf gesetzt wird, sowie Terminbestimmungen und Ladungen sind den Beteiligten zuzustellen, bei Verkündung jedoch nur, wenn es ausdrücklich vorgeschrieben ist.

(2) Zugestellt wird von Amts wegen nach den Vorschriften der Zivilprozessordnung[3)].

(3) [1] Wer seinen Wohnsitz oder seinen Sitz nicht im Geltungsbereich dieses Gesetzes hat, hat auf Verlangen einen Zustellungsbevollmächtigten zu bestellen. [2] Geschieht dies nicht, so gilt eine Sendung mit der Aufgabe zur Post als zugestellt, selbst wenn sie als unbestellbar zurückkommt.

§ 54 [Beginn des Laufs von Fristen] (1) Der Lauf einer Frist beginnt, soweit nichts anderes bestimmt ist, mit der Bekanntgabe des Verwaltungsakts oder der Entscheidung oder mit dem Zeitpunkt, an dem die Bekanntgabe als bewirkt gilt.

[1)] **[Amtl. und red. Anm.:]** Die Änderung d. Art. 6 Abs. 1 G v. 21.6.2019 I 846 (Verschiebung d. Inkrafttretens zum 1.11.2020) durch Art. 154a Nr. 3 Buchst. a G v. 20.11.2019 I 1626 mWv 26.11.2019 ist nicht ausführbar, da Art. 5 d. G v. 21.6.2019 I 846 zum Zeitpunkt d. Inkrafttretens d. G v. 20.11.2019 I 1626 bereits mWv 1.11.2019 in Kraft getreten war. An einer Korrektur wird gearbeitet.

[2)] § 52d eingef. **mWv 1.1.2022** durch G v. 10.10.2013 (BGBl. I S. 3786); Satz 2 Verweis geänd. mWv 1.1.2022, Überschrift und Satz 2 geänd. und 2. HS angef. mWv 1.1.2026 durch G v. 5.10.2021 (BGBl. I S. 4607).

[3)] § 53 Abs. 2 Verweis geänd. mWv 1.7.2002 durch G v. 25.6.2001 (BGBl. I S. 1206).

(2) Für die Fristen gelten die Vorschriften der §§ 222, 224 Abs. 2 und 3, §§ 225 und 226 der Zivilprozessordnung[1].

§ 55[2), 3)] **[Belehrung über Frist]** (1) Die Frist für einen Rechtsbehelf beginnt nur zu laufen, wenn der Beteiligte über den Rechtsbehelf, die Behörde oder das Gericht, bei denen der Rechtsbehelf anzubringen ist, den Sitz und die einzuhaltende Frist schriftlich oder elektronisch belehrt worden ist.

(2) [1] Ist die Belehrung unterblieben oder unrichtig erteilt, so ist die Einlegung des Rechtsbehelfs nur innerhalb eines Jahres seit Bekanntgabe im Sinne des § 54 Abs. 1 zulässig, es sei denn, dass die Einlegung vor Ablauf der Jahresfrist infolge höherer Gewalt unmöglich war oder eine schriftliche oder elektronische Belehrung dahin erfolgt ist, dass ein Rechtsbehelf nicht gegeben sei. [2] § 56 Abs. 2 gilt für den Fall höherer Gewalt sinngemäß.

§ 56[4)] **[Wiedereinsetzung in den vorigen Stand]** (1) Wenn jemand ohne Verschulden verhindert war, eine gesetzliche Frist einzuhalten, so ist ihm auf Antrag Wiedereinsetzung in den vorigen Stand zu gewähren.

(2) [1] Der Antrag ist binnen zwei Wochen nach Wegfall des Hindernisses zu stellen; bei Versäumung der Frist zur Begründung der Revision oder der Nichtzulassungsbeschwerde beträgt die Frist einen Monat. [2] Die Tatsachen zur Begründung des Antrags sind bei der Antragstellung oder im Verfahren über den Antrag glaubhaft zu machen. [3] Innerhalb der Antragsfrist ist die versäumte Rechtshandlung nachzuholen. [4] Ist dies geschehen, so kann Wiedereinsetzung auch ohne Antrag gewährt werden.

(3) Nach einem Jahr seit dem Ende der versäumten Frist kann Wiedereinsetzung nicht mehr beantragt oder ohne Antrag bewilligt werden, außer wenn der Antrag vor Ablauf der Jahresfrist infolge höherer Gewalt unmöglich war.

(4) Über den Antrag auf Wiedereinsetzung entscheidet das Gericht, das über die versäumte Rechtshandlung zu befinden hat.

(5) Die Wiedereinsetzung ist unanfechtbar.

§ 57 [Am Verfahren Beteiligte] Beteiligte am Verfahren sind

1. der Kläger,
2. der Beklagte,
3. der Beigeladene,
4. die Behörde, die dem Verfahren beigetreten ist (§ 122 Abs. 2).

---

1) **Schönfelder** Nr. **100**.
2) Abweichend hierzu siehe Art. 97 § 18a EGAO (Nr. **800a**).
3) § 55 Abs. 1 neu gef., Abs. 2 Satz 1 ergänzt mWv 1.4.2005 durch G v. 22.3.2005 (BGBl. I S. 837).
4) § 56 Abs. 2 Satz 1 HS 2 eingef. mWv 1.9.2004 durch G v. 24.8.2004 (BGBl. I S. 2198).

§ 58 [Prozessfähigkeit] (1) Fähig zur Vornahme von Verfahrenshandlungen sind

1. die nach dem bürgerlichen Recht Geschäftsfähigen,
2. die nach dem bürgerlichen Recht in der Geschäftsfähigkeit Beschränkten, soweit sie durch Vorschriften des bürgerlichen oder öffentlichen Rechts für den Gegenstand des Verfahrens als geschäftsfähig anerkannt sind.

(2) [1] Für rechtsfähige und nichtrechtsfähige Personenvereinigungen, für Personen, die geschäftsunfähig oder in der Geschäftsfähigkeit beschränkt sind, für alle Fälle der Vermögensverwaltung und für andere einer juristischen Person ähnliche Gebilde, die als solche der Besteuerung unterliegen, sowie bei Wegfall eines Steuerpflichtigen handeln die nach dem bürgerlichen Recht dazu befugten Personen. [2] Die §§ 53 bis 58 der Zivilprozessordnung[1)] gelten sinngemäß.

(3)[2)] Betrifft ein Einwilligungsvorbehalt nach *§ 1903* [***ab 1.1.2023:*** § 1825] des Bürgerlichen Gesetzbuchs[3)] den Gegenstand des Verfahrens, so ist ein geschäftsfähiger Betreuter nur insoweit zur Vornahme von Verfahrenshandlungen fähig, als er nach den Vorschriften des bürgerlichen Rechts ohne Einwilligung des Betreuers handeln kann oder durch Vorschriften des öffentlichen Rechts als handlungsfähig anerkannt ist.

§ 59 [Streitgenossenschaft] Die Vorschriften der §§ 59 bis 63 der Zivilprozessordnung[1)] über die Streitgenossenschaft sind sinngemäß anzuwenden.

§ 60 [Beiladungen] (1) [1] Das Finanzgericht kann von Amts wegen oder auf Antrag andere beiladen, deren rechtliche Interessen nach den Steuergesetzen durch die Entscheidung berührt werden, insbesondere solche, die nach den Steuergesetzen neben dem Steuerpflichtigen haften. [2] Vor der Beiladung ist der Steuerpflichtige zu hören, wenn er am Verfahren beteiligt ist.

(2) Wird eine Abgabe für einen anderen Abgabenberechtigten verwaltet, so kann dieser nicht deshalb beigeladen werden, weil seine Interessen als Abgabenberechtigter durch die Entscheidung berührt werden.

(3) [1] Sind an dem streitigen Rechtsverhältnis Dritte derart beteiligt, dass die Entscheidung auch ihnen gegenüber nur einheitlich ergehen kann, so sind sie beizuladen (notwendige Beiladung). [2] Dies gilt nicht für Mitberechtigte, die nach § 48 nicht klagebefugt sind.

(4) [1] Der Beiladungsbeschluss ist allen Beteiligten zuzustellen. [2] Dabei sollen der Stand der Sache und der Grund der Beiladung angegeben werden.

(5) Die als Mitberechtigte Beigeladenen können aufgefordert werden, einen gemeinsamen Zustellungsbevollmächtigten zu benennen.

[1)] **Schönfelder** Nr. **100**.
[2)] § 58 Abs. 3 geänd. mWv 1.1.2023 durch G v. 4.5.2021 (BGBl. I S. 882).
[3)] **Schönfelder** Nr. **20**.

(6) [1]Der Beigeladene kann innerhalb der Anträge eines als Kläger oder Beklagter Beteiligten selbständig Angriffs- und Verteidigungsmittel geltend machen und alle Verfahrenshandlungen wirksam vornehmen. [2]Abweichende Sachanträge kann er nur stellen, wenn eine notwendige Beiladung vorliegt.

§ 60a[1)] **[Begrenzung der Beiladung]** [1]Kommt nach § 60 Abs. 3 die Beiladung von mehr als 50 Personen in Betracht, kann das Gericht durch Beschluss anordnen, dass nur solche Personen beigeladen werden, die dies innerhalb einer bestimmten Frist beantragen. [2]Der Beschluss ist unanfechtbar. [3]Er ist im Bundesanzeiger bekannt zu machen. [4]Er muss außerdem in Tageszeitungen veröffentlicht werden, die in dem Bereich verbreitet sind, in dem sich die Entscheidung voraussichtlich auswirken wird. [5]Die Bekanntmachung kann zusätzlich in einem von dem Gericht für Bekanntmachungen bestimmten Informations- und Kommunikationssystem erfolgen. [6]Die Frist muss mindestens drei Monate seit Veröffentlichung im Bundesanzeiger betragen. [7]In der Veröffentlichung in Tageszeitungen ist mitzuteilen, an welchem Tage die Frist abläuft. [8]Für die Wiedereinsetzung in den vorigen Stand wegen Versäumung der Frist gilt § 56 entsprechend. [9]Das Gericht soll Personen, die von der Entscheidung erkennbar in besonderem Maße betroffen werden, auch ohne Antrag beiladen.

§ 61. (weggefallen)

§ 62[2)] **[Bevollmächtigte und Beistände]** (1) Die Beteiligten können vor dem Finanzgericht den Rechtsstreit selbst führen.

(2)[3)] [1]Die Beteiligten können sich durch einen Rechtsanwalt, Steuerberater, Steuerbevollmächtigten, Wirtschaftsprüfer oder vereidigten Buchprüfer als Bevollmächtigten vertreten lassen; zur Vertretung berechtigt sind auch Gesellschaften im Sinne des § 3 Nr. 2 und 3 des Steuerberatungsgesetzes,[4)] die durch solche Personen handeln. [2]Darüber hinaus sind als Bevollmächtigte vor dem Finanzgericht vertretungsbefugt nur

1. Beschäftigte des Beteiligten oder eines mit ihm verbundenen Unternehmens (§ 15 des Aktiengesetzes); Behörden und juristische Personen des öffentlichen Rechts einschließlich der von ihnen zur Erfüllung ihrer öffentlichen Aufgaben gebildeten Zusammenschlüsse können sich auch durch Beschäftigte anderer Behörden oder juristischer Personen des öffentlichen Rechts einschließlich der von ihnen zur Erfüllung ihrer öffentlichen Aufgaben gebildeten Zusammenschlüsse vertreten lassen,
2. volljährige Familienangehörige (§ 15 der Abgabenordnung, § 11 des Lebenspartnerschaftsgesetzes), Personen mit Befähigung zum Richteramt und

---

[1)] § 60a Sätze 3 und 6 geänd., Satz 5 eingef. mWv 1.4.2005 durch G v. 22.3.2005 (BGBl. I S. 837, ber. 2022).

[2)] § 62 neu gef. durch G v. 12.12.2007 (BGBl. I S. 2840).

[3)] § 62 *Abs. 2 Satz 2 Nr. 3* Verweis geänd. mWv 5.8.2009 durch G v. 30.7.2009 (BGBl. I S. 2449); Abs. 2 Satz 2 Nr. 3a eingef. mWv 1.8.2022 durch G v. 7.7.2021 (BGBl. I S. 2363).

[4)] Nr. **840**.

Streitgenossen, wenn die Vertretung nicht im Zusammenhang mit einer entgeltlichen Tätigkeit steht,

3.[1] Personen und Vereinigungen im Sinne des § 3a des Steuerberatungsgesetzes[2] im Rahmen ihrer Befugnisse nach § 3a des Steuerberatungsgesetzes,

[***ab 1.8.2022:***
3a.[3] zu beschränkter geschäftsmäßiger Hilfeleistung in Steuersachen nach den §§ 3d und 3e des Steuerberatungsgesetzes berechtigte Personen im Rahmen dieser Befugnisse,]

4. landwirtschaftliche Buchstellen im Rahmen ihrer Befugnisse nach § 4 Nr. 8 des Steuerberatungsgesetzes,

5. Lohnsteuerhilfevereine im Rahmen ihrer Befugnisse nach § 4 Nr. 11 des Steuerberatungsgesetzes,

6. Gewerkschaften und Vereinigungen von Arbeitgebern sowie Zusammenschlüsse solcher Verbände für ihre Mitglieder oder für andere Verbände oder Zusammenschlüsse mit vergleichbarer Ausrichtung und deren Mitglieder,

7. juristische Personen, deren Anteile sämtlich im wirtschaftlichen Eigentum einer der in Nummer 6 bezeichneten Organisationen stehen, wenn die juristische Person ausschließlich die Rechtsberatung und Prozessvertretung dieser Organisation und ihrer Mitglieder oder anderer Verbände oder Zusammenschlüsse mit vergleichbarer Ausrichtung und deren Mitglieder entsprechend deren Satzung durchführt, und wenn die Organisation für die Tätigkeit der Bevollmächtigten haftet.

[3] Bevollmächtigte, die keine natürlichen Personen sind, handeln durch ihre Organe und mit der Prozessvertretung beauftragten Vertreter.

(3) [1] Das Gericht weist Bevollmächtigte, die nicht nach Maßgabe des Absatzes 2 vertretungsbefugt sind, durch unanfechtbaren Beschluss zurück. [2] Prozesshandlungen eines nicht vertretungsbefugten Bevollmächtigten und Zustellungen oder Mitteilungen an diesen Bevollmächtigten sind bis zu seiner Zurückweisung wirksam. [3] Das Gericht kann den in Absatz 2 Satz 2 bezeichneten Bevollmächtigten durch unanfechtbaren Beschluss die weitere Vertretung untersagen, wenn sie nicht in der Lage sind, das Sach- und Streitverhältnis sachgerecht darzustellen.

(4) [1] Vor dem Bundesfinanzhof müssen sich die Beteiligten durch Prozessbevollmächtigte vertreten lassen. [2] Dies gilt auch für Prozesshandlungen, durch die ein Verfahren vor dem Bundesfinanzhof eingeleitet wird. [3] Als Bevollmächtigte sind nur die in Absatz 2 Satz 1 bezeichneten Personen und Gesellschaften zugelassen. [4] Behörden und juristische Personen des öffentlichen Rechts einschließlich der von ihnen zur Erfüllung ihrer öffentlichen Aufgaben gebildeten Zusammenschlüsse können sich durch eigene Beschäftigte mit Be-

---

[1] § 62 Abs. 2 Satz 2 Nr. 3 Verweis geänd. mWv 5.8.2009 durch G v. 30.7.2009 (BGBl. I S. 2449).
[2] Nr. **840**.
[3] § 62 Abs. 2 Satz 2 Nr. 3a eingef. mWv 1.8.2022 durch G v. 7.7.2021 (BGBl. I S. 2363).

fähigung zum Richteramt oder durch Beschäftigte mit Befähigung zum Richteramt anderer Behörden oder juristischer Personen des öffentlichen Rechts einschließlich der von ihnen zur Erfüllung ihrer öffentlichen Aufgaben gebildeten Zusammenschlüsse vertreten lassen. [5]Ein Beteiligter, der nach Maßgabe des Satzes 3 zur Vertretung berechtigt ist, kann sich selbst vertreten.

(5) [1]Richter dürfen nicht als Bevollmächtigte vor dem Gericht auftreten, dem sie angehören. [2]Ehrenamtliche Richter dürfen, außer in den Fällen des Absatzes 2 Satz 2 Nr. 1, nicht vor einem Spruchkörper auftreten, dem sie angehören. [3]Absatz 3 Satz 1 und 2 gilt entsprechend.

(6) [1]Die Vollmacht ist schriftlich zu den Gerichtsakten einzureichen. [2]Sie kann nachgereicht werden; hierfür kann das Gericht eine Frist bestimmen. [3]Der Mangel der Vollmacht kann in jeder Lage des Verfahrens geltend gemacht werden. [4]Das Gericht hat den Mangel der Vollmacht von Amts wegen

(Fortsetzung nächste Seite)

805. Verwaltungszustellungsgesetz (VwZG)

Vom 12. August 2005 (BGBl. I S. 2354)[1) · 2)]

Geändert durch Gesetz zur Modernisierung des GmbH-Rechts und zur Bekämpfung von Missbräuchen vom 23.10.2008 (BGBl. I S. 2026), Viertes Gesetz zur Änderung verwaltungsverfahrensrechtlicher Vorschriften vom 11.12.2008 (BGBl. I S. 2418), Gesetz zur Regelung von De-Mail-Diensten und zur Änderung weiterer Vorschriften vom 28.4.2011 (BGBl. I S. 666), Gesetz zur Änderung von Vorschriften über Verkündung und Bekanntmachungen sowie der Zivilprozessordnung, des Gesetzes betreffend die Einführung der Zivilprozessordnung und der Abgabenordnung vom 22.12.2011 (BGBl. I S. 3044), Gesetz zur Förderung des elektronischen Rechtsverkehrs mit den Gerichten vom 10.10.2013 (BGBl. I S. 3786), Gesetz zur Durchführung der Verordnung (EU) Nr. 910/2014 des Europäischen Parlaments und des Rates vom 23. Juli 2014 über elektronische Identifizierung und Vertrauensdienste für elektronische Transaktionen im Binnenmarkt und zur Aufhebung der Richtlinie 1999/93/EG (eIDAS-Durchführungsgesetz) vom 18.7.2017 (BGBl. I S. 2745), Gesetz zur Reform des Vormundschafts- und Betreuungsrechts vom 4.5.2021 (BGBl. I S. 882), Gesetz zur Neuregelung des Berufsrechts der anwaltlichen und steuerberatenden Berufsausübungsgesellschaften sowie zur Änderung weiterer Vorschriften im Bereich der rechtsberatenden Berufe vom 7.7.2021 (BGBl. I S. 2363) und Gesetz zur Modernisierung des Personengesellschaftsrechts (Personengesellschaftsrechtsmodernsierungsgesetz – MoPeG) vom 10.8.2021 (BGBl. I S. 3436)

BGBl. III/FNA 201-9

§ 1 Anwendungsbereich. (1) Die Vorschriften dieses Gesetzes gelten für das Zustellungsverfahren der Bundesbehörden, der bundesunmittelbaren Körperschaften, Anstalten und Stiftungen des öffentlichen Rechts und der Landesfinanzbehörden.

(2) Zugestellt wird, soweit dies durch Rechtsvorschrift oder behördliche Anordnung bestimmt ist.

§ 2[3)] Allgemeines. (1) Zustellung ist die Bekanntgabe eines schriftlichen oder elektronischen Dokuments in der in diesem Gesetz bestimmten Form.

(2) [1]Die Zustellung wird durch einen Erbringer von Postdienstleistungen (Post), einem nach § 17 des De-Mail-Gesetzes akkreditierten Diensteanbieter oder durch die Behörde ausgeführt. [2]Daneben gelten die in den §§ 9 und 10 geregelten Sonderarten der Zustellung.

(3) [1]Die Behörde hat die Wahl zwischen den einzelnen Zustellungsarten. [2]§ 5 Absatz 5 Satz 2 bleibt unberührt.

§ 3 Zustellung durch die Post mit Zustellungsurkunde. (1) Soll durch die Post mit Zustellungsurkunde zugestellt werden, übergibt die Behörde der Post den Zustellungsauftrag, das zuzustellende Dokument in einem verschlossenen Umschlag und einen vorbereiteten Vordruck einer Zustellungsurkunde.

(2) [1]Für die Ausführung der Zustellung gelten die §§ 177 bis 182 der Zivilprozessordnung entsprechend. [2]Im Fall des § 181 Abs. 1 der Zivilprozessord-

---

[1)] Das Verwaltungszustellungsgesetz ist als Art. 1 des Gesetzes zur Novellierung des Verwaltungszustellungsrechts v. 12.8.2005 (BGBl. I S. 2354) verkündet worden.

[2)] **In Kraft ab 1.2.2006.**

[3)] § 2 Abs. 3 Satz 2 angef. mWv 18.12.2008 durch G v. 11.12.2008 (BGBl. I S. 2418); Abs. 2 Satz 1 geänd., Abs. 3 Satz 2 neu gef. mWv 3.5.2011 durch G v. 28.4.2011 (BGBl. I S. 666).

nung kann das zuzustellende Dokument bei einer von der Post dafür bestimmten Stelle am Ort der Zustellung oder am Ort des Amtsgerichts, in dessen Bezirk der Ort der Zustellung liegt, niedergelegt werden oder bei der Behörde, die den Zustellungsauftrag erteilt hat, wenn sie ihren Sitz an einem der vorbezeichneten Orte hat. 3 Für die Zustellungsurkunde, den Zustellungsauftrag, den verschlossenen Umschlag nach Absatz 1 und die schriftliche Mitteilung nach § 181 Abs. 1 Satz 3 der Zivilprozessordnung sind die Vordrucke nach der Zustellungsvordruckverordnung zu verwenden.

§ 4 Zustellung durch die Post mittels Einschreiben. (1) Ein Dokument kann durch die Post mittels Einschreiben durch Übergabe oder mittels Einschreiben mit Rückschein zugestellt werden.

(2) 1 Zum Nachweis der Zustellung genügt der Rückschein. 2 Im Übrigen gilt das Dokument am dritten Tag nach der Aufgabe zur Post als zugestellt, es sei denn, dass es nicht oder zu einem späteren Zeitpunkt zugegangen ist. 3 Im Zweifel hat die Behörde den Zugang und dessen Zeitpunkt nachzuweisen. 4 Der Tag der Aufgabe zur Post ist in den Akten zu vermerken.

§ 5[1] Zustellung durch die Behörde gegen Empfangsbekenntnis; elektronische Zustellung. (1) 1 Bei der Zustellung durch die Behörde händigt der zustellende Bedienstete das Dokument dem Empfänger in einem verschlossenen Umschlag aus. 2 Das Dokument kann auch offen ausgehändigt werden, wenn keine schutzwürdigen Interessen des Empfängers entgegenstehen. 3 Der Empfänger hat ein mit dem Datum der Aushändigung versehenes Empfangsbekenntnis zu unterschreiben. 4 Der Bedienstete vermerkt das Datum der Zustellung auf dem Umschlag des auszuhändigenden Dokuments oder bei offener Aushändigung auf dem Dokument selbst.

(2) 1 Die §§ 177 bis 181 der Zivilprozessordnung sind anzuwenden. 2 Zum Nachweis der Zustellung ist in den Akten zu vermerken:

1. im Fall der Ersatzzustellung in der Wohnung, in Geschäftsräumen und Einrichtungen nach § 178 der Zivilprozessordnung der Grund, der diese Art der Zustellung rechtfertigt,
2. im Fall der Zustellung bei verweigerter Annahme nach § 179 der Zivilprozessordnung, wer die Annahme verweigert hat und dass das Dokument am Ort der Zustellung zurückgelassen oder an den Absender zurückgesandt wurde sowie der Zeitpunkt und der Ort der verweigerten Annahme,
3. in den Fällen der Ersatzzustellung nach den §§ 180 und 181 der Zivilprozessordnung der Grund der Ersatzzustellung sowie wann und wo das Dokument in einen Briefkasten eingelegt oder sonst niedergelegt und in welcher Weise die Niederlegung schriftlich mitgeteilt wurde.

3 Im Fall des § 181 Abs. 1 der Zivilprozessordnung kann das zuzustellende Dokument bei der Behörde, die den Zustellungsauftrag erteilt hat, niedergelegt werden, wenn diese Behörde ihren Sitz am Ort der Zustellung oder am Ort des Amtsgerichts hat, in dessen Bezirk der Ort der Zustellung liegt.

---

[1] § 5 Überschr. geänd. mWv 3.5.2011 durch G v. 28.4.2011 (BGBl. I S. 666).

(3) [1]Zur Nachtzeit, an Sonntagen und allgemeinen Feiertagen darf nach den Absätzen 1 und 2 im Inland nur mit schriftlicher oder elektronischer Erlaubnis des Behördenleiters zugestellt werden. [2]Die Nachtzeit umfasst die Stunden von 21 bis 6 Uhr. [3]Die Erlaubnis ist bei der Zustellung abschriftlich mitzuteilen. [4]Eine Zustellung, bei der diese Vorschriften nicht beachtet sind, ist wirksam, wenn die Annahme nicht verweigert wird.

(4)[1)] Das Dokument kann an Behörden, Körperschaften, Anstalten und Stiftungen des öffentlichen Rechts, an Rechtsanwälte, Patentanwälte, Notare, Steuerberater, Steuerbevollmächtigte, Wirtschaftsprüfer, vereidigte Buchprüfer, *Steuerberatungsgesellschaften* [***ab 1.8.2022:*** Berufsausübungsgesellschaften im Sinne der Bundesrechtsanwaltsordnung, der Patentanwaltsordnung und des Steuerberatungsgesetzes], Wirtschaftsprüfungsgesellschaften und Buchprüfunggesellschaften auch auf andere Weise, auch elektronisch, gegen Empfangsbekenntnis zugestellt werden.

(5)[2)] [1]Ein elektronisches Dokument kann im Übrigen unbeschadet des Absatzes 4 elektronisch zugestellt werden, soweit der Empfänger hierfür einen Zugang eröffnet. [2]Es ist elektronisch zuzustellen, wenn auf Grund einer Rechtsvorschrift ein Verfahren auf Verlangen des Empfängers in elektronischer Form abgewickelt wird. [3]Für die Übermittlung ist das Dokument mit einer qualifizierten elektronischen Signatur zu versehen und gegen unbefugte Kenntnisnahme Dritter zu schützen.

(6)[2)] [1]Bei der elektronischen Zustellung ist die Übermittlung mit dem Hinweis „Zustellung gegen Empfangsbekenntnis“ einzuleiten. [2]Die Übermittlung muss die absendende Behörde, den Namen und die Anschrift des Zustellungsadressaten sowie den Namen des Bediensteten erkennen lassen, der das Dokument zur Übermittlung aufgegeben hat.

(7)[2)] [1]Zum Nachweis der Zustellung nach den Absätzen 4 und 5 genügt das mit Datum und Unterschrift versehene Empfangsbekenntnis, das an die Behörde durch die Post oder elektronisch zurückzusenden ist. [2]Ein elektronisches Dokument gilt in den Fällen des Absatzes 5 Satz 2 am dritten Tag nach der Absendung an den vom Empfänger hierfür eröffneten Zugang als zugestellt, wenn der Behörde nicht spätestens an diesem Tag ein Empfangsbekenntnis nach Satz 1 zugeht. [3]Satz 2 gilt nicht, wenn der Empfänger nachweist, dass das Dokument nicht oder zu einem späteren Zeitpunkt zugegangen ist. [4]Der Empfänger ist in den Fällen des Absatzes 5 Satz 2 vor der Übermittlung über die Rechtsfolgen nach den Sätzen 2 und 3 zu belehren. [5]Zum Nachweis der Zustellung ist von der absendenden Behörde in den Akten zu vermerken, zu welchem Zeitpunkt und an welchen Zugang das Dokument gesendet wurde. [6]Der Empfänger ist über den Eintritt der Zustellungsfiktion nach Satz 2 zu benachrichtigen.

[1)] § 5 Abs. 4 bish. Satz 2 aufgeh. mWv 18.12.2008 durch G v. 11.12.2008 (BGBl. I S. 2418); geänd. mWv 1.8.2022 durch G v. 7.7.2021 (BGBl. I S. 2363).

[2)] § 5 Abs. 5 neu gef., Abs. 6 und 7 angef. mWv 18.12.2008 durch G v. 11.12.2008 (BGBl. I S. 2418); Abs. 5 neu gef., Abs. 7 Sätze 2, 3 und 4 geänd. mWv 3.5.2011 durch G v. 28.4.2011 (BGBl. I S. 666); Abs. 5 Satz 3 geänd. mWv 29.7.2017 durch G v. 18.7.2017 (BGBl. I S. 2745).

§ 5a[1)] Elektronische Zustellung gegen Abholbestätigung über De-Mail-Dienste. (1) [1]Die elektronische Zustellung kann unbeschadet des § 5 Absatz 4 und 5 Satz 1 und 2 durch Übermittlung der nach § 17 des De-Mail-Gesetzes akkreditierten Diensteanbieter gegen Abholbestätigung nach § 5 Absatz 9 des De-Mail-Gesetzes an das De-Mail-Postfach des Empfängers erfolgen. [2]Für die Zustellung nach Satz 1 ist § 5 Absatz 4 und 6 mit der Maßgabe anzuwenden, dass an die Stelle des Empfangsbekenntnisses die Abholbestätigung tritt.

(2) [1]Der nach § 17 des De-Mail-Gesetzes akkreditierte Diensteanbieter hat eine Versandbestätigung nach § 5 Absatz 7 des De-Mail-Gesetzes und eine Abholbestätigung nach § 5 Absatz 9 des De-Mail-Gesetzes zu erzeugen. [2]Er hat diese Bestätigungen unverzüglich der absendenden Behörde zu übermitteln.

(3) [1]Zum Nachweis der elektronischen Zustellung genügt die Abholbestätigung nach § 5 Absatz 9 des De-Mail-Gesetzes. [2]Für diese gelten § 371 Absatz 1 Satz 2 und § 371a Absatz 3[2)] der Zivilprozessordnung.

(4) [1]Ein elektronisches Dokument gilt in den Fällen des § 5 Absatz 5 Satz 2 am dritten Tag nach der Absendung an das De-Mail-Postfach des Empfängers als zugestellt, wenn er dieses Postfach als Zugang eröffnet hat und der Behörde nicht spätestens an diesem Tag eine elektronische Abholbestätigung nach § 5 Absatz 9 des De-Mail-Gesetzes zugeht. [2]Satz 1 gilt nicht, wenn der Empfänger nachweist, dass das Dokument nicht oder zu einem späteren Zeitpunkt zugegangen ist. [3]Der Empfänger ist in den Fällen des § 5 Absatz 5 Satz 2 vor der Übermittlung über die Rechtsfolgen nach den Sätzen 1 und 2 zu belehren. [4]Als Nachweis der Zustellung nach Satz 1 dient die Versandbestätigung nach § 5 Absatz 7 des De-Mail-Gesetzes oder ein Vermerk der absendenden Behörde in den Akten, zu welchem Zeitpunkt und an welches De-Mail-Postfach das Dokument gesendet wurde. [5]Der Empfänger ist über den Eintritt der Zustellungsfiktion nach Satz 1 elektronisch zu benachrichtigen.

§ 6 Zustellung an gesetzliche Vertreter. (1)[3)] [1]Bei Geschäftsunfähigen oder beschränkt Geschäftsfähigen ist an ihre gesetzlichen Vertreter zuzustellen. [2]Gleiches gilt bei Personen, für die ein Betreuer bestellt ist, soweit der Aufgabenkreis des Betreuers reicht. [***ab 1.1.2023:*** [3]Das zugestellte Dokument ist der betreuten Personen nach Wahl der Behörde abschriftlich mitzuteilen oder elektronisch zu übermitteln.]

(2) [1]Bei Behörden wird an den Behördenleiter, bei juristischen Personen, nicht rechtsfähigen Personenvereinigungen und Zweckvermögen an ihre gesetzlichen Vertreter zugestellt. [2]§ 34 Abs. 2 der Abgabenordnung bleibt unberührt.

(3) Bei mehreren gesetzlichen Vertretern oder Behördenleitern genügt die Zustellung an einen von ihnen.

(4) Der zustellende Bedienstete braucht nicht zu prüfen, ob die Anschrift den Vorschriften der Absätze 1 bis 3 entspricht.

[1)] *§ 5a eingef. mWv 3.5.2011 durch G v. 28.4.2011 (BGBl. I S. 666).*

[2)] Verweis geänd. mWv 1.7.2014 durch G v. 10.10.2013 (BGBl. I S. 3786).

[3)] § 6 Abs. 1 Satz 3 angef. mWv 1.1.2023 durch G v. 4.5.2021 (BGBl. I S. 882).

§ 7 Zustellung an Bevollmächtigte. (1) [1]Zustellungen können an den allgemeinen oder für bestimmte Angelegenheiten bestellten Bevollmächtigten gerichtet werden. [2]Sie sind an ihn zu richten, wenn er schriftliche Vollmacht vorgelegt hat. [3]Ist ein Bevollmächtigter für mehrere Beteiligte bestellt, so genügt die Zustellung eines Dokuments an ihn für alle Beteiligten.

(2) Einem Zustellungsbevollmächtigten mehrerer Beteiligter sind so viele Ausfertigungen oder Abschriften zuzustellen, als Beteiligte vorhanden sind.

(3) Auf § 180 Abs. 2 der Abgabenordnung beruhende Regelungen und § 183 der Abgabenordnung bleiben unberührt.

§ 8 Heilung von Zustellungsmängeln. Lässt sich die formgerechte Zustellung eines Dokuments nicht nachweisen oder ist es unter Verletzung zwingender Zustellungsvorschriften zugegangen, gilt es als in dem Zeitpunkt zugestellt, in dem es dem Empfangsberechtigten tatsächlich zugegangen ist, im Fall des § 5 Abs. 5 in dem Zeitpunkt, in dem der Empfänger das Empfangsbekenntnis zurückgesendet hat.

§ 9[1)] Zustellung im Ausland. (1) Eine Zustellung im Ausland erfolgt

1. durch Einschreiben mit Rückschein, soweit die Zustellung von Dokumenten unmittelbar durch die Post völkerrechtlich zulässig ist,
2. auf Ersuchen der Behörde durch die Behörden des fremden Staates oder durch die zuständige diplomatische oder konsularische Vertretung der Bundesrepublik Deutschland,
3. auf Ersuchen der Behörde durch das Auswärtige Amt an eine Person, die das Recht der Immunität genießt und zu einer Vertretung der Bundesrepublik Deutschland im Ausland gehört, sowie an Familienangehörige einer solchen Person, wenn diese das Recht der Immunität genießen, oder
4. durch Übermittlung elektronischer Dokumente, soweit dies völkerrechtlich zulässig ist.

(2) [1]Zum Nachweis der Zustellung nach Absatz 1 Nr. 1 genügt der Rückschein. [2]Die Zustellung nach Absatz 1 Nr. 2 und 3 wird durch das Zeugnis der ersuchten Behörde nachgewiesen. [3]Der Nachweis der Zustellung gemäß Absatz 1 Nr. 4 richtet sich nach § 5 Abs. 7 Satz 1 bis 3 und 5 sowie nach § 5a Absatz 3 und 4 Satz 1, 2 und 4.

(3) [1]Die Behörde kann bei der Zustellung nach Absatz 1 Nr. 2 und 3 anordnen, dass die Person, an die zugestellt werden soll, innerhalb einer angemessenen Frist einen Zustellungsbevollmächtigten benennt, der im Inland wohnt oder dort einen Geschäftsraum hat. [2]Wird kein Zustellungs- bevollmächtigter benannt, können spätere Zustellungen bis zur nachträg-lichen Benennung dadurch bewirkt werden, dass das Dokument unter der Anschrift der Person, an die zugestellt werden soll, zur Post gegeben wird. [3]Das Dokument gilt am siebenten Tag nach Aufgabe zur Post als zugestellt, wenn nicht fest-

---

[1)] § 9 Abs. 2 Satz 3 neu gef. mWv 18.12.2008 durch G v. 11.12.2008 (BGBl. I S. 2418); Abs. 1 Nr. 4 geänd., Abs. 2 Satz 3 geänd., Abs. 3 Satz 7 angef. mWv 3.5.2011 durch G v. 28.4.2011 (BGBl. I S. 666).

steht, dass es den Empfänger nicht oder zu einem späteren Zeitpunkt erreicht hat. [4]Die Behörde kann eine längere Frist bestimmen. [5]In der Anordnung nach Satz 1 ist auf diese Rechtsfolgen hinzuweisen. [6]Zum Nachweis der Zustellung ist in den Akten zu vermerken, zu welcher Zeit und unter welcher Anschrift das Dokument zur Post gegeben wurde. [7]Ist durch Rechtsvorschrift angeordnet, dass ein Verwaltungsverfahren über eine einheitliche Stelle nach den Vorschriften des Verwaltungsverfahrensgesetzes abgewickelt werden kann, finden die Sätze 1 bis 6 keine Anwendung.

§ 10 Öffentliche Zustellung. (1) [1]Die Zustellung kann durch öffentliche Bekanntmachung erfolgen, wenn

1. der Aufenthaltsort des Empfängers unbekannt ist und eine Zustellung an einen Vertreter oder Zustellungsbevollmächtigten nicht möglich ist,

[Fassung bis 31.12.2023:]

2.[2)] bei juristischen Personen, die zur Anmeldung einer inländischen Geschäftsanschrift zum Handelsregister verpflichtet sind, eine Zustellung weder unter der eingetragenen Anschrift noch unter einer im Handelsregister eingetragenen Anschrift einer für Zustellungen empfangsberechtigten Person oder einer ohne Ermittlungen bekannten anderen inländischen Anschrift möglich ist oder

3.[1)] sie im Fall des § 9 nicht möglich ist oder keinen Erfolg verspricht.

[Fassung ab 1.1.2024:][1)]

2. bei juristischen Personen, die zur Anmeldung einer inländischen Geschäftsanschrift zum Handelsregister verpflichtet sind, eine Zustellung weder unter der eingetragenen Anschrift noch unter einer im Handelsregister eingetragenen Anschrift einer für Zustellungen empfangsberechtigten Person oder einer ohne Ermittlungen bekannten anderen inländischen Anschrift möglich ist,

3. bei eingetragenen Personengesellschaften eine Zustellung weder unter der eingetragenen Anschrift noch unter einer im Handels- oder Gesellschaftsregister eingetragenen Anschrift einer für Zustellungen empfangsberechtigten Person oder einer ohne Ermittlungen bekannten anderen Anschrift innerhalb eines Mitgliedstaates der Europäischen Union möglich ist oder

4. sie im Fall des § 9 nicht möglich ist oder keinen Erfolg verspricht.

[2]Die Anordnung über die öffentliche Zustellung trifft ein zeichnungsberechtigter Bediensteter.

---

1) § 10 Abs. 1 Satz 1 Nr. 2 neu gef., Nr. 3 eingef., bish. Nr. 3 wird Nr. 4 mWv 1.1.2024 *durch G v. 10.8.2021* (BGBl. I S. 3436).

2) § 10 Abs. 1 Nr. 2 eingef. bish. Nr. 2 wird Nr. 3 mWv 1.11.2008 durch G v. 23.10.2008 (BGBl. I S. 2026).

(2)[1] [1]Die öffentliche Zustellung erfolgt durch Bekanntmachung einer Benachrichtigung an der Stelle, die von der Behörde hierfür allgemein bestimmt ist, oder durch Veröffentlichung einer Benachrichtigung im Bundesanzeiger. [2]Die Benachrichtigung muss

1. die Behörde, für die zugestellt wird,
2. den Namen und die letzte bekannte Anschrift des Zustellungsadressaten,
3. das Datum und das Aktenzeichen des Dokuments sowie
4. die Stelle, wo das Dokument eingesehen werden kann,

erkennen lassen. [3]Die Benachrichtigung muss den Hinweis enthalten, dass das Dokument öffentlich zugestellt wird und Fristen in Gang gesetzt werden können, nach deren Ablauf Rechtsverluste drohen können. [4]Bei der Zustellung einer Ladung muss die Benachrichtigung den Hinweis enthalten, dass das Dokument eine Ladung zu einem Termin enthält, dessen Versäumung Rechtsnachteile zur Folge haben kann. [5]In den Akten ist zu vermerken, wann und wie die Benachrichtigung bekannt gemacht wurde. [6]Das Dokument gilt als zugestellt, wenn seit dem Tag der Bekanntmachung der Benachrichtigung zwei Wochen vergangen sind.

---

[1] § 10 Abs. 2 Satz 1 geänd. mWv 1.4.2012 durch G v. 22.12.2011 (BGBl. I S. 3044).

808. Gesetz über den Finanzausgleich zwischen Bund und Ländern (Finanzausgleichsgesetz – FAG)[1)]

Vom 20. Dezember 2001 (BGBl. I S. 3955)

Geändert durch Viertes Gesetz für moderne Dienstleistungen am Arbeitsmarkt vom 24.12.2003 (BGBl. I S. 2954), Gesetz zur Neuorganisation der Bundesfinanzverwaltung und zur Schaffung eines Refinanzierungsregisters vom 22.9.2005 (BGBl. I S. 2809), Haushaltsbegleitgesetz 2006 vom 29.6.2006 (BGBl. I S. 1402), Föderalismusreform-Begleitgesetz vom 5.9.2006 (BGBl. I S. 2098), Gesetz zur Änderung des Zweiten Buches Sozialgesetzbuch und des Finanzausgleichsgesetzes vom 22.12.2006 (BGBl. I S. 3376), Achtes Gesetz zur Änderung des Gemeindefinanzreformgesetzes vom 31.7.2008 (BGBl. I S. 1626), Kinderförderungsgesetz vom 10.12.2008 (BGBl. I S. 2403), Jahressteuergesetz 2009 vom 19.12.2008 (BGBl. I S. 2794), Gesetz zur Umsetzung steuerrechtlicher Regelungen des Maßnahmenpakets „Beschäftigungssicherung durch Wachstumsstärkung" vom 21.12.2008 (BGBl. I S. 2896), Familienleistungsgesetz vom 22.12.2008 (BGBl. I S. 2955), Gesetz zur Sicherung von Beschäftigung und Stabilität in Deutschland vom 2.3.2009 (BGBl. I S. 416), Gesetz zur Neuregelung der Kraftfahrzeugsteuer und Änderung anderer Gesetze vom 29.5.2009 (BGBl. I S. 1170), Begleitgesetz zur zweiten Föderalismusreform vom 10.8.2009 (BGBl. I S. 2702), Wachstumsbeschleunigungsgesetz vom 22.12.2009 (BGBl. I S. 3950), Gesetz zur Abschaffung des Finanzplanungsrates und zur Übertragung der fortzuführenden Aufgaben auf den Stabilitätsrat sowie zur Änderung weiterer Gesetze vom 27.5.2010 (BGBl. I S. 671), Steuervereinfachungsgesetz 2011 vom 1.11.2011 (BGBl. I S. 2131), Gesetz zur Stärkung der Finanzkraft der Kommunen vom 6.12.2011 (BGBl. I S. 2563), Beitreibungsrichtlinie-Umsetzungsgesetz (BeitrRLUmsG) vom 7.12.2011 (BGBl. I S. 2592), Gesetz zur Besteuerung von Sportwetten vom 29.6.2012 (BGBl. I S. 1424), Gesetz zur zusätzlichen Förderung von Kindern unter drei Jahren in Tageseinrichtungen und in Kindertagespflege vom 15.2.2013 (BGBl. I S. 250), Gesetz zur Änderung des Finanzausgleichsgesetzes und der Bundeshaushaltsordnung vom 15.7.2013 (BGBl. I S. 2395), Gesetz zur innerstaatlichen Umsetzung des Fiskalvertrags vom 15.7.2013 (BGBl. I S. 2398), Aufbauhilfegesetz vom 15.7.2013 (BGBl. I S. 2401), Gesetz zur weiteren Entlastung von Ländern und Kommunen ab 2015 und zum quantitativen und qualitativen Ausbau der Kindertagesbetreuung sowie zur Änderung des Lastenausgleichsesetzes vom 22.12.2014 (BGBl. I S. 2411), Gesetz zur Förderung von Investitionen finanzchwacher Kommunen und zur Entlastung von Ländern und Kommunen bei der Aufnahme und Unterbringung von Asylbewerbern vom 24.6.2015 (BGBl. I S. 974), Asylverfahrensbeschleunigungsgesetz vom 20.10.2015 (BGBl. I S. 1722), Gesetz zur Änderung des Kommunalinvestitionsförderungsgesetzes und zur Änderung weiterer Gesetze vom 21.11.2016 (BGBl. I S. 2613), Gesetz zur Beteiligung des Bundes an den Kosten der Integration und zur weiteren Entlastung von Ländern und Kommunen vom 1.12.2016 (BGBl. I S. 2755), Gesetz zur Neuregelung des bundesstaatlichen Finanzausgleichssystems ab dem Jahr 2020 und zur Änderung rechtlicher Vorschriften vom 14.8.2017 (BGBl. I S. 3122), Gesetz zur fortgesetzten Beteiligung des Bundes an den Integrationskosten der Länder und Kommunen und zur Regelung der Folgen der Abfinanzierung des Fonds „Deutsche Einheit" vom 17.12.2018 (BGBl. I S. 2522), Gesetz zur Weiterentwicklung der Qualität und zur Teilhabe in der Kindertagesbetreuung vom 19.12.2018 (BGBl. I S. 2696), Gesetz zur Reform des Grundsteuer- und Bewertungsrechts (Grundsteuer-Reformgesetz – GrStRefG) vom 26.11.2019 (BGBl. I S. 1794), Gesetz zur Beteiligung des Bundes an den Integrationskosten der Länder und Kommunen in den Jahren 2020 und 2021 vom 9.12.2019 (BGBl. I S. 2051), Gesetz zur Umsetzung des Klimaschutzprogramms 2030 im Steuerrecht vom 21.12.2019 (BGBl. I S. 2886), Zweites Gesetz zur Umsetzung steuerlicher Hilfsmaßnahmen zur Bewältigung der Corona-Krise (Zweites Corona-Steuerhilfegesetz) vom 29.6.2020 (BGBl. I S. 1512), Gesetz zur Anpassung der Ergänzungszuweisungen des Bundes nach § 11 Absatz 4 des Finanzausgleichsgesetzes und zur Beteiligung des Bundes an den flüchtlingsbezogenen Kosten der Länder vom 3.12.2020 (BGBl. I S. 2657), Ge-

---

[1)] Das FAG ist als Art. 5 des Solidarpaktfortführungsgesetzes v. 20.12.2001 verkündet worden. Es tritt mWv 1.1.2005 in Kraft. Gleichzeitig tritt das FAG v. 23.6.1993 außer Kraft.

setz zur Änderung des Rennwett- und Lotteriegesetzes und der Ausführungsbestimmungen zum Rennwett- und Lotteriegesetz vom 25.6.2021 (BGBl. I S. 2065), Gesetz zur erleichterten Umsetzung der Reform der Grundsteuer und Änderung weiterer steuerrechtlicher Vorschriften (Grundsteuerreform-Umsetzungsgesetz – GrStRefUG) vom 16.7.2021 (BGBl. I S. 2931), Aufbauhilfegesetz 2021 (AufbhG 2021) vom 10.9.2021 (BGBl. I S. 4147) und Ganztagsförderungsgesetz (GaFöG) vom 2.10.2021 (BGBl. I S. 4602)

BGBl. III/FNA 603-12

Erster Abschnitt. Steuerverteilung zwischen Bund und Ländern sowie unter den Ländern

§ 1[1)] Anteile von Bund und Ländern an der Umsatzsteuer. (1) Das Aufkommen der Umsatzsteuer wird auf Bund, Länder und Gemeinden nach folgenden Prozentsätzen aufgeteilt:

	Bund	Länder	Gemeinden
ab 2020	52,81398351	45,19007254	1,99594395.

(2) Die im Folgenden genannten Beträge verändern die Anteile des Bundes, der Länder und Gemeinden nach Absatz 1:

Kalenderjahr	Bund	Länder	Gemeinden
2020	minus 20 533 717 472 Euro	15 858 934 915 Euro	4 674 782 557 Euro
2021	minus 17 142 407 683 Euro	12 988 407 683 Euro	4 154 000 000 Euro
2022	minus 9 706 407 683 Euro	7 306 407 683 Euro	2 400 000 000 Euro
2023	minus 9 706 407 683 Euro	7 306 407 683 Euro	2 400 000 000 Euro
2024	minus 9 894 407 683 Euro	7 494 407 683 Euro	2 400 000 000 Euro
2025	minus 9 519 407 683 Euro	7 119 407 683 Euro	2 400 000 000 Euro
2026	minus 9 519 407 683 Euro	7 119 407 683 Euro	2 400 000 000 Euro
ab 2027	minus 9 331 407 683 Euro	6 931 407 683 Euro	2 400 000 000 Euro.

---

1) § 1 neu gef. mWv 1.1.2020 durch G v. 14.8.2017 (BGBl. I S. 3122); Abs. 2 neu gef. mWv 1.1.2020 durch G v. 17.12.2018 (BGBl. I S. 2522); Abs. 1 geänd., Abs. 2 neu gef., Abs. 4 aufgeh. mWv 1.1.2020 durch G v. 9.12.2019 (BGBl. I S. 2051); Abs. 2 neu gef. mWv 1.1.2020 durch G v. 21.12.2019 (BGBl. I S. 2886); Abs. 2 geänd. durch G v. 29.6.2020 (BGBl. I S. 1512); Abs. 2 geänd. durch G v. 3.12.2020 (BGBl. I S. 2657); Abs. 2 geänd., Abs. 6 angef. durch G v. 16.7.2021 (BGBl. I S. 2931).

(2a)[1] Zur finanziellen Beteiligung der Länder an der Bekämpfung der durch die Starkregenfälle und das Hochwasser im Juli 2021 verursachten Schäden und dem Wiederaufbau erhöhen sich die in Absatz 2 genannten Beträge für den Bund um jeweils 233 333 333 Euro in den Jahren von 2021 bis 2050; die in Absatz 2 genannten Beträge für die Länder verringern sich entsprechend umd jeweils 233 333 333 Euro in den Jahren von 2021 bis 2050.

(3) Diese Aufteilung der Umsatzsteuer gilt jeweils für alle Beträge, die während der Geltungsdauer des Beteiligungsverhältnisses vereinnahmt oder erstattet werden.

[bis 31.12.2025:][2]

(5) Zum Ausgleich für Belastungen der Länder aus dem KiTa-Qualitäts- und -Teilhabeverbesserungsgesetz vom 19. Dezember 2018 (BGBl. I S. 2696) und aus der Änderung des Achten Buches Sozialgesetzbuch durch die Artikel 1 und 2 des Gesetzes vom 19. Dezember 2018 (BGBl. I S. 2696) verringern sich die in Absatz 2 genannten Beträge für den Bund im Jahr 2020 um 993 Millionen Euro und in den Jahren 2021 und 2022 um jeweils 1993 Millionen Euro; die in Absatz 2 genannten Beträge für die Länder erhöhen sich entsprechend im Jahr 2020 um 993 Millionen Euro und in den Jahren 2021 und 2022 um jeweils 1993 Millionen Euro.

[bis 1.1.2026:][3]

(4) Zum anteiligen Ausgleich für laufende Belastungen der Länder, die diesen aus der stufenweisen Einführung eines Anspruchs auf ganztägige Förderung für Grundschulkinder durch Artikel 1 Nummer 2 und 3 des Ganztagsförderungsgesetzes vom 2. Oktober 2021 (BGBl. I S. 4602) entstehen, verringern sich die in Absatz 2 genannten Beträge für den Bund im Jahr 2026 um 135 Millionen Euro, im Jahr 2027 um 460 Millionen Euro, im Jahr 2028 um 785 Millionen Euro, im Jahr 2029 um 1 110 Millionen Euro und in den Jahren ab 2030 um jeweils 1 300 Millionen Euro; die in Absatz 2 genannten Beträge für die Länder erhöhen sich entsprechend im Jahr 2026 um 135 Millionen Euro, im Jahr 2027 um 460 Millionen Euro, im Jahr 2028 um 785 Millionen Euro, im Jahr 2029 um 1 110 Millionen Euro und in den Jahren ab 2030 um jeweils 1 300 Millionen Euro.

(5) *(aufgehoben)*

(6) Um den finanziellen Lasten der Länder, die ihnen aus der Umsetzung des Aktionsprogramms „Aufholen nach Corona für Kinder und Jugendliche für die Jahre 2021 und 2022" im eigenen Zuständigkeitsbereich entstehen, Rechnung zu tragen, verringern sich die in Absatz 2 genannten Beträge für

---

[1] § 1 Abs. 2a eingef. durch AufbhG 2021 vom 10.9.2021 (BGBl. I S. 4147).

[2] § 1 Abs. 5 angef. durch G v. 19.12.2018 (BGBl. I S. 2696); zum Inkrafttreten siehe BGBl. I S. 1868.

[3] § 1 Abs. 4 eingef. mWv 1.1.2026 durch G v. 2.10.2021 (BGBL. I S. 4602); gleichzeitig tritt Abs. 5 außer Kraft.

den Bund im Jahr 2021 um weitere 430 Millionen Euro und im Jahr 2022 um weitere 860 Millionen Euro; die in Absatz 2 genannten Beträge für die Länder erhöhen sich entsprechend im Jahr 2021 um weitere 430 Millionen Euro und im Jahr 2022 um weitere 860 Millionen Euro.

§ 2[1)] Verteilung der Umsatzsteuer unter den Ländern. [1] Der Länderanteil an der Umsatzsteuer wird vorbehaltlich des gemäß § 4 durchzuführenden Finanzkraftausgleichs nach dem Verhältnis ihrer Einwohnerzahlen auf die Länder verteilt. [2] Hierbei sind die Einwohnerzahlen zugrunde zu legen, die das Statistische Bundesamt zum 30. Juni des Kalenderjahres, für das der Ausgleich durchgeführt wird (Ausgleichsjahr), festgestellt hat.

(Fortsetzung nächste Seite)

[1)] § 2 neu gef. mWv 1.1.2020 durch G v. 14.8.2017 (BGBl. I S. 3122).

§ 3 Verteilung der Gewerbesteuerumlage unter den Ländern. Die Gewerbesteuerumlage steht den Ländern insoweit zu, als die Gewerbesteuer in dem Gebiet des einzelnen Landes vereinnahmt wird.

Zweiter Abschnitt. Angemessener Ausgleich der unterschiedlichen Finanzkraft[1)]

§ 4[2)] Finanzkraftausgleich. [1]Der Verteilung der Umsatzsteuer unter den Ländern ist ein angemessener Ausgleich der unterschiedlichen Finanzkraftverhältnisse hinzuzurechnen. [2]Zu diesem Zweck erfolgt die Verteilung der Umsatzsteuer gemäß § 2 nach der Hinzurechnung von Zuschlägen zu und Abschlägen von der Finanzkraft.

§ 5[3)] Abschläge und Zuschläge zum Zweck des Finanzkraftausgleichs. (1) Abschläge werden von den Ländern erhoben, deren Finanzkraftmesszahl im Ausgleichsjahr ihre Ausgleichsmesszahl übersteigt.

(2) Zuschläge werden den Ländern gewährt, deren Finanzkraftmesszahl im Ausgleichsjahr ihre Ausgleichsmesszahl nicht erreicht.

§ 6 Finanzkraftmesszahl, Ausgleichsmesszahl. (1) Die Finanzkraftmesszahl eines Landes ist die Summe der Einnahmen des Landes nach § 7 und der Steuereinnahmen seiner Gemeinden nach § 8.

(2) [1]Die Ausgleichsmesszahl eines Landes ist die Summe der beiden Messzahlen, die zum Ausgleich der Einnahmen der Länder nach § 7 und zum Ausgleich der Steuereinnahmen der Gemeinden nach § 8 getrennt festgestellt werden. [2]Die Messzahlen ergeben sich aus den auszugleichenden Einnahmen je Einwohner der Ländergesamtheit, vervielfacht mit der Einwohnerzahl des Landes; hierbei sind die nach § 9 gewerteten Einwohnerzahlen zugrunde zu legen.

§ 7[4)] Einnahmen der Länder aus Steuern und Förderabgabe. (1) [1]Als Steuereinnahmen eines Landes gelten die ihm im Ausgleichsjahr zugeflossenen Einnahmen

1. aus seinem Anteil an der Einkommensteuer und der Körperschaftsteuer;
2. aus seinem Anteil an der Gewerbesteuerumlage nach § 6 des Gemeindefinanzreformgesetzes;
3. *aus der Vermögensteuer*, der Erbschaftsteuer, der Biersteuer, der Steuern nach dem Rennwett- und Lotteriegesetz mit Ausnahme der Totalisatorsteu-

---

1) Überschr. neu gef. mWv 1.1.2020 durch G v. 14.8.2017 (BGBl. I S. 3122).

2) § 4 neu gef. mWv 1.1.2020 durch G v. 14.8.2017 (BGBl. I S. 3122).

3) § 5 Überschr. und Abs. 1 neu gef., Abs. 2 geänd. mWv 1.1.2020 durch G v. 14.8.2017 (BGBl. I S. 3122).

4) § 7 Abs. 1, 2 und 3 geänd. mWv 1.1.2020 durch G v. 14.8.2017 (BGBl. I S. 3122); Abs. 1 Satz 1 Nr. 3 geänd. mWv 1.7.2021 durch G v. 25.6.2021 (BGBl. I S. 2065).

er, der Feuerschutzsteuer und der Spielbankabgabe mit Ausnahme der Sonderabgabe und der Troncabgabe;

4. nach dem Gesetz zur Regelung der finanziellen Kompensation zugunsten der Länder infolge der Übertragung der Ertragshoheit der Kraftfahrzeugsteuer auf den Bund.

2 Als Steuereinnahme eines Landes gilt ebenfalls seine Steuerkraftzahl der Grunderwerbsteuer im Ausgleichsjahr. 3 Als Steuerkraftzahlen werden für die einzelnen Länder die Beträge angesetzt, die sich ergeben, wenn die im Bundesgebiet insgesamt im Ausgleichsjahr aufgekommene Grunderwerbsteuer im Verhältnis der dem Aufkommen zu Grunde liegenden länderweisen Steuerbemessungsgrundlagen der Grunderwerbsteuer verteilt wird. 4 Für Fälle der Pauschalbesteuerung nach § 12 des Grunderwerbsteuergesetzes ist zur Ermittlung der Steuerbemessungsgrundlage der Pauschalbetrag durch den Steuersatz zu dividieren, der zum Zeitpunkt des pauschaliert besteuerten Rechtsvorgangs gültig war. 5 Als Steuereinnahmen eines Landes gelten ferner die sich nach § 2 entsprechend seinem Einwohneranteil für das Ausgleichsjahr ergebenden Anteile der Umsatzsteuer.

(2) Den Steuereinnahmen der Länder nach Absatz 1 werden 33 Prozent des Aufkommens aus der Förderabgabe nach § 31 des Bundesberggesetzes hinzugesetzt.

(3) 1 Die Einnahmen nach den Absätzen 1 und 2 werden in den Ländern gekürzt, in denen die Veränderungsrate der Steuereinnahmen nach Absatz 1 Satz 1 bis 4[1] je Einwohner im Ausgleichsjahr gegenüber dem dem Ausgleichsjahr vorausgehenden Kalenderjahr die entsprechende Veränderungsrate der Ländergesamtheit übersteigt. 2 Dabei sind die Einwohnerzahlen maßgebend, die das Statistische Bundesamt jeweils zum 30. Juni des Ausgleichsjahres und des dem Ausgleichsjahr vorausgehenden Kalenderjahres festgestellt hat. 3 Der Kürzungsbetrag wird auf 12 Prozent des Betrages festgesetzt, der sich ergibt, wenn die Veränderungsrate der Steuereinnahmen eines Landes nach Absatz 1 Satz 1 bis 4[1] je Einwohner im Ausgleichsjahr, soweit sie die entsprechende Veränderungsrate der Ländergesamtheit übersteigt, vervielfacht wird mit den Steuereinnahmen des Landes nach Absatz 1 Satz 1 bis 4[1] je Einwohner des dem Ausgleichsjahr vorausgehenden Kalenderjahres sowie mit der Einwohnerzahl des Ausgleichsjahres.

§ 8 Steuereinnahmen der Gemeinden. (1) 1 Als Steuereinnahmen der Gemeinden eines Landes gelten nach Maßgabe des Absatzes 3

1. die Gemeindeanteile an der Umsatzsteuer und an der Einkommensteuer im Ausgleichsjahr,
2. die Steuerkraftzahlen der Grundsteuern und der Gewerbesteuer nach Absatz 2, vermindert um die im Ausgleichsjahr geleistete Gewerbesteuerumlage.

2 Für die von den Gemeinden geleistete Gewerbesteuerumlage sind die Feststellungen der Länder maßgebend.

---

[1] Verweis geänd. durch G v. 5.9.2006 (BGBl. I S. 2098).

835. Zivilprozessordnung

In der Fassung der Bekanntmachung vom 5. Dezember 2005 (BGBl. I S. 3202)[1)]

Zuletzt geändert durch Gesetz vom 5.10.2021 (BGBl. I S. 4607)

BGBl. III/FNA 310-4

– Auszug –

– Pfändungsschutzbestimmungen (§§ 850 bis 852) –

§ 850 Pfändungsschutz für Arbeitseinkommen. (1) Arbeitseinkommen, das in Geld zahlbar ist, kann nur nach Maßgabe der §§ 850a bis 850i gepfändet werden.

(2) Arbeitseinkommen im Sinne dieser Vorschrift sind die Dienst- und Versorgungsbezüge der Beamten, Arbeits- und Dienstlöhne, Ruhegelder und ähnliche nach dem einstweiligen oder dauernden Ausscheiden aus dem Dienst- oder Arbeitsverhältnis gewährte fortlaufende Einkünfte, ferner Hinterbliebenenbezüge sowie sonstige Vergütungen für Dienstleistungen aller Art, die die Erwerbstätigkeit des Schuldners vollständig oder zu einem wesentlichen Teil in Anspruch nehmen.

(3) Arbeitseinkommen sind auch die folgenden Bezüge, soweit sie in Geld zahlbar sind:

a) Bezüge, die ein Arbeitnehmer zum Ausgleich für Wettbewerbsbeschränkungen für die Zeit nach Beendigung seines Dienstverhältnisses beanspruchen kann;

b) Renten, die auf Grund von Versicherungsverträgen gewährt werden, wenn diese Verträge zur Versorgung des Versicherungsnehmers oder seiner unterhaltsberechtigten Angehörigen eingegangen sind.

(4) Die Pfändung des in Geld zahlbaren Arbeitseinkommens erfasst alle Vergütungen, die dem Schuldner aus der Arbeits- oder Dienstleistung zustehen, ohne Rücksicht auf ihre Benennung oder Berechnungsart.

§ 850a Unpfändbare Bezüge. Unpfändbar sind

1. zur Hälfte die für die Leistung von Mehrarbeitsstunden gezahlten Teile des Arbeitseinkommens;
2. die für die Dauer eines Urlaubs über das Arbeitseinkommen hinaus gewährten Bezüge, Zuwendungen aus Anlass eines besonderen Betriebsereignisses und Treugelder, soweit sie den Rahmen des Üblichen nicht übersteigen;

[1)] Neubekanntmachung der Zivilprozessordnung in der im Bundesgesetzblatt Teil III, Gliederungsnummer 310-4, veröffentlichten bereinigten Fassung auf Grund des Art. 2a des EG-Vollstreckungs-Durchführungsgesetzes v. 18.8.2005 (BGBl. I S. 2477) in der ab 21.10.2005 geltenden Fassung.

3. Aufwandsentschädigungen, Auslösungsgelder und sonstige soziale Zulagen für auswärtige Beschäftigungen, das Entgelt für selbstgestelltes Arbeitsmaterial, Gefahrenzulagen sowie Schmutz- und Erschwerniszulagen, soweit diese Bezüge den Rahmen des Üblichen nicht übersteigen;

4.[1] Weihnachtsvergütungen bis *zum Betrag der Hälfte des monatlichen Arbeitseinkommens, höchstens aber bis zum Betrag von 500 Euro* [***ab 1.1.2022:*** zu der Hälfte des Betrags, dessen Höhe sich nach Aufrundung des monatlichen Freibetrages nach § 850c Absatz 1 in Verbindung mit Absatz 4 auf den nächsten vollen 10-Euro-Betrag ergibt];

5.[2] Geburtsbeihilfen sowie Beihilfen aus Anlass der Eingehung einer Ehe oder Begründung einer Lebenspartnerschaft, sofern die Vollstreckung wegen anderer als der aus Anlass der Geburt, der Eingehung einer Ehe oder der Begründung einer Lebenspartnerschaft entstandenen Ansprüche betrieben wird;

6. Erziehungsgelder, Studienbeihilfen und ähnliche Bezüge;

7. Sterbe- und Gnadenbezüge aus Arbeits- oder Dienstverhältnissen;

8. Blindenzulagen.

§ 850b Bedingt pfändbare Bezüge. (1) Unpfändbar sind ferner

1. Renten, die wegen einer Verletzung des Körpers oder der Gesundheit zu entrichten sind;

2. Unterhaltsrenten, die auf gesetzlicher Vorschrift beruhen, sowie die wegen Entziehung einer solchen Forderung zu entrichtenden Renten;

3. fortlaufende Einkünfte, die ein Schuldner aus Stiftungen oder sonst auf Grund der Fürsorge und Freigebigkeit eines Dritten oder auf Grund eines Altenteils oder Auszugsvertrags bezieht;

4.[3] Bezüge aus Witwen-, Waisen-, Hilfs- und Krankenkassen, die ausschließlich oder zu einem wesentlichen Teil zu Unterstützungszwecken gewährt werden, ferner Ansprüche aus Lebensversicherungen, die nur auf den Todesfall des Versicherungsnehmers abgeschlossen sind, wenn die Versicherungssumme *3579* [***ab 1.1.2022:*** 5400] Euro nicht übersteigt.

(2) Diese Bezüge können nach den für Arbeitseinkommen geltenden Vorschriften gepfändet werden, wenn die Vollstreckung in das sonstige bewegliche Vermögen des Schuldners zu einer vollständigen Befriedigung des Gläubigers nicht geführt hat oder voraussichtlich nicht führen wird und wenn nach den Umständen des Falles, insbesondere nach der Art des beizutreibenden Anspruchs und der Höhe der Bezüge, die Pfändung der Billigkeit entspricht.

(3) Das Vollstreckungsgericht soll vor seiner Entscheidung die Beteiligten hören.

---

[1] § 850a Nr. 4 neu gef. mWv 1.1.2022 durch G v. 7.5.2021 (BGBl. I S. 850).
[2] § 850a Nr. 5 geänd. durch G v. 20.11.2015 (BGBl. I S. 2010).
[3] § 850b Abs. 1 Nr. 1 Betrag geänd. mWv 1.1.2022 durch G v. 7.5.2021 (BGBl. I S. 850).

840. Steuerberatungsgesetz (StBerG)[1]

In der Fassung der Bekanntmachung vom 4. November 1975
(BGBl. I S. 2735)[2]·[3]

Geändert durch Einführungsgesetz zur Abgabenordnung vom 14.12.1976 (BGBl. I S. 3341), Gesetz zur Änderung und Vereinfachung des EStG und anderer Gesetze vom 18.8.1980 (BGBl. I S. 1537), Viertes Gesetz zur Änderung des Steuerberatungsgesetzes vom 9.6.1989 (BGBl. I S. 1062), DDR-Vertragsgesetz vom 25.6.1990 (BGBl. II S. 518), Einigungsvertrag vom 31.8.1990 (BGBl. II S. 889, 970), Fünftes Gesetz zur Änderung des Steuerberatungsgesetzes vom 13.12.1990 (BGBl. I S. 2756), Steueränderungsgesetz 1992 vom 25.2.1992 (BGBl. I S. 297), FGO-Änderungsgesetz vom 21.12.1992 (BGBl. I S. 2109), Verbrauchsteuer-Binnenmarktgesetz vom 21.12.1992 (BGBl. I S. 2150), EWR-Ausführungsgesetz vom 27.4.1993 (BGBl. I S. 512, 2436, geänd. durch Gesetz vom 27.9.1993, BGBl. I S. 1666, 2436), Sechstes Gesetz zur Änderung des Steuerberatungsgesetzes vom 24.6.1994 (BGBl. I S. 1387), Gesetz zur Schaffung von Partnerschaftsgesellschaften und zur Änderung anderer Gesetze vom 25.7. 1994 (BGBl. I S. 1744), Einführungsgesetz zur Insolvenzordnung vom 5.10.1994 (BGBl. I S. 2911), Jahressteuergesetz 1996 vom 11.10.1995 (BGBl. I S. 1250), Jahressteuer-Ergänzungsgesetz 1996 vom 18.12.1995 (BGBl. I S. 1959), Umsatzsteuer-Änderungsgesetz 1997 vom 12.12.1996 (BGBl. I S. 1851), 2. Zwangsvollstreckungsnovelle vom 17.12.1997 (BGBl. I S. 3039), Gesetz zur Datenermittlung für den Verteilungsschlüssel des Gemeindeanteils am Umsatzsteueraufkommen und zur Änderung steuerlicher Vorschriften vom 23.6.1998 (BGBl. I S. 1496), Gesetz zur Änderung der Bundesrechtsanwaltsordnung, der Patentanwaltsordnung und anderer Gesetze vom 31.8.1998 (BGBl. I S. 2600), Gesetz zur Änderung des Einführungsgesetzes zur Insolvenzordnung und anderer Gesetze vom 19.12.1998 (BGBl. I S. 3836), Gesetz zur Änderung von Vorschriften über die Tätigkeit der Steuerberater vom 24.6.2000 (BGBl. I S. 874), Altersvermögensgesetz vom 26.6.2001 (BGBl. I S. 1310), Steueränderungsgesetz 2001 vom 20.12.2001 (BGBl. I S. 3794), Gesetz zur Gleichstellung behinderter Menschen und zur Änderung anderer Gesetze vom 27.4.2002 (BGBl. I S. 1467), Gesetz zur Änderung des Gesetzes über die Tätigkeit europäischer Rechtsanwälte in Deutschland und weiterer berufsrechtlicher Vorschriften für Rechts- und Patentanwälte, Steuerberater und Wirtschaftsprüfer vom 26.10.2003 (BGBl. I S. 2074), Steueränderungsgesetz 2003 vom 15.12.2003 (BGBl. I S. 2645), Kostenrechtsmodernisierungsgesetz vom 5.5.2004 (BGBl. I S. 718), Alterseinkünftegesetz vom 5.7.2004 (BGBl. I S. 1427), Gesetz zur Anpassung von Verjährungsvorschriften an das Gesetz zur Modernisierung des Schuldrechts vom 9.12.2004 (BGBl. I S. 3214), Richtlinien-Umsetzungsgesetz (EURLUmsG) vom 9.12.2004 (BGBl. I S. 3310), Gesetz zur Vereinfachung und Vereinheitlichung der Verfahrensvorschriften zur Wahl und Berufung ehrenamtlicher Richter vom 21.12.2004 (BGBl. I S. 3599), 2. Justizmodernisierungsgesetz vom 22.12.2006 (BGBl. I S. 3416), Gesetz zur Reform des Versicherungsvertragsrechts vom 23.11.2007 (BGBl. I S. 2631), Achtes Gesetz zur Änderung des Steuerberatungsgesetzes vom 8.4.2008 (BGBl. I S. 666), Gesetz zur Neuregelung des Verbots der Vereinbarung von Erfolgshonoraren vom 12.6.2008 (BGBl. I S. 1000), 4. Gesetz zur Änderung verwaltungsverfahrensrechtlicher Vorschriften vom 11.12.2008 (BGBl. I S. 2418), Jahressteuergesetz 2009 vom 19.12.2008 (BGBl. I S. 2794), Familienleistungsgesetz vom 22.12.2008 (BGBl. I S. 2955), Bürgerentlastungsgesetz Krankenversicherung vom 16.7.2009 (BGBl. I S. 1959), Gesetz zur Reform der Sachaufklärung in der Zwangsvollstreckung vom 29.7.2009 (BGBl. I S. 2258), Gesetz zur Änderung des Untersuchungshaftrechts vom 29.7.2009 (BGBl. I S. 2274), Gesetz zur Modernisierung von Verfahren im anwaltlichen und notariellen Berufsrecht vom 30.7.2009 (BGBl. I S. 2449), Jahressteuergesetz 2010 (JStG 2010) vom 8.12.2010 (BGBl. I S. 1768), Gesetz zur Umsetzung der Dienstleistungsrichtlinie in der Justiz und zur

---

[1] Für Wirtschaftsprüfer gilt die Wirtschaftsprüferordnung (Nr. **850**).

[2] Neubekanntmachung des SteuerberatungsG v. 16.8.1961 auf Grund des § 165 SteuerberatungsG v. 16.8.1961 (BGBl. I S. 1301), zuletzt geänd. durch G v. 24.6.1975 (BGBl. I S. 1509).

[3] **Die ab dem 1.1.2022 geltende Fassung des StBerG ist hinter der Seite 92 abgedruckt.**

Änderung weiterer Vorschriften vom 22.12.2010 (BGBl. I S. 2248), Gesetz zur Verbesserung der Feststellung und Anerkennung im Ausland erworbener Berufsqualifikationen vom 6.12.2011 (BGBl. I S. 2515), Gesetz zur Stärkung der Rechte von Opfern sexuellen Missbrauchs (StORMG) vom 26.6.2013 (BGBl. I S. 1805), Amtshilferichtlinie-Umsetzungsgesetz (AmtshilfeRLUmsG) vom 26.6.2013 (BGBl. I S. 1809), Gesetz zur Einführung einer Partnergesellschaft mit beschränkter Berufshaftung und zur Änderung des Berufsrechts der Rechtsanwälte, Patentanwälte, Steuerberater und Wirtschaftsprüfer vom 15.7.2013 (BGBl. I S. 2386), Gesetz zur Strukturreform des Gebührenrechts des Bundes vom 7.8.2013 (BGBl. I S. 3154), Gesetz zur Änderung des Prozesskostenhilfe- und Beratungshilferechts vom 31.8.2013 (BGBl. I S. 3533), Gesetz zur Anpassung des nationalen Steuerrechts an den Beitritt Kroatiens zur EU und zur Änderung weiterer steuerlicher Vorschriften vom 25.7.2014 (BGBl. I S. 1266), Gesetz zur Stärkung des Rechts des Angeklagten auf Vertretung in der Berufungsverhandlung und über die Anerkennung von Abwesenheitsentscheidungen in der Rechtshilfe vom 17.7.2015 (BGBl. I S. 1332), Zehnte Zuständigkeitsanpassungsverordnung vom 31.8.2015 (BGBl. I S. 1474), Steueränderungsgesetz 2015 vom 2.11.2015 (BGBl. I S. 1834), Abschlussprüferaufsichtsreformgesetz (APAReG) vom 31.3.2016 (BGBl. I S. 518), Gesetz zur Umsetzung der Richtlinie 2013/55/EU des Europäischen Parlaments und des Rates vom 20. November 2013 zur Änderung der Richtlinie 2005/36/EG über die Anerkennung von Berufsqualifikationen und der Verordnung (EU) Nr. 1024/2012 über die Verwaltungszusammenarbeit mit Hilfe des Binnenmarkt-Informationssystems („IMI-Verordnung") für bundesrechtlich geregelte Heilberufe und andere Berufe vom 18.4.2016 (BGBl. I S. 886), Gesetz zur Modernisierung des Besteuerungsverfahrens vom 18.7.2016 (BGBl. I S. 1679), Gesetz zur Bekämpfung der Steuerumgehung und zur Änderung weiterer steuerlicher Vorschriften (Steuerumgehungsbekämpfungsgesetz – StUmgBG) vom 23.6.2017 (BGBl. I S. 1682), Gesetz zur Neuregelung des Schutzes von Geheimnissen bei der Mitwirkung Dritter an der Berufsaußübung schweigepflichtiger Personen vom 30.10.2017 (BGBl. I S. 3618), Zweites Gesetz zur Anpassung des Datenschutzrechts an die Verordnung (EU) 2016/679 und zur Umsetzung der Richtlinie (EU) 2016/680 (Zweites Datenschutz-Anpassungs- und Umsetzungsgesetz EU – 2. DSAnpUG-EU) vom 20.11.2019 (BGBl. I S. 1626), Drittes Gesetz zur Entlastung insbesondere der mittelständischen Wirtschaft von Bürokratie (Drittes Bürokratieentlastungsgesetz) vom 22.11.2019 (BGBl. I S. 1746), Gesetz zur weiteren steuerlichen Förderung der Elektromobilität und zur Änderung weiterer steuerlicher Vorschriften vom 12.12.2019 (BGBl. I S. 2451), Gesetz zur Umsetzung der Änderungsrichtlinie zur Vierten EU-Geldwäscherichtlinie vom 12.12.2019 (BGBl. I S. 2602), Gesetz zur Einführung einer Pflicht zur Mitteilung grenzüberschreitender Steuergestaltungen vom 21.12.2019 (BGBl. I S. 2875), Gesetz zur Umsetzung der Verhältnismäßigkeitsrichtlinie (Richtlinie (EU) 2018/958) im Bereich öffentlich-rechtlicher Körperschaften vom 19.6.2020 (BGBl. I S. 1403), Jahressteuergesetz 2020 (JStG 2020) vom 21.12.2020 (BGBl. I S. 3096), Gesetz zur Modernisierung des notariellen Berufsrechts und zur Änderung weiterer Vorschriften vom 25.6.2021 (BGBl. I S. 2154), Gesetz zur Neuregelung des Berufsrechts der anwaltlichen und steuerberatenden Berufsausübungsgesellschaften sowie zur Änderung weiterer Vorschriften im Bereich der rechtsberatenden Berufe vom 7.7.2021 (BGBl. I S. 2363),[1] Gesetz zur Förderung verbrauchergerechter Angebote im Rechtsdienstleistungsmarkt vom 10.8.2021 (BGBl. I S. 3415) und Gesetz zur Modernisierung des Personengesellschaftsrechts (Personengesellschaftsrechtsmodernisierungsgesetz – MoPeG) vom 10.8.2021 (BGBl. I S. 3436)[1]

BGBl. III/FNA 610-10

Inhaltsübersicht

Erster Teil. Vorschriften über die Hilfeleistung in Steuersachen

Erster Abschnitt. Ausübung der Hilfe in Steuersachen

Erster Unterabschnitt. Anwendungsbereich

[1] **Zur Fassung des StBerG idF des G v. 7.7.2021 ab 1.8.2022 siehe StBerG 2022 im Anschluss abgedruckt hinter S. 92.**

Zweiter Unterabschnitt. Befugnis §§

(Fortsetzung nächstes Blatt)

4. das Buchen laufender Geschäftsvorfälle, die laufende Lohnabrechnung und das Fertigen der Lohnsteuer-Anmeldungen, soweit diese Tätigkeiten verantwortlich durch Personen erbracht werden, die nach Bestehen der Abschlußprüfung in einem kaufmännischen Ausbildungsberuf oder nach Erwerb einer gleichwertigen Vorbildung mindestens drei Jahre auf dem Gebiet des Buchhaltungswesens in einem Umfang von mindestens 16 Wochenstunden praktisch tätig gewesen sind.

§ 7[1] Untersagung der Hilfeleistung in Steuersachen. (1) Das Finanzamt kann die Hilfeleistung in Steuersachen untersagen,

1. wenn die Tätigkeit durch eine Person oder Vereinigung ausgeübt wird, die nicht unter §§ 3, 3a[2] oder 4 fällt,
2.[3] wenn bei einer Tätigkeit nach den §§ 3a, 4 und 6 die jeweiligen Befugnisse überschritten werden,
3.[3] wenn eine Tätigkeit als Arbeitnehmer zur Umgehung des Verbots nach § 5 missbraucht wird.

(2) [1]Die für die Finanzverwaltung zuständige oberste Landesbehörde kann den in § 4 Nr. 7 bezeichneten Vereinigungen im Einvernehmen mit den fachlich beteiligten obersten Landesbehörden die Hilfeleistung in Steuersachen ganz oder teilweise untersagen, wenn eine sachgemäße Tätigkeit nicht gewährleistet ist. [2]Dies gilt nicht, wenn eine der in § 3 Nr. 1 aufgeführten Personen die Hilfeleistung in Steuersachen leitet.

(3)[4] [1]Diejenige Finanzbehörde, in deren Zuständigkeitsbereich die nach Absatz 1 zu untersagende Hilfeleistung in Steuersachen geleistet wird, kann diese Hilfeleistung in Steuersachen in ihrem Zuständigkeitsbereich untersagen. [2]Die Finanzbehörde ist befugt, andere Finanzbehörden über die Untersagung nach Satz 1 zu unterrichten. [3]§ 30 der Abgabenordnung steht dem nicht entgegen.

Vierter Unterabschnitt. Sonstige Vorschriften

§ 8[5] Werbung. (1) Auf eigene Dienste oder Dienste Dritter zur geschäftsmäßigen Hilfeleistung in Steuersachen darf hingewiesen werden, soweit über die Tätigkeit in Form und Inhalt sachlich unterrichtet wird.

(2) [1]Werbung, die auf die Erteilung eines Auftrags zur geschäftsmäßigen Hilfeleistung in Steuersachen im Einzelfall gerichtet ist, ist verboten. [2]Dies gilt nicht für die Durchführung der Tätigkeiten nach § 6 Nr. 3 und 4.

---

[1] § 7 Abs. 2 Satz 1 geänd. durch G v. 9.6.1989 (BGBl. I S. 1062), Abs. 1 Nr. 3 angef. mWv 1.7.2000 durch G v. 24.6.2000 (BGBl. I S. 874).

[2] Hinweis auf § 3a eingef. durch G v. 8.4.2008 (BGBl. I S. 666).

[3] § 7 Abs. 1 Nr. 2 neu gef., Nr. 3 angef. mWv 29.12.2020 durch G v. 21.12.2020 (BGBl. I S. 3096).

[4] § 7 Abs. 3 neu gef. mWv 29.12.2020 durch G v. 21.12.2020 (BGBl. I S. 3096).

[5] § 8 neu gef. mWv 1.7.2000 durch G v. 24.6.2000 (BGBl. I S. 874), Abs. 4 neugef. mWv 12.4.2008 durch G v. 8.4.2008 (BGBl. I S. 666).

(3) Die in § 3 Nr. 1 bis 3 bezeichneten Personen und Gesellschaften dürfen auf ihre Befugnis zur Hilfeleistung in Steuersachen nach den für sie geltenden berufsrechtlichen Vorschriften hinweisen.

(4) [1]Die in § 6 Nr. 4 bezeichneten Personen dürfen auf ihre Befugnisse zur Hilfeleistung in Steuersachen hinweisen und sich als Buchhalter bezeichnen. [2]Personen, die den anerkannten Abschluss „Geprüfter Bilanzbuchhalter/Geprüfte Bilanzbuchhalterin" oder „Steuerfachwirt/Steuerfachwirtin" erworben haben, dürfen unter dieser Bezeichnung werben. [3]Die genannten Personen dürfen dabei nicht gegen das Gesetz gegen den unlauteren Wettbewerb verstoßen.

§ 9[1)] Vergütung. Die Abgabe oder Entgegennahme eines Teils der Gebühren oder sonstiger Vorteile für die Vermittlung von Aufträgen, gleichviel ob im Verhältnis zu einem Steuerberater oder Steuerbevollmächtigten oder zu einem Dritten gleich welcher Art, ist unzulässig.

§ 9a[2)] Erfolgshonorar. (1) [1]Vereinbarungen, durch die eine Vergütung für eine Hilfeleistung in Steuersachen oder ihre Höhe vom Ausgang der Sache oder vom Erfolg der Tätigkeit abhängig gemacht wird oder nach denen der Steuerberater oder Steuerbevollmächtigte einen Teil der zu erzielenden Steuerermäßigung, Steuerersparnis oder Steuervergütung als Honorar erhält (Erfolgshonorar), sind unzulässig, soweit nachfolgend nichts anderes bestimmt ist. [2]Vereinbarungen, durch die der Steuerberater oder Steuerbevollmächtigte sich verpflichtet, Gerichtskosten, Verwaltungskosten oder Kosten anderer Beteiligter zu tragen, sind unzulässig.

(2) [1]Ein Erfolgshonorar darf nur für den Einzelfall und nur dann vereinbart werden, wenn der Auftraggeber *aufgrund seiner wirtschaftlichen Verhältnisse*[3)] bei verständiger Betrachtung ohne die Vereinbarung eines Erfolgshonorars von der Rechtsverfolgung abgehalten würde. [2]Dabei darf für den Fall des Misserfolgs vereinbart werden, dass keine oder eine geringere als die gesetzliche Vergütung zu zahlen ist, wenn für den Erfolgsfall ein angemessener Zuschlag auf die gesetzliche Vergütung vereinbart wird.

(3) [1]Die Vereinbarung bedarf der Textform. [2]Sie muss als Vegütungsvereinbarung oder in vergleichbarer Weise bezeichnet werden, von anderen Vereinbarungen deutlich abgesetzt sein und darf nicht in der Vollmacht enthalten sein. [3]Die Vereinbarung muss enthalten:

1. die voraussichtliche gesetzliche Vergütung und gegebenenfalls die erfolgsunabhängige vertragliche Vergütung, zu der der Steuerberater oder Steuerbevollmächtigte bereit wäre, den Auftrag zu übernehmen, sowie
2. die Angabe, welche Vergütung bei Eintritt welcher Bedingungen verdient sein soll.

(4) [1]In der Vereinbarung sind außerdem die wesentlichen Gründe anzugeben, die für die Bemessung des Erfolgshonorars bestimmend sind. [2]Ferner ist

---

[1)] § 9 neu gef. mWv 1.7.1994 durch G v. 24.6.1994 (BGBl. I S. 1387); Abs. 1 aufgeh. mWv 1.7.2008 durch G v. 12.6.2008 (BGBl. I S. 1000).

[2)] § 9a eingef. mWv 1.7.2008 durch G v. 12.6.2008 (BGBl. I S. 1000).

[3)] Kursiver Satzteil aufgeh. mWv 1.10.2021 durch G v. 10.8.2021 (BGBl. I S. 3415).

Steuerberatungsgesetz (StBerG)

In der Fassung der Bekanntmachung vom 4. November 1975[1)]
(BGBl. I S. 2735)

Geändert durch Einführungsgesetz zur Abgabenordnung vom 14.12.1976 (BGBl. I S. 3341), Gesetz zur Änderung und Vereinfachung des EStG und anderer Gesetze vom 18.8.1980 (BGBl. I S. 1537), Viertes Gesetz zur Änderung des Steuerberatungsgesetzes vom 9.6.1989 (BGBl. I S. 1062), DDR-Vertragsgesetz vom 25.6.1990 (BGBl. II S. 518), Einigungsvertrag vom 31.8.1990 (BGBl. II S. 889, 970), Fünftes Gesetz zur Änderung des Steuerberatungsgesetzes vom 13.12.1990 (BGBl. I S. 2756), Steueränderungsgesetz 1992 vom 25.2.1992 (BGBl. I S. 297), FGO-Änderungsgesetz vom 21.12.1992 (BGBl. I S. 2109), Verbrauchsteuer-Binnenmarktgesetz vom 21.12.1992 (BGBl. I S. 2150), EWR-Ausführungsgesetz vom 27.4.1993 (BGBl. I S. 512, 2436, geänd. durch Gesetz vom 27.9.1993, BGBl. I S. 1666, 2436), Sechstes Gesetz zur Änderung des Steuerberatungsgesetzes vom 24.6.1994 (BGBl. I S. 1387), Gesetz zur Schaffung von Partnerschaftsgesellschaften und zur Änderung anderer Gesetze vom 25.7. 1994 (BGBl. I S. 1744), Einführungsgesetz zur Insolvenzordnung vom 5.10.1994 (BGBl. I S. 2911), Jahressteuergesetz 1996 vom 11.10.1995 (BGBl. I S. 1250), Jahressteuer-Ergänzungsgesetz 1996 vom 18.12.1995 (BGBl. I S. 1959), Umsatzsteuer-Änderungsgesetz 1997 vom 12.12.1996 (BGBl. I S. 1851), 2. Zwangsvollstreckungsnovelle vom 17.12.1997 (BGBl. I S. 3039), Gesetz zur Datenermittlung für den Verteilungsschlüssel des Gemeindeanteils am Umsatzsteueraufkommen und zur Änderung steuerlicher Vorschriften vom 23.6.1998 (BGBl. I S. 1496), Gesetz zur Änderung der Bundesrechtsanwaltsordnung, der Patentanwaltsordnung und anderer Gesetze vom 31.8.1998 (BGBl. I S. 2600), Gesetz zur Änderung des Einführungsgesetzes zur Insolvenzordnung und anderer Gesetze vom 19.12.1998 (BGBl. I S. 3836), Gesetz zur Änderung von Vorschriften über die Tätigkeit der Steuerberater vom 24.6.2000 (BGBl. I S. 874), Altersvermögensgesetz vom 26.6.2001 (BGBl. I S. 1310), Steueränderungsgesetz 2001 vom 20.12.2001 (BGBl. I S. 3794), Gesetz zur Gleichstellung behinderter Menschen und zur Änderung anderer Gesetze vom 27.4.2002 (BGBl. I S. 1467), Gesetz zur Änderung des Gesetzes über die Tätigkeit europäischer Rechtsanwälte in Deutschland und weiterer berufsrechtlicher Vorschriften für Rechts- und Patentanwälte, Steuerberater und Wirtschaftsprüfer vom 26.10.2003 (BGBl. I S. 2074), Steueränderungsgesetz 2003 vom 15.12.2003 (BGBl. I S. 2645), Kostenrechtsmodernisierungsgesetz vom 5.5.2004 (BGBl. I S. 718), Altereinkünftegesetz vom 5.7.2004 (BGBl. I S. 1427), Gesetz zur Anpassung von Verjährungsvorschriften an das Gesetz zur Modernisierung des Schuldrechts vom 9.12.2004 (BGBl. I S. 3214), Richtlinien-Umsetzungsgesetz (EURLUmsG) vom 9.12.2004 (BGBl. I S. 3310), Gesetz zur Vereinfachung und Vereinheitlichung der Verfahrensvorschriften zur Wahl und Berufung ehrenamtlicher Richter vom 21.12.2004 (BGBl. I S. 3599), 2. Justizmodernisierungsgesetz vom 22.12.2006 (BGBl. I S. 3416), Gesetz zur Reform des Versicherungsvertragsrechts vom 23.11.2007 (BGBl. I S. 2631), Achtes Gesetz zur Änderung des Steuerberatungsgesetzes vom 8.4.2008 (BGBl. I S. 666), Gesetz zur Neuregelung des Verbots der Vereinbarung von Erfolgshonoraren vom 12.6.2008 (BGBl. I S. 1000), 4. Gesetz zur Änderung verwaltungsverfahrensrechtlicher Vorschriften vom 11.12.2008 (BGBl. I S. 2418), Jahressteuergesetz 2009 vom 19.12.2008 (BGBl. I S. 2794), Familienleistungsgesetz vom 22.12.2008 (BGBl. I S. 2955), Bürgerentlastungsgesetz Krankenversicherung vom 16.7.2009 (BGBl. I S. 1959), Gesetz zur Reform der Sachaufklärung in der Zwangsvollstreckung vom 29.7.2009 (BGBl. I S. 2258), Gesetz zur Änderung des Untersuchungshaftrechts vom 29.7.2009 (BGBl. I S. 2274), Gesetz zur Modernisierung von Verfahren im anwaltlichen und notariellen Berufsrecht vom 30.7.2009 (BGBl. I S. 2449), Jahressteuergesetz 2010 (JStG 2010) vom 8.12.2010 (BGBl. I S. 1768), Gesetz zur Umsetzung der Dienstleistungsrichtlinie in der Justiz und zur Änderung weiterer Vorschriften vom 22.12.2010 (BGBl. I S. 2248), Gesetz zur Verbesserung der Feststellung und Anerkennung im Ausland erworbener Berufsqualifikationen vom 6.12.2011 (BGBl. I S. 2515), Gesetz zur Stärkung der Rechte von Opfern sexuellen Missbrauchs (StORMG) vom 26.6.2013 (BGBl. I S. 1805), Amtshilferichtlinie-Umsetzungsgesetz

---

[1)] Neubekanntmachung des StBerG v. 16.8.1961 (BGBl. I S. 1301) in der ab 29.6.1975 geltenden Fassung.

(AmtshilfeRLUmsG) vom 26.6.2013 (BGBl. I S. 1809), Gesetz zur Einführung einer Partnergesellschaft mit beschränkter Berufshaftung und zur Änderung des Berufsrechts der Rechtsanwälte, Patentanwälte, Steuerberater und Wirtschaftsprüfer vom 15.7.2013 (BGBl. I S. 2386), Gesetz zur Strukturreform des Gebührenrechts des Bundes vom 7.8.2013 (BGBl. I S. 3154), Gesetz zur Änderung des Prozesskostenhilfe- und Beratungshilferechts vom 31.8.2013 (BGBl. I S. 3533), Gesetz zur Anpassung des nationalen Steuerrechts an den Beitritt Kroatiens zur EU und zur Änderung weiterer steuerlicher Vorschriften vom 25.7.2014 (BGBl. I S. 1266), Gesetz zur Stärkung des Rechts des Angeklagten auf Vertretung in der Berufungsverhandlung und über die Anerkennung von Abwesenheitsentscheidungen in der Rechtshilfe vom 17.7.2015 (BGBl. I S. 1332), Zehnte Zuständigkeitsanpassungsverordnung vom 31.8.2015 (BGBl. I S. 1474), Steueränderungsgesetz 2015 vom 2.11.2015 (BGBl. I S. 1834), Abschlussprüferaufsichtsreformgesetz (APAReG) vom 31.3.2016 (BGBl. I S. 518), Gesetz zur Umsetzung der Richtlinie 2013/55/EU des Europäischen Parlaments und des Rates vom 20. November 2013 zur Änderung der Richtlinie 2005/36/EG über die Anerkennung von Berufsqualifikationen und der Verordnung (EU) Nr. 1024/2012 über die Verwaltungszusammenarbeit mit Hilfe des Binnenmarkt-Informationssystems („IMI-Verordnung") für bundesrechtlich geregelte Heilberufe und andere Berufe vom 18.4.2016 (BGBl. I S. 886), Gesetz zur Modernisierung des Besteuerungsverfahrens vom 18.7.2016 (BGBl. I S. 1679), Gesetz zur Bekämpfung der Steuerumgehung und zur Änderung weiterer steuerlicher Vorschriften (Steuerumgehungsbekämpfungsgesetz – StUmgBG) vom 23.6.2017 (BGBl. I S. 1682), Gesetz zur Neuregelung des Schutzes von Geheimnissen bei der Mitwirkung Dritter an der Berufsauübung schweigepflichtiger Personen vom 30.10.2017 (BGBl. I S. 3618), Zweites Gesetz zur Anpassung des Datenschutzrechts an die Verordnung (EU) 2016/679 und zur Umsetzung der Richtlinie (EU) 2016/680 (Zweites Datenschutz-Anpassungs- und Umsetzungsgesetz EU – 2. DSAnpUG-EU) vom 20.11.2019 (BGBl. I S. 1626), Drittes Gesetz zur Entlastung insbesondere der mittelständischen Wirtschaft von Bürokratie (Drittes Bürokratieentlastungsgesetz) vom 22.11.2019 (BGBl. I S. 1746), Gesetz zur weiteren steuerlichen Förderung der Elektromobilität und zur Änderung weiterer steuerlicher Vorschriften vom 12.12.2019 (BGBl. I S. 2451), Gesetz zur Umsetzung der Änderungsrichtlinie zur Vierten EU-Geldwäscherichtlinie vom 12.12.2019 (BGBl. I S. 2602), Gesetz zur Einführung einer Pflicht zur Mitteilung grenzüberschreitender Steuergestaltungen vom 21.12.2019 (BGBl. I S. 2875), Gesetz zur Umsetzung der Verhältnismäßigkeitsrichtlinie (Richtlinie (EU) 2018/958) im Bereich öffentlich-rechtlicher Körperschaften vom 19.6.2020 (BGBl. I S. 1403), Jahressteuergesetz 2020 (JStG 2020) vom 21.12.2020 (BGBl. I S. 3096), Gesetz zur Modernisierung des notariellen Berufsrechts und zur Änderung weiterer Vorschriften vom 25.6.2021 (BGBl. I S. 2154), Gesetz zur Neuregelung des Berufsrechts der anwaltlichen und steuerberatenden Berufsausübungsgesellschaften sowie zur Änderung weiterer Vorschriften im Bereich der rechtsberatenden Berufe vom 7.7.2021 (BGBl. I S. 2363), Gesetz zur Förderung verbrauchergerechter Angebote im Rechtsdienstleistungsmarkt vom 10.8.2021 (BGBl. I S. 3415) und Gesetz zur Modernisierung des Personengesellschaftsrechts (Personengesellschaftsrechtsmodernisierungsgesetz – MoPeG) vom 10.8.2021 (BGBl. I S. 3436)

BGBl. III/FNA 610-10

Inhaltsübersicht[1]

Erster Teil. Vorschriften über die Hilfeleistung in Steuersachen

Erster Abschnitt. Ausübung der Hilfe in Steuersachen

Erster Unterabschnitt. Anwendungsbereich

[1] Inhaltsübersicht neu gef. mWv 18.12.2019 durch G v. 12.12.2019 (BGBl. I S. 2451); geänd. mWv 29.12.2020 durch G v. 21.12.2020 (BGBl. I S. 3096); geänd. mWv 1.8.2021 durch G v. 25.6.2021 (BGBl. I S. 2154); geänd. mWv 1.8.2022 durch G v. 7.7.2021 (BGBl. I S. 2363).

Zweiter Unterabschnitt. Befugnis

Dritter Unterabschnitt. Verbot und Untersagung

Vierter Unterabschnitt. Sonstige Vorschriften

Zweiter Abschnitt. Lohnsteuerhilfevereine

Erster Unterabschnitt. Aufgaben

Zweiter Unterabschnitt. Anerkennung

Dritter Unterabschnitt. Pflichten

Vierter Unterabschnitt. Aufsicht

Fünfter Unterabschnitt. Verordnungsermächtigung

Zweiter Teil. Steuerberaterordnung

Erster Abschnitt. Allgemeine Vorschriften

Zweiter Abschnitt. Voraussetzungen für die Berufsausübung

Erster Unterabschnitt. Persönliche Voraussetzungen

Zweiter Unterabschnitt. Bestellung

Dritter Unterabschnitt. Berufsausübungsgesellschaften

Dritter Abschnitt. Rechte und Pflichten

Vierter Abschnitt. Organisation des Berufs

Zweiter Teilabschnitt. Das Verfahren im ersten Rechtszug §§

Dritter Teilabschnitt. Rechtsmittel

Vierter Teilabschnitt. Die Sicherung von Beweisen

Fünfter Teilabschnitt. Das Berufs- und Vertretungsverbot

Vierter Unterabschnitt. Die Kosten in dem berufsgerichtlichen und in dem Verfahren bei Anträgen auf berufsgerichtliche Entscheidung über die Rüge. Die Vollstreckung der berufsgerichtlichen Maßnahmen und der Kosten. Die Tilgung.

Erster Teil. Vorschriften über die Hilfeleistung in Steuersachen

Erster Abschnitt. Ausübung der Hilfe in Steuersachen

Erster Unterabschnitt. Anwendungsbereich

§ 1[1] **Anwendungsbereich.** (1) Dieses Gesetz ist anzuwenden auf die Hilfeleistung

1. in Angelegenheiten, die durch Bundesrecht, Recht der Europäischen Union oder der Vertragsstaaten des Abkommens über den Europäischen Wirtschaftsraum geregelte Steuern und Vergütungen betreffen, soweit diese durch Bundesfinanzbehörden oder durch Landesfinanzbehörden verwaltet werden,
2. in Angelegenheiten, die die Realsteuern oder die Grunderwerbsteuer betreffen,
3. in Angelegenheiten, die durch Landesrecht oder auf Grund einer landesrechtlichen Ermächtigung geregelte Steuern betreffen,
4. in Monopolsachen,
5. in sonstigen von Bundesfinanzbehörden oder Landesfinanzbehörden verwalteten Angelegenheiten, soweit für diese durch Bundesgesetz oder Landesgesetz der Finanzrechtsweg eröffnet ist.

(2) Die Hilfeleistung in Steuersachen umfaßt auch

1. die Hilfeleistung in Steuerstrafsachen und in Bußgeldsachen wegen einer Steuerordnungswidrigkeit,
2. die Hilfeleistung bei der Führung von Büchern und Aufzeichnungen sowie bei der Aufstellung von Abschlüssen, die für die Besteuerung von Bedeutung sind,
3. die Hilfeleistung bei der Einziehung von Steuererstattungs- oder Vergütungsansprüchen.

(3) Die Vorschriften der einzelnen Verfahrensordnungen über die Zulassung von Bevollmächtigten und Beiständen bleiben unberührt.

(4) Das Berufsqualifikationsfeststellungsgesetz findet mit Ausnahme des § 17 keine Anwendung.

Zweiter Unterabschnitt. Befugnis

§ 2[2] **Geschäftsmäßige Hilfeleistung.** (1) [1]Die Hilfeleistung in Steuersachen darf geschäftsmäßig nur von Personen und Vereinigungen ausgeübt wer-

---

[1] § 1 Abs. 1 Nr. 2 geänd. durch G v. 9.6.1989 (BGBl. I S. 1062), Nr. 1 geänd. mWv 1.1.1994 (BGBl. 1993 I S. 2436) durch G v. 27.4.1993 (BGBl. I S. 512); Abs. 4 angef. mWv 1.4.2012 durch G v. 6.12.2011 (BGBl. I S. 2515); Abs. 1 Nr. 1 geänd. mWv 30.6.2013 durch G v. 26.6.2013 (BGBl. I S. 1809).

[2] § 2 neu gef. mWv 1.8.2022 durch G v. 7.7.2021 (BGBl. I S. 2363).

den, die hierzu befugt sind. 2 Dies gilt ohne Unterschied für hauptberufliche, nebenberufliche, entgeltliche oder unentgeltliche Tätigkeiten und dient dem Schutz der Rechtssuchenden, des Rechtsverkehrs und der Rechtsordnung vor unqualifizierter Hilfeleistung in Steuersachen.

(2) Geschäftsmäßige Hilfeleistung in Steuersachen ist jede Tätigkeit in fremden Angelegenheiten im Anwendungsbereich dieses Gesetzes, sobald sie eine rechtliche Prüfung des Einzelfalls erfordert.

§ 3[1] Befugnis zu unbeschränkter Hilfeleistung in Steuersachen. Zur geschäftsmäßigen Hilfeleistung in Steuersachen sind befugt:

1. Steuerberater, Steuerbevollmächtigte, Rechtsanwälte, niedergelassene europäische Rechtsanwälte, Wirtschaftsprüfer und vereidigte Buchprüfer,
2. Berufsausübungsgesellschaften nach den §§ 49 und 50 und im Sinne der Bundesrechtsanwaltsordnung,
3. Gesellschaften nach § 44b Absatz 1 der Wirtschaftsprüferordnung[2], deren Gesellschafter oder Partner ausschließlich Wirtschaftsprüfer oder vereidigte Buchprüfer sind, sowie Wirtschaftsprüfungsgesellschaften und Buchprüfungsgesellschaften.

§ 3a[3] Befugnis zu vorübergehender und gelegentlicher Hilfeleistung in Steuersachen. (1) 1 Personen, die in einem anderen Mitgliedstaat der Europäischen Union oder in einem anderen Vertragsstaat des Abkommens über den Europäischen Wirtschaftsraum oder in der Schweiz beruflich niedergelassen sind und dort befugt geschäftsmäßig Hilfe in Steuersachen nach dem Recht des Niederlassungsstaates leisten, sind zur vorübergehenden und gelegentlichen geschäftsmäßigen Hilfeleistung in Steuersachen im Anwendungsbereich dieses Gesetzes befugt. 2 Die vorübergehende und gelegentliche geschäftsmäßige Hilfeleistung in Steuersachen kann vom Staat der Niederlassung aus erfolgen. 3 Der Umfang der Befugnis zur Hilfeleistung in Steuersachen im Inland richtet sich nach dem Umfang dieser Befugnis im Niederlassungsstaat. 4 Bei ihrer Tätigkeit im Inland unterliegen sie denselben Berufsregeln wie die in § 3 genannten Personen. 5 Wenn weder der Beruf noch die Ausbildung zu diesem Beruf im Staat der Niederlassung reglementiert ist, gilt die Befugnis

---

[1] § 3 Abs. 2 aufgeh. mWv 1.7.1994 durch G v. 24.6.1994 (BGBl. I S. 1387), Nr. 2 geänd. mWv 1.3.1999 durch G v. 31.8.1998 (BGBl. I S. 2600), neu gef. mWv 1.7.2000 durch G v. 24.6.2000 (BGBl. I S. 874); Nr. 4 geänd. mWv 1.11.2003 durch G v. 26.10.2003 (BGBl. I S. 874); Nr. 3 geänd., Nr. 4 aufgeh. mWv 12.4.2008 durch G v. 8.4.2008 (BGBl. I S. 666); Nr. 2 geänd. mWv 19.7.2013 durch G v. 15.7.2013 (BGBl. I S. 2386); Nr. 2 und 3 neu gef. mWv 1.8.2022 durch G v. 7.7.2021 (BGBl. I S. 2363).

[2] Nr. **850**.

[3] § 3a eingef. mWv 12.4.2008 durch G v. 8.4.2008 (BGBl. I S. 666); Abs. 1 Satz 4 neu gef., Abs. 2 Sätze 1 und 2 Nr. 9 geänd., Satz 3 Nr. 7 neu gef., Satz 6 angef., Abs. 7 Satz 2 neu gef., Satz 3 angef. mWv 23.4.2016 durch G v. 18.4.2016 (BGBl. I S. 886); Abs. 6 Satz 2 angef. mWv 1.1.2017 durch G v. 18.7.2016 (BGBl. I S. 1679); Abs. 1 Satz 1 geänd., Satz 2 eingef., bish. Sätze 2–5 werden Sätze 3–6 mWv 25.6.2017 durch G v. 23.6.2017 (BGBl. I S. 1682); Abs. 6 Satz 1 neu gef., Satz 3 angef. mWv 29.12.2020, Abs. 2 Satz 2 Nr. 10 aufgeh., bish. Nr. 11–21 werden Nr. 10–20 mWv 1.1.2021 durch G v. 21.12.2020 (BGBl. I S. 3096); Abs. 2 Satz 7 angef., Abs. 7 Satz 3 geänd. mWv 1.8.2021 durch G v. 25.6.2021 (BGBl. I S. 2154).

zur geschäftsmäßigen Hilfeleistung in Steuersachen im Inland nur, wenn die Person den Beruf in einem oder in mehreren Mitgliedstaaten oder Vertragsstaaten oder der Schweiz während der vorhergehenden zehn Jahre mindestens ein Jahr lang ausgeübt hat. [6] Ob die geschäftsmäßige Hilfeleistung in Steuersachen vorübergehend und gelegentlich erfolgt, ist insbesondere anhand ihrer Dauer, Häufigkeit, regelmäßiger Wiederkehr und Kontinuität zu beurteilen.

(2) [1] Die geschäftsmäßige Hilfeleistung in Steuersachen nach Absatz 1 ist nur zulässig, wenn die Person vor der ersten Erbringung im Inland der zuständigen Stelle schriftlich oder elektronisch Meldung erstattet. [2] Zuständige Stelle ist für Personen aus:

1. Finnland die Steuerberaterkammer Berlin,
2. Polen die Steuerberaterkammer Brandenburg,
3. Zypern die Steuerberaterkammer Bremen,
4. den Niederlanden und Bulgarien die Steuerberaterkammer Düsseldorf,
5. Schweden und Island die Steuerberaterkammer Hamburg,
6. Portugal und Spanien die Steuerberaterkammer Hessen,
7. Belgien die Steuerberaterkammer Köln,
8. Estland, Lettland, Litauen die Steuerberaterkammer Mecklenburg-Vorpommern,
9. Italien, Kroatien und Österreich die Steuerberaterkammer München,
10. Rumänien und Liechtenstein die Steuerberaterkammer Nordbaden,
11. Tschechien die Steuerberaterkammer Nürnberg,
12. Frankreich die Steuerberaterkammer Rheinland-Pfalz,
13. Luxemburg die Steuerberaterkammer Saarland,
14. Ungarn die Steuerberaterkammer des Freistaates Sachsen,
15. der Slowakei die Steuerberaterkammer Sachsen-Anhalt,
16. Dänemark und Norwegen die Steuerberaterkammer Schleswig-Holstein,
17. Griechenland die Steuerberaterkammer Stuttgart,
18. der Schweiz die Steuerberaterkammer Südbaden,
19. Malta und Slowenien die Steuerberaterkammer Thüringen,
20. Irland die Steuerberaterkammer Westfalen-Lippe.

[3] Die Meldung der Person muss enthalten:

1. den Familiennamen und die Vornamen, den Namen oder die Firma einschließlich der gesetzlichen Vertreter,
2. das Geburts- oder Gründungsjahr,
3. die Geschäftsanschrift einschließlich der Anschriften aller Zweigstellen,
4. die Berufsbezeichnung, unter der die Tätigkeit im Inland zu erbringen ist,
5. eine Bescheinigung darüber, dass die Person in einem Mitgliedstaat der Europäischen Union, in einem anderen Vertragsstaat des Abkommens über

den Europäischen Wirtschaftsraum oder in der Schweiz rechtmäßig zur geschäftsmäßigen Hilfeleistung in Steuersachen niedergelassen ist und dass ihr die Ausübung dieser Tätigkeit zum Zeitpunkt der Vorlage der Bescheinigung nicht, auch nicht vorübergehend, untersagt ist,

6. einen Nachweis über die Berufsqualifikation,
7. einen Nachweis darüber, dass die Person den Beruf in einem oder in mehreren Mitgliedstaaten oder Vertragsstaaten oder der Schweiz während der vorhergehenden zehn Jahre mindestens ein Jahr lang ausgeübt hat, wenn weder der Beruf noch die Ausbildung zu diesem Beruf im Staat der Niederlassung reglementiert ist,
8. eine Information über Einzelheiten zur Berufshaftpflichtversicherung oder eines anderen individuellen oder kollektiven Schutzes in Bezug auf die Berufshaftpflicht.

[4] Die Meldung ist jährlich zu wiederholen, wenn die Person nach Ablauf eines Kalenderjahres erneut nach Absatz 1 geschäftsmäßig Hilfeleistung in Steuersachen im Inland erbringen will. [5] In diesem Fall sind die Bescheinigung nach Satz 3 Nr. 5 und die Information nach Satz 3 Nr. 8 erneut vorzulegen. [6] Die Meldung berechtigt die Person zur geschäftsmäßigen Hilfeleistung in Steuersachen nach Absatz 1 im gesamten Hoheitsgebiet der Bundesrepublik Deutschland. [7] § 74a gilt entsprechend.

(3) [1] Sobald die Meldung nach Absatz 2 vollständig vorliegt, veranlasst die zuständige Stelle eine vorübergehende Eintragung der Angaben nach Absatz 2 Satz 3 Nr. 1 bis 4 im Berufsregister oder ihre Verlängerung um ein Jahr. [2] Die jeweilige Eintragung erfolgt unter Angabe der zuständigen Stelle und des Datums der Eintragung. [3] Das Verfahren ist kostenfrei.

(4) Registrierte Personen nach Absatz 3 oder ihre Rechtsnachfolger müssen der zuständigen Stelle alle Änderungen der Angaben nach Absatz 2 Satz 3 Nr. 1 bis 4 unverzüglich schriftlich mitteilen.

(5) [1] Personen, die nach Absatz 1 geschäftsmäßig Hilfeleistung in Steuersachen im Inland erbringen, dürfen dabei nur unter der Berufsbezeichnung in den Amtssprachen des Niederlassungsstaates tätig werden, unter der sie ihre Dienste im Niederlassungsstaat anbieten. [2] Wer danach berechtigt ist, die Berufsbezeichnung „Steuerberater“/„Steuerberaterin“, „Steuerbevollmächtigter“/„Steuerbevollmächtigte“ oder „Steuerberatungsgesellschaft“ zu führen, hat zusätzlich die Berufsorganisation, der er im Niederlassungsstaat angehört, sowie den Niederlassungsstaat anzugeben. [3] Eine Verwechslung mit den genannten Berufsbezeichnungen muss ausgeschlossen sein.

(6) [1] Die zuständige Stelle kann einer nach Absatz 1 geschäftsmäßig Hilfe in Steuersachen leistenden Person die weitere Erbringung ihrer Dienste im Inland untersagen, wenn

1. die Person im Staat der Niederlassung nicht mehr rechtmäßig niedergelassen ist oder ihr die Ausübung der Tätigkeit dort untersagt wird,
2. sie nicht über die für die Ausübung der Berufstätigkeit im Inland erforderlichen deutschen Sprachkenntnisse verfügt,

3. sie wiederholt eine unrichtige Berufsbezeichnung führt oder
4. sie die Befugnis zu vorübergehender und gelegentlicher geschäftsmäßigen[1] Hilfeleistung in Steuersachen überschreitet.

[2]Die vorübergehende Eintragung im Berufsregister gemäß Absatz 3 Satz 1 wird gelöscht, wenn die Untersagungsverfügung nach Satz 1 unanfechtbar geworden ist. [3]Über die Löschung aus dem Berufsregister wegen Überschreitens der Befugnis zu vorübergehender und gelegentlicher geschäftsmäßigen[1] Hilfeleistung in Steuersachen sind diejenigen Finanzbehörden zu unterrichten, die eine Mitteilung nach § 5 Absatz 4 erstattet haben.

(7) [1]Die zuständigen Stellen arbeiten mit den zuständigen Stellen in den anderen Mitgliedstaaten der Europäischen Union, in den anderen Vertragsstaaten des Abkommens über den Europäischen Wirtschaftsraum und in der Schweiz zusammen und übermitteln auf Anfrage:

1. Informationen über die Rechtmäßigkeit der Niederlassung und die gute Führung des Dienstleisters;
2. Informationen darüber, dass keine berufsbezogenen disziplinarischen oder strafrechtlichen Sanktionen vorliegen;
3. Informationen, die im Falle von Beschwerden eines Dienstleistungsempfängers gegen einen Dienstleister für ein ordnungsgemäßes Beschwerdeverfahren erforderlich sind.

[2]Die zuständigen Stellen können bei berechtigten Zweifeln an der Rechtmäßigkeit der Niederlassung des Dienstleisters in einem anderen Staat, an seiner guten Führung oder daran, dass keine berufsbezogenen disziplinarischen oder strafrechtlichen Sanktionen vorliegen, alle aus ihrer Sicht zur Beurteilung des Sachverhalts erforderlichen Informationen bei den zuständigen Stellen des anderen Staates anfordern. [3]§ 30 der Abgabenordnung[2] steht den Sätzen 1 und 2 nicht entgegen.

§ 3b[3] Verzeichnis der nach § 3a zur vorübergehenden und gelegentlichen Hilfeleistung in Steuersachen befugten Personen. (1) [1]Die Bundessteuerberaterkammer führt ein elektronisches Verzeichnis aller Personen, die gemäß § 3a Absatz 3 Satz 1 als zur vorübergehenden und gelegentlichen Hilfeleistung in Steuersachen befugt vorübergehend im Berufsregister der zuständigen Steuerberaterkammer eingetragen sind. [2]Das Verzeichnis dient der Information der Behörden und Gerichte, der Rechtsuchenden sowie anderer am Rechtsverkehr Beteiligter. [3]Die Steuerberaterkammern geben die im Berufsregister gemäß § 3a Absatz 3 Satz 1 vorübergehend gespeicherten Daten im automatisierten Verfahren in das von der Bundessteuerberaterkammer geführte Verzeichnis ein. [4]Die zuständige Steuerberaterkammer trägt die datenschutzrechtliche Verantwortung für die von ihr in das Verzeichnis eingegebenen Daten, insbesondere für die Rechtmäßigkeit der Erhebung, die Vollständigkeit und die Richtigkeit der Daten. [5]Der Abruf einzelner Daten aus dem Gesamtverzeichnis steht jedem unentgeltlich zu.

---

[1] Richtig wohl: „geschäftsmäßiger".
[2] Nr. **800**.
[3] § 3b eingef. mWv 1.1.2017 durch G v. 18.7.2016 (BGBl. I S. 1679).

(2) In das Verzeichnis sind einzutragen:

1. bei natürlichen Personen der Familienname und die Vornamen, das Geburtsjahr, die Geschäftsanschrift einschließlich der Anschriften aller Zweigstellen, die Berufsbezeichnung, unter der die Tätigkeit nach § 3a Absatz 5 im Inland zu erbringen ist, sowie der Name und die Anschrift der nach § 3a Absatz 2 Satz 2 zuständigen Steuerberaterkammer;
2. bei juristischen Personen und Personengesellschaften der Name oder die Firma, das Gründungsjahr, die Geschäftsanschrift einschließlich der Anschriften aller Zweigstellen, der Familienname und die Vornamen der gesetzlichen Vertreter, die Berufsbezeichnung, unter der die Tätigkeit nach § 3a Absatz 5 im Inland zu erbringen ist, der Name und die Anschrift der nach § 3a Absatz 2 Satz 2 zuständigen Steuerberaterkammer.

§ 3c[1)] Befugnis juristischer Personen und Vereinigungen zu vorübergehender und gelegentlicher Hilfeleistung in Steuersachen. Die §§ 3a und 3b gelten entsprechend für juristische Personen und Vereinigungen.

§ 3d[2)] Partieller Zugang, Voraussetzungen und Antrag. (1) [1]Eine Erlaubnis zu beschränkter geschäftsmäßiger Hilfeleistung in Steuersachen (partieller Zugang) wird im Einzelfall auf Antrag erteilt, wenn

1. der Antragsteller in einem anderen Mitgliedstaat der Europäischen Union oder in einem anderen Vertragsstaat des Abkommens über den Europäischen Wirtschaftsraum oder in der Schweiz (Herkunftsmitgliedstaat) zur Ausübung der beantragten Hilfeleistung in Steuersachen uneingeschränkt qualifiziert ist,
2. die Unterschiede zwischen der Tätigkeit des Antragstellers und der Tätigkeit eines Steuerberaters oder Steuerbevollmächtigten im Sinne des § 3 so groß sind, dass deren Ausgleich der Anforderung gleichkäme, die Befähigung für den Beruf des Steuerberaters nach § 37 zu erwerben und
3. die Tätigkeit des Antragstellers sich von den anderen Tätigkeiten, die von einem Steuerberater oder Steuerbevollmächtigten im Sinne des § 3 zu erbringen sind, objektiv trennen lässt.

[2]Für die Prüfung der Trennbarkeit der Tätigkeiten nach Satz 1 Nummer 3 berücksichtigt die zuständige Stelle, ob die Tätigkeit im Herkunftsmitgliedstaat eigenständig ausgeübt werden kann.

(2) [1]Der partielle Zugang ist bei der zuständigen Stelle zu beantragen. [2]Die zuständige Stelle bestimmt sich nach Maßgabe des § 3a Absatz 2 Satz 2. [3]Im Einvernehmen mit dieser, kann eine andere Steuerberaterkammer über die Gewährung des partiellen Zugangs entscheiden. [4]Das Einvernehmen ist in die Satzungen der beteiligten Steuerberaterkammern aufzunehmen.

(3) Der Antrag nach Absatz 1 muss enthalten:

1. den Familiennamen und den oder die Vornamen des Antragstellers,
2. das Geburtsdatum,

[1)] § 3c eingef. mWv 25.6.2017 durch G v. 23.6.2017 (BGBl. I S. 1682).

[2)] § 3d eingef. mWv 1.8.2022 durch G v. 7.7.2021 (BGBl. I S. 2363).

3. die Anschrift der beruflichen Niederlassung,
4. die Berufsbezeichnung, unter der die Tätigkeit im Inland erbracht werden soll,
5. die Tätigkeiten oder Tätigkeitsbereiche, die im Inland erbracht werden sollen,
6. einen Nachweis über die Berufsqualifikation,
7. eine Information über Einzelheiten zur Berufshaftpflichtversicherung oder eines anderen individuellen oder kollektiven Schutzes in Bezug auf die Berufshaftpflicht.

§ 3e[1)] Erlaubnis zum partiellen Zugang. (1) [1]Die Gewährung des partiellen Zugangs berechtigt die Person zur geschäftsmäßigen Hilfeleistung in Steuersachen im gesamten Hoheitsgebiet der Bundesrepublik Deutschland, beschränkt auf die Tätigkeit, für die partieller Zugang gewährt wurde. [2]Der Umfang der Befugnis zur Hilfeleistung in Steuersachen in dem betreffenden Teilbereich im Inland richtet sich nach dem Umfang dieser Befugnis im Herkunftsmitgliedstaat. [3]Bei der Ausübung der Tätigkeit sind die Berufsbezeichnung des Herkunftsmitgliedstaates und der Herkunftsmitgliedstaat anzugeben. [4]Eine Verwechslung mit der Berufsbezeichnung nach § 43 muss ausgeschlossen sein. [5]Dem Auftraggeber ist der Umfang des Tätigkeitsbereichs vor Leistungsbeginn in Textform mitzuteilen. [6]Im Übrigen gelten die Vorschriften des Dritten Abschnitts des Zweiten Teils.

(2) [1]Die nach § 3d Absatz 2 Satz 2 zuständige Stelle kann alle aus ihrer Sicht zur Beurteilung des Antrags auf partiellen Zugang erforderlichen Informationen bei den zuständigen Stellen im Herkunftsmitgliedstaat einholen bei berechtigten Zweifeln

1. an der Befugnis des Antragstellers zur Hilfeleistung in Steuersachen im Herkunftsmitgliedstaat (§ 3d Absatz 1 Nummer 1),
2. an der guten Führung des Antragstellers oder
3. daran, dass keine berufsbezogenen disziplinarischen oder strafrechtlichen Sanktionen gegen den Antragsteller vorliegen.

[2]§ 30 der Abgabenordnung[2)] steht Satz 1 nicht entgegen.

(3) Der partielle Zugang kann verweigert werden, wenn die Verweigerung

1. durch zwingende Gründe des Allgemeininteresses gerechtfertigt ist,
2. geeignet ist, die Erreichung des verfolgten Ziels nach § 2 Absatz 1 Satz 2 zu gewährleisten, und
3. nicht über das hinausgeht, was zur Erreichung dieses Ziels erforderlich ist.

(4) [1]Die partiell zugelassene Person ist mit den Angaben nach § 3d Absatz 3 Nummer 1 bis 4, der zuständigen Stelle und dem Datum der Erteilung des partiellen Zugangs in das Berufsregister einzutragen. [2]Änderungen der Angaben nach § 3d Absatz 3 Nummer 1, 3 bis 5 und 7 sind der zuständigen Stelle unverzüglich schriftlich oder elektronisch mitzuteilen. [3]Die Eintragung der

---

1) § 3e eingef. mWv 1.8.2022 durch G v. 7.7.2021 (BGBl. I S. 2363).
2) Nr. **800**.

partiell zugelassenen Person ist zu löschen, wenn die partiell zugelassene Person auf diese Erlaubnis verzichtet oder der partielle Zugang unanfechtbar untersagt worden ist.

(5) Das Verfahren ist gebührenfrei.

§ 3f[1] Untersagung des partiellen Zugangs. Die zuständige Stelle kann einer partiell zugelassenen Person die weitere Hilfeleistung in Steuersachen untersagen, wenn

1. der Person im Herkunftsmitgliedstaat die Ausübung der Tätigkeit untersagt wurde,
2. die Person im Einzelfall nicht über die für die konkrete Ausübung der Berufstätigkeit im Inland erforderlichen deutschen Sprachkenntnisse verfügt,
3. die Person wiederholt eine unrichtige Berufsbezeichnung führt,
4. die Person die Befugnis zu beschränkter geschäftsmäßiger Hilfeleistung in Steuersachen nach § 3e Absatz 1 Satz 1 und 2 überschreitet oder
5. die Person besonders schwerwiegend oder wiederholt gegen die Pflichten nach § 3e Absatz 1 Satz 3 bis 6 verstößt.

§ 3g[2] Elektronisches Verzeichnis der partiell zugelassenen Personen.

(1) [1]Die Bundessteuerberaterkammer führt ein elektronisches Verzeichnis aller Personen, denen nach § 3d Absatz 1 ein partieller Zugang erteilt worden ist und die nach § 3e Absatz 4 in das Berufsregister eingetragen sind. [2]Das Verzeichnis dient der Information der Behörden und Gerichte, der Rechtsuchenden sowie anderer am Rechtsverkehr Beteiligter. [3]Die Steuerberaterkammern geben die im Berufsregister nach § 3e Absatz 4 gespeicherten Daten im automatisierten Verfahren in das von der Bundessteuerberaterkammer geführte Verzeichnis ein. [4]Die zuständige Steuerberaterkammer trägt die datenschutzrechtliche Verantwortung für die von ihr in das Verzeichnis eingegebenen Daten, insbesondere für die Rechtmäßigkeit der Erhebung, die Vollständigkeit und die Richtigkeit der Daten. [5]Der Abruf einzelner Daten aus dem Gesamtverzeichnis steht jedermann unentgeltlich zu.

(2) In das elektronische Verzeichnis sind einzutragen:

1. bei natürlichen Personen der Familienname und den oder die Vornamen, das Geburtsdatum, die Anschrift der beruflichen Niederlassung einschließlich der Anschriften aller Beratungsstellen, die Berufsbezeichnung, unter der die Tätigkeit nach § 3e Absatz 1 Satz 2 im Inland zu erbringen ist, sowie der Name und die Anschrift der nach § 3d Absatz 2 Satz 2 zuständigen Steuerberaterkammer;
2. bei juristischen Personen und Personengesellschaften der Name oder die Firma, das Gründungsjahr, die Anschrift einschließlich der Anschriften aller weiterer Beratungsstellen, der Familienname, den oder die Vornamen der gesetzlichen Vertreter, die Berufsbezeichnung, unter der die Tätigkeit nach

[1] § 3f eingef. mWv 1.8.2022 durch G v. 7.7.2021 (BGBl. I S. 2363).
[2] § 3g eingef. mWv 1.8.2022 durch G v. 7.7.2021 (BGBl. I S. 2363).

§ 3e Absatz 1 Satz 2 im Inland zu erbringen ist, sowie der Name und die Anschrift der nach § 3d Absatz 2 Satz 2 zuständigen Steuerberaterkammer.

§ 4[1] Befugnis zu beschränkter Hilfeleistung in Steuersachen. [1] Zur geschäftsmäßigen Hilfeleistung in Steuersachen sind ferner befugt:

1. Notare im Rahmen ihrer Befugnisse nach der Bundesnotarordnung,
2. Patentanwälte und Patentanwaltsgesellschaften im Rahmen ihrer Befugnisse nach der Patentanwaltsordnung,
3. Behörden und Körperschaften des öffentlichen Rechts sowie die überörtlichen Prüfungseinrichtungen für Körperschaften und Anstalten des öffentlichen Rechts im Rahmen ihrer Zuständigkeit,
4. Verwahrer und Verwalter fremden oder zu treuen Händen oder zu Sicherungszwecken übereigneten Vermögens, soweit sie hinsichtlich dieses Vermögens Hilfe in Steuersachen leisten,
5. Unternehmer, die ein Handelsgewerbe betreiben, soweit sie in unmittelbarem Zusammenhang mit einem Geschäft, das zu ihrem Handelsgewerbe gehört, ihren Kunden Hilfe in Steuersachen leisten,
6. genossenschaftliche Prüfungs- und Spitzenverbände und genossenschaftliche Treuhandstellen, soweit sie im Rahmen ihres Aufgabenbereichs den Mitgliedern der Prüfungs- und Spitzenverbände Hilfe in Steuersachen leisten,
7. als Berufsvertretung oder auf ähnlicher Grundlage gebildete Vereinigungen, soweit sie im Rahmen ihres Aufgabenbereichs ihren Mitgliedern Hilfe in Steuersachen leisten; § 95 des Bundesvertriebenengesetzes bleibt unberührt,
8. als Berufsvertretung oder auf ähnlicher Grundlage gebildete Vereine von Land- und Forstwirten, zu deren satzungsmäßiger Aufgabe die Hilfeleistung für land- und forstwirtschaftliche Betriebe im Sinne des Bewertungsgesetzes gehört, soweit sie diese Hilfe durch Personen leisten, die berechtigt sind, die Bezeichnung „Landwirtschaftliche Buchstelle" zu führen, und die Hilfe nicht die Ermittlung der Einkünfte aus selbständiger Arbeit

---

[1] § 4 Nrn. 8, 11 neu gef., Nrn. 12, 13 angef. durch G v. 9.6.1989 (BGBl. I S. 1062), Nr. 9 Buchst. a geänd. durch G v. 21.12.1992 (BGBl. I S. 2150), Nr. 11 Buchst. c neu gef. mWv 1.7.1994 durch G v. 24.6.1994 (BGBl. I S. 1387), Nr. 10 und 11 neu gef. mWv 1.1.1996 durch G v. 18.12.1995 (BGBl. I S. 1959), Nr. 9 Buchst. c angef. durch G v. 12.12.1996 (BGBl. I S. 1852), Nr. 2 geänd. mWv 1.3.1999 durch G v. 31.8.1998 (BGBl. I S. 2600), Nr. 15 angef. durch G v. 19.12.1998 (BGBl. I S. 3836), Nr. 9 Buchst. a geänd., Nrn 10 und 11 neu gef. mWv 1.7.2000, Nr. 11 geänd. mWv 1.1.2002 durch G v. 24.6.2000 (BGBl. I S. 874), Nr. 11 Satz 3, Nr. 15 geänd., Nr. 16 angef. mWv 30.6.2001 durch G v. 26.6.2001 (BGBl. I S. 1310); Nr. 11 Satz 3 geänd. mWv 23.12.2001 durch G v. 20.12.2001 (BGBl. I S. 3794); *Nr. 16 neu gef.* mWv 1.1.2004 durch G v. 5.7.2004 (BGBl. I S. 1427); Nr. 11 Satz 1 Buchst. a neu gef. mWv 1.1.2005 durch G v. 5.7.2004 (BGBl. I S. 1427); Nr. 11 Satz 1 Buchst. b neu gef., Nr. 11 Satz 3 geänd. mWv 16.12.2004 durch G v. 9.12.2004 (BGBl. I S. 3310); Nr. 11 Satz 1 Buchst. b geänd., Buchst. c Satz 3, Nr. 12 neu gef., Nr. 12a eingef. mWv 12.4.2008 durch G v. 8.4.2008 (BGBl. I S. 666); Nr. 16 Buchst. a geänd. mWv 1.11.2008 durch G v. 19.12.2008 (BGBl. I S. 2794); Nr. 11 Satz 3 geänd. mWv 1.1.2009 durch G v. 22.12.2008 (BGBl. I S. 2955); Nr. 11 Satz 1 Buchst. c Satz 2 angef. mWv 14.12.2010 durch G v. 8.12.2010 (BGBl. I S. 1768); Nr. 11 Satz 3 geänd. mWv 30.6.2013 durch G v. 26.6.2013 (BGBl. I S. 1809); Nr. 11 Satz 1 Buchst. b und c geänd. mWv 1.1.2020 durch G v. 22.11.2019 (BGBl. I S. 1746).

oder aus Gewerbebetrieb betrifft, es sei denn, daß es sich hierbei um Nebeneinkünfte handelt, die üblicherweise bei Landwirten vorkommen,

9. a) Speditionsunternehmen, soweit sie Hilfe in Eingangsabgabensachen oder bei der verbrauchsteuerlichen Behandlung von Waren im Warenverkehr mit anderen Mitgliedstaaten der Europäischen Union leisten,
   b) sonstige gewerbliche Unternehmen, soweit sie im Zusammenhang mit der Zollbehandlung Hilfe in Eingangsabgabensachen leisten,
   c) die in den Buchstaben a und b genannten Unternehmen, soweit sie für Unternehmer im Sinne des § 22a des Umsatzsteuergesetzes Hilfe in Steuersachen nach § 22b des Umsatzsteuergesetzes leisten und im Geltungsbereich dieses Gesetzes ansässig sind, nicht Kleinunternehmer im Sinne des § 19 des Umsatzsteuergesetzes und nicht von der Fiskalvertretung nach § 22e des Umsatzsteuergesetzes ausgeschlossen sind,
10. Arbeitgeber, soweit sie für ihre Arbeitnehmer Hilfe bei lohnsteuerlichen Sachverhalten oder bei Sachverhalten des Familienleistungsausgleichs im Sinne des Einkommensteuergesetzes[1] leisten,
11. Lohnsteuerhilfevereine, soweit sie für ihre Mitglieder Hilfe in Steuersachen leisten, wenn diese
   a) Einkünfte aus nichtselbständiger Arbeit, sonstige Einkünfte aus wiederkehrenden Bezügen (§ 22 Nr. 1 des Einkommensteuergesetzes), Einkünfte aus Unterhaltsleistungen (§ 22 Nr. 1a des Einkommensteuergesetzes) oder Einkünfte aus Leistungen nach § 22 Nr. 5 des Einkommensteuergesetzes erzielen,
   b) keine Einkünfte aus Land- und Forstwirtschaft, aus Gewerbebetrieb oder aus selbständiger Arbeit erzielen oder umsatzsteuerpflichtige Umsätze ausführen, es sei denn, die den Einkünften zugrunde liegenden Einnahmen sind nach § 3 Nummer 12, 26, 26a oder 26b des Einkommensteuergesetzes in voller Höhe steuerfrei, und
   c) Einnahmen aus anderen Einkunftsarten haben, die insgesamt die Höhe von achtzehntausend Euro, im Falle der Zusammenveranlagung von sechsunddreißigtausend Euro, nicht übersteigen und im Veranlagungsverfahren zu erklären sind oder auf Grund eines Antrags des Steuerpflichtigen erklärt werden. [2]An die Stelle der Einnahmen tritt in Fällen des § 20 Absatz 2 des Einkommensteuergesetzes der Gewinn im Sinne des § 20 Absatz 4 des Einkommensteuergesetzes und in den Fällen des § 23 Absatz 1 des Einkommensteuergesetzes der Gewinn im Sinne des § 23 Absatz 3 Satz 1 des Einkommensteuergesetzes; Verluste bleiben unberücksichtigt.

   [2]Die Befugnis erstreckt sich nur auf die Hilfeleistung bei der Einkommensteuer und ihren Zuschlagsteuern. [3]Soweit zulässig, berechtigt sie auch zur Hilfeleistung bei der Eigenheimzulage und der Investitionszulage nach den §§ 3 bis 4 des Investitionszulagengesetzes 1999, bei mit Kinderbetreuungskosten im Sinne von § 10 Absatz 1 Nummer 5 des Einkommensteuergesetzes sowie bei mit haushaltsnahen Beschäftigungsverhältnissen im Sinne des § 35a des Einkommensteuergesetzes zusammenhängenden Arbeitgeber-

---

[1] Nr. **1**.

aufgaben sowie zur Hilfe bei Sachverhalten des Familienleistungsausgleichs im Sinne des Einkommensteuergesetzes und der sonstigen Zulagen und Prämien, auf die die Vorschriften der Abgabenordnung[1] anzuwenden sind. [4] Mitglieder, die arbeitslos geworden sind, dürfen weiterhin beraten werden.

12. inländische Kapitalanlagegesellschaften sowie Personen, Gesellschaften und andere Gesamthandsgemeinschaften, soweit sie in Vertretung der Gläubiger von Kapitalerträgen Sammelanträge auf Erstattung von Kapitalertragsteuer nach § 45b des Einkommensteuergesetzes stellen,

12a. ausländische Kreditinstitute, soweit sie in Vertretung der Gläubiger von Kapitalerträgen Anträge auf Erstattung von Kapitalertragsteuer nach § 50d des Einkommensteuergesetzes stellen,

13. öffentlich bestellte versicherungsmathematische Sachverständige, soweit sie in unmittelbarem Zusammenhang mit der Berechnung von Pensionsrückstellungen, versicherungstechnischen Rückstellungen und Zuführungen zu Pensions- und Unterstützungskassen ihren Auftraggebern Hilfe in Steuersachen leisten,

14. diejenigen, die Verträge im Sinne des § 2 Abs. 1 Wohnungsbau-Prämiengesetz schließen oder vermitteln, soweit sie bei der Ausfüllung von Anträgen auf Wohnungsbauprämie Hilfe leisten,

15. Stellen, die durch Landesrecht als geeignet im Sinne des § 305 Abs. 1 Nr. 1 der Insolvenzordnung anerkannt sind, im Rahmen ihres Aufgabenbereichs,

16. a) diejenigen, die Verträge im Sinne des § 1 Abs. 1 und 1a des Altersvorsorgeverträge-Zertifizierungsgesetzes schließen oder vermitteln,
    b) die in § 82 Abs. 2 Satz 1 Buchstabe a des Einkommensteuergesetzes genannten Versorgungseinrichtungen,

soweit sie im Rahmen des Vertragsabschlusses, der Durchführung des Vertrages oder der Antragstellung nach § 89 des Einkommensteuergesetzes Hilfe leisten.

Dritter Unterabschnitt. Verbot und Untersagung

§ 5[2] Verbot der unbefugten Hilfeleistung in Steuersachen, Missbrauch von Berufsbezeichnungen. (1) [1] Andere als die in den §§ 3, 3a, 3d und 4 bezeichneten Personen und Vereinigungen dürfen nicht geschäftsmäßig Hilfe in Steuersachen leisten, insbesondere nicht geschäftsmäßig Rat in Steuersachen erteilen. [2] Die in den §§ 3a, 3d und 4 bezeichneten Personen und

---

[1] Nr. **800**.

[2] § 5 Abs. 2 angef. durch G v. 9.6.1989 (BGBl. I S. 1062), Abs. 2 neu gef. mWv 1.7.2000 durch G v. 24.6.2000 (BGBl. I S. 874); Überschr. neu gef., Abs. 1 Satz 1 geänd., Abs. 3 angef. mWv 12.4.2008 durch G v. 8.4.2008 (BGBl. I S. 666); Abs. 3 neu gef. mWv 19.7.2013 durch G v. 15.7.2013 (BGBl. I S. 2386); Abs. 1 Satz 2 neu gef., Abs. 2 Satz 2 angef., Abs. 3 Satz 2 aufgeh., Abs. 4 und 5 angef. mWv 29.12.2020 durch G v. 21.12.2020 (BGBl. I S. 3096); Abs. 5 geänd. mWv 1.8.2021 durch G v. 25.6.2021 (BGBl. I S. 2154); Abs. 1 Sätze 1 und 2 geänd., Abs. 4 Satz 2 angef. mWv 1.8.2022 durch G v. 7.7.2021 (BGBl. I S. 2363); Abs. 3 Nr. 2 geänd. mWv 1.1.2024 durch G v. 10.8.2021 (BGBl. I S. 3436).

Vereinigungen dürfen nur im Rahmen ihrer Befugnis geschäftsmäßig Hilfe in Steuersachen leisten.

(2) 1 Werden den Finanzbehörden oder den Steuerberaterkammern Tatsachen bekannt, die den Verdacht begründen, dass eine Person oder Vereinigung entgegen Absatz 1 geschäftsmäßig Hilfe in Steuersachen leistet, so haben sie diese Tatsachen der für das Bußgeldverfahren zuständigen Stelle mitzuteilen. 2 Werden den Finanzbehörden Tatsachen bekannt, die darauf hinweisen, dass eine Person oder Vereinigung entgegen Absatz 1 geschäftsmäßig Hilfe in Steuersachen leistet, so können sie diese Tatsachen der zuständigen Steuerberaterkammer zum Zwecke der Prüfung der Geltendmachung von Ansprüchen nach den Vorschriften des Gesetzes gegen den unlauteren Wettbewerb (§ 76 Absatz 11) mitteilen.

(3) Die Finanzbehörden oder die Steuerberaterkammern haben der für das Strafverfahren, das Bußgeldverfahren oder ein berufsaufsichtliches Verfahren zuständigen Stelle ihnen bekannte Tatsachen mitzuteilen, die den Verdacht begründen, dass

1. Personen, die geschäftsmäßig Hilfe in Steuersachen leisten, entgegen § 132a Absatz 1 Nummer 2 des Strafgesetzbuches die Berufsbezeichnungen „Steuerberater", „Steuerbevollmächtigter", „Rechtsanwalt", „Wirtschaftsprüfer" oder „vereidigter Buchprüfer" führen,
2. Vereinigungen, die geschäftsmäßig Hilfe in Steuersachen leisten, entgegen § 161 dieses Gesetzes unbefugt die Bezeichnungen „Steuerberatungsgesellschaft", „Lohnsteuerhilfeverein", „Landwirtschaftliche Buchstelle" oder unbefugt den Zusatz „und Partner", „Partnerschaft" (§ 2 Absatz 1 [***bis 31.12.2023:*** Satz 1] des Partnerschaftsgesellschaftsgesetzes), „mit beschränkter Berufshaftung" oder jeweilige Abkürzungen (§ 8 Absatz 4 des Partnerschaftsgesellschaftsgesetzes) oder entgegen § 133 der Wirtschaftsprüferordnung[1] die Bezeichnungen „Wirtschaftsprüfungsgesellschaft" oder „Buchprüfungsgesellschaft" führen.

(4) 1 Werden den Finanzbehörden Tatsachen bekannt, die darauf hinweisen, dass Personen oder Vereinigungen die ihnen nach § 3a zustehende Befugnis zu vorübergehender und gelegentlicher geschäftsmäßiger Hilfeleistung in Steuersachen überschreiten, so haben die Finanzbehörden diese Tatsachen der zuständigen Steuerberaterkammer mitzuteilen. 2 Satz 1 gilt entsprechend, wenn den Finanzbehörden Tatsachen bekannt werden, die darauf hinweisen, dass Personen oder Vereinigungen die ihnen erteilte Erlaubnis zum partiellen Zugang nach § 3d überschreiten.

(5) § 30 der Abgabenordnung[2] steht den Mitteilungen nach den Absätzen 2, 3 und 4 nicht entgegen.

§ 6[3] Ausnahmen vom Verbot der unbefugten Hilfeleistung in Steuersachen. Das Verbot des § 5 gilt nicht für

---

[1] Nr. **850**.
[2] Nr. **800**.
[3] § 6 Nr. 2 geänd. durch G v. 14.12.1976 (BGBl. I S. 3341), Nr. 4 angef. durch G v. 9.6.1989 (BGBl. I S. 1062), Nr. 4 geänd. mWv 1.7.2000 durch G v. 24.6.2000 (BGBl. I S. 874).

1. die Erstattung wissenschaftlich begründeter Gutachten,
2. die unentgeltliche Hilfeleistung in Steuersachen für Angehörige im Sinne des § 15 der Abgabenordnung,
3. die Durchführung mechanischer Arbeitsgänge bei der Führung von Büchern und Aufzeichnungen, die für die Besteuerung von Bedeutung sind; hierzu gehören nicht das Kontieren von Belegen und das Erteilen von Buchungsanweisungen,
4. das Buchen laufender Geschäftsvorfälle, die laufende Lohnabrechnung und das Fertigen der Lohnsteuer-Anmeldungen, soweit diese Tätigkeiten verantwortlich durch Personen erbracht werden, die nach Bestehen der Abschlußprüfung in einem kaufmännischen Ausbildungsberuf oder nach Erwerb einer gleichwertigen Vorbildung mindestens drei Jahre auf dem Gebiet des Buchhaltungswesens in einem Umfang von mindestens 16 Wochenstunden praktisch tätig gewesen sind.

§ 7[1)] Untersagung der Hilfeleistung in Steuersachen. (1) Das Finanzamt kann die Hilfeleistung in Steuersachen untersagen,
1. wenn die Tätigkeit durch eine Person oder Vereinigung ausgeübt wird, die nicht unter die §§ 3, 3a, 3d oder 4 fällt,
2. wenn bei einer Tätigkeit nach den §§ 3a, 3d, 4 oder 6 die jeweiligen Befugnisse überschritten werden,
3. wenn eine Tätigkeit als Arbeitnehmer zur Umgehung des Verbots nach § 5 missbraucht wird.

(2) [1]Die für die Finanzverwaltung zuständige oberste Landesbehörde kann den in § 4 Nr. 7 bezeichneten Vereinigungen im Einvernehmen mit den fachlich beteiligten obersten Landesbehörden die Hilfeleistung in Steuersachen ganz oder teilweise untersagen, wenn eine sachgemäße Tätigkeit nicht gewährleistet ist. [2]Dies gilt nicht, wenn eine der in 3 Nr. 1 aufgeführten Personen die Hilfeleistung in Steuersachen leitet.

(3) [1]Diejenige Finanzbehörde, in deren Zuständigkeitsbereich die nach Absatz 1 zu untersagende Hilfeleistung in Steuersachen geleistet wird, kann diese Hilfeleistung in Steuersachen in ihrem Zuständigkeitsbereich untersagen. [2]Die Finanzbehörde ist befugt, andere Finanzbehörden über die Untersagung nach Satz 1 zu unterrichten. [3]§ 30 der Abgabenordnung steht[2)] dem nicht entgegen.

Vierter Unterabschnitt. Sonstige Vorschriften

§ 8[3)] Werbung. (1) Auf eigene Dienste oder Dienste Dritter zur geschäftsmäßigen Hilfeleistung in Steuersachen darf hingewiesen werden,

---

[1)] § 7 Abs. 2 Satz 1 geänd. durch G v. 9.6.1989 (BGBl. I S. 1062), Abs. 1 Nr. 3 angef., Abs. 2 Satz 2 geänd. mWv 1.7.2000 durch G v. 24.6.2000 (BGBl. I S. 874); Abs. 1 Nr. 1 und 2 geänd., Nr. 3 aufgeh. mWv 12.4.2008 durch G v. 8.4.2008 (BGBl. I S. 666); Abs. 3 Satz 2 angef. mWv 31.7.2014 durch G v. 25.7.2014 (BGBl. I S. 1266); Abs. 1 Nr. 2 neu gef., Nr. 3 angef., Abs. 3 neu gef. mWv 29.12.2020 durch G v. 21.12.2020 (BGBl. I S. 3096); Abs. 1 Nr. 1 und 2 geänd. mWv 1.8.2022 durch G v. 7.7.2021 (BGBl. I S. 2363).

[2)] Nr. **800**.

[3)] § 8 Abs. 1 Satz 2 angef. durch G v. 9.6.1989 (BGBl. I S. 1062), Abs. 3 angef. mWv 1.7.1994 durch G v. 24.6.1994 (BGBl. I S. 1387), neu gef. mWv 1.7.2000 durch G v. 24.6.2000 (BGBl. I S. 874); Abs. 4 neu gef. mWv 12.4.2008 durch G v. 8.4.2008 (BGBl. I S. 666).

soweit über die Tätigkeit in Form und Inhalt sachlich unterrichtet wird.

(2) [1]Werbung, die auf die Erteilung eines Auftrags zur geschäftsmäßigen Hilfeleistung in Steuersachen im Einzelfall gerichtet ist, ist verboten. [2]Dies gilt nicht für die Durchführung der Tätigkeiten nach § 6 Nr. 3 und 4.

(3) Die in § 3 Nr. 1 bis 3 bezeichneten Personen und Gesellschaften dürfen auf ihre Befugnis zur Hilfeleistung in Steuersachen nach den für sie geltenden berufsrechtlichen Vorschriften hinweisen.

(4) [1]Die in § 6 Nr. 4 bezeichneten Personen dürfen auf ihre Befugnisse zur Hilfeleistung in Steuersachen hinweisen und sich als Buchhalter bezeichnen. [2]Personen, die den anerkannten Abschluss „Geprüfter Bilanzbuchhalter/Geprüfte Bilanzbuchhalterin“ oder „Steuerfachwirt/Steuerfachwirtin“ erworben haben, dürfen unter dieser Bezeichnung werben. [3]Die genannten Personen dürfen dabei nicht gegen das Gesetz gegen den unlauteren Wettbewerb verstoßen.

§ 9[1)] Vergütung. Die Abgabe oder Entgegennahme eines Teils der Gebühren oder sonstiger Vorteile für die Vermittlung von Aufträgen, gleichviel ob im Verhältnis zu einem Steuerberater oder Steuerbevollmächtigten oder zu einem Dritten gleich welcher Art, ist unzulässig.

§ 9a[2)] Erfolgshonorar. (1) [1]Vereinbarungen, durch die eine Vergütung für eine Hilfeleistung in Steuersachen oder ihre Höhe vom Ausgang der Sache oder vom Erfolg der Tätigkeit abhängig gemacht wird oder nach denen der Steuerberater oder Steuerbevollmächtigte einen Teil der zu erzielenden Steuerermäßigung, Steuerersparnis oder Steuervergütung als Honorar erhält (Erfolgshonorar), sind unzulässig, soweit nachfolgend nichts anderes bestimmt ist. [2]Vereinbarungen, durch die der Steuerberater oder Steuerbevollmächtigte sich verpflichtet, Gerichtskosten, Verwaltungskosten oder Kosten anderer Beteiligter zu tragen, sind unzulässig.

(2) [1]Ein Erfolgshonorar darf nur für den Einzelfall und nur dann vereinbart werden, wenn der Auftraggeber bei verständiger Betrachtung ohne die Vereinbarung eines Erfolgshonorars von der Rechtsverfolgung abgehalten würde. [2]Dabei darf für den Fall des Misserfolgs vereinbart werden, dass keine oder eine geringere als die gesetzliche Vergütung zu zahlen ist, wenn für den Erfolgsfall ein angemessener Zuschlag auf die gesetzliche Vergütung vereinbart wird.

(3) [1]Die Vereinbarung bedarf der Textform. [2]Sie muss als Vergütungsvereinbarung oder in vergleichbarer Weise bezeichnet werden, von anderen Vereinbarungen deutlich abgesetzt sein und darf nicht in der Vollmacht enthalten sein. [3]Die Vereinbarung muss enthalten:

[1)] § 9 neu gef. mWv 1.7.1994 durch G v. 24.6.1994 (BGBl. I S. 1387); Abs. 1 aufgeh., bish. Abs. 2 wird alleiniger Wortlaut mWv 1.7.2008 durch G v. 12.6.2008 (BGBl. I S. 1000).

[2)] § 9a eingef. mWv 1.7.2008 durch G v. 12.6.2008 (BGBl. I S. 1000); Abs. 2 Satz 1 geänd. mWv 1.10.2021 durch G v. 10.8.2021 (BGBl. I S. 3415).

1. die voraussichtliche gesetzliche Vergütung und gegebenenfalls die erfolgsunabhängige vertragliche Vergütung, zu der der Steuerberater oder Steuerbevollmächtigte bereit wäre, den Auftrag zu übernehmen, sowie
2. die Angabe, welche Vergütung bei Eintritt welcher Bedingungen verdient sein soll.

(4) [1] In der Vereinbarung sind außerdem die wesentlichen Gründe anzugeben, die für die Bemessung des Erfolgshonorars bestimmend sind. [2] Ferner ist ein Hinweis aufzunehmen, dass die Vereinbarung keinen Einfluss auf die gegebenenfalls vom Auftraggeber zu zahlenden Gerichtskosten, Verwaltungskosten und die von ihm zu erstattenden Kosten anderer Beteiligter hat.

(5) [1] Aus einer Vergütungsvereinbarung, die nicht den Anforderungen der Absätze 2 und 3 entspricht, kann der Steuerberater oder Steuerbevollmächtigte keine höhere als die gesetzliche Vergütung fordern. [2] Die Vorschriften des bürgerlichen Rechts über die ungerechtfertigte Bereicherung bleiben unberührt.

§ 10[1)] Übermittlung von Daten. (1) Gerichte und Behörden einschließlich der Berufskammern übermitteln der für die Entscheidung zuständigen Stelle diejenigen Daten über Personen und Berufsausübungsgesellschaften, deren Kenntnis aus Sicht der übermittelnden Stelle erforderlich ist für

1. die Zulassung zur Prüfung oder die Befreiung von der Prüfung zum Steuerberater,
2. die Bestellung oder Wiederbestellung oder die Rücknahme oder den Widerruf der Bestellung als Steuerberater oder Steuerbevollmächtigter,
3. die Anerkennung, die Rücknahme oder den Widerruf der Anerkennung als Berufsausübungsgesellschaft oder als Lohnsteuerhilfeverein,
4. die Einleitung oder Durchführung eines berufsaufsichtlichen Verfahrens,
5. die Überprüfung der Voraussetzungen für die Bestellung eines Beratungsstellenleiters im Sinne des § 23 Absatz 3 oder
6. eine Untersagung nach § 3f.

(2) [1] Die Übermittlung nach Absatz 1 unterbleibt,

1. soweit sie schutzwürdige Interessen einer betroffenen Person beeinträchtigen würde und das Informationsinteresse des Empfängers das Interesse der betroffenen Person an dem Unterbleiben der Übermittlung nicht überwiegt oder
2. soweit besondere gesetzliche Verwendungsregelungen entgegenstehen.

[2] Satz 1 Nummer 2 gilt nicht für die Verschwiegenheitspflichten der für eine Berufskammer eines freien Berufs im Geltungsbereich dieses Gesetzes tätigen Personen und für das Steuergeheimnis nach § 30 der Abgabenordnung.

§ 10a[2)] Mitteilung über den Ausgang eines Bußgeldverfahrens wegen unbefugter Hilfeleistung in Steuersachen. (1) [1] Liegen tatsächliche Anhaltspunkte dafür vor, das die unbefugte Hilfeleistung in Steuersachen fortge-

---

[1)] § 10 neu gef. mWv 1.8.2022 durch G v. 7.7.2021 (BGBl. I S. 2363).
[2)] § 10a eingef. mWv 31.7.2014 durch G v. 25.7.2014 (BGBl. I S. 1266).

setzt wird, sind die Finanzbehörden verpflichtet, die Steuerberaterkammer, in deren Bezirk die Person Hilfe in Steuersachen geleistet hat, über den Ausgang eines nach § 160 eingeleiteten Bußgeldverfahrens zu unterrichten und ihr die Tatsachen mitzuteilen, die für die Geltendmachung von Ansprüchen nach den Vorschriften des Gesetzes gegen den unlauteren Wettbewerb erforderlich sind. [2] § 30 der Abgabenordnung[1)] steht dem nicht entgegen.

(2) [1] Wird die Hilfe in Steuersachen in verschiedenen Kammerbezirken geleistet, ist die Mitteilung an die Steuerberaterkammer zu richten, in deren Bezirk die Person ihre Geschäftsleitung unterhält, hilfsweise in deren Bezirk die Tätigkeit vorwiegend ausgeübt wird. [2] Ergibt sich die örtliche Zuständigkeit einer Steuerberaterkammer nicht aus Absatz 1 Satz 1 oder Absatz 2 Satz 1, ist die Steuerberaterkammer zuständig, in deren Kammerbezirk die Finanzbehörde, die das Bußgeldverfahren nach § 160 eingeleitet hat, ihren Sitz hat.

§ 10b[2)] Vorwarnmechanismus. (1) [1] Wird bei einer Person, die die Anerkennung einer Berufsqualifikation nach der Richtlinie 2005/36/EG des Europäischen Parlaments und des Rates vom 7. September 2005 über die Anerkennung von Berufsqualifikationen (ABl. L 255 vom 30.9.2005, S. 22) in der jeweils geltenden Fassung beantragt hat, gerichtlich festgestellt, dass sie dabei gefälschte Berufsqualifikationsnachweise verwendet hat, unterrichtet die zuständige Steuerberaterkammer, soweit die Unterrichtung nicht bereits durch das zuständige Gericht erfolgt ist, die zuständigen Behörden der anderen Mitgliedstaaten der Europäischen Union, der anderen Vertragsstaaten des Abkommens über den Europäischen Wirtschaftsraum oder der Schweiz über die Identität dieser Person, insbesondere über Name, Vorname, Geburtsdatum und Geburtsort, und den Umstand, dass diese Person gefälschte Berufsqualifikationsnachweise verwendet hat (Warnmitteilung). [2] Die Warnmitteilung erfolgt unverzüglich, spätestens jedoch drei Tage nach Unanfechtbarkeit der Feststellung. [3] Sie ist über das durch die Verordnung (EU) Nr. 1024/2012 des Europäischen Parlaments und des Rates vom 25. Oktober 2012 über die Verwaltungszusammenarbeit mit Hilfe des Binnenmarkt-Informationssystems und zur Aufhebung der Entscheidung 2008/49/EG der Kommission (ABl. L 316 vom 14.11.2012, S. 1) eingerichtete Binnenmarkt-Informationssystem zu übermitteln.

(2) [1] Zeitgleich mit der Warnmitteilung nach Absatz 1 Satz 1 unterrichtet die zuständige Stelle, die die Warnmitteilung getätigt hat, die betroffene Person über die Warnmitteilung und ihren Inhalt schriftlich unter Beifügung einer Rechtsbehelfsbelehrung. [2] Wird ein Rechtsbehelf gegen die Warnmitteilung eingelegt, ergänzt die Stelle, die die Warnmitteilung getätigt hat, die Warnmitteilung um einen entsprechenden Hinweis.

§ 11[3)] Verarbeitung personenbezogener Daten. (1) [1] Soweit es zur Erfüllung der Aufgaben nach diesem Gesetz erforderlich ist, dürfen personenbezogene Daten verarbeitet werden. [2] Personenbezogene Daten dürfen auch für

---

[1)] Nr. **800**.

[2)] § 10b eingef. mWv 23.4.2016 durch G v. 18.4.2016 (BGBl. I S. 886).

[3)] § 11 neu gef. mWv 18.12.2019 durch G v. 12.12.2019 (BGBl. I S. 2451); Abs. 3 geänd. mWv 1.8.2021 durch G v. 25.6.2021 (BGBl. I S. 2154).

Zwecke künftiger Verfahren nach diesem Gesetz verarbeitet werden. [3]Besondere Kategorien personenbezogener Daten gemäß Artikel 9 Absatz 1 der Verordnung (EU) 2016/679 des Europäischen Parlaments und des Rates vom 27. April 2016 zum Schutz natürlicher Personen bei der Verarbeitung personenbezogener Daten, zum freien Datenverkehr und zur Aufhebung der Richtlinie 95/46/EG (Datenschutz-Grundverordnung) (ABl. L 119 vom 4.5.2016, S. 1; L 314 vom 22.11.2016, S. 72) dürfen gemäß Artikel 9 Absatz 2 Buchstabe g der Datenschutz-Grundverordnung (EU) 2016/679 in diesem Rahmen verarbeitet werden.

(2) [1]Die Verarbeitung personenbezogener Daten durch Personen und Gesellschaften nach § 3 erfolgt unter Beachtung der für sie geltenden Berufspflichten weisungsfrei. [2]Die Personen und Gesellschaften nach § 3 sind bei Verarbeitung sämtlicher personenbezogener Daten ihrer Mandanten Verantwortliche gemäß Artikel 4 Nummer 7 der Datenschutz-Grundverordnung (EU) 2016/679. [3]Besondere Kategorien personenbezogener Daten gemäß Artikel 9 Absatz 1 der Verordnung (EU) 2016/679 dürfen gemäß Artikel 9 Absatz 2 Buchstabe g der Datenschutz-Grundverordnung (EU) 2016/679 in diesem Rahmen verarbeitet werden.

(3) § 30 der Abgabenordnung steht dem nicht entgegen.

§ 12[1)] Hilfeleistung im Abgabenrecht fremder Staaten. [1]Personen und Vereinigungen im Sinne des § 3 Nr. 1 bis 3 sind in Angelegenheiten, die das Abgabenrecht fremder Staaten betreffen, zur geschäftsmäßigen Hilfe in Steuersachen befugt. [2]Die entsprechenden Befugnisse Dritter auf Grund anderer Rechtsvorschriften bleiben unberührt.

Zweiter Abschnitt. Lohnsteuerhilfevereine

Erster Unterabschnitt. Aufgaben

§ 13[2)] Zweck und Tätigkeitsbereich. (1) Lohnsteuerhilfevereine sind Selbsthilfeeinrichtungen von Arbeitnehmern zur Hilfeleistung in Steuersachen im Rahmen der Befugnis nach § 4 Nr. 11 für ihre Mitglieder.

(2) Lohnsteuerhilfevereine bedürfen für ihre Tätigkeit der Anerkennung.

Zweiter Unterabschnitt. Anerkennung

§ 14[3)] Voraussetzungen für die Anerkennung, Aufnahme der Tätigkeit. (1) [1]Ein rechtsfähiger Verein kann als Lohnsteuerhilfeverein anerkannt werden, wenn nach der Satzung

---

[1)] § 12a eingef. durch G v. 13.12.1990 (BGBl. I S. 2756), Satz 1 geänd. mWv 1.7.1994 durch G v. 24.6.1994 (BGBl. I S. 1387), bish. § 12a wird § 12 und neu gef. mWv 1.7.2000 durch G v. 24.6.2000 (BGBl. I S. 874).

[2)] § 13 Abs. 2 geänd. mWv 1.1.1996 durch G v. 18.12.1995 (BGBl. I S. 1959), Abs. 1 geänd., Abs. 2 aufgeh., bish. Abs. 3 wird Abs. 2 mWv 1.7.2000 durch G v. 24.6.2000 (BGBl. I S. 874).

[3)] § 14 Abs. 1 Nrn. 2 und 7 eingef. durch G v. 9.6.1989 (BGBl. I S. 1062), Satz 3 angef. durch G v. 13.12.1990 (BGBl. I S. 2756), Abs. 1 Nr. 1, 4, 5 und 7 sowie Abs. 2 und 3 geänd. mWv 1.7.2000 durch G v. 24.6.2000 (BGBl. I S. 874); Abs. 1 Satz 1 Nr. 2 geänd. mWv 12.4.2008 durch G v. 8.4.2008 (BGBl. I S. 666); Abs. 1 Satz 1 Nr. 6 geänd. mWv 1.1.2015 durch G v. 2.11.2015 (BGBl. I S. 1834).

1. seine Aufgabe ausschließlich die Hilfeleistung in Steuersachen im Rahmen der Befugnis nach § 4 Nr. 11 für seine Mitglieder ist;
2. der Sitz und die Geschäftsleitung des Vereins sich in demselben Bezirk der Aufsichtsbehörde befinden;
3. der Name des Vereins keinen Bestandteil mit besonderem Werbecharakter enthält;
4. eine sachgemäße Ausübung der Hilfeleistung in Steuersachen im Rahmen der Befugnis nach § 4 Nr. 11 sichergestellt ist;
5. für die Hilfeleistung in Steuersachen im Rahmen der Befugnis nach § 4 Nr. 11 neben dem Mitgliedsbeitrag kein besonderes Entgelt erhoben wird;
6. die Anwendung der Vorschriften des § 27 Absatz 1 und 3 Satz 1 sowie der §§ 32 und 33 des Bürgerlichen Gesetzbuches nicht ausgeschlossen ist;
7. Verträge des Vereins mit Mitgliedern des Vorstands oder deren Angehörigen der Zustimmung oder Genehmigung der Mitgliederversammlung bedürfen;
8. innerhalb von drei Monaten nach Bekanntgabe des wesentlichen Inhalts der Prüfungsfeststellungen an die Mitglieder (§ 22 Abs. 7 Nr. 2) eine Mitgliederversammlung stattfinden muß, in der insbesondere eine Aussprache über das Ergebnis der Geschäftsprüfung durchzuführen und über die Entlastung des Vorstands wegen seiner Geschäftsführung während des geprüften Geschäftsjahres zu befinden ist.

[2] An die Stelle der Mitgliederversammlung kann eine Vertreterversammlung treten, sofern durch sie eine ausreichende Wahrnehmung der Interessen der Mitglieder gewährleistet ist. [3] Die Vorschriften über Mitgliederversammlungen gelten für Vertreterversammlungen sinngemäß.

(2) Die Anerkennung darf nur ausgesprochen werden, wenn das Bestehen einer Versicherung gegen die sich aus der Hilfeleistung in Steuersachen im Rahmen der Befugnis nach § 4 Nr. 11 ergebenden Haftpflichtgefahren (§ 25 Abs. 2) nachgewiesen wird.

(3) Die Hilfeleistung in Steuersachen im Rahmen der Befugnis nach § 4 Nr. 11 darf erst nach der Anerkennung als Lohnsteuerhilfeverein aufgenommen werden.

§ 15[1)] Anerkennungsbehörde, Satzung. (1) Für die Entscheidung über den Antrag auf Anerkennung als Lohnsteuerhilfeverein ist die Aufsichtsbehörde zuständig, in deren Bezirk der Verein seinen Sitz hat.

(2) Dem Antrag auf Anerkennung als Lohnsteuerhilfeverein ist eine öffentlich beglaubigte Abschrift der Satzung beizufügen.

(3) [1] Der Lohnsteuerhilfeverein hat jede Satzungsänderung der für den Sitz des Vereins zuständigen Aufsichtsbehörde innerhalb eines Monats nach der Beschlußfassung anzuzeigen. [2] Der Änderungsanzeige ist eine öffentlich beglaubigte Abschrift der jeweiligen Urkunde beizufügen.

[1)] § 15 Abs. 3 Satz 2 angef. mWv 1.7.2000 durch G v. 24.6.2000 (BGBl. I S. 874); Abs. 1 und 3 Satz 1 geänd. mWv 12.4.2008 durch G v. 8.4.2008 (BGBl. I S. 666).

§ 16[1] **Gebühren für die Anerkennung.** Für die Bearbeitung des Antrags auf Anerkennung als Lohnsteuerhilfeverein hat der Verein eine Gebühr von dreihundert Euro an die Aufsichtsbehörde zu zahlen.

§ 17[2] **Urkunde.** Über die Anerkennung als Lohnsteuerhilfeverein stellt die Aufsichtsbehörde eine Urkunde aus.

§ 18 Bezeichnung „Lohnsteuerhilfeverein". Der Verein ist verpflichtet, die Bezeichnung „Lohnsteuerhilfeverein" in den Namen des Vereins aufzunehmen.

§ 19[3] **Erlöschen der Anerkennung.** (1) Die Anerkennung erlischt durch

1. Auflösung des Vereins;
2. Verzicht auf die Anerkennung;
3. Verlust der Rechtsfähigkeit.

(2) Der Verzicht ist schriftlich gegenüber der Aufsichtsbehörde zu erklären.

§ 20[4] **Rücknahme und Widerruf der Anerkennung.** (1) Die Aufsichtsbehörde hat die Anerkennung zurückzunehmen, wenn sich nach der Anerkennung ergibt, daß sie hätte versagt werden müssen.

(2) Die Aufsichtsbehörde hat die Anerkennung zu widerrufen,

1. wenn die Voraussetzungen für die Anerkennung als Lohnsteuerhilfeverein nachträglich fortfallen, es sei denn, daß der Verein innerhalb einer angemessenen, von der Aufsichtsbehörde zu bestimmenden Frist den dem Gesetz entsprechenden Zustand herbeiführt;
2. wenn die tatsächliche Geschäftsführung des Lohnsteuerhilfevereins nicht mit den in § 14 bezeichneten Anforderungen an die Satzung übereinstimmt;
3. wenn eine sachgemäße Ausübung der Hilfeleistung in Steuersachen im Rahmen der Befugnis nach § 4 Nr. 11 oder eine ordnungsgemäße Geschäftsführung nicht gewährleistet ist; eine ordnungsgemäße Geschäftsführung liegt insbesondere nicht vor, wenn
   a) gegen Pflichten nach diesem Gesetz in nachhaltiger Weise verstoßen wurde oder
   b) der Lohnsteuerhilfeverein in Vermögensverfall geraten ist; ein Vermögensverfall wird vermutet, wenn ein Insolvenzverfahren über das Vermögen des Lohnsteuerhilfevereins eröffnet oder der Lohnsteuerhilfeverein in

---

[1] § 16 Satz 1 geänd., bish. Satz 2 aufgeh. mWv 1.7.1994 durch G v. 24.6.1994 (BGBl. I S. 1387), geänd. mWv 1.1.2002 durch G v. 24.6.2000 (BGBl. I S. 874); geänd. mWv 12.4.2008 durch G v. 8.4.2008 (BGBl. I S. 666).

[2] § 17 geänd. mWv 12.4.2008 durch G v. 8.4.2008 (BGBl. I S. 666).

[3] § 19 Abs 2 geänd. mWv 12.4.2008 durch G v. 8.4.2008 (BGBl. I S. 666).

[4] § 20 Abs. 2 Nr. 3 geänd. mWv 1.7.2000 durch G v. 24.6.2000 (BGBl. I S. 874); Abs. 1, Abs. 2 einl. Satzteil, Nr. 1 und 3 geänd. mWv 12.4.2008 durch G v. 8.4.2008 (BGBl. I S. 666); Abs. 2 Nr. 3 Buchst. b geänd. mWv 1.1.2013 durch G v. 29.7.2009 (BGBl. I S. 2258); Abs. 2 Nr. 3 Buchst. b geänd. mWv 1.8.2021 durch G v. 25.6.2021 (BGBl. I S. 2154).

das Schuldnerverzeichnis (§ 882b der Zivilprozessordnung) eingetragen ist.

(3) Vor der Rücknahme oder dem Widerruf ist der Lohnsteuerhilfeverein zu hören.

Dritter Unterabschnitt. Pflichten

§ 21 Aufzeichnungspflicht. (1) [1]Der Lohnsteuerhilfeverein hat sämtliche Einnahmen und Ausgaben fortlaufend und vollständig aufzuzeichnen. [2]Die Aufzeichnungen sind unverzüglich und in deutscher Sprache vorzunehmen.

(2) Für einzelne Mitglieder des Lohnsteuerhilfevereins empfangene Beträge sind vom Vereinsvermögen getrennt zu erfassen und gesondert zu verwalten.

(3) Der Lohnsteuerhilfeverein hat bei Beginn seiner Tätigkeit und am Ende eines jeden Geschäftsjahres auf Grund einer für diesen Zeitpunkt vorgenommenen Bestandsaufnahme seine Vermögenswerte und Schulden aufzuzeichnen und in einer Vermögensübersicht zusammenzustellen.

(4) [1]Die Belege und sonstigen Unterlagen sind geordnet zu sammeln und sechs Jahre aufzubewahren. [2]Die Aufzeichnungen der Einnahmen und Ausgaben und die Vermögensübersichten sind zehn Jahre aufzubewahren. [3]Im übrigen gelten für die Aufbewahrung der Belege, sonstigen Unterlagen, Aufzeichnungen und Vermögensübersichten die Vorschriften des Handelsgesetzbuches über die Aufbewahrung von Bilanzen, Inventaren, Belegen und sonstigen Unterlagen entsprechend.

(5) Sonstige Vorschriften über Aufzeichnungs- und Buchführungspflichten bleiben unberührt.

§ 22[1)] Geschäftsprüfung. (1) Der Lohnsteuerhilfeverein hat die Vollständigkeit und Richtigkeit der Aufzeichnungen und der Vermögensübersicht (§ 21 Abs. 1 bis 3) sowie die Übereinstimmung der tatsächlichen Geschäftsführung mit den satzungsmäßigen Aufgaben des Lohnsteuerhilfevereins jährlich innerhalb von sechs Monaten nach Beendigung des Geschäftsjahres durch einen oder mehrere Geschäftsprüfer prüfen zu lassen.

(2) Zu Geschäftsprüfern können nur bestellt werden

1. Personen und Gesellschaften, die nach § 3 zu unbeschränkter Hilfeleistung in Steuersachen befugt sind,
2. Prüfungsverbände, zu deren satzungsmäßigem Zweck die regelmäßige oder außerordentliche Prüfung der Mitglieder gehört, wenn mindestens ein gesetzlicher Vertreter des Verbandes Steuerberater, Steuerbevollmächtigter, Rechtsanwalt, niedergelassener europäischer Rechtsanwalt, Wirtschaftsprüfer oder vereidigter Buchprüfer ist.

[1)] § 22 Abs. 3 neu gef. durch G v. 9.6.1989 (BGBl. I S. 1062), Abs. 7 Nr. 1 geänd. durch G v. 13.12.1990 (BGBl. I S. 2756), Abs. 2 Nr. 2 geänd. mWv 1.7.2000 durch G v. 24.6.2000 (BGBl. I S. 874); Abs. 7 Nr. 1 geänd. mWv 12.4.2008 durch G v. 8.4.2008 (BGBl. I S. 666).

(3) Als Geschäftsprüfer dürfen keine Personen tätig sein, bei denen die Besorgnis der Befangenheit besteht, insbesondere weil sie Vorstandsmitglied, besonderer Vertreter oder Angestellter des zu prüfenden Lohnsteuerhilfevereins sind.

(4) [1]Den Geschäftsprüfern ist Einsicht in die Bücher und Aufzeichnungen sowie den Schriftwechsel des Vereins zu gewähren und eine Untersuchung des Kassenbestandes und der Bestände an sonstigen Vermögenswerten zu gestatten. [2]Ihnen sind alle Aufklärungen und Nachweise zu geben, die für die Durchführung einer sorgfältigen Prüfung notwendig sind.

(5) [1]Die Geschäftsprüfer sind zu gewissenhafter und unparteiischer Prüfung und zur Verschwiegenheit verpflichtet. [2]Sie dürfen Geschäftsgeheimnisse, die sie bei der Wahrnehmung ihrer Obliegenheiten erfahren haben, nicht unbefugt verwerten. [3]Wer seine Obliegenheiten vorsätzlich oder grob fahrlässig verletzt, haftet dem Lohnsteuerhilfeverein für den daraus entstehenden Schaden. [4]Mehrere Personen haften als Gesamtschuldner.

(6) Die Geschäftsprüfer haben über das Ergebnis der Prüfung dem Vorstand des Lohnsteuerhilfevereins unverzüglich schriftlich zu berichten.

(7) Der Lohnsteuerhilfeverein hat

1. innerhalb eines Monats nach Erhalt des Prüfungsberichts, spätestens jedoch neun Monate nach Beendigung des Geschäftsjahres, eine Abschrift hiervon der zuständigen Aufsichtsbehörde zuzuleiten;
2. innerhalb von sechs Monaten nach Erhalt des Prüfungsberichts den wesentlichen Inhalt der Prüfungsfeststellungen den Mitgliedern schriftlich bekanntzugeben.

§ 23[1)] Ausübung der Hilfeleistung in Steuersachen im Rahmen der Befugnis nach § 4 Nummer 11, Beratungsstellen. (1) [1]Die Hilfeleistung in Steuersachen im Rahmen der Befugnis nach § 4 Nr. 11 darf nur durch Personen ausgeübt werden, die einer Beratungsstelle angehören. [2]Für jede Beratungsstelle ist ein Leiter zu bestellen. [3]Er darf gleichzeitig nur eine weitere Beratungsstelle leiten.

(2) [1]Der Lohnsteuerhilfeverein muß in dem Bezirk der Aufsichtsbehörde, in dem er seinen Sitz hat, mindestens eine Beratungsstelle unterhalten. [2]Die Unterhaltung von Beratungsstellen in Bezirken anderer Aufsichtsbehörden ist zulässig.

(3) [1]Der Lohnsteuerhilfeverein darf zum Leiter einer Beratungsstelle nur Personen bestellen, die

---

[1)] § 23 Abs. 1 Sätze 2 und 3, Abs. 3 Satz 2 und Abs. 6 angef., Abs. 5 geänd. durch G v. 9.6.1989 (BGBl. I S. 1062), Abs. 3 Satz 1 ersetzt durch Sätze 1 und 2 sowie Abs. 4 und 5 geänd. durch G v. 13.12.1990 (BGBl. I S. 2756), Abs. 3 Satz 1 Nr. 2 und Abs. 6 neu gef. sowie Abs. 3 Satz 2 geänd. mWv 1.7.1994 durch G v. 24.6.1994 (BGBl. I S. 1387), Überschrift, Abs. 1, Abs. 3 Nrn 1, 2 und 3 sowie Abs. 4 Nr. 3 geänd., Abs. 3 Satz 2 aufgeh., bish. Abs. 3 Satz 3 wird Abs. 3 Satz 2 mWv 1.7.2000 durch G v. 24.6.2000 (BGBl. I S. 874); Abs. 2 Sätze 1 und 2, Abs. 4 einl. Satzteil geänd. mWv 12.4.2008 durch G v. 8.4.2008 (BGBl. I S. 666); Abs. 4 Nr. 1 neu gef. mWv 1.1.2020 durch G v. 22.11.2019 (BGBl. I S. 1746); Überschrift geänd. mWv 18.12.2019 durch G v. 12.12.2019 (BGBl. I S. 2451).

1. zu dem in § 3 Nr. 1 bezeichneten Personenkreis gehören oder
2. eine Abschlußprüfung in einem kaufmännischen Ausbildungsberuf bestanden haben oder eine andere gleichwertige Vorbildung besitzen und nach Abschluß der Ausbildung drei Jahre in einem Umfang von mindestens 16 Wochenstunden auf dem Gebiet der von den Bundes- oder Landesfinanzbehörden verwalteten Steuern praktisch tätig gewesen sind oder
3. mindestens drei Jahre auf den für die Beratungsbefugnis nach § 4 Nr. 11 einschlägigen Gebieten des Einkommensteuerrechts in einem Umfang von mindestens 16 Wochenstunden praktisch tätig gewesen sind; auf die mindestens dreijährige Tätigkeit können Ausbildungszeiten nicht angerechnet werden.

[2] Zum Leiter einer Beratungsstelle darf nicht bestellt werden, wer sich so verhalten hat, daß die Besorgnis begründet ist, er werde die Pflichten des Lohnsteuerhilfevereins nicht erfüllen.

(4) Der Lohnsteuerhilfeverein hat der für den Sitz der Beratungsstelle zuständigen Aufsichtsbehörde mitzuteilen

1. die Eröffnung, die Schließung sowie die Änderung der Anschrift einer Beratungsstelle;
2. die Bestellung oder Abberufung des Leiters einer Beratungsstelle;
3. die Personen, deren sich der Verein bei der Hilfeleistung in Steuersachen im Rahmen der Befugnis nach § 4 Nr. 11 bedient.

(5) Der Mitteilung über die Bestellung des Leiters einer Beratungsstelle ist ein Nachweis darüber beizufügen, daß die Voraussetzungen des Absatzes 3 erfüllt sind.

(6) Eine Beratungsstelle darf ihre Tätigkeit nur ausüben, wenn sie und der Beratungsstellenleiter nach Überprüfung der in Absatz 3 genannten Voraussetzungen bei der zuständigen Aufsichtsbehörde (§ 27 Abs. 2) im Verzeichnis der Lohnsteuerhilfevereine eingetragen sind.

§ 24[1)] Abwicklung der schwebenden Steuersachen im Rahmen der Befugnis nach § 4 Nummer 11. (1) Ist die Anerkennung als Lohnsteuerhilfeverein erloschen, zurückgenommen oder widerrufen worden, so kann die Aufsichtsbehörde auf Antrag erlauben, daß der Verein einen Beauftragten zur Abwicklung der schwebenden Steuersachen im Rahmen der Befugnis nach § 4 Nr. 11 bestellt.

(2) Zum Beauftragten darf nur bestellt werden, wer die in § 23 Abs. 3 bezeichneten Voraussetzungen erfüllt.

(3) Die Erlaubnis nach Absatz 1 darf längstens für die Dauer von sechs Monaten erteilt werden; sie kann jederzeit widerrufen werden.

(4) § 70 Abs. 2 und 3 gilt sinngemäß.

[1)] § 24 Abs. 4 angef. mWv 1.7.1994 durch G v. 24.6.1994 (BGBl. I S. 1387), Überschrift und Abs. 1 geänd. mWv 1.7.2000 durch G v. 24.6.2000 (BGBl. I S. 874); Abs. 1 geänd. mWv 12.4.2008 durch G v. 8.4.2008 (BGBl. I S. 666); Überschrift geänd. mWv 18.12.2019 durch G v. 12.12.2019 (BGBl. I S. 2451).

§ 25[1)] **Haftungsausschluss, Haftpflichtversicherung.** (1) Bei der Hilfeleistung in Steuersachen im Rahmen der Befugnis nach § 4 Nr. 11 für die Mitglieder kann die Haftung des Vereins für das Verschulden seiner Organe und Angestellten nicht ausgeschlossen werden.

(2) [1] Die Lohnsteuerhilfevereine müssen gegen die sich aus der Hilfeleistung in Steuersachen im Rahmen der Befugnis nach § 4 Nr. 11 ergebenden Haftpflichtgefahren angemessen versichert sein. [2] Zuständige Stelle im Sinne des § 117 Abs. 2 des Versicherungsvertragsgesetzes ist die Aufsichtsbehörde.

§ 26[2)] **Allgemeine Pflichten der Lohnsteuerhilfevereine.** (1) Die Hilfeleistung in Steuersachen im Rahmen der Befugnis nach § 4 Nr. 11 ist sachgemäß, gewissenhaft, verschwiegen und unter Beachtung der Regelungen zur Werbung (§ 8) auszuüben.

(2) Die Ausübung einer anderen wirtschaftlichen Tätigkeit in Verbindung mit der Hilfeleistung in Steuersachen im Rahmen der Befugnis nach § 4 Nr. 11 ist nicht zulässig.

(3) Alle Personen, deren sich der Verein bei der Hilfeleistung in Steuersachen im Rahmen der Befugnis nach § 4 Nr. 11 bedient, sind zur Einhaltung der in den Absätzen 1 und 2 bezeichneten Pflichten anzuhalten.

(4) [1] Die Handakten über die Hilfeleistung in Steuersachen im Rahmen der Befugnis nach § 4 Nr. 11 sind auf die Dauer von zehn Jahren nach Abschluß der Tätigkeit des Vereins in der Steuersache des Mitgliedes aufzubewahren. [2] § 66 ist sinngemäß anzuwenden.

Vierter Unterabschnitt. Aufsicht

§ 27[3)] **Aufsichtsbehörde.** (1) [1] Aufsichtsbehörde ist die Oberfinanzdirektion oder die durch die Landesregierung bestimmte Landesfinanzbehörde. [2] Sie führt die Aufsicht über die Lohnsteuerhilfevereine, die ihren Sitz im Bezirk der Aufsichtsbehörde haben.

(2) [1] Der Aufsicht durch die Aufsichtsbehörde unterliegen auch alle im Bezirk der Aufsichtsbehörde bestehenden Beratungsstellen. [2] Die im Wege der Aufsicht getroffenen Feststellungen sind der für den Sitz des Lohnsteuerhilfevereins zuständigen Aufsichtsbehörde mitzuteilen.

(3) Die Finanzbehörden teilen der zuständigen Aufsichtsbehörde die ihnen bekannten Tatsachen mit, die den Verdacht begründen, daß ein Lohnsteuerhilfeverein gegen Vorschriften dieses Gesetzes verstoßen hat.

[1)] § 25 Abs. 3 angef. durch G v. 13.12.1990 (BGBl. I S. 2756), Abs. 1 und 2 geänd. mWv 1.7.2000 durch G v. 24.6.2000 (BGBl. I S. 874); Abs. 2 Satz 2 geänd. mWv 1.1.2008 durch G v. 23.11.2007 (BGBl. I S. 2631); Abs. 2 Satz 2 geänd., Abs. 3 aufgeh. mWv 12.4.2008 durch G v. 8.4.2008 (BGBl. I S. 666); Überschrift geänd. mWv 18.12.2019 durch G v. 12.12.2019 (BGBl. I S. 2451).

[2)] § 26 Überschrift sowie Abs. 1, 2, 3 und 4 geänd. mWv 1.7.2000 durch G v. 24.6.2000 (BGBl. I S. 874); Abs. 4 Satz 1 geänd. mWv 12.4.2008 durch G v. 8.4.2008 (BGBl. I S. 666).

[3)] § 27 Abs. 3 neu gef. durch G v. 9.6.1989 (BGBl. I S. 1062); Abs. 1 und 2 neu gef. mWv 12.4.2008 durch G v. 8.4.2008 (BGBl. I S. 666).

§ 28[1]) Pflicht zum Erscheinen vor der Aufsichtsbehörde, Befugnisse der Aufsichtsbehörde. (1) Die Mitglieder des Vorstandes eines Lohnsteuerhilfevereins und die Personen, deren sich der Verein bei der Hilfeleistung in Steuersachen im Rahmen der Befugnis nach § 4 Nr. 11 bedient, haben auf Verlangen vor der Aufsichtsbehörde zu erscheinen, Auskunft zu geben sowie Handakten und Geschäftsunterlagen vorzulegen.

(2) Die mit der Aufsicht betrauten Amtsträger sind berechtigt, die Geschäftsräume der Lohnsteuerhilfevereine und der in Absatz 1 bezeichneten Personen während der Geschäfts- und Arbeitszeiten zu betreten, um Prüfungen vorzunehmen oder sonst Feststellungen zu treffen, die zur Ausübung der Aufsicht für erforderlich gehalten werden.

(3) [1] Liegen der zuständigen Aufsichtsbehörde Hinweise vor, die ernsthafte Zweifel begründen, dass die zum Leiter der Beratungsstelle bestellte Person nicht die in § 23 Absatz 3 bezeichneten Voraussetzungen erfüllt oder dass in einer Beratungsstelle die Einhaltung der in § 26 bezeichneten Pflichten nicht gewährleistet ist, sind Beratungsstellenleitung und Lohnsteuerhilfeverein hierzu zu hören. [2] Ihnen ist die Möglichkeit zu gewähren, innerhalb einer angemessenen, von der Aufsichtsbehörde zu bestimmenden Frist den dem Gesetz entsprechenden Zustand herbeizuführen.

(4) Ist für eine Beratungsstelle ein Leiter nicht vorhanden, ist der betreffende Lohnsteuerhilfeverein zu hören und ihm die Möglichkeit zu gewähren, innerhalb einer angemessenen, von der Aufsichtsbehörde zu bestimmenden Frist eine natürliche Person, die die Voraussetzungen des § 23 Absatz 3 erfüllt, als Leiter zu bestellen.

(5) Ist für eine Beratungsstelle ein Leiter nicht vorhanden oder erfüllt die zum Leiter bestellte Person nicht die in § 23 Absatz 3 bezeichneten Voraussetzungen oder ist in einer Beratungsstelle die Einhaltung der in § 26 bezeichneten Pflichten nicht gewährleistet, so kann die Aufsichtsbehörde die Schließung dieser Beratungsstelle anordnen.

§ 29[2]) Teilnahme der Aufsichtsbehörde an Mitgliederversammlungen. (1) Von bevorstehenden Mitgliederversammlungen ist die Aufsichtsbehörde spätestens zwei Wochen vorher zu unterrichten.

(2) Die Aufsichtsbehörde ist berechtigt, zur Teilnahme an der Mitgliederversammlung Vertreter zu entsenden.

§ 30[3]) Verzeichnis der Lohnsteuerhilfevereine. (1) Die Aufsichtsbehörden führen ein Verzeichnis über

---

[1]) § 28 Abs. 3 neu gef. durch G v. 9.6.1989 (BGBl. I S. 1062), Abs. 1 geänd. mWv 1.7.2000 durch G v. 24.6.2000 (BGBl. I S. 874); Abs. 2 geänd. mWv 12.4.2008 durch G v. 8.4.2008 (BGBl. I S. 666); Abs. 3 neu gef., Abs. 4 und 5 angef. mWv 29.12.2020 durch G v. 21.12.2020 (BGBl. I S. 3096).

[2]) *§ 29 Abs. 1* neu gef. durch G v. 9.6.1989 (BGBl. I S. 1062).

[3]) § 30 Abs. 2 neu gef. mWv 1.7.2000 durch G v. 24.6.2000 (BGBl. I S. 874); Abs. 1 neu gef. mWv 12.4.2008 durch G v. 8.4.2008 (BGBl. I S. 666).

1. die Lohnsteuerhilfevereine, die im Bezirk der Aufsichtsbehörde ihren Sitz haben;
2. die im Bezirk der Aufsichtsbehörde bestehenden Beratungsstellen.

(2) Die Einsicht in das Verzeichnis ist jedem gestattet, der ein berechtigtes Interesse darlegt.

Fünfter Unterabschnitt. Verordnungsermächtigung

§ 31[1] **Durchführungsbestimmungen zu den Vorschriften über die Lohnsteuerhilfevereine.** (1) Das Bundesministerium der Finanzen wird ermächtigt, durch Rechtsverordnung mit Zustimmung des Bundesrates Bestimmungen zu erlassen

1. über das Verfahren bei der Anerkennung als Lohnsteuerhilfeverein,
2. über Einrichtung und Führung des Verzeichnisses nach § 30 Abs. 1 sowie über die sich auf die Eintragung beziehenden Meldepflichten der Lohnsteuerhilfevereine,
3. über die Verfahren bei der Eröffnung, der Schließung sowie der Änderung einer Anschrift von Beratungsstellen und bei der Bestellung von Beratungsstellenleitern,
4. über die zur Bestellung eines Beratungsstellenleiters erforderlichen Erklärungen und Nachweise;
5. über den Abschluss und die Aufrechterhaltung der Haftpflichtversicherung, den Inhalt, den Umfang und die Ausschlüsse des Versicherungsvertrages sowie über die Höhe der Mindestdeckungssummen.

(2) [1]Die Landesregierungen werden ermächtigt, die den Oberfinanzdirektionen nach dem Zweiten Abschnitt des Ersten Teils zugewiesenen Aufgaben auf eine andere Landesfinanzbehörde zu übertragen. [2]Diese Aufgaben können durch Vereinbarung auch auf eine Landesfinanzbehörde eines anderen Landes übertragen werden. [3]Die Landesregierungen können die Ermächtigung durch Rechtsverordnung auf die jeweils für die Finanzverwaltung zuständige oberste Landesbehörde übertragen.

Zweiter Teil. Steuerberaterordnung

Erster Abschnitt. Allgemeine Vorschriften

§ 32[2] **Steuerberater, Steuerbevollmächtigte und Berufsausübungsgesellschaften.** (1) Steuerberater, Steuerbevollmächtigte und Berufsausübungs-

---

[1] § 31 Nr. 3 angef. durch G v. 13.12.1990 (BGBl. I S. 2756), Nr. 4 angef. mWv 1.7.1994 durch G v. 24.6.1994 (BGBl. I S. 1387), bish. Wortlaut wird Abs. 1, Abs. 2 angef. mWv 1.7.2000 durch G v. 24.6.2000 (BGBl. I S. 874); Abs. 2 neu gef. mWv 20.12.2003 durch G v. 15.12.2003 (BGBl. I S. 2645); Abs. 2 Satz 3 angef. mWv 12.4.2008 durch G v. 8.4.2008 (BGBl. I S. 666); Abs. 1 Nr. 4 geänd., Nr. 5 angef. mWv 5.8.2009 durch G v. 30.7.2009 (BGBl. I S. 2449); Abs. 1 Nr. 3 geänd. mWv 1.1.2020 durch G v. 22.11.2019 (BGBl. I S. 1746).

[2] § 32 Abs. 1 geänd., Abs. 2 Satz 1 neu gef. mWv 1.7.2000 durch G v. 24.6.2000 (BGBl. I S. 874); Abs. 2 neu gef. mWv 18.12.2019 durch G v. 12.12.2019 (BGBl. I S. 2451); Überschrift und Abs. 1 geänd., Abs. 3 neu gef. mWv 1.8.2022 durch G v. 7.7.2021 (BGBl. I S. 2363).

gesellschaften leisten geschäftsmäßig Hilfe in Steuersachen nach den Vorschriften dieses Gesetzes.

(2) [1]Steuerberater und Steuerbevollmächtigte sind ein unabhängiges Organ der Steuerrechtspflege. [2]Sie bedürfen der Bestellung. [3]Sie üben einen freien Beruf aus. [4]Ihre Tätigkeit ist kein Gewerbe.

(3) [1]Berufsausübungsgesellschaften bedürfen der Anerkennung nach § 53. [2]Die Ausnahme von der Anerkennungspflicht nach § 53 Absatz 1 Satz 2 bleibt unberührt.

§ 33[1)] Inhalt der Tätigkeit. [1]Steuerberater, Steuerbevollmächtigte und Berufsausübungsgesellschaften haben die Aufgabe, im Rahmen ihres Auftrags ihre Auftraggeber in Steuersachen zu beraten, sie zu vertreten und ihnen bei der Bearbeitung ihrer Steuerangelegenheiten und bei der Erfüllung ihrer steuerlichen Pflichten Hilfe zu leisten. [2]Dazu gehören auch die Hilfeleistung in Steuerstrafsachen und in Bußgeldsachen wegen einer Steuerordnungswidrigkeit sowie die Hilfeleistung bei der Erfüllung von Buchführungspflichten, die auf Grund von Steuergesetzen bestehen, insbesondere die Aufstellung von Abschlüssen, die für die Besteuerung von Bedeutung sind, und deren steuerrechtliche Beurteilung.

§ 34[2)] Berufliche Niederlassung, weitere Beratungsstellen. (1) [1]Steuerberater und Steuerbevollmächtigte müssen unmittelbar nach der Bestellung eine berufliche Niederlassung begründen und eine solche unterhalten. [2]Berufliche Niederlassung eines selbständigen Steuerberaters oder Steuerbevollmächtigten ist die eigene Praxis, von der aus er seinen Beruf überwiegend ausübt. [3]Als berufliche Niederlassung eines ausschließlich nach § 58 angestellten Steuerberaters oder Steuerbevollmächtigten gilt seine regelmäßige, bei mehreren Anstellungsverhältnissen seine zuerst begründete Arbeitsstätte.

(2) [1]Weitere Beratungsstellen können unterhalten werden, soweit dadurch die Erfüllung der Berufspflichten nicht beeinträchtigt wird. [2]Leiter der weiteren Beratungsstelle muss jeweils ein anderer Steuerberater oder Steuerbevollmächtigter sein, der seine berufliche Niederlassung am Ort der Beratungsstelle oder in deren Nahbereich hat. [3]Satz 2 gilt nicht, wenn die weitere Beratungsstelle in einem anderen Mitgliedstaat der Europäischen Union oder in einem anderen Vertragsstaat des Abkommens über den Europäischen Wirtschaftsraum oder in der Schweiz liegt. [4]Die für die berufliche Niederlassung zuständige

---

[1)] § 33 Satz 1 geänd. mWv 1.7.2000 durch G v. 24.6.2000 (BGBl. I S. 874); Satz 2 geänd. mWv 18.12.2019 durch G v. 12.12.2019 (BGBl. I S. 2451); Satz 1 geänd. mWv 1.8.2022 durch G v. 7.7.2021 (BGBl. I S. 2363).

[2)] § 34 neu gef. durch G v. 9.6.1989 (BGBl. I S. 1062), Abs. 1 Satz 2 und Abs. 2 Satz 2 neu gef. sowie Sätze 3 und 4 angef. durch G v. 13.12.1990 (BGBl. I S. 2756), Abs. 1 Satz 3 angef. durch G v. 25.2.1992 (BGBl. I S. 297), Abs. 2 Satz 3 geänd. mWv 1.1.1994 (BGBl. 1993 I S. 2436) durch G v. 27.4.1993 (BGBl. I S. 512); Überschrift, Abs. 1 Satz 1 und Abs. 2 Satz 1 bis 3 geänd. mWv 1.7.1994, bish. Satz 4 ersetzt durch Sätze 4 bis 7 mWv 1.1.1994 durch G v. 24.6.1994 (BGBl. I S. 1387), Abs. 2 Satz 2 neu gef., Satz 3 geänd., bish. Sätze 4 bis 7 ersetzt durch Sätze 4 bis 6 mWv 1.7.2000 durch G v. 24.6.2000 (BGBl. I S. 874); Abs. 2 Satz 3 geänd. mWv 1.11.2003 durch G v. 26.10.2003 (BGBl. I S. 2074); Abs. 1 neu gef. mWv 12.4.2008 durch G v. 8.4.2008 (BGBl. I S. 666).

Steuerberaterkammer kann auf Antrag eine Ausnahme von Satz 2 zulassen. [5]Liegt die weitere Beratungsstelle in einem anderen Kammerbezirk, ist vor der Erteilung der Ausnahmegenehmigung die für die weitere Beratungsstelle zuständige Steuerberaterkammer zu hören. [6]Eine Ausnahmegenehmigung ist nur für eine weitere Beratungsstelle des Steuerberaters oder Steuerbevollmächtigten zulässig.

Zweiter Abschnitt. Voraussetzungen für die Berufsausübung

Erster Unterabschnitt. Persönliche Voraussetzungen

§ 35[1)] Zulassung zur Prüfung, Befreiung von der Prüfung, organisatorische Durchführung der Prüfung, Abnahme der Prüfung, Wiederholung der Prüfung und Besetzung des Prüfungsausschusses. (1) [1]Als Steuerberater darf nur bestellt werden, wer die Prüfung als Steuerberater bestanden hat oder von dieser Prüfung befreit worden ist. [2]Die Prüfung muss vor einem Prüfungsausschuss abgelegt werden, der bei der für die Finanzverwaltung zuständigen obersten Landesbehörde zu bilden ist. [3]Diesem gehören drei Beamte des höheren Dienstes oder vergleichbare Angestellte der Finanzverwaltung an, davon einer als Vorsitzender, sowie drei Steuerberater oder zwei Steuerberater und ein Vertreter der Wirtschaft.

(2) Die Teilnahme an der Prüfung bedarf der Zulassung.

(3) [1]Das Ergebnis der Prüfung wird dem Bewerber von der für die Finanzverwaltung zuständigen obersten Landesbehörde bekannt gegeben. [2]Das Bestehen der Prüfung ist von der für die Finanzverwaltung zuständigen obersten Landesbehörde, die Befreiung von der Prüfung ist von der zuständigen Steuerberaterkammer schriftlich zu bescheinigen.

(4) Die Prüfung kann zweimal wiederholt werden.

(5) [1]Die Zulassung zur Prüfung, die Befreiung von der Prüfung und die organisatorische Durchführung der Prüfung sind Aufgaben der zuständigen Steuerberaterkammer. [2]Die Abnahme der Prüfung ist Aufgabe des Prüfungsausschusses.

§ 36[2)] Voraussetzungen für die Zulassung zur Prüfung. (1) [1]Die Zulassung zur Steuerberaterprüfung setzt voraus, dass der Bewerber,

1. ein wirtschaftswissenschaftliches oder rechtswissenschaftliches Hochschulstudium oder ein anderes Hochschulstudium mit wirtschaftswissenschaftlicher Fachrichtung erfolgreich abgeschlossen hat und
2. danach praktisch tätig gewesen ist.

[1)] § 35 neu gef. mWv 12.4.2008 durch G v. 8.4.2008 (BGBl. I S. 666).

[2)] § 36 neu gef. durch G v. 9.6.1989 (BGBl. I S. 1062), Abs. 1 Nrn. 1 und 2 und Abs. 2 Nrn. 1 und 2 geänd., Abs. 3 und 4 angef. durch G v. 13.12.1990 (BGBl. I S. 2756), Abs. 3 und 4 geänd. mWv 1.1.1994 (BGBl. 1993 I S. 2436) durch G v. 27.4.1993 (BGBl. I S. 512), neuer Abs. 3 eingef., bish. Abs. 3 und 4 werden Abs. 4 und 5 sowie Abs. 5 Satz 2 geänd. mWv 1.7.1994 durch G v. 24.6.1994 (BGBl. I S. 1387), neu gef. mWv 1.7.2000 durch G v. 24.6.2000 (BGBl. I S. 874); Abs. 1 neu gef. mWv 12.4.2008 durch G v. 8.4.2008 (BGBl. I S. 666); Abs. 2 Nr. 1 und 2 geänd. mWv 1.1.2020 durch G v. 22.11.2019 (BGBl. I S. 1746).

[2]Die praktische Tätigkeit muss über einen Zeitraum von mindestens drei Jahren ausgeübt worden sein, wenn die Regelstudienzeit des Hochschulstudiums nach Satz 1 Nr. 1 weniger als vier Jahre beträgt, sonst über einen Zeitraum von mindestens zwei Jahren. [3]Wurde in einem Hochschulstudium nach Satz 1 Nr. 1 ein erster berufsqualifizierender Abschluss und in einem, einen solchen ersten Abschluss voraussetzenden, weiteren Hochschulstudium nach Satz 1 Nr. 1 ein weiterer berufsqualifizierender Abschluss erworben, werden die Regelstudienzeiten beider Studiengänge zusammengerechnet; Zeiten der praktischen Tätigkeit werden berücksichtigt, soweit sie nach dem Erwerb des ersten berufsqualifizierenden Abschlusses liegen.

(2)[1)] Ein Bewerber ist zur Steuerberaterprüfung auch zuzulassen, wenn er

1. eine Abschlussprüfung in einem kaufmännischen Ausbildungsberuf bestanden hat oder eine andere gleichwertige Vorbildung besitzt und nach Abschluss der Ausbildung acht Jahre oder im Falle der erfolgreich abgelegten Prüfung zum geprüften Bilanzbuchhalter oder Steuerfachwirt sechs Jahre praktisch tätig gewesen ist oder
2. der Finanzverwaltung als Beamter des gehobenen Dienstes oder als vergleichbarer Angestellter angehört oder angehört hat und bei ihr mindestens sechs Jahre als Sachbearbeiter oder in mindestens gleichwertiger Stellung praktisch tätig gewesen ist.

(3) Die in den Absätzen 1 und 2 geforderte praktische Tätigkeit muss sich in einem Umfang von mindestens 16 Wochenstunden auf das Gebiet der von den Bundes- oder Landesfinanzbehörden verwalteten Steuern erstrecken.

(4) [1]Nachweise über das Vorliegen der in den Absätzen 1 bis 3 genannten Voraussetzungen sind nach Maßgabe der Bestimmungen des amtlichen Vordrucks zu erbringen, der gemäß § 158 Nr. 1 Buchstabe a eingeführt worden ist. [2]Der Bewerber hat diese Unterlagen seinem Antrag auf Zulassung zur Prüfung beizufügen.

§ 37[2)] Steuerberaterprüfung. (1) Mit der Prüfung hat der Bewerber darzutun, daß er in der Lage ist, den Beruf eines Steuerberaters ordnungsgemäß auszuüben.

(2) [1]Die Prüfung gliedert sich in einen schriftlichen Teil aus drei Aufsichtsarbeiten und eine mündliche Prüfung. [2]Die schriftliche Prüfung kann auch elektronisch durchgeführt werden. [3]Der Zeitpunkt der Durchführung des schriftlichen Teils der Prüfung, die Prüfungsaufgaben der Aufsichtsarbeiten, die Bearbeitungszeit und die zum schriftlichen Teil der Prüfung zugelassenen Hilfsmittel sollen von den für die Finanzverwaltung zuständigen obersten Finanzbehörden der Länder bundeseinheitlich bestimmt werden.

[1)] Siehe hierzu § 157c.

[2)] Früherer § 37a eingef. durch G v. 13.12.1990 (BGBl. I S. 2756), Abs. 3 Nr. 2 bis 4 neu gef. sowie Abs. 3 Satz 2 angef. mWv 1.7.1994 durch G v. 24.6.1994 (BGBl. I S. 1387), bish. § 37 aufgeh., § 37a wird § 37 und geänd. mWv 1.7.2000 durch G v. 24.6.2000 (BGBl. I S. 874); Abs. 2 Satz 2 angef., Abs. 3 Satz 1 Nr. 1 neu gef. mWv 12.4.2008 durch G v. *8.4.2008 (BGBl. I S. 666)*; Abs. 3 Satz 1 Nr. 5 geänd. mWv 30.6.2013 durch G v. 26.6.2013 (BGBl. I S. 1809); Abs. 2 Satz 2 eingef., bish. Satz 2 wird Satz 3 mWv 1.8.2021 durch G v. 25.6.2021 (BGBl. I S. 2154).

(3) [1] Prüfungsgebiete der Steuerberaterprüfung sind

1. Steuerliches Verfahrensrecht sowie Steuerstraf- und Steuerordnungswidrigkeitenrecht,
2. Steuern vom Einkommen und Ertrag,
3. Bewertungsrecht, Erbschaftsteuer und Grundsteuer,
4. Verbrauch- und Verkehrsteuern, Grundzüge des Zollrechts,
5. Handelsrecht sowie Grundzüge des Bürgerlichen Rechts, des Gesellschaftsrechts, des Insolvenzrechts und des Rechts der Europäischen Union,
6. Betriebswirtschaft und Rechnungswesen,
7. Volkswirtschaft,
8. Berufsrecht.

[2] Nicht erforderlich ist, dass sämtliche Gebiete Gegenstand der Prüfung sind.

§ 37a[1)] Prüfung in Sonderfällen. (1) [1] Wirtschaftsprüfer und vereidigte Buchprüfer sowie Bewerber, die die Prüfung als Wirtschaftsprüfer oder vereidigter Buchprüfer bestanden haben, können auf Antrag die Steuerberaterprüfung in verkürzter Form ablegen. [2] Dabei entfallen die in § 37 Absatz 3 Satz 1 Nummer 5 bis 7 genannten Prüfungsgebiete. [3] Die Prüfung gliedert sich in einen schriftlichen Teil aus zwei Aufsichtsarbeiten und eine mündliche Prüfung.

(2) [1] Bewerber mit einem Befähigungs- oder Ausbildungsnachweis, der in einem anderen Mitgliedstaat der Europäischen Union oder Vertragsstaat des Abkommens über den Europäischen Wirtschaftsraum oder in der Schweiz zur selbständigen Hilfe in Steuersachen berechtigt, können auf Antrag eine Eignungsprüfung im Sinne des Artikels 14 Absatz 1 in Verbindung mit Absatz 3 der Richtlinie 2005/36/EG ablegen. [2] Mit der erfolgreich abgelegten Eignungsprüfung werden dieselben Rechte erworben wie durch die erfolgreich abgelegte Steuerberaterprüfung.

(3) [1] Die Befähigungs- und Ausbildungsnachweise im Sinne von Absatz 2 müssen in einem Mitgliedstaat oder Vertragsstaat oder der Schweiz von einer nach den dortigen Rechts- und Verwaltungsvorschriften zuständigen Behörde ausgestellt worden sein. [2] Sie müssen bescheinigen, dass der Inhaber in dem Staat, in dem er die Berufsqualifikation erworben hat, zur Hilfe in Steuersachen berechtigt ist. [3] Nachweisen nach Satz 2 gleichgestellt sind Ausbildungsnachweise, die

---

[1)] Früherer § 37b eingef. durch G v. 13.12.1990 (BGBl. I S. 2756), Abs. 2 Satz 1 geänd. mWv 1.7.1994 durch G v. 24.6.1994 (BGBl. I S. 1387), bish. § 37b wird § 37a und neu gef. mWv 1.7.2000 (BGBl. I S. 874); Abs. 2 Satz 1, Abs. 3 Sätze 1 und 2 geänd., Satz 3 angef., Abs. 4 Satz 4 neu gef., Sätze 5 bis 7 angef. mWv 1.11.2003 durch G v. 26.10.2003 (BGBl. I S. 2074); Abs. 2 und 3 neu gef., Abs. 3a, 4a eingef. mWv 12.4.2008 durch G v. 8.4.2008 (BGBl. I S. 666); Abs. 2 Satz 1, Abs. 3 Satz 5 neu gef., Abs. 3 Satz 7 geänd. mWv 1.4.2012 durch G v. 6.12.2011 (BGBl. I S. 2515); Abs. 2 Satz 1 geänd., Abs. 3 Sätze 1 und 5 geänd., Sätze 2–4 und 7 neu gef., Abs. 3a neu gef., Abs. 4 Satz 4 neu gef., Sätze 8 und 9 angef. mWv 23.4.2016 durch G v. 18.4.2016 (BGBl. I S. 886); Abs. 1 Satz 2 und Abs. 4a Satz 2 geänd. mWv 1.8.2021 durch G v. 25.6.2021 (BGBl. I S. 2154).

1. den erfolgreichen Abschluss einer in einem anderen Mitgliedstaat oder Vertragsstaat oder der Schweiz auf Voll- oder Teilzeitbasis im Rahmen formaler oder nicht formaler Ausbildungsprogramme absolvierten Ausbildung bescheinigen,
2. von dem sie ausstellenden anderen Mitgliedstaat oder Vertragsstaat oder der Schweiz als den Nachweisen nach Satz 2 gleichwertig anerkannt wurden und
3. in Bezug auf die Aufnahme oder Ausübung des Berufs des Steuerberaters dieselben Rechte verleihen oder auf die Ausübung des Berufs des Steuerberaters vorbereiten.

4 Nachweisen nach Satz 2 gleichgestellt sind ferner solche, die Berufsqualifikationen bescheinigen, die zwar nicht den Erfordernissen der Rechts- und Verwaltungsvorschriften des Herkunftsmitgliedstaates für die Aufnahme und Ausübung des Berufs des Steuerberaters entsprechen, ihrem Inhaber jedoch nach dem Recht des Herkunftsmitgliedstaates erworbene Rechte nach den dort maßgeblichen Vorschriften verleihen. 5 Bewerber aus Staaten, in denen der Beruf des Steuerberaters nicht reglementiert ist, müssen diesen Beruf zusätzlich in den vorhergehenden zehn Jahren mindestens ein Jahr in einem Umfang von mindestens 16 Wochenstunden in einem Mitgliedstaat oder Vertragsstaat oder der Schweiz ausgeübt haben. 6 Die zuständige Behörde nach Satz 1 muss bescheinigen, dass der Inhaber auf die Ausübung des Berufs vorbereitet wurde. 7 Die Pflicht zum Nachweis der einjährigen Berufserfahrung entfällt, wenn durch den Ausbildungsnachweis ein reglementierter Ausbildungsgang bestätigt wird.

(3a) 1 Die zuständige Behörde hat dem Bewerber den Empfang der Unterlagen innerhalb eines Monats zu bestätigen und gegebenenfalls mitzuteilen, welche Unterlagen fehlen. 2 Die Eignungsprüfung ist spätestens sechs Monate nach der Entscheidung über die Zulassung zur Eignungsprüfung anzusetzen.

(4) 1 Bewerber mit den in Absatz 2 genannten Voraussetzungen sollen mit der Eignungsprüfung ihre Befähigung nachweisen, den Beruf eines Steuerberaters auch im Inland ordnungsgemäß ausüben zu können. 2 Die Eignungsprüfung umfasst die zur Berufsausübung notwendigen Kenntnisse aus den in § 37 Abs. 3 genannten Gebieten. 3 Die Eignungsprüfung gliedert sich in einen schriftlichen Teil aus höchstens zwei Aufsichtsarbeiten aus unterschiedlichen Prüfungsgebieten und eine mündliche Prüfung. 4 Die Prüfung entfällt insgesamt oder in einem der in § 37 Absatz 3 genannten Prüfungsgebiete, soweit der Bewerber nachweist, dass er im Rahmen seiner bisherigen Ausbildung, durch Fortbildung oder im Rahmen seiner bisherigen Berufstätigkeit einen wesentlichen Teil der Kenntnisse, Fähigkeiten und Kompetenzen erlangt hat, die in der Prüfung insgesamt oder in einem der in § 37 Absatz 3 genannten Prüfungsgebiete gefordert werden und die von einer zuständigen Stelle formell anerkannt wurden. 5 Der Nachweis der im Rahmen der bisherigen Ausbildung erworbenen Kenntnisse ist durch Diplome oder gleichwertige Prüfungszeugnisse einer staatlichen oder staatlich anerkannten Universität oder einer Hochschule oder einer anderen Ausbildungseinrichtung zu führen. 6 Zum Nachweis der im Rahmen der bisherigen beruflichen Tätigkeit erwor-

benen Kenntnisse sind Falllisten vorzulegen, die regelmäßig folgende Angaben enthalten müssen: Akten- oder Geschäftszeichen, Gegenstand, Zeitraum, Art und Umfang der Tätigkeit, Sachstand. [7] Ferner sind auf Verlangen der für die Prüfung zuständigen Stelle anonymisierte Arbeitsproben vorzulegen. [8] Soweit die zuständige Behörde das Entfallen der Prüfung insgesamt oder das Entfallen bestimmter Prüfungsgebiete nach Satz 1 ablehnt, hat sie die Entscheidung zu begründen. [9] Hinsichtlich der nicht entfallenen Prüfung oder der nicht entfallenden Prüfungsgebiete sind die wesentlichen Unterschiede zwischen der bisherigen Ausbildung des Bewerbers und der im Inland geforderten Ausbildung sowie die Gründe, aus denen diese Unterschiede nicht durch bereits beim Bewerber erworbene Kenntnisse, Fähigkeiten und Kompetenzen ausgeglichen werden können, mitzuteilen.

(4a) [1] Die zuständigen Behörden im Sinne von Absatz 3 arbeiten mit den zuständigen Behörden in anderen Mitgliedstaaten der Europäischen Union, in den Vertragsstaaten des Abkommens über den Europäischen Wirtschaftsraum und der Schweiz zusammen und tauschen Informationen über das Vorliegen von disziplinar- oder strafrechtlichen oder sonstigen schwerwiegenden Sachverhalten aus, wenn sie Auswirkungen auf die Berufsausübung der Betroffenen haben. [2] § 30 der Abgabenordnung[1)] steht dem nicht entgegen.

(5) Für die Prüfung in verkürzter Form und für die Eignungsprüfung gelten im Übrigen die Vorschriften für die Steuerberaterprüfung.

§ 37b[2)] Zuständigkeit für die Zulassung zur Prüfung, für die Befreiung von der Prüfung, für die organisatorische Durchführung der Prüfung, für die Abnahme der Prüfung und für die Berufung und Abberufung des Prüfungsausschusses. (1) [1] Für die Zulassung zur Prüfung, für die Befreiung von der Prüfung und für die organisatorische Durchführung der Prüfung ist die Steuerberaterkammer zuständig, in deren Bezirk der Bewerber im Zeitpunkt der Antragstellung vorwiegend beruflich tätig ist oder, sofern der Bewerber keine Tätigkeit ausübt, er seinen Wohnsitz hat. [2] Bei mehreren Wohnsitzen ist der Wohnsitz maßgebend, an dem sich der Bewerber vorwiegend aufhält.

(2) [1] Befindet sich der nach Absatz 1 maßgebliche Ort im Ausland, so ist die Steuerberaterkammer zuständig, in deren Bezirk sich der Ort der beabsichtigten beruflichen Niederlassung im Inland befindet. [2] Befindet sich der Ort der beabsichtigten beruflichen Niederlassung im Ausland, so ist die Steuerberaterkammer zuständig, bei der die Zulassung zur Prüfung beantragt wurde.

(3) [1] Zur Erfüllung der Aufgaben nach Absatz 1 kann eine Steuerberaterkammer durch Vereinbarung, die der Genehmigung der für die Finanzverwaltung zuständigen obersten Landesbehörde bedarf, mit einer anderen Steuerberaterkammer eine gemeinsame Stelle bilden. [2] Dies gilt auch über Landesgrenzen hinweg, wenn die jeweils für die Finanzverwaltung zuständigen obersten Landesbehörden dies genehmigen. [3] Die gemeinsame Stelle handelt für diejenige Steuerberaterkammer, die für den Bewerber örtlich zuständig ist. [4] Gibt es in

---

[1)] Nr. **800**.
[2)] § 37b neu gef. mWv 12.4.2008 durch G v. 8.4.2008 (BGBl. I S. 666).

einem Land mehrere Steuerberaterkammern, bestimmt die für die Finanzverwaltung zuständige oberste Landesbehörde nach Anhörung der Steuerberaterkammern, ob eine, mehrere gemeinsam oder jede Steuerberaterkammer für sich die Aufgaben wahrnimmt.

(4) [1] Für die Abnahme der Prüfung ist der Prüfungsausschuss bei der für die Finanzverwaltung zuständigen obersten Landesbehörde zuständig, in deren Bereich der Bewerber zur Prüfung zugelassen wurde. [2] Die Zuständigkeit kann auf einen Prüfungsausschuss bei einer anderen für die Finanzverwaltung zuständigen obersten Landesbehörde einvernehmlich übertragen werden.

(5) [1] Die Berufung und Abberufung des Vorsitzenden, der übrigen Mitglieder des Prüfungsausschusses und ihrer Stellvertreter erfolgt durch die für die Finanzverwaltung zuständige oberste Landesbehörde. [2] Es können mehrere Prüfungsausschüsse gebildet werden.

§ 37c[1)] *(aufgehoben)*

§ 37d[2)] *(aufgehoben)*

§ 38[3)] **Voraussetzungen für die Befreiung von der Prüfung.** (1) Von der Steuerberaterprüfung sind zu befreien

1. Professoren, die an einer deutschen Hochschule mindestens zehn Jahre auf dem Gebiet der von den Bundes- oder Landesfinanzbehörden verwalteten Steuern als Professor gelehrt haben;
2. ehemalige Finanzrichter, die mindestens zehn Jahre auf dem Gebiet der von den Bundes- oder Landesfinanzbehörden verwalteten Steuern tätig gewesen sind;
3. ehemalige Beamte des höheren Dienstes und vergleichbare Angestellte
   a) der Finanzverwaltung, die im höheren Dienst oder als Angestellter in vergleichbaren Vergütungsgruppen mindestens zehn Jahre auf dem Gebiet der von den Bundes- oder Landesfinanzbehörden verwalteten Steuern als Sachgebietsleiter oder mindestens in gleichwertiger Stellung tätig gewesen sind,
   b) der gesetzgebenden Körperschaften, der Gerichte der Finanzgerichtsbarkeit sowie der obersten Behörden und der Rechnungsprüfungsbehörden des Bundes und der Länder, die im höheren Dienst oder als Angestellter in vergleichbaren Vergütungsgruppen mindestens zehn Jahre überwiegend auf dem Gebiet der von den Bundes- oder Landesfinanzbehörden

---

1) § 37c eingef. durch G v. 13.12.1990 (BGBl. I S. 2756), Abs. 2 Nrn. 1 und 2 geänd. sowie Nrn. 9 und 10 eingef., bish. Nr. 9 wird Nr. 11 mWv 1.1.1994 durch G v. 27.4.1993 (BGBl. I S. 512, geänd. durch G v. 27.9.1993, BGBl. I S. 1666), aufgeh. mWv 1.7.2000 durch G v. 24.6.2000 (BGBl. I S. 874).

2) § 37d eingef. durch G v. 13.12.1990 (BGBl. I S. 2756), aufgeh. mWv 1.7.2000 durch G v. 24.6.2000 (BGBl. I S. 874).

3) § 38 Abs. 1 Nr. 1 und Abs. 2 Satz 2 neu gef. durch G v. 9.6.1989 (BGBl. I S. 1062), Abs. 1 und Abs. 2 Satz 1 geänd. durch G v. 13.12.1990 (BGBl. I S. 2756), Abs. 2 Satz 1 geänd. mWv 1.7.1994 durch G v. 24.6.1994 (BGBl. I S. 1387), Abs. 1 Nrn. 1, 3 und 4 geänd., Abs. 2 neu gef. mWv 1.7.2000 durch G v. 24.6.2000 (BGBl. I S. 874); Abs. 1 Nr. 3 Buchst. a, b, Nr. 4 Buchst. a, b geänd. mWv 12.4.2008 durch G v. 8.4.2008 (BGBl. I S. 666).

verwalteten Steuern als Sachgebietsleiter oder mindestens in gleichwertiger Stellung tätig gewesen sind; die Angestellten der Fraktionen des Deutschen Bundestages gelten als Bedienstete der gesetzgebenden Körperschaften im Sinne dieser Vorschrift;

4. ehemalige Beamte des gehobenen Dienstes und vergleichbare Angestellte
   a) der Finanzverwaltung, die im gehobenen oder höheren Dienst oder als Angestellter in vergleichbaren Vergütungsgruppen mindestens fünfzehn Jahre auf dem Gebiet der von den Bundes- oder Landesfinanzbehörden verwalteten Steuern als Sachbearbeiter oder mindestens in gleichwertiger Stellung tätig gewesen sind,
   b) der gesetzgebenden Körperschaften, der Gerichte der Finanzgerichtsbarkeit sowie der obersten Behörden und der Rechnungsprüfungsbehörden des Bundes und der Länder, die im gehobenen oder höheren Dienst oder als Angestellter in vergleichbaren Vergütungsgruppen mindestens fünfzehn Jahre überwiegend auf dem Gebiet der von den Bundes- oder Landesfinanzbehörden verwalteten Steuern als Sachbearbeiter oder mindestens in gleichwertiger Stellung tätig gewesen sind; die Angestellten der Fraktionen des Deutschen Bundestages gelten als Bedienstete der gesetzgebenden Körperschaften im Sinne dieser Vorschrift.

(2) [1] § 36 Abs. 3 und 4 gilt auch für die Befreiung von der Prüfung. [2] Personen, die unter Absatz 1 Nr. 2 bis 4 fallen, sowie Professoren an staatlichen verwaltungsinternen Fachhochschulen mit Ausbildungsgängen für den öffentlichen Dienst können erst nach dem Ausscheiden aus dem öffentlichen Dienst oder dem Dienstverhältnis als Angestellter einer Fraktion des Deutschen Bundestages von der Prüfung befreit werden.

§ 38a[1)] Verbindliche Auskunft. (1) Auf Antrag erteilt die zuständige Steuerberaterkammer eine verbindliche Auskunft über die Erfüllung einzelner Voraussetzungen für die Zulassung zur Prüfung oder für die Befreiung von der Prüfung.

(2) Für die örtliche Zuständigkeit gilt § 37b Abs. 1 bis 3 entsprechend.

§ 39[2)] Gebühren für Zulassung, Prüfung, Befreiung und verbindliche Auskunft, Kostenerstattung. (1) Für die Bearbeitung des Antrags auf Zulassung zur Prüfung, auf Befreiung von der Prüfung oder auf Erteilung einer verbindlichen Auskunft über die Erfüllung einzelner Voraussetzungen für die Zulassung zur Prüfung oder über die Befreiung von der Prüfung hat der Bewerber eine Gebühr von zweihundert Euro an die zuständige Steuerberaterkammer zu zahlen.

(2) [1] Für die Prüfung hat der Bewerber bis zu einem von der zuständigen Steuerberaterkammer zu bestimmenden Zeitpunkt eine Gebühr von eintausend Euro an die zuständige Steuerberaterkammer zu zahlen. [2] Zahlt der Be-

---

[1)] § 38a eingef. mWv 1.7.2000 durch G v. 24.6.2000 (BGBl. I S. 874); Abs. 1 und 2 geänd. mWv 12.4.2008 durch G v. 8.4.2008 (BGBl. I S. 666).

[2)] § 39 neu gef. mWv 12.4.2008 durch G v. 8.4.2008 (BGBl. I S. 666).

werber die Gebühr nicht rechtzeitig, so gilt dies als Verzicht auf die Zulassung zur Prüfung. [3]Tritt der Bewerber bis zu dem von der zuständigen Steuerberaterkammer zu bestimmenden Zeitpunkt von der Prüfung zurück, so wird die Gebühr nicht erhoben. [4]Tritt der Bewerber bis zum Ende der Bearbeitungszeit für die letzte Aufsichtsarbeit zurück, so ist die Gebühr zur Hälfte zu erstatten.

(3) In einer Gebührenordnung nach § 79 Abs. 2 können der Höhe nach andere als die in den Absätzen 1 und 2 genannten Gebühren bestimmt werden.

(4) [1]Die zuständige Steuerberaterkammer hat die für die Erstellung der Prüfungsaufgaben der Aufsichtsarbeiten entstandenen Kosten der für die Finanzverwaltung zuständigen obersten Landesbehörde zu erstatten. [2]Die Vergütungen und sonstigen Aufwendungen für die Mitglieder des Prüfungsausschusses werden von der zuständigen Steuerberaterkammer unmittelbar an die Mitglieder des Prüfungsausschusses gezahlt. [3]Die für die Finanzverwaltung zuständige oberste Landesbehörde wird insoweit von ihrer Zahlungsverpflichtung gegenüber den Mitgliedern des Prüfungsausschusses befreit. [4]Für die Zahlungen nach den Sätzen 1 und 2 kann die zuständige Steuerberaterkammer keinen Ersatz von der für die Finanzverwaltung zuständigen obersten Landesbehörde verlangen.

§ 39a[1)] Rücknahme von Entscheidungen. (1) [1]Die Zulassung zur Prüfung oder die Befreiung von der Prüfung ist von der zuständigen Steuerberaterkammer, die Prüfungsentscheidung ist von der für die Finanzverwaltung zuständigen obersten Landesbehörde, vertreten durch die zuständige Steuerberaterkammer, zurückzunehmen, wenn

1. sie durch unlautere Mittel wie arglistige Täuschung, Drohung oder Bestechung erwirkt worden ist,
2. sie der Begünstigte durch Angaben erwirkt hat, die in wesentlicher Beziehung unrichtig oder unvollständig waren,
3. ihre Rechtswidrigkeit dem Begünstigten bekannt oder infolge grober Fahrlässigkeit nicht bekannt war.

[2]Erstrecken sich die Rücknahmegründe nach Satz 1 nur auf die Zulassung zur Prüfung, ist auch die Prüfungsentscheidung zurückzunehmen. [3]Nach einer Rücknahme gemäß Satz 1 oder Satz 2 gilt die Steuerberaterprüfung als nicht bestanden.

(2) [1]Die für die Finanzverwaltung zuständigen obersten Landesbehörden und die Steuerberaterkammern haben Tatsachen im Sinne des Absatzes 1 Satz 1 Nr. 1 bis 3 der zuständigen Steuerberaterkammer unverzüglich mitzuteilen. [2]§ 30 der Abgabenordnung[2)] steht diesen Mitteilungen nicht entgegen. [3]Werden Tatsachen nach Absatz 1 Satz 1 Nr. 1 bis 3 während des Bestellungsverfahrens der zuständigen Steuerberaterkammer bekannt, so ruht dieses bis zum Ausgang des Verfahrens.

(3) Vor der Rücknahme ist der Betroffene zu hören.

[1)] *§ 39a* neu gef. mWv 12.4.2008 durch G v. 8.4.2008 (BGBl. I S. 666); Abs. 2 Satz 2 geänd. mWv 1.8.2021 durch G v. 25.6.2021 (BGBl. I S. 2154).
[2)] Nr. **800**.

Zweiter Unterabschnitt. Bestellung

§ 40[1)] Bestellende Steuerberaterkammer, Bestellungsverfahren.

(1) [1]Nach bestandener Prüfung oder nach der Befreiung von der Prüfung ist der Bewerber auf Antrag durch die zuständige Steuerberaterkammer als Steuerberater zu bestellen. [2]Die örtliche Zuständigkeit der bestellenden Steuerberaterkammer richtet sich nach der beabsichtigten beruflichen Niederlassung des Bewerbers. [3]Bei beabsichtigter beruflicher Niederlassung im Ausland ist für die Bestellung die Steuerberaterkammer zuständig, die den Bewerber von der Prüfung befreit hat oder die Steuerberaterkammer, in deren Kammerbezirk der Bewerber geprüft worden ist.

(2) [1]Vor der Bestellung hat die Steuerberaterkammer zu prüfen, ob der Bewerber persönlich geeignet ist. [2]Die Bestellung ist zu versagen, wenn der Bewerber

1. nicht in geordneten wirtschaftlichen Verhältnissen lebt;
2. infolge strafgerichtlicher Verurteilung die Fähigkeit zur Bekleidung öffentlicher Ämter nicht besitzt;
3. aus gesundheitlichen Gründen nicht nur vorübergehend unfähig ist, den Beruf des Steuerberaters ordnungsgemäß auszuüben;
4. sich so verhalten hat, dass die Besorgnis begründet ist, er werde den Berufspflichten als Steuerberater nicht genügen.

(3) Die Bestellung ist auch zu versagen,

1. wenn eine Entscheidung nach § 39a Abs. 1 ergangen ist;
2. solange der Bewerber eine Tätigkeit ausübt, die mit dem Beruf unvereinbar ist (§ 57 Abs. 4);
3. solange nicht die vorläufige Deckungszusage auf den Antrag zum Abschluss einer Berufshaftpflichtversicherung oder der Nachweis der Mitversicherung bei einem Arbeitgeber vorliegt.

(4) [1]Wenn es zur Entscheidung über den Versagungsgrund des Absatzes 2 Satz 2 Nummer 3 erforderlich ist, gibt die zuständige Steuerberaterkammer dem Bewerber schriftlich auf, innerhalb einer von ihr zu bestimmenden angemessenen Frist das Gutachten eines von ihr bestimmten Arztes über seinen Gesundheitszustand vorzulegen. [2]Das Gutachten muss auf einer Untersuchung des Bewerbers und, wenn dies ein Arzt für notwendig hält, auch auf einer klinischen Beobachtung des Bewerbers beruhen. [3]Die Kosten des Gutachtens hat der Bewerber zu tragen. [4]Kommt der Bewerber ohne zureichenden Grund der Anordnung der Steuerberaterkammer innerhalb der gesetzten Frist nicht nach, gilt der Antrag auf Bestellung als zurückgenommen.

[1)] § 40 neu gef. durch G v. 9.6.1989 (BGBl. I S. 1062), Abs. 1 Satz 3 geänd. mWv 1.1.1994 (BGBl. 1993 I S. 2436) durch G v. 27.4.1993 (BGBl. I S. 512), Überschrift und Abs. 1 Satz 2 geänd., Abs. 1 Sätze 1 und 3 sowie Abs. 2 bis 4 und 6 neu gef. mWv 1.7.2000, Abs. 6 geänd. mWv 1.1.2002 durch G v. 24.6.2000 (BGBl. I S. 874), Abs. 2 Nr. 3 neu gef. mWv 1.5.2002 durch G v. 27.4.2002 (BGBl. I S. 1467); Abs. 1 Satz 3 neu gef., Abs. 3 Nr. 1, Abs. 4 Satz 2 geänd. mWv 12.4.2008 durch G v. 8.4.2008 (BGBl. I S. 666); Abs. 4 Satz 1 geänd. mWv 1.8.2021 durch G v. 25.6.2021 (BGBl. I S. 2154).

(5) [1] Vor der Versagung der Bestellung ist der Bewerber zu hören. [2] Wird die Bestellung versagt, so ist ein schriftlicher Bescheid zu erteilen.

(6) Für die Bearbeitung des Antrags auf Bestellung hat der Bewerber eine Gebühr von fünfzig Euro an die zuständige Steuerberaterkammer zu zahlen, soweit nicht durch eine Gebührenordnung nach § 79 Abs. 2 etwas anderes bestimmt ist.

§ 40a[1)] Aussetzung des Bestellungsverfahrens. Die Entscheidung über den Antrag auf Bestellung zum Steuerberater kann ausgesetzt werden, wenn gegen die antragstellende Person ein Verfahren wegen des Verdachts einer Straftat anhängig ist, in dem der Tatvorwurf eine Verurteilung erwarten lässt, die eine Versagung der Bestellung zur Folge haben würde.

§ 41[2)] Bestellung. (1) Die Bestellung zum Steuerberater wird mit der Aushändigung einer von der Steuerberaterkammer ausgestellten Urkunde wirksam.

(2) Die Urkunde darf erst ausgehändigt werden, wenn der Bewerber gegenüber der Steuerberaterkammer die Versicherung abgegeben hat, dass er die insbesondere aus § 57 Absatz 1 bis 2a folgenden Pflichten eines Steuerberaters erfüllen wird.

(3) Mit der Bestellung wird der Steuerberater Mitglied der bestellenden Steuerberaterkammer.

§ 42[3)] Steuerbevollmächtigter. [1] Steuerbevollmächtigter ist, wer nach den Vorschriften dieses Gesetzes als solcher bestellt ist. [2] Die Vorschriften für die Bestellung als Steuerberater sind bei der Bestellung als Steuerbevollmächtigter sinngemäß anzuwenden.

§ 43[4)] Berufsbezeichnung. (1) [1] Die Berufsbezeichnung lautet „Steuerberater“ oder „Steuerbevollmächtigter“. [2] Frauen können die Berufsbezeichnung „Steuerberaterin“ oder „Steuerbevollmächtigte“ wählen. [3] Die Berufsangehörigen haben im beruflichen Verkehr die Berufsbezeichnung zu führen.

(2) [1] Die Führung weiterer Berufsbezeichnungen ist nur gestattet, wenn sie amtlich verliehen worden sind. [2] Andere Zusätze und der Hinweis auf eine ehemalige Beamteneigenschaft sind im beruflichen Verkehr unzulässig.

(3) Zusätze, die auf einen akademischen Grad oder eine staatlich verliehene Graduierung hinweisen, sind erlaubt.

(4) [1] Die Bezeichnung „Steuerberater“, „Steuerbevollmächtigter“ oder „Steuerberatungsgesellschaft“ darf nur führen, wer nach diesem Gesetz dazu berechtigt ist. [2] Es ist unzulässig, zum Hinweis auf eine steuerberatende Tätigkeit andere Bezeichnungen zu verwenden. [3] Satz 2 findet auf Rechtsanwälte,

---

[1)] § 40a eingef. mWv 1.8.2021 durch G v. 25.6.2021 (BGBl. I S. 2154).

[2)] § 41 neu gef. mWv 1.8.2021 durch G v. 25.6.2021 (BGBl. I S. 2154).

[3)] § 42 Satz 2 angef. mWv 1.7.2000 durch G v. 24.6.2000 (BGBl. I S. 874).

[4)] § 43 Abs. 1 Satz 2 eingef. durch G v. 9.6.1989 (BGBl. I S. 1062), Abs. 4 Satz 3 geänd. mWv 1.3.1999 durch G v. 31.8.1998 (BGBl. I S. 2600), Abs. 4 Satz 3 geänd. mWv 1.7.2000 durch G v. 24.6.2000 (BGBl. I S. 874).

niedergelassene europäische Rechtsanwälte und Rechtsanwaltsgesellschaften keine Anwendung.

§ 44[1)] Bezeichnung „Landwirtschaftliche Buchstelle". (1) [1]Steuerberatern, Steuerbevollmächtigten, Rechtsanwälten und niedergelassenen europäischen Rechtsanwälten, die eine besondere Sachkunde auf dem Gebiet der Hilfeleistung in Steuersachen für land- und forstwirtschaftliche Betriebe im Sinne des Bewertungsgesetzes nachweisen, kann auf Antrag die Berechtigung verliehen werden, als Zusatz zur Berufsbezeichnung die Bezeichnung „Landwirtschaftliche Buchstelle" zu führen. [2]Die Verleihung erfolgt durch die Steuerberaterkammer, in deren Kammerbezirk der Antragsteller seine berufliche Niederlassung hat.

(2) [1]Die besondere Sachkunde im Sinne des Absatzes 1 Satz 1 ist durch eine mündliche Prüfung vor einem Sachkunde-Ausschuss nachzuweisen, der bei der Steuerberaterkammer zu bilden ist. [2]Personen, die ihre besondere Sachkunde durch eine einschlägige Ausbildung nachweisen und mindestens drei Jahre buchführende land- und forstwirtschaftliche Betriebe steuerlich beraten haben, können auf Antrag von der mündlichen Prüfung befreit werden. [3]Über den Antrag auf Befreiung entscheidet die zuständige Steuerberaterkammer im Benehmen mit der für die Landwirtschaft zuständigen obersten Landesbehörde oder der von ihr benannten Behörde und, soweit der Antragsteller Rechtsanwalt oder niedergelassener europäischer Rechtsanwalt ist, im Benehmen mit der für die berufliche Niederlassung des Antragstellers zuständigen Rechtsanwaltskammer.

(2a) Partnerschaftsgesellschaften sind befugt, die Bezeichnung „Landwirtschaftliche Buchstelle" als Zusatz zum Namen zu führen, wenn mindestens ein Partner berechtigt ist, die Bezeichnung „Landwirtschaftliche Buchstelle" als Zusatz zur Berufsbezeichnung zu führen.

(3) Berufsausübungsgesellschaften sind befugt, die Bezeichnung „Landwirtschaftliche Buchstelle" als Zusatz zur Firma oder zum Namen zu führen, wenn mindestens ein gesetzlicher Vertreter berechtigt ist, diese Bezeichnung als Zusatz zur Berufsbezeichnung zu führen.

(4) Vereine im Sinne des § 4 Nr. 8 sind befugt, als Zusatz zum Namen des Vereins die Bezeichnung „Landwirtschaftliche Buchstelle" zu führen.

(5) Körperschaften des öffentlichen Rechts (§ 4 Nr. 3) und Personenvereinigungen im Sinne des § 4 Nr. 7, die eine Buchstelle für land- und forstwirtschaftliche Betriebe unterhalten, dürfen für diese Buchstelle die Bezeichnung „Landwirtschaftliche Buchstelle" benutzen, wenn der Leiter der Buchstelle berechtigt ist, diese Bezeichnung als Zusatz zur Berufsbezeichnung zu führen.

[1)] § 44 Abs. 1 Satz 2 und Abs. 4 neu gef., Abs. 2 eingef., bish. Abs. 2 wird Abs. 9 und geänd. durch G v. 9.6.1989 (BGBl. I S. 1062), Abs. 1 Satz 1 und Abs. 9 Satz 1 geänd. sowie Abs. 9 Satz 2 aufgeh. mWv 1.7.1994 durch G v. 24.6.1994 (BGBl. I S. 1387), Abs. 1 und 2 neu gef., Abs. 6 aufgeh., bish. Abs. 7 wird Abs. 6 und geänd., bish. Abs. 8 wird Abs. 7, bish. Abs. 9 wird Abs. 8 und neu gef. mWv 1.7.2000, Abs. 8 geänd. mWv 1.1.2002 durch G v. 24.6.2000 (BGBl. I S. 874); Abs. 2a eingef., Abs. 3 geänd. mWv 12.4.2008 durch G v. 8.4.2008 (BGBl. I S. 666); Abs. 2a und 3 geänd., Abs. 6 Satz 2 angef. mWv 1.8.2022 durch G v. 7.7.2021 (BGBl. I S. 2363).

(6) [1]Die Befugnis zur Führung der Bezeichnung „Landwirtschaftliche Buchstelle“ erlischt mit dem Erlöschen, der Rücknahme oder dem Widerruf der Bestellung als Steuerberater oder Steuerbevollmächtigter bzw. mit dem Erlöschen oder der Rücknahme der Zulassung als Rechtsanwalt oder niedergelassener europäischer Rechtsanwalt. [2]Ist diese Person ein gesetzlicher Vertreter einer Berufsausübungsgesellschaft, erlischt die Befugnis der Berufsausübungsgesellschaft zur Führung der Bezeichnung „Landwirtschaftliche Buchstelle“, wenn kein anderer gesetzlicher Vertreter berechtigt ist, diese Bezeichnung als Zusatz zur Berufsbezeichnung zu führen.

(7) Die Befugnis zur Führung der Bezeichnung „Landwirtschaftliche Buchstelle“ ist in das Berufsregister einzutragen.

(8) Für die Bearbeitung des Antrags auf Verleihung der Bezeichnung „Landwirtschaftliche Buchstelle“ ist eine Gebühr von einhundertfünfzig Euro an die zuständige Steuerberaterkammer zu zahlen, soweit nicht durch eine Gebührenordnung nach § 79 Abs. 2 etwas anderes bestimmt ist.

§ 45[1)] Erlöschen der Bestellung. (1) [1]Die Bestellung als Steuerberater oder Steuerbevollmächtigter erlischt durch

1. Tod,
2. Verzicht gegenüber der zuständigen Steuerberaterkammer;
3. rechtskräftige Ausschließung aus dem Beruf,
4. rechtskräftige Rücknahme der Prüfungsentscheidung oder der Entscheidung über die Befreiung von der Prüfung nach § 39a Abs. 1.

[2]Der Verzicht nach Nummer 2 ist zu Protokoll oder schriftlich gegenüber der Steuerberaterkammer zu erklären, die für die berufliche Niederlassung des Steuerberaters oder Steuerbevollmächtigten örtlich zuständig ist. [3]Ein im berufsgerichtlichen Verfahren gegenüber dem Berufsgericht erklärter Verzicht gilt als gegenüber der zuständigen Steuerberaterkammer abgegeben.

(2) Die Bestellung als Steuerbevollmächtigter erlischt ferner durch die Bestellung als Steuerberater.

§ 46[2)] Rücknahme und Widerruf der Bestellung. (1) Die Bestellung ist zurückzunehmen, wenn der Steuerberater oder Steuerbevollmächtigte die

[1)] § 45 Abs. 1 Nr. 2 neu gef. durch G v. 9.6.1989 (BGBl. I S. 1062), Abs. 1 Nr. 2 neu gef., Nr. 4 und Sätze 2 und 3 angef. mWv 1.7.2000 durch G v. 24.6.2000 (BGBl. I S. 874).

[2)] § 46 Abs. 3 und Abs. 4 neu gef., Abs. 2 Nrn. 4 bis 7 angef. und Abs. 5 aufgeh. durch G v. 9.6.1989 (BGBl. I S. 1062), Abs. 1 Satz 2 angef. durch G v. 25.2.1992 (BGBl. I S. 297), Abs. 4 Satz 4 geänd. mWv 1.1.1994 durch G v. 27.4.1993 (BGBl. I S. 512), Abs. 2 bish. Nr. 1 aufgeh., bish. Nrn. 2 bis 7 werden Nrn. 1 bis 6 sowie neue Nr. 6 neu gef. mWv 1.7.1994 durch G v. 24.6.1994 (BGBl. I S. 1387), Abs. 2 Nr. 4 aufgeh., bish. Nrn. 5 und 6 werden 4 und 5, neue Nr. 4 eingef. durch G v. 5.10.1994 (BGBl. I S. 2911), Abs. 1, Abs. 2 Nr. 1, Abs. 3 und 4 neu gef., Abs. 2 Nr. 5 geänd., Abs. 2 Nr. 6 und 7 angef. mWv 1.7.2000 durch G v. 24.6.2000 (BGBl. I S. 874), Abs. 2 Nr. 7 neu gef. mWv 2.5.2002 durch G v. 27.4.2002 *(BGBl. I S. 1467)*; Abs. 2 Nr. 6 neu gef. mWv 12.4.2008 durch G v. 8.4.2008 (BGBl. I S. 666); Abs. 2 Nr. 4 Halbs. 2 geänd. mWv 1.1.2013 durch G v. 29.7.2009 (BGBl. I S. 2258); Abs. 2 Nr. 4 geänd. mWv 1.8.2021 durch G v. 25.6.2021 (BGBl. I S. 2154).

Bestellung durch arglistige Täuschung, Drohung oder Bestechung oder durch Angaben erwirkt hat, die in wesentlicher Beziehung unrichtig oder unvollständig waren.

(2) Die Bestellung ist zu widerrufen, wenn der Steuerberater oder Steuerbevollmächtigte

1. eine gewerbliche Tätigkeit oder eine Tätigkeit als Arbeitnehmer ausübt, die mit seinem Beruf nicht vereinbar ist (§ 57 Abs. 4);
2. infolge strafgerichtlicher Verurteilung die Fähigkeit zur Bekleidung öffentlicher Ämter verloren hat;
3. nicht die vorgeschriebene Haftpflichtversicherung gegen die Haftpflichtgefahren aus seiner Berufstätigkeit unterhält;
4. in Vermögensverfall geraten ist, es sei denn, daß dadurch die Interessen der Auftraggeber nicht gefährdet sind; ein Vermögensverfall wird vermutet, wenn ein Insolvenzverfahren über das Vermögen des Steuerberaters oder Steuerbevollmächtigten eröffnet oder der Steuerberater oder Steuerbevollmächtigte in das Schuldnerverzeichnis (§ 882b der Zivilprozessordnung) eingetragen ist;
5. seine berufliche Niederlassung in das Ausland verlegt, ohne daß ein Zustellungsbevollmächtigter mit Wohnsitz im Inland benannt worden ist. [2]Name und Anschrift sowie jede Änderung der Person oder der Anschrift des Zustellungsbevollmächtigten sind der zuständigen Steuerberaterkammer unverzüglich mitzuteilen. [3]Der Steuerberater oder Steuerbevollmächtigte bleibt Mitglied der Steuerberaterkammer, der er bisher angehört hat;
6. eine berufliche Niederlassung nicht unterhält oder
7. aus gesundheitlichen Gründen nicht nur vorübergehend unfähig ist, seinen Beruf ordnungsgemäß auszuüben.

(3) [1]In Verfahren wegen des Widerrufs der Bestellung nach Absatz 2 Nr. 7 ist § 40 Abs. 4 entsprechend anzuwenden. [2]Wird das Gutachten ohne zureichenden Grund nicht innerhalb der von der zuständigen Steuerberaterkammer gesetzten Frist vorgelegt, so wird vermutet, dass der Steuerberater oder Steuerbevollmächtigte aus einem Grund des Absatzes 2 Nr. 7, der durch das Gutachten geklärt werden soll, nicht nur vorübergehend unfähig ist, seinen Beruf ordnungsgemäß auszuüben.

(4) [1]Die Bestellung als Steuerberater und als Steuerbevollmächtigter wird durch die Steuerberaterkammer zurückgenommen oder widerrufen. [2]Die örtliche Zuständigkeit richtet sich nach der beruflichen Niederlassung, in den Fällen des Absatzes 2 Nr. 6 nach der beabsichtigten beruflichen Niederlassung gemäß § 40 Abs. 1 Satz 2. [3]§ 40 Abs. 1 Satz 3 gilt entsprechend. [4]Bei beruflicher Niederlassung im Ausland richtet sich die örtliche Zuständigkeit nach der letzten beruflichen Niederlassung im Geltungsbereich dieses Gesetzes; ist eine solche nicht vorhanden, so ist die Steuerberaterkammer zuständig, in deren Bezirk der Steuerberater oder Steuerbevollmächtigte bestellt wurde. [5]Vor der Rücknahme oder dem Widerruf ist der Betroffene zu hören.

(5) *(aufgehoben)*

§ 47[1)] Erlöschen der Befugnis zur Führung der Berufsbezeichnung.

(1) [1]Mit dem Erlöschen, der Rücknahme oder dem Widerruf der Bestellung erlischt die Befugnis, die Berufsbezeichnung „Steuerberater" oder „Steuerbevollmächtigter" zu führen. [2]Die Bezeichnung darf auch nicht mit einem Zusatz, der auf die frühere Berechtigung hinweist, geführt werden.

(2) Die zuständige Steuerberaterkammer kann einem Steuerberater oder Steuerbevollmächtigten, der wegen hohen Alters oder aus gesundheitlichen Gründen auf die Rechte aus der Bestellung verzichtet, auf Antrag die Erlaubnis erteilen, seine Berufsbezeichnung mit dem Zusatz „im Ruhestand" weiterzuführen, der auch „i. R." abgekürzt werden kann.

(3) Die Steuerberaterkammer kann eine nach Absatz 2 erteilte Erlaubnis

1. zurücknehmen, wenn nachträglich Umstände bekanntwerden, die zur Versagung der Erlaubnis geführt hätten, oder
2. widerrufen, wenn nachträglich Umstände eintreten, die bei einem Steuerberater oder Steuerbevollmächtigten das Erlöschen oder nach § 46 Absatz 2 Nummer 2 den Widerruf der Bestellung nach sich ziehen würden.

§ 48[2)] Wiederbestellung. (1) Ehemalige Steuerberater und Steuerbevollmächtigte können wiederbestellt werden,

1. wenn die Bestellung nach § 45 Absatz 1 Satz 1 Nummer 2 erloschen ist; wurde auf die Bestellung nach Einleitung eines berufsgerichtlichen Verfahrens (§ 114) verzichtet, kann die Wiederbestellung nicht vor Ablauf von acht Jahren erfolgen, es sei denn, dass eine Ausschließung aus dem Beruf nicht zu erwarten war;
2. wenn im Falle des Erlöschens der Bestellung nach § 45 Absatz 1 Satz 1 Nummer 3 die rechtskräftige Ausschließung aus dem Beruf im Gnadenwege aufgehoben worden ist oder seit der rechtskräftigen Ausschließung mindestens acht Jahre verstrichen sind;
3. wenn die Bestellung nach § 46 widerrufen ist und die Gründe, die für den Widerruf maßgeblich gewesen sind, nicht mehr bestehen.

(2) Die Vorschriften des § 40 gelten vorbehaltlich des Absatzes 3 entsprechend für die Wiederbestellung.

(3) Für die Bearbeitung des Antrags auf Wiederbestellung hat der Bewerber eine Gebühr von einhundertfünfundzwanzig Euro an die zuständige Steuerbe-

---

[1)] § 47 Abs. 2 und Abs. 3 neu gef. durch G v. 9.6.1989 (BGBl. I S. 1062), Abs. 2 Satz 2 geänd., Satz 3 aufgeh., Abs. 3 Satz 1 Halbsatz 2 angef. mWv 1.7.1994 durch G v. 24.6.1994 (BGBl. I S. 1387), Abs. 2 und Abs. 3 Satz 2 neu gef., Abs. 3 Satz 1 geänd. mWv 1.7.2000 durch G v. 24.6.2000 (BGBl. I S. 874); Abs. 2 geänd., Abs. 3 neu gef. mWv 1.8.2021 durch G v. 25.6.2021 (BGBl. I S. 2154).

[2)] § 48 Abs. 1 Nr. 2 und Abs. 2 neu gef., Abs. 3 angef. durch G v. 9.6.1989 (BGBl. I S. 1062), Abs. 1 Satz 2 angef. durch G v. 25.2.1992 (BGBl. I S. 297), Abs. 1 Satz 1 Nr. 1 Halbsatz 2 angef. sowie Abs. 3 neu gef. mWv 1.7.1994 durch G v. 24.6.1994 (BGBl. I S. 1387), Abs. 1 Satz 1 Nr. 1 und Abs. 3 neu gef., Abs. 1 Satz 1 Nr. 3 geänd., Abs. 1 Satz 2 aufgeh. mWv 1.7.2000, Abs. 3 geänd. mWv 1.1.2002 durch G v. 24.6.2000 (BGBl. I S. 874); Abs. 1 Nr. 1 und 2 geänd. mWv 1.8.2021 durch G v. 25.6.2021 (BGBl. I S. 2154).

raterkammer zu zahlen, soweit nicht durch eine Gebührenordnung nach § 79 Abs. 2 etwas anderes bestimmt ist.

Dritter Unterabschnitt.[1] Berufsausübungsgesellschaften

§ 49[1] Berufsausübungsgesellschaften. (1) [1]Steuerberater und Steuerbevollmächtigte dürfen sich zu Berufsausübungsgesellschaften verbinden. [2]Sie dürfen sich zur Ausübung ihres Berufs auch in Berufsausübungsgesellschaften organisieren, deren einziger Gesellschafter sie sind.

(2) Berufsausübungsgesellschaften zur gemeinschaftlichen Berufsausübung in der Bundesrepublik Deutschland können die folgenden Rechtsformen haben:

1. Gesellschaften nach deutschem Recht einschließlich der Handelsgesellschaften,
2. Europäische Gesellschaften und
3. Gesellschaften, die zulässig sind nach dem Recht
   a) eines Mitgliedstaats der Europäischen Union oder
   b) eines Vertragsstaats des Abkommens über den Europäischen Wirtschaftsraum.

§ 50[1] Berufsausübungsgesellschaften mit Angehörigen anderer Berufe. (1) [1]Die Verbindung zu einer Berufsausübungsgesellschaft nach § 49 ist Steuerberatern und Steuerbevollmächtigten auch gestattet

1. mit Mitgliedern einer Steuerberaterkammer, einer Rechtsanwaltskammer oder der Patentanwaltskammer sowie mit Wirtschaftsprüfern und vereidigten Buchprüfern,
2. mit Angehörigen ausländischer Berufe, die im Ausland einen Beruf ausüben, der in Bezug auf die Ausbildung zum Beruf und die Befugnisse des Berufsträgers dem Beruf des Steuerberaters oder des Steuerbevollmächtigten vergleichbar ist und bei dem die Voraussetzungen für die Berufsausübung den Anforderungen dieses Gesetzes im Wesentlichen entsprechen,
3. mit Rechtsanwälten, Patentanwälten, Wirtschaftsprüfern und vereidigten Buchprüfern anderer Staaten, die nach der Bundesrechtsanwaltsordnung, der Patentanwaltsordnung oder der Wirtschaftsprüferordnung[2] ihren Beruf mit Rechtsanwälten, Patentanwälten, Wirtschaftsprüfern oder vereidigten Buchprüfern im Geltungsbereich dieses Gesetzes gemeinschaftlich ausüben dürfen,
4. mit Personen, die in der Berufsausübungsgesellschaft einen freien Beruf nach § 1 Absatz 2 des Partnerschaftsgesellschaftsgesetzes ausüben, es sei denn, dass die Verbindung mit dem Beruf des Steuerberaters oder Steuerbevollmächtigten, insbesondere seiner Stellung als unabhängigem Organ der Steuerrechtspflege, nicht vereinbar ist oder das Vertrauen in seine Unabhängigkeit gefährden kann.

---

[1] Dritter UAbschnitt (§§ 49–55h) neu gef. mWv 1.8.2022 durch G v. 7.7.2021 (BGBl. I S. 2363).

[2] Nr. **850**.

[2]Eine Verbindung nach Satz 1 Nummer 4 kann insbesondere dann ausgeschlossen sein, wenn in der anderen Person ein Grund vorliegt, der bei einem Steuerberater oder Steuerbevollmächtigten nach § 40 Absatz 2 zur Versagung der Bestellung führen würde.

(2) Steuerberatern und Steuerbevollmächtigten ist eine Beteiligung an Berufsausübungsgesellschaften aus Staaten, die nicht Mitgliedstaat der Europäischen Union oder Vertragsstaat des Abkommens über den Europäischen Wirtschaftsraum sind, gestattet, wenn diese nach § 207a der Bundesrechtsanwaltsordnung oder § 159 der Patentanwaltsordnung im Inland zugelassen sind.

(3) [1]Unternehmensgegenstand der Berufsausübungsgesellschaft nach Absatz 1 ist insbesondere die geschäftsmäßige Hilfeleistung in Steuersachen. [2]Daneben kann die Ausübung des jeweiligen nichtsteuerberatenden Berufs treten. [3]Die §§ 51 bis 55h gelten nur für Berufsausübungsgesellschaften, die der Ausübung des Berufs des Steuerberaters oder Steuerbevollmächtigten dienen.

§ 51[1)] Berufspflichten bei beruflicher Zusammenarbeit. (1) [1]Gesellschafter, die Angehörige eines in § 50 Absatz 1 Satz 1 genannten Berufs sind, haben bei ihrer Tätigkeit für die Berufsausübungsgesellschaft die in diesem Gesetz und die in der Berufsordnung nach § 86 Absatz 2 Nummer 2 bestimmten Pflichten der in der Berufsausübungsgesellschaft tätigen Steuerberater oder Steuerbevollmächtigten sowie der Berufsausübungsgesellschaft zu beachten. [2]Sie sind insbesondere verpflichtet, die berufliche Unabhängigkeit der in der Berufsausübungsgesellschaft tätigen Steuerberater und Steuerbevollmächtigen sowie der Berufsausübungsgesellschaft zu wahren.

(2) [1]Gesellschafter, die Angehörige eines in § 50 Absatz 1 Satz 1 genannten Berufs sind, sind zur Verschwiegenheit verpflichtet. [2]Diese Pflicht bezieht sich auf alles, was ihnen bei ihrer Tätigkeit für die Berufsausübungsgesellschaft im Zusammenhang mit der Beratung und Vertretung in Steuerrechtsangelegenheiten bekannt geworden ist. [3]Nicht unter die Verschwiegenheitspflicht fallen Tatsachen, die offenkundig sind oder ihrer Bedeutung nach keiner Geheimhaltung bedürfen.

(3) § 57 Absatz 1a bis 1c und 4 gilt für Gesellschafter, die Angehörige eines in § 50 Absatz 1 Satz 1 genannten Berufs sind, entsprechend.

(4) Steuerberater und Steuerbevollmächtigte dürfen ihren Beruf nicht mit anderen Personen ausüben, wenn diese in schwerwiegender Weise oder wiederholt gegen Pflichten, die in diesem Gesetz oder in der Berufsordnung nach § 86 Absatz 2 Nummer 2 bestimmt sind, verstoßen.

(5) Im Gesellschaftsvertrag ist der Ausschluss von Gesellschaftern vorzusehen, die in schwerwiegender Weise oder wiederholt gegen Pflichten, die in diesem Gesetz oder in der Berufsordnung nach § 86 Absatz 2 Nummer 2 bestimmt sind, verstoßen.

[1)] Dritter UAbschnitt (§§ 49–55h) neu gef. mWv 1.8.2022 durch G v. 7.7.2021 (BGBl. I S. 2363).

§ 52[1] Berufspflichten der Berufsausübungsgesellschaft. (1) Die §§ 57 und 57a, 62, 62a, 63 bis 66, 69 bis 71 sowie 80 Absatz 1 Satz 1 und 2 gelten für Berufsausübungsgesellschaften sinngemäß.

(2) [1]Die Berufsausübungsgesellschaft hat durch geeignete Maßnahmen sicherzustellen, dass berufsrechtliche Verstöße frühzeitig erkannt und abgestellt werden. [2]Wenn an der Berufsausübungsgesellschaft Personen beteiligt sind, die Angehörige eines in § 50 Absatz 1 Satz 1 genannten Berufs sind, ist durch geeignete gesellschaftsvertragliche Vereinbarungen sicherzustellen, dass die Berufsausübungsgesellschaft für die Erfüllung der Berufspflichten sorgen kann.

(3) Werden in der Berufsausübungsgesellschaft auch nichtsteuerberatende Berufe ausgeübt, so gelten die Absätze 1 und 2 nur, soweit ein Bezug zur geschäftsmäßigen Hilfeleistung in Steuersachen besteht.

(4) Die persönliche berufsrechtliche Verantwortlichkeit der Gesellschafter, Organmitglieder und sonstigen Mitarbeiter der Berufsausübungsgesellschaft bleibt unberührt.

§ 53[1], [2] Anerkennung. (1) [1]Berufsausübungsgesellschaften bedürfen der Anerkennung durch die Steuerberaterkammer, in deren Kammerbezirk die Berufsausübungsgesellschaft ihren Sitz hat. [2]Keiner Anerkennung nach Satz 1 bedürfen Personengesellschaften, bei denen keine Beschränkung der Haftung der natürlichen Personen vorliegt und denen als Gesellschafter und als Mitglieder der Geschäftsführungs- und Aufsichtsorgane ausschließlich Steuerberater und Steuerbevollmächtigte oder Angehörige eines in § 50 Absatz 1 Satz 1 Nummer 1 genannten Berufs angehören, sowie Wirtschaftsprüfungsgesellschaften und Buchprüfungsgesellschaften. [3]Unberührt von Satz 2 bleibt der freiwillige Antrag auf eine Anerkennung. [4]Für Berufsausübungsgesellschaften, die ihren Sitz nicht im Inland haben, ist die Steuerberaterkammer des Kammerbezirks zuständig, in der die weitere Beratungsstelle unterhalten wird oder der Zustellungsbevollmächtigte ansässig ist.

(2) [1]Die Anerkennung ist zu erteilen, wenn

1. die Berufsausübungsgesellschaft, ihre Gesellschafter und die Mitglieder der Geschäftsführungs- und Aufsichtsorgane die Voraussetzungen der §§ 49, 50, des § 51 Absatz 5, der §§ 55a und 55b erfüllen,
2. die Berufsausübungsgesellschaft sich nicht in Vermögensverfall befindet und
3. der Abschluss der Berufshaftpflichtversicherung nachgewiesen ist oder eine vorläufige Deckungszusage vorliegt.

[2]Ein Vermögensverfall nach Satz 1 Nummer 2 wird vermutet, wenn ein Insolvenzverfahren über das Vermögen der Berufsausübungsgesellschaft eröffnet ist oder die Berufsausübungsgesellschaft in das Schuldnerverzeichnis (§ 882b der Zivilprozessordnung) eingetragen ist.

(3) Mit der Anerkennung wird die Berufsausübungsgesellschaft Mitglied der anerkennenden Steuerberaterkammer.

---

[1] Dritter UAbschnitt (§§ 49–55h) neu gef. mWv 1.8.2022 durch G v. 7.7.2021 (BGBl. I S. 2363).

[2] Vgl. hierzu § 157d.

§ 54[1)] Anerkennungsverfahren; Gebühr; Anzeigepflicht. (1) [1]Der Antrag auf Anerkennung muss folgende Angaben enthalten:

1. Rechtsform, Name, Sitz und Gegenstand der Berufsausübungsgesellschaft,
2. die Geschäftsanschriften der Niederlassungen der Berufsausübungsgesellschaft sowie
3. Namen und Berufe der Gesellschafter, der Mitglieder der Geschäftsführungs- und Aufsichtsorgane sowie aller mittelbar beteiligten Personen.

[2]Die zuständige Steuerberaterkammer kann zur Prüfung der Voraussetzungen des § 53 Absatz 2 die Vorlage geeigneter Nachweise einschließlich des Gesellschaftsvertrags oder der Satzung verlangen.

(2) Die Entscheidung über den Antrag auf Anerkennung kann ausgesetzt werden, wenn gegen einen Gesellschafter oder ein Mitglied eines Geschäftsführungs- oder Aufsichtsorgans ein auf Rücknahme oder Widerruf seiner Bestellung gerichtetes Verfahren betrieben wird oder ein vorläufiges Berufs- oder Vertretungsverbot erlassen worden ist.

(3) Für die Bearbeitung des Antrags auf Anerkennung als Berufsausübungsgesellschaft hat die Gesellschaft eine Gebühr von fünfhundert Euro an die zuständige Steuerberaterkammer zu zahlen, sofern nicht durch eine Gebührenordnung nach § 79 Absatz 2 etwas anderes bestimmt ist.

(4) Die Anerkennung wird wirksam mit der Aushändigung einer von der zuständigen Steuerberaterkammer ausgestellten Urkunde.

(5) [1]Die anerkannte Berufsausübungsgesellschaft hat der zuständigen Steuerberaterkammer jede Änderung der nach Absatz 1 Satz 1 anzugebenden Verhältnisse unverzüglich anzuzeigen. [2]Absatz 1 Satz 2 gilt entsprechend.

§ 55[1)] Erlöschen, Rücknahme und Widerruf der Anerkennung; Abwickler. (1) Die Anerkennung erlischt durch

1. Auflösung der Berufsausübungsgesellschaft oder
2. schriftlichen Verzicht auf die Rechte aus der Anerkennung gegenüber der zuständigen Steuerberaterkammer.

(2) [1]Die Anerkennung ist mit Wirkung für die Zukunft zurückzunehmen, wenn sich ergibt, dass die Anerkennung hätte versagt werden müssen. [2]Von der Rücknahme der Anerkennung kann abweichend von Satz 1 abgesehen werden, wenn die Gründe, aus denen die Anerkennung hätte versagt werden müssen, nicht mehr bestehen.

(3) [1]Die Anerkennung ist zu widerrufen, wenn die Berufsausübungsgesellschaft

1. die Voraussetzungen des § 49 Absatz 1 und 2, der §§ 50, 51 Absatz 5, der §§ 55a, 55b oder des § 55f nicht mehr erfüllt, es sei denn, dass sie innerhalb einer von der Steuerberaterkammer zu bestimmenden angemessenen Frist einen den genannten Vorschriften entsprechenden Zustand herbeiführt,

---

[1)] Dritter UAbschnitt (§§ 49–55h) neu gef. mWv 1.8.2022 durch G v. 7.7.2021 (BGBl. I S. 2363).

2. in Vermögensverfall geraten ist, es sei denn, dass dadurch die Interessen der Personen, die Hilfeleistung in Steuersachen suchen, nicht gefährdet sind.

[2] Ein Vermögensverfall nach Satz 1 Nummer 2 wird vermutet, wenn ein Insolvenzverfahren über das Vermögen der Berufsausübungsgesellschaft eröffnet ist oder die Berufsausübungsgesellschaft in das Schuldnerverzeichnis (§ 882b der Zivilprozessordnung) eingetragen ist.

(4) Die Anerkennung kann widerrufen werden, wenn die Berufsausübungsgesellschaft nicht innerhalb von drei Monaten nach der Anerkennung im Bezirk der Steuerberaterkammer nach § 55e Absatz 1 eine berufliche Niederlassung einrichtet.

(5) [1] Ordnet die zuständige Steuerberaterkammer die sofortige Vollziehung der Verfügung an, sind § 139 Absatz 2, 4 und 5, § 140 Absatz 2 sowie § 145 entsprechend anzuwenden. [2] Wird die Anerkennung widerrufen, weil die Berufsausübungsgesellschaft die vorgeschriebene Berufshaftpflichtversicherung nicht unterhält, ist die Anordnung der sofortigen Vollziehung in der Regel zu treffen.

(6) [1] Hat die Berufsausübungsgesellschaft die Anerkennung verloren, kann für sie ein Abwickler bestellt werden, wenn die zur gesetzlichen Vertretung bestellten Personen keine hinreichende Gewähr zur ordnungsgemäßen Abwicklung der schwebenden Angelegenheiten bieten. [2] § 70 ist entsprechend anzuwenden. [3] Für die festgesetzte Vergütung des Abwicklers haften die Gesellschafter als Gesamtschuldner.

§ 55a[1)] Gesellschafter- und Kapitalstruktur von Berufsausübungsgesellschaften. (1) [1] Gesellschafter einer Berufsausübungsgesellschaft können auch sein:

1. anerkannte Berufsausübungsgesellschaften,
2. zugelassene Berufsausübungsgesellschaften im Sinne der Bundesrechtsanwaltsordnung,
3. anerkannte Wirtschaftsprüfungsgesellschaften und
4. anerkannte Buchprüfungsgesellschaften.

[2] Bei gesetzlichen Voraussetzungen, die in der Person der Gesellschafter oder der Mitglieder der Geschäftsführung erfüllt sein müssen, kommt es in den Fällen des Satzes 1 auf die Gesellschafter und die Geschäftsführung der beteiligten Berufsausübungsgesellschaft an. [3] Haben sich Steuerberater und Steuerbevollmächtigte, Angehörige eines der in § 50 Absatz 1 Satz 1 genannten Berufe sowie Berufsausübungsgesellschaften, die die Voraussetzungen dieses Unterabschnitts erfüllen, zu einer Gesellschaft bürgerlichen Rechts zusammengeschlossen, deren Zweck ausschließlich das Halten von Anteilen an einer anerkannten Berufsausübungsgesellschaft ist, so werden ihnen die Anteile an der Berufsausübungsgesellschaft im Verhältnis ihrer Beteiligung an der Gesellschaft bürgerlichen Rechts zugerechnet.

[1)] Dritter UAbschnitt (§§ 49–55h) neu gef. mWv 1.8.2022 durch G v. 7.7.2021 (BGBl. I S. 2363).

(2) [1]Die Übertragung von Gesellschaftsanteilen muss an die Zustimmung der Gesellschafterversammlung gebunden sein. [2]Bei Aktiengesellschaften oder Kommanditgesellschaften auf Aktien müssen die Aktien auf Namen lauten.

(3) [1]Anteile an der Berufsausübungsgesellschaft dürfen nicht für Rechnung Dritter gehalten werden. [2]Dritte dürfen nicht am Gewinn der Berufsausübungsgesellschaft beteiligt werden.

(4) Sofern Gesellschafter die Voraussetzungen des § 50 Absatz 1 nicht erfüllen, haben sie kein Stimmrecht.

(5) Gesellschafter können nur stimmberechtigte Gesellschafter zur Ausübung von Gesellschafterrechten bevollmächtigen.

§ 55b[1)] Geschäftsführungsorgane; Aufsichtsorgane. (1) [1]Nur Steuerberater, Steuerbevollmächtigte oder Angehörige eines der in § 50 Absatz 1 Satz 1 genannten Berufe können Mitglieder des Geschäftsführungs- oder Aufsichtsorgans einer anerkannten Berufsausübungsgesellschaft sein. [2]Mitbestimmungsrechtliche Regelungen bleiben unberührt. [3]Bei der geschäftsmäßigen Hilfeleistung in Steuersachen sind Weisungen von Personen, die nicht den in § 3 Nummer 1 genannten Berufen angehören, gegenüber Personen, die den Berufen nach § 3 Nummer 1 angehören, unzulässig.

(2) Von der Mitgliedschaft in einem Geschäftsführungs- oder Aufsichtsorgan ist ausgeschlossen, wer einen der Versagungstatbestände des § 40 Absatz 2 erfüllt oder gegen wen eine der in Absatz 5 Satz 3 genannten Maßnahmen verhängt wurde.

(3) Dem Geschäftsführungsorgan der Berufsausübungsgesellschaft müssen Steuerberater oder Steuerbevollmächtigte in vertretungsberechtigter Zahl angehören.

(4) Die Mitglieder des Geschäftsführungs- und Aufsichtsorgans sind verpflichtet, für die Einhaltung des Berufsrechts in der Berufsausübungsgesellschaft zu sorgen.

(5) [1]Für diejenigen Mitglieder des Geschäftsführungs- und Aufsichtsorgans der Berufsausübungsgesellschaft, die keine Gesellschafter sind, gelten die Berufspflichten nach § 51 Absatz 1 bis 3 und § 52 entsprechend. [2]Die §§ 81 und 82 sowie die Vorschriften des Ersten bis Vierten Unterabschnitts des Fünften Abschnitts des Zweiten Teils sind entsprechend anzuwenden. [3]An die Stelle der Ausschließung aus dem Beruf (§ 90 Absatz 1 Nummer 5) tritt

1. bei Mitgliedern eines Geschäftsführungsorgans, die nicht Steuerberater oder Steuerbevollmächtigte sind, die Aberkennung der Eignung, eine Berufsausübungsgesellschaft zu vertreten und ihre Geschäfte zu führen, und
2. bei Mitgliedern eines Aufsichtsorgans, die nicht Steuerberater oder Steuerbevollmächtigte sind, die Aberkennung der Eignung, Aufsichtsfunktionen einer Berufsausübungsgesellschaft wahrzunehmen.

---

1) Dritter UAbschnitt (§§ 49–55h) neu gef. mWv 1.8.2022 durch G v. 7.7.2021 (BGBl. I S. 2363).

(6) [1]Die Unabhängigkeit der Steuerberater und Steuerbevollmächtigen, die dem Geschäftsführungsorgan der Berufsausübungsgesellschaften angehören oder in sonstiger Weise die Vertretung der Berufsausübungsgesellschaft wahrnehmen, bei der Ausübung ihres Berufs ist zu gewährleisten. [2]Einflussnahmen durch die Gesellschafter, insbesondere durch Weisungen oder vertragliche Bindungen, sind unzulässig.

(7) Auf Prokuristen und Handlungsbevollmächtigte zum gesamten Geschäftsbetrieb sind die Absätze 1, 5 und 6 entsprechend anzuwenden.

§ 55c[1)] Befugnis zur geschäftsmäßigen Hilfeleistung in Steuersachen. [1]Berufsausübungsgesellschaften sind befugt, geschäftsmäßig Hilfeleistung in Steuersachen nach § 2 zu erbringen. [2]Sie handeln durch ihre Gesellschafter und Vertreter, in deren Person die für die Erbringung der geschäftsmäßigen Hilfeleistung in Steuersachen gesetzlich vorgeschriebenen Voraussetzungen im Einzelfall vorliegen müssen.

§ 55d[1)] Vertretung vor Gerichten und Behörden. (1) [1]Berufsausübungsgesellschaften können als Prozess- und Verfahrensbevollmächtigte beauftragt werden. [2]Sie haben in diesem Fall die Rechte und Pflichten eines Steuerberaters.

(2) Berufsausübungsgesellschaften handeln durch ihre Gesellschafter und Vertreter, in deren Person die für die Erbringung der Hilfeleistung in Steuersachen gesetzlich vorgeschriebenen Voraussetzungen im Einzelfall vorliegen müssen.

§ 55e[1)] Berufliche Niederlassung der Berufsausübungsgesellschaft. (1) Die Berufsausübungsgesellschaft muss an ihrem Sitz eine berufliche Niederlassung unterhalten, in der oder in deren Nahbereich zumindest ein geschäftsführender Steuerberater oder Steuerbevollmächtigter tätig ist.

(2) Berufsausübungsgesellschaften, die keinen Sitz im Inland haben, sind verpflichtet, eine weitere Beratungsstelle im Inland zu unterhalten oder einen Zustellungsbevollmächtigten mit Sitz im Inland zu benennen.

(3) § 34 Absatz 2 ist entsprechend anzuwenden.

§ 55f[1)] Berufshaftpflichtversicherung. (1) Berufsausübungsgesellschaften sind verpflichtet, eine Berufshaftpflichtversicherung abzuschließen und während der Dauer ihrer Betätigung aufrechtzuerhalten.

(2) [1]Die Berufshaftpflichtversicherung muss die Haftpflichtgefahren für Vermögensschäden decken, die sich aus der Berufstätigkeit nach den §§ 33 und 57 Absatz 3 Nummer 2 und 3 ergeben. [2]§ 67 Absatz 2 und 3 sowie § 67a Absatz 1 sind entsprechend anzuwenden.

(3) Für Berufsausübungsgesellschaften, bei denen rechtsformbedingt für Verbindlichkeiten der Berufsausübungsgesellschaft aus Schäden wegen fehlerhafter Berufsausübung keine natürliche Person haftet oder bei denen die Haf-

---

[1)] Dritter UAbschnitt (§§ 49–55h) neu gef. mWv 1.8.2022 durch G v. 7.7.2021 (BGBl. I S. 2363).

tung der natürlichen Personen beschränkt wird, beträgt die Mindestversicherungssumme der Berufshaftpflichtversicherung eine Million Euro für jeden Versicherungsfall.

(4) Für Berufsausübungsgesellschaften, die keinen rechtsformbedingten Ausschluss der Haftung und keine Beschränkung der Haftung der natürlichen Personen vorsehen, beträgt die Mindestversicherungssumme 500 000 Euro für jeden Versicherungsfall.

(5) [1]Die Leistungen des Versicherers für alle innerhalb eines Versicherungsjahres verursachten Schäden können auf den Betrag der jeweiligen Mindestversicherungssumme, vervielfacht mit der Zahl der Gesellschafter und mit der Zahl der Geschäftsführer, die nicht Gesellschafter sind, begrenzt werden. [2]Ist eine Berufsausübungsgesellschaft Gesellschafter, so ist bei der Berechnung der Jahreshöchstleistung nicht die beteiligte Berufsausübungsgesellschaft, sondern die Zahl ihrer Gesellschafter und der Geschäftsführer, die nicht Gesellschafter sind, maßgeblich. [3]Die Jahreshöchstleistung muss sich jedoch in jedem Fall mindestens auf den vierfachen Betrag der Mindestversicherungssumme belaufen.

§ 55g[1)] Steuerberatungsgesellschaft. Berufsausübungsgesellschaften, bei denen Steuerberater und Steuerbevollmächtigte die Mehrheit der Stimmrechte innehaben und bei denen die Mehrheit der Mitglieder des Geschäftsführungsorgans Steuerberater oder Steuerbevollmächtigte sind, dürfen die Bezeichnung „Steuerberatungsgesellschaft" führen.

§ 55h[1)] Bürogemeinschaft. (1) Steuerberater oder Steuerbevollmächtigte können sich zu einer Gesellschaft verbinden, die der gemeinschaftlichen Organisation der Berufstätigkeit der Gesellschafter unter gemeinschaftlicher Nutzung von Betriebsmitteln dient, jedoch nicht selbst als Vertragspartner von steuerberatenden Mandatsverträgen auftreten soll (Bürogemeinschaft).

(2) [1]Eine Bürogemeinschaft können Steuerberater oder Steuerbevollmächtigte auch mit Personen eingehen, die nicht Steuerberater oder Steuerbevollmächtigte sind, es sei denn, die Verbindung ist mit dem Beruf des Steuerberaters oder Steuerbevollmächtigten, insbesondere seiner Stellung als unabhängigem Organ der Steuerrechtspflege nicht vereinbar, und kann das Vertrauen in seine Unabhängigkeit gefährden. [2]Eine Bürogemeinschaft nach Satz 1 kann insbesondere dann ausgeschlossen sein, wenn in der anderen Person ein Grund vorliegt, der bei einem Steuerberater nach § 40 Absatz 2 Nummer 2 zur Versagung der Bestellung führen würde.

(3) Die in der Bürogemeinschaft tätigen Steuerberater und Steuerbevollmächtigten sind verpflichtet, angemessene organisatorische, personelle und technische Maßnahmen zu treffen, die die Einhaltung ihrer Berufspflichten gewährleisten.

(4) § 51 Absatz 1, 2, 4 und 5 gilt für die Gesellschafter der Bürogemeinschaft nach Absatz 2 entsprechend.

[1)] Dritter UAbschnitt (§§ 49–55h) neu gef. mWv 1.8.2022 durch G v. 7.7.2021 (BGBl. I S. 2363).

Dritter Abschnitt. Rechte und Pflichten

§ 56[1] *(aufgehoben)*

§ 57[2] **Allgemeine Berufspflichten.** (1) [1]Steuerberater und Steuerbevollmächtigte haben ihren Beruf unabhängig, eigenverantwortlich, gewissenhaft, verschwiegen und unter Verzicht auf berufswidrige Werbung auszuüben. [2]Die Verschwiegenheitspflicht bezieht sich auf alles, was in Ausübung des Berufs bekannt geworden ist. [3]Sie gilt nicht für Tatsachen, die offenkundig sind oder ihrer Bedeutung nach keiner Geheimhaltung bedürfen.

(1a) Steuerberater und Steuerbevollmächtigte dürfen nicht tätig werden, wenn eine Kollision mit eigenen Interessen gegeben ist.

(1b) Berät oder vertritt ein Steuerberater oder Steuerbevollmächtigter mehrere Auftraggeber in derselben Sache, ist er bei Interessenkollisionen verpflichtet, auf die widerstreitenden Interessen der Auftraggeber ausdrücklich hinzuweisen und darf nur vermittelnd tätig werden.

(1c) [1]Die Absätze 1a und 1b gelten auch für Steuerberater und Steuerbevollmächtigte, die ihren Beruf gemeinschaftlich mit einem Steuerberater oder Steuerbevollmächtigten ausüben, der einem Tätigkeitsverbot nach Absatz 1a unterliegt oder der nach Absatz 1b nur vermittelnd tätig werden darf. [2]Ein Tätigkeitsverbot nach Satz 1 bleibt bestehen, wenn der dem Tätigkeitsverbot unterliegende Steuerberater oder Steuerbevollmächtigte die gemeinschaftliche Berufsausübung beendet. [3]Die Sätze 1 und 2 sind nicht anzuwenden, wenn die betroffenen Auftraggeber der Tätigkeit nach umfassender Information in Textform zugestimmt haben und geeignete Vorkehrungen die Einhaltung der Verschwiegenheit sicherstellen. [4]Ein Tätigkeitsverbot nach Absatz 1a oder Absatz 1b, das gegenüber einer Berufsausübungsgesellschaft besteht, entfällt, wenn die Voraussetzungen des Satzes 3 erfüllt sind. [5]Soweit es für die Prüfung eines Tätigkeitsverbots oder einer Beschränkung auf vermittelnde Tätigkeit erforderlich ist, dürfen der Verschwiegenheitspflicht unterliegende Tatsachen einem Steuerberater oder Steuerbevollmächtigten auch ohne Einwilligung des Auftraggebers offenbart werden.

(2) [1]Steuerberater und Steuerbevollmächtigte haben sich jeder Tätigkeit zu enthalten, die mit ihrem Beruf oder mit dem Ansehen des Berufs nicht vereinbar ist. [2]Sie haben sich auch außerhalb der Berufstätigkeit des Vertrauens und der Achtung würdig zu erweisen, die ihr Beruf erfordert.

(2a) Steuerberater und Steuerbevollmächtigte sind verpflichtet, sich fortzubilden.

---

[1] § 56 aufgeh. mWv 1.8.2022 durch G v. 7.7.2021 (BGBl. I S. 2363).

[2] § 57 Abs. 4 Nr. 2 geänd. durch G v. 18.8.1980 (BGBl. I S. 1537), Abs. 3 Nr. 4 angef. durch G v. 9.6.1989 (BGBl. I S. 1062), Abs. 3 Nrn. 1, 4 und 5 geänd., Abs. 3 Nr. 6 angef. mWv 1.7.2000 durch G v. 24.6.2000 (BGBl. I S. 874); Abs. 2a eingef., Abs. 4 Nr. 1 neu gef., Nr. 2 geänd. mWv 12.4.2008 durch G v. 8.4.2008 (BGBl. I S. 666); Abs. 3 Nr. 4 neu gef. mWv 18.12.2019 durch G v. 12.12.2019 (BGBl. I S. 2451); Abs. 1 Sätze 2 und 3 angef., Abs. 1a–1c eingef. mWv 1.8.2022 durch G v. 7.7.2021 (BGBl. I S. 2363).

(3) Mit dem Beruf eines Steuerberaters oder eines Steuerbevollmächtigten sind insbesondere vereinbar

1. die Tätigkeit als Wirtschaftsprüfer, Rechtsanwalt, niedergelassener europäischer Rechtsanwalt oder vereidigter Buchprüfer;
2. eine freiberufliche Tätigkeit, die die Wahrnehmung fremder Interessen einschließlich der Beratung zum Gegenstand hat;
3. eine wirtschaftsberatende, gutachtliche oder treuhänderische Tätigkeit sowie die Erteilung von Bescheinigungen über die Beachtung steuerrechtlicher Vorschriften in Vermögensübersichten und Erfolgsrechnungen;
4. die Tätigkeit eines Lehrers oder eines wissenschaftlichen Mitarbeiters an Hochschulen und wissenschaftlichen Instituten, sofern der wissenschaftliche Mitarbeiter ihm übertragene Aufgaben in Forschung und Lehre überwiegend selbständig erfüllt; nicht vereinbar hingegen ist die Tätigkeit eines Lehrers oder eines wissenschaftlichen Mitarbeiters an staatlichen verwaltungsinternen Fachhochschulen mit Ausbildungsgängen für den öffentlichen Dienst;
5. eine freie schriftstellerische Tätigkeit sowie eine freie Vortrags- und Lehrtätigkeit;
6. die Durchführung von Lehr- und Vortragsveranstaltungen zur Vorbereitung auf die Steuerberaterprüfung sowie die Prüfung als Wirtschaftsprüfer und vereidigter Buchprüfer und zur Fortbildung der Mitglieder der Steuerberaterkammern und deren Mitarbeiter.

(4) Als Tätigkeiten, die mit dem Beruf des Steuerberaters und des Steuerbevollmächtigten nicht vereinbar sind, gelten insbesondere

1. eine gewerbliche Tätigkeit; die zuständige Steuerberaterkammer kann von diesem Verbot Ausnahmen zulassen, soweit durch die Tätigkeit eine Verletzung von Berufspflichten nicht zu erwarten ist;
2. eine Tätigkeit als Arbeitnehmer mit Ausnahme der Fälle des Absatzes 3 Nr. 4 sowie der §§ 58 und 59. Eine Tätigkeit als Angestellter der Finanzverwaltung ist stets mit dem Beruf des Steuerberaters oder Steuerbevollmächtigten unvereinbar.

§ 57a[1] Werbung. Werbung ist nur erlaubt, soweit sie über die berufliche Tätigkeit in Form und Inhalt sachlich unterrichtet und nicht auf die Erteilung eines Auftrags im Einzelfall gerichtet ist.

§ 58[2] Tätigkeit als Angestellter. [1] Steuerberater und Steuerbevollmächtigte dürfen ihren Beruf als Angestellte einer Person oder Vereinigung im Sinne des § 3 Nr. 1 bis 3 ausüben. [2] Sie dürfen ferner tätig werden

---

[1] § 57a eingef. mWv 1.7.1994 durch G v. 24.6.1994 (BGBl. I S. 1387).

[2] § 58 Abs. 2 Nr. 5 und 6 angef. durch G v. 18.8.1980 (BGBl. I S. 1537), Abs. 2 Nr. 7 und 8 angef. mWv 1.7.1994 durch G v. 24.6.1994 (BGBl. I S. 1387); Abs. 2 Nr. 1 geänd. mWv 1.3.1999 durch G v. 31.8.1998 (BGBl. I S. 2600); Abs. 1, Abs. 2 Absatzbezeichnung und Nr. 1 aufgeh., Abs. 2 Einleitungssatz, bish. Nrn. 4 und 7 geänd., bish. Nrn. 2 bis 8 werden Nrn. 1 bis 7 mWv 1.7.2000 durch G v. 24.6.2000 (BGBl. I S. 874); Satz 2 Nr. 5 neu gef., Nr. 5a eingef. mWv 12.4.2008 durch G v. 8.4.2008 (BGBl. I S. 666); Satz 2 Nr. 7 geänd., Nr. 8 angef. mWv 17.6.2016 durch G v. 31.3.2016 (BGBl. I S. 518); Satz 2 Nr. 5 und 6 geänd. mWv 1.8.2022 durch G v. 7.7.2021 (BGBl. I S. 2363).

1. als Leiter oder als Angestellte von genossenschaftlichen Prüfungsverbänden, genossenschaftlichen Treuhandstellen oder überörtlichen Prüfungseinrichtungen für Körperschaften und Anstalten des öffentlichen Rechts,
2. als Leiter von Buchstellen oder von Beratungsstellen der Lohnsteuerhilfevereine,
3. als Angestellte von Buchstellen oder von Beratungsstellen der Lohnsteuerhilfevereine, wenn die Buchstelle, die jeweilige Geschäftsstelle der Buchstelle oder die Beratungsstelle von einem Steuerberater oder Steuerbevollmächtigten geleitet wird,
4. als Angestellte von Genossenschaften oder anderen Personenvereinigungen,
   a) deren Mitglieder ausschließlich Personen und Gesellschaften im Sinne des § 3 sind und
   b) deren Zweck ausschließlich der Betrieb von Einrichtungen zur Unterstützung der Mitglieder bei der Ausübung ihres Berufes ist,
5. als Angestellte von Berufskammern der in § 50 Absatz 1 Satz 1 genannten Berufe,

5a. als Angestellte, wenn sie im Rahmen des Angestelltenverhältnisses Tätigkeiten im Sinne des § 33 wahrnehmen. [2]Dies gilt nicht, wenn hierdurch die Pflicht zur unabhängigen und eigenverantwortlichen Berufsausübung beeinträchtigt wird. [3]Der Steuerberater oder Steuerbevollmächtigte darf für einen Auftraggeber, dem er auf Grund eines ständigen Dienst- oder ähnlichen Beschäftigungsverhältnisses seine Arbeitszeit und -kraft zur Verfügung stellen muss, nicht in seiner Eigenschaft als Steuerberater oder Steuerbevollmächtigter tätig werden. [4]Bei Mandatsübernahme hat der Steuerberater oder Steuerbevollmächtigte den Mandanten auf seine Angestelltentätigkeit hinzuweisen. [5]§ 57 Abs. 4 Nr. 2 Satz 2 bleibt unberührt,

6. als Angestellte von ausländischen Berufsangehörigen, die ihre berufliche Niederlassung im Ausland haben, wenn diese den in § 50 Absatz 1 Satz 1 genannten vergleichbar sind und die Voraussetzungen für die Berufsausübung den Anforderungen dieses Gesetzes im wesentlichen entsprechen; für Angestellte von Vereinigungen mit Sitz im Ausland gilt dies nur, soweit es sich um Vereinigungen handelt, deren Vorstandsmitglieder, Geschäftsführer, persönlich haftende Gesellschafter, Mitglieder oder sonstige Anteilseigner mehrheitlich Personen sind, die im Ausland einen den in § 3 Nr. 1 genannten Berufen in der Ausbildung und den Befugnissen vergleichbaren Beruf ausüben und bei denen die Voraussetzungen für die Berufsausübung den Anforderungen dieses Gesetzes im Wesentlichen entsprechen,
7. als Geschäftsführer oder als Angestellte einer europäischen wirtschaftlichen Interessenvereinigung, wenn alle Geschäftsführer und alle Mitglieder Angehörige europäischer steuerberatender, wirtschaftsprüfender oder rechtsberatender Berufe sind,
8. als Angestellte des Bundesamts für Wirtschaft und Ausfuhrkontrolle, soweit es sich um eine Tätigkeit bei der Abschlussprüferaufsichtsstelle handelt. [2]§ 59 steht dem nicht entgegen.

§ 59[1)] Steuerberater oder Steuerbevollmächtigte im öffentlich-rechtlichen Dienst- oder Amtsverhältnis. [1]Ist ein Steuerberater oder Steuerbevollmächtigter ein öffentlich-rechtliches Dienstverhältnis als Wahlbeamter auf Zeit oder ein öffentlich-rechtliches Amtsverhältnis eingegangen, so darf er seinen Beruf als Steuerberater oder Steuerbevollmächtigter nicht ausüben, es sei denn, daß er die ihm übertragene Aufgabe ehrenamtlich wahrnimmt. [2]Die zuständige Steuerberaterkammer kann dem Steuerberater oder Steuerbevollmächtigten auf seinen Antrag einen Vertreter bestellen oder ihm gestatten, seinen Beruf selbst auszuüben, wenn die Einhaltung der allgemeinen Berufspflichten dadurch nicht gefährdet wird.

§ 60[2)] Eigenverantwortlichkeit. (1) Eigenverantwortliche Tätigkeit nach § 57 Abs. 1 üben nur aus

1. selbständige Steuerberater oder Steuerbevollmächtigte,
2. zeichnungsberechtigte Vertreter eines Steuerberaters, eines Steuerbevollmächtigten oder einer Berufsausübungsgesellschaft,
3. Angestellte, die nach § 58 mit dem Recht der Zeichnung Hilfe in Steuersachen leisten.

(2) Eine eigenverantwortliche Tätigkeit in den Fällen des Absatzes 1 Nr. 2 und 3 übt nicht aus, wer sich als zeichnungsberechtigter Vertreter oder als Angestellter an Weisungen zu halten hat, durch die ihm die Freiheit zu pflichtmäßigem Handeln (§ 57) genommen wird.

§ 61 Ehemalige Angehörige der Finanzverwaltung. Ehemalige Beamte und Angestellte der Finanzverwaltung dürfen während eines Zeitraumes von drei Jahren nach dem Ausscheiden aus dem öffentlichen Dienst nicht für Auftraggeber tätig werden, mit deren Steuerangelegenheiten sie innerhalb der letzten drei Jahre vor dem Ausscheiden materiell befaßt waren.

§ 62[3)] Verschwiegenheitspflicht beschäftigter Personen. [1]Steuerberater und Steuerbevollmächtigte haben die von ihnen beschäftigten Personen in Textform zur Verschwiegenheit zu verpflichten und sie dabei über die strafrechtlichen Folgen einer Pflichtverletzung zu belehren. [2]Zudem haben sie bei ihnen in geeigneter Weise auf die Einhaltung der Verschwiegenheitspflicht hinzuwirken. [3]Den von dem Steuerberater oder Steuerbevollmächtigten beschäftigten Personen stehen die Personen gleich, die im Rahmen einer berufsvorbereitenden Tätigkeit oder einer sonstigen Hilfstätigkeit an seiner beruflichen Tätigkeit mitwirken. [4]Satz 1 gilt nicht für angestellte Personen, die im Hinblick auf die Verschwiegenheitspflicht den gleichen Anforderungen wie der Steuerberater oder Steuerbevollmächtigte unterliegen. [5]Hat sich ein Steuerberater oder Steuerbevollmächtigter mit anderen Personen, die im Hinblick auf die Verschwiegenheitspflicht den gleichen Anforderungen unterliegen wie

---

[1)] § 59 Satz 2 geänd. mWv 1.7.2000 durch G v. 24.6.2000 (BGBl. I S. 874).
[2)] § 60 Abs. 1 Nr. 2 geänd. mWv 1.8.2022 durch G v. 7.7.2021 (BGBl. I S. 2363).
[3)] § 62 neu gef. mWv 9.11.2017 durch G v. 30.10.2017 (BGBl. I S. 3618); Satz 1 geänd. mWv 1.8.2021 durch G v. 25.6.2021 (BGBl. I S. 2154).

er, zur gemeinschaftlichen Berufsausübung zusammengeschlossen und besteht zu den beschäftigten Personen ein einheitliches Beschäftigungsverhältnis, so genügt auch der Nachweis, dass eine andere dieser Personen die Verpflichtung nach Satz 1 vorgenommen hat.

§ 62a[1)] Inanspruchnahme von Dienstleistungen. (1) [1]Steuerberater und Steuerbevollmächtigte dürfen Dienstleistern den Zugang zu Tatsachen eröffnen, auf die sich die Verpflichtung zur Verschwiegenheit gemäß § 57 Absatz 1 bezieht, soweit dies für die Inanspruchnahme der Dienstleistung erforderlich ist. [2]Dienstleister ist eine andere Person oder Stelle, die vom Steuerberater oder vom Steuerbevollmächtigten im Rahmen seiner Berufsausübung mit Dienstleistungen beauftragt wird.

(2) [1]Steuerberater und Steuerbevollmächtigte sind verpflichtet, den Dienstleister sorgfältig auszuwählen. [2]Die Zusammenarbeit muss unverzüglich beendet werden, wenn die Einhaltung der dem Dienstleister gemäß Absatz 3 zu machenden Vorgaben nicht gewährleistet ist.

(3) [1]Der Vertrag mit dem Dienstleister bedarf der Textform. [2]In ihm ist

1. der Dienstleister unter Belehrung über die strafrechtlichen Folgen einer Pflichtverletzung zur Verschwiegenheit zu verpflichten,
2. der Dienstleister zu verpflichten, sich nur insoweit Kenntnis von fremden Geheimnissen zu verschaffen, als dies zur Vertragserfüllung erforderlich ist, und
3. festzulegen, ob der Dienstleister befugt ist, weitere Personen zur Erfüllung des Vertrags heranzuziehen; für diesen Fall ist dem Dienstleister aufzuerlegen, diese Personen in Textform zur Verschwiegenheit zu verpflichten.

(4) Bei der Inanspruchnahme von Dienstleistungen, die im Ausland erbracht werden, darf der Steuerberater und der Steuerbevollmächtigte dem Dienstleister den Zugang zu fremden Geheimnissen unbeschadet der übrigen Voraussetzungen dieser Vorschrift nur dann eröffnen, wenn der dort bestehende Schutz der Geheimnisse dem Schutz im Inland vergleichbar ist, es sei denn, dass der Schutz der Geheimnisse dies nicht gebietet.

(5) Bei der Inanspruchnahme von Dienstleistungen, die unmittelbar einem einzelnen Mandat dienen, darf der Steuerberater und der Steuerbevollmächtigte dem Dienstleister den Zugang zu fremden Geheimnissen nur dann eröffnen, wenn der Mandant darin eingewilligt hat.

(6) Die Absätze 2 und 3 gelten auch im Fall der Inanspruchnahme von Dienstleistungen, in die der Mandant eingewilligt hat, sofern der Mandant nicht ausdrücklich auf die Einhaltung der in den Absätzen 2 und 3 genannten Anforderungen verzichtet hat.

(7) [1]Die Absätze 1 bis 6 gelten nicht, soweit Dienstleistungen auf Grund besonderer gesetzlicher Vorschriften in Anspruch genommen werden. [2]Ab-

---

[1)] § 62a eingef. mWv 9.11.2017 durch G v. 30.10.2017 (BGBl. I S. 3618).

satz 3 Satz 2 gilt nicht, soweit der Dienstleister hinsichtlich der zu erbringenden Dienstleistung gesetzlich zur Verschwiegenheit verpflichtet ist.

(8) Die Vorschriften zum Schutz personenbezogener Daten bleiben unberührt.

§ 63 Mitteilung der Ablehnung eines Auftrags. [1]Steuerberater und Steuerbevollmächtigte, die in ihrem Beruf in Anspruch genommen werden und den Auftrag nicht annehmen wollen, haben die Ablehnung unverzüglich zu erklären. [2]Sie haben den Schaden zu ersetzen, der aus einer schuldhaften Verzögerung dieser Erklärung entsteht.

§ 64[1)] Gebührenordnung. (1) [1]Steuerberater, Steuerbevollmächtigte und Berufsausübungsgesellschaften sind an eine Gebührenordnung gebunden, die das Bundesministerium der Finanzen durch Rechtsverordnung mit Zustimmung des Bundesrates erläßt. [2]Das Bundesministerium der Finanzen hat vorher die Bundessteuerberaterkammer zu hören. [3]Die Höhe der Gebühren darf den Rahmen des Angemessenen nicht übersteigen und hat sich nach

1. Zeitaufwand,
2. Wert des Objekts und
3. Art der Aufgabe

zu richten.

(2) [1]Die Abtretung von Gebührenforderungen oder die Übertragung ihrer Einziehung an Personen und Vereinigungen im Sinne des § 3 Nr. 1 bis 3 ist auch ohne Zustimmung des Mandanten zulässig. [2]Im Übrigen sind Abtretung oder Übertragung nur zulässig, wenn eine ausdrückliche, schriftliche Einwilligung des Mandanten vorliegt oder die Forderung rechtskräftig festgestellt ist. [3]Vor der Einwilligung ist der Mandant über die Informationspflicht des Steuerberaters oder Steuerbevollmächtigten gegenüber dem neuen Gläubiger oder Einziehungsermächtigten aufzuklären. [4]Der neue Gläubiger oder Einziehungsermächtigte ist in gleicher Weise zur Verschwiegenheit verpflichtet wie der beauftragte Steuerberater oder Steuerbevollmächtigte.

§ 65[2)] Pflicht zur Übernahme einer Prozessvertretung. [1]Steuerberater haben im Verfahren vor den Gerichten der Finanzgerichtsbarkeit die Vertretung eines Beteiligten zu übernehmen, wenn sie diesem zur vorläufig unentgeltlichen Wahrnehmung der Rechte auf Grund des § 142 der Finanzgerichtsordnung[3)] beigeordnet sind. [2]Der Steuerberater kann beantragen, die Beiordnung aufzuheben, wenn hierfür wichtige Gründe vorliegen.

§ 65a[4)] Pflicht zur Übernahme der Beratungshilfe. [1]Steuerberater und Steuerbevollmächtigte sind verpflichtet, die in dem Beratungshilfegesetz vor-

---

[1)] § 64 Abs. 2 angef. mWv 1.7.1994 durch G v. 24.6.1994 (BGBl. I S. 1387); Abs. 2 neu gef. mWv 12.4.2008 durch G v. 8.4.2008 (BGBl. I S. 666); Abs. 1 Satz 1 und Abs. 2 Satz 1 geänd. mWv 1.8.2022 durch G v. 7.7.2021 (BGBl. I S. 2363).

[2)] § 65 Überschrift geänd. mWv 18.12.2019 durch G v. 12.12.2019 (BGBl. I S. 2451).

[3)] Nr. **802**.

[4)] § 65a eingef. mWv 1.1.2014 durch G v. 31.8.2013 (BGBl. I S. 3533).

gesehene Beratungshilfe zu übernehmen. [2]Sie können die Beratungshilfe im Einzelfall aus wichtigem Grund ablehnen.

§ 66[1)] Handakten. (1) [1]Der Steuerberater oder Steuerbevollmächtigte muss durch das Führen von Handakten ein geordnetes und zutreffendes Bild über die Bearbeitung seiner Aufträge geben können. [2]Er hat die Handakten für die Dauer von zehn Jahren aufzubewahren. [3]Die Frist beginnt mit Ablauf des Kalenderjahres, in dem der Auftrag beendet wurde.

(2) [1]Dokumente, die der Steuerberater oder Steuerbevollmächtigte aus Anlass seiner beruflichen Tätigkeit von dem Auftraggeber oder für ihn erhalten hat, hat der Steuerberater oder Steuerbevollmächtigte seinem Auftraggeber auf Verlangen herauszugeben. [2]Macht der Auftraggeber kein Herausgabeverlangen geltend, so hat der Steuerberater oder Steuerbevollmächtigte die Dokumente für die Dauer der Frist nach Absatz 1 Satz 2 und 3 aufzubewahren. [3]Diese Aufbewahrungspflicht gilt nicht, wenn der Steuerberater oder Steuerbevollmächtigte den Auftraggeber aufgefordert hat, die Dokumente in Empfang zu nehmen, und der Auftraggeber dieser Aufforderung binnen sechs Monaten nach Zugang nicht nachgekommen ist. [4]Die Sätze 1 bis 3 gelten nicht für

1. die Korrespondenz zwischen dem Steuerberater oder Steuerbevollmächtigten und seinem Auftraggeber,
2. die Dokumente, die der Auftraggeber bereits in Urschrift oder Abschrift erhalten hat, sowie
3. die zu internen Zwecken gefertigten Arbeitspapiere.

(3) [1]Der Steuerberater oder Steuerbevollmächtigte kann seinem Auftraggeber die Herausgabe der Dokumente nach Absatz 2 Satz 1 verweigern, bis er hinsichtlich seiner von diesem Auftraggeber geschuldeten Gebühren und Auslagen befriedigt ist. [2]Dies gilt nicht, soweit der Vorenthalt unangemessen ist.

(4) [1]Die Absätze 1 bis 3 gelten entsprechend, soweit sich der Steuerberater oder Steuerbevollmächtigte zum Führen von Handakten oder zur Verwahrung von Dokumenten der elektronischen Datenverarbeitung bedient. [2]Die in anderen Gesetzen getroffenen Regelungen über die Pflicht zur Aufbewahrung von Geschäftsunterlagen bleiben unberührt.

§ 67[2)] Berufshaftpflichtversicherung. (1) Selbständige Steuerberater und Steuerbevollmächtigte sind verpflichtet, sich gegen die sich aus ihrer Berufstätigkeit nach den §§ 33 und 57 Absatz 3 Nummer 2 und 3 ergebenden Haftpflichtgefahren für Vermögensschäden zu versichern und diese Berufshaftpflichtversicherung während der Dauer ihrer Bestellung aufrechtzuerhalten.

[1)] § 66 neu gef. mWv 12.4.2008 durch G v. 8.4.2008 (BGBl. I S. 666); Abs. 1 Satz 1 neu gef., Sätze 2 und 3 eingef., bish. Satz 2 wird Satz 4 mWv 18.12.2019 durch G v. 12.12.2019 (BGBl. I S. 2451); Abs. 1 Satz 4 aufgeh., Abs. 2 und 3 neu gef., Abs. 4 Satz 1 geänd. mWv 1.8.2022 durch G v. 7.7.2021 (BGBl. I S. 2363).

[2)] § 67 neu gef. mWv 19.7.2013 durch G v. 15.7.2013 (BGBl. I S. 2386); Abs. 1 neu gef., Abs. 2 aufgeh., bish. Abs. 3 wird Abs. 2, bish. Abs. 4 wird Abs. 3 und neu gef. mWv 1.8.2022 durch G v. 7.7.2021 (BGBl. I S. 2363).

(2) Zuständige Stelle im Sinne des § 117 Absatz 2 des Versicherungsvertragsgesetzes ist die Steuerberaterkammer.

(3) [1]Die Steuerberaterkammer erteilt Dritten zur Geltendmachung von Schadenersatzansprüchen auf Antrag Auskunft über folgende Daten der Berufshaftpflichtversicherung des Steuerberaters, Steuerbevollmächtigten oder der Berufsausübungsgesellschaft:

1. den Namen,
2. die Adresse und
3. die Versicherungsnummer.

[2]Satz 1 gilt nicht, soweit der Steuerberater, Steuerbevollmächtigte oder die Berufsausübungsgesellschaft ein überwiegendes schutzwürdiges Interesse an der Nichterteilung der Auskunft hat.

§ 67a[1)] Vertragliche Begrenzung von Ersatzansprüchen. (1) [1]Der Anspruch des Auftraggebers aus dem zwischen ihm und dem Steuerberater oder Steuerbevollmächtigten bestehenden Vertragsverhältnis auf Ersatz eines fahrlässig verursachten Schadens kann beschränkt werden:

1. durch schriftliche Vereinbarung im Einzelfall bis zur Höhe der Mindestversicherungssumme;
2. durch vorformulierte Vertragsbedingungen auf den vierfachen Betrag der Mindestversicherungssumme, wenn insoweit Versicherungsschutz besteht.

[2]Für Berufsausübungsgesellschaften gilt Satz 1 entsprechend.

(2) [1]Die persönliche Haftung auf Schadensersatz kann durch vorformulierte Vertragsbedingungen beschränkt werden auf die Mitglieder einer Berufsausübungsgesellschaft ohne Haftungsbeschränkung, die das Mandat im Rahmen ihrer eigenen beruflichen Befugnisse bearbeiten und namentlich bezeichnet sind. [2]Die Zustimmungserklärung zu einer solchen Beschränkung darf keine anderen Erklärungen enthalten und muß vom Auftraggeber unterschrieben sein.

§ 68[2)] *(aufgehoben)*

§ 69[3)] Bestellung eines allgemeinen Vertreters. (1) [1]Steuerberater und Steuerbevollmächtigte müssen einen allgemeinen Vertreter bestellen, wenn sie länger als einen Monat daran gehindert sind, ihren Beruf auszuüben; die Bestellung ist der zuständigen Steuerberaterkammer unverzüglich anzuzeigen. [2]Auf Antrag des Steuerberaters oder Steuerbevollmächtigten bestellt die zu-

---

[1)] § 67a eingef. mWv 1.7.1994 durch G v. 24.6.1994 (BGBl. I S. 1387); Abs. 1 Satz 2 angef. mWv 19.7.2013 durch G v. 15.7.2013 (BGBl. I S. 2386); Abs. 2 Satz 1 geänd. mWv 1.8.2022 durch G v. 7.7.2021 (BGBl. I S. 2363).

[2)] § 68 aufgeh. mWv 15.12.2004 durch G v. 9.12.2004 (BGBl. I S. 3214).

[3)] § 69 neu gef. mWv 1.7.1994 durch G v. 24.6.1994 (BGBl. I S. 1387), ABs. 1 Sätze 1, 2 und 3, Abs. 3 Satz 1 und 4, Abs. 4 Satz 5 und 7 geänd., Abs. 5 Satz 2 eingef., bish. Abs. 5 Satz 2 wird Satz 3 mWv 1.7.2000 durch G v. 24.6.2000 (BGBl. I S. 874); Abs. 7 angef. mWv 12.4.2008 durch G v. 8.4.2008 (BGBl. I S. 666).

ständige Steuerberaterkammer den Vertreter. 3 Der Vertreter muß ein Steuerberater oder Steuerbevollmächtigter (§§ 40, 42) sein.

(2) 1 Dem Vertreter stehen im Rahmen der eigenen Befugnisse die rechtlichen Befugnisse des Steuerberaters oder Steuerbevollmächtigten zu, den er vertritt. 2 Der Vertreter wird in eigener Verantwortung, jedoch im Interesse, für Rechnung und auf Kosten des Vertretenen tätig. 3 Die §§ 666, 667 und 670 des Bürgerlichen Gesetzbuches gelten entsprechend.

(3) 1 Die zuständige Steuerberaterkammer kann den Vertreter von Amts wegen bestellen, wenn der Steuerberater oder Steuerbevollmächtigte es unterlassen hat, eine Maßnahme nach Absatz 1 Satz 1 zu treffen oder die Bestellung eines Vertreters nach Absatz 1 Satz 2 zu beantragen. 2 Der Vertreter soll jedoch erst bestellt werden, wenn der Steuerberater oder Steuerbevollmächtigte vorher aufgefordert worden ist, den Vertreter selbst zu bestellen oder einen Antrag nach Absatz 1 Satz 2 einzureichen, und die ihm hierfür gesetzte Frist fruchtlos verstrichen ist. 3 Der Steuerberater oder Steuerbevollmächtigte, der von Amts wegen als Vertreter bestellt wird, kann die Vertretung nur aus einem wichtigen Grund ablehnen. 4 Über die Zulässigkeit der Ablehnung entscheidet die zuständige Steuerberaterkammer.

(4) 1 Der von Amts wegen bestellte Vertreter ist berechtigt, die Praxisräume zu betreten und die zur Praxis gehörenden Gegenstände einschließlich des dem Steuerberater oder Steuerbevollmächtigten zur Verwahrung unterliegenden Treugutes in Besitz zu nehmen, herauszuverlangen und hierüber zu verfügen. 2 An Weisungen des Vertretenen ist er nicht gebunden. 3 Der Vertretene darf die Tätigkeit des Vertreters nicht beeinträchtigen. 4 Er hat dem von Amts wegen bestellten Vertreter eine angemessene Vergütung zu zahlen, für die Sicherheit zu leisten ist, wenn die Umstände es erfordern. 5 Können sich die Beteiligten über die Höhe der Vergütung oder über die Sicherheit nicht einigen oder wird die geschuldete Sicherheit nicht geleistet, setzt die Steuerberaterkammer auf Antrag des Vertretenen oder des Vertreters die Vergütung fest. 6 Der Vertreter ist befugt, Vorschüsse auf die vereinbarte oder festgesetzte Vergütung zu entnehmen. 7 Für die festgesetzte Vergütung haftet die Steuerberaterkammer wie ein Bürge.

(5) 1 Der Vertreter wird für einen bestimmten Zeitraum, längstens jedoch für die Dauer von zwei Jahren bestellt. 2 In den Fällen des § 59 erfolgt die Bestellung des Vertreters für die Dauer des Dienst- oder Amtsverhältnisses. 3 Die Bestellung kann jederzeit widerrufen werden.

(6) Der von Amts wegen bestellte Vertreter darf für die Dauer von zwei Jahren nach Ablauf der Bestellung nicht für Auftraggeber tätig werden, die er in seiner Eigenschaft als Vertreter für den Vertretenen betreut hat.

(7) 1 Ist ein Steuerberater oder Steuerbevollmächtigter, für den ein Vertreter bestellt ist, gestorben, so sind Rechtshandlungen, die der Vertreter vor Eintragung der Löschung des verstorbenen Berufsangehörigen in das Berufsregister vorgenommen hat, nicht deshalb unwirksam, weil der Berufsangehörige zur Zeit der Bestellung des Vertreters oder zur Zeit der Vornahme der Handlung nicht mehr gelebt hat. 2 Das Gleiche gilt für Rechtshandlungen, die vor Eintragung der Löschung des verstorbenen Berufsangehörigen in das Berufsregister dem Vertreter gegenüber noch vorgenommen worden sind.

§ 70[1] Bestellung eines Praxisabwickler. (1) [1]Ist ein Steuerberater oder Steuerbevollmächtigter gestorben, kann die zuständige Steuerberaterkammer einen anderen Steuerberater oder Steuerbevollmächtigten zum Abwickler der Praxis bestellen. [2]Ein Abwickler kann auch für die Praxis eines früheren Steuerberaters oder Steuerbevollmächtigten bestellt werden, dessen Bestellung erloschen, zurückgenommen oder widerrufen worden ist.

(2) [1]Der Abwickler ist in der Regel nicht länger als für die Dauer eines Jahres zu bestellen. [2]Auf Antrag des Abwicklers ist die Bestellung jeweils höchstens um ein Jahr zu verlängern, wenn er glaubhaft macht, dass schwebende Angelegenheiten noch nicht zu Ende geführt werden konnten.

(3) [1]Dem Abwickler obliegt es, die schwebenden Angelegenheiten abzuwickeln. [2]Er führt die laufenden Aufträge fort; innerhalb der ersten sechs Monate ist er auch berechtigt, neue Aufträge anzunehmen. [3]Ihm stehen die gleichen Befugnisse zu, die der verstorbene oder frühere Steuerberater oder Steuerbevollmächtigte hatte. [4]Der Abwickler gilt für die schwebenden Angelegenheiten als von der Partei bevollmächtigt, sofern diese nicht für die Wahrnehmung ihrer Rechte in anderer Weise gesorgt hat.

(4) [1]Der Steuerberater oder Steuerbevollmächtigte, der von Amts wegen zum Abwickler bestellt worden ist, kann die Abwicklung nur aus einem wichtigen Grund ablehnen. [2]Über die Zulässigkeit der Ablehnung entscheidet die zuständige Steuerberaterkammer.

(5) § 69 Abs. 2 und 4 gilt entsprechend.

(6) Der Abwickler ist berechtigt, jedoch außer im Rahmen eines Kostenfestsetzungsverfahrens nicht verpflichtet, Gebührenansprüche und Kostenforderungen des verstorbenen oder früheren Steuerberaters oder Steuerbevollmächtigten im eigenen Namen geltend zu machen, im Falle des verstorbenen Steuerberaters oder Steuerbevollmächtigten allerdings nur für Rechnung der Erben.

(7) Die Bestellung kann widerrufen werden.

(8) § 69 Abs. 6 gilt entsprechend, es sei denn, es liegt eine schriftliche Einwilligung der Erben oder des früheren Steuerberaters oder Steuerbevollmächtigten vor.

§ 71[2] Bestellung eines Praxistreuhänders. (1) [1]Soll die Praxis eines verstorbenen Steuerberaters oder Steuerbevollmächtigten auf eine bestimmte Person übertragen werden, die im Zeitpunkt des Todes des verstorbenen Berufsangehörigen noch nicht zur Hilfeleistung in Steuersachen befugt ist, so kann auf Antrag der Erben die zuständige Steuerberaterkammer für einen Zeitraum bis zu drei Jahren einen Steuerberater oder Steuerbevollmächtigten zum Treuhänder bestellen. [2]In Ausnahmefällen kann der Zeitraum um ein weiteres Jahr verlängert werden.

---

[1] § 70 neu gef. mWv 12.4.2008 durch G v. 8.4.2008 (BGBl. I S. 666).

[2] § 71 Abs. 4 geänd. durch G v. 9.6.1989 (BGBl. I S. 1062), Abs. 5 angef. mWv 1.7.1994 durch G v. 24.6.1994 (BGBl. I S. 1387), Abs. 1 Satz 1 geänd., Abs. 4 neu gef. mWv 1.7.2000 durch G v. 24.6.2000 (BGBl. I S. 874).

(2) [1]Der Treuhänder führt sein Amt unter eigener Verantwortung jedoch für Rechnung und auf Kosten der Erben des verstorbenen Steuerberaters oder Steuerbevollmächtigten. [2]Er hat Anspruch auf eine angemessene Vergütung.

(3) Die Bestellung kann jederzeit widerrufen werden.

(4) Absatz 1 gilt entsprechend für die Praxis eines früheren Steuerberaters oder Steuerbevollmächtigten, dessen Bestellung wegen nicht nur vorübergehender Berufsunfähigkeit widerrufen ist (§ 46 Abs. 2 Nr. 7) oder der aus den in § 57 Abs. 4 genannten Gründen auf seine Bestellung verzichtet hat.

(5) § 69 Abs. 6 gilt entsprechend.

§ 72[1)] *(aufgehoben)*

Vierter Abschnitt. Organisation des Berufs

§ 73[2)] **Steuerberaterkammer.** (1) [1]Die Steuerberater und Steuerbevollmächtigten, die in einem Oberfinanzbezirk oder durch die Landesregierung bestimmten Kammerbezirk ihre berufliche Niederlassung haben, bilden eine Berufskammer. [2]Diese führt die Bezeichnung „Steuerberaterkammer".

(2) [1]Die Steuerberaterkammer hat ihren Sitz im Kammerbezirk. [2]Sie ist eine Körperschaft des öffentlichen Rechts.

(3) [1]Werden Oberfinanzdirektionen aufgelöst oder zusammengelegt, bleiben die bisher gebildeten Kammern bestehen. [2]Der vormalige Geschäftsbereich einer aufgelösten Oberfinanzdirektion gilt als Kammerbezirk fort, soweit die Landesregierung nichts anderes bestimmt.

§ 74[3)] **Mitgliedschaft.** (1) [1]Mitglieder der Steuerberaterkammer sind außer Steuerberatern und Steuerbevollmächtigten die anerkannten Berufsausübungsgesellschaften, die ihren Sitz im Kammerbezirk haben. [2]Steuerberater und Steuerbevollmächtigte, die im Geltungsbereich dieses Gesetzes keine berufliche Niederlassung begründet haben, sind Mitglieder der Steuerberaterkammer, in deren Bezirk sie bestellt worden sind. [3]§ 46 Abs. 2 Nr. 6 bleibt unberührt.

(2) Mitglieder der Steuerberaterkammer sind außerdem, soweit sie nicht Steuerberater oder Steuerbevollmächtigte sind, die Mitglieder des Geschäftsführungs- oder Aufsichtsorgans einer anerkannten Berufsausübungsgesellschaft, die ihren Sitz im Kammerbezirk hat.

(3) Anerkannte Berufsausübungsgesellschaften, die keinen Sitz im Inland haben, sind Mitglieder der Steuerberaterkammer, die sie anerkannt hat.

[1)] § 72 aufgeh. mWv 1.8.2022 durch G v. 7.7.2021 (BGBl. I S. 2363).

[2)] § 73 neu gef. mWv 12.4.2008 durch G v. 8.4.2008 (BGBl. I S. 666); Abs. 4 angef. mWv 25.6.2017 durch G v. 23.6.2017 (BGBl. I S. 1682); Abs. 4 aufgeh. mWv 1.8.2022 durch G v. 7.7.2021 (BGBl. I S. 2363).

[3)] § 74 Abs. 1 Satz 3 angef. und Abs. 2 geänd. durch G v. 9.6.1989 (BGBl. I S. 1062), Abs. 1 Satz 2 geänd. durch G v. 13.12.1990 (BGBl. I S. 2756), Abs. 1 Sätze 1, 2 und 3 sowie Abs. 2 geänd. mWv 1.7.2000 durch G v. 24.6.2000 (BGBl. I S. 874); Abs. 1 Sätze 1 und 2 sowie Abs. 2 geänd. mWv 12.4.2008 durch G v. 8.4.2008 (BGBl. I S. 666); Abs. 1 Satz 1 und Abs. 2 geänd., Abs. 3 angef. mWv 1.8.2022 durch G v. 7.7.2021 (BGBl. I S. 2363).

§ 74a[1)] Mitgliederakten. (1) [1]Die Steuerberaterkammern führen zur Erfüllung ihrer Aufgaben Akten über ihre Mitglieder (§ 74). [2]Mitgliederakten können teilweise oder vollständig elektronisch geführt werden. [3]Zu den Mitgliederakten sind insbesondere die Dokumente zu nehmen, die im Zusammenhang mit der Bestellung oder Anerkennung, der Mitgliedschaft oder der Qualifikation des Mitglieds stehen oder die in Bezug auf das Mitglied geführte berufsaufsichtliche Verfahren betreffen.

(2) [1]Die Mitglieder der Steuerberaterkammern haben das Recht, die über sie geführten Akten einzusehen. [2]Bei einer Einsichtnahme dürfen Aufzeichnungen über den Inhalt der Akten oder Kopien der Dokumente gefertigt werden. [3]Bei einer elektronischen Aktenführung hat die Steuerberaterkammer den Inhalt elektronisch oder durch Ausdrucke zugänglich zu machen. [4]Die Akteneinsicht kann verweigert werden, solange die in § 29 Absatz 1 Satz 2 und Absatz 2 des Verwaltungsverfahrensgesetzes und § 147 Absatz 2 Satz 1 der Strafprozessordnung genannten Gründe vorliegen.

(3) [1]Wird die Mitgliedschaft in einer anderen Steuerberaterkammer begründet, übersendet die abgebende Kammer der anderen Kammer die Mitgliederakte. [2]Hat die andere Kammer die Daten des Mitglieds erfasst, löscht die abgebende Kammer alle personenbezogenen Daten des Mitglieds mit Ausnahme des Hinweises auf den Wechsel und eventueller weiterer zu ihrer Aufgabenerfüllung noch erforderlicher Daten.

(4) [1]Mitgliederakten sind dreißig Jahre nach dem Ende des Jahres, in dem die Mitgliedschaft in der Steuerberaterkammer erloschen war, zu vernichten. [2]Davon abweichende Pflichten, Aktenbestandteile früher zu vernichten, bleiben unberührt. [3]Satz 1 gilt nicht, wenn das Mitglied in eine längere Aufbewahrung eingewilligt hat oder die Akte einem öffentlichen Archiv angeboten wird. [4]Wurde die Bestellung des Mitglieds wegen Unzuverlässigkeit, Ungeeignetheit oder Unwürdigkeit zurückgenommen oder widerrufen oder wurde das Mitglied aus dem Beruf ausgeschlossen, darf die Akte nicht vernichtet werden, bevor die entsprechende Eintragung im Bundeszentralregister entfernt wurde. [5]Satz 4 gilt auch, wenn das Mitglied während eines Rücknahme- oder Widerrufsverfahrens wegen Unzuverlässigkeit, Ungeeignetheit oder Unwürdigkeit auf die Bestellung verzichtet hat. [6]Bei einer elektronischen Aktenführung tritt an die Stelle der Vernichtung der Akten die Löschung der Daten.

(5) Nach dem Tod eines Mitglieds kann die Steuerberaterkammer zu Zwecken wissenschaftlicher Forschung Einsicht in die Mitgliederakte gewähren, soweit das wissenschaftliche Interesse die Persönlichkeitsrechte und Interessen der von einer Einsicht betroffenen Personen überwiegt und der Zweck der Forschung auf andere Weise nicht oder nur mit unverhältnismäßigem Aufwand erreicht werden kann.

(6) [1]Auf Personen, die einen Antrag auf Bestellung zum Steuerberater oder Steuerbevollmächtigten oder auf Anerkennung als Berufsausübungsgesellschaft gestellt haben, sind die Absätze 1, 2, 4 und 5 entsprechend anzuwenden. [2]Absatz 2 gilt auch für frühere Mitglieder.

[1)] § 74a eingef. mWv 1.8.2021 durch G v. 25.6.2021 (BGBl. I S. 2154); Abs. 6 Satz 1 geänd. mWv 1.8.2022 durch G v. 7.7.2021 (BGBl. I S. 2363).

§ 75[1] **Gemeinsame Steuerberaterkammer.** (1) [1]Die Steuerberaterkammern können sich durch einen übereinstimmenden Beschluß der beteiligten Kammern für den Bereich eines oder mehrerer Kammerbezirke oder mehrerer Länder zu einer gemeinsamen Steuerberaterkammer zusammenschließen. [2]Die einzelnen für den Kammerbezirk gebildeten Steuerberaterkammern werden damit aufgelöst.

(2) Ein Zusammenschluß für mehrere Länder ist zulässig, wenn eine Vereinbarung der beteiligten Länder vorliegt.

§ 76[2] **Aufgaben der Steuerberaterkammer.** (1) Die Steuerberaterkammer hat die Aufgabe, die beruflichen Belange der Gesamtheit der Mitglieder zu wahren und die Erfüllung der beruflichen Pflichten zu überwachen.

(2) Der Steuerberaterkammer obliegt insbesondere,

1. die Mitglieder der Kammer in Fragen der Berufspflichten (§ 57) zu beraten und zu belehren;
2. auf Antrag bei Streitigkeiten unter den Mitgliedern der Kammer zu vermitteln;
3. auf Antrag bei Streitigkeiten zwischen Mitgliedern der Kammer und ihren Auftraggebern zu vermitteln;
4. die Erfüllung der den Mitgliedern obliegenden Pflichten (§ 57) zu überwachen und das Recht der Rüge (§ 81) zu handhaben;
5. die Vorschlagslisten der ehrenamtlichen Beisitzer bei den Berufsgerichten den Landesjustizverwaltungen einzureichen (§ 99 Abs. 3);
6. Fürsorgeeinrichtungen für Steuerberater und Steuerbevollmächtigte sowie deren Hinterbliebene zu schaffen;
7. Gutachten zu erstatten, die ein Gericht, eine Landesfinanzbehörde oder eine andere Verwaltungsbehörde des Landes anfordert;
8. die durch Gesetz zugewiesenen Aufgaben im Bereich der Berufsbildung wahrzunehmen;
9. die berufsständischen Mitglieder der Prüfungsausschüsse für die steuerberatenden Berufe vorzuschlagen;
10. die Wahrnehmung der den Steuerberaterkammern zugewiesenen Aufgaben des Zweiten und Sechsten Abschnitts des Zweiten Teils dieses Gesetzes;
11. die Erfüllung der den Steuerberaterkammern nach § 80a Absatz 2 der Abgabenordnung[3] zugewiesenen Pflichten.

---

[1] § 75 Abs. 1 Satz 1 geänd. durch G v. 23.6.1998 (BGBl. I S. 1496), Überschrift, Abs. 1 Sätze 1 und 2 geänd. mWv 1.7.2000 durch G v. 24.6.2000 (BGBl. I S. 874); Abs. 1 Sätze 1 und 2 geänd. mWv 12.4.2008 durch G v. 8.4.2008 (BGBl. I S. 666).

[2] § 76 Abs. 5 angef. durch G v. 9.6.1989 (BGBl. I S. 1062), Abs. 3 neu gef. mWv 1.7.1994 durch G v. 24.6.1994 (BGBl. I S. 1387), Überschrift, Abs. 1, Abs. 2 und Abs. 2 Nr. 9, Abs. 3 Satz 1, bish. Abs. 4 und 5 geänd., Abs. 2 Nr. 10 angef., neuer Abs. 4 eingef., bish. Abs. 4–5 werden Abs. 5 und 6 mWv 1.7.2000 durch G v. 24.6.2000 (BGBl. I S. 874); Abs. 7 angef. mWv 18.12.2008 durch G v. 11.12.2008 (BGBl. I S. 2418); Abs. 8–10 angef. mWv 28.12.2010 durch G v. 22.12.2010 (BGBl. I S. 2248); Abs. 11 angef. mWv 31.7.2014 durch G v. 25.7.2014 (BGBl. I S. 1266); Abs. 2 Nr. 10 geänd., Nr. 11 angef. mWv 1.1.2017 durch G v. 18.7.2016 (BGBl. I S. 1679); Abs. 8 geänd. mWv 1.1.2020 durch G v. 12.12.2019 (BGBl. I S. 2602); Abs. 5 neu gef. mWv 1.8.2022 durch G v. 7.7.2021 (BGBl. I S. 2363).

[3] Nr. **800**.

(3) [1]Die Steuerberaterkammer kann die in Absatz 2 Nr. 1 bis 3 bezeichneten Aufgaben einzelnen Mitgliedern des Vorstandes übertragen; weitere Aufgaben können Abteilungen im Sinne des § 77a übertragen werden. [2]Im Fall des Absatzes 2 Nr. 4 zweite Alternative kann der Betroffene eine Entscheidung des Vorstandes verlangen.

(4) [1]Im Einvernehmen mit der Steuerberaterkammer, die nach den Vorschriften dieses Gesetzes für die Wahrnehmung der ihr nach Absatz 2 Nr. 10 obliegenden Aufgaben örtlich zuständig ist, kann eine andere Steuerberaterkammer diese Aufgaben übernehmen. [2]Diese Vereinbarung ist in die Satzungen der beteiligten Steuerberaterkammern aufzunehmen.

(5) [1]Die Steuerberaterkammer hat die Aufgabe, das Berufsregister ihres Bezirks zu führen. [2]Die Steuerberaterkammern können sich bei der Führung des Berufsregisters einer nach § 84 gebildeten Arbeitsgemeinschaft bedienen.

(6) Die Steuerberaterkammer ist berechtigt, die Ausbildung des Berufsnachwuchses zu fördern.

(7) [1]Die Länder können durch Gesetz den Steuerberaterkammern allein oder gemeinsam mit anderen Stellen die Aufgaben einer einheitlichen Stelle im Sinne des Verwaltungsverfahrensgesetzes übertragen. [2]Das Gesetz regelt die Aufsicht und kann vorsehen, dass die Steuerberaterkammern auch für Antragsteller tätig werden, die nicht als Steuerberater tätig werden wollen.

(8) Die Steuerberaterkammer ist im Sinne des § 36 Absatz 1 Nummer 1 des Gesetzes über Ordnungswidrigkeiten Verwaltungsbehörde für Ordnungswidrigkeiten nach § 6 der Dienstleistungs-Informationspflichten-Verordnung und nach § 56 des Geldwäschegesetzes, die durch ihre Mitglieder begangen werden.

(9) Die Geldbußen aus der Ahndung von Ordnungswidrigkeiten nach Absatz 8 fließen in die Kasse der Verwaltungsbehörde, die den Bußgeldbescheid erlassen hat.

(10) [1]Die nach Absatz 9 zuständige Kasse trägt abweichend von § 105 Absatz 2 des Gesetzes über Ordnungswidrigkeiten die notwendigen Auslagen. [2]Sie ist auch ersatzpflichtig im Sinne des § 110 Absatz 4 des Gesetzes über Ordnungswidrigkeiten.

(11) Die Steuerberaterkammer hat die Aufgabe, in den Fällen des § 160 Absatz 1 Ansprüche nach den Vorschriften des Gesetzes gegen den unlauteren Wettbewerb geltend zu machen, wenn Anhaltspunkte dafür vorliegen, dass die unbefugte Hilfeleistung in Steuersachen fortgesetzt wird.

§ 76a[1)] Eintragung in das Berufsregister. (1) In das Berufsregister sind einzutragen:

1. für Steuerberater und Steuerbevollmächtigte, die in dem Bezirk der zuständigen Steuerberaterkammer (Registerbezirk) bestellt werden oder ihre berufliche Niederlassung in diesen verlegen:
   a) der Familienname, der Vorname oder die Vornamen, das Geburtsdatum und der Geburtsort des Steuerberaters oder Steuerbevollmächtigten,

---

[1)] § 76a eingef. mWv 1.8.2022 durch G v. 7.7.2021 (BGBl. I S. 2363).

b) das Datum der Bestellung und der Behörde oder der Steuerberaterkammer, die die Bestellung vorgenommen hat,

c) die Befugnis zum Führen der Bezeichnung „Landwirtschaftliche Buchstelle" und der Bezeichnungen nach der Fachberaterordnung,

d) die Anschrift der beruflichen Niederlassung, die Telekommunikationsdaten, einschließlich der geschäftlichen E-Mail-Adresse, und die geschäftliche Internetadresse,

e) berufliche Zusammenschlüsse im Sinne der §§ 49, 50 und 55h,

f) die Anschrift der weiteren Beratungsstellen, der Familienname, der Vorname oder die Vornamen und die Anschrift der die weiteren Beratungsstellen leitenden Personen,

g) der Familienname, der Vorname oder die Vornamen und die Anschrift des Vertreters oder Zustellungsbevollmächtigten, sofern ein solcher bestellt oder benannt worden ist,

h) das Bestehen eines Berufs- oder Vertretungsverbots im Sinne des § 90 Absatz 1 Nummer 4 oder des § 134,

i) die Bezeichnung des besonderen elektronischen Steuerberaterpostfachs sowie

j) alle Veränderungen der Angaben zu den Buchstaben a und c bis i;

2. für Berufsausübungsgesellschaften, die in dem Registerbezirk anerkannt werden oder die nach der Anerkennung ihren Sitz in diesen verlegen:

a) der Name oder die Firma und die Rechtsform,

b) das Datum der Anerkennung als Berufsausübungsgesellschaft und der Name der Behörde oder der Steuerberaterkammer, die die Anerkennung vorgenommen hat,

c) die Befugnis zum Führen der Bezeichnung „Landwirtschaftliche Buchstelle",

d) die Anschrift der beruflichen Niederlassung, die Telekommunikationsdaten, einschließlich der geschäftlichen E-Mail-Adresse, und die geschäftliche Internetadresse,

e) berufliche Zusammenschlüsse im Sinne der §§ 49, 50 und 55h,

f) folgende Angaben zu den Gesellschaftern:

aa) bei natürlichen Personen: der Familienname, der Vorname oder die Vornamen und der in der Berufsausübungsgesellschaft ausgeübte Beruf,

bb) bei juristischen Personen und rechtsfähigen Personengesellschaften: deren Name oder Firma, deren Sitz und, sofern gesetzlich vorgesehen, das für sie zuständige Register und die Registernummer,

g) bei juristischen Personen: zu jedem Mitglied des zur gesetzlichen Vertretung berufenen Organs der Familienname, der Vorname oder die Vornamen und der Beruf,

h) bei rechtsfähigen Personengesellschaften: die vertretungsberechtigten Gesellschafter und deren Beruf,

i) der Familienname, der Vorname oder die Vornamen und der Beruf der angestellten Steuerberater, Steuerbevollmächtigten, Rechtsanwälte, Wirtschaftsprüfer und vereidigten Buchprüfer, die zur Vertretung der Berufsausübungsgesellschaft berechtigt sind, sofern die Eintragung in das Berufsregister von der Berufsausübungsgesellschaft beantragt wird,

j) die Anschrift der weiteren Beratungsstellen, der Familienname, der Vorname oder die Vornamen und die Anschrift der die weiteren Beratungsstellen leitenden Personen,

k) der Familienname, der Vorname oder die Vornamen und die Anschrift des Vertreters oder Zustellungsbevollmächtigten, sofern ein solcher bestellt oder benannt worden ist,

l) bei anerkannten Berufsausübungsgesellschaften: das Bestehen eines Berufs- oder Vertretungsverbots im Sinne des § 90 Absatz 2 Nummer 4 oder des § 134,

m) die Bezeichnung des besonderen elektronischen Steuerberaterpostfachs der Berufsausübungsgesellschaft sowie

n) alle Veränderungen der Angaben zu den Buchstaben a und c bis m;

3. für weitere Beratungsstellen von Steuerberatern und Steuerbevollmächtigten, wenn sie im Registerbezirk errichtet werden:

a) der Familienname, der Vorname oder die Vornamen und die Anschrift des Steuerberaters oder Steuerbevollmächtigten,

b) die Befugnis zum Führen der Bezeichnung „Landwirtschaftliche Buchstelle“,

c) die Anschrift der weiteren Beratungsstellen,

d) der Familienname, der Vorname oder die Vornamen und die Anschrift der die weiteren Beratungsstellen leitenden Personen sowie

e) alle Veränderungen der Angaben zu den Buchstaben a bis d;

4. für weitere Beratungsstellen von anerkannten Berufsausübungsgesellschaften, wenn sie im Registerbezirk errichtet werden:

a) der Name oder die Firma und die Rechtsform,

b) die Befugnis zum Führen der Bezeichnung „Landwirtschaftliche Buchstelle“,

c) die Anschrift der weiteren Beratungsstellen,

d) der Familienname, der Vorname oder die Vornamen und die Anschrift der die weiteren Beratungsstellen leitenden Personen sowie

e) alle Veränderungen der Angaben zu den Buchstaben a bis d.

(2) [1] Für Berufsausübungsgesellschaften, die nach § 53 Absatz 1 Satz 2 nicht anerkennungspflichtig sind, gilt Absatz 1 Nummer 2 und 4 mit der Maßgabe entsprechend, dass anstelle des Datums der Anerkennung der Tag der Registrierung im Berufsregister einzutragen ist. [2] Abweichend von Satz 1 ist bei Berufsausübungsgesellschaften in der Rechtsform der Partnerschaftsgesellschaft der Tag der Eintragung im Partnerschaftsregister einzutragen.

(3) [1] Die zuständige Steuerberaterkammer nimmt Neueintragungen in das Berufsregister nach Absatz 1 Nummer 1 und 2 nur nach Durchführung eines

Identifizierungsverfahrens vor. [2]In den Fällen des Absatzes 1 Nummer 2 sind die Mitglieder des zur gesetzlichen Vertretung berufenen Organs oder die vertretungsberechtigten Gesellschafter und Partner zu identifizieren.

(4) Für Berufsausübungsgesellschaften, die ihren Sitz nicht im Inland haben, gilt Absatz 1 Nummer 2 mit der Maßgabe, dass die Steuerberaterkammer des Registerbezirks zuständig ist, in dem die weitere Beratungsstelle unterhalten wird oder der Zustellungsbevollmächtigte ansässig ist.

§ 76b[1)] Löschung aus dem Berufsregister. (1) Aus dem Berufsregister sind zu löschen

1. Steuerberater und Steuerbevollmächtigte, wenn
   a) die Bestellung erloschen, vollziehbar zurückgenommen oder widerrufen ist oder
   b) die berufliche Niederlassung aus dem Registerbezirk verlegt wird;
2. Berufsausübungsgesellschaften, wenn
   a) die Anerkennung erloschen, vollziehbar zurückgenommen oder widerrufen ist oder
   b) der Sitz aus dem Registerbezirk verlegt wird;
3. weitere Beratungsstellen, wenn die Beratungsstelle aufgelöst ist.

(2) [1]Die Eintragung über die Befugnis zum Führen der Bezeichnung „Landwirtschaftliche Buchstelle" ist zu löschen, wenn bei einer Berufsausübungsgesellschaft die in § 44 Absatz 3 bezeichneten Voraussetzungen weggefallen sind. [2]Die Eintragung von Bezeichnungen nach der Fachberaterordnung ist zu löschen, wenn die Bezeichnung nicht mehr geführt werden darf.

§ 76c[2)] Mitteilungspflichten; Einsicht in das Berufsregister. (1) Die in das Berufsregister einzutragenden Tatsachen sind der zuständigen Steuerberaterkammer von folgenden Personen mitzuteilen:

1. im Fall des § 76a Absatz 1 Nummer 1 von dem einzutragenden Steuerberater oder Steuerbevollmächtigten;
2. im Fall des § 76a Absatz 1 Nummer 2 von den Mitgliedern des zur gesetzlichen Vertretung berufenen Organs oder den vertretungsberechtigten Gesellschaftern der einzutragenden Berufsausübungsgesellschaft;
3. im Fall des § 76a Absatz 1 Nummer 3 von dem Steuerberater oder Steuerbevollmächtigten, der die weitere Beratungsstelle errichtet hat;
4. im Fall des § 76a Absatz 1 Nummer 4 von den Mitgliedern des zur gesetzlichen Vertretung berufenen Organs oder den vertretungsberechtigten Gesellschaftern der Berufsausübungsgesellschaft, die die weitere Beratungsstelle errichtet haben.

(2) Die im Berufsregister zu löschenden Tatsachen sind der zuständigen Steuerberaterkammer von folgenden Personen mitzuteilen:

---

1) § 76b eingef. mWv 1.8.2022 durch G v. 7.7.2021 (BGBl. I S. 2363).
2) § 76c eingef. mWv 1.8.2022 durch G v. 7.7.2021 (BGBl. I S. 2363).

1. im Fall des § 76b Absatz 1 Nummer 1 Buchstabe b von dem Steuerberater oder Steuerbevollmächtigten, der seine berufliche Niederlassung verlegt;
2. in den Fällen des § 76b Absatz 1 Nummer 2 Buchstabe b von den Mitgliedern des zur gesetzlichen Vertretung berufenen Organs oder den vertretungsberechtigten Gesellschaftern der Berufsausübungsgesellschaft;
3. in den Fällen des § 76b Absatz 1 Nummer 3 von den in Absatz 1 Nummer 3 oder 4 genannten Personen;
4. in den Fällen des § 76b Absatz 2 von den Mitgliedern des zur gesetzlichen Vertretung berufenen Organs oder den vertretungsberechtigten Gesellschaftern der Berufsausübungsgesellschaft.

(3) [1] Alle Eintragungen und Löschungen im Berufsregister sind den Beteiligten mitzuteilen. [2] Die Löschung von Berufsausübungsgesellschaften ist ferner dem zuständigen Registergericht mitzuteilen.

(4) Die Einsicht in das Berufsregister soll gewährt werden, soweit die die Einsicht begehrende Person hierfür ein berechtigtes Interesse darlegt.

§ 76d[1] Weitere Eintragungen in das Berufsregister. (1) In das Berufsregister sind ferner einzutragen:

1. Vereine, die nach § 44 Absatz 4 befugt sind, die Bezeichnung „Landwirtschaftliche Buchstelle" als Zusatz zum Namen zu führen, wenn sie ihren Sitz im Registerbezirk haben,
2. Buchstellen von Körperschaften des öffentlichen Rechts und Personenvereinigungen, für die nach § 44 Absatz 5 die Bezeichnung „Landwirtschaftliche Buchstelle" geführt werden darf, wenn die Buchstellen im Registerbezirk gelegen sind.

(2) Die Eintragung nach Absatz 1 ist zu löschen, wenn

1. der Verein im Sinne des § 44 Absatz 4 oder die Buchstelle der Personenvereinigung oder Körperschaft im Sinne des § 44 Absatz 5 aufgelöst ist,
2. die in § 44 Absatz 4 oder 5 bezeichneten Voraussetzungen weggefallen sind oder
3. der Sitz des Vereins im Sinne des § 44 Absatz 4 oder der Sitz der Buchstelle der Personenvereinigung oder Körperschaft im Sinne des § 44 Absatz 5 aus dem Registerbezirk verlegt wird.

(3) [1] Die Eintragung oder Löschung ist von den jeweiligen Vertretungsberechtigten des Vereins, der Personenvereinigung oder der Körperschaft zu beantragen. [2] Die Löschung kann auch von Amts wegen vorgenommen werden.

§ 76e[2] Anzeigepflichten. (1) [1] Im Januar eines jeden Kalenderjahres haben die Mitglieder des zur gesetzlichen Vertretung berufenen Organs oder die vertretungsberechtigten Gesellschafter einer Berufsausübungsgesellschaft sowie die Gesellschafter einer Gesellschaft bürgerlichen Rechts im Sinne des § 55a Absatz 1 Satz 3 eine von ihnen unterschriebene Liste der Gesellschafter bei der

---

[1] § 76d eingef. mWv 1.8.2022 durch G v. 7.7.2021 (BGBl. I S. 2363).
[2] § 76e eingef. mWv 1.8.2022 durch G v. 7.7.2021 (BGBl. I S. 2363).

zuständigen Steuerberaterkammer einzureichen. [2]Aus dieser Liste müssen Name, Vornamen, Beruf, Wohnort und berufliche Niederlassung der Gesellschafter, ihre Aktien, Stammeinlagen oder Beteiligungsverhältnisse ersichtlich sein. [3]Sind seit Einreichung der letzten Liste keine Veränderungen hinsichtlich der Person oder des Berufs der Gesellschafter und des Umfangs der Beteiligung eingetreten, so genügt die Einreichung einer entsprechenden Erklärung.

(2) Absatz 1 gilt in den Fällen des § 154 Absatz 2 Satz 1 entsprechend.

§ 77[1)] Wahl des Vorstands. (1) Der Vorstand der Steuerberaterkammer wird von den Mitgliedern gewählt.

(2) Zum Mitglied des Vorstands kann nur gewählt werden, wer als Steuerberater oder Steuerbevollmächtigter persönliches Mitglied der Kammer ist.

(3) Zum Mitglied des Vorstands kann nicht gewählt werden,

1. gegen wen ein Berufs- oder Vertretungsverbot verhängt ist,
2. gegen wen die sofortige Vollziehung der Rücknahme oder des Widerrufs der Bestellung angeordnet ist,
3. gegen wen in den letzten fünf Jahren ein Verweis (§ 90 Absatz 1 Nummer 2) oder eine Geldbuße (§ 90 Absatz 1 Nummer 3) verhängt wurde,
4. gegen wen in den letzten zehn Jahren ein Berufsverbot (§ 90 Absatz 1 Nummer 4) verhängt wurde,
5. wer in den letzten 15 Jahren aus dem Beruf ausgeschlossen wurde (§ 90 Absatz 1 Nummer 5) oder
6. bei wem in den letzten fünf Jahren nach § 92 von einer berufsgerichtlichen Maßnahme abgesehen wurde, sofern ohne die anderweitige Ahndung voraussichtlich ein Verweis oder eine Geldbuße verhängt worden wäre.

(4) Die Satzung der Steuerberaterkammer kann weitere Ausschlussgründe vorsehen.

§ 77a[2)] Abteilungen des Vorstandes. (1) [1]Der Vorstand kann mehrere Abteilungen bilden, wenn die Satzung der Steuerberaterkammer es zuläßt. [2]Er überträgt den Abteilungen die Geschäfte, die sie selbständig führen.

(2) [1]Jede Abteilung muß aus mindestens drei Mitgliedern des Vorstandes bestehen. [2]Die Mitglieder der Abteilung wählen aus ihren Reihen einen Abteilungsvorsitzenden, einen Abteilungsschriftführer und deren Stellvertreter.

(3) [1]Der Vorstand setzt die Zahl der Abteilungen und ihrer Mitglieder fest, überträgt den Abteilungen die Geschäfte und bestimmt die Mitglieder der einzelnen Abteilungen. [2]Jedes Mitglied des Vorstandes kann mehreren Abteilungen angehören.

(4) Der Vorstand kann die Abteilungen ermächtigen, ihre Sitzung außerhalb des Sitzes der Steuerberaterkammer abzuhalten.

[1)] § 77 neu gef. mWv 1.8.2022 durch G v. 7.7.2021 (BGBl. I S. 2363).

[2)] § 77a eingef. mWv 1.7.1994 durch G v. 24.6.1994 (BGBl. I S. 1387), Abs. 1 und 4 geänd. mWv 1.7.2000 durch G v. 24.6.2000 (BGBl. I S. 874); Abs. 3 neu gef. mWv 12.4.2008 durch G v. 8.4.2008 (BGBl. I S. 666).

(5) Die Abteilungen besitzen innerhalb ihrer Zuständigkeit die Rechte und Pflichten des Vorstandes.

(6) Anstelle der Abteilung entscheidet der Vorstand, wenn er es für angemessen hält oder wenn die Abteilung oder ihr Vorsitzender es beantragt.

§ 77b[1)] Ehrenamtliche Tätigkeit. [1]Die Mitglieder eines Organs oder eines Ausschusses der Steuerberaterkammer üben ihre Tätigkeit ehrenamtlich aus. [2]Sie können jedoch eine angemessene auch pauschalisierte Entschädigung für den mit ihrer Tätigkeit verbundenen Aufwand, auch für Zeitaufwand und Verdienstausfall, sowie eine Reisekostenvergütung erhalten. [3]Die Richtlinien für die Aufwandsentschädigung und die Reisekostenvergütung werden von der Mitgliederversammlung beschlossen.

§ 77c[2)] Vorzeitiges Ausscheiden eines Vorstandsmitglieds. (1) Ist ein Mitglied des Vorstands nicht mehr Mitglied der Steuerberaterkammer oder verliert es seine Wählbarkeit aus den in § 77 Absatz 3 Nummer 3, 4 und 6 genannten Gründen, scheidet es aus dem Vorstand aus.

(2) Wird gegen ein Mitglied des Vorstands eine der in § 77 Absatz 3 Nummer 1 oder 2 genannten Maßnahmen verhängt oder angeordnet, ruht seine Mitgliedschaft für die Dauer der Maßnahme.

(3) Die Satzung der Steuerberaterkammer kann weitere Gründe vorsehen, die zum Ausscheiden aus dem Vorstand oder zum Ruhen der dortigen Mitgliedschaft führen.

§ 78[3)] Satzung. [1]Jede Steuerberaterkammer gibt sich ihre Satzung selbst. [2]Die Satzung bedarf der Genehmigung der Aufsichtsbehörde. [3]Die Satzung und deren Änderungen werden von der Mitgliederversammlung beschlossen.

§ 79[4)] Beiträge und Gebühren. (1) [1]Die Mitglieder sind verpflichtet, Beiträge nach Maßgabe einer Beitragsordnung zu leisten. [2]Die Beitragsordnung bedarf der Genehmigung durch die Aufsichtsbehörde. [3]Die Höhe der Beiträge bestimmt die Mitgliederversammlung. [4]Für die Verjährung des Anspruchs der Steuerberaterkammer auf Zahlung von Beiträgen sind die für die Gebühren geltenden Vorschriften entsprechend anzuwenden. [5]Wird die berufliche Niederlassung in den Bezirk einer anderen Steuerberaterkammer verlegt, ist für

---

1) § 77b eingef. mWv 25.6.2017 durch G v. 23.6.2017 (BGBl. I S. 1682); Satz 3 angef. mWv 1.1.2021 durch G v. 12.12.2019 (BGBl. I S. 2451); Satz 2 neu gef. mWv 1.1.2020 durch G v. 21.12.2019 (BGBl. I S. 2875); Überschrift und Satz 1 neu gef. mWv 29.12.2020 durch G v. 21.12.2020 (BGBl. I S. 3096).

2) § 77c eingef. mWv 1.8.2022 durch G v. 7.7.2021 (BGBl. I S. 2363).

3) § 78 Satz 1 geänd. mWv 1.7.2000 durch G v. 24.6.2000 (BGBl. I S. 874); Satz 3 angef. mWv 18.12.2019 durch G v. 12.12.2019 (BGBl. I S. 2451).

4) § 79 Abs. 2 Satz 1 und Abs. 3 Satz 1 geänd. mWv 1.7.2000 durch G v. 24.6.2000 (BGBl. I S. 874); Abs. 1 Satz 4, Abs. 2 Sätze 3 bis 5 angef., Abs. 3 aufgeh. mWv 12.4.2008 durch G v. 8.4.2008 (BGBl. I S. 666); Abs. 2 Satz 4 geänd. mWv 15.8.2013 durch G v. 7.8.2013 (BGBl. I S. 3154); Abs. 1 Satz 5 angef. mWv 18.12.2019 durch G v. 12.12.2019 (BGBl. I S. 2451).

die Beitragspflicht der Zeitpunkt der Mitteilung der Verlegung der beruflichen Niederlassung an die aufnehmende Steuerberaterkammer maßgebend.

(2) [1]Die Steuerberaterkammer kann für die Inanspruchnahme von besonderen Einrichtungen oder Tätigkeiten oder für Amtshandlungen nach dem Zweiten und Sechsten Abschnitt des Zweiten Teils dieses Gesetzes Gebühren nach Maßgabe einer Gebührenordnung erheben. [2]Die Gebührenordnung bedarf der Genehmigung der Aufsichtsbehörde. [3]Die Gebühren entstehen mit Inanspruchnahme der besonderen Einrichtung oder Tätigkeit, bei Amtshandlungen, die einen Antrag voraussetzen, mit dessen Eingang bei der Steuerberaterkammer, bei anderen Amtshandlungen mit der Beendigung der Amtshandlung. [4]Der 2. Abschnitt des Verwaltungskostengesetzes in der bis zum 14. August 2013 geltenden Fassung ist entsprechend anzuwenden. [5]Im Übrigen gilt das jeweilige Verwaltungsgebührenrecht des Landes.

(3) *(aufgehoben)*

§ 80[1)] Pflicht zum Erscheinen vor der Steuerberaterkammer. (1) [1]In Aufsichts- und Beschwerdesachen haben Mitglieder der Steuerberaterkammer dem Vorstand oder dem durch die Satzung bestimmten Organ der zuständigen Steuerberaterkammer oder einem Beauftragten des Vorstandes oder des Organs Auskunft zu geben sowie auf Verlangen ihre Handakten vorzulegen oder vor der zuständigen Steuerberaterkammer zu erscheinen. [2]Das gilt nicht, wenn und soweit der Steuerberater oder Steuerbevollmächtigte dadurch seine Verpflichtung zur Verschwiegenheit verletzen oder sich durch wahrheitsgemäße Beantwortung oder Vorlage seiner Handakten die Gefahr zuziehen würde, wegen einer Straftat, einer Ordnungswidrigkeit oder einer Berufspflichtverletzung verfolgt zu werden und er sich hierauf beruft. [3]Der Steuerberater oder Steuerbevollmächtigte ist auf das Recht zur Auskunftsverweigerung hinzuweisen.

(2) Sofern Berufsausübungsgesellschaften, die ihren Sitz im Kammerbezirk haben, nicht oder nicht mehr durch persönliche Mitglieder der Steuerberaterkammer vertreten sind, gilt Absatz 1 auch für deren gesetzliche Vertreter, die keine persönlichen Mitglieder sind.

§ 80a[2)] Zwangsgeld bei Verletzung von Mitwirkungspflichten.
(1) [1]Um ein Mitglied der Steuerberaterkammer zur Erfüllung seiner Pflichten nach § 80 anzuhalten, kann die für die Aufsichts- und Beschwerdesache zuständige Steuerberaterkammer gegen dieses Mitglied ein Zwangsgeld festsetzen. [2]Das Zwangsgeld kann wiederholt festgesetzt werden. [3]Das einzelne Zwangsgeld darf eintausend Euro nicht übersteigen.

[1)] § 80 bish. Wortlaut wird Abs. 1, Überschrift und Abs. 1 geänd., Abs. 2 angef. mWv 1.7.2000 durch G v. 24.6.2000 (BGBl. I S. 874); Abs. 1 neu gef. mWv 12.4.2008 durch G v. 8.4.2008 (BGBl. I S. 666); Abs. 2 geänd. mWv 1.8.2022 durch G v. 7.7.2021 (BGBl. I S. 2363).

[2)] § 80a eingef. mWv 12.4.2008 durch G v. 8.4.2008 (BGBl. I S. 666); Abs. 1 Satz 1 neu gef., Abs. 2 eingef., bish. Abs. 2–4 werden Abs. 3–5 und Abs. 3 Satz 2 neu gef. mWv 29.12.2020 durch G v. 21.12.2020 (BGBl. I S. 3096); Abs. 1 Satz 1 neu gef., Satz 2 eingef., bish. Satz 2 wird Satz 3 mWv 1.8.2022 durch G v. 7.7.2021 (BGBl. I S. 2363).

(2) Ein Zwangsgeld kann auch gegen die in § 80 Absatz 2 bezeichneten Personen festgesetzt werden.

(3) [1]Das Zwangsgeld muss vorher schriftlich angedroht werden. [2]Die Androhung und die Festsetzung des Zwangsgelds sind den in den Absätzen 1 und 2 genannten Personen zuzustellen.

(4) [1]Gegen die Androhung und gegen die Festsetzung des Zwangsgeldes kann innerhalb eines Monats nach der Zustellung die Entscheidung des Oberlandesgerichts beantragt werden. [2]Zuständig ist das Oberlandesgericht, in dessen Bezirk die Steuerberaterkammer ihren Sitz hat. [3]Der Antrag ist bei der zuständigen Steuerberaterkammer schriftlich einzureichen. [4]Erachtet die zuständige Steuerberaterkammer den Antrag für begründet, so hat sie ihm abzuhelfen; andernfalls ist der Antrag unverzüglich dem Oberlandesgericht vorzulegen. [5]Die Vorschriften der Strafprozessordnung über die Beschwerde sind sinngemäß anzuwenden. [6]Die Gegenerklärung (§ 308 Abs. 1 der Strafprozessordnung) wird von der zuständigen Steuerberaterkammer abgegeben. [7]Die Staatsanwaltschaft ist an dem Verfahren nicht beteiligt. [8]Der Beschluss des Oberlandesgerichts kann nicht angefochten werden.

(5) [1]Das Zwangsgeld fließt der zuständigen Steuerberaterkammer zu. [2]Es wird auf Grund einer von ihr erteilten, mit der Bescheinigung der Vollstreckbarkeit versehenen beglaubigten Abschrift des Festsetzungsbescheides nach den Vorschriften beigetrieben, die für die Vollstreckung von Urteilen in bürgerlichen Rechtsstreitigkeiten gelten.

§ 81[1)] Rügerecht des Vorstandes. (1) [1]Der Vorstand kann das Verhalten eines Mitglieds der Steuerberaterkammer, durch das dieses ihm obliegende Pflichten verletzt hat, rügen, wenn die Schuld des Mitglieds gering ist und ein Antrag auf Einleitung eines berufsgerichtlichen Verfahrens nicht erforderlich erscheint. [2]§ 89 Absatz 2 und 3, die §§ 92 und 109 Absatz 1 und 2 sowie die §§ 110 und 111 gelten entsprechend. [3]Für die Verjährung und deren Ruhen gilt § 93 Absatz 1 Satz 1 und 3 und Absatz 2. [4]Die erste Anhörung des Mitglieds der Steuerberaterkammer unterbricht die Verjährung ebenso wie die erste Vernehmung durch die Staatsanwaltschaft im berufsgerichtlichen Verfahren.

(2) Eine Rüge darf nicht erteilt werden,

1. wenn gegen das Mitglied der Steuerberaterkammer ein berufsgerichtliches Verfahren eingeleitet wurde oder
2. während ein Verfahren nach § 116 anhängig ist.

(3) Für anerkannte Berufsausübungsgesellschaften sind § 89 Absatz 5, die §§ 89b und 111a Absatz 2 sowie die §§ 111b bis 111d entsprechend anzuwenden.

(4) Bevor die Rüge erteilt wird, ist das Mitglied zu hören.

[1)] § 81 Abs. 1 Satz 1, Abs. 2 Satz 1 und Abs. 4 Satz 3 geänd. mWv 1.7.2000 durch G v. 24.6.2000 (BGBl. I S. 874); Abs. 1 Satz 2 neu gef., Sätze 3 und 4 angef., Abs. 2 neu gef., Abs. 3 eingef., bish. Abs. 3–5 werden Abs. 4–6 mWv 1.8.2022 durch G v. 7.7.2021 (BGBl. I S. 2363).

(5) [1]Der Bescheid des Vorstandes, durch den das Verhalten des Mitglieds gerügt wird, ist zu begründen. [2]Er ist dem Mitglied zuzustellen. [3]Eine Abschrift des Bescheides ist der Staatsanwaltschaft bei dem für den Sitz der Steuerberaterkammer zuständigen Oberlandesgericht mitzuteilen, bei dem der Senat für Steuerberater- und Steuerbevollmächtigtensachen besteht (§ 96).

(6) [1]Gegen den Bescheid kann das Mitglied binnen eines Monats nach der Zustellung bei dem Vorstand Einspruch erheben. [2]Über den Einspruch entscheidet der Vorstand; Absatz 4 ist entsprechend anzuwenden.

§ 82[1)] Antrag auf berufsgerichtliche Entscheidung. (1) [1]Wird der Einspruch gegen den Rügebescheid durch den Vorstand der Steuerberaterkammer zurückgewiesen, so kann das Mitglied der Steuerberaterkammer innerhalb eines Monats nach der Zustellung die Entscheidung des Landgerichts (Kammer für Steuerberater- und Steuerbevollmächtigtensachen) beantragen. [2]Zuständig ist das Landgericht, in dessen Bezirk die Steuerberaterkammer, deren Vorstand die Rüge erteilt hat, ihren Sitz hat.

(2) [1]Der Antrag ist bei dem Landgericht schriftlich einzureichen. [2]Auf das Verfahren sind die Vorschriften der Strafprozeßordnung über die Beschwerde sinngemäß anzuwenden. [3]Die Gegenerklärung (§ 308 Abs. 1 der Strafprozeßordnung) wird von dem Vorstand der Steuerberaterkammer abgegeben. [4]Die Staatsanwaltschaft ist an dem Verfahren nicht beteiligt. [5]Eine mündliche Verhandlung findet statt, wenn sie das Mitglied der Steuerberaterkammer beantragt oder das Landgericht für erforderlich hält. [6]Von Zeit und Ort der mündlichen Verhandlung sind der Vorstand der Steuerberaterkammer, das Mitglied der Steuerberaterkammer und sein Verteidiger zu benachrichtigen. [7]Art und Umfang der Beweisaufnahme bestimmt das Landgericht. [8]Es hat jedoch zur Erforschung der Wahrheit die Beweisaufnahme von Amts wegen auf alle Tatsachen und Beweismittel zu erstrecken, die für die Entscheidung von Bedeutung sind.

(3) [1]Der Rügebescheid kann nicht deshalb aufgehoben werden, weil der Vorstand der Steuerberaterkammer zu Unrecht angenommen hat, die Schuld des Mitgliedes der Steuerberaterkammer sei gering und der Antrag auf Einleitung des berufsgerichtlichen Verfahrens nicht erforderlich. [2]Treten die Voraussetzungen, unter denen nach § 92 von einer berufsgerichtlichen Ahndung abzusehen ist oder nach § 109 Abs. 2 ein berufsgerichtliches Verfahren nicht eingeleitet oder fortgesetzt werden darf, erst ein, nachdem der Vorstand die Rüge erteilt hat, so hebt das Landgericht den Rügebescheid auf. [3]Der Beschluß ist mit Gründen zu versehen. [4]Er kann nicht angefochten werden.

(4) [1]Das Landgericht, bei dem ein Antrag auf berufsgerichtliche Entscheidung eingelegt wird, teilt unverzüglich der Staatsanwaltschaft bei dem Oberlandesgericht eine Abschrift des Antrags mit. [2]Der Staatsanwaltschaft ist auch

---

[1)] § 82 Abs. 1 Sätze 1 und 2, Abs. 2 Sätze 3, 5 und 6, Abs. 3 Satz 1 und Abs. 5 Satz 1 geänd. mWv 1.7.2000 durch G v. 24.6.2000 (BGBl. I S. 874); Abs. 6 und 7 angef. mWv 1.8.2022 durch G v. 7.7.2021 (BGBl. I S. 2363).

eine Abschrift des Beschlusses mitzuteilen, mit dem über den Antrag entschieden wird.

(5) [1]Leitet die Staatsanwaltschaft wegen desselben Verhaltens, das der Vorstand der Steuerberaterkammer gerügt hat, ein berufsgerichtliches Verfahren gegen das Mitglied der Steuerberaterkammer ein, bevor die Entscheidung über den Antrag auf berufsgerichtliche Entscheidung gegen den Rügebescheid ergangen ist, so wird das Verfahren über den Antrag bis zum rechtskräftigen Abschluß des berufsgerichtlichen Verfahrens ausgesetzt. [2]In den Fällen des § 91 Abs. 2 stellt das Landgericht nach Beendigung der Aussetzung fest, daß die Rüge unwirksam ist.

(6) [1]Die Absätze 1 bis 5 sind auf anerkannte Berufsausübungsgesellschaften entsprechend anzuwenden. [2]Die §§ 89b und 111a Absatz 2 sowie die §§ 111b bis 111e gelten entsprechend.

(7) § 153 Absatz 2 gilt entsprechend.

§ 83[1)] Verschwiegenheitspflicht; Inanspruchnahme von Dienstleistungen. (1) [1]Die Mitglieder des Vorstands haben über die Angelegenheiten, die ihnen bei ihrer Tätigkeit im Vorstand über Steuerberater, Steuerbevollmächtigte und andere Personen bekannt werden, Verschwiegenheit zu bewahren. [2]Dies gilt auch nach ihrem Ausscheiden aus dem Vorstand. [3]Die Verschwiegenheitspflicht gilt nicht für Tatsachen,

1. deren Weitergabe zur Erfüllung ihrer Aufgaben erforderlich ist,
2. in deren Weitergabe die Betroffenen eingewilligt haben,
3. die offenkundig sind oder
4. die ihrer Bedeutung nach keiner Geheimhaltung bedürfen.

[4]Die Sätze 1 bis 3 gelten auch für Angestellte der Steuerberaterkammern und für Personen, die von den Steuerberaterkammern oder den Mitgliedern ihres Vorstands zur Mitarbeit herangezogen werden. [5]Die in Satz 4 genannten Personen sind in Textform über ihre Verschwiegenheitspflicht zu belehren.

(2) [1]In Verfahren vor Gerichten und Behörden dürfen die in Absatz 1 genannten Personen über Angelegenheiten, die ihrer Verschwiegenheitspflicht unterliegen, ohne Genehmigung nicht aussagen. [2]Die Genehmigung zur Aussage erteilt der Vorstand der Steuerberaterkammer nach pflichtgemäßem Ermessen. [3]Die Genehmigung soll nur versagt werden, wenn dies mit Rücksicht auf die Stellung oder die Aufgaben der Steuerberaterkammer oder berechtigte Belange der Personen, über welche die Tatsachen bekannt geworden sind, unabweisbar erforderlich ist. [4]§ 28 Absatz 2 des Bundesverfassungsgerichtsgesetzes bleibt unberührt.

(3) Für die Inanspruchnahme von Dienstleistungen durch Steuerberaterkammern gilt in Bezug auf Angelegenheiten, die der Verschwiegenheitspflicht des Steuerberaters oder Steuerbevollmächtigten nach § 57 Absatz 1 unterliegen, § 62a Absatz 1 bis 4, 7 und 8 sinngemäß.

[1)] § 83 neu gef. mWv 1.8.2021 durch G v. 25.6.2021 (BGBl. I S. 2154).

§ 84[1] Arbeitsgemeinschaft. (1) [1]Mehrere Steuerberaterkammern können sich zu einer nicht rechtsfähigen Arbeitsgemeinschaft zusammenschließen, wenn die Satzungen der Kammern dies vorsehen. [2]Der Arbeitsgemeinschaft können jedoch nicht Aufsichtsbefugnisse oder andere Aufgaben übertragen werden, für die gesetzlich die Zuständigkeit der einzelnen Steuerberaterkammern begründet ist.

(2) § 83 Absatz 1 und 2 gilt sinngemäß für die Personen, die für die Arbeitsgemeinschaft tätig werden.

§ 85[2] Bundessteuerberaterkammer. (1) [1]Die Steuerberaterkammern bilden eine Bundeskammer. [2]Diese führt die Bezeichnung „Bundessteuerberaterkammer".

(2) [1]Die Bundessteuerberaterkammer ist eine Körperschaft des öffentlichen Rechts. [2]Ihr Sitz bestimmt sich nach ihrer Satzung.

(3) [1]Der Vorstand der Bundessteuerberaterkammer wird von den Steuerberaterkammern gewählt; § 77 Absatz 3 und 4 und § 77c gelten mit der Maßgabe entsprechend, dass an die Stelle der Satzung der Steuerberaterkammer die der Bundessteuerberaterkammer tritt. [2]Im übrigen gibt sich die Bundessteuerberaterkammer ihre Satzung selbst. [3]Die Satzung bedarf der Genehmigung der Aufsichtsbehörde.

(4) Für die Verschwiegenheitspflicht der Mitglieder des Präsidiums und der Angestellten der Bundessteuerberaterkammer sowie der Personen, die von der Bundessteuerberaterkammer oder den Mitgliedern ihres Präsidiums zur Mitarbeit herangezogen werden, gilt § 83 Absatz 1 und 2 entsprechend.

(5) [1]Die Mitglieder eines Organs oder eines Ausschusses der Bundessteuerberaterkammer üben ihre Tätigkeit ehrenamtlich aus. [2]Sie können jedoch eine angemessene auch pauschalisierte Entschädigung für den mit diesen Tätigkeiten verbundenen Aufwand, auch für Zeitaufwand und Verdienstausfall, sowie eine Reisekostenvergütung erhalten.

(6) Für die Inanspruchnahme von Dienstleistungen durch die Bundessteuerberaterkammer gilt in Bezug auf Angelegenheiten, die der Verschwiegenheitspflicht des Steuerberaters oder Steuerbevollmächtigten nach § 57 Absatz 1 unterliegen, § 62a Absatz 1 bis 4, 7 und 8 sinngemäß.

§ 86[3] Aufgaben der Bundessteuerberaterkammer. (1) Die Bundessteuerberaterkammer hat die ihr durch Gesetz zugewiesenen Aufgaben zu erfüllen.

---

[1] § 84 Abs. 1 Sätze 1 und 2, Abs. 2 Satz 1 geänd. mWv 1.7.2000 durch G v. 24.6.2000 (BGBl. I S. 874); Abs. 2 Satz 1 aufgeh., bish. Satz 2 geänd. mWv 1.8.2021 durch G v. 25.6.2021 (BGBl. I S. 2154).

[2] § 85 Überschrift, Abs. 1 Satz 1 und Abs. 3 Satz 1 geänd. mWv 1.7.2000 durch G v. 24.6.2000 (BGBl. I S. 874); Abs. 5 angef. mWv 25.6.2017 durch G v. 23.6.2017 (BGBl. I S. 1682); Abs. 5 neu gef. mWv 29.12.2020 durch G v. 21.12.2020 (BGBl. I S. 3096); Abs. 4 neu gef., Abs. 6 angef. mWv 1.8.2021 durch G v. 25.6.2021 (BGBl. I S. 2154); Abs. 3 Satz 1 geänd. mWv 1.8.2022 durch G v. 7.7.2021 (BGBl. I S. 2363).

[3] § 86 Abs. 2 Nr. 2 neu gef. sowie Abs. 3 und 4 angef. mWv 1.7.1994 durch G v. 24.6.1994 (BGBl. I S. 1387), Abs. 2 geänd., Abs. 3 Satz 2 neu gef., Abs. 3 Sätze 3 bis 5 angef.

(FN-Fortsetzung nächste Seite)

(2) Der Bundessteuerberaterkammer obliegt insbesondere,

1. in Fragen, welche die Gesamtheit der Steuerberaterkammern angehen, die Auffassung der einzelnen Kammern zu ermitteln und im Wege gemeinschaftlicher Aussprache die Auffassung der Mehrheit festzustellen;
2. die Berufsordnung als Satzung zu erlassen und zu ändern;
3. Richtlinien für die Fürsorgeeinrichtungen der Steuerberaterkammern (§ 76 Abs. 2 Nr. 6) aufzustellen;
4. in allen die Gesamtheit der Steuerberaterkammern berührenden Angelegenheiten die Auffassung der Bundessteuerberaterkammer den zuständigen Gerichten und Behörden gegenüber zur Geltung zu bringen;
5. die Gesamtheit der Steuerberaterkammern gegenüber Behörden und Organisationen zu vertreten;
6. Gutachten zu erstatten, die eine an der Gesetzgebung beteiligte Behörde oder Körperschaft des Bundes oder ein Bundesgericht anfordert;
7. die berufliche Fortbildung in den steuerberatenden Berufen zu fördern; sie kann den Berufsangehörigen unverbindliche Fortbildungsempfehlungen erteilen;
8. die Verzeichnisse nach den §§ 3b und 3g zu führen;
9. das Verzeichnis nach § 86b zu führen;
10.[1] eine Steuerberaterplattform nach § 86c einzurichten, die der elektronischen Kommunikation und der elektronischen Zusammenarbeit dient und die einen sicheren Austausch von Daten und Dokumenten ermöglicht zwischen den
    a) Mitgliedern der Steuerberaterkammern sowie den im Berufsregister eingetragenen Berufsausübungsgesellschaften,
    b) Mitgliedern der Steuerberaterkammern, den im Berufsregister eingetragenen Berufsausübungsgesellschaften und ihren jeweiligen Auftraggebern,
    c) Mitgliedern der Steuerberaterkammern, den im Berufsregister eingetragenen Berufsausübungsgesellschaften und den Gerichten, Behörden, Kammern und sonstigen Dritten,
    d) Steuerberaterkammern und der Bundessteuerberaterkammer sowie den Steuerberaterkammern untereinander,
    e) Steuerberaterkammern, der Bundessteuerberaterkammer und den Gerichten, Behörden, Kammern und sonstigen Dritten;

(FN-Forts. vorh. Seite)

mWv 1.7.2000 durch G v. 24.6.2000 (BGBl. I S. 874); Abs. 2 Nr. 7 geänd. mWv 12.4.2008 durch G v. 8.4.2008 (BGBl. I S. 666); Abs. 4 Nr. 10 geänd. mWv 1.1.2014 durch G v. 31.8.2013 (BGBl. I S. 3533); Abs. 2 Nr. 7 geänd., Nr. 8 und 9 angef. mWv 1.1.2017 durch G v. 18.7.2016 (BGBl. I S. 1679); Abs. 2 Nr. 9 geänd., Nr. 10 angef. mWv 18.12.2019 durch G v. 12.12.2019 (BGBl. I S. 2451); Abs. 3 neu gef., Abs. 3a eingef., Abs. 5 und 6 angef. mWv 30.7.2020 durch G v. 19.6.2020 (BGBl. I S. 1403); Abs. 5 Satz 5 und Abs. 6 Satz 4 geänd. mWv 1.8.2021 durch G v. 25.6.2021 (BGBl. I S. 2154); Abs. 2 Nr. 8 neu gef., Nr. 10 und 11 eingef., bish. Nr. 10 wird Nr. 12 und geänd., Abs. 4 Nr. 14 neu gef., Nr. 15 geänd. mWv 1.8.2022 durch G v. 7.7.2021 (BGBl. I S. 2363).

[1] Siehe hierzu § 157e.

11.[1] die besonderen elektronischen Steuerberaterpostfächer nach den §§ 86d und 86e einzurichten;

12. die Einrichtung und der Betrieb einer Datenbank zur Verwaltung von Vollmachtsdaten im Sinne des § 80a der Abgabenordnung[2] und zu deren Übermittlung an die Landesfinanzbehörden.

(3) [1]Die Satzung im Sinne des Absatzes 2 Nummer 2 und deren Änderungen werden durch die Satzungsversammlung als Organ der Bundessteuerberaterkammer beschlossen. [2]Die Vorschriften der Satzung müssen im Einklang mit den Vorgaben des auf sie anzuwendenden europäischen Rechts stehen. [3]Insbesondere sind bei neuen oder zu ändernden Vorschriften, die dem Anwendungsbereich der Richtlinie 2005/36/EG in der jeweils geltenden Fassung unterfallen, die Vorgaben der Richtlinie (EU) 2018/958 des Europäischen Parlaments und des Rates vom 28. Juni 2018 über eine Verhältnismäßigkeitsprüfung vor Erlass neuer Berufsreglementierungen (ABl. L 173 vom 9.7.2018, S. 25) in der jeweils geltenden Fassung einzuhalten.

(3a) [1]Eine Vorschrift im Sinne des Absatzes 3 Satz 3 ist anhand der in den Artikeln 5 bis 7 der Richtlinie (EU) 2018/958 festgelegten Kriterien auf ihre Verhältnismäßigkeit zu prüfen. [2]Der Umfang der Prüfung muss im Verhältnis zu der Art, dem Inhalt und den Auswirkungen der Vorschrift stehen. [3]Die Vorschrift ist so ausführlich zu erläutern, dass ihre Übereinstimmung mit dem Verhältnismäßigkeitsgrundsatz bewertet werden kann. [4]Die Gründe, aus denen sich ergibt, dass sie gerechtfertigt und verhältnismäßig ist, sind durch qualitative und, soweit möglich und relevant, quantitative Elemente zu substantiieren. [5]Mindestens zwei Wochen vor der Beschlussfassung der Satzungsversammlung über die Vorschrift ist auf der Internetseite der Bundessteuerberaterkammer ein Entwurf mit der Gelegenheit zur Stellungnahme zu veröffentlichen. [6]Nach dem Erlass der Vorschrift ist ihre Übereinstimmung mit dem Verhältnismäßigkeitsgrundsatz zu überwachen und bei einer Änderung der Umstände zu prüfen, ob die Vorschrift anzupassen ist.

(4) Die Satzung kann zur Ausführung der gesetzlichen Vorschriften nähere Regelungen enthalten, insbesondere hinsichtlich

1. der unabhängigen, eigenverantwortlichen und gewissenhaften Berufsausübung;
2. der Verschwiegenheitspflicht;
3. der zulässigen und der berufswidrigen Werbung;
4. des Verbotes der Mitwirkung bei unbefugter Hilfeleistung in Steuersachen;
5. des berufsmäßigen Verhaltens gegenüber Mandanten, Kollegen, Gerichten, Behörden und Steuerberaterkammern sowie gegenüber Personen, Gesellschaften und Einrichtungen im Sinne der §§ 4 und 6;
6. der vereinbaren und nichtvereinbaren Tätigkeiten;
7. der Berufshaftpflichtversicherung sowie der Haftungsausschlüsse und Haftungsbeschränkungen;

---

[1] Siehe hierzu § 157e.
[2] Nr. **800**.

8. der besonderen Pflichten gegenüber Auftraggebern, insbesondere in Zusammenhang mit dem Umgang mit fremden Vermögenswerten;
9. der Vereinbarung, Berechnung, Sicherung und Beitreibung von Gebühren und Auslagen;
10. der Pflichten in Prozesskostenhilfe- und Beratungshilfesachen;
11. der Voraussetzung des Führens von Bezeichnungen, die auf besondere Kenntnis bestimmter Steuerrechtsgebiete hinweisen;
12. der Gründung von beruflichen Niederlassungen und weiteren Beratungsstellen;
13. dem Verhalten bei grenzüberschreitender Tätigkeit;
14. der besonderen Pflichten bei der Verbindung zu einer Bürogemeinschaft;
15. der besonderen Pflichten bei der Errichtung, Ausgestaltung und Tätigkeit von Berufsausübungsgesellschaften;
16. der Abwicklung und der Übertragung der Praxis;
17. der Ausbildung von Steuerfachgehilfen.

(5) [1]Die Satzung im Sinne des Absatzes 2 Nummer 2 und deren Änderungen sind dem Bundesministerium der Finanzen zuzuleiten. [2]Das Bundesministerium der Finanzen hat im Rahmen der Aufsicht zu prüfen, ob die Vorgaben der Richtlinie (EU) 2018/958 in der jeweils geltenden Fassung eingehalten wurden. [3]Zu diesem Zweck hat ihm die Bundessteuerberaterkammer die Unterlagen zuzuleiten, aus denen sich die Einhaltung der Vorgaben ergibt. [4]Insbesondere sind die Gründe zu übermitteln, auf Grund derer die Satzungsversammlung die Satzung im Sinne des Absatzes 2 Nummer 2 oder deren Änderungen als gerechtfertigt, notwendig und verhältnismäßig beurteilt hat. [5]Soweit nicht das Bundesministerium der Finanzen die Satzung im Sinne des Absatzes 2 Nummer 2 oder deren Änderungen im Ganzen oder in Teilen binnen drei Monaten nach Übermittlung aufhebt, ist sie unter Angabe des Datums ihres Inkrafttretens dauerhaft auf der Internetseite der Bundessteuerberaterkammer zu veröffentlichen.

(6) [1]Die Satzung im Sinne des Absatzes 2 Nummer 2 und deren Änderungen treten am ersten Tag des Monats in Kraft, der auf die Veröffentlichung im Sinne des Absatzes 5 Satz 5 folgt. [2]Stellt sich nach Inkrafttreten der Satzung heraus, dass sie ganz oder in Teilen höherrangigem Recht widerspricht, kann das Bundesministerium der Finanzen die Satzung insoweit aufheben. [3]Beabsichtigt es eine Aufhebung, soll es der Bundessteuerberaterkammer zuvor Gelegenheit zur Stellungnahme geben. [4]Aufhebungen sind unter Angabe ihres Datums dauerhaft auf der Internetseite der Bundessteuerberaterkammer zu veröffentlichen.

§ 86a[1)] Zusammensetzung und Arbeitsweise der Satzungsversammlung. (1) [1]Der Satzungsversammlung gehören als Mitglieder an: der Präsident der Bundessteuerberaterkammer, die Präsidenten der Steuerberaterkammern sowie weitere Mitglieder (Delegierte). [2]Die Bundessteuerberaterkammer führt die Geschäfte der Satzungsversammlung.

[1)] § 86a eingef. mWv 1.7.1994 durch G v. 24.6.1994 (BGBl. I S. 1387), Abs. 1 Satz 1, Abs. 2 Sätze 1, 2 und 4, Abs. 2 Satz 1 und Abs. 4 Satz 2 geänd., Abs. 8 aufgeh., bish. Abs. 9 wird Abs. 8 mWv 1.7.2000 durch G v. 24.6.2000 (BGBl. I S. 874).

(2) [1]Die Delegierten werden von den Mitgliedern der einzelnen Steuerberaterkammern in Kammerversammlungen unmittelbar gewählt. [2]Wählbar ist nur, wer persönliches Mitglied der Steuerberaterkammer ist. [3]Die Zahl der Delegierten bemißt sich nach der Zahl der Kammermitglieder. [4]Je angefangene eintausendfünfhundert Mitglieder der Steuerberaterkammer sind ein Delegierter und ein Stellvertreter, für die einzelne Steuerberaterkammer jedoch mindestens zwei Delegierte und Stellvertreter, zu wählen. [5]Maßgebend ist die Zahl der Kammermitglieder am 1. Januar des Jahres, in dem die Satzungsversammlung einberufen wird.

(3) Jedes Mitglied der Satzungsversammlung ist unabhängig und verfügt in der Satzungsversammlung über eine Stimme.

(4) [1]Die Satzungsversammlung wird durch den Präsidenten der Bundessteuerberaterkammer mit einer Frist von sechs Wochen schriftlich einberufen. [2]Der Präsident der Bundessteuerberaterkammer muß die Satzungsversammlung innerhalb von sechs Wochen einberufen, wenn mindestens fünf Steuerberaterkammern oder ein Viertel der Mitglieder der Satzungsversammlung es schriftlich beantragen und hierbei den Gegenstand angeben, über den in der Satzungsversammlung beschlossen werden soll.

(5) Den Vorsitz in der Satzungsversammlung führt der Präsident der Bundessteuerberaterkammer, bei seiner Verhinderung sein Vertreter im Amt, soweit die Geschäftsordnung nichts anderes vorsieht.

(6) [1]Die Satzungsversammlung ist beschlußfähig, wenn mindestens zwei Drittel ihrer Mitglieder anwesend sind. [2]Beschlüsse der Satzungsversammlung, die den Erlaß oder die Änderung der Berufsordnung betreffen, werden mit der Mehrheit aller Mitglieder der Satzungsversammlung gefaßt, sonstige Beschlüsse mit einfacher Mehrheit der anwesenden Mitglieder.

(7) Der Wortlaut der von der Satzungsversammlung gefaßten Beschlüsse ist in einer Niederschrift festzuhalten, die vom Vorsitzenden und von einem von der Satzungsversammlung zu bestimmenden Schriftführer zu unterzeichnen und bei der Geschäftsstelle der Bundessteuerberaterkammer zu verwahren ist.

(8) Die Satzungsversammlung kann weitere Einzelheiten des Verfahrens in einer Geschäftsordnung regeln.

§ 86b[1)] Steuerberaterverzeichnis. (1) [1]Die Bundessteuerberaterkammer führt ein elektronisches Gesamtverzeichnis aller Mitglieder der Steuerberaterkammern nach § 74 Absatz 1 sowie aller nach § 76a Absatz 2 in das Berufsregister eingetragenen Berufsausübungsgesellschaften. [2]Das Verzeichnis dient der Information der Behörden und Gerichte, der Rechtsuchenden sowie anderer am Rechtsverkehr Beteiligter. [3]Die Steuerberaterkammern geben die im Berufsregister gespeicherten Daten im automatisierten Verfahren in das von der Bundessteuerberaterkammer geführte Gesamtverzeichnis ein. [4]Die zuständige Steuerberaterkammer trägt die datenschutzrechtliche Verantwortung für die von ihr in das Gesamtverzeichnis eingegebenen Daten, insbesondere für die

---

[1)] § 86b eingef. mWv 1.1.2017 durch G v. 18.7.2016 (BGBl. I S. 1679); Abs. 1 Satz 1 und Abs. 2 neu gef., Abs. 3 angef. mWv 1.8.2022 durch G v. 7.7.2021 (BGBl. I S. 2363).

Rechtmäßigkeit der Erhebung, die Vollständigkeit und die Richtigkeit der Daten. [5]Der Abruf einzelner Daten aus dem Gesamtverzeichnis steht jedem unentgeltlich zu.

(2) In das Gesamtverzeichnis sind einzutragen:

1. bei Steuerberatern und Steuerbevollmächtigten:
   a) der Familienname und der Vorname oder die Vornamen,
   b) der Zeitpunkt der Bestellung,
   c) der Name und die Anschrift der zuständigen Steuerberaterkammer,
   d) die Anschrift der beruflichen Niederlassung,
   e) die geschäftlichen Telekommunikationsdaten, einschließlich der E-Mail-adresse, und die geschäftliche Internetadresse,
   f) die Berufsbezeichnung,
   g) bestehende Berufs- und Vertretungsverbote sowie
   h) sofern ein Vertreter bestellt ist, die Vertreterbestellung unter Angabe von Familiennamen und Vorname oder Vornamen und Anschrift des Vertreters;
2. bei Berufsausübungsgesellschaften:
   a) der Name oder die Firma und die Rechtsform,
   b) der Zeitpunkt der Anerkennung als Berufsausübungsgesellschaft oder der Registrierung,
   c) der Name und die Anschrift der zuständigen Steuerberaterkammer,
   d) die Anschrift der Berufsausübungsgesellschaft und die Anschriften ihrer weiteren Beratungsstellen,
   e) die geschäftlichen Telekommunikationsdaten, einschließlich der E-Mail-adresse, und die geschäftliche Internetadresse der Berufsausübungsgesellschaft und die der weiteren Beratungsstellen,
   f) folgende Angaben zu den Gesellschaftern:
      aa) bei natürlichen Personen: der Familienname, der Vorname oder die Vornamen und der in der Berufsausübungsgesellschaft ausgeübte Beruf,
      bb) bei juristischen Personen und rechtsfähigen Personengesellschaften: deren Name oder Firma, deren Sitz und, sofern gesetzlich vorgesehen, das für sie zuständige Register und die Registernummer,
   g) bei juristischen Personen: zu jedem Mitglied des zur gesetzlichen Vertretung berufenen Organs der Familienname, der Vorname oder die Vornamen und der Beruf,
   h) bei rechtsfähigen Personengesellschaften: die vertretungsberechtigten Gesellschafter und deren Beruf,
   i) bei ausländischen Berufsausübungsgesellschaften: der Sitz, der Ort der Hauptniederlassung und, sofern nach dem Recht des Staats ihres Sitzes vorgesehen, das für sie zuständige Register und die Registernummer,

j) bei anerkannten Berufsausübungsgesellschaften: bestehende Berufs- und Vertretungsverbote,

k) sofern ein Vertreter bestellt ist, die Angabe von Familienname, Vorname oder Vornamen und Anschrift des Vertreters.

(3)[1] [1]Die Bundessteuerberaterkammer hat in das Gesamtverzeichnis zusätzlich die Bezeichnung des besonderen elektronischen Steuerberaterpostfachs einzutragen. [2]Sie trägt die datenschutzrechtliche Verantwortung für diese Daten.

§ 86c[2] Steuerberaterplattform. (1) Die Mitglieder der Steuerberaterkammern sowie die nach § 76a Absatz 2 in das Berufsregister eingetragenen Berufsausübungsgesellschaften sind verpflichtet, sich bei der Steuerberaterplattform mit dem für sie eingerichteten Nutzerkonto zu registrieren.

(2) [1]Die Bundessteuerberaterkammer prüft die Identität des Steuerberaters, des Steuerbevollmächtigten oder der Leitungspersonen einer Berufsausübungsgesellschaft im Sinne des § 89a Nummer 1 oder 2 anhand eines elektronischen Identitätsnachweises nach § 18 des Personalausweisgesetzes oder eines gleichwertigen Verfahrens. [2]Die Bundessteuerberaterkammer greift zur Prüfung der Identität und der Berufsträgereigenschaft auf die von den Steuerberaterkammern im Berufsregister gespeicherten Daten zu.

(3) Die Bundessteuerberaterkammer hat sicherzustellen, dass der Zugang zur Steuerberaterplattform nur durch ein sicheres Verfahren mit zwei voneinander unabhängigen Sicherungsmitteln möglich ist.

(4) Die Bundessteuerberaterkammer ist befugt, eine digitale Schnittstelle zwischen der Steuerberaterplattform und der Vollmachtsdatenbank nach § 86 Absatz 2 Nummer 12 einzurichten.

(5) Die Bundessteuerberaterkammer kann von Fachsoftwareanbietern für die Nutzung der Steuerberaterplattform Nutzungsentgelte oder Lizenzgebühren verlangen.

(6) [1]Die Bundessteuerberaterkammer ist für die Einhaltung der technischen und datenschutzrechtlichen Vorgaben nach § 86f verantwortlich. [2]Sie kann gegenüber Dritten, die die Steuerberaterplattform nutzen, die Einhaltung technischer und datenschutzrechtlicher Standards vorgeben.

§ 86d[3] Besonderes elektronisches Steuerberaterpostfach. (1) [1]Die Bundessteuerberaterkammer richtet über die Steuerberaterplattform für jeden Steuerberater und Steuerbevollmächtigten ein besonderes elektronisches Steuerberaterpostfach empfangsbereit ein. [2]Nach Einrichtung eines besonderen elektronischen Steuerberaterpostfachs übermittelt die Bundessteuerberaterkammer dessen Bezeichnung an die zuständige Steuerberaterkammer zur Speicherung im Berufsregister.

(2) [1]Zum Zweck der Einrichtung des besonderen elektronischen Steuerberaterpostfachs übermittelt die Steuerberaterkammer den Familiennamen und

---

[1] Siehe hierzu § 157e.
[2] § 86c eingef. mWv 1.8.2022 durch G v. 7.7.2021 (BGBl. I S. 2363).
[3] § 86d eingef. mWv 1.8.2022 durch G v. 7.7.2021 (BGBl. I S. 2363).

den oder die Vornamen sowie eine zustellfähige Anschrift der Personen, die einen Antrag auf Aufnahme in die Steuerberaterkammer gestellt haben, an die Bundessteuerberaterkammer. [2]Die übermittelten Angaben sind zu löschen, wenn der Antrag zurückgenommen oder die Aufnahme in die Steuerberaterkammer unanfechtbar versagt wurde.

(3) [1]Die Bundessteuerberaterkammer hat sicherzustellen, dass der Zugang zu dem besonderen elektronischen Steuerberaterpostfach nur durch ein sicheres Verfahren mit zwei voneinander unabhängigen Sicherungsmitteln möglich ist. [2]Sie hat auch Vertretern, Praxisabwicklern, Praxistreuhändern und Zustellungsbevollmächtigten die Nutzung des besonderen elektronischen Steuerberaterpostfachs zu ermöglichen; Absatz 2 gilt insoweit sinngemäß. [3]Die Bundessteuerberaterkammer kann unterschiedlich ausgestaltete Zugangsberechtigungen für Kammermitglieder und andere Personen vorsehen. [4]Sie ist berechtigt, die in dem besonderen elektronischen Steuerberaterpostfach gespeicherten Nachrichten nach angemessener Zeit zu löschen. [5]Das besondere elektronische Steuerberaterpostfach soll barrierefrei ausgestaltet sein.

(4) [1]Sobald die Mitgliedschaft in der Steuerberaterkammer aus anderen Gründen als dem Wechsel der Steuerberaterkammer erlischt, hebt die Bundessteuerberaterkammer die Zugangsberechtigung zu dem besonderen elektronischen Steuerberaterpostfach auf. [2]Die Bundessteuerberaterkammer löscht das besondere elektronische Steuerberaterpostfach, sobald es nicht mehr benötigt wird.

(5) [1]Die Bundessteuerberaterkammer kann auch für sich und für die Steuerberaterkammern besondere elektronische Steuerberaterpostfächer einrichten. [2]Absatz 3 Satz 1 und 5 ist anzuwenden.

(6) Der Inhaber des besonderen elektronischen Steuerberaterpostfachs ist verpflichtet, die für dessen Nutzung erforderlichen technischen Einrichtungen vorzuhalten sowie Zustellungen und den Zugang von Mitteilungen über das besondere elektronische Steuerberaterpostfach zur Kenntnis zu nehmen.

§ 86e[1)] Besonderes elektronisches Steuerberaterpostfach für Berufsausübungsgesellschaften. (1) Die Bundessteuerberaterkammer richtet für jede im Steuerberaterverzeichnis eingetragene Berufsausübungsgesellschaft ein besonderes elektronisches Steuerberaterpostfach empfangsbereit ein.

(2) [1]Die Steuerberaterkammer übermittelt der Bundessteuerberaterkammer zum Zweck der Einrichtung des besonderen elektronischen Steuerberaterpostfachs den Namen oder die Firma, die Rechtsform und eine zustellungsfähige Anschrift der Berufsausübungsgesellschaft sowie die Familiennamen und den oder die Vornamen und die Berufe der gesetzlich vertretungsberechtigten Steuerberater, Steuerbevollmächtigten, Rechtsanwälte, Wirtschaftsprüfer und vereidigten Buchprüfer, die befugt sind, für Berufsausübungsgesellschaften Dokumente mit einer nicht-qualifizierten elektronischen Signatur auf einem sicheren Übermittlungsweg zu versenden. [2]Satz 1 gilt entsprechend für die

[1)] § 86e eingef. mWv 1.8.2022 durch G v. 7.7.2021 (BGBl. I S. 2363); siehe auch § 157e.

nach § 76a Absatz 1 Nummer 2 Buchstabe i in das Berufsregister eingetragenen Personen.

(3) Die Bundessteuerberaterkammer hebt die Zugangsberechtigung zu einem nach Absatz 1 eingerichteten besonderen elektronischen Steuerberaterpostfach auf, wenn die Registrierung oder die Anerkennung als Berufsausübungsgesellschaft aus einem anderen Grund als dem Wechsel der Steuerberaterkammer erlischt.

(4) Im Übrigen gilt für nach Absatz 1 eingerichtete besondere elektronische Steuerberaterpostfächer § 86d Absatz 1 Satz 2, Absatz 2 Satz 2, Absatz 3 und 4 Satz 2 sowie Absatz 6 entsprechend.

§ 86f[1] Verordnungsermächtigung. Das Bundesministerium der Finanzen wird ermächtigt, durch Rechtsverordnung nach Anhörung der Bundessteuerberaterkammer und mit Zustimmung des Bundesrates die Einzelheiten zu regeln

1. der Steuerberaterplattform, insbesondere
   a) ihrer Einrichtung und der hierzu erforderlichen Datenübermittlung,
   b) ihrer technischen Ausgestaltung einschließlich ihrer Barrierefreiheit,
   c) der Einrichtung von Nutzerkonten und der Ausgestaltung des Registrierungsverfahrens,
   d) der Verwendung der Nutzerkonten,
   e) der Ausgestaltung eines föderierten Ansatzes für das Identitätsmanagement und
   f) der Löschung von Nutzerkonten;
2. der besonderen elektronischen Steuerberaterpostfächer, insbesondere:
   a) ihrer Einrichtung und der hierzu erforderlichen Datenübermittlung,
   b) ihrer technischen Ausgestaltung einschließlich ihrer Barrierefreiheit,
   c) ihrer Führung,
   d) der Zugangsberechtigung und der Nutzung,
   e) des Löschens von Nachrichten und
   f) ihrer Löschung.

§ 86g[2] Ersetzung der Schriftform. [1] Ist nach diesem Gesetz oder einer auf Grund dieses Gesetzes erlassenen Rechtsverordnung für die Abgabe einer Erklärung die Schriftform vorgeschrieben, so kann die Erklärung auch über das besondere elektronische Steuerberaterpostfach abgegeben werden, wenn Erklärender und Empfänger über ein solches verfügen. [2] Ist die Erklärung von einer natürlichen Person abzugeben, so ist das Dokument mit einer qualifizierten elektronischen Signatur zu versehen oder von ihr zu signieren und selbst zu versenden.

---

[1] § 86f eingef. mWv 1.8.2022 durch G v. 7.7.2021 (BGBl. I S. 2363); siehe auch § 157e.
[2] § 86g eingef. mWv 1.8.2022 durch G v. 7.7.2021 (BGBl. I S. 2363); siehe auch § 157e.

§ 87 Beiträge zur Bundessteuerberaterkammer. [1]Die Bundessteuerberaterkammer erhebt von den Steuerberaterkammern Beiträge nach Maßgabe einer Beitragsordnung. [2]Die Beitragsordnung bedarf der Genehmigung durch die Aufsichtsbehörde. [3]Die Höhe der Beiträge wird von der Mitgliederversammlung festgesetzt.

§ 87a[1)] Wirtschaftsplan, Rechnungslegung. (1) Die Bundessteuerberaterkammer ist berechtigt, abweichend von den Bestimmungen der Bundeshaushaltsordnung einen Wirtschaftsplan aufzustellen, die Bücher nach den Regeln der kaufmännischen Buchführung zu führen und einen Jahresabschluss sowie einen Lagebericht nach handelsrechtlichen Grundsätzen zu erstellen.

(2) [1]Näheres regelt die Satzung der Bundessteuerberaterkammer. [2]§ 109 Abs. 2 der Bundeshaushaltsordnung ist anzuwenden.

(3) [1]Die §§ 7, 9 und 24 der Bundeshaushaltsordnung sowie die Vorschriften des Teils III der Bundeshaushaltsordnung gelten entsprechend mit Ausnahme der §§ 38 und 45 sowie der Bestimmungen, die eine Buchung nach Einnahmen und Ausgaben voraussetzen. [2]Das Bundesministerium der Finanzen wird ermächtigt, weitere Ausnahmen von der Anwendung der Vorschriften der Bundeshaushaltsordnung zuzulassen.

(4) Für das Prüfungsrecht des Bundesrechnungshofes gilt § 111 Abs. 1 der Bundeshaushaltsordnung.

§ 88[2)] Staatsaufsicht. (1) Die für die Finanzverwaltung zuständige oberste Landesbehörde führt die Aufsicht über die Steuerberaterkammern, die den Sitz im Lande haben.

(2) Das Bundesministerium der Finanzen führt die Aufsicht über die Bundessteuerberaterkammer.

(3) [1]Die Aufsicht beschränkt sich darauf, dass Gesetz und Satzung beachtet, insbesondere die den Steuerberaterkammern übertragenen Aufgaben erfüllt werden. [2]Die Aufsichtsbehörden können die hierzu erforderlichen Anordnungen und Maßnahmen treffen.

Fünfter Abschnitt. Berufsgerichtsbarkeit

Erster Unterabschnitt. Die berufsgerichtliche Ahndung von Pflichtverletzungen

§ 89[3)] Ahndung einer Pflichtverletzung. (1) Gegen einen Steuerberater oder Steuerbevollmächtigten, der schuldhaft gegen Pflichten verstößt, die in diesem Gesetz oder in der Berufsordnung nach § 86 Absatz 2 Nummer 2 bestimmt sind, wird eine berufsgerichtliche Maßnahme verhängt.

[1)] § 87a eingef. mWv 12.4.2008 durch G v. 8.4.2008 (BGBl. I S. 666).

[2)] § 88 Abs. 1 geänd. durch G v. 9.6.1989 (BGBl. I S. 1062), Abs. 1 geänd., Abs. 3 neu gef. mWv 1.7.2000 durch G v. 24.6.2000 (BGBl. I S. 874).

[3)] § 89 Abs. 2 geänd. mWv 1.7.1994 durch G v. 24.6.1994 (BGBl. I S. 1387); Abs. 1 und 3 neu gef., Abs. 4 und 5 angef. mWv 1.8.2022 durch G v. 7.7.2021 (BGBl. I S. 2363).

(2) Ein außerhalb des Berufs liegendes Verhalten eines Steuerberaters oder Steuerbevollmächtigten, das eine rechtswidrige Tat oder eine mit Geldbuße bedrohte Handlung darstellt, ist eine berufsgerichtlich zu ahndende Pflichtverletzung, wenn es nach den Umständen des Einzelfalls in besonderem Maße geeignet ist, Achtung und Vertrauen in einer für die Ausübung der Berufstätigkeit oder für das Ansehen des Berufs bedeutsamen Weise zu beeinträchtigen.

(3) Gegen eine anerkannte Berufsausübungsgesellschaft wird eine berufsgerichtliche Maßnahme verhängt, wenn

1. eine Leitungsperson der Berufsausübungsgesellschaft schuldhaft gegen Pflichten verstößt, die in diesem Gesetz oder in der Berufsordnung nach § 86 Absatz 2 Nummer 2 bestimmt sind, oder
2. eine Person, die nicht Leitungsperson ist, in Wahrnehmung der Angelegenheiten der Berufsausübungsgesellschaft gegen Pflichten verstößt, die in diesem Gesetz oder in der Berufsordnung nach § 86 Absatz 2 Nummer 2 bestimmt sind, wenn die Pflichtverletzung durch angemessene organisatorische, personelle oder technische Maßnahmen hätte verhindert oder wesentlich erschwert werden können.

(4) Eine berufsgerichtliche Maßnahme kann nicht verhängt werden, wenn der Steuerberater, der Steuerbevollmächtigte oder die Berufsausübungsgesellschaft zur Zeit der Tat nicht der Berufsgerichtbarkeit unterstand.

(5) Berufsgerichtliche Maßnahmen gegen einen Steuerberater oder Steuerbevollmächtigten und gegen die Berufsausübungsgesellschaft, der dieser angehört, können nebeneinander verhängt werden.

§ 89a[1] Leitungspersonen. Leitungspersonen einer Berufsausübungsgesellschaft sind

1. die Mitglieder eines vertretungsberechtigten Organs einer juristischen Person,
2. die vertretungsberechtigten Gesellschafter einer rechtsfähigen Personengesellschaft,
3. die Generalbevollmächtigten,
4. die Prokuristen und Handlungsbevollmächtigten, soweit sie eine leitende Stellung innehaben, sowie
5. nicht in den Nummern 1 bis 4 genannte Personen, die für die Leitung der Berufsausübungsgesellschaft verantwortlich handeln, wozu auch die Überwachung der Geschäftsführung oder die sonstige Ausübung von Kontrollbefugnissen in leitender Stellung gehört.

§ 89b[2] Rechtsnachfolger. Im Fall einer Gesamtrechtsnachfolge oder einer partiellen Gesamtrechtsnachfolge durch Aufspaltung (§ 123 Absatz 1 des Umwandlungsgesetzes) können berufsgerichtliche Maßnahmen gegen den oder die Rechtsnachfolger verhängt werden.

---

[1] § 89a eingef. mWv 1.8.2022 durch G v. 7.7.2021 (BGBl. I S. 2363).
[2] § 89b eingef. mWv 1.8.2022 durch G v. 7.7.2021 (BGBl. I S. 2363).

§ 90[1] **Berufsgerichtliche Maßnahmen.** (1) Die berufsgerichtlichen Maßnahmen sind bei Verfahren gegen Steuerberater oder Steuerbevollmächtigte

1. Warnung,
2. Verweis,
3. Geldbuße bis zu fünfzigtausend Euro,
4. Berufsverbot für die Dauer von einem bis zu fünf Jahren,
5. Ausschließung aus dem Beruf.

(2) Berufsgerichtliche Maßnahmen bei Verfahren gegen Berufsausübungsgesellschaften sind

1. Warnung,
2. Verweis,
3. Geldbuße bis zu fünfhunderttausend Euro,
4. Berufsverbot für die Dauer von einem Jahr bis zu fünf Jahren,
5. Aberkennung der Befugnis zur geschäftsmäßigen Hilfeleistung in Steuersachen.

(3) Die berufsgerichtlichen Maßnahmen des Verweises und der Geldbuße können nebeneinander verhängt werden.

§ 91[2] **Rüge und berufsgerichtliche Maßnahme.** (1) [1]Der Einleitung eines berufsgerichtlichen Verfahrens steht es nicht entgegen, daß der Vorstand der Steuerberaterkammer bereits wegen desselben Verhaltens eine Rüge erteilt hat (§ 81). [2]Hat das Landgericht den Rügebescheid aufgehoben (§ 82), weil es eine Pflichtverletzung nach § 89 Absatz 1 bis 3 nicht festgestellt hat, so kann ein berufsgerichtliches Verfahren wegen desselben Verhaltens nur auf Grund solcher Tatsachen oder Beweismittel eingeleitet werden, die dem Landgericht bei seiner Entscheidung nicht bekannt waren.

(2) [1]Die Rüge wird mit der Rechtskraft eines berufsgerichtlichen Urteils unwirksam, das wegen desselben Verhaltens gegen das Mitglied der Steuerberaterkammer ergeht und auf Freispruch oder eine berufsgerichtliche Maßnahme lautet. [2]Die Rüge wird auch unwirksam, wenn rechtskräftig die Eröffnung des Hauptverfahrens abgelehnt ist, weil eine Pflichtverletzung nach § 89 Absatz 1 bis 3 nicht festzustellen ist.

§ 92[3] **Anderweitige Ahndung.** [1]Von einer berufsgerichtlichen Ahndung ist abzusehen, wenn

1. durch ein Gericht oder eine Behörde wegen desselben Verhaltens bereits eine Strafe, eine Geldbuße nach dem Gesetz über Ordnungswidrigkeiten oder eine berufsaufsichtliche Maßnahme verhängt worden ist oder

---

[1] § 90 Abs. 1 Nr. 3 Betrag geänd. mWv 1.7.1994 durch G v. 24.6.1994 (BGBl. I S. 1387), Abs. 1 Nr. 3 geänd. mWv 1.1.2002 durch G v. 24.6.2000 (BGBl. I S. 874); Abs. 1 neu gef. mWv 12.4.2008 durch G v. 8.4.2008 (BGBl. I S. 666); Abs. 1 einl. Satzteil geänd., Abs. 2 eingef., bish. Abs. 2 wird Abs. 3 mWv 1.8.2022 durch G v. 7.7.2021 (BGBl. I S. 2363).

[2] § 91 Abs. 1 Satz 1 geänd. mWv 1.7.2000 durch G v. 24.6.2000 (BGBl. I S. 874); Abs. 1 Sätze 1 und 2 und Abs. 2 Sätze 1 und 2 geänd. mWv 1.8.2022 durch G v. 7.7.2021 (BGBl. I S. 2363).

[3] § 92 neu gef. mWv 1.8.2022 durch G v. 7.7.2021 (BGBl. I S. 2363).

2. das Verhalten nach § 153a Absatz 1 Satz 5, auch in Verbindung mit Absatz 2 Satz 2, der Strafprozessordnung nicht mehr als Vergehen verfolgt werden kann.

[2] Satz 1 gilt nicht, wenn eine berufsgerichtliche Maßnahme zusätzlich erforderlich ist, um den Steuerberater, Steuerbevollmächtigten oder die Berufsausübungsgesellschaft zur Erfüllung seiner oder ihrer Pflichten anzuhalten oder um das Ansehen des Berufs zu wahren. [3] Die Erforderlichkeit einer Maßnahme nach § 90 Absatz 1 Nummer 4 oder 5 oder Absatz 2 Nummer 4 und 5 bleibt durch eine anderweitige Ahndung unberührt.

§ 93[1)] Verjährung von Pflichtverletzungen. (1) [1] Die Verfolgung einer Pflichtverletzung verjährt nach fünf Jahren. [2] Abweichend davon verjährt sie

1. nach zehn Jahren, wenn die Pflichtverletzung eine Maßnahme nach § 90 Absatz 1 Nummer 4 oder Absatz 2 Nummer 4 rechtfertigt,
2. nach 20 Jahren, wenn die Pflichtverletzung eine Maßnahme nach § 90 Absatz 1 Nummer 5 oder Absatz 2 Nummer 5 rechtfertigt.

[3] Die Verjährung beginnt, sobald die Tat beendet ist.

(2) [1] Für das Ruhen der Verjährung gilt § 78b Absatz 1 bis 3 des Strafgesetzbuches entsprechend. [2] Die Verjährung ruht zudem für die Dauer

1. eines wegen desselben Verhaltens eingeleiteten Straf- oder Bußgeldverfahrens,
2. eines wegen desselben Verhaltens eingeleiteten vorrangigen berufsaufsichtlichen Verfahrens und
3. einer Aussetzung des Verfahrens nach § 111.

(3) Für die Unterbrechung der Verjährung gilt § 78c Absatz 1 bis 4 des Strafgesetzbuches entsprechend.

§ 94[2)] *(aufgehoben)*

Zweiter Unterabschnitt. Die Gerichte

§ 95[3)] Kammer für Steuerberater- und Steuerbevollmächtigtensachen beim Landgericht. (1) In dem berufsgerichtlichen Verfahren entscheidet im ersten Rechtszug eine Kammer des Landgerichts (Kammer für Steuerberater- und Steuerbevollmächtigtensachen), das für den Sitz der Steuerberaterkammer zuständig ist.

(2) [1] Bestehen in einem Land mehrere Steuerberaterkammern, so kann die Landesregierung durch Rechtsverordnung die Steuerberater- und Steuerbevollmächtigtensachen einem oder einigen der Landgerichte zuweisen, wenn eine solche Zusammenfassung der Rechtspflege in Steuerberater- und Steuerbevollmächtigtensachen, insbesondere der Sicherung einer einheitlichen

---

1) § 93 neu gef. mWv 1.8.2022 durch G v. 7.7.2021 (BGBl. I S. 2363).
2) § 94 aufgeh. mWv 1.8.2022 durch G v. 7.7.2021 (BGBl. I S. 2363).
3) § 95 Abs. 4 Satz 2 geänd. durch G v. 9.6.1989 (BGBl. I S. 1062); Abs. 1 und Abs. 2 Sätze 1 und 2 geänd. mWv 1.7.2000 durch G v. 24.6.2000 (BGBl. I S. 874).

Rechtsprechung, dienlich ist. [2]Die Vorstände der beteiligten Steuerberaterkammern sind vorher zu hören.

(3) Durch Vereinbarung der beteiligten Länder können die Aufgaben, für die nach diesem Gesetz das Landgericht eines Landes zuständig ist, einem Landgericht des anderen Landes übertragen werden.

(4) [1]Die Kammer für Steuerberater- und Steuerbevollmächtigtensachen entscheidet außerhalb der Hauptverhandlung in der Besetzung von drei Mitgliedern des Landgerichts mit Einschluß des Vorsitzenden. [2]In der Hauptverhandlung ist sie mit dem Vorsitzenden und zwei Steuerberatern oder Steuerbevollmächtigten als Beisitzern besetzt.

§ 96[1)] Senat für Steuerberater- und Steuerbevollmächtigtensachen beim Oberlandesgericht. (1) In dem berufsgerichtlichen Verfahren entscheidet im zweiten Rechtszug ein Senat des Oberlandesgerichts (Senat für Steuerberater- und Steuerbevollmächtigtensachen beim Oberlandesgericht).

(2) [1]§ 95 Abs. 2 und 3 findet entsprechende Anwendung. [2]Die Steuerberater- und Steuerbevollmächtigtensachen können auch dem obersten Landesgericht zugewiesen oder übertragen werden.

(3) [1]Der Senat für Steuerberater- und Steuerbevollmächtigtensachen entscheidet außerhalb der Hauptverhandlung in der Besetzung von drei Mitgliedern des Oberlandesgerichts mit Einschluß des Vorsitzenden. [2]In der Hauptverhandlung wirken außerdem als Beisitzer zwei Steuerberater oder Steuerbevollmächtigte mit.

§ 97[2)] Senat für Steuerberater- und Steuerbevollmächtigtensachen beim Bundesgerichtshof. (1) In dem berufsgerichtlichen Verfahren entscheidet im dritten Rechtszug ein Senat des Bundesgerichtshofs (Senat für Steuerberater- und Steuerbevollmächtigtensachen beim Bundesgerichtshof).

(2) Der Senat für Steuerberater- und Steuerbevollmächtigtensachen besteht aus einem Vorsitzenden sowie zwei Mitgliedern des Bundesgerichtshofs und zwei Steuerberatern oder Steuerbevollmächtigten als Beisitzern.

§ 98[3)] *(aufgehoben)*

§ 99[4)] Steuerberater oder Steuerbevollmächtigte als Beisitzer. (1) Die Beisitzer aus den Reihen der Steuerberater oder Steuerbevollmächtigten sind ehrenamtliche Richter.

[1)] § 96 Abs. 3 Satz 2 geänd. durch G v. 9.6.1989 (BGBl. I S. 1062).

[2)] § 97 Abs. 2 neu gef. mWv 1.7.1994 durch G v. 24.6.1994 (BGBl. I S. 1387).

[3)] § 98 aufgeh. durch G v. 9.6.1989 (BGBl. I S. 1062).

[4)] § 99 Abs. 3 Sätze 1 und 2 und Abs. 5 geänd., Abs. 6 angef. mWv 1.7.2000 durch G v. 24.6.2000 (BGBl. I S. 874); Abs. 2 Satz 1 geänd., Abs. 5 eingef., bish. Abs. 5 wird Abs. 6 und geänd., bish. Abs. 6 wird Abs. 7 mWv 1.1.2005 durch G v. 21.12.2004 (BGBl. I S. 3599); Abs. 6 geänd. mWv 8.9.2015 durch VO v. 31.8.2015 (BGBl. I S. 1474); Abs. 7 neu gef. mWv 6.11.2015 durch G v. 2.11.2015 (BGBl. I S. 1834); Abs. 5 aufgeh., bish. Abs. 6 und 7 werden Abs. 5 und 6 und neuer Abs. 5 geänd. mWv 1.8.2021 durch G v. 25.6.2021 (BGBl. I S. 2154).

(2) [1]Die ehrenamtlichen Richter werden für die Gerichte des ersten und zweiten Rechtszugs von der Landesjustizverwaltung auf die Dauer von fünf Jahren berufen. [2]Sie können nach Ablauf ihrer Amtszeit wiederberufen werden.

(3) [1]Die ehrenamtlichen Richter werden den Vorschlagslisten entnommen, die die Vorstände der Steuerberaterkammern der Landesjustizverwaltung einreichen. [2]Die Landesjustizverwaltung bestimmt, welche Zahl von ehrenamtlichen Richtern für jedes Gericht erforderlich ist; sie hat vorher die Vorstände der Steuerberaterkammern zu hören. [3]Jede Vorschlagsliste soll mindestens die doppelte Zahl der zu berufenden Steuerberater oder Steuerbevollmächtigten enthalten.

(4) Scheidet ein ehrenamtlicher Richter vorzeitig aus, so wird für den Rest seiner Amtszeit ein Nachfolger berufen.

(5) Die Absätze 1 bis 4 finden auf die ehrenamtlichen Richter des Senats für Steuerberater- und Steuerbevollmächtigtensachen beim Bundesgerichtshof mit der Maßgabe Anwendung, daß an Stelle der Steuerberaterkammern die Bundessteuerberaterkammer und an Stelle der Landesjustizverwaltung das Bundesministerium der Justiz und für Verbraucherschutz treten.

(6) [1]Die Landesregierungen werden ermächtigt, die Aufgaben und Befugnisse, die den Landesjustizverwaltungen nach den Absätzen 2 und 3 zustehen, durch Rechtsverordnung auf diesen nachgeordnete Behörden zu übertragen. [2]Die Landesregierungen können diese Ermächtigung durch Rechtsverordnung auf die Landesjustizverwaltungen übertragen.

§ 100[1)] Voraussetzungen für die Berufung zum Beisitzer und Recht zur Ablehnung. (1) [1]Zum ehrenamtlichen Richter kann nur ein Steuerberater oder Steuerbevollmächtigter berufen werden, der in den Vorstand der Steuerberaterkammer gewählt werden kann (§ 77). [2]Er darf als Beisitzer nur für die Kammer für Steuerberater- und Steuerbevollmächtigtensachen beim Landgericht oder den Senat für Steuerberater- und Steuerbevollmächtigtensachen beim Oberlandesgericht oder den Senat für Steuerberater- und Steuerbevollmächtigtensachen beim Bundesgerichtshof berufen werden.

(2) Die ehrenamtlichen Richter dürfen nicht gleichzeitig dem Vorstand der Steuerberaterkammer angehören oder bei ihr im Haupt- oder Nebenberuf tätig sein.

(3) Die Übernahme des Beisitzeramtes kann ablehnen,

1. wer das 65. Lebensjahr vollendet hat;
2. wer in den letzten vier Jahren Mitglied des Vorstandes gewesen ist;
3. wer in gesundheitlicher Hinsicht beeinträchtigt ist.

§ 101[2)] Enthebung vom Amt des Beisitzers. (1) Ein Steuerberater oder Steuerbevollmächtigter ist in den Fällen der §§ 95 und 96 auf Antrag der für

---

[1)] § 100 Abs. 1 Satz 1 und Abs. 2 geänd. mWv 1.7.2000 durch G v. 24.6.2000 (BGBl. I S. 874), Abs. 3 Nr. 3 neu gef. mWv 1.5.2002 durch G v. 27.4.2002 (BGBl. I S. 1467).

[2)] § 101 Abs. 1 geänd. mWv 1.7.2000 durch G v. 24.6.2000 (BGBl. I S. 874); Abs. 1 einl. Satzteil geänd. mWv 8.9.2015 durch VO v. 31.8.2015 (BGBl. I S. 1474).

die Ernennung zuständigen Behörde, im Falle des § 97 auf Antrag des Bundesministeriums der Justiz und für Verbraucherschutz seines Amtes als Beisitzer zu entheben,

1. wenn nachträglich bekannt wird, daß er nicht hätte zum Beisitzer berufen werden dürfen;
2. wenn nachträglich ein Umstand eintritt, welcher der Berufung zum Beisitzer entgegensteht;
3. wenn der Steuerberater oder Steuerbevollmächtigte seine Amtspflicht als Beisitzer grob verletzt.

(2) [1]Über den Antrag entscheidet in den Fällen der §§ 95 und 96 ein Zivilsenat des Oberlandesgerichts, im Falle des § 97 ein Zivilsenat des Bundesgerichtshofs. [2]Bei der Entscheidung dürfen die Mitglieder der Senate für Steuerberater- und Steuerbevollmächtigtensachen nicht mitwirken.

(3) Vor der Entscheidung ist der Steuerberater oder Steuerbevollmächtigte zu hören.

§ 102[1)] Stellung der ehrenamtlichen Richter und Pflicht zur Verschwiegenheit. (1) Die Steuerberater oder Steuerbevollmächtigten haben in der Sitzung, zu der sie als ehrenamtliche Richter herangezogen werden, die Stellung eines Berufsrichters.

(2) [1]Die Steuerberater und Steuerbevollmächtigten haben über Angelegenheiten, die ihnen bei ihrer Tätigkeit als ehrenamtliche Richter bekanntwerden, Verschwiegenheit zu bewahren. [2]§ 83 Absatz 1 und 2 ist entsprechend anzuwenden. [3]Die Genehmigung zur Aussage erteilt der Präsident des Gerichts.

§ 103[2)] Reihenfolge der Teilnahme an den Sitzungen. Die ehrenamtlichen Richter sind zu den einzelnen Sitzungen in der Reihenfolge einer Liste heranzuziehen, die der Präsident des Gerichts nach Anhörung der beiden ältesten ehrenamtlichen Richter vor Beginn des Geschäftsjahres aufstellt.

§ 104[3)] Entschädigung der ehrenamtlichen Richter. Die ehrenamtlichen Richter erhalten eine Entschädigung nach dem Justizvergütungs- und -entschädigungsgesetz.

Dritter Unterabschnitt. Verfahrensvorschriften

Erster Teilabschnitt.[4)] Allgemeines

§ 105 Vorschriften für das Verfahren. Für das berufsgerichtliche Verfahren gelten die nachstehenden Vorschriften.

---

1) § 102 Abs. 2 Sätze 1 und 2 geänd. mWv 1.8.2021 durch G v. 25.6.2021 (BGBl. I S. 2154).
2) § 103 neu gef. durch G v. 9.6.1989 (BGBl. I S. 1062).
3) § 104 geänd. mWv 1.7.2004 durch G v. 5.5.2004 (BGBl. I S. 718).
4) Überschrift geänd. mWv 18.12.2019 durch G v. 12.12.2019 (BGBl. I S. 2451).

§ 106 Keine Verhaftung des Steuerberaters oder Steuerbevollmächtigten. [1]Der Steuerberater oder Steuerbevollmächtigte darf zur Durchführung des berufsgerichtlichen Verfahrens weder vorläufig festgenommen noch verhaftet oder vorgeführt werden. [2]Er kann nicht zur Vorbereitung eines Gutachtens über seinen psychischen Zustand in ein psychiatrisches Krankenhaus gebracht werden.

§ 107[1)] Verteidigung. (1) Zu Verteidigern im berufsgerichtlichen Verfahren vor dem Landgericht und vor dem Oberlandesgericht können außer den in § 138 Abs. 1 der Strafprozeßordnung genannten Personen auch Steuerberater oder Steuerbevollmächtigte gewählt werden.

(2) § 140 Abs. 1 Nr. 1 bis 3, 6, 7 und 9 der Strafprozeßordnung ist auf die Verteidigung im berufsgerichtlichen Verfahren nicht anzuwenden.

§ 108[2)] Akteneinsicht. [1]Der Vorstand der Steuerberaterkammer und das Mitglied der Steuerberaterkammer sind befugt, die Akten, die dem Gericht vorliegen oder diesem im Falle der Einreichung einer Anschuldigungsschrift vorzulegen wären, einzusehen sowie amtlich verwahrte Beweisstücke zu besichtigen. [2]§ 147 Abs. 2 Satz 1, Abs. 3, 5 und 6 der Strafprozeßordnung ist insoweit entsprechend anzuwenden.

§ 109[3)] Verhältnis des berufsgerichtlichen Verfahrens zum Straf- oder Bußgeldverfahren. (1) [1]Ist gegen ein Mitglied der Steuerberaterkammer, das einer Verletzung seiner Pflichten beschuldigt wird, wegen desselben Verhaltens die öffentliche Klage im Strafverfahren erhoben oder ein Bußgeldbescheid erlassen, so kann gegen das Mitglied ein berufsgerichtliches Verfahren eingeleitet werden, das aber bis zur Beendigung des Straf- oder Bußgeldverfahrens ausgesetzt werden muss. [2]Ebenso muss ein bereits eingeleitetes berufsgerichtliches Verfahren ausgesetzt werden, wenn während seines Laufes die öffentliche Klage im Strafverfahren erhoben oder ein Bußgeldbescheid erlassen wird. [3]In den Fällen der Sätze 1 und 2 ist das berufsgerichtliche Verfahren vor der Beendigung des Straf- oder Bußgeldverfahrens fortzusetzen, wenn die Sachaufklärung so gesichert erscheint, dass sich widersprechende Entscheidungen nicht zu erwarten sind, oder wenn im Straf- oder Bußgeldverfahren aus Gründen nicht verhandelt werden kann, die in der Person des Mitglieds der Steuerberaterkammer liegen.

(2) Wird das Mitglied der Steuerberaterkammer im gerichtlichen Verfahren wegen einer Straftat oder einer Ordnungswidrigkeit freigesprochen, so kann wegen der Tatsachen, die Gegenstand der gerichtlichen Entscheidung waren,

---

1) § 107 Abs. 2 geänd. mWv 1.9.2013 durch G v. 26.6.2013 (BGBl. I S. 1805).

2) § 108 Satz 1 neu gef. mWv 1.7.1994 durch G v. 24.6.1994 (BGBl. I S. 1387); Satz 1 geänd. mWv 1.7.2000 durch G v. 24.6.2000 (BGBl. I S. 874); Satz 2 geänd. mWv 1.1.2010 durch G v. 29.7.2009 (BGBl. I S. 2274); Überschrift und Satz 1 geänd. mWv 1.8.2022 durch G v. 7.7.2021 (BGBl. I S. 2363).

3) § 109 Abs. 1 Satz 3 neu gef. sowie Abs. 4 angef. mWv 1.7.1994 durch G v. 24.6.1994 (BGBl. I S. 1387); Abs. 1 neu gef., Abs. 2 geänd., Abs. 4 neu gef. mWv 1.8.2022 durch G v. 7.7.2021 (BGBl. I S. 2363).

ein berufsgerichtliches Verfahren nur dann eingeleitet oder fortgesetzt werden, wenn diese Tatsachen, ohne den Tatbestand einer Strafvorschrift oder einer Bußgeldvorschrift zu erfüllen, eine Verletzung der Pflichten des Mitglieds der Steuerberaterkammer enthalten.

(3) [1] Für die Entscheidung im berufsgerichtlichen Verfahren sind die tatsächlichen Feststellungen des Urteils im Straf- oder Bußgeldverfahren bindend, auf denen die Entscheidung des Gerichts beruht. [2] In dem berufsgerichtlichen Verfahren kann ein Gericht jedoch die nochmalige Prüfung solcher Feststellungen beschließen, deren Richtigkeit seine Mitglieder mit Stimmenmehrheit bezweifeln; dies ist in den Gründen der berufsgerichtlichen Entscheidung zum Ausdruck zu bringen.

(4) [1] Wird ein berufsgerichtliches Verfahren nach Absatz 1 Satz 3 fortgesetzt, ist die Wiederaufnahme des rechtskräftig abgeschlossenen berufsgerichtlichen Verfahrens auch zulässig, wenn die tatsächlichen Feststellungen, auf denen die Verurteilung oder der Freispruch im berufsgerichtlichen Verfahren beruht, den Feststellungen im Straf- oder Bußgeldverfahren widersprechen. [2] Den Antrag auf Wiederaufnahme des Verfahrens kann die Staatsanwaltschaft oder das Mitglied der Steuerberaterkammer binnen eines Monats nach Rechtskraft des Urteils im Straf- oder Bußgeldverfahren stellen.

§ 110[1)] Verhältnis des berufsgerichtlichen Verfahrens zu berufsaufsichtlichen Verfahren nach anderen Berufsgesetzen. (1) [1] Über eine Pflichtverletzung eines Mitglieds einer Steuerberatungskammer, die zugleich Pflichten eines anderen Berufs verletzt, dessen Berufsaufsicht das Mitglied untersteht, ist zunächst im berufsgerichtlichen Verfahren nach diesem Gesetz zu entscheiden, wenn die Pflichtverletzung überwiegend mit der Ausübung des Berufs des Steuerberaters oder Steuerbevollmächtigten in Zusammenhang steht. [2] Ist kein Schwerpunkt der Pflichtverletzung erkennbar oder besteht kein Zusammenhang der Pflichtverletzung mit der Ausübung eines Berufs, ist zunächst im berufsgerichtlichen Verfahren nach diesem Gesetz zu entscheiden, wenn das Mitglied hauptsächlich als Steuerberater oder Steuerbevollmächtigter tätig ist.

(2) Kommt eine Maßnahme nach § 90 Absatz 1 Nummer 4 oder 5 oder nach Absatz 2 Nummer 4 oder 5 in Betracht, ist stets im berufsgerichtlichen Verfahren nach diesem Gesetz zu entscheiden.

(3) Gegenstand der Entscheidung im berufsgerichtlichen Verfahren nach diesem Gesetz ist nur die Verletzung der dem Mitglied obliegenden Pflichten.

§ 111 Aussetzung des berufsgerichtlichen Verfahrens. Das berufsgerichtliche Verfahren kann ausgesetzt werden, wenn in einem anderen gesetzlich geordneten Verfahren über eine Frage zu entscheiden ist, deren Beurteilung für die Entscheidung im berufsgerichtlichen Verfahren von wesentlicher Bedeutung ist.

[1)] § 110 neu gef. mWv 1.8.2022 durch G v. 7.7.2021 (BGBl. I S. 2363).

§ 111a[1)] Berufsgerichtliches Verfahren gegen Leitungspersonen und Berufsausübungsgesellschaften. (1) Das berufsgerichtliche Verfahren gegen eine Leitungsperson und das berufsgerichtliche Verfahren gegen eine Berufsausübungsgesellschaft wegen Pflichtverletzungen können miteinander verbunden werden.

(2) Von berufsgerichtlichen Maßnahmen gegen eine Berufsausübungsgesellschaft kann abgesehen werden, wenn sie unter Berücksichtigung aller Umstände des Einzelfalls, insbesondere der Art der Pflichtverletzung, deren Häufigkeit und Gleichförmigkeit und des Schwerpunkts der Vorwerfbarkeit, neben der Verhängung einer berufsgerichtlichen Maßnahme gegen die Leitungsperson nicht erforderlich erscheinen.

§ 111b[2)] Vertretung von Berufsausübungsgesellschaften. (1) Die Berufsausübungsgesellschaft wird vorbehaltlich des § 111c Absatz 1 Satz 2 im berufsgerichtlichen Verfahren durch ihre gesetzlichen Vertreter vertreten.

(2) Von der Vertretung ausgeschlossen sind Personen, die einer Berufspflichtverletzung beschuldigt sind.

(3) § 51 Absatz 2 der Zivilprozessordnung gilt entsprechend.

§ 111c[3)] Besonderer Vertreter. (1) [1]Hat die Berufsausübungsgesellschaft keinen gesetzlichen Vertreter oder sind alle gesetzlichen Vertreter der Berufsausübungsgesellschaft von der Vertretung ausgeschlossen, so bestellt der Vorsitzende des Gerichts, das mit der Sache befasst ist, für die Berufsausübungsgesellschaft einen besonderen Vertreter. [2]Der besondere Vertreter hat bis zum Eintritt eines gesetzlichen Vertreters im Verfahren die Stellung eines gesetzlichen Vertreters.

(2) [1]Vor Einreichung der Anschuldigungsschrift erfolgt die Bestellung des besonderen Vertreters auf Antrag der Staatsanwaltschaft. [2]Für die Bestellung ist der Vorsitzende der Kammer für Steuerberater- und Steuerbevollmächtigtensachen beim Landgericht nach § 95 Absatz 1 zuständig.

§ 111d[4)] Verfahrenseintritt von Rechtsnachfolgern. Im Fall einer Rechtsnachfolge (§ 89b) treten Rechtsnachfolger der Berufsausübungsgesellschaft in diejenige Lage des Verfahrens ein, in der sich die Berufsausübungsgesellschaft zum Zeitpunkt des Wirksamwerdens der Rechtsnachfolge befunden hat.

§ 111e[5)] Vernehmung des gesetzlichen Vertreters. (1) [1]Dem gesetzlichen Vertreter der Berufsausübungsgesellschaft steht es im berufsgerichtlichen Verfahren frei, sich zu äußern oder nicht zur Sache auszusagen. [2]§ 133 Absatz 1 sowie die §§ 136 und 136a der Strafprozessordnung gelten für die Vernehmung des gesetzlichen Vertreters der Berufsausübungsgesellschaft entsprechend.

[1)] § 111a eingef. mWv 1.8.2022 durch G v. 7.7.2021 (BGBl. I S. 2363).
[2)] § 111b eingef. mWv 1.8.2022 durch G v. 7.7.2021 (BGBl. I S. 2363).
[3)] § 111c eingef. mWv 1.8.2022 durch G v. 7.7.2021 (BGBl. I S. 2363).
[4)] § 111d eingef. mWv 1.8.2022 durch G v. 7.7.2021 (BGBl. I S. 2363).
[5)] § 111e eingef. mWv 1.8.2022 durch G v. 7.7.2021 (BGBl. I S. 2363).

(2) [1]In anderen Verfahren kann der gesetzliche Vertreter der Berufsausübungsgesellschaft als Zeuge auch die Auskunft auf solche Fragen verweigern, deren Beantwortung der Berufsausübungsgesellschaft die Gefahr zuziehen würde, für eine Berufspflichtverletzung verantwortlich gemacht zu werden. [2]§ 55 Absatz 2 und § 56 der Strafprozessordnung gelten entsprechend.

§ 111f[1)] Berufs- und Vertretungsverbot. In § 129 Absatz 1, § 134 Absatz 1, § 140 Absatz 1 und § 142 Nummer 1 tritt an die Stelle der Ausschließung aus dem Beruf die Aberkennung der Befugnis zur geschäftsmäßigen Hilfeleistung in Steuersachen.

Zweiter Teilabschnitt.[2)] Das Verfahren im ersten Rechtszug

§ 112[3)] Örtliche Zuständigkeit. [1]Die örtliche Zuständigkeit des Landgerichts bestimmt sich nach dem Sitz der Steuerberaterkammer, welcher das Mitglied der Steuerberaterkammer im Zeitpunkt der Beantragung der Einleitung des Verfahrens angehört. [2]Die Verlegung der beruflichen Niederlassung nach diesem Zeitpunkt in einen anderen Kammerbezirk führt nicht zu einem Wechsel der Zuständigkeit.

§ 113 Mitwirkung der Staatsanwaltschaft. Die Staatsanwaltschaft bei dem Oberlandesgericht, bei dem der Senat für Steuerberater- und Steuerbevollmächtigtensachen besteht, nimmt in den Verfahren vor der Kammer für Steuerberater- und Steuerbevollmächtigtensachen die Aufgaben der Staatsanwaltschaft wahr.

§ 114 Einleitung des berufsgerichtlichen Verfahrens. Das berufsgerichtliche Verfahren wird dadurch eingeleitet, daß die Staatsanwaltschaft eine Anschuldigungsschrift bei dem Landgericht einreicht.

§ 115[4)] Gerichtliche Entscheidung über die Einleitung des Verfahrens. (1) Gibt die Staatsanwaltschaft einem Antrag des Vorstandes der Steuerberaterkammer, gegen ein Mitglied der Steuerberaterkammer das berufsgerichtliche Verfahren einzuleiten, keine Folge oder verfügt sie die Einstellung des Verfahrens, so hat sie ihre Entschließung dem Vorstand der Steuerberaterkammer unter Angabe der Gründe mitzuteilen.

(2) [1]Der Vorstand der Steuerberaterkammer kann gegen den Bescheid der Staatsanwaltschaft binnen eines Monats nach der Bekanntmachung bei dem Oberlandesgericht die gerichtliche Entscheidung beantragen. [2]Der Antrag muß die Tatsachen, welche die Einleitung des berufsgerichtlichen Verfahrens begründen sollen, und die Beweismittel angeben. [3]Satz 1 gilt nicht, wenn der Senat für Steuerberater- und Steuerbevollmächtigtensachen der Einstellung zugestimmt hatte.

---

1) § 111f eingef. mWv 1.8.2022 durch G v. 7.7.2021 (BGBl. I S. 2363).
2) Überschrift geänd. mWv 18.12.2019 durch G v. 12.12.2019 (BGBl. I S. 2451).
3) § 112 geänd., Satz 2 angef. mWv 1.7.2000 durch G v. 24.6.2000 (BGBl. I S. 874); Satz 1 *geänd. mWv 1.8.2022 durch G* v. 7.7.2021 (BGBl. I S. 2363).
4) § 115 Abs. 1 und 2 Satz 1 geänd. mWv 1.7.2000 durch G v. 24.6.2000 (BGBl. I S. 874); Abs. 1 geänd., Abs. 2 Satz 3 angef. mWv 1.8.2022 durch G v. 7.7.2021 (BGBl. I S. 2363).

(3) Auf das Verfahren nach Absatz 2 sind die §§ 173 bis 175 der Strafprozeßordnung entsprechend anzuwenden.

(4) § 172 der Strafprozeßordnung ist nicht anzuwenden.

§ 116[1)] Antrag des Mitglieds der Steuerberaterkammer auf Einleitung des berufsgerichtlichen Verfahrens. (1) [1] Will sich das Mitglied der Steuerberaterkammer von dem Verdacht einer Pflichtverletzung befreien, so muss es bei der Staatsanwaltschaft beantragen, das berufsgerichtliche Verfahren gegen sich einzuleiten. [2] Wegen eines Verhaltens, das der Vorstand der Steuerberaterkammer gerügt hat (§ 81), kann das Mitglied den Antrag nicht stellen.

(2) [1] Gibt die Staatsanwaltschaft dem Antrag des Mitglieds der Steuerberaterkammer keine Folge oder verfügt sie die Einstellung des Verfahrens, so hat sie ihre Entschließung dem Antragsteller unter Angabe der Gründe mitzuteilen. [2] Das Mitglied kann bei dem Oberlandesgericht die gerichtliche Entscheidung beantragen, wenn in den Gründen

1. eine Pflichtverletzung nach § 89 Absatz 1 bis 3 festgestellt, das berufsgerichtliche Verfahren aber nicht eingeleitet wird, oder
2. offengelassen wird, ob eine Pflichtverletzung nach § 89 Absatz 1 bis 3 vorliegt.

[3] Der Antrag ist binnen eines Monats nach der Bekanntmachung der Entschließung der Staatsanwaltschaft zu stellen.

(3) [1] Auf das Verfahren vor dem Senat für Steuerberater- und Steuerbevollmächtigtensachen beim Oberlandesgericht ist § 173 Abs. 1 und 3 der Strafprozeßordnung entsprechend anzuwenden. [2] Das Oberlandesgericht entscheidet durch Beschluß, ob eine Pflichtverletzung nach § 89 Absatz 1 bis 3 des Mitglieds der Steuerberaterkammer festzustellen ist. [3] Der Beschluß ist mit Gründen zu versehen. [4] Erachtet das Oberlandesgericht das Mitglied der Steuerberaterkammer einer berufsgerichtlich zu ahndenden Pflichtverletzung für hinreichend verdächtig, so beschließt es die Einleitung des berufsgerichtlichen Verfahrens. [5] Die Durchführung dieses Beschlusses obliegt der Staatsanwaltschaft.

(4) Erachtet das Oberlandesgericht eine Pflichtverletzung nach § 89 Absatz 1 bis 3 nicht für gegeben, so kann nur auf Grund neuer Tatsachen oder Beweismittel wegen desselben Verhaltens ein Antrag auf Einleitung des berufsgerichtlichen Verfahrens gestellt oder eine Rüge durch den Vorstand der Steuerberaterkammer erteilt werden.

§ 117[2)] Inhalt der Anschuldigungsschrift. [1] In der Anschuldigungsschrift (§ 114 dieses Gesetzes sowie § 207 Abs. 3 der Strafprozeßordnung) ist die dem Mitglied der Steuerberaterkammer zur Last gelegte Pflichtverletzung unter Anführung der sie begründenden Tatsache zu bezeichnen (Anschuldigungs-

---

[1)] § 116 Abs. 1 neu gef., Abs. 4 geänd. mWv 1.7.2000 durch G v. 24.6.2000 (BGBl. I S. 874); Überschrift geänd., Abs. 1 Satz 1 neu gef., Satz 2 und Abs. 2 Satz 1 geänd., Satz 2 neu gef., Abs. 3 Sätze 2 und 4 und Abs. 4 geänd. mWv 1.8.2022 durch G v. 7.7.2021 (BGBl. I S. 2363).

[2)] § 117 Satz 1 geänd. mWv 1.8.2022 durch G v. 7.7.2021 (BGBl. I S. 2363).

satz). 2 Ferner sind die Beweismittel anzugeben, wenn in der Hauptverhandlung Beweise erhoben werden sollen. 3 Die Anschuldigungsschrift enthält den Antrag, das Hauptverfahren vor der Kammer für Steuerberater- und Steuerbevollmächtigtensachen beim Landgericht zu eröffnen.

§ 118[1] Entscheidung über die Eröffnung des Hauptverfahrens. (1) In dem Beschluß, durch den das Hauptverfahren eröffnet wird, läßt die Kammer für Steuerberater- und Steuerbevollmächtigtensachen beim Landgericht die Anschuldigung zur Hauptverhandlung zu.

(2) Der Beschluß, durch den das Hauptverfahren eröffnet worden ist, kann von dem Mitglied der Steuerberaterkammer nicht angefochten werden.

(3) 1 Der Beschluß, durch den die Eröffnung des Hauptverfahrens abgelehnt wird, ist zu begründen. 2 Gegen den Beschluß steht der Staatsanwaltschaft die sofortige Beschwerde zu.

§ 119 Rechtskraftwirkung eines ablehnenden Beschlusses. Ist die Eröffnung des Hauptverfahrens durch einen nicht mehr anfechtbaren Beschluß abgelehnt, so kann der Antrag auf Einleitung des berufsgerichtlichen Verfahrens nur auf Grund neuer Tatsachen oder Beweismittel und nur innerhalb von fünf Jahren, seitdem der Beschluß rechtskräftig geworden ist, erneut gestellt werden.

§ 120[2] Zustellung des Eröffnungsbeschlusses. 1 Der Beschluß über die Eröffnung des Hauptverfahrens ist dem Mitglied der Steuerberaterkammer spätestens mit der Ladung zuzustellen. 2 Entsprechendes gilt in den Fällen des § 207 Abs. 3 der Strafprozeßordnung für die nachgereichte Anschuldigungsschrift.

§ 121[3] Hauptverhandlung trotz Ausbleibens des Mitglieds der Steuerberaterkammer. 1 Die Hauptverhandlung kann gegen ein Mitglied der Steuerberaterkammer, das nicht erschienen ist, durchgeführt werden, wenn es ordnungsmäßig geladen und in der Ladung darauf hingewiesen ist, daß in seiner Abwesenheit verhandelt werden kann. 2 Eine öffentliche Ladung ist nicht zulässig.

§ 122[4] *(aufgehoben)*

§ 123[5] Beweisaufnahme durch einen ersuchten Richter. 1 Die Kammer für Steuerberater- und Steuerbevollmächtigtensachen beim Landgericht kann ein Amtsgericht um die Vernehmung von Zeugen oder Sachverständigen ersuchen. 2 Zeugen oder Sachverständige sind jedoch auf Antrag der

---

[1] § 118 Abs. 2 geänd. mWv 1.8.2022 durch G v. 7.7.2021 (BGBl. I S. 2363).
[2] § 120 Satz 1 geänd. mWv 1.8.2022 durch G v. 7.7.2021 (BGBl. I S. 2363).
[3] § 121 Überschrift und Satz 1 geänd. mWv 1.8.2022 durch G v. 7.7.2021 (BGBl. I S. 2363).
[4] § 122 aufgeh. mWv 1.8.2022 durch G v. 7.7.2021 (BGBl. I S. 2363).
[5] § 123 Satz 2 neu gef. mWv 1.8.2022 durch G v. 7.7.2021 (BGBl. I S. 2363).

Staatsanwaltschaft oder des Mitglieds der Steuerberaterkammer in der Hauptverhandlung zu vernehmen, es sei denn, dass sie voraussichtlich am Erscheinen in der Hauptverhandlung gehindert sind oder ihnen das Erscheinen wegen großer Entfernung nicht zugemutet werden kann.

§ 124[1)] Verlesen von Protokollen. (1) Die Kammer für Steuerberater- und Steuerbevollmächtigtensachen beim Landgericht beschließt nach pflichtmäßigem Ermessen, ob die Aussagen von Zeugen oder Sachverständigen, die bereits in dem berufsgerichtlichen oder in einem anderen gesetzlich geordneten Verfahren vernommen worden sind, zu verlesen sind.

(2) [1]Bevor der Gerichtsbeschluss ergeht, kann die Staatsanwaltschaft oder das Mitglied der Steuerberaterkammer beantragen, Zeugen oder Sachverständige in der Hauptverhandlung zu vernehmen. [2]Einem solchen Antrag ist zu entsprechen, es sei denn, dass die Zeugen oder Sachverständigen voraussichtlich am Erscheinen in der Hauptverhandlung gehindert sind oder ihnen das Erscheinen wegen großer Entfernung nicht zugemutet werden kann. [3]Wird dem Antrag stattgegeben, so darf das Protokoll über die frühere Vernehmung nicht verlesen werden.

(3) [1]Sind Zeugen oder Sachverständige durch einen ersuchten Richter vernommen worden (§ 123), so kann der Verlesung des Protokolls nicht widersprochen werden. [2]Die Staatsanwaltschaft oder das Mitglied der Steuerberaterkammer kann jedoch der Verlesung widersprechen, wenn ein Antrag gemäß § 123 Satz 2 abgelehnt worden ist und Gründe für die Ablehnung des Antrags jetzt nicht mehr bestehen.

§ 125[2)] Entscheidung. (1) Die Hauptverhandlung schließt mit der auf die Beratung folgenden Verkündung des Urteils.

(2) Das Urteil lautet auf Freisprechung, Verurteilung oder Einstellung des Verfahrens.

(3) Das berufsgerichtliche Verfahren ist, abgesehen von dem Fall des § 260 Abs. 3 der Strafprozeßordnung, einzustellen,

1. wenn die Bestellung zum Steuerberater oder die Anerkennung als Berufsausübungsgesellschaft erloschen, zurückgenommen oder widerrufen ist;
2. wenn nach § 92 von einer berufsgerichtlichen Ahndung abzusehen ist.

Dritter Teilabschnitt.[3)] Rechtsmittel

§ 126 Beschwerde. Für die Verhandlungen und Entscheidungen über Beschwerden ist der Senat für Steuerberater- und Steuerbevollmächtigtensachen beim Oberlandesgericht zuständig.

[1)] § 124 Abs. 1 geänd., Abs. 2 Satz 1 neu gef., Satz 2 und Abs. 3 Sätze 1 und 2 geänd. mWv 1.8.2022 durch G v. 7.7.2021 (BGBl. I S. 2363).

[2)] § 125 Abs. 3 Nr. 1 neu gef. mWv 1.8.2022 durch G v. 7.7.2021 (BGBl. I S. 2363).

[3)] Überschrift geänd. mWv 18.12.2019 durch G v. 12.12.2019 (BGBl. I S. 2451).

§ 127[1] **Berufung.** (1) Gegen das Urteil der Kammer für Steuerberater- und Steuerbevollmächtigtensachen beim Landgericht ist die Berufung an den Senat für Steuerberater- und Steuerbevollmächtigtensachen beim Oberlandesgericht zulässig.

(2) [1]Die Berufung muß binnen einer Woche nach Verkündung des Urteils bei der Kammer für Steuerberater- und Steuerbevollmächtigtensachen beim Landgericht schriftlich eingelegt werden. [2]Ist das Urteil nicht in Anwesenheit des Mitglieds der Steuerberaterkammer verkündet worden, so beginnt für dieses die Frist mit der Zustellung.

(3) Die Berufung kann nur schriftlich gerechtfertigt werden.

(4) Die §§ 121 und 123 bis 125 sind auf das Berufungsverfahren sinngemäß anzuwenden; hierbei lässt § 121 die sinngemäße Anwendung des § 329 Absatz 1 der Strafprozessordnung unberührt.

§ 128 Mitwirkung der Staatsanwaltschaft im zweiten Rechtszug. Die Aufgaben der Staatsanwaltschaft im zweiten Rechtszug werden von der Staatsanwaltschaft bei dem Oberlandesgericht wahrgenommen, bei dem der Senat für Steuerberater- und Steuerbevollmächtigtensachen besteht.

§ 129[2] **Revision.** (1) Gegen das Urteil des Senats für Steuerberater- und Steuerbevollmächtigtensachen beim Oberlandesgericht ist die Revision an den Bundesgerichtshof zulässig,

1. wenn das Urteil auf eine Maßnahme nach § 90 Absatz 1 Nummer 4 oder 5 oder Absatz 2 Nummer 4 oder 5 lautet;
2. wenn der Senat für Steuerberater- und Steuerbevollmächtigtensachen beim Oberlandesgericht entgegen einem Antrag der Staatsanwaltschaft nicht auf eine Maßnahme nach § 90 Absatz 1 Nummer 4 oder 5 oder Absatz 2 Nummer 4 oder 5 erkannt hat;
3. wenn der Senat für Steuerberater- und Steuerbevollmächtigtensachen beim Oberlandesgericht sie in dem Urteil zugelassen hat.

(2) Der Senat für Steuerberater- und Steuerbevollmächtigtensachen beim Oberlandesgericht darf die Revision nur zulassen, wenn er über Rechtsfragen oder Fragen der Berufspflichten entschieden hat, die von grundsätzlicher Bedeutung sind.

(3) [1]Die Nichtzulassung der Revision kann selbständig durch Beschwerde innerhalb eines Monats nach Zustellung des Urteils angefochten werden. [2]Die Beschwerde ist bei dem Oberlandesgericht einzulegen. [3]In der Beschwerdeschrift muß die grundsätzliche Rechtsfrage ausdrücklich bezeichnet werden.

(4) Die Beschwerde hemmt die Rechtskraft des Urteils.

(5) [1]Wird der Beschwerde nicht abgeholfen, so entscheidet der Bundesgerichtshof durch Beschluß. [2]Der Beschluß bedarf keiner Begründung, wenn die

---

[1] § 127 Abs. 4 Satz 2 angef. mWv 20.12.2003 durch G v. 15.12.2003 (BGBl. I S. 2645); Abs. 4 Satz 2 geänd. mWv 25.7.2015 durch G v. 17.7.2015 (BGBl. I S. 1332); Abs. 2 Satz 2 geänd., Abs. 4 neu gef. mWv 1.8.2022 durch G v. 7.7.2021 (BGBl. I S. 2363).

[2] § 129 Abs. 1 Nr. 1 und 2 neu gef. mWv 1.8.2022 durch G v. 7.7.2021 (BGBl. I S. 2363).

Beschwerde einstimmig verworfen oder zurückgewiesen wird. [3]Mit Ablehnung der Beschwerde durch den Bundesgerichtshof wird das Urteil rechtskräftig. [4]Wird der Beschwerde stattgegeben, so beginnt mit Zustellung des Beschwerdebescheides die Revisionsfrist.

§ 130[1)] Einlegung der Revision und Verfahren. (1) [1]Die Revision ist binnen einer Woche bei dem Oberlandesgericht schriftlich einzulegen. [2]Die Frist beginnt mit der Verkündung des Urteils. [3]Ist das Urteil nicht in Anwesenheit des Mitglieds der Steuerberaterkammer verkündet worden, so beginnt für dieses die Frist mit der Zustellung.

(2) Seitens des Mitglieds der Steuerberaterkammer können die Revisionsanträge und deren Begründung nur schriftlich angebracht werden.

(3) [1]§ 125 Absatz 3 ist auf das Verfahren vor dem Bundesgerichtshof sinngemäß anzuwenden. [2]In den Fällen des § 354 Absatz 2 der Strafprozessordnung kann die Sache auch an das Oberlandesgericht eines anderen Landes zurückverwiesen werden.

§ 131 Mitwirkung der Staatsanwaltschaft vor dem Bundesgerichtshof. Die Aufgaben der Staatsanwaltschaft in den Verfahren vor dem Bundesgerichtshof werden von dem Generalbundesanwalt wahrgenommen.

Vierter Teilabschnitt.[2)] Die Sicherung von Beweisen

§ 132[3)] Anordnung der Beweissicherung. (1) [1]Wird ein berufsgerichtliches Verfahren gegen ein Mitglied der Steuerberaterkammer eingestellt, weil seine Bestellung zum Steuerberater oder die Anerkennung als Berufsausübungsgesellschaft erloschen, zurückgenommen oder widerrufen ist, so kann in der Entscheidung auf Antrag der Staatsanwaltschaft zugleich die Sicherung der Beweise angeordnet werden, wenn dringende Gründe für die Annahme vorhanden sind, dass auf Ausschließung aus dem Beruf oder auf Aberkennung der Befugnis zur geschäftsmäßigen Hilfeleistung in Steuersachen erkannt worden wäre. [2]Die Anordnung kann nicht angefochten werden.

(2) [1]Die Beweise werden von der Kammer für Steuerberater- und Steuerbevollmächtigtensachen beim Landgericht aufgenommen. [2]Die Kammer für Steuerberater- und Steuerbevollmächtigtensachen kann eines ihrer berufsrichterlichen Mitglieder mit der Beweisaufnahme beauftragen.

§ 133[4)] Verfahren. (1) [1]Die Kammer für Steuerberater- und Steuerbevollmächtigtensachen beim Landgericht hat von Amts wegen alle Beweise zu erheben, die eine Entscheidung darüber begründen können, ob das eingestellte Verfahren zur Ausschließung aus dem Beruf oder Aberkennung der Befugnis

---

[1)] § 130 Abs. 1 Satz 3 und Abs. 2 geänd., Abs. 3 neu gef. mWv 1.8.2022 durch G v. 7.7.2021 (BGBl. I S. 2363).

[2)] Überschrift geänd. mWv 18.12.2019 durch G v. 12.12.2019 (BGBl. I S. 2451).

[3)] § 132 Abs. 1 Satz 1 neu gef. mWv 1.8.2022 durch G v. 7.7.2021 (BGBl. I S. 2363).

[4)] § 133 Abs. 1 Satz 1, Abs. 3 Sätze 1 und 2 geänd. mWv 1.8.2022 durch G v. 7.7.2021 (BGBl. I S. 2363).

zur geschäftsmäßigen Hilfeleistung in Steuersachen geführt hätte. 2 Den Umfang des Verfahrens bestimmt die Kammer für Steuerberater- und Steuerbevollmächtigtensachen nach pflichtmäßigem Ermessen, ohne an Anträge gebunden zu sein; ihre Verfügungen können insoweit nicht angefochten werden.

(2) Zeugen sind, soweit nicht Ausnahmen vorgeschrieben oder zugelassen sind, eidlich zu vernehmen.

(3) 1 Die Staatsanwaltschaft und das frühere Mitglied der Steuerberaterkammer sind an dem Verfahren zu beteiligen. 2 Ein Anspruch auf Benachrichtigung von den Terminen, die zum Zwecke der Beweissicherung anberaumt werden, steht dem früheren Mitglied der Steuerberaterkammer nur zu, wenn es sich im Inland aufhält und seine Anschrift dem Landgericht angezeigt hat.

Fünfter Teilabschnitt.[1] Das Berufs- und Vertretungsverbot

§ 134[2] Voraussetzung des Verbots. (1) 1 Liegen dringende Gründe für die Annahme vor, dass gegen ein Mitglied der Steuerberaterkammer auf Ausschließung aus dem Beruf oder Aberkennung der Befugnis zur geschäftsmäßigen Hilfeleistung in Steuersachen erkannt werden wird, kann gegen das Mitglied durch Beschluss ein vorläufiges Berufs- oder Vertretungsverbot verhängt werden. 2 § 109 Absatz 1 Satz 1 und 2 ist nicht anzuwenden.

(2) 1 Die Staatsanwaltschaft kann vor Einleitung des berufsgerichtlichen Verfahrens den Antrag auf Verhängung eines Berufs- oder Vertretungsverbots stellen. 2 In dem Antrag sind die Pflichtverletzung, die dem Mitglied der Steuerberaterkammer zur Last gelegt wird, sowie die Beweismittel anzugeben.

(3) Für die Verhandlung und Entscheidung ist das Gericht zuständig, das über die Eröffnung des Hauptverfahrens gegen das Mitglied der Steuerberaterkammer zu entscheiden hat oder vor dem das berufsgerichtliche Verfahren anhängig ist.

§ 135[3] Mündliche Verhandlung. (1) Der Beschluß, durch den ein Berufs- oder Vertretungsverbot verhängt wird, kann nur auf Grund mündlicher Verhandlung ergehen.

(2) Auf die Besetzung des Gerichts, die Ladung und die mündliche Verhandlung sind die Vorschriften entsprechend anzuwenden, die für die Hauptverhandlung vor dem erkennenden Gericht maßgebend sind, soweit sich nicht aus den folgenden Vorschriften etwas anderes ergibt.

(3) 1 In der Ladung ist die dem Mitglied der Steuerberaterkammer zur Last gelegte Pflichtverletzung durch Anführung der sie begründenden Tatsachen zu bezeichnen; ferner sind die Beweismittel anzugeben. 2 Dies ist jedoch nicht erforderlich, wenn dem Mitglied der Steuerberaterkammer die Anschuldigungsschrift bereits mitgeteilt worden ist.

---

[1] Überschrift geänd. mWv 18.12.2019 durch G v. 12.12.2019 (BGBl. I S. 2451).

[2] § 134 Abs. 1 neu gef., Abs. 2 Satz 2 und Abs. 3 geänd. mWv 1.8.2022 durch G v. 7.7.2021 (BGBl. I S. 2363).

[3] § 135 Abs. 3 Sätze 1 und 2 und Abs. 4 geänd. mWv 1.8.2022 durch G v. 7.7.2021 (BGBl. I S. 2363).

(4) Den Umfang der Beweisaufnahme bestimmt das Gericht nach pflichtmäßigem Ermessen, ohne an Anträge der Staatsanwaltschaft oder des Mitglieds der Steuerberaterkammer gebunden zu sein.

§ 136 Abstimmung über das Verbot. Zur Verhängung des Berufs- oder Vertretungsverbots ist eine Mehrheit von zwei Dritteln der Stimmen erforderlich.

§ 137[1)] Verbot im Anschluss an die Hauptverhandlung. [1]Hat das Gericht auf die Ausschließung aus dem Beruf oder Aberkennung der Befugnis zur geschäftsmäßigen Hilfeleistung in Steuersachen erkannt, so kann es im unmittelbaren Anschluß an die Hauptverhandlung über die Verhängung des Berufs- oder Vertretungsverbots verhandeln und entscheiden. [2]Dies gilt auch dann, wenn das Mitglied der Steuerberaterkammer zu der Hauptverhandlung nicht erschienen ist.

§ 138[2)] Zustellung des Beschlusses. [1]Der Beschluß ist mit Gründen zu versehen. [2]Er ist dem Mitglied der Steuerberaterkammer zuzustellen. [3]War das Mitglied der Steuerberaterkammer bei der Verkündung des Beschlusses nicht anwesend, ist ihm unverzüglich nach der Verkündung zusätzlich der Beschluss ohne Gründe zuzustellen.

§ 139[3)] Wirkungen des Verbots. (1) Der Beschluß wird mit der Verkündung wirksam.

(2) [1]Der Steuerberater oder Steuerbevollmächtigte, gegen den ein Berufsverbot verhängt ist, darf seinen Beruf nicht ausüben. [2]Die Berufsausübungsgesellschaft, gegen die ein Berufsverbot verhängt ist, darf keine geschäftsmäßige Hilfeleistung in Steuersachen erbringen.

(3) Das Mitglied der Steuerberaterkammer, gegen das ein Vertretungsverbot (§ 134 Absatz 1) verhängt ist, darf weder als Vertreter oder Beistand vor einem Gericht, vor Behörden, vor einem Schiedsgericht oder gegenüber anderen Personen tätig werden noch Vollmachten oder Untervollmachten erteilen.

(4) Das Mitglied der Steuerberaterkammer, gegen das ein Berufs- oder Vertretungsverbot verhängt ist, darf jedoch seine eigenen Angelegenheiten und die Angelegenheiten seiner Angehörigen im Sinne des § 15 der Abgabenordnung[4)] wahrnehmen.

(5) [1]Die Wirksamkeit von Rechtshandlungen des Mitglieds der Steuerberaterkammer wird durch das Berufs- oder Vertretungsverbot nicht berührt. [2]Das gleiche gilt für Rechtshandlungen, die ihm gegenüber vorgenommen werden.

[1)] § 137 Überschrift geänd. mWv 18.12.2019 durch G v. 12.12.2019 (BGBl. I S. 2451); Sätze 1 und 2 geänd. mWv 1.8.2022 durch G v. 7.7.2021 (BGBl. I S. 2363).

[2)] § 138 Satz 2 geänd., Satz 3 angef. mWv 1.8.2022 durch G v. 7.7.2021 (BGBl. I S. 2363).

[3)] § 139 Abs. 4 geänd. durch G v. 14.12.1976 (BGBl. I S. 3341); Abs. 2 Satz 2 angef., Abs. 3 neu gef., Abs. 4 und 5 Satz 1 geänd. mWv 1.8.2022 durch G v. 7.7.2021 (BGBl. I S. 2363).

[4)] Nr. **800**.

§ 140[1]) **Zuwiderhandlungen gegen das Verbot.** (1) Gegen ein Mitglied der Steuerberaterkammer, das einem gegen sich ergangenen Berufs- oder Vertretungsverbot wissentlich zuwiderhandelt, wird eine Maßnahme nach § 90 Absatz 1 Nummer 5 oder Absatz 2 Nummer 5 verhängt, sofern nicht wegen besonderer Umstände eine mildere anwaltsgerichtliche Maßnahme ausreichend erscheint.

(2) Gerichte oder Behörden haben ein Mitglied der Steuerberaterkammer, das entgegen einem Berufs- oder Vertretungsverbot vor ihnen auftritt, zurückzuweisen.

§ 141 Beschwerde. (1) [1]Gegen den Beschluß, durch den das Landgericht oder das Oberlandesgericht ein Berufs- oder Vertretungsverbot verhängt, ist die sofortige Beschwerde zulässig. [2]Die Beschwerde hat keine aufschiebende Wirkung.

(2) Gegen den Beschluß, durch den das Landgericht oder das Oberlandesgericht es ablehnt, ein Berufs- oder Vertretungsverbot zu verhängen, steht der Staatsanwaltschaft die sofortige Beschwerde zu.

(3) [1]Über die sofortige Beschwerde entscheidet, sofern der angefochtene Beschluß von dem Landgericht erlassen ist, das Oberlandesgericht und, sofern er von dem Oberlandesgericht erlassen ist, der Bundesgerichtshof. [2]Für das Verfahren gelten neben den Vorschriften der Strafprozeßordnung über die Beschwerde § 135 Abs. 1, 2 und 4 sowie die §§ 136 und 138 dieses Gesetzes entsprechend.

§ 142[2]) **Außerkrafttreten des Verbots.** Das Berufs- oder Vertretungsverbot tritt außer Kraft,

1. wenn ein nicht auf eine Maßnahme nach § 90 Absatz 1 Nummer 5 oder Absatz 2 Nummer 5 lautendes Urteil ergeht oder
2. wenn die Eröffnung des Hauptverfahrens vor der Kammer für Steuerberater- und Steuerbevollmächtigtensachen abgelehnt wird.

§ 143[3]) **Aufhebung des Verbots.** (1) Das Berufs- oder Vertretungsverbot wird aufgehoben, wenn sich ergibt, daß die Voraussetzungen für seine Verhängung nicht oder nicht mehr vorliegen.

(2) Über die Aufhebung entscheidet das nach § 134 Abs. 3 zuständige Gericht.

(3) [1]Beantragt das Mitglied der Steuerberaterkammer, das Verbot aufzuheben, so kann eine erneute mündliche Verhandlung angeordnet werden. [2]Der Antrag kann nicht gestellt werden, solange über eine sofortige Beschwerde des Beschuldigten nach § 141 Abs. 1 noch nicht entschieden ist. [3]Gegen den Beschluß, durch den der Antrag abgelehnt wird, ist eine Beschwerde nicht zulässig.

---

[1]) § 140 Abs. 1 und 2 neu gef. mWv 1.8.2022 durch G v. 7.7.2021 (BGBl. I S. 2363).
[2]) § 142 Nr. 1 neu gef. mWv 1.8.2022 durch G v. 7.7.2021 (BGBl. I S. 2363).
[3]) § 143 Abs. 3 Satz 1 geänd. mWv 1.8.2022 durch G v. 7.7.2021 (BGBl. I S. 2363).

§ 144[1)] Mitteilung des Verbots. (1) Der Beschluß, durch den ein Berufs- oder Vertretungsverbot verhängt wird, ist alsbald dem Präsidenten der zuständigen Steuerberaterkammer in beglaubigter Abschrift mitzuteilen.

(2) Tritt das Berufs- oder Vertretungsverbot außer Kraft oder wird es aufgehoben oder abgeändert, so ist Absatz 1 entsprechend anzuwenden.

§ 145[2)] Bestellung eines Vertreters. (1) [1]Für das Mitglied der Steuerberaterkammer, gegen das ein Berufs- oder Vertretungsverbot verhängt ist, wird im Fall des Bedürfnisses von der zuständigen Steuerberaterkammer ein Vertreter bestellt. [2]Das Mitglied der Steuerberaterkammer ist vor der Bestellung zu hören; es kann einen geeigneten Vertreter vorschlagen.

(2) Der Vertreter muß Mitglied einer Steuerberaterkammer sein.

(3) Ein Mitglied einer Steuerberaterkammer, dem die Vertretung übertragen wird, kann sie nur aus einem wichtigen Grund ablehnen.

(4) § 69 Abs. 2 bis 4 ist entsprechend anzuwenden.

(5) *(aufgehoben)*

Vierter Unterabschnitt. Die Kosten in dem berufsgerichtlichen Verfahren und in dem Verfahren bei Anträgen auf berufsgerichtliche Entscheidung über die Rüge. Die Vollstreckung der berufsgerichtlichen Maßnahmen und der Kosten. Die Tilgung

§ 146[3)] Gerichtskosten. [1]Im berufsgerichtlichen Verfahren und im Verfahren über den Antrag auf Entscheidung des Landgerichts über die Rüge (§ 82 Abs. 1) werden Gebühren nach dem Gebührenverzeichnis der Anlage zu diesem Gesetz erhoben. [2]Im Übrigen sind die für Kosten in Strafsachen geltenden Vorschriften des Gerichtskostengesetzes entsprechend anzuwenden.

§ 147[4)] Kosten bei Anträgen auf Einleitung des berufsgerichtlichen Verfahrens. (1) Einem Mitglied der Steuerberaterkammer, das einen Antrag auf gerichtliche Entscheidung über die Entschließung der Staatsanwaltschaft (§ 116 Abs. 2) zurücknimmt, sind die durch dieses Verfahren entstandenen Kosten aufzuerlegen.

(2) Wird ein Antrag des Vorstandes der Steuerberaterkammer auf gerichtliche Entscheidung in dem Fall des § 115 Abs. 2 verworfen, so sind die durch das Verfahren über den Antrag veranlaßten Kosten der Steuerberaterkammer aufzuerlegen.

[1)] § 144 Abs. 1 geänd. mWv 1.7.2000 durch G v. 24.6.2000 (BGBl. I S. 874).

[2)] § 145 Abs. 4 neu gef., Abs. 5 aufgeh. mWv 1.7.1994 durch G v. 24.6.1994 (BGBl. I S. 1387), Abs. 1 Satz 1 geänd. mWv 1.7.2000 durch G v. 24.6.2000 (BGBl. I S. 874); Abs. 1 Sätze 1 und 2, Abs. 2 und 3 geänd. mWv 1.8.2022 durch G v. 7.7.2021 (BGBl. I S. 2363).

[3)] § 146 neu gef. mWv 31.12.2006 durch G v. 22.12.2006 (BGBl. I S. 3416).

[4)] § 147 Abs. 2 geänd. mWv 1.7.2000 durch G v. 24.6.2000 (BGBl. I S. 874); Abs. 1 geänd. mWv 1.8.2022 durch G v. 7.7.2021 (BGBl. I S. 2363).

§ 148[1)] Kostenpflicht des Verurteilten. (1) [1]Dem Mitglied der Steuerberaterkammer, das in dem berufsgerichtlichen Verfahren verurteilt wird, sind zugleich die in dem Verfahren entstandenen Kosten ganz oder teilweise aufzuerlegen. [2]Dasselbe gilt, wenn das berufsgerichtliche Verfahren wegen Erlöschens, Rücknahme oder Widerruf der Bestellung eingestellt wird und nach dem Ergebnis des bisherigen Verfahrens die Verhängung einer berufsgerichtlichen Maßnahme gerechtfertigt gewesen wäre; zu den Kosten des berufsgerichtlichen Verfahrens gehören in diesem Fall auch diejenigen, die in einem anschließenden Verfahren zum Zwecke der Beweissicherung (§§ 132 und 133) entstehen.

(2) [1]Dem Mitglied der Steuerberaterkammer, das in dem berufsgerichtlichen Verfahren ein Rechtsmittel zurückgenommen oder ohne Erfolg eingelegt hat, sind zugleich die durch dieses Verfahren entstandenen Kosten aufzuerlegen. [2]Hatte das Rechtsmittel teilweise Erfolg, so kann dem Mitglied der Steuerberaterkammer ein angemessener Teil dieser Kosten auferlegt werden.

(3) Für die Kosten, die durch einen Antrag auf Wiederaufnahme des durch ein rechtskräftiges Urteil abgeschlossenen Verfahrens verursacht worden sind, ist Absatz 2 entsprechend anzuwenden.

§ 149[2)] Kostenpflicht in dem Verfahren bei Anträgen auf berufsgerichtliche Entscheidung über die Rüge. (1) [1]Wird der Antrag auf berufsgerichtliche Entscheidung über die Rüge als unbegründet zurückgewiesen, so ist § 148 Abs. 1 Satz 1 entsprechend anzuwenden. [2]Stellt das Landgericht fest, daß die Rüge wegen der Verhängung einer berufsgerichtlichen Maßnahme unwirksam ist (§ 82 Abs. 5 Satz 2), oder hebt es den Rügebescheid gemäß § 82 Abs. 3 Satz 2 auf, so kann es dem Mitglied der Steuerberaterkammer die in dem Verfahren entstandenen Kosten ganz oder teilweise auferlegen, wenn es dies für angemessen erachtet.

(2) Nimmt das Mitglied der Steuerberaterkammer den Antrag auf berufsgerichtliche Entscheidung zurück oder wird der Antrag als unzulässig verworfen, so gilt § 148 Abs. 2 Satz 1 entsprechend.

(3) Wird der Rügebescheid, den Fall des § 82 Abs. 3 Satz 2 ausgenommen, aufgehoben oder wird die Unwirksamkeit der Rüge wegen eines Freispruchs des Mitglieds der Steuerberaterkammer im berufsgerichtlichen Verfahren oder aus den Gründen des § 91 Abs. 2 Satz 2 festgestellt (§ 82 Abs. 5 Satz 2), so sind die notwendigen Auslagen des Steuerberaters oder Steuerbevollmächtigten der Steuerberaterkammer aufzuerlegen.

§ 150[3)] Haftung der Steuerberaterkammer. Auslagen, die weder dem Mitglied der Steuerberaterkammer noch einem Dritten auferlegt noch von

---

[1)] § 148 Abs. 1 Satz 2 erster Halbs. geänd. mWv 12.4.2008 durch G v. 8.4.2008 (BGBl. I S. 666); Abs. 1 Satz 1, Abs. 2 Sätze 1 und 2 geänd. mWv 1.8.2022 durch G v. 7.7.2021 (BGBl. I S. 2363).

[2)] *§ 149 Abs. 3* geänd. mWv 1.7.2000 durch G v. 24.6.2000 (BGBl. I S. 874); Abs. 1 Satz 2, Abs. 2 und 3 geänd. mWv 1.8.2022 durch G v. 7.7.2021 (BGBl. I S. 2363).

[3)] § 150 neu gef. mWv 1.8.2022 durch G v. 7.7.2021 (BGBl. I S. 2363).

dem Mitglied der Steuerberaterkammer eingezogen werden können, fallen der Steuerberaterkammer zur Last, welcher das Mitglied der Steuerberaterkammer angehört.

§ 151[1] Vollstreckung der berufsgerichtlichen Maßnahmen und der Kosten. (1) [1]Die Ausschließung aus dem Beruf (§ 90 Absatz 1 Nummer 5) und die Aberkennung der Befugnis zur geschäftsmäßigen Hilfeleistung in Steuersachen (§ 90 Absatz 2 Nummer 5) werden mit der Rechtskraft des Urteils wirksam. [2]Der Verurteilte wird auf Grund einer beglaubigten Abschrift der Urteilsformel, die mit der Bescheinigung der Rechtskraft versehen ist, im Verzeichnis der Mitglieder der Steuerberaterkammern gelöscht.

(2) Warnung und Verweis (§ 90 Absatz 1 Nummer 1 und 2, Absatz 2 Nummer 1 und 2) gelten mit der Rechtskraft des Urteils als vollstreckt.

(3) [1]Die Vollstreckung der Geldbuße und die Beitreibung der Kosten werden nicht dadurch gehindert, daß das Mitglied der Steuerberaterkammer nach rechtskräftigem Abschluß des Verfahrens aus dem Beruf ausgeschieden oder die Anerkennung als Berufsausübungsgesellschaft erloschen, zurückgenommen oder widerrufen ist. [2]Werden zusammen mit einer Geldbuße die Kosten beigetrieben, so gelten auch für die Kosten die Vorschriften über die Vollstreckung der Geldbuße.

§ 152[2] Tilgung. (1) [1]Eintragungen in den über das Mitglied der Steuerberaterkammer geführten Akten über die in den Sätzen 4 und 5 genannten Maßnahmen und Entscheidungen sind nach Ablauf der dort bestimmten Fristen zu tilgen. [2]Dabei sind die über diese Maßnahmen und Entscheidungen entstandenen Vorgänge aus den Mitgliederakten zu entfernen und zu vernichten. [3]Die Sätze 1 und 2 gelten sinngemäß, wenn die Mitgliederakten über das Mitglied der Steuerberaterkammer elektronisch geführt werden. [4]Die Fristen betragen

1. fünf Jahre bei
   a) Warnungen,
   b) Rügen,
   c) Belehrungen,
   d) Entscheidungen in Verfahren wegen der Verletzung von Berufspflichten nach diesem Gesetz, die nicht zu einer berufsgerichtlichen Maßnahme oder Rüge geführt haben,
   e) Entscheidungen und nicht Satz 5 unterfallende Maßnahmen in Verfahren wegen Straftaten oder Ordnungswidrigkeiten oder in berufsaufsichtlichen Verfahren anderer Berufe;

---

[1] § 151 Abs. 1 Satz 1 geänd. mWv 29.12.2020 durch G v. 21.12.2020 (BGBl. I S. 3096); Abs. 1 Sätze 1 und 2, Abs. 2 und Abs. 3 Satz 1 geänd. mWv 1.8.2022 durch G v. 7.7.2021 (BGBl. I S. 2363).

[2] § 152 neu gef. mWv 1.8.2022 durch G v. 7.7.2021 (BGBl. I S. 2363).

2. zehn Jahre bei Verweisen und Geldbußen, auch wenn sie nebeneinander verhängt werden;
3. 20 Jahre bei Berufsverboten (§ 90 Absatz 1 Nummer 4 und Absatz 2 Nummer 4) und bei einer Ausschließung aus dem Beruf oder der Aberkennung der Befugnis zur geschäftsmäßigen Hilfeleistung in Steuersachen, nach der das Mitglied der Steuerberaterkammer erneut bestellt wurde.

5 Für Maßnahmen, die in Verfahren wegen Straftaten oder Ordnungswidrigkeiten oder in berufsaufsichtlichen Verfahren anderer Berufe getroffen wurden und bei denen das zugrundeliegende Verhalten zugleich die Berufspflichten nach diesem Gesetz verletzt hat, gelten die für die Tilgung der jeweiligen Maßnahmen geltenden Fristen entsprechend.

(2) 1 Die Frist beginnt mit dem Tag, an dem die Maßnahme oder Entscheidung unanfechtbar geworden ist. 2 Im Fall der Wiederbestellung nach einer Ausschließung oder einer Aberkennung der Befugnis zur geschäftsmäßigen Hilfeleistung in Steuersachen beginnt die Frist mit der Wiederbestellung. 3 Nach Fristablauf kann die Entfernung und Vernichtung nach Absatz 1 Satz 2 bis zum Ende des Kalenderjahres aufgeschoben werden.

(3) Die Frist endet mit Ausnahme der Fälle des Absatzes 1 Satz 4 Nummer 1 Buchstabe d und e nicht, solange

1. eine andere Eintragung über eine strafrechtliche Verurteilung, eine Ordnungswidrigkeit oder eine berufsaufsichtliche Maßnahme berücksichtigt werden darf,
2. ein Verfahren anhängig ist, das eine in Nummer 1 bezeichnete Eintragung zur Folge haben kann, oder
3. ein auf Geldbuße lautendes berufsgerichtliches Urteil noch nicht vollstreckt ist.

(4) Nach Ablauf der Frist gilt das Mitglied der Steuerberaterkammer als von den Maßnahmen oder Entscheidungen nach Absatz 1 nicht betroffen.

Fünfter Unterabschnitt.[1] Für die Berufsgerichtsbarkeit anzuwendende Vorschriften

§ 153[2] [Für die Berufsgerichtsbarkeit anzuwendende Vorschriften]

(1) Für die Berufsgerichtsbarkeit sind ergänzend das Gerichtsverfassungsgesetz und die Strafprozeßordnung sinngemäß anzuwenden.

(2) Auf den Rechtsschutz bei überlangen Gerichtsverfahren sind die Vorschriften des Siebzehnten Titels des Gerichtsverfassungsgesetzes anzuwenden.

---

[1] Fünfter UAbsch. Überschrift neu gef. durch Vertrag v. 31.8.1990 (BGBl. II S. 889, 970), Überschrift geänd. mWv 1.7.2000 durch G v. 24.6.2000 (BGBl. I S. 874).

[2] § 153 Abs. 2 angef. durch Vertrag v. 31.8.1990 (BGBl. II S. 889, 970), Abs. 2 aufgeh., *Absatzbezeichnung (1)* aufgeh. mWv 1.7.2000 durch G v. 24.6.2000 (BGBl. I S. 874); geänd. mWv 31.12.2006 durch G v. 22.12.2006 (BGBl. I S. 3416); Abs. 2 angef., bish. Wortlaut wird Abs. 1 mWv 1.8.2022 durch G v. 7.7.2021 (BGBl. I S. 2363).

Sechster Abschnitt.[1] Übergangsvorschriften

§ 154[2] Bestehende Gesellschaften. (1) [1] Steuerberatungsgesellschaften, die am 16. Juni 1989 anerkannt sind, bleiben anerkannt. [2] Dies gilt auch, wenn die Gesellschaft zur Übernahme der Mandanten einer Einrichtung gemäß § 4 Nr. 3, 7 und 8 gegründet wurde oder später die Mandanten einer solchen Einrichtung übernommen hat. [3] Verändert sich nach dem 31. Dezember 1990 der Bestand der Gesellschafter oder das Verhältnis ihrer Beteiligungen oder Stimmrechte durch Rechtsgeschäft oder Erbfall und geht der Anteil oder das Stimmrecht nicht auf einen Gesellschafter über, der die Voraussetzungen des[3] §§ 49 und 50 erfüllt, so hat die zuständige Steuerberaterkammer nach § 55 Absatz 3 zu verfahren. [4] Sie kann vom Widerruf der Anerkennung absehen, wenn Anteile von einer Körperschaft des öffentlichen Rechts im Zusammenhang mit der Übertragung von Aufgaben auf eine andere Körperschaft des öffentlichen Rechts übergehen.

(2) [1] Absatz 1 Satz 3 und 4 gilt auch für unmittelbar oder mittelbar an Berufsausübungsgesellschaften beteiligte Gesellschaften, wenn sie nicht die Kapitalbindungsvorschriften des[3] §§ 49 und 50 dieses Gesetzes oder des § 28 Abs. 4 der Wirtschaftsprüferordnung[4] erfüllen. [2] Auf Antrag kann auf Grund einer von der zuständigen Steuerberaterkammer erteilten Ausnahmegenehmigung von der Anwendung des Satzes 1 abgesehen werden, wenn

1. sich der Bestand der Gesellschafter einer beteiligten Gesellschaft und das Verhältnis ihrer Beteiligungen oder Stimmrechte dadurch ändert, dass ein Gesellschafter aus der beteiligten Gesellschaft ausscheidet und infolgedessen sein Anteil oder Stimmrecht auf einen Gesellschafter übergeht, der vor dem 19. Mai 1994 Gesellschafter der beteiligten Gesellschaft war, und die beteiligte Gesellschaft, bei der die Änderung eintritt, vor der Änderung von Berufsvertretungen desselben Berufs gebildet wurde, oder
2.[5] sich der Bestand der Gesellschafter einer beteiligten Gesellschaft und das Verhältnis ihrer Beteiligungen oder Stimmrechte in den vorangegangenen Jahren jeweils nur geringfügig geändert hat, oder
3. sich der Bestand der Gesellschafter einer beteiligten Gesellschaft und das Verhältnis ihrer Beteiligungen oder Stimmrechte ändert und dies auf einen Strukturwandel im landwirtschaftlichen Bereich zurückzuführen ist.

§ 155[6] Übergangsvorschriften aus Anlass des Vierten Gesetzes zur Änderung des Steuerberatungsgesetzes. (1) [1] Gesellschaften und Perso-

---

[1] Sechster Abschnitt Überschrift geänd. mWv 1.7.2000 durch G v. 24.6.2000 (BGBl. I S. 874).

[2] § 154 neu gef. mWv 1.7.2000 durch G v. 24.6.2000 (BGBl. I S. 874); Abs. 2 Satz 2 Nr. 2 eingef., bish. Nr. 2 wird Nr. 3 mWv 23.7.2009 durch G v. 16.7.2009 (BGBl. I S. 1959); Abs. 1 Satz 3 und Abs. 2 Satz 1 geänd. mWv 1.8.2022 durch G v. 7.7.2021 (BGBl. I S. 2363).

[3] Richtig wohl: „der".

[4] Nr. **850**.

[5] Siehe hierzu § 157b.

[6] § 155 Abs. 2 Satz 3 und Abs. 3 Satz 4 geänd., Abs. 4 neu gef. durch G v. 9.6.1989 (BGBl. I S. 1062); Abs. 4 Satz 2 eingef. durch G v. 13.12.1990 (BGBl. I S. 2756); Abs. 5 angef. mWv 1.7.1994 durch G v. 24.6.1994 (BGBl. I S. 1387); neu gef. mWv 1.7.2000 durch G v. 24.6.2000 (BGBl. I S. 874); Abs. 3 geänd. mWv 1.8.2021 durch G v. 25.6.2021 (BGBl. I S. 2154).

nenvereinigungen, die nach § 4 Nr. 8 in der am 15. Juni 1989 geltenden Fassung zur geschäftsmäßigen Hilfeleistung in Steuersachen befugt waren, behalten diese Befugnis, soweit diese Hilfe durch gesetzliche Vertreter oder leitende Angestellte geleistet wird, die unter § 3 fallen, und die Hilfe nicht die Ermittlung der Einkünfte aus selbständiger Arbeit oder aus Gewerbebetrieb betrifft, es sei denn, dass es sich hierbei um Nebeneinkünfte handelt, die üblicherweise bei Landwirten vorkommen. [2]Die Befugnis zur geschäftsmäßigen Hilfeleistung in Steuersachen erlischt, wenn sie nicht nach dem 16. Juni 1999 durch Personen geleistet wird, die berechtigt sind, die Bezeichnung „Landwirtschaftliche Buchstelle“ zu führen. [3]Die für die Finanzverwaltung zuständige oberste Landesbehörde kann die Frist um bis zu zwei Jahre verlängern, wenn dies nach Lage des einzelnen Falles angemessen ist.

(2) Vereinigungen im Sinne des Absatzes 1, die am 16. Juni 1989 befugt waren, die Bezeichnung „Landwirtschaftliche Buchstelle“ zu führen, dürfen diese Bezeichnung als Zusatz zum Namen der Vereinigung weiter führen, wenn mindestens ein leitender Angestellter berechtigt ist, diese Bezeichnung als Zusatz zur Berufsbezeichnung zu führen.

(3) Die in § 36 Absatz 1 Satz 1 Nummer 2 und Absatz 2 Nummer 1 bestimmte Reihenfolge der Vorbildungsvoraussetzungen gilt nicht für Tätigkeiten, die vor dem 16. Juni 1989 ausgeübt worden sind.

§ 156[1)] Übergangsvorschriften aus Anlass des Sechsten Gesetzes zur Änderung des Steuerberatungsgesetzes. § 36 Absatz 1 Satz 1 Nummer 2 und Absatz 3 gilt für Bewerber, die in dem in Artikel 3 des Einigungsvertrages genannten Gebiet einen Fachschulabschluss erworben und mit der Fachschulausbildung vor dem 1. Januar 1991 begonnen haben, mit der Maßgabe, dass sie nach dem Fachschulabschluss vier Jahre praktisch tätig gewesen sind.

§ 157[2)] Übergangsvorschriften aus Anlass des Gesetzes zur Änderung von Vorschriften über die Tätigkeit der Steuerberater. (1) Prozessagenten im Sinne des § 11 in der bis zum 30. Juni 2000 geltenden Fassung sind weiterhin zur geschäftsmäßigen Hilfeleistung in Steuersachen befugt.

(2) Stundenbuchhalter im Sinne von § 12 Abs. 2 in der bis zum 30. Juni 2000 geltenden Fassung sind weiterhin zur beschränkten geschäftsmäßigen Hilfe in Steuersachen befugt.

(3) [1]Die vorläufige Bestellung von Steuerberatern und Steuerbevollmächtigten, deren Bestellung nach Maßgabe des § 40a Abs. 1 Satz 6 in der bis zum 30. Juni 2000 geltenden Fassung nicht mit Ablauf des 31. Dezember 1997 erloschen ist, gilt weiter und erlischt erst mit Eintritt der Bestandskraft der Rücknahmeentscheidung nach § 46 Abs. 1 Satz 2 in der bis zum

---

[1)] § 156 neu gef. mWv 1.7.2000 durch G v. 24.6.2000 (BGBl. I S. 874); geänd. mWv 1.8.2021 durch G v. 25.6.2021 (BGBl. I S. 2154).

[2)] § 157 Abs. 8 neu gef. durch G v. 18.8.1980 (BGBl. I S. 1537), Abs. 2 Satz 1 Nr. 1, Abs. 6 Satz 1 und Abs. 8 Satz 1 neu gef. durch G v. 9.6.1989 (BGBl. I S. 1062), Abs. 9 aufgeh. mWv 1.7.1994 durch G v. 24.6.1994 (BGBl. I S. 1387), neu gef. mWv 1.7.2000 durch G v. 24.6.2000 (BGBl. I S. 874); Abs. 7 aufgeh. mWv 12.4.2008 durch G v. 8.4.2008 (BGBl. I S. 666).

30. Juni 2000 geltenden Fassung. [2]Soweit in diesen Fällen auf Grund rechtskräftiger Gerichtsentscheidungen endgültige Bestellungen vorzunehmen sind, gilt § 40a Abs. 1 Satz 3 bis 5 in der bis zum 30. Juni 2000 geltenden Fassung weiter.

(4) Die Vorschriften dieses Gesetzes über die Zulassung zur Prüfung in der ab dem 1. Juli 2000 geltenden Fassung sind erstmals auf die Zulassung zur Prüfung im Jahr 2001 anzuwenden.

(5) Auf Prüfungen, die vor dem 1. November 2000 begonnen haben, sind die Vorschrif2ten dieses Gesetzes in der bis zum 30. Juni 2000 geltenden Fassung weiter anzuwenden.

(6) Die den Steuerberaterkammern zugewiesenen Aufgaben des Ersten und Zweiten Unterabschnitts des Zweiten Abschnitts des Zweiten Teils dieses Gesetzes in der ab dem 1. Juli 2000 geltenden Fassung werden bis zum 31. Dezember 2000 von den bisher zuständigen Behörden der Finanzverwaltung wahrgenommen.

(7) *(aufgehoben)*

§ 157a[1)] Übergangsvorschriften anlässlich des Achten Gesetzes zur Änderung des Steuerberatungsgesetzes. (1) [1]Die Vorschriften dieses Gesetzes in der ab 12. April 2008 geltenden Fassung über die Zulassung zur Prüfung, die Befreiung von der Prüfung, die organisatorische Durchführung der Prüfung und die Abnahme der Prüfung sind erstmals für Prüfungen anzuwenden, die nach dem 31. Dezember 2008 beginnen und für Anträge auf Befreiung von der Prüfung oder auf Erteilung einer verbindlichen Auskunft über die Erfüllung einzelner Voraussetzungen für die Zulassung zur Prüfung oder über die Befreiung von der Prüfung, die nach dem 31. Dezember 2008 gestellt werden. [2]Das gilt nicht für § 36 Abs. 1, § 37 Abs. 3, § 37a Abs. 2 bis 4a, § 38 Abs. 1 und die in § 39 Abs. 1 für die Bearbeitung eines Antrags auf Befreiung von der Prüfung oder auf Erteilung einer verbindlichen Auskunft nach § 38a bestimmte Gebührenhöhe. [3]Die in § 39 Abs. 2 bestimmte Höhe der Gebühr gilt für Prüfungen, die nach dem 31. Dezember 2007 beginnen.

(2) Auf Prüfungen, die vor dem 1. November 2007 begonnen haben, sind die Vorschriften dieses Gesetzes in der bis zum 11. April 2008 geltenden Fassung weiter anzuwenden.

(3) Unabhängig von den Absätzen 1 und 2 geht am 1. Juli 2009 in den zu diesem Zeitpunkt anhängigen Rechtsstreitigkeiten wegen der Zulassung zur Prüfung, der Befreiung von der Prüfung oder der Erteilung verbindlicher Auskünfte gemäß § 38a und Überdenkungsverfahren die Zuständigkeit von der für die Finanzverwaltung zuständigen obersten Landesbehörde auf die zuständige Steuerberaterkammer über.

(4) Unabhängig von den Absätzen 1 und 2 wird ab dem 1. Juli 2009 in den zu diesem Zeitpunkt anhängigen Rechtsstreitigkeiten wegen Prüfungsentscheidungen die für die Finanzverwaltung zuständige oberste Landesbehörde durch die zuständige Steuerberaterkammer vertreten.

---

1) § 157a eingef. mWv 12.4.2008 durch G v. 8.4.2008 (BGBl. I S. 666).

§ 157b[1] Anwendungsvorschrift. § 154 Absatz 2 Satz 2 Nummer 2 in der Fassung des Artikels 14 des Gesetzes vom 16. Juli 2009 (BGBl. I S. 1959) ist auf alle bei Inkrafttreten dieser Vorschrift nicht bestandskräftig abgeschlossenen Verfahren anzuwenden.

§ 157c[2] Anwendungsvorschrift zu § 36 Absatz 2. § 36 Absatz 2 in der Fassung des Artikels 5 des Gesetzes vom 22. November 2019 (BGBl. I S. 1746) ist erstmals auf Prüfungen anzuwenden, die nach dem 31. Dezember 2020 beginnen.

§ 157d[3] Anwendungsvorschrift aus Anlass des Gesetzes zur Neuregelung des Berufsrechts der anwaltlichen und steuerberatenden Berufsausübungsgesellschaften sowie zur Änderung weiterer Vorschriften im Bereich der rechtsberatenden Berufe. (1) Wenn eine Gesellschaft vor dem 1. August 2022 als Steuerberatungsgesellschaft anerkannt wurde, gilt diese Anerkennung als Anerkennung der Berufsausübungsgesellschaft im Sinne des § 53.

(2) [1] Berufsausübungsgesellschaften, die

1. am 1. August 2022 bestanden,
2. nach § 53 Absatz 1 anerkennungsbedürftig sind und
3. nicht nach Absatz 1 als anerkannt gelten,

müssen bis zum 1. November 2022 ihre Anerkennung beantragen. [2] Ihnen stehen bis zur Entscheidung der zuständigen Steuerberaterkammer über den Antrag auf Anerkennung die Befugnisse nach den §§ 55c und 55d zu.

§ 157e[4] Anwendungsvorschrift zur Steuerberaterplattform und zu den besonderen elektronischen Steuerberaterpostfächern. § 86 Absatz 2 Nummer 10 und 11, § 86b Absatz 3 und die §§ 86c bis 86g in der am 1. August 2022 geltenden Fassung sind erstmals nach Ablauf des 31. Dezember 2022 anzuwenden.

Siebenter Abschnitt. Verordnungsermächtigung

§ 158[5] Durchführungsbestimmungen zu den Vorschriften über Steuerberater, Steuerbevollmächtigte und Berufsausübungsgesellschaften. Die Bundesregierung wird ermächtigt, nach Anhören der Bundessteuerberaterkammer mit Zustimmung des Bundesrates durch Rechtsverordnung Bestimmungen zu erlassen

1. über
   a) das Verfahren bei der Zulassung zur Prüfung, der Befreiung von der Prüfung und der Erteilung verbindlicher Auskünfte, insbesondere über

[1] § 157b eingef. mWv 23.7.2009 durch G v. 16.7.2009 (BGBl. I S. 1959).
[2] § 157c eingef. mWv 1.1.2020 durch G v. 22.11.2019 (BGBl. I S. 1746).
[3] § 157d eingef. mWv 1.8.2022 durch G v. 7.7.2021 (BGBl. I S. 2363).
[4] § 157e eingef. mWv 1.8.2022 durch G v. 7.7.2021 (BGBl. I S. 2363).
[5] § 158 neu gef. mWv 12.4.2008 durch G v. 8.4.2008 (BGBl. I S. 666); Überschrift und Nr. 3 geänd. mWv 1.8.2022 durch G v. 7.7.2021 (BGBl. I S. 2363).

die Einführung von Vordrucken zur Erhebung der gemäß den §§ 36, 37a, 38 und 38a erforderlichen Angaben und Nachweise,

b) die Durchführung der Prüfung, insbesondere die Prüfungsgebiete, die schriftliche und mündliche Prüfung, das Überdenken der Prüfungsbewertung,

c) das Verfahren bei der Wiederholung der Prüfung,

d) das Verfahren der Berufung und Abberufung der Mitglieder des Prüfungsausschusses und ihrer Stellvertreter;

2. über die Bestellung;
3. über das Verfahren bei der Anerkennung als Berufsausübungsgesellschaft;
4. über die mündliche Prüfung im Sinne des § 44, insbesondere über die Prüfungsgebiete, die Befreiung von der Prüfung und das Verfahren bei der Erteilung der Bezeichnung „Landwirtschaftliche Buchstelle";
5. über Einrichtung und Führung des Berufsregisters sowie über Meldepflichten;
6. über den Abschluss und die Aufrechterhaltung der Haftpflichtversicherung, den Inhalt, den Umfang und die Ausschlüsse des Versicherungsvertrages sowie über die Mindesthöhe der Deckungssummen.

Dritter Teil. Zwangsmittel, Ordnungswidrigkeiten

Erster Abschnitt. Vollstreckung wegen Handlungen und Unterlassungen

§ 159[1] **Zwangsmittel.** Die Anwendung von Zwangsmitteln richtet sich nach der Abgabenordnung[2].

Zweiter Abschnitt. Ordnungswidrigkeiten

§ 160[3] **Unbefugte Hilfeleistung in Steuersachen.** (1) Ordnungswidrig handelt, wer entgegen § 5 Abs. 1 oder entgegen einer vollziehbaren Untersagung nach § 7 geschäftsmäßig Hilfe in Steuersachen leistet.

(2) Die Ordnungswidrigkeit kann mit einer Geldbuße bis zu fünftausend Euro geahndet werden.

§ 161[4] **Schutz der Bezeichnungen „Steuerberatungsgesellschaft", „Lohnsteuerhilfeverein" und „Landwirtschaftliche Buchstelle".**

(1) Ordnungswidrig handelt, wer unbefugt die Bezeichnung „Steuerberatungsgesellschaft", „Lohnsteuerhilfeverein", „Landwirtschaftliche Buchstelle" oder eine einer solchen zum Verwechseln ähnliche Bezeichnung benutzt.

---

[1] § 159 neu gef. durch G v. 9.6.1989 (BGBl. I S. 1062).

[2] Nr. **800**.

[3] § 160 Abs. 1 Nr. 1 geänd. durch G v. 9.6.1989 (BGBl. I S. 1062); Abs. 1 neu gef. mWv 1.7.2000; Abs. 2 geänd. mWv 1.1.2002 durch G v. 24.6.2000 (BGBl. I S. 874).

[4] § 161 Abs. 2 geänd. mWv 1.1.2002 durch G v. 24.6.2000 (BGBl. I S. 874).

(2) Die Ordnungswidrigkeit kann mit einer Geldbuße bis zu fünftausend Euro geahndet werden.

§ 162[1] Verletzung der den Lohnsteuerhilfevereinen obliegenden Pflichten. (1) Ordnungswidrig handelt, wer

1. entgegen § 14 Absatz 1 Satz 1 Nummer 8 eine Mitgliederversammlung oder eine Vertreterversammlung nicht durchführt,
2. entgegen § 15 Abs. 3 eine Satzungsänderung der zuständigen Aufsichtsbehörde nicht oder nicht rechtzeitig anzeigt,
3. entgegen § 22 Abs. 1 die jährliche Geschäftsprüfung nicht oder nicht rechtzeitig durchführen läßt,
4. entgegen § 22 Abs. 7 Nr. 1 die Abschrift des Berichts über die Geschäftsprüfung der zuständigen Aufsichtsbehörde nicht oder nicht rechtzeitig zuleitet,
5. entgegen § 22 Abs. 7 Nr. 2 den Mitgliedern des Lohnsteuerhilfevereins den wesentlichen Inhalt der Prüfungsfeststellungen nicht oder nicht rechtzeitig bekanntgibt,
6. entgegen § 23 Abs. 3 Satz 1 zur Leitung einer Beratungsstelle eine Person bestellt, die nicht die dort bezeichneten Voraussetzungen erfüllt,
7. entgegen § 23 Abs. 4 der zuständigen Aufsichtsbehörde die Eröffnung, die Schließung oder die Änderung der Anschrift einer Beratungsstelle, die Bestellung oder Abberufung des Leiters einer Beratungsstelle oder die Personen, deren sich der Verein bei der Hilfeleistung in Steuersachen im Rahmen der Befugnis nach § 4 Nr. 11 bedient, nicht mitteilt oder
8. entgegen § 25 Abs. 2 Satz 1 nicht angemessen versichert ist oder
9. entgegen § 29 Abs. 1 die Aufsichtsbehörde nicht oder nicht rechtzeitig von Mitgliederversammlungen oder Vertreterversammlungen unterrichtet.

(2) Die Ordnungswidrigkeit nach Absatz 1 Nr. 1, 3 bis 6 und 8 kann mit einer Geldbuße bis zu fünftausend Euro, die Ordnungswidrigkeit nach Absatz 1 Nr. 2, 7 und 9 mit einer Geldbuße bis zu eintausend Euro geahndet werden.

§ 163[2] Pflichtverletzung von Personen, deren sich der Verein bei der Hilfeleistung in Steuersachen im Rahmen der Befugnis nach § 4 Nummer 11 bedient. (1) Ordnungswidrig handelt, wer entgegen § 26

---

[1] § 162 geänd. durch G v. 9.6.1989 (BGBl. I S. 1062) und v. 13.12.1990 (BGBl. I S. 2756); Abs. 1 Nr. 7 eingef., bish. Nr. 7 wird Nr. 8 sowie Abs. 2 geänd. mWv 1.7.1994 durch G v. 24.6.1994 (BGBl. I S. 1387); Abs. 1 neue Nr. 1 eingef., Abs. 1 bish. Nr. 6 und Abs. 2 geänd., Abs. 1 bish. Nrn. 1 bis 8 werden Nrn. 2 bis 9 mWv 1.7.2000, Abs. 2 geänd. mWv 1.1.2002 durch G v. 24.6.2000 (BGBl. I S. 874); Abs. 1 Nr. 2, 4 und 7 geänd. mWv 12.4.2008 durch G v. 8.4.2008 (BGBl. I S. 666); Abs. 1 Nr. 7 geänd. mWv 1.1.2020 durch G v. 22.11.2019 (BGBl. I S. 1746); Abs. 1 Nr. 1 geänd. mWv 1.8.2021 durch G v. 25.6.2021 (BGBl. I S. 2154).

[2] § 163 Abs. 2 geänd. durch G v. 9.6.1989 (BGBl. I S. 1062), Überschrift und Abs. 1 geänd. mWv 1.7.2000, Abs. 2 geänd. mWv 1.1.2002 durch G v. 24.6.2000 (BGBl. I S. 874); Überschrift geänd. mWv 18.12.2019 durch G v. 12.12.2019 (BGBl. I S. 2451).

Abs. 2 in Verbindung mit der Hilfeleistung in Steuersachen im Rahmen der Befugnis nach § 4 Nr. 11 eine andere wirtschaftliche Tätigkeit ausübt.

(2) Die Ordnungswidrigkeit kann mit einer Geldbuße bis zu fünfundzwanzigtausend Euro geahndet werden.

§ 164[1)] Verfahren. [1]Verwaltungsbehörde im Sinne des § 36 Abs. 1 Nr. 1 des Gesetzes über Ordnungswidrigkeiten ist das Finanzamt, § 387 Abs. 2 der Abgabenordnung ist entsprechend anzuwenden. [2]Im übrigen gelten für das Bußgeldverfahren § 410 Abs. 1 Nr. 1, 2, 6 bis 11 und Abs. 2 sowie § 412 der Abgabenordnung entsprechend.

Vierter Teil.[2)] Schlussvorschriften

§ 164a[3)] Verwaltungsverfahren und finanzgerichtliches Verfahren. (1) [1]Die Durchführung des Verwaltungsverfahrens in öffentlich-rechtlichen und berufsrechtlichen Angelegenheiten, die durch den Ersten Teil, den Zweiten und Sechsten Abschnitt des Zweiten Teils und den Ersten Abschnitt des Dritten Teils dieses Gesetzes geregelt werden, richtet sich nach der Abgabenordnung[4)]. [2]Das Verfahren kann über eine einheitliche Stelle abgewickelt werden. [3]Dafür gelten die Vorschriften des Verwaltungsverfahrensgesetzes entsprechend.

(2) [1]Die Vollziehung der Rücknahme oder des Widerrufs der Anerkennung als Lohnsteuerhilfeverein (§ 20), der Anordnung der Schließung einer Beratungsstelle (§ 28 Abs. 3), der Rücknahme oder des Widerrufs der Bestellung als Steuerberater oder Steuerbevollmächtigter (§ 46) oder der Anerkennung als Berufsausübungsgesellschaft (§ 53) ist bis zum Eintritt der Unanfechtbarkeit gehemmt; § 361 Abs. 4 Sätze 2 und 3 der Abgabenordnung[4)] und § 69 Abs. 5 Sätze 2 bis 4 der Finanzgerichtsordnung[5)] bleiben unberührt. [2]In den Fällen des Satzes 1 kann daneben die Ausübung der Hilfeleistung in Steuersachen mit sofortiger Wirkung untersagt werden, wenn es das öffentliche Interesse erfordert.

(3) [1]In finanzgerichtlichen Verfahren in Angelegenheiten der §§ 37, 37a und 39a wird die für die Finanzverwaltung zuständige oberste Landesbehörde durch die zuständige Steuerberaterkammer vertreten. [2]Die der für die Finanzverwaltung zuständigen obersten Landesbehörde in Verfahren nach Satz 1 auferlegten Kosten werden von der zuständigen Steuerberaterkammer unmit-

---

[1)] § 164 neu gef. durch G v. 14.12.1976 (BGBl. I S. 3341); Satz 1 zweiter Halbsatz angef. durch G v. 18.8.1980 (BGBl. I S. 1537).

[2)] Vierter Teil Überschrift geänd. mWv 18.12.2019 durch G v. 12.12.2019 (BGBl. I S. 2451).

[3)] § 164a eingef. durch G v. 14.12.1976 (BGBl. I S. 3341); Abs. 2 angef. durch G v. 9.6.1989 (BGBl. I S. 1062); Abs. 2 Satz 1 geänd. durch G v. 21.12.1992 (BGBl. I S. 2109); Abs. 2 neu gef. mWv 1.7.2000 durch G v. 24.6.2000 (BGBl. I S. 874); Überschrift neu gef., Abs. 3 angef. mWv 12.4.2008 durch G v. 8.4.2008 (BGBl. I S. 666); Abs. 1 Sätze 2 und 3 angef., bish. Wortlaut wird Satz 1 mWv 18.12.2008 durch G v. 11.12.2008 (BGBl. I S. 2418); Abs. 3 Sätze 2–4 angef. mWv 14.12.2010 durch G v. 8.12.2010 (BGBl. I S. 1768); Abs. 2 Satz 1 geänd. mWv 1.8.2022 durch G v. 7.7.2021 (BGBl. I S. 2363).

[4)] Nr. **800**.

[5)] Nr. **802**.

telbar an den Kostengläubiger gezahlt. [3]Die für die Finanzverwaltung zuständige oberste Landesbehörde wird insoweit von ihrer Zahlungsverpflichtung gegenüber dem Kostengläubiger befreit. [4]Die zuständige Steuerberaterkammer kann für eigene Aufwendungen in Verfahren nach Satz 1 und für die Zahlung nach Satz 2 keinen Ersatz von der für die Finanzverwaltung zuständigen obersten Landesbehörde verlangen.

§ 164b[1)] Gebühren. (1) Soweit dieses Gesetz für die Bearbeitung von Anträgen Gebühren vorsieht, sind diese bei der Antragstellung zu entrichten.

(2) Wird ein Antrag vor der Entscheidung zurückgenommen, ist die Gebühr zur Hälfte zu erstatten.

§ 164c[2)] Laufbahngruppenregelungen der Länder. [1]Soweit in diesem Gesetz die Bezeichnung gehobener und höherer Dienst verwendet wird, richtet sich die Zuordnung der Beamten zu einer dieser Laufbahngruppen in den Ländern, die durch landesrechtliche Regelungen die zuvor bezeichneten Laufbahngruppen zusammengefasst oder abweichend bezeichnet haben, nach den Zugangsvoraussetzungen für die Einstellung als Inspektor oder Regierungsrat. [2]Beamte, die durch eine Qualifizierungsmaßnahme die Voraussetzungen für die Verleihung des Amtes eines Oberinspektors erfüllen oder denen auf Grund einer Qualifizierungsmaßnahme ein Amt verliehen worden ist, das vor Verleihung des Amtes eines Oberinspektors durchlaufen werden muss, sind dem gehobenen Dienst, Beamte, die durch eine Qualifizierungsmaßnahme die Voraussetzungen für die Verleihung des Amtes eines Oberregierungsrates erfüllen, sind dem höheren Dienst zuzuordnen.

§ 165 Ermächtigung. Das Bundesministerium der Finanzen wird ermächtigt, den Wortlaut dieses Gesetzes und der zu diesem Gesetz erlassenen Durchführungsverordnungen in der jeweils geltenden Fassung mit neuem Datum und in neuer Paragraphenfolge bekanntzumachen und dabei Unstimmigkeiten des Wortlauts zu beseitigen.

§ 166[3)] Fortgeltung bisheriger Vorschriften. [1]Das Versorgungswerk der Kammer der Steuerberater und Helfer in Steuersachen für das Saarland bleibt aufrechterhalten. [2]Die Regierung des Saarlandes wird ermächtigt, durch Rechtsverordnung die erforderlichen Vorschriften über die Beibehaltung des Versorgungswerkes, insbesondere in der Form einer Körperschaft des öffentlichen Rechts, über die Mitgliedschaft der Steuerberater und Steuerbevollmächtigten, über die Satzung und über die Dienstaufsicht zu erlassen.

§ 167[4)] Freie und Hansestadt Hamburg. Der Senat der Freien und Hansestadt Hamburg wird ermächtigt, die Vorschriften dieses Gesetzes über

---

[1)] § 164b eingef. mWv 1.7.1994 durch G v. 24.6.1994 (BGBl. I S. 1387).

[2)] § 164c eingef. mWv 30.6.2013 durch G v. 26.6.2013 (BGBl. I S. 1809).

[3)] *§ 166 Überschrift* neu gef., Abs. 1 und Abs. 2 Satz 1 sowie Absatzbezeichnung (2) aufgeh. mWv 1.7.2000 durch G v. 24.6.2000 (BGBl. I S. 874).

[4)] § 167 bish. Abs. 1 (Berlin-Klausel) aufgeh. durch G v. 25.2.1992 (BGBl. I S. 297).

die Zuständigkeit der Behörden dem besonderen Verwaltungsaufbau in Hamburg anzupassen.

§ 168[1] **Inkrafttreten des Gesetzes.** (1) Dieses Gesetz tritt mit Ausnahme des § 166 Abs. 2 am ersten Kalendertage des dritten Kalendermonats nach seiner Verkündung in Kraft.

(2) § 166 Abs. 2 tritt am Tage nach der Verkündung[2] des Gesetzes in Kraft.

---

[1] **Amtl. Anm.:** Die Vorschrift betrifft das Inkrafttreten des Gesetzes in der ursprünglichen Fassung vom 16.8.1961.

[2] Verkündet am 23.8.1961.

Anlage[1)]
(zu § 146 Satz 1)

Gebührenverzeichnis

Gliederung

Abschnitt 1
Verfahren vor dem Landgericht
Unterabschnitt 1. Berufsgerichtliches Verfahren erster Instanz
Unterabschnitt 2. Antrag auf gerichtliche Entscheidung über die Rüge

Abschnitt 2
Verfahren vor dem Oberlandesgericht
Unterabschnitt 1. Berufung
Unterabschnitt 2. Beschwerde

Abschnitt 3
Verfahren vor dem Bundesgerichtshof
Unterabschnitt 1. Revision
Unterabschnitt 2. Beschwerde

Abschnitt 4
Rüge wegen Verletzung des Anspruchs auf rechtliches Gehör

Nr.	Gebührentatbestand	Gebührenbetrag oder Satz der jeweiligen Gebühr 110 bis 112
Vorbemerkung: (1) Im berufsgerichtlichen Verfahren bemessen sich die Gerichtsgebühren vorbehaltlich des Absatzes 2 für alle Rechtszüge nach der rechtskräftig verhängten Maßnahme. (2) Wird ein Rechtsmittel oder ein Antrag auf berufsgerichtliche Entscheidung nur teilweise verworfen oder zurückgewiesen, so hat das Gericht die Gebühr zu ermäßigen, soweit es unbillig wäre, das Mitglied der Steuerberaterkammer damit zu belasten. (3) Im Verfahren nach Wiederaufnahme werden die gleichen Gebühren wie für das wiederaufgenommene Verfahren erhoben. Wird jedoch nach Anordnung der Wiederaufnahme des Verfahrens das frühere Urteil aufgehoben, gilt für die Gebührenerhebung jeder Rechtszug des neuen Verfahrens mit dem jeweiligen Rechtszug des früheren Verfahrens zusammen als ein Rechtszug. Gebühren werden auch für Rechtszüge erhoben, die nur im früheren Verfahren stattgefunden haben.		
	Abschnitt 1. Verfahren vor dem Landgericht	
	Unterabschnitt 1.Berufsgerichtliches Verfahren erster Instanz	
110	Verfahren mit Urteil bei Verhängung einer oder mehrerer der folgenden Maßnahmen: 1. einer Warnung, 2. eines Verweises, 3. einer Geldbuße, 4. eines befristeten Berufsverbots	240,00 EUR

[1)] *Anl.* angef. mWv 31.12.2006 durch G v. 22.12.2006 (BGBl. I S. 3416); geänd. mWv 31.7.2014 durch G v. 25.7.2014 (BGBl. I S. 1266); geänd. mWv 1.8.2022 durch G v. 7.7.2021 (BGBl. I S. 2363).

Nr.	Gebührentatbestand	Gebührenbetrag oder Satz der jeweiligen Gebühr 110 bis 112
112	Verfahren mit Urteil bei Ausschließung aus dem Beruf oder der Aberkennung der Befugnis zur geschäftsmäßigen Hilfeleistung in Steuersachen	480,00 EUR
	Unterabschnitt 2. Antrag auf gerichtliche Entscheidung über die Rüge	
120	Verfahren über den Antrag auf gerichtliche Entscheidung über die Rüge nach § 82 Abs. 1 StBerG: Der Antrag wird verworfen oder zurückgewiesen..................	160,00 EUR
	Abschnitt 2. Verfahren vor dem Oberlandesgericht	
	Unterabschnitt 1. Berufung	
210	Berufungsverfahren mit Urteil	1,5
211	Erledigung des Berufungsverfahrens ohne Urteil .... Die Gebühr entfällt bei Zurücknahme der Berufung vor Ablauf der Begründungsfrist.	0,5
	Unterabschnitt 2. Beschwerde	
220	Verfahren über Beschwerden im berufsgerichtlichen Verfahren, die nicht nach anderen Vorschriften gebührenfrei sind: Die Beschwerde wird verworfen oder zurückgewiesen .... Von dem Mitglied der Steuerberaterkammer wird eine Gebühr nur erhoben, wenn gegen es rechtskräftig eine berufsgerichtliche Maßnahme verhängt worden ist.	50,00 EUR
	Abschnitt 3. Verfahren vor dem Bundesgerichtshof	
	Unterabschnitt 1. Revision	
310	Revisionsverfahren mit Urteil oder mit Beschluss nach § 153 StBerG i. V. m. § 349 Abs. 2 oder Abs. 4 StPO	2,0
311	Erledigung des Revisionsverfahrens ohne Urteil und ohne Beschluss nach § 153 StBerG i. V. m. § 349 Abs. 2 oder Abs. 4 StPO .... Die Gebühr entfällt bei Zurücknahme der Revision vor Ablauf der Begründungsfrist.	1,0
	Unterabschnitt 2. Beschwerde	
320	Verfahren über die Beschwerde gegen die Nichtzulassung der Revision: Die Beschwerde wird verworfen oder zurückgewiesen	1,0
321	Verfahren über sonstige Beschwerden im berufsgerichtlichen Verfahren, die nicht nach anderen Vorschriften gebührenfrei sind: Die Beschwerde wird verworfen oder zurückgewiesen	50,00 EUR

Nr.	Gebührentatbestand	Gebührenbetrag oder Satz der jeweiligen Gebühr 110 bis 112
	Von dem Mitglied der Steuerberaterkammer wird eine Gebühr nur erhoben, wenn gegen es rechtskräftig eine berufsgerichtliche Maßnahme verhängt worden ist.	
	Abschnitt 4. Rüge wegen Verletzung des Anspruchs auf rechtliches Gehör	
400	Verfahren über die Rüge wegen Verletzung des Anspruchs auf rechtliches Gehör: Die Rüge wird in vollem Umfang verworfen oder zurückgewiesen	50,00 EUR

840a. Vergütungsverordnung für Steuerberater, Steuerbevollmächtigte und *Steuerberatungsgesellschaften* [*ab 1.8.2022:* Berufsausübungsgesellschaften] (Steuerberatervergütungsverordnung – StBVV)[1]

Vom 17. Dezember 1981 (BGBl. I S. 1442)

Geändert durch Erste Verordnung zur Änderung der Steuerberatergebührenverordnung vom 20.6.1988 (BGBl. I S. 841), Zweite Verordnung zur Änderung der Steuerberatergebührenverordnung vom 21.6.1991 (BGBl. I S. 1370), Dritte Verordnung zur Änderung der Steuerberatergebührenverordnung vom 20.8.1998 (BGBl. I S. 2369), Gesetz zur Umstellung des Kostenrechts und der Steuerberatergebührenverordnung auf Euro vom 27.4.2001 (BGBl. I S. 751), Kostenrechtsmodernisierungsgesetz vom 5.5.2004 (BGBl. I S. 718), Jahressteuergesetz 2007 vom 13.12.2006 (BGBl. I S. 2878), Achtes Gesetz zur Änderung des Steuerberatungsgesetzes vom 8.4.2008 (BGBl. I S. 666), Verordnung zum Erlass und zur Änderung steuerlicher Verordnungen vom 11.2.2012 (BGBl. I S. 2637), Dritte Verordnung zur Änderung steuerlicher Verordnungen vom 18.7.2016 (BGBl. I S. 1722), Vierte Verordnung zur Änderung Steuerlicher Verordnungen vom 12.7.2017 (BGBl. I S. 2360), Fünfte Verordnung zur Änderung steuerlicher Verordnungen vom 25.6.2020 (BGBl. I S. 1495) und Gesetz zur Neuregelung des Berufsrechts der anwaltlichen und steuerberatenden Berufsausübungsgesellschaften sowie zur Änderung weiterer Vorschriften im Bereich der rechtsberatenden Berufe vom 7.7.2021 (BGBl. I S. 2363)

BGBl. III/FNA 610-10-7

Auf Grund des § 64 des Steuerberatungsgesetzes[2] in der Fassung der Bekanntmachung vom 4. November 1975 (BGBl. I S. 2735) wird nach Anhörung der Bundessteuerberaterkammer mit Zustimmung des Bundesrates verordnet:

Erster Abschnitt. Allgemeine Vorschriften

§ 1[3] **Anwendungsbereich.** (1) [1]Die Vergütung (Gebühren und Auslagenersatz) des Steuerberaters mit Sitz im Inland für seine im Inland selbständig ausgeübte Berufstätigkeit (§ 33 des Steuerberatungsgesetzes) bemisst sich nach dieser Verordnung. [2]Dies gilt für die Höhe der Vergütung nur, soweit nicht etwas anderes vereinbart wird.

(2) Für die Vergütung der Steuerbevollmächtigten und der *Steuerberatungsgesellschaften* [*ab 1.8.2022:* Berufsausübungsgesellschaften] gelten die Vorschriften über die Vergütung der Steuerberater entsprechend.

---

[1] Titel geänd. mWv 1.8.2022 durch G v. 7.7.2021 (BGBl. I S. 2363).
[2] Nr. **840**.
[3] § 1 Abs. 1 neu gef. durch VO v. 18.7.2016 (BGBl. I S. 1722); Abs. 2 geänd. mWv 1.8.2022 durch G v. 7.7.2021 (BGBl. I S. 2363).

§ 2 Sinngemäße Anwendung der Verordnung. Ist in dieser Verordnung über die Gebühren für eine Berufstätigkeit des Steuerberaters nichts bestimmt, so sind die Gebühren in sinngemäßer Anwendung der Vorschriften dieser Verordnung zu bemessen.

§ 3[1] Auslagen. (1) Mit den Gebühren werden auch die allgemeinen Geschäftskosten entgolten.

(2) Der Anspruch auf Zahlung der auf die Vergütung entfallenden Umsatzsteuer und auf Ersatz für Post- und Telekommunikationsdienstleistungen zu zahlende Entgelte, der Dokumentenpauschale und der Reisekosten bestimmt sich nach den §§ 15 bis 20.

§ 4[2] Vereinbarung der Vergütung. (1) [1] Aus einer Vereinbarung kann der Steuerberater eine höhere als die gesetzliche Vergütung nur fordern, wenn die Erklärung des Auftraggebers in Textform abgegeben ist. [2] Ist das Schriftstück nicht vom Auftraggeber verfasst, muss

1. das Schriftstück als Vergütungsvereinbarung oder in vergleichbarer Weise bezeichnet sein,
2. das Schriftstück von anderen Vereinbarungen mit Ausnahme der Auftragserteilung deutlich abgesetzt sein und darf nicht in der Vollmacht enthalten sein.

[3] Art und Umfang des Auftrags nach Satz 2 sind zu bezeichnen. [4] Hat der Auftraggeber freiwillig und ohne Vorbehalt geleistet, kann er das Geleistete nicht deshalb zurückfordern, weil seine Erklärung den Vorschriften der Sätze 1 bis 3 nicht entspricht.

(2) Ist eine vereinbarte Vergütung unter Berücksichtigung aller Umstände unangemessen hoch, so kann sie im Rechtsstreit auf den angemessenen Betrag bis zur Höhe der sich aus dieser Verordnung ergebenden Vergütung herabgesetzt werden.

(3) [1] In außergerichtlichen Angelegenheiten kann eine niedrigere als die gesetzliche Vergütung unter den Formerfordernissen des Absatzes 1 vereinbart werden. [2] Sie muss in einem angemessenen Verhältnis zu der Leistung, der Verantwortung und dem Haftungsrisiko des Steuerberaters stehen.

(4) Der Steuerberater hat den Auftraggeber in Textform darauf hinzuweisen, dass eine höhere oder niedrigere als die gesetzliche Vergütung in Textform vereinbart werden kann.

§ 5 Mehrere Steuerberater. Ist die Angelegenheit mehreren Steuerberatern zur gemeinschaftlichen Erledigung übertragen, so erhält jeder Steuerberater für seine Tätigkeit die volle Vergütung.

---

[1] § 3 Abs. 3 geänd. mWv 28.8.1998 durch VO v. 20.8.1998 (BGBl. I S. 2369) und mWv 1.1.2007 durch G v. 13.12.2006 (BGBl. I S. 2878); Überschr. geänd., Abs. 1 aufgeh., bish. *Abs. 2 und 3* werden Abs. 1 und 2 durch VO v. 18.7.2016 (BGBl. I S. 1722).

[2] § 4 Abs. 1 neu gef., mWv 1.1.2007 durch G v. 13.12.2006 (BGBl. I S. 2878); Abs. 1 neu gef., Abs. 3 und 4 angef. durch VO v. 18.7.2016 (BGBl. I S. 1722).

§ 6 Mehrere Auftraggeber. (1) Wird der Steuerberater in derselben Angelegenheit für mehrere Auftraggeber tätig, so erhält er die Gebühren nur einmal.

(2)[1] 1 Jeder Auftraggeber schuldet dem Steuerberater die Gebühren und Auslagen, die er schulden würde, wenn der Steuerberater nur in seinem Auftrag tätig geworden wäre. 2 Der Steuerberater kann aber insgesamt nicht mehr *als die Gebühr nach Absatz 1 fordern, die in den Fällen des § 40 Abs. 5 nach Maßgabe dieser Vorschrift zu berechnen ist; die Auslagen kann er nur einmal fordern* [***ab 1.8.2022:*** fordern als die nach Absatz 1 berechneten Gebühren und die insgesamt entstandenen Auslagen.]

§ 7 Fälligkeit. Die Vergütung des Steuerberaters wird fällig, wenn der Auftrag erledigt oder die Angelegenheit beendigt ist.

§ 8 Vorschuß. Der Steuerberater kann von seinem Auftraggeber für die entstandenen und die voraussichtlich entstehenden Gebühren und Auslagen einen angemessenen Vorschuß fordern.

§ 9[2] **Berechnung.** (1) 1 Der Steuerberater kann die Vergütung nur auf Grund einer dem Auftraggeber mitgeteilten Berechnung einfordern. 2 Die Berechnung ist von dem Steuerberater zu unterzeichnen oder vorbehaltlich der Zustimmung des Auftraggebers in Textform zu erstellen. 3 Die Zustimmung muss nicht für jede Berechnung einzeln erteilt werden. 4 Der Lauf der Verjährungsfrist ist von der Mitteilung der Berechnung nicht abhängig.

(2) 1 In der Berechnung sind die Beträge der einzelnen Gebühren und Auslagen, die Vorschüsse, eine kurze Bezeichnung des jeweiligen Gebührentatbestands, die Bezeichnung der Auslagen sowie die angewandten Vorschriften dieser Gebührenverordnung und bei Wertgebühren auch der Gegenstandswert anzugeben. 2 Nach demselben Stundensatz berechnete Zeitgebühren können zusammengefaßt werden. 3 Bei Entgelten für Post- und Telekommunikationsdienstleistungen genügt die Angabe des Gesamtbetrages.

(3) Hat der Auftraggeber die Vergütung gezahlt, ohne die Berechnung erhalten zu haben, so kann er die Mitteilung der Berechnung noch fordern, solange der Steuerberater zur Aufbewahrung der Handakten [***ab 1.8.2022:*** nach § 66 des Steuerberatungsgesetzes[3]] verpflichtet ist.

Zweiter Abschnitt. Gebührenberechnung

§ 10 Wertgebühren. (1)[4] 1 Die Wertgebühren bestimmen sich nach den dieser Verordnung als Anlage beigefügten Tabellen A bis D. 2 Sie werden nach dem

---

[1] § 6 Abs. 2 Satz 2 neu gef. mWv 1.8.2022 durch G v. 7.7.2021 (BGBl. I S. 2363).

[2] § 9 Abs. 2 Sätze 1 und 3 geänd. mWv 28.8.1998 durch VO v. 20.8.1998 (BGBl. I S. 2369); Abs. 1 Satz 2 angef. mWv 1.1.2007 durch G v. 13.12.2007 (BGBl. I S. 2878); Abs. 1 neu gef. mWv 1.7.2020 durch VO v. 25.6.2020 (BGBl. S. 1495); Abs. 3 geänd. mWv 1.8.2022 durch G v. 7.7.2021 (BGBl. I S. 2363).

[3] Nr. **840**.

[4] § 10 Abs. 1 Satz 1 geänd. mWv 1.7.2020 durch VO v. 25.6.2020 (BGBl. I S. 1495).

Wert berechnet, den der Gegenstand der beruflichen Tätigkeit hat. [3] Maßgebend ist, soweit diese Verordnung nichts anderes bestimmt, der Wert des Interesses.

(2) In derselben Angelegenheit werden die Werte mehrerer Gegenstände zusammengerechnet; dies gilt nicht für die in den §§ 24 bis 27, 30, 35 und 37 bezeichneten Tätigkeiten.

§ 11[1)] Rahmengebühren. [1] Ist für die Gebühren ein Rahmen vorgesehen, so bestimmt der Steuerberater die Gebühr im Einzelfall unter Berücksichtigung aller Umstände, vor allem des Umfangs und der Schwierigkeit der beruflichen Tätigkeit, der Bedeutung der Angelegenheit sowie der Einkommens- und Vermögensverhältnisse des Auftraggebers, nach billigem Ermessen. [2] Ein besonderes Haftungsrisiko des Steuerberaters kann bei der Bemessung herangezogen werden. [3] Bei Rahmengebühren, die sich nicht nach dem Gegenstandswert richten, ist das Haftungsrisiko zu berücksichtigen. [4] Ist die Gebühr von einem Dritten zu ersetzen, ist die von dem Steuerberater getroffene Bestimmung nicht verbindlich, wenn sie unbillig ist.

§ 12[2)] Abgeltungsbereich der Gebühren. (1) Die Gebühren entgelten, soweit diese Verordnung nichts anderes bestimmt, die gesamte Tätigkeit des Steuerberaters vom Auftrag bis zur Erledigung der Angelegenheit.

(2) Der Steuerberater kann die Gebühren in derselben Angelegenheit nur einmal fordern.

(3) Sind für Teile des Gegenstandes verschiedene Gebührensätze anzuwenden, so erhält der Steuerberater für die Teile gesondert berechnete Gebühren, jedoch nicht mehr als die aus dem Gesamtbetrag der Wertteile nach dem höchsten Gebührensatz berechnete Gebühr.

(4) Auf bereits entstandene Gebühren ist es, soweit diese Verordnung nichts anderes bestimmt, ohne Einfluß, wenn sich die Angelegenheit vorzeitig erledigt oder der Auftrag endigt, bevor die Angelegenheit erledigt ist.

(5) [1] Wird der Steuerberater, nachdem er in einer Angelegenheit tätig geworden war, beauftragt, in derselben Angelegenheit weiter tätig zu werden, so erhält er nicht mehr an Gebühren, als er erhalten würde, wenn er von vornherein hiermit beauftragt worden wäre. [2] Ist der frühere Auftrag seit mehr als zwei Kalenderjahren erledigt, gilt die weitere Tätigkeit als neue Angelegenheit.

(6) Ist der Steuerberater nur mit einzelnen Handlungen beauftragt, so erhält er nicht mehr an Gebühren, als der mit der gesamten Angelegenheit beauftragte Steuerberater für die gleiche Tätigkeit erhalten würde.

§ 13 Zeitgebühr. [1] Die Zeitgebühr ist zu berechnen

1. in den Fällen, in denen diese Verordnung dies vorsieht,
2. wenn keine genügenden Anhaltspunkte für eine Schätzung des Gegenstandswerts vorliegen; dies gilt nicht für Tätigkeiten nach § 23 sowie für die Vertretung im außergerichtlichen Rechtsbehelfsverfahren (§ 40)[3)], im Ver-

---

1) § *11 neu gef.* mWv 1.1.2007 durch G v. 13.12.2006 (BGBl. I S. 2878).
2) § 12 Abs. 5 Satz 2 angef. mWv 28.8.1998 durch VO v. 20.8.1998 (BGBl. I S. 2369).
3) Zitat geänd. durch G v. 13.12.2006 (BGBl. I S. 2878).

waltungsvollstreckungsverfahren (§ 44) und in gerichtlichen und anderen Verfahren (§§ 45, 46).

[2]Sie beträgt 30 bis 75 Euro[1)] je angefangene halbe Stunde.

§ 14 Pauschalvergütung. (1)[2)] [1]Für einzelne oder mehrere für denselben Auftraggeber laufend auszuführende Tätigkeiten kann der Steuerberater eine Pauschalvergütung vereinbaren. [2]Die Vereinbarung ist in Textform und für einen Zeitraum von mindestens einem Jahr zu treffen. [3]In der Vereinbarung sind die vom Steuerberater zu übernehmenden Tätigkeiten und die Zeiträume, für die sie geleistet werden, im einzelnen aufzuführen.

(2) Die Vereinbarung einer Pauschalvergütung ist ausgeschlossen für

1. die Anfertigung nicht mindestens jährlich wiederkehrender Steuererklärungen;
2. die Ausarbeitung von schriftlichen Gutachten (§ 22);
3. die in § 23 genannten Tätigkeiten;
4. die Teilnahme an Prüfungen (§ 29);
5. die Beratung und Vertretung im außergerichtlichen Rechtsbehelfsverfahren (§ 40)[3)], im Verwaltungsvollstreckungsverfahren (§ 44) und in gerichtlichen und anderen Verfahren (§ 45).

(3) Der Gebührenanteil der Pauschalvergütung muß in einem angemessenen Verhältnis zur Leistung des Steuerberaters stehen.

Dritter Abschnitt. Umsatzsteuer, Ersatz von Auslagen

§ 15 Umsatzsteuer. [1]Der Vergütung ist die Umsatzsteuer hinzuzurechnen, die nach § 12 des Umsatzsteuergesetzes auf die Tätigkeit entfällt. [2]Dies gilt nicht, wenn die Umsatzsteuer nach § 19 Abs. 1 des Umsatzsteuergesetzes unerhoben bleibt.

§ 16[4)] Entgelte für Post- und Telekommunikationsdienstleistungen. [1]Der Steuerberater hat Anspruch auf Ersatz der bei der Ausführung des Auftrags für Post- und Telekommunikationsdienstleistungen zu zahlenden Entgelte. [2]Er kann nach seiner Wahl an Stelle der tatsächlich entstandenen Kosten einen Pauschsatz fordern, der 20 Prozent der sich nach dieser Verordnung ergebenden Gebühren beträgt, in derselben Angelegenheit jedoch höchstens 20 Euro.

[1)] Beträge geänd. mWv 1.1.2002 durch G v. 27.4.2001 (BGBl. I S. 751); geänd. mWv 20.12.2012 durch VO v. 11.12.2012 (BGBl. I S. 2637); geänd. mWv 1.7.2020 durch VO v. 25.6.2020 (BGBl. I S. 1495).

[2)] § 14 Abs. 1 Satz 2 geänd. mWv 20.7.2017 durch VO v. 12.7.2017 (BGBl. I S. 2360).

[3)] Zitat geänd. durch G v. 13.12.2006 (BGBl. I S. 2878).

[4)] § 16 Überschrift neu gef., Satz 1 geänd. mWv 28.8.1998 durch VO v. 20.8.1998 (BGBl. I S. 2369), Satz 2 neu gef. mWv 1.1.2007 durch G v. 13.12.2006 (BGBl. I S. 2878).

§ 17[1] Dokumentenpauschale. (1) [1]Der Steuerberater erhält eine Dokumentenpauschale

1. für Ablichtungen
   a) aus Behörden- und Gerichtsakten, soweit deren Herstellung zur sachgerechten Bearbeitung der Angelegenheit geboten war,
   b) zur Mitteilung an Gegner oder Beteiligte und Verfahrensbevollmächtigte auf Grund einer Rechtsvorschrift oder nach Aufforderung durch das Gericht, die Behörde oder die sonst das Verfahren führende Stelle, soweit hierfür mehr als 100 Ablichtungen zu fertigen waren,
   c) zur notwendigen Unterrichtung des Auftraggebers, soweit hierfür mehr als 100 Ablichtungen zu fertigen waren,
   d) in sonstigen Fällen nur, wenn sie im Einverständnis mit dem Auftraggeber zusätzlich, auch zur Unterrichtung Dritter, angefertigt worden sind und
2. für die Überlassung elektronischer Dokumente an Stelle der in Nummer 1 Buchstabe d genannten Ablichtungen.

[2]Eine Übermittlung durch den Steuerberater per Telefax steht der Herstellung einer Ablichtung gleich.

(2) [1]Die Höhe der Dokumentenpauschale bemisst sich nach den für die Dokumentenpauschale im Vergütungsverzeichnis zum Rechtsanwaltsvergütungsgesetz bestimmten Beträgen. [2]Die Höhe der Dokumentenpauschale nach Absatz 1 Nr. 1 ist in derselben Angelegenheit und in gerichtlichen Verfahren in demselben Rechtszug einheitlich zu berechnen.

§ 18[2] Geschäftsreisen. (1) [1]Für Geschäftsreisen sind dem Steuerberater als Reisekosten die Fahrtkosten und die Übernachtungskosten zu erstatten; ferner erhält er ein Tage- und Abwesenheitsgeld. [2]Eine Geschäftsreise liegt vor, wenn das Reiseziel außerhalb der Gemeinde liegt, in der sich die Kanzlei oder die Wohnung des Steuerberaters befindet.

(2) Als Fahrtkosten sind zu erstatten:

1. bei Benutzung eines eigenen Kraftfahrzeugs zur Abgeltung der Anschaffungs-, Unterhaltungs- und Betriebskosten sowie der Abnutzung des Kraftfahrzeugs 0,42 Euro[3] für jeden gefahrenen Kilometer zuzüglich der durch die Benutzung des Kraftfahrzeugs aus Anlaß der Geschäftsreise regelmäßig anfallenden baren Auslagen, insbesondere der Parkgebühren,
2. bei Benutzung anderer Verkehrsmittel die tatsächlichen Aufwendungen, soweit sie angemessen sind.

(3) [1]Als Tage- und Abwesenheitsgeld erhält der Steuerberater bei einer Geschäftsreise von nicht mehr als 4 Stunden 25 Euro[3], von mehr als 4 bis 8 Stunden 40 Euro[3] und von mehr als 8 Stunden 70 Euro[3]; bei Auslandsreisen

---

[1] § 17 neu gef. mWv 1.1.2007 durch G v. 13.12.2006 (BGBl. I S. 2878).

[2] § 18 Abs. 1 neu gef., Abs. 2 eingef., Abs. 3 Satz 1 geänd. und Satz 2 neu gef. mWv 28.8.1998 durch VO v. 20.8.1998 (BGBl. I S. 2369).

[3] Beträge geänd. mWv 1.1.2007 durch G v. 13.12.2006 (BGBl. I S. 2878); geänd. mWv 1.7.2020 durch VO v. 25.6.2020 (BGBl. I S. 1495).

kann zu diesen Beträgen ein Zuschlag von 50 Prozent berechnet werden. [2]Die Übernachtungskosten sind in Höhe der tatsächlichen Aufwendungen zu erstatten, soweit sie angemessen sind.

§ 19 Reisen zur Ausführung mehrerer Geschäfte. Dient eine Reise der Ausführung mehrerer Geschäfte, so sind die entstandenen Reisekosten und Abwesenheitsgelder nach dem Verhältnis der Kosten zu verteilen, die bei gesonderter Ausführung der einzelnen Geschäfte entstanden wären.

§ 20 Verlegung der beruflichen Niederlassung. Ein Steuerberater, der seine berufliche Niederlassung nach einem anderen Ort verlegt, kann bei Fortführung eines ihm vorher erteilten Auftrags Reisekosten und Abwesenheitsgelder nur insoweit verlangen, als sie auch von seiner bisherigen beruflichen Niederlassung aus entstanden wären.

Vierter Abschnitt. Gebühren für die Beratung und für die Hilfeleistung bei der Erfüllung allgemeiner Steuerpflichten

§ 21[1)] Rat, Auskunft, Erstberatung. (1) [1]Für einen mündlichen oder schriftlichen Rat oder eine Auskunft, die nicht mit einer anderen gebührenpflichtigen Tätigkeit zusammenhängt, erhält der Steuerberater eine Gebühr in Höhe von 1 Zehntel bis 10 Zehntel der vollen Gebühr nach Tabelle A (Anlage 1). [2]Beschränkt sich die Tätigkeit nach Satz 1 auf ein erstes Beratungsgespräch und ist der Auftraggeber Verbraucher, so kann der Steuerberater, der erstmals von diesem Ratsuchenden in Anspruch genommen wird, keine höhere Gebühr als 190 Euro fordern. [3]Die Gebühr ist auf eine Gebühr anzurechnen, die der Steuerberater für eine sonstige Tätigkeit erhält, die mit der Raterteilung oder Auskunft zusammenhängt.

(2)[2)] [1]Wird ein Steuerberater*, der mit der Angelegenheit noch nicht befasst gewesen ist,* mit der Prüfung der Erfolgsaussicht eines Rechtsmittels beauftragt, [so] ist für die Vergütung das Rechtsanwaltsvergütungsgesetz sinngemäß anzuwenden. [2]Die Gebühren bestimmen sich nach Teil 2 Abschnitt 1 des Vergütungsverzeichnisses zum Rechtsanwaltsvergütungsgesetz.

§ 22 Gutachten. Für die Ausarbeitung eines schriftlichen Gutachtens mit eingehender Begründung erhält der Steuerberater eine Gebühr von 10 Zehnteln bis 30 Zehntel der vollen Gebühr nach Tabelle A (Anlage 1).

[1)] § 21 Überschrift geänd., Abs. 1 Satz 2 eingef., Satz 3 Betrag geänd., Abs. 2 Satz 2 geänd. mWv 28.8.1998 durch VO v. 20.8.1998 (BGBl. I S. 2369), Abs. 1 Satz 2 neu gef. mWv 1.1.2007 durch G v. 13.12.2006 (BGBl. I S. 2878); Abs. 1 Satz 2 Betrag geänd., Satz 3 aufgeh., bish. Satz 4 wird Satz 3 mWv 20.12.2012 durch VO v. 11.12.2012 (BGBl. I S. 2637).

[2)] § 21 Abs. 2 neu gef. mWv 1.7.2020 durch VO v. 25.6.2020 (BGBl. I S. 1495); kursiver Satzteil aufgeh., Klammerzusatz eingef. mWv 1.8.2022 durch G v. 7.7.2021 (BGBl. I S. 2363).

§ 23[1)] Sonstige Einzeltätigkeiten. [1]Die Gebühr beträgt für

1. die Berichtigung einer Erklärung $^{2}/_{10}$ bis $^{10}/_{10}$
2. einen Antrag auf Stundung $^{2}/_{10}$ bis $^{8}/_{10}$
3. einen Antrag auf Anpassung der Vorauszahlungen $^{2}/_{10}$ bis $^{8}/_{10}$
4. einen Antrag auf abweichende Steuerfestsetzung aus Billigkeitsgründen $^{2}/_{10}$ bis $^{8}/_{10}$
5. einen Antrag auf Erlaß von Ansprüchen aus dem Steuerschuldverhältnis oder aus zollrechtlichen Bestimmungen $^{2}/_{10}$ bis $^{8}/_{10}$
6. einen Antrag auf Erstattung (§ 37 Abs. 2 der Abgabenordnung) $^{2}/_{10}$ bis $^{8}/_{10}$
7. einen Antrag auf Aufhebung oder Änderung eines Steuerbescheides oder einer Steueranmeldung $^{2}/_{10}$ bis $^{10}/_{10}$
8. einen Antrag auf volle oder teilweise Rücknahme oder auf vollen oder teilweisen Widerruf eines Verwaltungsaktes $^{4}/_{10}$ bis $^{10}/_{10}$
9. einen Antrag auf Wiedereinsetzung in den vorigen Stand außerhalb eines Rechtsbehelfsverfahrens $^{4}/_{10}$ bis $^{10}/_{10}$
10. sonstige Anträge, soweit sie nicht in Steuererklärungen gestellt werden $^{2}/_{10}$ bis $^{10}/_{10}$

einer vollen Gebühr nach Tabelle A (Anlage 1). [2]Soweit Tätigkeiten nach den Nummern 1 bis 10 denselben Gegenstand betreffen, ist nur eine Tätigkeit maßgebend, und zwar die mit dem höchsten oberen Gebührenrahmen.

§ 24 Steuererklärungen. (1) Der Steuerberater erhält für die Anfertigung

1. der Einkommensteuererklärung ohne Ermittlung der einzelnen Einkünfte $^{1}/_{10}$ bis $^{6}/_{10}$
   einer vollen Gebühr nach Tabelle A (Anlage 1); Gegenstandswert ist die Summe der positiven Einkünfte, jedoch mindestens 8000 Euro[2)];
2. der Erklärung zur gesonderten Feststellung der Einkünfte ohne Ermittlung der Einkünfte $^{1}/_{10}$ bis $^{5}/_{10}$
   einer vollen Gebühr nach Tabelle A (Anlage 1); Gegenstandswert ist die Summe der positiven Einkünfte, jedoch mindestens 8000 Euro[2)];
3.[3)] der Körperschaftsteuererklärung $^{2}/_{10}$ bis $^{8}/_{10}$
   einer vollen Gebühr nach Tabelle A (Anlage 1); Gegenstandswert ist das Einkommen vor Berücksichtigung eines Verlustabzugs, jedoch mindestens 16 000 Euro; bei

---

[1)] § 23 Nrn. 1 und 5 geänd. mWv 1.1.2007 durch G v. 13.12.2006 (BGBl. I S. 2878); Nr. 7 geänd. mWv 20.12.2012 durch VO v. 11.12.2012 (BGBl. I S. 2637).

[2)] Beträge geänd. mWv 1.1.2002 durch G v. 27.4.2001 (BGBl. I S. 751); geänd. mWv 20.12.2012 durch VO v. 11.12.2012 (BGBl. I S. 2637).

[3)] § 24 Abs. 1 Nr. 3 neu gef. mWv 1.1.2007 durch G v. 13.12.2006 (BGBl. I S. 2878); geänd. mWv 20.12.2012 durch VO v. 11.12.2012 (BGBl. I S. 2637); Nr. 3 Text geänd. durch VO v. 18.7.2016 (BGBl. I S. 1722).

der Anfertigung einer Körperschaftsteuererklärung für eine Organgesellschaft ist das Einkommen der Organgesellschaft vor Zurechnung maßgebend; das entsprechende Einkommen ist bei der Gegenstandswertberechnung des Organträgers zu kürzen;

4.[1] *(aufgehoben)*

(Fortsetzung nächstes Blatt)

---

[1] § 24 Nr. 4 aufgeh. mWv 20.12.2012 durch VO v. 11.12.2012 (BGBl. I S. 2637).

845. Verordnung zur Durchführung der Vorschriften über Steuerberater, Steuerbevollmächtigte und *Steuerberatungsgesellschaften* [*ab 1.8.2022:* Berufsausübungsgesellschaften] (DVStB)[1]

Vom 12. November 1979 (BGBl. I S. 1922)

Geändert durch Verordnung vom 19.8.1991 (BGBl. I S. 1797), EWR-Ausführungsgesetz vom 27.4.1993 (BGBl. I S. 512, 2436), Zweite Verordnung vom 25.7.1996 (BGBl. I S. 1168), 7. Steuerberatungsänderungsgesetz vom 24.6.2000 (BGBl. I S. 874, 1389), Gesetz zur Änderung des Gesetzes über die Tätigkeit europäischer Rechtsanwälte in Deutschland und weiterer berufsrechtlicher Vorschriften für Rechts- und Patentanwälte, Steuerberater und Wirtschaftsprüfer vom 26.10.2003 (BGBl. I S. 2074), Steueränderungsgesetz 2003 vom 15.12.2003 (BGBl. I S. 2645), Achtes Gesetz zur Änderung des Steuerberatungsgesetzes vom 8.4.2008 (BGBl. I S. 666), Jahressteuergesetz 2009 vom 19.12.2008 (BGBl. I S. 2794), Verordnung zur Änderung steuerlicher Verordnungen vom 17.11.2010 (BGBl. I S. 1544), Gesetz zur Verbesserung der Feststellung und Anerkennung im Ausland erworbener Berufsqualifikationen vom 6.12.2011 (BGBl. I S. 2515), Verordnung zum Erlass und zur Änderung steuerlicher Verordnungen vom 11.12.2012 (BGBl. I S. 2637), Gesetz zur Einführung einer Partnerschaftsgesellschaft mit beschränkter Berufshaftung und zur Änderung des Berufsrechts der Rechtsanwälte, Patentanwälte, Steuerberater, Wirtschaftsprüfer vom 15.7.2013 (BGBl. I S. 2386), Abschlussprüferaufsichtsreformgesetz (APAReG) vom 31.3.2016 (BGBl. I S. 518), Gesetz zur Umsetzung der Richtlinie 2013/55/EU des Europäischen Parlaments und des Rates vom 20. November 2013 zur Änderung der Richtlinie 2005/36/EG über die Anerkennung von Berufsqualifikationen und der Verordnung (EU) Nr. 1024/2012 über die Verwaltungszusammenarbeit mit Hilfe des Binnenmarkt-Informationssystems („IMI-Verordnung") für bundesrechtlich geregelte Heilberufe und andere Berufe vom 18.4.2016 (BGBl. I S. 886), Gesetz zur Modernisierung des Besteuerungsverfahrens vom 18.7.2016 (BGBl. I S. 1679) und Gesetz zur Neuregelung des Berufsrechts der anwaltlichen und steuerberatenden Berufsausübungsgesellschaften sowie zur Änderung weiterer Vorschriften im Bereich der rechtsberatenden Berufe vom 7.7.2021 (BGBl. I S. 2363)

BGBl. III/FNA 610-10-6

Nichtamtliche Inhaltsübersicht

Erster Teil. Prüfungsordnung für Steuerberater und Steuerbevollmächtigte

[1] Titel geänd. mWv 1.8.2022 durch G v. 7.7.2021 (BGBl. I S. 2363).

Auf Grund des § 158 des Steuerberatungsgesetzes[2] in der Fassung der Bekanntmachung vom 4. November 1975 (BGBl. I S. 2735) verordnet die Bundesregierung nach Anhören der Bundessteuerberaterkammer mit Zustimmung des Bundesrates:

---

[2] Nr. **840**.

(4) Unter den Voraussetzungen des § 48 des Gesetzes können auch Personen wiederbestellt werden, die ohne nochmalige Bestellung die Eigenschaft als Steuerberater oder Steuerbevollmächtigter erlangt hatten (§ 154 Abs. 1 und 3 des Gesetzes in der bis zum 30. Juni 2000 geltenden Fassung).

§ 39[1]**.** *(aufgehoben)*

Dritter Teil. Anerkennung als Steuerberatungsgesellschaft [*ab 1.8.2022:* Berufsausübungsgesellschaft]

§ 40 Verfahren.

[Fassung bis 31.7.2022:][2]

(1) [1]Der Antrag auf Anerkennung als Steuerberatungsgesellschaft ist schriftlich bei der Steuerberaterkammer einzureichen, in deren Kammerbezirk die Gesellschaft ihren Sitz hat. [2]In dem Antrag sind Name, Beruf und berufliche Niederlassung der Personen anzugeben, die die Gesellschaft verantwortlich führen (§ 32 Abs. 3 Satz 2 des Gesetzes) sowie Name, Beruf und berufliche Niederlassung der sonst zur Vertretung berechtigten Personen (§ 50 Abs. 2 und 3 des Gesetzes).

(2) Die zuständige Steuerberaterkammer prüft anhand des Gesellschaftsvertrages oder der Satzung, ob der Nachweis der verantwortlichen Führung der Gesellschaft durch Steuerberater nach § 32 Abs. 3 Satz 2 des Gesetzes erbracht ist und ob die Voraussetzungen der §§ 49 bis 53 des Gesetzes für die Anerkennung als Steuerberatungsgesellschaft gegeben sind.

(3) [1]Liegen die Voraussetzungen für die Anerkennung vor, hat die zuständige Steuerberaterkammer die

[Fassung ab 1.8.2022:][3]

(1) [1]Der Antrag auf Anerkennung als Berufsausübungsgesellschaft ist schriftlich bei der Steuerberaterkammer einzureichen, in deren Kammerbezirk die Berufsausübungsgesellschaft ihren Sitz hat. [2]In dem Antrag sind anzugeben:

1. Name, Beruf und berufliche Niederlassung der Personen, die die Berufsausübungsgesellschaft verantwortlich führen (§ 55b des Steuerberatungsgesetzes), sowie
2. Name, Beruf und berufliche Niederlassung der Gesellschafter der Berufsausübungsgesellschaft (§ 50 Absatz 1 des Steuerberatungsgesetzes).

(2) Die zuständige Steuerberaterkammer prüft anhand des Gesellschaftsvertrages oder der Satzung, ob die Voraussetzungen nach § 53 Absatz 2 des Steuerberatungsgesetzes erfüllt sind.

(3) [1]Liegen die Voraussetzungen für die Anerkennung vor, hat die zuständige Steuerberaterkammer die Berufsausübungsgesellschaft durch

---

[1] § 39 aufgeh. mWv 1.7.2000 durch G v. 24.6.2000 (BGBl. I S. 874).

[2] § 40 neu gef. durch VO v. 19.8.1991 (BGBl. I S. 1797), Abs. 1 Satz 1 neu gef., Abs. 3 bish. Satz 1 aufgeh., Abs. 1 Satz 2, Abs. 2 und Abs. 3 Sätze 1 und 2 geänd. mWv 1.7.2000 durch G v. 24.6.2000 (BGBl. I S. 874).

[3] § 40 neu gef. mWv 1.8.2022 durch G v. 7.7.2021 (BGBl. I S. 2363).

[Fassung bis 31.7.2022:]

Gesellschaft durch Ausstellung einer Urkunde nach § 41 als Steuerberatungsgesellschaft anzuerkennen. [2] Vor Eintragung in das Handels- oder Partnerschaftsregister kann die zuständige Steuerberaterkammer bereits bestätigen, daß bis auf die Eintragung in das Handels- oder Partnerschaftsregister alle Voraussetzungen für die Anerkennung vorliegen. [3] Über die Ablehnung des Antrags auf Anerkennung ist ein schriftlicher Bescheid zu erteilen.

[Fassung ab 1.8.2022:]

Ausstellung einer Urkunde nach § 54 Absatz 4 des Steuerberatungsgesetzes als Berufsausübungsgesellschaft anzuerkennen. [2] Vor Eintragung in das Handels- und Partnerschaftsregister kann die zuständige Steuerberaterkammer bereits bestätigen, dass bis auf die Eintragung in das Handels- und Partnerschaftsregister alle Voraussetzungen für die Anerkennung vorliegen.

(4) Über die Ablehnung des Antrags ist ein schriftlicher Bescheid zu erteilen.

§ 41[1)] Anerkennungsurkunde. [1] Die Anerkennungsurkunde enthält

1. die Bezeichnung der anerkennenden Steuerberaterkammer,
2. Ort und Datum der Anerkennung,
3. Firma oder Name der *Gesellschaft* [***ab 1.8.2022:*** Berufsausübungsgesellschaft],
4. die Anerkennung als *Steuerberatungsgesellschaft* [***ab 1.8.2022:*** Berufsausübungsgesellschaft],
5. Dienstsiegel und
6. Unterschrift.

[2] Außer der Firma oder dem Namen sind keine weiteren Bezeichnungen der *Gesellschaft* [***ab 1.8.2022:*** Berufsausübungsgesellschaft] in die Anerkennungsurkunde aufzunehmen.

Vierter Teil. Verleihung der Berechtigung zur Führung der Bezeichnung „Landwirtschaftliche Buchstelle"

§ 42[2)] Nachweis der besonderen Sachkunde. (1) Der Antrag auf Verleihung der Berechtigung zur Führung der Bezeichnung „Landwirtschaftliche Buchstelle" ist bei der Steuerberaterkammer zu stellen, in deren Kammerbezirk sich die berufliche Niederlassung des Antragstellers befindet.

[1)] § 41 bish. Abs. 2 aufgeh. durch VO v. 19.8.1991 (BGBl. I S. 1797), Satz 1 Nr. 3 und Satz 2 geänd. durch VO v. 25.7.1996 (BGBl. I S. 1168), Nrn. 1 und 3 geänd. mWv 1.7.2000 durch G v. 24.6.2000 (BGBl. I S. 874); Satz 1 Nrn. 3 und 4 und Satz 2 geänd. mWv 1.8.2022 *durch G v. 7.7.2021 (BGBl. I S. 2363).*

[2)] Bish. § 42 aufgeh., neuer § 42 eingef. mWv 1.7.2000 durch G v. 24.6.2000 (BGBl. I S. 874).

(2) [1]Der Antrag muss genaue Angaben über den beruflichen Werdegang und die bisherige berufliche Tätigkeit des Antragstellers enthalten. [2]In dem Antrag ist anzugeben, ob der Antragsteller die besondere Sachkunde durch eine mündliche Prüfung vor dem Sachkunde-Ausschuss nachweisen oder von dieser Prüfung befreit werden will; erforderliche Nachweise sind dem Antrag beizufügen.

(3) [1]Die mündliche Prüfung erstreckt sich auf folgende Gebiete:

1. steuerliche Besonderheiten der Land- und Forstwirtschaft,
2. Höferecht (Anerbenrecht) bzw. erbrechtliche Bestimmungen des Bürgerlichen Gesetzbuchs,
3. Landpachtrecht,
4. Grundstücksverkehrsrecht,
5. Grundlagen des Agrarkreditwesens,
6. landwirtschaftliche Betriebswirtschaft einschließlich Rechnungswesen und Statistik.

[2]Nicht erforderlich ist, dass alle Gebiete Gegenstand der Prüfung sind. [3]Die auf jeden Antragsteller entfallende Prüfungszeit soll sechzig Minuten nicht übersteigen.

(4) Die Steuerberaterkammer hat die Antragsteller, die an der mündlichen Prüfung teilnehmen, hierzu spätestens zwei Wochen vorher zu laden.

(5) [1]Die mündliche Prüfung wird vom Vorsitzenden des Sachkunde-Ausschusses geleitet. [2]Er ist berechtigt, jederzeit in die Prüfung einzugreifen. [3]Im unmittelbaren Anschluss an die mündliche Prüfung berät der Sachkunde-Ausschuss über das Ergebnis der Prüfung. [4]Der Vorsitzende eröffnet hierauf den Antragstellern, ob sie die Prüfung nach der Entscheidung des Sachkunde-Ausschusses bestanden haben; eine Note wird nicht erteilt.

(6) [1]Für die Befreiung von der mündlichen Prüfung hat der Antragsteller neben einer einschlägigen Ausbildung nachzuweisen, dass er vor der Antragstellung mindestens fünf buchführende land- und forstwirtschaftliche Betriebe drei Jahre lang steuerlich beraten hat. [2]Die steuerliche Beratung kann auch im Rahmen einer Tätigkeit als Angestellter nach § 58 des Gesetzes erfolgt sein.

(7) [1]Einschlägig im Sinne des § 44 Abs. 2 Satz 2 des Gesetzes ist eine Ausbildung, die Kenntnisse auf den in Absatz 3 genannten Gebieten vermittelt. [2]Dazu rechnen insbesondere

1. ein erfolgreich abgeschlossenes Hochschulstudium der Agrarwissenschaften oder
2. sonstige Ausbildungsgänge im Sinne des Satzes 1, die mit einer Prüfung abgeschlossen werden.

[3]Die Teilnahme an einem fachbezogenen Seminar bzw. Lehrgang ohne Abschlussprüfung oder sonstigen Leistungsnachweis der einzelnen Teilnehmer reicht nicht aus.

(8) [1]Nachweise über eine einschlägige Ausbildung und über die praktische Tätigkeit im Sinne des § 44 Abs. 2 Satz 2 des Gesetzes sind dem Antrag beizufügen. [2]Antrag und Nachweise hat die Steuerberaterkammer der für die Land-

wirtschaft zuständigen obersten Landesbehörde oder der von ihr benannten Behörde und, soweit der Antragsteller Rechtsanwalt oder niedergelassener europäischer Rechtsanwalt ist, der für die berufliche Niederlassung zuständigen Rechtsanwaltskammer zur Stellungnahme zuzuleiten.

(9) Über die Ablehnung eines Antrags auf Befreiung von der mündlichen Prüfung ist ein schriftlicher Bescheid zu erteilen.

§ 43[1)] **Sachkunde-Ausschuss.** (1) Die mündliche Prüfung wird vor einem Sachkunde-Ausschuss abgelegt, der bei der Steuerberaterkammer zu bilden ist.

(2) [1] Die Prüfung kann auch einem Sachkunde-Ausschuss übertragen werden, der bei einer anderen Steuerberaterkammer besteht. [2] Die mit der Abnahme der mündlichen Prüfung verbundenen Aufgaben werden im Falle der Übertragung nach Satz 1 von der anderen Steuerberaterkammer wahrgenommen. [3] Diese erhält auch die Gebühr nach § 44 Abs. 8 des Gesetzes.

(3) Dem Sachkunde-Ausschuss gehören an

1. zwei Vertreter der Steuerberaterkammer, davon einer als Vorsitzender,
2. ein Vertreter der für die Landwirtschaft zuständigen obersten Landesbehörde oder einer von ihr benannten Behörde.

(4) [1] Die Steuerberaterkammer beruft die Mitglieder des Sachkunde-Ausschusses und ihre Stellvertreter grundsätzlich für drei Jahre; sie können aus wichtigem Grund abberufen werden. [2] Im Falle des vorzeitigen Ausscheidens oder der Abberufung wird der Nachfolger nur für den Rest der Amtszeit des ausgeschiedenen oder abberufenen Mitglieds oder Vertreters berufen. [3] Vor der Berufung oder Abberufung ist bei dem Vertreter der für die Landwirtschaft zuständigen obersten Landesbehörde diese oder die von ihr benannte Behörde zu hören. [4] § 10 Abs. 4 bis 6 gilt sinngemäß.

(5) Der Ausschuss entscheidet mit Stimmenmehrheit.

§ 44[2)] **Verleihung, Verleihungsurkunde.** (1) Über die Verleihung der Berechtigung zur Führung der Bezeichnung „Landwirtschaftliche Buchstelle" ist eine Urkunde auszustellen.

(2) Die Urkunde enthält

1. die Bezeichnung der verleihenden Steuerberaterkammer,
2. Namen und Berufsbezeichnung des Empfängers der Urkunde,
3. die Erklärung, daß dem in der Urkunde Bezeichneten die Berechtigung verliehen wird, als Zusatz zur Berufsbezeichnung die Bezeichnung „Landwirtschaftliche Buchstelle" zu führen.
4. Ort und Datum der Verleihung,
5. Dienstsiegel und
6. Unterschrift.

(3) *(aufgehoben)*

[1)] *§ 43 neu gef. mWv 1.7.2000* durch G v. 24.6.2000 (BGBl. I S. 874).

[2)] § 44 Abs. 3 aufgeh. durch VO v. 19.8.1991 (BGBl. I S. 1797), Abs. 2 Nr. 1 geänd. mWv 1.7.2000 durch G v. 24.6.2000 (BGBl. I S. 874).

Fünfter Teil. Berufsregister[1)]

§ 45 *Registerführende Stelle.* *(1) [1] Das Berufsregister wird durch die zuständige Steuerberaterkammer geführt. [2] Die Steuerberaterkammern können sich bei der Führung des Berufsregisters einer nach § 84 des Gesetzes gebildeten Arbeitsgemeinschaft bedienen.*

(2) [1] Alle Eintragungen und Löschungen im Berufsregister sind den Beteiligten mitzuteilen. [2] Die Löschung von Steuerberatungsgesellschaften ist ferner dem zuständigen Registergericht mitzuteilen.

(3) Die Einsicht in das Berufsregister ist jedem gestattet, der ein berechtigtes Interesse darlegt.

§ 46 *Eintragung.* *In das Berufsregister sind einzutragen:*

1. Steuerberater und Steuerbevollmächtigte, wenn sie in dem Bezirk, für den das Register geführt wird (Registerbezirk), bestellt werden oder wenn sie ihre berufliche Niederlassung in den Registerbezirk verlegen, und zwar

a) Name, Vorname, Geburtstag, Geburtsort,

b) Tag der Bestellung und die Behörde oder die Steuerberaterkammer, die die Bestellung vorgenommen hat,

c) Befugnis zur Führung der Bezeichnung „Landwirtschaftliche Buchstelle“ und von Bezeichnungen nach der Fachberaterordnung,

d) Anschrift der beruflichen Niederlassung und die geschäftliche E-Mail-Adresse,

e) berufliche Zusammenschlüsse im Sinne von § 56 Abs. 1 bis 3 des Gesetzes,

f) sämtliche weiteren Beratungsstellen und die Namen der die weiteren Beratungsstellen leitenden Personen,

g) Name und Anschrift des Zustellungsbevollmächtigten im Sinne von § 46 Abs. 2 Nr. 5 des Gesetzes,

h) Bestehen eines Berufs- oder Vertretungsverbotes im Sinne von § 90 Absatz 1 Nummer 4 oder § 134 des Gesetzes und, sofern ein Vertreter bestellt ist, die Vertreterbestellung unter Angabe von Familiennamen und Vornamen des Vertreters

sowie alle Veränderungen zu den Buchstaben a und c bis h;

2. Steuerberatungsgesellschaften, wenn sie im Registerbezirk anerkannt werden oder wenn sie ihren Sitz in den Registerbezirk verlegen, und zwar

a) Firma oder Name und Rechtsform,

b) Tag der Anerkennung als Steuerberatungsgesellschaft und die für die Finanzverwaltung zuständige oberste Landesbehörde oder die Steuerberaterkammer, die die Anerkennung ausgesprochen hat,

c) Befugnis zur Führung der Bezeichnung „Landwirtschaftliche Buchstelle“,

---

[1)] **Fünfter Teil aufgeh. mWv 1.8.2022** durch G v. 7.7.2021 (BGBl. I S. 2363).

d) Sitz und Anschrift und die geschäftliche E-Mail-Adresse,

e) berufliche Zusammenschlüsse im Sinne von § 56 Abs. 2 des Gesetzes,

f) Namen der Mitglieder des zur gesetzlichen Vertretung berufenen Organs sowie der vertretungsberechtigten Gesellschafter und Partner,

g) sämtliche weiteren Beratungsstellen und die Namen der die weiteren Beratungsstellen leitenden Personen

sowie alle Veränderungen zu den Buchstaben a und c bis g;

3. weitere Beratungsstellen von Steuerberatern und Steuerbevollmächtigten, wenn sie im Registerbezirk errichtet werden, und zwar

a) Namen und Ort der beruflichen Niederlassung des Steuerberaters oder Steuerbevollmächtigten,

b) Befugnis zur Führung der Bezeichnung „Landwirtschaftliche Buchstelle",

c) Anschrift der weiteren Beratungsstelle,

d) Namen der die weitere Beratungsstelle leitenden Person

sowie alle Veränderungen zu den Buchstaben a bis d;

4. weitere Beratungsstellen von Steuerberatungsgesellschaften, wenn sie im Registerbezirk errichtet werden, und zwar

a) Firma, Sitz und Rechtsform der Steuerberatungsgesellschaft,

b) Befugnis zur Führung der Bezeichnung „Landwirtschaftliche Buchstelle",

c) Anschrift der weiteren Beratungsstelle,

d) Namen der die weitere Beratungsstelle leitenden Person

sowie alle Veränderungen zu den Buchstaben a bis d.

§ 47 ***Löschung.*** *(1) Im Berufsregister sind zu löschen*

1. Steuerberater und Steuerbevollmächtigte,

a) wenn die Bestellung erloschen oder vollziehbar zurückgenommen oder widerrufen ist,

b) wenn die berufliche Niederlassung aus dem Registerbezirk verlegt wird;

2. Steuerberatungsgesellschaften,

a) wenn die Anerkennung erloschen oder vollziehbar zurückgenommen oder widerrufen ist,

b) wenn der Sitz aus dem Registerbezirk verlegt wird;

3. weitere Beratungsstellen, wenn die Beratungsstelle aufgelöst ist.

(2) [1] Die Eintragung über die Befugnis zur Führung der Bezeichnung „Landwirtschaftliche Buchstelle" ist zu löschen, wenn bei einer Steuerberatungsgesellschaft die in § 44 Abs. 3 des Gesetzes bezeichneten Voraussetzungen weggefallen sind. [2] Die Eintragung von Bezeichnungen nach der Fachberaterordnung ist zu löschen, wenn die Bezeichnung nicht mehr geführt werden darf.

§ 48 Mitteilungspflichten. *(1) Die in das Berufsregister einzutragenden Tatsachen sind der zuständigen Steuerberaterkammer mitzuteilen*

1. in Fällen des § 46 Nr. 1 von dem einzutragenden Steuerberater oder Steuerbevollmächtigten;

2. im Falle des § 46 Nr. 2 von den Mitgliedern des zur gesetzlichen Vertretung berufenen Organs oder den vertretungsberechtigten Gesellschaftern der einzutragenden Steuerberatungsgesellschaft;

3. im Falle des § 46 Nr. 3 von dem Steuerberater oder Steuerbevollmächtigten, der die weitere Beratungsstelle errichtet hat;

4. im Falle des § 46 Nr. 4 von den Mitgliedern des zur gesetzlichen Vertretung berufenen Organs oder den vertretungsberechtigten Gesellschaftern der Steuerberatungsgesellschaft, die die auswärtige Beratungsstelle errichtet hat.

(2) Die im Berufsregister zu löschenden Tatsachen sind der zuständigen Steuerberaterkammer mitzuteilen

1. im Falle des § 47 Abs. 1 Nr. 1 Buchstabe b von dem Steuerberater oder Steuerbevollmächtigten, der seine berufliche Niederlassung verlegt;

2. in den Fällen des § 47 Abs. 1 Nr. 2 Buchstabe b von den Mitgliedern des zur gesetzlichen Vertretung berufenen Organs oder den vertretungsberechtigten Gesellschaftern der Steuerberatungsgesellschaft;

3. in den Fällen des § 47 Abs. 1 Nr. 3 von den in Absatz 1 Nr. 3 oder 4 genannten Personen;

4. in den Fällen des § 47 Abs. 2 von den Mitgliedern des zur gesetzlichen Vertretung berufenen Organs oder den vertretungsberechtigten Gesellschaftern der Steuerberatungsgesellschaft.

§ 49 Vereine, Personenvereinigungen und Körperschaften, die zur Führung der Bezeichnung „Landwirtschaftliche Buchstelle" befugt sind. *(1) In das Berufsregister sind ferner einzutragen*

1. Vereine, die nach § 44 Abs. 4 des Gesetzes befugt sind, die Bezeichnung „Landwirtschaftliche Buchstelle" als Zusatz zum Namen zu führen, wenn sie ihren Sitz im Registerbezirk haben,

2. Buchstellen von Körperschaften des öffentlichen Rechts und Personenvereinigungen, für die nach § 44 Abs. 5 des Gesetzes die Bezeichnung „Landwirtschaftliche Buchstelle" geführt werden darf, wenn die Buchstellen im Registerbezirk gelegen sind.

(2) Die Eintragung nach Absatz 1 ist zu löschen,

a) wenn der Verein im Sinne des § 44 Abs. 4 des Gesetzes oder die Buchstelle der Personenvereinigung oder Körperschaft im Sinne des § 44 Abs. 5 des Gesetzes aufgelöst ist,

b) wenn die in § 44 Abs. 4 oder 5 des Gesetzes bezeichneten Voraussetzungen weggefallen sind,

c) wenn der Sitz des Vereins im Sinne des § 44 Abs. 4 des Gesetzes oder die Buchstelle der Personenvereinigung oder Körperschaft im Sinne des § 44 Abs. 5 des Gesetzes aus dem Registerbezirk verlegt wird.

(3) [1] Die Eintragung oder Löschung ist von den Vertretungsberechtigten des Vereins, Personenvereinigung oder Körperschaft zu beantragen. [2] Die Löschung kann auch von Amts wegen vorgenommen werden.

§ 50 Anzeigepflichten. *(1) [1] Alljährlich im Monat Januar haben die Mitglieder des zur gesetzlichen Vertretung berufenen Organs oder die vertretungsberechtigten Gesellschafter einer Steuerberatungsgesellschaft sowie die Gesellschafter einer Gesellschaft bürgerlichen Rechts im Sinne des § 50a Abs. 2 Satz 1 des Gesetzes eine von ihnen unterschriebene Liste der Gesellschafter, aus welcher Name, Vorname, Beruf, Wohnort und berufliche Niederlassung der Gesellschafter, ihre Aktien, Stammeinlagen oder Beteiligungsverhältnisse zu ersehen sind, bei der zuständigen Steuerberaterkammer einzureichen. [2] Sind seit Einreichung der letzten Liste Veränderungen hinsichtlich der Person oder des Berufs der Gesellschafter und des Umfangs der Beteiligung nicht eingetreten, so genügt die Einreichung einer entsprechenden Erklärung.*

(2) Absatz 1 gilt entsprechend in den Fällen des § 154 Abs. 2 Satz 1 des Gesetzes.

Sechster Teil.[1] Berufshaftpflichtversicherung

§ 51[1], [2] Versicherungspflicht. (1) [1] Selbständige Steuerberater und Steuerbevollmächtigte sowie *Steuerberatungsgesellschaften* [***ab 1.8.2022:*** Berufsausübungsgesellschaften] sind verpflichtet, sich gegen die sich aus ihrer Berufstätigkeit (§§ 33, 57 Absatz 3 Nummer 2 und 3 des Gesetzes) ergebenden Haftpflichtgefahren für Vermögensschäden zu versichern und die Versicherung während der Dauer ihrer Bestellung oder Anerkennung aufrechtzuerhalten. *[2] Satz 1 gilt sinngemäß für Partnerschaftsgesellschaften, auch solche mit beschränkter Berufshaftung nach § 8 Absatz 4 des Partnerschaftsgesellschaftsgesetzes.* [2] Der Versicherungsschutz muss sich auch auf solche Vermögensschäden erstrecken, für die der Versicherungsnehmer nach § 278 oder § 831 des Bürgerlichen Gesetzbuchs einzustehen hat.

(2) [1] Selbständige Steuerberater und Steuerbevollmächtigte, die ausschließlich als freie Mitarbeiter für Auftraggeber, die die Voraussetzungen des § 3 des Gesetzes erfüllen, tätig sind, genügen der Versicherungspflicht nach Absatz 1, wenn die sich aus der freien Mitarbeit sowie aus § 63 des Gesetzes ergebenden Haftpflichtgefahren für Vermögensschäden durch die beim Auftraggeber bestehende Versicherung gedeckt sind. [2] Der entsprechende Versicherungsschutz ist durch eine Bestätigung der Versicherung des Auftraggebers nachzuweisen. [3] Satz 1 gilt nicht, wenn neben der freien Mitarbeit eigene Mandate betreut werden.

---

[1] Sechster Teil (§§ 51–57) eingef. durch VO v. 19.8.1991 (BGBl. I S. 1797).

[2] § 51 Abs. 2 geänd. mWv 1.1.1994 (BGBl. I 1993 S. 2436) durch G v. 27.4.1993 (BGBl. I S. 512), Abs. 2 eingef., Abs. 3 neu gef. durch VO v. 25.7.1996 (BGBl. I S. 1168), Abs. 3 eingef., bish. Abs. 3 wird Abs. 4 mWv 1.7.2000 durch G v. 24.6.2000 (BGBl. I *S. 874); Abs. 1 und 3* neu gef. mWv 19.7.2013 durch G v. 15.7.2013 (BGBl. I S. 2386); Abs. 1 Satz 1 geänd., Satz 2 aufgeh., bish. Satz 3 wird Satz 2 mWv 1.8.2022 durch G v. 7.7.2021 (BGBl. I S. 2363).

(3) Absatz 2 gilt sinngemäß auch für Steuerberater und Steuerbevollmächtigte, die ausschließlich als Angestellte nach § 58 des Gesetzes tätig sind, sowie für Partner einer Partnerschaftsgesellschaft mit beschränkter Berufshaftung nach § 8 Absatz 4 des Partnerschaftsgesellschaftsgesetzes, die ausschließlich für die Partnerschaftsgesellschaft tätig sind.

(4) Die Versicherung muß bei einem im Inland zum Geschäftsbetrieb befugten Versicherungsunternehmen zu den nach Maßgabe des Versicherungsaufsichtsgesetzes eingereichten allgemeinen Versicherungsbedingungen genommen werden.

§ 52[1] **Mindestversicherungssumme**. (1) Die Mindestversicherungssumme muß für den einzelnen Versicherungsfall zweihundertfünfzigtausend Euro[2] betragen.

(2)[2] [1] Ein Selbstbehalt von eintausendfünfhundert Euro ist zulässig. [2] Der Selbstbehalt ist auszuschließen für den Fall, daß bei Geltendmachung des Schadens durch einen Dritten die Bestellung des Steuerberaters oder Steuerbevollmächtigten oder die Anerkennung der *Steuerberatungsgesellschaft* [***ab 1.8.2022:*** Berufsausübungsgesellschaft] erloschen ist.

(3) Wird eine Jahreshöchstleistung für alle in einem Versicherungsjahr verursachten Schäden vereinbart, muß sie mindestens eine Million Euro[2] betragen.

[Fassung bis 31.7.2022:]

(4)[3] Die Absätze 1 und 3 gelten für Partnerschaftsgesellschaften mit beschränkter Berufshaftung nach § 8 Absatz 4 des Partnerschaftsgesellschaftsgesetzes mit der Maßgabe, dass die Mindestversicherungssumme für den einzelnen Versicherungsfall eine Million Euro und die Jahreshöchstleistung für alle in einem Versicherungsjahr verursachten Schäden mindestens vier Millionen Euro betragen muss.

[Fassung ab 1.8.2022:]

(4)[4] Die Absätze 1 bis 3 gelten für Berufsausübungsgesellschaften mit der Maßgabe, dass die Mindesversicherungssumme in den Fällen des § 55f Absatz 3 des Steuerberatungsgesetzes eine Million Euro und in den Fällen des § 55f Absatz 4 des Steuerberatungsgesetzes fünfhunderttausend Euro sowie die Jahreshöchstleistung für alle in einem Versicherungsjahr verursachten Schäden mindestens den vierfachen Betrag der Mindestversicherungssumme betragen muss.

§ 53[1] [5] **Weiterer Inhalt des Versicherungsvertrages.** (1) Der Versicherungsvertrag muß vorsehen, daß

1. Versicherungsschutz für jede einzelne, während der Geltung des Versicherungsvertrages begangene Pflichtverletzung besteht, die gesetzliche Haftpflichtansprüche privatrechtlichen Inhalts zur Folge haben könnte,

---

[1] Sechster Teil (§§ 51–57) eingef. durch VO v. 19.8.1991 (BGBl. I S. 1797).

[2] § 52 Abs. 1, Abs. 2 Satz 1 und Abs. 3 Beträge bzw. Bezeichnung geänd. mWv 1.1.2002 durch G v. 24.6.2000 (BGBl. I S. 874); Abs. 2 Satz 2 geänd. mWv 1.8.2022 durch G v. 7.7.2021 (BGBl. I S. 2363).

[3] § 52 Abs. 4 angef. mWv 19.7.2013 durch G v. 15.7.2013 (BGBl. I S. 2386).

[4] § 52 Abs. 4 neu gef. mWv 1.8.2022 durch G v. 7.7.2021 (BGBl. I S. 2363).

[5] § 53 neu gef. durch VO v. 25.7.1996 (BGBl. I S. 1168).

2. der Versicherungsschutz für einen allgemeinen Vertreter, einen Praxisabwickler oder einen Praxistreuhänder für die Dauer ihrer Bestellung sowie für einen Vertreter während der Dauer eines Berufs- oder Vertretungsverbots aufrechterhalten bleibt, soweit die Mitversicherten nicht durch eine eigene Versicherung Deckung erhalten, und
3. die Leistungen des Versicherers für das mitversicherte Auslandsrisiko im Inland in Euro[1] zu erbringen sind.

(2) Im Versicherungsvertrag ist der Versicherer zu verpflichten, der zuständigen Steuerberaterkammer den Beginn und die Beendigung oder Kündigung des Versicherungsvertrages sowie jede Änderung des Versicherungsvertrages, die den vorgeschriebenen Versicherungsschutz beeinträchtigt, unverzüglich mitzuteilen.

(3) Der Versicherungsvertrag kann vorsehen, daß die Versicherungssumme den Höchstbetrag der dem Versicherer in jedem einzelnen Schadenfall obliegenden Leistung darstellt, und zwar mit der Maßgabe, daß nur eine einmalige Leistung der Versicherungssumme in Frage kommt,

a) gegenüber mehreren entschädigungspflichtigen Personen, auf welche sich der Versicherungsschutz erstreckt,
b) bezüglich eines aus mehreren Verstößen stammenden einheitlichen Schadens,
c) bezüglich sämtlicher Folgen eines Verstoßes. [2]Dabei gilt mehrfaches, auf gleicher oder gleichartiger Fehlerquelle beruhendes Tun oder Unterlassen als einheitlicher Verstoß, wenn die betreffenden Angelegenheiten miteinander in rechtlichem oder wirtschaftlichem Zusammenhang stehen. [3]In diesem Fall kann die Leistung des Versicherers auf das Fünffache der Mindestversicherungssumme begrenzt werden.

§ 53a[2] Ausschlüsse. (1) Von der Versicherung kann die Haftung ausgeschlossen werden für

1. Ersatzansprüche wegen wissentlicher Pflichtverletzung,
2. Ersatzansprüche wegen Schäden, die durch Fehlbeträge bei der Kassenführung, durch Verstöße beim Zahlungsakt oder durch Veruntreuung durch das Personal, Angehörige oder Sozien des Versicherungsnehmers entstehen,
3. Ersatzansprüche, die aus Tätigkeiten entstehen, die über Niederlassungen, Zweigniederlassungen oder weitere Beratungsstellen im Ausland ausgeübt werden,
4. Ersatzansprüche wegen Verletzung oder Nichtbeachtung des Rechts außereuropäischer Staaten mit Ausnahme der Türkei,
5. Ersatzansprüche, die vor Gerichten in den Ländern Albanien, Armenien, Aserbaidschan, Bosnien-Herzegowina, Bulgarien, Estland, Georgien, Jugoslawien (Serbien und Montenegro), Kroatien, Lettland, Litauen, Mazedo-

---

[1] § 53 Abs. 1 Nr. 3 Betrag bzw. Bereicherung geänd. mWv 1.1.2002 durch G v. 24.6.2000 *(BGBl. I S. 874)*.

[2] § 53a eingef. durch VO v. 25.7.1996 (BGBl. I S. 1168), Abs. 1 Nr. 2 neu gef. mWv 20.12.2012 durch VO v. 11.12.2012 (BGBl. I S. 2637).

nien, Moldau, Polen[1], Rumänien, Russische Föderation, Slowakische Republik, Slowenien, Tschechische Republik, Ukraine und Weißrußland sowie vor Gerichten in außereuropäischen Ländern mit Ausnahme der Türkei geltend gemacht werden.

(2) Von der Versicherung kann die Haftung für Ersatzansprüche wegen Verletzung oder Nichtbeachtung des Rechts der Länder Albanien, Armenien, Aserbaidschan, Bosnien-Herzegowina, Bulgarien, Estland, Georgien, Jugoslawien (Serbien und Montenegro), Kroatien, Lettland, Litauen, Mazedonien, Moldau, Polen[1], Rumänien, Russische Föderation, Slowakische Republik, Slowenien, Tschechische Republik, Ukraine und Weißrußland nur insoweit ausgeschlossen werden, als die Ansprüche nicht bei der das Abgabenrecht dieser Staaten betreffenden geschäftsmäßigen Hilfeleistung in Steuersachen entstehen.

§ 54[2] Anerkennung anderer Berufshaftpflichtversicherungen.

[Fassung bis 31.7.2022:]

(1)[3] Ist eine versicherungspflichtige Person zugleich als Rechtsanwalt, niedergelassener europäischer Rechtsanwalt, Wirtschaftsprüfer oder vereidigter Buchprüfer bestellt oder ist eine versicherungspflichtige Gesellschaft zugleich als Rechtsanwaltsgesellschaft, Wirtschaftsprüfungsgesellschaft oder Buchprüfungsgesellschaft anerkannt, wird der Versicherungspflicht auch mit einer diesen Berufen vorgeschriebenen Berufshaftpflichtversicherung genügt, sofern der Versicherungsvertrag die Voraussetzungen der §§ 52 bis 53a erfüllt.

[Fassung ab 1.8.2022:]

(1)[4] Ist eine versicherungspflichtige Person zugleich als Rechtsanwalt, niedergelassener europäischer Rechtsanwalt, Wirtschaftsprüfer oder vereidigter Buchprüfer bestellt oder ist eine versicherungspflichtige Berufsausübungsgesellschaft zugleich als Berufsausübungsgesellschaft im Sinne der Bundesrechtsanwaltsordnung, Wirtschaftsprüfungsgesellschaft oder Buchprüfungsgesellschaft anerkannt, wird der Versicherungspflicht auch mit einer diesen Berufen vorgeschriebenen Berufshaftpflichtversicherung genügt, sofern der Versicherungsvertrag die Voraussetzungen der §§ 52 und 53a erfüllt.

(2) [1]Erfolgt die Bestellung zum Steuerberater auf Grund des Bestehens einer Eignungsprüfung im Sinne des § 37a Abs. 2 des Gesetzes, so sind Bescheinigungen über eine abgeschlossene Berufshaftpflichtversicherung, die von den Versicherungsunternehmen eines anderen Mitgliedstaates der Europäischen Union oder eines Vertragsstaates des Abkommens über den Europäischen Wirtschaftsraum oder der Schweiz ausgestellt worden sind, als gleichwertig mit den in Deutschland ausgestellten Bescheinigungen anzuerkennen, sofern sie in Bezug auf Deckungsbedingungen und -umfang den in Deutschland geltenden Rechts- und Verwaltungsvorschriften genügen. [2]Die zum

---

[1] Polen eingef. mWv 1.7.2000 durch G v. 24.6.2000 (BGBl. I S. 874).
[2] Sechster Teil (§§ 51–57) eingef. durch VO v. 19.8.1991 (BGBl. I S. 1797).
[3] § 54 Abs. 1 geänd. mWv 17.6.2016 durch G v. 31.3.2016 (BGBl. I S. 518).
[4] § 54 Abs. 1 neu gef. mWv 1.8.2022 durch G v. 7.7.2021 (BGBl. I S. 2363).

Nachweis vorgelegten Unterlagen sind mit einer beglaubigten Übersetzung vorzulegen, wenn sie nicht in deutscher Sprache abgefasst sind. [3]Die Bescheinigungen dürfen bei ihrer Vorlage nicht älter als drei Monate sein.

(3) Ist im Falle des Absatzes 2 die Erfüllung der Verpflichtung des § 53 Abs. 2 durch das Versicherungsunternehmen nicht sichergestellt, so haben die in Deutschland beruflich niedergelassenen selbständigen Steuerberater der zuständigen Steuerberaterkammer jährlich eine Bescheinigung des Versicherers vorzulegen, aus der sich die Versicherungsbedingungen und der Deckungsumfang ergeben.

§ 55[1)·2)] Nachweis des Versicherungsabschlusses. (1) [1]Bewerber, die ihre Bestellung zum Steuerberater oder zum Steuerbevollmächtigten beantragen und den Beruf selbständig ausüben wollen, müssen der bestellenden Steuerberaterkammer den Abschluß einer dieser Verordnung entsprechenden Berufshaftpflichtversicherung durch eine Bestätigung des Versicherers nachweisen oder eine entsprechende vorläufige Deckungszusage vorlegen, in der sich der Versicherer verpflichtet, den Widerruf der Deckungszusage unverzüglich der zuständigen Steuerberaterkammer mitzuteilen. [2]Bei Vorlage einer vorläufigen Deckungszusage ist nach der Bestellung der zuständigen Steuerberaterkammer unverzüglich der Abschluß der Berufshaftpflichtversicherung durch eine Bestätigung des Versicherers oder eine beglaubigte Abschrift des Versicherungsscheines nachzuweisen.

(2) Absatz 1 gilt sinngemäß für die Anerkennung als *Steuerberatungsgesellschaft* [***ab 1.8.2022:*** Berufsausübungsgesellschaft].

[Fassung bis 31.7.2022:]

(3) Absatz 1 gilt sinngemäß für Partnerschaftsgesellschaften mit der Maßgabe, dass eine entsprechende Versicherungsbescheinigung mit der Anmeldung zum Partnerschaftsregister der Steuerberaterkammer, in deren Bezirk die Partnerschaftsgesellschaft ihren Sitz hat, vorzulegen ist.

[Fassung ab 1.8.2022:]

(3) Absatz 1 gilt sinngemäß für Berufsausübungsgesellschaften, die nach § 53 Absatz 1 Satz 2 des Steuerberatungsgesetzes nicht anerkennungspflichtig sind, mit der Maßgabe, dass eine entsprechende Versicherungsbescheinigung mit der Übermittlung der Daten für das Verzeichnis nach § 86b des Steuerberatungsgesetzes der Steuerberaterkammer, in deren Bezirk die Berufsausübungsgesellschaft ihren Sitz hat, vorzulegen ist.

§ 56[1)·3)] Anzeige von Veränderungen. (1) Die Beendigung oder Kündigung des Versicherungsvertrages, jede Änderung des Versicherungsvertrages, die

---

1) Sechster Teil (§§ 51–57) eingef. durch VO v. 19.8.1991 (BGBl. I S. 1797).

2) § 55 Abs. 1 Satz 1 geänd. mWv 1.7.2000 durch G v. 24.6.2000 (BGBl. I S. 874); Abs. 3 angef. mWv *19.7.2013* durch G v. 15.7.2013 (BGBl. I S. 2386); Abs. 2 geänd., Abs. 3 neu gef. mWv 1.8.2022 durch G v. 7.7.2021 (BGBl. I S. 2363).

3) § 56 Abs. 2 angef. mWv 12.4.2008 durch G v. 8.4.2008 (BGBl. I S. 666).

den nach dieser Verordnung vorgeschriebenen Versicherungsschutz beeinträchtigt, der Wechsel des Versicherers, der Beginn und die Beendigung der Versicherungspflicht infolge einer Änderung der Form der beruflichen Tätigkeit und der Widerruf einer vorläufigen Deckungszusage sind der gemäß § 67 des Gesetzes zuständigen Steuerberaterkammer von dem Versicherungspflichtigen unverzüglich anzuzeigen.

(2) [1]Der Versicherer ist befugt, der zuständigen Steuerberaterkammer Beginn und Ende des Versicherungsvertrags, jede Änderung des Versicherungsvertrags, die den nach dieser Verordnung vorgeschriebenen Versicherungsschutz beeinträchtigt, und den Widerruf einer vorläufigen Deckungszusage mitzuteilen. [2]Die zuständige Steuerberaterkammer ist berechtigt, entsprechende Auskünfte bei dem Versicherer einzuholen.

§ 57.[1] *(aufgehoben)*

Siebter Teil. Übergangs- und Schlußvorschriften[2]

§ 58[3] **Übergangsregelung.** (1) Die Vorschriften dieser Verordnung über die Zulassung zur Prüfung in der ab dem 1. Juli 2000 geltenden Fassung sind erstmals auf die Zulassung zur Prüfung im Jahre 2001 anzuwenden.

(2) Auf Prüfungen, die vor dem 1. November 2000 begonnen haben, sind die Vorschriften dieser Verordnung in der bis zum 30. Juni 2000 geltenden Fassung weiter anzuwenden.

(3) Die den Steuerberatungskammern zugewiesenen Aufgaben des Zweiten und Vierten Teils dieser Verordnung in der ab dem 1. Juli 2000 geltenden Fassung werden bis zum 31. Dezember 2000 von den bisher zuständigen Behörden der Finanzverwaltung wahrgenommen.

(4) Die Vorschriften dieser Verordnung in der ab 12. April 2008 geltenden Fassung über die Zulassung zur Prüfung, die Befreiung von der Prüfung, die organisatorische Durchführung der Prüfung und die Abnahme der Prüfung sind erstmals für Prüfungen anzuwenden, die nach dem 31. Dezember 2008 beginnen und für Anträge auf Befreiung von der Prüfung oder auf Erteilung einer verbindlichen Auskunft über die Erfüllung einzelner Voraussetzungen für die Zulassung zur Prüfung oder über die Befreiung von der Prüfung, die nach dem 31. Dezember 2008 gestellt werden.

§ 59.[4] *(aufgehoben)*

---

[1] § 57 aufgeh. mWv 1.7.2000 durch G v. 24.6.2000 (BGBl. I S. 874).

[2] Bish. Sechster Teil wird Siebter Teil, bish. §§ 51 und 53 werden §§ 58 und 59, bish. § 52 (Berlin-Klausel) aufgeh. durch VO v. 19.8.1991 (BGBl. I S. 1797).

[3] § 58 neu gef. durch G v. 24.6.2000 (BGBl. I S. 874), Abs. 4 angef. durch G v. 8.4.2008 (BGBl. I S. 666).

[4] § 59 aufgeh. durch G v. 24.6.2000 (BGBl. I S. 874).

850. Gesetz über eine Berufsordnung der Wirtschaftsprüfer (Wirtschaftsprüferordnung – WPO)[1)]

In der Fassung der Bekanntmachung vom 5. November 1975
(BGBl. I S. 2803)

Geändert durch Gesetz zur Bereinigung wirtschaftsrechtlicher Vorschriften vom 27.2.1985 (BGBl. I S. 457), Bilanzrichtlinien-Gesetz vom 19.12.1985 (BGBl. I S. 2355), Erstes Gesetz zur Bereinigung des Verwaltungsverfahrensrechts vom 18.2.1986 (BGBl. I S. 265), Erstes Rechtsbereinigungsgesetz vom 24.4.1986 (BGBl. I S. 560), Zweites Gesetz zur Änderung der Wirtschaftsprüferordnung vom 20.7.1990 (BGBl. I S. 1462), Einigungsvertrag vom 31.8.1990 (BGBl. II S. 889, 998), Rechtspflege-Vereinfachungsgesetz vom 17.12.1990 (BGBl. I S. 2847), EWR-Ausführungsgesetz vom 27.4.1993 (BGBl. I S. 512, 2436), Drittes Gesetz zur Änderung der Wirtschaftsprüferordnung vom 15.7.1994 (BGBl. I S. 1569), Gesetz zur Schaffung von Partnerschaftsgesellschaften und zur Änderung anderer Gesetze vom 25.7.1994 (BGBl. I S. 1744), Gesetz zu dem Übereinkommen vom 15. April 1994 zur Errichtung der Welthandelsorganisation vom 30.8.1994 (BGBl. II S. 1438), Einführungsgesetz zur Insolvenzordnung vom 5.10.1994 (BGBl. I S. 2911, geänd. durch Gesetz zur Änderung des Einführungsgesetzes zur Insolvenzordnung und anderer Gesetze vom 19.12.1998, BGBl. I S. 3836), Gesetz zur Kontrolle und Transparenz im Unternehmensbereich vom 27.4.1998 (BGBl. I S. 786), Drittes Gesetz zur Änderung der Bundesnotarordnung und anderer Gesetze vom 31.8.1998 (BGBl. I S. 2585), Gesetz zur Änderung der Bundesrechtsanwaltsordnung, der Patentanwaltsordnung und anderer Gesetze vom 31.8.1998 (BGBl. I S. 2600), Kapitalgesellschaften- und Co-Richtlinie-Gesetz vom 24.2.2000 (BGBl. I S. 154), Wirtschaftsprüferordnungs-Änderungsgesetz vom 19.12.2000 (BGBl. I S. 1769), Gesetz zur Beendigung der Diskriminierung gleichgeschlechtlicher Gemeinschaften vom 16.2.2001 (BGBl. I S. 266), Euro-Bilanzgesetz vom 10.12.2001 (BGBl. I S. 3414), Gesetz zur Änderung der Strafprozessordnung vom 15.2.2002 (BGBl. I S. 682), Gesetz zur Gleichstellung behinderter Menschen und zur Änderung anderer Gesetze vom 27.4.2002 (BGBl. I S. 1467), Drittes Gesetz zur Änderung verwaltungsverfahrensrechtlicher Vorschriften vom 21.8.2002 (BGBl. I S. 3322), Gesetz zur Änderung des Gesetzes über die Tätigkeit europäischer Rechtsanwälte in Deutschland und weiterer berufsrechtlicher Vorschriften für Rechts- und Patentanwälte, Steuerberater und Wirtschaftsprüfer vom 26.10.2003 (BGBl. I S. 2074), Achte Zuständigkeitsanpassungsverordnung vom 25.11.2003 (BGBl. I S. 2304), Wirtschaftsprüfungsexamens-Reformgesetz vom 1.12.2003 (BGBl. I S. 2446)[2)], Kostenrechtsmodernisierungsgesetz vom 5.5.2004 (BGBl. I S. 718), Kommunales Optionsgesetz vom 30.7.2004 (BGBl. I S. 2014), Bilanzkontrollgesetz vom 15.12.2004 (BGBl. I S. 3408), Gesetz zur Vereinfachung und Vereinheitlichung der Verfahrensvorschriften zur Wahl und Berufung ehrenamtlicher Richter vom 21.12.2004 (BGBl. I S. 3599), Abschlussprüferaufsichtsgesetz vom 27.12.2004 (BGBl. I S. 3846), Neunte Zuständigkeitsanpassungsverordnung vom 31.10.2006 (BGBl. I S. 2407), 2. Justizmodernisierungsgesetz vom 22.12.2006 (BGBl. I S. 3416), Berufsaufsichtsreformgesetz vom 3.9.2007 (BGBl. I S. 2178), Gesetz zur Reform des Versicherungsvertragsrechts vom 23.11.2007 (BGBl. I S. 2631), Gesetz zur Neuregelung des Verbots der Vereinbarung von Erfolgshonoraren vom 12.6.2008 (BGBl. I S. 1000), FGG-Reformgesetz vom 17.12.2008 (BGBl. I S. 2586), Bilanzrechtsmodernisierungsgesetz vom 25.5.2009 (BGBl. I S. 1102), Gesetz zur Umsetzung der Dienstleistungsrichtlinie im Gewerberecht und in weiteren Rechtsvorschriften vom 17.7.2009 (BGBl. I S. 2091), Gesetz zur Reform der Sachaufklärung in der Zwangsvollstreckung vom 29.7.2009 (BGBl. I S. 2258), Gesetz zur Änderung des Untersuchungshaftrechts vom 29.7.2009 (BGBl. I S. 2274), Viertes Gesetz zur Änderung der Wirtschaftsprüferordnung vom 2.12.2010 (BGBl. I S. 1746), Gesetz zur Umsetzung der Dienstleistungsrichtlinie in der Justiz und zur Änderung weiterer Vorschriften vom 22.12.2010 (BGBl. I

---

1) Neubekanntmachung der Wirtschaftsprüferordnung v. 24.7.1961 auf Grund des Artikels 6 des G zur Änderung der Wirtschaftsprüferordnung und anderer G v. 20.8.1975 (BGBl. I S. 2258) unter Berücksichtigung des G v. 24.7.1961 (BGBl. I S. 1049).

2) In Kraft ab 1.1.2004. Siehe Übergangsregelungen in §§ 134 ff.

S. 2248), Gesetz zur Verbesserung der Feststellung und Anerkennung im Ausland erworbener Berufsqualifikationen vom 6.12.2011 (BGBl. I S. 2515), Gesetz zur Stärkung der Rechte von Opfern sexuellen Missbrauchs (StORMG) vom 26.6.2013 (BGBl. I S. 1805), Gesetz zur Einführung einer Partnerschaftsgesellschaft mit beschränkter Berufshaftung und zur Änderung des Berufsrechts der Rechtsanwälte, Patentanwälte, Steuerberater und Wirtschaftsprüfer vom 15.7.2013 (BGBl. I S. 2386), Gesetz zur Strukturreform des Gebührenrechts des Bundes vom 7.8.2013 (BGBl. I S. 3154), Gesetz zur Änderung des Prozesskostenhilfe- und Beratungshilferechts vom 31.8.2013 (BGBl. I S. 3533), Zehnte Zuständigkeitsanpassungsverordnung vom 31.8.2015 (BGBl. I S. 1474), Abschlussprüferaufsichtsreformgesetz (APAReG) vom 31.3.2016 (BGBl. I S. 518)[1], Abschlussprüfungsreformgesetz (AReG) vom 10.5.2016 (BGBl. I S. 1142), Zweites Gesetz zur Novellierung von Finanzmarktvorschriften auf Grund europäischer Rechtsakte (Zweites Finanzmarktnovellierungsgesetz – 2. FiMaNoG) vom 23.6.2017 (BGBl. I S. 1693), Gesetz zur Umsetzung der Vierten EU-Geldwäscherichtlinie, zur Ausführung der EU-Geldtransferverordnung und zur Neuorganisation der Zentralstelle für Finanztransaktionsuntersuchungen vom 23.6.2017 (BGBl. I S. 1822), Gesetz zur Umsetzung der Zweiten Zahlungsdiensterichtlinie vom 17.7.2017 (BGBl. I S. 2446), Gesetz zur Neuregelung des Schutzes von Geheimnissen bei der Mitwirkung Dritter an der Berufsausübung schweigepflichtiger Personen vom 30.10.2017 (BGBl. I S. 3618), Zweites Gesetz zur Anpassung des Datenschutzrechts an die Verordnung (EU) 2016/679 und zur Umsetzung der Richtlinie (EU) 2016/680 (Zweites Datenschutz-Anpassungs- und Umsetzungsgesetz EU – 2. DSAnp-UG-EU) vom 20.11.2019 (BGBl. I S. 1626), Gesetz zur Umsetzung der Verhältnismäßigkeitsrichtlinie (Richtlinie (EU) 2018/958) im Bereich öffentlich-rechtlicher Körperschaften vom 19.6.2020 (BGBl. I S. 1403), Gesetz zur Reform des Vormundschafts- und Betreuungsrechts vom 4.5.2021 (BGBl. I S. 882) und Finanzmarktintegritätsstärkungsgesetz (FISG) vom 3.6.2021 (BGBl. I S. 1534), Gesetz zur Modernisierung des notariellen Berufsrechts und zur Änderung weiterer Vorschriften vom 25.6.2021 (BGBl. I S. 2154), Gesetz zur Neuregelung des Berufsrechts der anwaltlichen und steuerberatenden Berufsausübungsgesellschaften sowie zur Änderung weiterer Vorschriften im Bereich der rechtsberatenden Berufe vom 7.7.2021 (BGBl. I S. 2363), Gesetz zur Förderung verbrauchergerechter Angebote im Rechtsdienstleistungsmarkt vom 10.8.2021 (BGBl. I S. 3415) und Gesetz zur Modernisierung des Personengesellschaftsrechts (Personengesellschaftsrechtsmodernisierungsgesetz – MoPeG) vom 10.8.2021 (BGBl. I S. 3436)

BGBl. III/FNA 702-1

Inhaltsübersicht

Erster Teil. Allgemeine Vorschriften

Zweiter Teil. Voraussetzungen für die Berufsausübung

Erster Abschnitt. Zulassung zur Prüfung

---

[1] **[Amtl. Anm.:]** Dieses Gesetz dient der Umsetzung der Richtlinie 2014/56/EU des Europäischen Parlaments und des Rates vom 16. April 2014 zur Änderung der Richtlinie 2006/43/EG über Abschlussprüfungen von Jahresabschlüssen und konsolidierten Abschlüssen (ABl. L 158 vom 27.5.2014, S. 196) sowie der Ausführung der Verordnung (EU) Nr. 537/2014 des Europäischen Parlaments und des Rates vom 16. April 2014 über spezifische Anforderungen an die Abschlussprüfung bei Unternehmen von öffentlichem Interesse und zur Aufhebung des Beschlusses 2005/909/EG der Kommission (ABl. L 158 vom 27.5.2014, S. 77).

Zweiter Abschnitt. Prüfung

Dritter Abschnitt. Bestellung

Vierter Abschnitt. (weggefallen)

Fünfter Abschnitt. Wirtschaftsprüfungsgesellschaften

Sechster Abschnitt.
Allgemeine Vorschriften für das Verwaltungsverfahren

Siebenter Abschnitt. Berufsregister

Achter Abschnitt. Verwaltungsgerichtliches Verfahren

§§

Dritter Teil. Rechte und Pflichten der Wirtschaftsprüfer

Vierter Teil. Organisation des Berufs

Fünfter Teil. Berufsaufsicht

Erster Teil. Allgemeine Vorschriften

§ 1[1)] Wirtschaftsprüfer und Wirtschaftsprüfungsgesellschaften.
(1) [1]Wirtschaftsprüfer oder Wirtschaftsprüferinnen (Berufsangehörige) sind Personen, die als solche öffentlich bestellt sind. [2]Die Bestellung setzt den Nachweis der persönlichen und fachlichen Eignung im Zulassungs- und staatlichen Prüfungsverfahren voraus.

(2) [1]Der Wirtschaftsprüfer übt einen freien Beruf aus. [2]Seine Tätigkeit ist kein Gewerbe.

(3) [1]Wirtschaftsprüfungsgesellschaften bedürfen der Anerkennung. [2]Die Anerkennung setzt den Nachweis voraus, daß die Gesellschaft von Wirtschaftsprüfern verantwortlich geführt wird.

[1)] § 1 Abs. 1 Satz 3 aufgeh. mWv 1.1.2001 durch G v. 19.12.2000 (BGBl. I S. 1769); Abs. 1 neu gef. mWv 1.1.2004 durch G v. 1.12.2003 (BGBl. I S. 2446).

§ 2[1)] Inhalt der Tätigkeit. (1) Wirtschaftsprüfer haben die berufliche Aufgabe, betriebswirtschaftliche Prüfungen, insbesondere solche von Jahresabschlüssen wirtschaftlicher Unternehmen, durchzuführen und Bestätigungsvermerke über die Vornahme und das Ergebnis solcher Prüfungen zu erteilen.

(2) Wirtschaftsprüfer sind befugt, ihre Auftraggeber in steuerlichen Angelegenheiten nach Maßgabe der bestehenden Vorschriften zu beraten und zu vertreten.

(3) Wirtschaftsprüfer sind weiter nach Maßgabe der bestehenden Vorschriften befugt

1. unter Berufung auf ihren Berufseid auf den Gebieten der wirtschaftlichen Betriebsführung als Sachverständige aufzutreten;
2. in wirtschaftlichen Angelegenheiten zu beraten und fremde Interessen zu wahren;
3. zur treuhänderischen Verwaltung.

§ 3[2)] Berufliche Niederlassung. (1) [1]Berufsangehörige müssen unmittelbar nach der Bestellung eine berufliche Niederlassung begründen und eine solche unterhalten; wird die Niederlassung in einem Staat begründet, der nicht Mitgliedstaat der Europäischen Union oder Vertragsstaat des Abkommens über den europäischen Wirtschaftsraum (Drittstaat) oder die Schweiz ist, muss eine zustellungsfähige Anschrift im Inland unterhalten werden. [2]Berufliche Niederlassung eines Berufsangehörigen ist die Praxis, von der aus er seinen Beruf überwiegend ausübt.

(2) Bei Wirtschaftsprüfungsgesellschaften ist Sitz der Hauptniederlassung der Verwaltungssitz der Gesellschaft.

(3) Berufsangehörige und Wirtschaftsprüfungsgesellschaften dürfen Zweigniederlassungen nach den Vorschriften dieses Gesetzes begründen.

§ 4[3)] Wirtschaftsprüferkammer. (1) [1]Zur Erfüllung der beruflichen Selbstverwaltungsaufgaben wird eine Kammer der Wirtschaftsprüfer gebildet; diese wird bei der Prüfung und der Eignungsprüfung, der Bestellung, der Anerkennung, dem Widerruf und der Registrierung, der Beaufsichtigung der kontinuierlichen Fortbildung, der Berufsaufsicht und der Qualitätskontrolle sowie bei dem Erlass von Berufsausübungsregelungen (§ 57 Abs. 3, § 57c) in mittelbarer Staatsverwaltung tätig; die Zuständigkeit der Abschlussprüferaufsichtsstelle beim Bundesamt für Wirtschaft und Ausfuhrkontrolle (Abschlussprüferauf-

---

[1)] § 2 Abs. 3 neu gef. mWv 1.1.1995 durch G v. 15.7.1994 (BGBl. I S. 1569); Abs. 3 geänd. mWv 17.6.2016 durch G v. 31.3.2016 (BGBl. I S. 518).

[2)] § 3 neu gef. mWv 1.1.1995 durch G v. 15.7.1994 (BGBl. I S. 1569), Abs. 1 Satz 3 geänd. mWv 1.1.2001 durch G v. 19.12.2000 (BGBl. I S. 1769); Abs. 1 Satz 1 neu gef. mWv 1.1.2004 durch G v. 1.12.2003 (BGBl. I S. 2446); Abs. 1 Satz 1 neu gef. mWv 6.9.2007 durch G v. 3.9.2007 (BGBl. I S. 2178); Abs. 1 Satz 1 Halbs. 2 neu gef. mWv 29.5.2009 durch G v. 25.5.2009 (BGBl. I S. 1102); Abs. 1 Satz 2 geänd., Satz 3 aufgeh., Abs. 2 und 4 geänd. mWv 17.6.2016 durch G v. 31.3.2016 (BGBl. I S. 518).

[3)] § 4 Abs. 1 Satz 1 neu gef. mWv 1.1.2005 durch G v. 27.12.2004 (BGBl. I S. 3846); Abs. 1 Satz 1 HS 2 geänd. mWv 6.9.2007 durch G v. 3.9.2007 (BGBl. I S. 2178); Abs. 1 Satz 1 geänd. mWv 17.6.2016 durch G v. 31.3.2016 (BGBl. I S. 518).

sichtsstelle) bleibt unberührt. [2]Sie führt die Bezeichnung „Wirtschaftsprüferkammer".

(2) [1]Die Wirtschaftsprüferkammer ist eine Körperschaft des öffentlichen Rechts. [2]Ihr Sitz bestimmt sich nach ihrer Satzung.

(3) Die Wirtschaftsprüferkammer kann Landesgeschäftsstellen errichten.

§ 4a[1)] Verfahren über eine einheitliche Stelle. Die Verwaltungsverfahren in öffentlich-rechtlichen und berufsrechtlichen Angelegenheiten, die in diesem Gesetz oder in einer auf Grund dieses Gesetzes erlassenen Rechtsverordnung geregelt werden, können über eine einheitliche Stelle nach den Vorschriften des Verwaltungsverfahrensgesetzes abgewickelt werden.

§ 4b[2)] Frist für den Erlass von Verwaltungsakten. [1]Über Anträge auf Erteilung eines Verwaltungsaktes durch die Wirtschaftsprüferkammer ist innerhalb einer Frist von drei Monaten zu entscheiden, soweit keine kürzere Frist vorgesehen ist; § 42a Absatz 2 Satz 2 bis 4 des Verwaltungsverfahrensgesetzes gilt entsprechend. [2]In den Fällen des § 16a und des § 20a beginnt die Frist erst mit der Vorlage des ärztlichen Gutachtens.

Zweiter Teil. Voraussetzungen für die Berufsausübung

Erster Abschnitt. Zulassung zur Prüfung

§ 5[3)] Prüfungsstelle, Rechtsschutz. (1) Die Wirtschaftsprüferkammer richtet zur Erfüllung der ihr nach dem Zweiten und Neunten Teil dieses Gesetzes obliegenden Aufgaben für das Zulassungs- und staatliche Prüfungsverfahren eine „Prüfungsstelle für das Wirtschaftsprüfungsexamen bei der Wirtschaftsprüferkammer" (Prüfungsstelle) ein.

(2) [1]Die Prüfungsstelle ist eine selbstständige Verwaltungseinheit bei der Wirtschaftsprüferkammer. [2]Die Prüfungsstelle wird von einer Person geleitet, welche die Befähigung zum Richteramt haben muss (Leitung der Prüfungsstelle). [3]Die Prüfungsstelle ist bei der Erfüllung ihrer Aufgaben an Weisungen nicht gebunden.

(3) Die Prüfungsstelle kann bei der Durchführung ihrer Aufgaben die Landesgeschäftsstellen der Wirtschaftsprüferkammer einbeziehen.

(4) Die Prüfungsstelle unterstützt die Aufgabenkommission, die Prüfungskommission und die Widerspruchskommission.

(5) Über den Widerspruch gegen Bescheide, die im Rahmen des Zulassungs- und Prüfungsverfahrens erlassen worden sind, entscheidet die Widerspruchskommission.

---

1) § 4a eingef. mWv 28.12.2009 durch G v. 17.7.2009 (BGBl. I S. 2091).
2) § 4b eingef. mWv 28.12.2010 durch G v. 22.12.2010 (BGBl. I S. 2248).
3) § 5 neu gef. mWv 1.1.2004 durch G v. 1.12.2003 (BGBl. I S. 2446); Abs. 1 geänd. mWv 6.9.2007 durch G v. 3.9.2007 (BGBl. I S. 2178).

§ 6[1] **Verbindliche Auskunft.** Auf Antrag erteilt die Prüfungsstelle eine verbindliche Auskunft über die Erfüllung einzelner Voraussetzungen für die Zulassung zur Prüfung, für die Befreiung von Zulassungsvoraussetzungen und für die Anrechung von Prüfungsleistungen.

§ 7[2] **Antrag auf Zulassung zur Prüfung.** Der Antrag auf Zulassung zur Prüfung ist schriftlich oder elektronisch an die Prüfungsstelle zu richten.

§ 8[3] **Voraussetzungen für die Zulassung (Vorbildung).** (1) Die Zulassung setzt den Nachweis einer abgeschlossenen Hochschulausbildung voraus.

(2) Auf den Nachweis einer abgeschlossenen Hochschulausbildung kann verzichtet werden, wenn die Bewerbenden

1. sich in mindestens zehnjähriger Tätigkeit als Beschäftigte bei Berufsangehörigen, einer Wirtschaftsprüfungsgesellschaft, vereidigten Buchprüfern oder vereidigten Buchprüferinnen, einer Buchprüfungsgesellschaft, einem genossenschaftlichen Prüfungsverband oder der Prüfungsstelle eines Sparkassen- und Giroverbandes oder einer überörtlichen Prüfungseinrichtung für Körperschaften und Anstalten des öffentlichen Rechts bewährt haben;
2. mindestens fünf Jahre den Beruf als vereidigter Buchprüfer oder vereidigte Buchprüferin oder als Steuerberater oder Steuerberaterin ausgeübt haben.

(3) Wurde die Hochschulausbildung außerhalb des Geltungsbereiches dieses Gesetzes abgeschlossen, so muss das Abschlusszeugnis gleichwertig sein.

§ 8a[4] **Anerkannte Hochschulausbildungsgänge; Verordnungsermächtigung.** (1) Hochschulausbildungsgänge,

1. die alle Wissensgebiete nach § 4 der Wirtschaftsprüferprüfungsverordnung umfassen,
2. die mit einer Hochschulprüfung oder einer staatlichen Prüfung abschließen und
3. in denen Prüfungen einzelner Wissensgebiete, für die ein Leistungsnachweis ausgestellt wird, in Inhalt, Form und Umfang einer Prüfung im Wirtschaftsprüfungsexamen entsprechen,

können auf Antrag der Hochschule von der in der Rechtsverordnung nach Absatz 3 bestimmten Stelle als zur Ausbildung von Berufsangehörigen besonders geeignet anerkannt werden.

(2) [1]Leistungsnachweise, die in Prüfungen nach Absatz 1 Nr. 3 erbracht wurden, ersetzen die entsprechenden Prüfungen im Wirtschaftsprüfungsexamen. [2]Die Leistungsnachweise sind der Prüfungsstelle vorzulegen.

---

[1] § 6 neu gef. mWv 1.1.2004 durch G v. 1.12.2003 (BGBl. I S. 2446).

[2] § 7 neu gef. mWv 1.1.2004 durch G v. 1.12.2003 (BGBl. I S. 2446); geänd. mWv 17.6.2016 durch G v. 31.3.2016 (BGBl. I S. 518).

[3] § 8 neu gef. mWv 1.1.2004 durch G v. 1.12.2003 (BGBl. I S. 2446).

[4] § 8a eingef. mWv 1.1.2004 durch G v. 1.12.2003 (BGBl. I S. 2446); Abs. 1 Nr. 1 und Abs. 3 Satz 2 Nr. 1 geänd. mWv 1.1.2005 durch G v. 27.12.2004 (BGBl. I S. 3846); Abs. 3 Satz 1 geänd. mWv 8.11.2006 durch VO v. 31.10.2006 (BGBl. I S. 2407); Abs. 3 Satz 1 geänd. mWv 8.9.2015 durch VO v. 31.8.2015 (BGBl. I S. 1474); Abs. 3 Satz 2 Nr. 3 geänd. mWv 17.6.2016 durch G v. 31.3.2016 (BGBl. I S. 518); Überschrift geänd. mWv 1.8.2021 durch G v. 25.6.2021 (BGBl. I S. 2154).

(3) [1]Das Bundesministerium für Wirtschaft und Energie bestimmt durch Rechtsverordnung mit Zustimmung des Bundesrates die für die Anerkennung zuständige Stelle. [2]In der Rechtsverordnung kann es ferner

1. die Voraussetzungen der Anerkennung näher bestimmen, insbesondere das Verfahren zur Feststellung, ob Wissensgebiete des Hochschulausbildungsgangs denen nach § 4 der Wirtschaftsprüferprüfungsverordnung entsprechen,
2. Einzelheiten des Anerkennungsverfahrens, insbesondere die dem Antrag beizufügenden Unterlagen, und die Bekanntmachung der Anerkennung regeln sowie
3. die Voraussetzungen der frühzeitigen Zulassung zur Prüfung nach § 9 Abs. 6, insbesondere die dem Antrag beizufügenden Unterlagen, bestimmen.

§ 9[1)] Voraussetzungen für die Zulassung (Prüfungstätigkeit); Verordnungsermächtigung. (1) [1]Die Zulassung setzt eine für die Ausübung des Berufes genügende praktische Ausbildung (Tätigkeit) voraus. [2]Bewerbende mit abgeschlossener Hochschulausbildung haben eine wenigstens dreijährige Tätigkeit bei einer in § 8 Abs. 2 Nr. 1 genannten Stelle nachzuweisen. [3]Beträgt die Regelstudienzeit der Hochschulausbildung weniger als acht Semester, verlängert sich die Tätigkeit auf vier Jahre; eine darüber hinausgehende Tätigkeit wird nicht gefordert. [4]Die Tätigkeit muss nach Erwerb des ersten berufsqualifizierenden Hochschulabschlusses erbracht werden; Absatz 6 bleibt unberührt.

(2) [1]Von ihrer gesamten Tätigkeit müssen die Bewerbenden wenigstens während der Dauer zweier Jahre überwiegend an Abschlussprüfungen teilgenommen und bei der Abfassung der Prüfungsberichte mitgewirkt haben (Prüfungstätigkeit). [2]Sie sollen während dieser Zeit insbesondere an gesetzlich vorgeschriebenen Abschlussprüfungen teilgenommen und an der Abfassung der Prüfungsberichte hierüber mitgewirkt haben. [3]Die Prüfungstätigkeit muss

1. im Falle des § 8 Abs. 2 Nr. 1 nach dem fünften Jahr der Mitarbeit abgeleistet werden;
2. im Falle des § 8 Abs. 2 Nr. 2 während oder nach der beruflichen Tätigkeit als vereidigter Buchprüfer oder vereidigte Buchprüferin oder als Steuerberater oder Steuerberaterin abgeleistet werden.

[4]Das Erfordernis der Prüfungstätigkeit ist erfüllt, wenn die Bewerbenden nachweislich in fremden Unternehmen materielle Buch- und Bilanzprüfungen nach betriebswirtschaftlichen Grundsätzen durchgeführt haben. [5]Als fremd gilt ein Unternehmen, mit dem die Bewerbenden weder in einem Leitungs- noch in einem Anstellungsverhältnis stehen oder gestanden haben.

(3) Die Prüfungstätigkeit muss ausgeübt worden sein in Mitarbeit bei

1. Berufsangehörigen,
2. Wirtschaftsprüfungsgesellschaften,
3. vereidigten Buchprüfern oder vereidigten Buchprüferinnen,

[1)] § 9 neu gef. mWv 1.1.2004 durch G v. 1.12.2003 (BGBl. I S. 2446); Abs. 1 Satz 4 HS 1 geänd. mWv 6.9.2007 durch G v. 3.9.2007 (BGBl. I S. 2178); Abs. 1 Satz 4, Abs. 5 Satz 1 geänd., Abs. 3 und 6 neu gef. mWv 17.6.2016 durch G v. 31.3.2016 (BGBl. I S. 518); Überschrift geänd. mWv 1.8.2021 durch G v. 25.6.2021 (BGBl. I S. 2154).

4. Buchprüfungsgesellschaften,
5. genossenschaftlichen Prüfungsverbänden, in denen ein Berufsangehöriger tätig ist,
6. Prüfungsstellen von Sparkassen- und Giroverbänden, in denen ein Berufsangehöriger tätig ist,
7. überörtlichen Prüfungseinrichtungen für Körperschaften und Anstalten des öffentlichen Rechts, in denen ein Berufsangehöriger tätig ist, oder
8. in einem anderen Mitgliedstaat der Europäischen Union oder in einem anderen Vertragsstaat des Abkommens über den Europäischen Wirtschaftsraum zugelassenen Abschlussprüfern oder Abschlussprüferinnen (EU- oder EWR-Abschlussprüfern) oder dort zugelassenen Prüfungsgesellschaften (EU- oder EWR-Abschlussprüfungsgesellschaften).

(4) Der Nachweis der Tätigkeit wie auch der Prüfungstätigkeit entfällt für Bewerbende, die seit mindestens 15 Jahren den Beruf als Steuerberater oder Steuerberaterin oder als vereidigter Buchprüfer oder vereidigte Buchprüferin ausgeübt haben; dabei sind bis zu zehn Jahre Berufstätigkeit als Steuerbevollmächtigter oder Steuerbevollmächtigte anzurechnen.

(5) [1] Eine Revisorentätigkeit in größeren Unternehmen oder eine Tätigkeit als Steuerberater oder Steuerberaterin oder in einem Prüfungsverband nach § 26 Abs. 2 des Kreditwesengesetzes oder eine mit der Prüfungstätigkeit in Zusammenhang stehende Tätigkeit bei der Wirtschaftprüferkammer, bei der Abschlussprüferaufsichtsstelle oder bei einer Personenvereinigung nach § 43a Absatz 1 Nummer 9 kann bis zur Höchstdauer von einem Jahr auf die Tätigkeit nach Absatz 1 angerechnet werden. [2] Dasselbe gilt für prüfende Personen im öffentlichen Dienst, sofern sie nachweislich selbstständig Prüfungen von größeren Betrieben durchgeführt haben. [3] Eine Tätigkeit im Ausland ist auf die Tätigkeit nach Absatz 1 anzurechnen, wenn sie bei einer Person, die in dem ausländischen Staat als sachverständiger Prüfer ermächtigt oder bestellt ist, abgeleistet wurde und wenn die Voraussetzungen für die Ermächtigung oder Bestellung den Vorschriften dieses Gesetzes im Wesentlichen entsprechen.

(6)[1)] Bewerbende, die einen nach § 8a anerkannten Hochschulausbildungsgang abgeschlossen haben, können ohne Nachweis der Tätigkeit nach Absatz 1 und der Prüfungstätigkeit nach Absatz 2 bereits zu einem früheren Zeitpunkt zur Prüfung zugelassen werden.

(7)[1)] [1] Bewerbende können zur Ablegung einzelner Teile der Prüfung zugelassen werden, wenn sie eine Tätigkeit nach Absatz 1 von wenigstens sechs Monaten nachweisen. [2] Das Bundesministerium für Wirtschaft und Energie wird ermächtigt, durch Rechtsverordnung, die nicht der Zustimmung des Bundesrats bedarf, einzelne Prüfungsgebiete von der Regelung des Satzes 1 auszunehmen.

§§ 10 und 11.[2)] (weggefallen)

---

1) § 9 Abs. 6 geänd., Abs. 7 angef. mWv 1.8.2021 durch G v. 25.6.2021 (BGBl. I S. 2154).
2) §§ 10 und 11 aufgeh. mWv 6.9.2007 durch G v. 3.9.2007 (BGBl. I S. 2178).

Zweiter Abschnitt. Prüfung

§ 12[1)] Prüfungskommission und Gliederung der Prüfung. (1) Die Prüfung wird vor der Prüfungskommission abgelegt.

(2) Die Prüfung gliedert sich in eine schriftliche und eine mündliche Prüfung.

(3) An alle Bewerber sind ohne Rücksicht auf ihren beruflichen Werdegang gleiche Anforderungen zu stellen.

§ 13[2)] Verkürzte Prüfung für Steuerberater. [1] Steuerberater und Bewerber, die die Prüfung als Steuerberater bestanden haben, können die Prüfung in verkürzter Form ablegen. [2] Bei der Prüfung in verkürzter Form entfällt die schriftliche und mündliche Prüfung im Steuerrecht.

§ 13a[3)] Verkürzte Prüfung für vereidigte Buchprüfer. (1) Vereidigte Buchprüfer und vereidigte Buchprüferinnen können die Prüfung in verkürzter Form ablegen.

(2) [1] Bei der verkürzten Prüfung entfällt die schriftliche und mündliche Prüfung in

1. Angewandter Betriebswirtschaftslehre und Volkswirtschaftslehre sowie
2. in jenen Bereichen der Gebiete Wirtschaftliches Prüfungswesen, Unternehmensbewertung und Berufsrecht sowie Wirtschaftsrecht, die bereits Gegenstand des Buchprüferexamens nach § 131a Absatz 2 dieses Gesetzes in der Fassung des Artikels 6 Nummer 16 des Bilanzrichtliniengesetzes vom 19. Dezember 1985 (BGBl. I S. 2355) waren.

[2] Für vereidigte Buchprüfer und vereidigte Buchprüferinnen, die Steuerberater oder Steuerberaterinnen sind, entfällt über Satz 1 hinaus die schriftliche und mündliche Prüfung im Steuerrecht. [3] Für vereidigte Buchprüfer und vereidigte Buchprüferinnen, die Rechtsanwälte oder Rechtsanwältinnen sind, entfällt über Satz 1 hinaus die vollständige schriftliche und mündliche Prüfung im Wirtschaftsrecht.

§ 13b[4)] Verkürzte Prüfung nach Anrechnung gleichwertiger Prüfungsleistungen; Verordnungsermächtigung. [1] Prüfungsleistungen, die im Rahmen einer Hochschulausbildung erbracht werden, werden angerechnet, wenn ihre Gleichwertigkeit in Inhalt, Form und Umfang mit den in § 4 der

---

[1)] § 12 Überschrift geänd., Abs. 1 neu gef. mWv 1.1.2004 durch G v. 1.12.2003 (BGBl. I S. 2446).

[2)] § 13 Satz 1 geänd. mWv 1.1.2001 durch G v. 19.12.2000 (BGBl. I S. 1769).

[3)] § 13a neu gef. mWv 1.1.2004 durch G v. 1.12.2003 (BGBl. I S. 2446); Abs. 2 Satz 3 geänd. mWv 1.1.2005 durch G v. 27.12.2004 (BGBl. I S. 3846); Abs. 1 Satz 2 aufgeh., Abs. 2 neu gef. mWv 17.6.2016 durch G v. 31.3.2016 (BGBl. I S. 518).

[4)] § 13b eingef. mWv 1.1.2004 durch G v. 1.12.2003 (BGBl. I S. 2446); Satz 1 geänd. mWv 1.1.2005 durch G v. 27.12.2004 (BGBl. I S. 3846); Satz 3 geänd. mWv 8.11.2006 durch VO v. 31.10.2006 (BGBl. I S. 2407); Satz 3 geänd. mWv 8.9.2015 durch VO v. 31.8.2015 (BGBl. I S. 1474); Überschrift geänd. mWv 1.8.2021 durch G v. 25.6.2021 (BGBl. I S. 2154).

Wirtschaftsprüferprüfungsverordnung aufgeführten Anforderungen der Prüfungsgebiete Angewandte Betriebswirtschaftslehre, Volkswirtschaftslehre oder Wirtschaftsrecht im Zulassungsverfahren durch die Prüfungsstelle festgestellt wird. 2 Bei der Prüfung in verkürzter Form entfällt die schriftliche und mündliche Prüfung in dem entsprechenden Prüfungsgebiet. 3 Das Bundesministerium für Wirtschaft und Energie wird ermächtigt, durch Rechtsverordnung mit Zustimmung des Bundesrates die inhaltlichen und formalen Voraussetzungen für die Feststellung der Gleichwertigkeit und das Verfahren festzulegen.

§ 14[1] Verordnungsermächtigung zu Einzelheiten des Prüfungsverfahrens. 1 Das Bundesministerium für Wirtschaft und Energie regelt durch Rechtsverordnung

1. die Einrichtung der Prüfungskommission, der Aufgabenkommission und der Widerspruchskommission, in denen jeweils eine Person, die eine für die Wirtschaft zuständige oder eine andere oberste Landesbehörde vertritt, den Vorsitz hat, die Zusammensetzung und die Berufung ihrer Mitglieder;
2. die Einzelheiten der Prüfungsaufgabenfindung, der Prüfung und des Prüfungsverfahrens, insbesondere die dem Antrag auf Zulassung zur Prüfung beizufügenden Unterlagen, und die Prüfungsgebiete;
3. die schriftliche und mündliche Prüfung, Rücktritt und Ausschluss von der Prüfung, Prüfungsergebnis, Ergänzungsprüfung, Wiederholung der Prüfung und die Mitteilung des Prüfungsergebnisses.

2 Die Rechtsverordnung bedarf nicht der Zustimmung des Bundesrates.

§ 14a[2] Zulassungs- und Prüfungsgebühren. 1 Für alle Zulassungs- und Prüfungsverfahren und für erfolglose Widerspruchsverfahren sind Gebühren an die Wirtschaftsprüferkammer zu zahlen; die Wirtschaftsprüferkammer kann die Erhebung der Gebühren sowie deren Höhe und Fälligkeit bestimmen. 2 Näheres regelt die Gebührenordnung der Wirtschaftsprüferkammer (§ 61 Abs. 2).

Dritter Abschnitt. Bestellung

§ 15[3] Bestellungsbehörde. 1 Nach bestandener Prüfung wird der Bewerber auf Antrag durch Aushändigung einer von der Wirtschaftsprüferkammer aus-

[1] § 14 neu gef. mWv 1.1.2004 durch G v. 1.12.2003 (BGBl. I S. 2446); Satz 1 geänd. mWv 8.11.2006 durch VO v. 31.10.2006 (BGBl. I S. 2407); Satz 1 geänd. mWv 8.9.2015 durch VO v. 31.8.2015 (BGBl. I S. 1474); Überschrift geänd. mWv 1.8.2021 durch G v. 25.6.2021 (BGBl. I S. 2154).

[2] § 14a neu gef. mWv 1.1.2004 durch G v. 1.12.2003 (BGBl. I S. 2446); Überschrift geänd. mWv 1.8.2021 durch G v. 25.6.2021 (BGBl. I S. 2154).

[3] § 15 Abs. 1 Satz 2 geänd., Abs. 2 neu gef. mWv 1.1.1995 durch G v. 15.7.1994 (BGBl. I S. 1569); Abs. 1 Sätze 1 und 4 geänd., Satz 2 neu gef., Satz 3 sowie Abs. 2 aufgeh. mWv 1.1.2002 durch G v. 19.12.2000 (BGBl. I S. 1769); Abs. 1 Satz 2 eingef., bish. Satz 2 wird Satz 3 mWv 1.2.2003 durch G v. 21.8.2002 (BGBl. I S. 3322); Satz 5 angef. mWv 1.1.2004 *durch G v. 1.12.2003 (BGBl. I S. 2446)*; Satz 2 aufgeh., bish. Sätze 3 bis 5 werden Sätze 2 bis 4 mWv 28.12.2009 durch G v. 17.7.2009 (BGBl. I S. 2091); Überschrift und Satz 4 geänd. mWv 17.6.2016 durch G v. 31.3.2016 (BGBl. I S. 518).

gestellten Urkunde als Wirtschaftsprüfer bestellt. [2]Zuständig ist die Wirtschaftsprüferkammer. [3]Wird der Antrag auf Bestellung als Wirtschaftsprüfer nicht innerhalb von fünf Jahren nach bestandener Prüfung gestellt, so finden auf die Bestellung die Vorschriften des § 23 Abs. 2 und 3 entsprechende Anwendung. [4]Wer gemäß § 9 Abs. 6 zugelassen wurde, hat vor der Bestellung den Nachweis der insgesamt dreijährigen Tätigkeit nach § 9 Abs. 1, einschließlich der Prüfungstätigkeit nach § 9 Abs. 2, vorzulegen.

§ 16[1)] Versagung der Bestellung. (1) Die Bestellung ist zu versagen,

1. wenn nach der Entscheidung des Bundesverfassungsgerichts ein Grundrecht verwirkt wurde;
2. wenn infolge strafgerichtlicher Verurteilung die Fähigkeit zur Bekleidung öffentlicher Ämter nicht gegeben ist;
3. solange kein Nachweis über den Abschluss einer nach § 54 Absatz 1 notwendigen Versicherung vorliegt;
4. wenn sich der Bewerber oder die Bewerberin eines Verhaltens schuldig gemacht hat, das die Ausschließung aus dem Beruf rechtfertigen würde;
5. wenn der Bewerber oder die Bewerberin aus gesundheitlichen oder anderen Gründen nicht nur vorübergehend nicht in der Lage ist, den Beruf ordnungsgemäß auszuüben;
6. solange eine Tätigkeit ausgeübt wird, die mit dem Beruf nach § 43 Absatz 2 Satz 1, § 43a Absatz 3 Satz 1 oder § 44a Satz 1 unvereinbar und nicht nach § 43a Absatz 3 Satz 2 oder 3 oder § 44a Satz 2 genehmigungsfähig ist;
7. wenn sich der Bewerber oder die Bewerberin in nicht geordneten wirtschaftlichen Verhältnissen, insbesondere in Vermögensverfall befindet; ein Vermögensverfall wird vermutet, wenn ein Insolvenzverfahren über das Vermögen eröffnet oder eine Eintragung in das vom Vollstreckungsgericht zu führende Verzeichnis (§ 26 Abs. 2 der Insolvenzordnung, § 882b der Zivilprozessordnung) vorliegt.

(2) Die Bestellung kann versagt werden, wenn der Bewerber sich so verhalten hat, dass die Besorgnis begründet ist, er werde den Berufspflichten als Wirtschaftsprüfer nicht genügen.

(3) Über die Versagung der Bestellung entscheidet die Wirtschaftsprüferkammer.

---

1) § 16 Abs. 1 Nr. 3 geänd., Abs. 2 neu gef., Abs. 4 Satz 4 angef. mWv 1.1.1995 durch G v. 15.7.1994 (BGBl. I S. 1569); Abs. 1 Nr. 1 sowie Abs. 2 neu gef., Abs. 4 Satz 3 aufgeh. mWv 1.1.2001 durch G v. 19.12.2000 (BGBl. I S. 1769); Abs. 3, Abs 4 Satz 2 aufgeh., bish. Abs. 4 wird Abs. 3 sowie neuer Abs. 3 Satz 1 geänd. mWv 1.1.2002 durch G v. 19.12.2000 (BGBl. I S. 1769); Abs. 1 Nr. 2 neu gef., Nr. 3 geänd., Nr. 4 angef. mWv 1.1.2004 durch G v. 1.12.2003 (BGBl. I S. 2446); Abs. 1 neu gef. mWv 6.9.2007 durch G v. 3.9.2007 (BGBl. I S. 2178); Abs. 1 Nr. 7 geänd. mWv 1.1.2013 durch G v. 29.7.2009 (BGBl. I S. 2258); Abs. 1 Nr. 3 neu gef., Nr. 6 geänd. mWv 17.6.2016 durch G v. 31.3.2016 (BGBl. I S. 518).

§ 16a[1)] Ärztliches Gutachten im Bestellungsverfahren. (1) [1] Wenn es zur Entscheidung über den Versagungsgrund des § 16 Abs. 1 Nr. 5 erforderlich ist, gibt die Wirtschaftsprüferkammer dem Bewerber oder der Bewerberin auf, innerhalb einer bestimmten angemessenen Frist ein Gutachten eines bestimmten Arztes oder einer bestimmten Ärztin über den Gesundheitszustand des Bewerbers oder der Bewerberin vorzulegen. [2] Das Gutachten muss auf einer Untersuchung und, wenn dies ein Amtsarzt oder eine Amtsärztin für notwendig hält, auch auf einer klinischen Beobachtung des Bewerbers oder der Bewerberin beruhen. [3] Die Kosten des Gutachtens hat der Bewerber oder die Bewerberin zu tragen.

(2) [1] Anordnungen nach Absatz 1 sind mit Gründen zu versehen und dem Bewerber oder der Bewerberin zuzustellen. [2] Gegen die Anordnungen kann innerhalb eines Monats nach der Zustellung ein Antrag auf gerichtliche Entscheidung gestellt werden.

(3) Kommt der Bewerber oder die Bewerberin ohne ausreichenden Grund der Anordnung der Wirtschaftsprüferkammer nicht nach, gilt der Antrag auf Bestellung als zurückgenommen.

§ 16b[2)] Aussetzung des Bestellungsverfahrens. Die Entscheidung über den Antrag auf Bestellung kann ausgesetzt werden, wenn gegen die antragstellende Person ein Verfahren wegen des Verdachts einer Straftat anhängig ist, in dem der Tatvorwurf eine Verurteilung erwarten lässt, die eine Versagung der Bestellung zur Folge haben würde.

§ 17[3)] Berufsurkunde und Berufseid. (1) [1] Bewerber haben vor Aushändigung der Urkunde den Berufseid vor der Wirtschaftsprüferkammer oder einer von ihr im Einzelfall beauftragten Stelle zu leisten. [2] Die Eidesformel lautet:

„Ich schwöre, daß ich die Pflichten eines Wirtschaftsprüfers verantwortungsbewußt und sorgfältig erfüllen, insbesondere Verschwiegenheit bewahren und Prüfungsberichte und Gutachten gewissenhaft und unparteiisch erstatten werde, so wahr mir Gott helfe."

(2) Der Eid kann auch ohne religiöse Beteuerung geleistet werden.

(3) Gestattet ein Gesetz den Mitgliedern einer Religionsgesellschaft an Stelle des Eides andere Beteuerungsformeln zu gebrauchen, so kann der Bewerber, der Mitglied einer solchen Religionsgesellschaft ist, diese Beteuerungsformel sprechen.

(4) [1] Über die Bestellung ist ein Protokoll aufzunehmen. [2] Das Protokoll ist von dem Wirtschaftsprüfer und der den Eid abnehmenden Person zu unterschreiben. [3] Es ist zu der Mitgliederakte des Wirtschaftsprüfers zu nehmen.

[1)] § 16a eingef. mWv 6.9.2007 durch G v. 3.9.2007 (BGBl. I S. 2178); Abs. 1 Satz 1 geänd. mWv 17.6.2016 durch G v. 31.3.2016 (BGBl. I S. 518).

[2)] § 16b eingef. mWv 1.8.2021 durch G v. 25.6.2021 (BGBl. I S. 2154).

[3)] § 17 Abs. 1 Satz 1 geänd. mWv 1.1.2002 durch G v. 19.12.2000 (BGBl. I S. 1769); Abs. 1 Satz 2 geänd. mWv 6.9.2007 durch G v. 3.9.2007 (BGBl. I S. 2178); Abs. 4 angef. mWv 1.8.2021 durch G v. 25.6.2021 (BGBl. I S. 2154).

§ 18[1] **Berufsbezeichnung.** (1) [1]Wirtschaftsprüfer haben im beruflichen Verkehr die Berufsbezeichnung „Wirtschaftsprüfer" zu führen. [2]Frauen können die Berufsbezeichnung „Wirtschaftsprüferin" führen. [3]Werden Erklärungen im Rahmen von Tätigkeiten nach § 2 Abs. 1, die Berufsangehörigen gesetzlich vorbehalten sind, abgegeben, so dürfen diese Erklärungen unter Verwendung nur der Berufsbezeichnung und zusätzlich mit einem amtlich verliehenen ausländischen Prüfertitel unterzeichnet werden.

(2) [1]Akademische Grade und Titel und Zusätze, die auf eine staatlich verliehene Graduierung hinweisen, können neben der Berufsbezeichnung geführt werden. [2] Amts- und Berufsbezeichnungen sind zusätzlich gestattet, wenn sie amtlich verliehen worden sind und es sich um Bezeichnungen für eine Tätigkeit handelt, die neben der Tätigkeit des Wirtschaftsprüfers ausgeübt werden darf (§ 43a); zulässig sind auch Fachanwaltsbezeichnungen. [3]Zusätzlich gestattet sind auch in anderen Staaten zu Recht geführte Berufsbezeichnungen für die Tätigkeit als gesetzlicher Abschlußprüfer oder für eine Tätigkeit, die neben der Tätigkeit als Wirtschaftsprüfer ausgeübt werden darf.

(3) [1]Mit dem Erlöschen, der Rücknahme oder dem Widerruf der Bestellung oder während einer Beurlaubung erlischt die Befugnis, die Berufsbezeichnung zu führen. [2]Die Berufsbezeichnung darf auch nicht mit einem Zusatz, der auf die frühere Berechtigung hinweist, geführt werden.

(4) [1]Die Wirtschaftsprüferkammer kann Berufsangehörigen, die wegen hohen Alters oder aus gesundheitlichen Gründen auf die Rechte aus der Bestellung verzichten und keine berufliche Tätigkeit mehr ausüben, auf Antrag die Erlaubnis erteilen, weiterhin die Berufsbezeichnung zu führen. [2]Die Wirtschaftsprüferkammer kann diese Erlaubnis zurücknehmen oder widerrufen, wenn nachträglich Umstände bekannt werden oder eintreten, die das Erlöschen, die Rücknahme oder den Widerruf der Bestellung nach sich ziehen würden oder zur Ablehnung der Erlaubnis hätten führen können. [3]Vor der Rücknahme oder dem Widerruf der Erlaubnis ist der oder die Betroffene zu hören.

§ 19[2] **Erlöschen der Bestellung.** (1) Die Bestellung erlischt durch

1. Tod,
2. Verzicht,
3. unanfechtbare Ausschließung aus dem Beruf.

(2) [1]Der Verzicht ist schriftlich gegenüber der Wirtschaftsprüferkammer zu erklären.

---

[1] § 18 Abs. 1 Satz 2 angef. sowie Abs. 2 Satz 2 geänd. mWv 1.1.1995 durch G v. 15.7.1994 (BGBl. I S. 1569); Abs. 1 Satz 3, Abs. 3 und 4 angef. mWv 6.9.2007 durch G v. 3.9.2007 (BGBl. I S. 2178); Abs. 3 Satz 1 geänd. mWv 17.6.2016 durch G v. 31.3.2016 (BGBl. I S. 518); Abs. 4 Satz 1 geänd. mWv 1.8.2021 durch G v. 25.6.2021 (BGBl. I S. 2154).

[2] § 19 Abs. 2 Satz 1 geänd. und Satz 2 aufgeh. mWv 1.1.2002 durch G v. 19.12.2000 (BGBl. I S. 1769); Abs. 1 Nr. 3 geänd. mWv 17.6.2016 durch G v. 31.3.2016 (BGBl. I S. 518).

§ 20[1] Rücknahme und Widerruf der Bestellung. (1) Die Bestellung ist mit Wirkung für die Zukunft zurückzunehmen, wenn nachträglich Tatsachen bekanntwerden, bei deren Kenntnis die Bestellung hätte versagt werden müssen.

(2) Die Bestellung ist zu widerrufen, wenn Berufsangehörige

1. nicht eigenverantwortlich tätig sind oder eine Tätigkeit ausüben, die mit dem Beruf nach § 43 Absatz 2 Satz 1, § 43a Absatz 3 Satz 1 oder § 44a Satz 1 unvereinbar ist und nicht nach § 43a Absatz 3 Satz 2 oder 3 oder § 44a Satz 2 genehmigt ist;
2. infolge strafgerichtlicher Verurteilung die Fähigkeit zur Bekleidung öffentlicher Ämter verloren haben;
3. aus gesundheitlichen oder anderen Gründen nicht nur vorübergehend nicht in der Lage sind, den Beruf ordnungsgemäß auszuüben;
4. nicht den nach § 54 Absatz 1 notwendigen Versicherungsschutz unterhalten oder diesen innerhalb der letzten fünf Jahre wiederholt mit nennenswerter Dauer nicht aufrechterhalten haben und diese Unterlassung auch zukünftig zu befürchten ist;
5. sich in nicht geordneten wirtschaftlichen Verhältnissen, insbesondere in Vermögensverfall (§ 16 Abs. 1 Nr. 7) befinden;
6. keine berufliche Niederlassung nach § 3 Absatz 1 Satz 1 unterhalten;
7. nach der Entscheidung des Bundesverfassungsgerichts ein Grundrecht verwirkt haben.

(3) [1]Berufsangehörige, die eine unvereinbare Tätigkeit nach § 43a Absatz 3 Satz 1 oder § 44a Satz 1 ausüben, haben dies der Wirtschaftsprüferkammer unverzüglich anzuzeigen. [2]Der Wirtschaftsprüferkammer sind auf Verlangen die Unterlagen über ein Anstellungsverhältnis vorzulegen.

(4) [1]In den Fällen des Absatzes 2 Nummer 1 und 4 ist von einem Widerruf abzusehen, wenn anzunehmen ist, dass die Berufsangehörigen künftig eigenverantwortlich tätig sein, die nach § 43 Absatz 2 Satz 1, § 43a Absatz 3 Satz 1 oder § 44a Satz 1 unvereinbare Tätigkeit dauernd aufgeben oder die vorgeschriebene Haftpflichtversicherung künftig laufend unterhalten werden. [2]Den Berufsangehörigen kann hierfür eine angemessene Frist gesetzt werden. [3]Kommen sie ihrer Verpflichtung innerhalb der gesetzten Frist nicht nach, so ist der Widerruf der Bestellung auszusprechen. [4]Von einem Widerruf in den Fällen des Absatzes 2 Nr. 5 kann abgesehen werden, wenn der Wirtschaftsprüferkammer nachgewiesen wird, dass durch die nicht geordneten wirtschaftlichen Verhältnisse die Interessen Dritter nicht gefährdet sind.

---

[1] § 20 Abs. 1, Abs. 2 Nr. 3, Abs. 3 und Abs. 6 neu gef., Abs. 2 Nr. 1 und Abs. 4 Satz 1 geänd. sowie Abs. 2 Nr. 5, Abs. 7 und Abs. 8 angef. mWv 1.1.1995 durch G v. 15.7.1994 (BGBl. I S. 1569), Abs. 6 aufgeh., bish. Abs. 7 und 8 werden Abs. 6 und 7, neuer Abs. 6 Satz 1 geänd. mWv 1.1.2002 durch G v. 19.12.2000 (BGBl. I S. 1769), Abs. 2 Nr. 3 neu gef. mWv. 1.5.2002 durch G v. 27.4.2002 (BGBl. I S. 1467); Abs. 2 Nr. 4 neu gef., Nr. 5 geänd., Nr. 6 angef., Abs. 3 und 5 aufgeh., Abs. 7 neu gef. mWv 1.1.2004 durch G v. 1.12.2003 (BGBl. I S. 2446); Abs. 2 und 3 neu gef., Abs. 4 Satz 4 angef. mWv 6.9.2007 durch G v. 3.9.2007 (BGBl. I S. 2178); Abs. 6 *Satz 1 geänd. mWv 1.9.2009* durch G v. 17.12.2008 (BGBl. I S. 2586); Abs. 2 einl. Satzteil, Nr. 2, 3, 5 und 7, Abs. 4 Sätze 2 und 3, Abs. 6 Sätze 1 und 2 geänd., Abs. 2 Nr. 1, 4 und 6, Abs. 3 Satz 1 und Abs. 4 Satz 1 neu gef. mWv 17.6.2016 durch G v. 31.3.2016 (BGBl. I S. 518).

(5) *(aufgehoben)*

(6)[1] [1] Sind Berufsangehörige wegen einer psychischen Krankheit oder einer körperlichen, geistigen oder seelischen Behinderung zur Wahrnehmung ihrer Rechte in dem Verfahren nicht in der Lage, bestellt das Betreuungsgericht auf Antrag der Wirtschaftsprüferkammer einen Betreuer als gesetzlichen Vertreter in dem Verfahren; die Vorschriften des Gesetzes über das Verfahren in Familiensachen und in den Angelegenheiten der freiwilligen Gerichtsbarkeit bei der Anordnung einer Betreuung nach den *§§ 1896ff.* [***ab 1.1.2023:*** §§ 1814 bis 1881] des Bürgerlichen Gesetzbuches sind entsprechend anzuwenden. [2] Zum Betreuer soll ein Berufsangehöriger oder eine Berufsangehörige bestellt werden.

(7) [1] Entfällt die aufschiebende Wirkung einer Anfechtungsklage, sind § 116 Abs. 2 bis 4, § 117 Abs. 2 und § 121 entsprechend anzuwenden. [2] Die Anfechtungsklage gegen einen Widerruf aus den Gründen des Absatzes 2 Nr. 4 hat keine aufschiebende Wirkung.

§ 20a[2] **Ärztliches Gutachten im Widerrufsverfahren.** [1] Im Verfahren wegen des Widerrufs der Bestellung nach § 20 Abs. 2 Nr. 3 ist § 16a Abs. 1 und 2 entsprechend anzuwenden. [2] Wird das Gutachten ohne zureichenden Grund nicht innerhalb der von der Wirtschaftsprüferkammer gesetzten Frist vorgelegt, wird vermutet, daß der oder die Berufsangehörige aus dem Grund des § 20 Abs. 2 Nr. 3, der durch das Gutachten geklärt werden soll, nicht nur vorübergehend unfähig ist, seinen Beruf ordnungsgemäß auszuüben.

§ 21[3] **Zuständigkeit.** Über die Rücknahme und den Widerruf der Bestellung entscheidet die Wirtschaftsprüferkammer.

§ 22.[4] (weggefallen)

§ 23[5] **Wiederbestellung.** (1) Ein ehemaliger Wirtschaftsprüfer kann wiederbestellt werden, wenn

1. die Bestellung nach § 19 Abs. 1 Nr. 2 erloschen ist;
2. im Falle des Erlöschens der Bestellung nach § 19 Abs. 1 Nr. 3 die unanfechtbare Ausschließung aus dem Beruf im Gnadenwege aufgehoben worden ist oder seit der unanfechtbaren Ausschließung mindestens acht Jahre verstrichen sind;

---

[1] § 20 Abs. 6 Satz 1 geänd. mWv 1.1.2023 durch G v. 4.5.2021 (BGBl. I S. 882).

[2] § 20a eingef. mWv 1.1.1995 durch G v. 15.7.1994 (BGBl. I S. 1569); Satz 2 geänd. mWv 1.1.2002 durch G v. 19.12.2000 (BGBl. I S. 1769); Satz 1 Verweis geänd. mWv 6.9.2007 durch G v. 3.9.2007 (BGBl. I S. 2178); Satz 2 geänd. mWv 17.6.2016 durch G v. 31.3.2016 (BGBl. I S. 518).

[3] § 21 neu gef. mWv 1.1.2002 durch G v. 19.12.2000 (BGBl. I S. 1769).

[4] § 22 aufgeh. mWv 1.1.2002 durch G v. 19.12.2000 (BGBl. I S. 1769).

[5] § 23 Abs. 3 Satz 3 angef., Abs. 4 Satz 1 geänd. mWv 1.1.2001 durch G v. 19.12.2000 (BGBl. I S. 1769); Abs. 2 aufgeh., bish. Abs. 3 und 4 werden Abs. 2 und 3, neuer Abs. 2 Sätze 2 und 3 geänd. und Satz 4 angef., neuer Abs. 3 Satz 2 aufgeh. mWv 1.1.2002 durch G v. 19.12.2000 (BGBl. I S. 1769); Abs. 1 Nr. 3 geänd., Abs. 2 Satz 3 aufgeh., bish. Satz 4 wird Satz 3 mWv 1.1.2004 durch G v. 1.12.2003 (BGBl. I S. 2446); Abs. 1 Nr. 2 geänd. mWv 17.6.2016 durch G v. 31.3.2016 (BGBl. I S. 518).

3. die Bestellung zurückgenommen oder widerrufen ist und die Gründe, die für die Rücknahme oder den Widerruf maßgeblich gewesen sind, nicht mehr bestehen.

(2) [1]Eine erneute Prüfung ist nicht erforderlich. [2]Die Wirtschaftsprüferkammer kann im Einzelfall anordnen, daß sich der Bewerber der Prüfung oder Teilen derselben zu unterziehen hat, wenn die pflichtgemäße Ausübung des Berufes sonst nicht gewährleistet erscheint. [3]Für das Prüfungsverfahren gelten die §§ 7 und 12 sinngemäß.

(3) Die Wiederbestellung ist zu versagen, wenn die Voraussetzungen für die Wiederbestellung unter sinngemäßer Anwendung des § 16 nicht vorliegen.

§ 24.[1)] (weggefallen)

Vierter Abschnitt.[2)] (weggefallen)

§§ 25 und 26.[3)] (weggefallen)

Fünfter Abschnitt. Wirtschaftsprüfungsgesellschaften

§ 27[4)] **Rechtsform.** Europäische Gesellschaften, Gesellschaften nach deutschem Recht oder Gesellschaften in einer nach dem Recht eines Mitgliedstaats der Europäischen Union oder eines Vertragsstaats des Abkommens über den Europäischen Wirtschaftsraum zulässigen Rechtsform können nach Maßgabe der Vorschriften dieses Abschnitts als Wirtschaftsprüfungsgesellschaften anerkannt werden.

[*bis 31.7.2022:*

(2) Offene Handelsgesellschaften und Kommanditgesellschaften können als Wirtschaftsprüfungsgesellschaften anerkannt werden, wenn sie wegen ihrer Treuhandtätigkeit als Handelsgesellschaften in das Handelsregister eingetragen worden sind.]

§ 28[5)] **Voraussetzungen für die Anerkennung.** (1) [1]Voraussetzung für die Anerkennung ist, dass die Mehrheit der Mitglieder des Vorstandes, der

---

1) § 24 aufgeh. mWv 1.1.2002 durch G v. 19.12.2000 (BGBl. I S. 1769).

2) Vierter Abschnitt aufgeh. mWv 1.1.2001 durch G v. 19.12.2000 (BGBl. I S. 1769).

3) §§ 25, 26 aufgeh. mWv 1.1.2001 durch G v. 19.12.2000 (BGBl. I S. 1769).

4) § 27 Abs. 1 geänd. durch G v. 25.7.1994 (BGBl. I S. 1744); Abs. 1 geänd. mWv 6.9.2007 durch G v. 3.9.2007 (BGBl. I S. 2178); Abs. 1 neu gef. mWv 17.6.2016 durch G v. 31.3.2016 (BGBl. I S. 518); Abs. 2 aufgeh., Abs. 1 Absatzzählung gestrichen mWv 1.8.2022 durch G v. 7.7.2021 (BGBl. I S. 2363).

5) § 28 Abs. 1 Satz 2 und Abs. 2 neu gef. mWv 1.1.1995 durch G v. 15.7.1994 (BGBl. I S. 1569), Abs. 1 Sätze 1 und 2, Abs. 3 Satz 1, Abs. 4 Satz 1 Nr. 1 und Abs. 6 Satz 1 geänd., Abs. 2, Abs. 3 Satz 2 und Abs. 6 Satz 2 neu gef., Abs. 3 Satz 4 angef. mWv 1.1.2001 durch G v. 19.12.2000 (BGBl. I S. 1769), Abs. 2 Satz 2, Abs. 3 Satz 1 geänd. mWv 1.1.2002 durch G v. 19.12.2000 (BGBl. I S. 1769); Abs. 2 Satz 2 geänd., Abs. 4 Satz 1 Nr. 1 neu gef., Nrn. 1a und 3a eingef. mWv 1.1.2004 durch G v. 1.12.2003 (BGBl. I S. 2446); Abs. 1 bis 3 neu gef., Abs. 4 Satz 1 Nrn. 1, 3 bis 6 geänd. mWv 6.9.2007 durch G v. 3.9.2007 (BGBl. I S. 2178); *Abs. 1 Sätze 1–3, Abs. 2 Satz 1, Abs. 3 Satz 1, Abs. 4 Satz 1 Nr. 1, 3, 4–6 geänd.* mWv 29.5.2009 durch G v. 25.5.2009 (BGBl. I S. 1102); Abs. 1 Sätze 1–3, Abs. 2 Satz 1, Abs. 3 Satz 1, Abs. 4 Satz 1 Nr. 1, 3–6 geänd. mWv 17.6.2016 durch G v. 31.3.2016 (BGBl. I S. 518).

Geschäftsführer und Geschäftsführerinnen, der persönlich haftenden Gesellschafter und Gesellschafterinnen, der geschäftsführenden Direktoren und Direktorinnen oder der Partner und Partnerinnen (gesetzliche Vertreter) Berufsangehörige oder EU- oder EWR-Abschlussprüfer sind. [2] Persönlich haftende Gesellschafter und Gesellschafterinnen können auch Wirtschaftsprüfungsgesellschaften oder EU- oder EWR-Abschlussprüfungsgesellschaften sein. [3] Hat die Gesellschaft nur zwei gesetzliche Vertreter, so muss einer von ihnen Berufsangehöriger oder EU- oder EWR-Abschlussprüfer sein. [4] Mindestens eine in den Sätzen 1 bis 3 genannte Person oder Gesellschaft muss ihre berufliche Niederlassung am Sitz der Gesellschaft haben.

(2) [1] Neben Berufsangehörigen, Wirtschaftsprüfungsgesellschaften, EU- oder EWR-Abschlussprüfern und EU- oder EWR-Abschlussprüfungsgesellschaften sind vereidigte Buchprüfer und vereidigte Buchprüferinnen, Steuerberater und Steuerberaterinnen sowie Rechtsanwälte und Rechtsanwältinnen berechtigt, gesetzliche Vertreter von Wirtschaftsprüfungsgesellschaften zu sein. [2] Dieselbe Berechtigung kann die Wirtschaftsprüferkammer besonders befähigten Personen, die nicht in Satz 1 genannt werden und die einen mit dem Beruf des Wirtschaftsprüfers und der Wirtschaftsprüferin zu vereinbarenden Beruf ausüben, auf Antrag erteilen.

(3) [1] Die Wirtschaftsprüferkammer kann genehmigen, dass Personen, die in einem Drittstaat als sachverständige Prüfer oder Prüferinnen ermächtigt oder bestellt sind, neben Berufsangehörigen und EU- oder EWR-Abschlussprüfern gesetzliche Vertreter von Wirtschaftsprüfungsgesellschaften sein können, wenn die Voraussetzungen für ihre Ermächtigung oder Bestellung den Vorschriften dieses Gesetzes im Wesentlichen entsprechen. [2] Diejenigen sachverständigen, in einem Drittstaat ermächtigten oder bestellten Prüfer und Prüferinnen, die als persönlich haftende Gesellschafter oder Gesellschafterinnen von der Geschäftsführung ausgeschlossen sind, bleiben unberücksichtigt. [3] Die Sätze 1 und 2 gelten entsprechend für Rechtsanwälte und Rechtsanwältinnen, Patentanwälte und Patentanwältinnen sowie Steuerberater und Steuerberaterinnen anderer Staaten, wenn diese einen nach Ausbildung und Befugnissen der Bundesrechtsanwaltsordnung, der Patentanwaltsordnung oder des Steuerberatungsgesetzes entsprechenden Beruf ausüben.

(4) [1] Voraussetzung für die Anerkennung ist ferner, daß

1. Gesellschafter ausschließlich Berufsangehörige, Wirtschaftsprüfungsgesellschaften, welche die Voraussetzungen dieses Absatzes erfüllen, EU- oder EWR-Abschlussprüfer, EU- oder EWR-Abschlussprüfungsgesellschaften oder Personen nach Nummer 1a sind;

1a. Gesellschafter vereidigte Buchprüfer oder vereidigte Buchprüferinnen, Steuerberater oder Steuerberaterinnen, Steuerbevollmächtigte, Rechtsanwälte oder Rechtsanwältinnen, Personen, mit denen eine gemeinsame Berufsausübung nach § 44b Abs. 2 zulässig ist, oder Personen sind, deren Tätigkeit als Vorstandsmitglied, Geschäftsführer oder Geschäftsführerin, Partner oder Partnerin oder persönlich haftender Gesellschafter oder persönlich haftende Gesellschafterin nach Absatz 2 oder 3 genehmigt worden ist, und mindestens die Hälfte der Anzahl der in dieser Nummer genannten Personen in der Gesellschaft tätig ist;

2. die Anteile an der Wirtschaftsprüfungsgesellschaft nicht für Rechnung eines Dritten gehalten werden;
3. bei Kapitalgesellschaften die Mehrheit der Anteile Wirtschaftsprüfern oder Wirtschaftsprüfungsgesellschaften, die die Voraussetzungen dieses Absatzes erfüllen, EU- oder EWR-Abschlussprüfern oder EU- oder EWR-Abschlussprüfungsgesellschaften gehört;

3a. bei Kapitalgesellschaften, Kommanditgesellschaften und Kommanditgesellschaften auf Aktien denjenigen Personen nach Nummer 1a, die nicht in der Gesellschaft tätig sind, weniger als ein Viertel der Anteile am Nennkapital oder der im Handelsregister eingetragenen Einlagen der Kommanditisten gehören (einfache Minderheitenbeteiligung);

4. bei Kommanditgesellschaften die Mehrheit der im Handelsregister eingetragenen Einlagen der Kommanditisten von Wirtschaftsprüfern oder Wirtschaftsprüfungsgesellschaften, die die Voraussetzungen dieses Absatzes erfüllen, von EU- oder EWR-Abschlussprüfern oder EU- oder EWR-Abschlussprüfungsgesellschaften übernommen worden ist;
5. Wirtschaftsprüfern oder Wirtschaftsprüfungsgesellschaften, die die Voraussetzungen dieses Absatzes erfüllen, EU- oder EWR-Abschlussprüfern oder EU- oder EWR-Abschlussprüfungsgesellschaften zusammen die Mehrheit der Stimmrechte der Aktionäre, Kommanditaktionäre, Gesellschafter einer Gesellschaft mit beschränkter Haftung oder Kommanditisten zusteht und
6. im Gesellschaftsvertrag bestimmt ist, daß zur Ausübung von Gesellschafterrechten nur Gesellschafter bevollmächtigt werden können, die Berufsangehörige oder EU- oder EWR-Abschlussprüfer sind.

[2] Haben sich Berufsangehörige im Sinne von Satz 1 Nr. 1 zu einer *Gesellschaft bürgerlichen Rechts* [***ab 1.1.2024:*** rechtsfähigen Personengesellschaft[1)]] zusammengeschlossen, deren Zweck ausschließlich das Halten von Anteilen an einer Wirtschaftsprüfungsgesellschaft ist, so werden ihnen die Anteile an der Wirtschaftsprüfungsgesellschaft im Verhältnis ihrer Beteiligung an der *Gesellschaft bürgerlichen Rechts* [***ab 1.1.2024:*** rechtsfähigen Personengesellschaft][1)] zugerechnet. [3] Stiftungen und eingetragene Vereine gelten als Berufsangehörige im Sinne von Satz 1 Nr. 1, wenn

a) sie ausschließlich der Altersversorgung von in der Wirtschaftsprüfungsgesellschaft tätigen Personen und deren Hinterbliebenen dienen oder ausschließlich die Berufsausbildung, Berufsfortbildung oder die Wissenschaft fördern und
b) die zur gesetzlichen Vertretung berufenen Organe mehrheitlich aus Wirtschaftsprüfern bestehen.

(5) [1] Bei Aktiengesellschaften und Kommanditgesellschaften auf Aktien müssen die Aktien auf Namen lauten. [2] Die Übertragung muß an die Zustimmung der Gesellschaft gebunden sein. [3] Dasselbe gilt für die Übertragung von Geschäftsanteilen an einer Gesellschaft mit beschränkter Haftung.

[1)] Geänd. **mWv 1.1.2024 durch MoPeG** v. 10.8.2021 (BGBl. I S. 3436).

(6) [1]Bei Gesellschaften mit beschränkter Haftung muß das Stammkapital mindestens fünfundzwanzigtausend Euro betragen. [2]Bei Aktiengesellschaften, Kommanditgesellschaften auf Aktien und Gesellschaften mit beschränkter Haftung muss bei Antragstellung nachgeweisen werden, dass der Wert der einzelnen Vermögensgegenstände abzüglich der Schulden mindestens dem gesetzlichen Mindestbetrag des Grund- oder Stammkapitals enspricht.

(7) Die Anerkennung muß versagt werden, solange nicht die vorläufige Deckungszusage auf den Antrag zum Abschluß einer Berufshaftpflichtversicherung vorliegt.

§ 29[1)] Zuständigkeit und Verfahren. (1) Zuständig für die Anerkennung als Wirtschaftsprüfungsgesellschaft ist die Wirtschaftsprüferkammer.

(2) Die Wirtschaftsprüferkammer kann als Nachweis der Anerkennungsvoraussetzungen geeignete Belege, Ausfertigungen oder öffentlich beglaubigte Abschriften anfordern.

(3) Über die Anerkennung als Wirtschaftsprüfungsgesellschaft wird eine Urkunde ausgestellt.

§ 30[2)] Änderungsanzeige. [1]Jede Änderung des Gesellschaftsvertrages oder der Satzung oder in der Person der gesetzlichen Vertreter ist der Wirtschaftsprüferkammer unverzüglich anzuzeigen. [2]Die Wirtschaftsprüferkammer kann als Nachweis der Änderung geeignete Belege, Ausfertigungen oder öffentlich beglaubigte Abschriften anfordern. [3]Wird die Änderung im Handelsregister oder Partnerschaftsregister eingetragen, ist eine öffentlich beglaubigte Abschrift der Eintragung nachzureichen.

§ 31[3)] Bezeichnung „Wirtschaftsprüfungsgesellschaft". Die anerkannte Gesellschaft ist verpflichtet, die Bezeichnung „Wirtschaftsprüfungsgesellschaft" in die Firma oder den Namen aufzunehmen und im beruflichen Verkehr zu führen. [***bis 31.12.2023:*** *[2]Für eine Partnerschaftsgesellschaft entfällt die Pflicht nach § 2 Abs. 1 des Partnerschaftsgesellschaftsgesetzes vom 25. Juli 1994 (BGBl. I S. 1744), zusätzlich die Berufsbezeichnungen aller in der Partnerschaft vertretenen Berufe in den Namen aufzunehmen.*]

§ 32[4)] Bestätigungsvermerke. [1]Erteilen Wirtschaftsprüfungsgesellschaften gesetzlich vorgeschriebene Bestätigungsvermerke, so dürfen diese nur von Wirtschaftsprüfern unterzeichnet werden; sie dürfen auch von vereidigten Buchprüfern unterzeichnet werden, soweit diese gesetzlich befugt sind, Be-

---

[1)] § 29 neu gef. mWv. 1.1.2002 durch G v. 19.12.2000 (BGBl. I S. 1769); Abs. 3 Satz 2 angef. mWv 1.2.2003 durch G v. 21.8.2002 (BGBl. I S. 3322); Abs. 2 neu gef., Abs. 3 Satz 2 aufgeh. mWv 17.6.2016 durch G v. 31.3.2016 (BGBl. I S. 518).

[2)] § 30 neu gef. mWv 1.1.2002 durch G v. 19.12.2000 (BGBl. I S. 1769); Satz 2 neu gef. mWv 17.6.2016 durch G v. 31.3.2016 (BGBl. I S. 518).

[3)] § 31 Satz 2 aufgeh., bish. Satz 1 wird § 31 **mWv 1.1.2024 durch MoPeG** v. 10.8.2021 (BGBl. I S. 3436).

[4)] § 32 neu gef. mWv 1.1.1995 durch G v. 15.7.1994 (BGBl. I S. 1569); Satz 2 angef., bish. Wortlaut wird Satz 1 mWv 6.9.2007 durch G v. 3.9.2007 (BGBl. I S. 2178).

stätigungsvermerke zu erteilen. [2]Gleiches gilt für sonstige Erklärungen im Rahmen von Tätigkeiten, die den Berufsangehörigen gesetzlich vorbehalten sind.

§ 33[1)] Erlöschen der Anerkennung. (1) Die Anerkennung erlischt durch

1. Auflösung der Gesellschaft,
2. Verzicht auf die Anerkennung.

(2) [1]Der Verzicht ist schriftlich gegenüber der Wirtschaftsprüferkammer zu erklären. [2]Die Auflösung der Gesellschaft ist der Wirtschaftsprüferkammer unverzüglich anzuzeigen.

§ 34[2)] Rücknahme und Widerruf der Anerkennung. (1) Die Anerkennung ist zurückzunehmen oder zu widerrufen, wenn

1. für die Person eines Vorstandsmitgliedes, Geschäftsführers, persönlich haftenden Gesellschafters oder Partners die Bestellung zurückgenommen oder widerrufen ist, es sei denn, daß jede Vertretungs- und Geschäftsführungsbefugnis dieser Person unverzüglich widerrufen oder entzogen ist;
2. sich nach der Anerkennung ergibt, daß sie hätte versagt werden müssen, oder wenn die Voraussetzungen für die Anerkennung der Gesellschaft, auch bezogen auf § 54 Abs. 1, nachträglich fortfallen, es sei denn, daß die Gesellschaft innerhalb einer angemessenen, von der Wirtschaftsprüferkammer zu bestimmenden Frist, die bei Fortfall der in § 28 Abs. 2 Satz 3 und Abs. 3 Satz 2 genannten Voraussetzungen höchstens zwei Jahre betragen darf, den dem Gesetz entsprechenden Zustand herbeiführt; bei Fortfall der in § 28 Abs. 4 genannten Voraussetzungen wegen eines Erbfalls muß die Frist mindestens fünf Jahre betragen;
3. ein Mitglied des Vorstandes, ein Geschäftsführer, ein persönlich haftender Gesellschafter oder ein Partner durch eine unanfechtbare Entscheidung aus dem Beruf ausgeschlossen ist oder einer der in § 28 Abs. 2 Sätze 1, 2 und Abs. 3 genannten Personen die Eignung zur Vertretung und Geschäftsführung einer Wirtschaftsprüfungsgesellschaft aberkannt ist, es sei denn, daß die Wirtschaftsprüfungsgesellschaft der Wirtschaftsprüferkammer nachweist, daß jede Vertretungs- und Geschäftsführungsbefugnis *des Verurteilten* [***ab 1.8.2022:*** der Person] unverzüglich widerrufen oder entzogen ist.

(2) Die Anerkennung ist zu widerrufen, wenn die Gesellschaft in nicht geordnete wirtschaftliche Verhältnisse, insbesondere in Vermögensverfall, geraten

---

1) § 33 Abs. 2 Satz 2 angef. mWv 1.1.1995 durch G v. 15.7.1994 (BGBl. I S. 1569), Abs. 2 geänd. mWv 1.1.2002 durch G v. 19.12.2000 (BGBl. I S. 1769).

2) § 34 Abs. 1 Nr. 3 geänd. sowie Abs. 2 neu gef. mWv 1.1.1995 durch G v. 15.7.1994 (BGBl. I S. 1569); Abs. 1 Nr. 1 und 3 geänd. mWv 1.1.2001 durch G v. 19.12.2000 (BGBl. I S. 1769); Abs. 1 Nrn. 2 und 3 geänd., Abs. 3 neu gef. mWv 1.1.2002 durch G v. 19.12.2000 (BGBl. I S. 1769); Abs. 1 Nr. 1 geänd. mWv 1.1.2004 durch G v. 1.12.2003 (BGBl. I S. 2446); *Abs. 1 Nr. 2 HS 1 geänd.* mWv 6.9.2007 durch G v. 3.9.2007 (BGBl. I S. 2178); Abs. 1 Nr. 3 und Abs. 2 geänd. mWv 17.6.2016 durch G v. 31.3.2016 (BGBl. I S. 518); Abs. 1 Nr. 3 geänd. mWv 1.8.2022 durch G v. 7.7.2021 (BGBl. I S. 2363).

ist, es sei denn, daß dadurch die Interessen der Auftraggeber oder anderer Personen nicht gefährdet sind.

(3) Über die Rücknahme und den Widerruf der Anerkennung entscheidet die Wirtschaftsprüferkammer.

§§ 35 und 36.[1] (weggefallen)

Sechster Abschnitt. Allgemeine Vorschriften für das Verwaltungsverfahren[2]

§ 36 a[3] Untersuchungsgrundsatz; Mitwirkungspflicht; Datenübermittlung. (1) Die Wirtschaftsprüferkammer ermittelt den Sachverhalt von Amts wegen.

(2) [1]Die am Verfahren beteiligten Bewerber, Wirtschaftsprüfer oder Gesellschaften sollen bei der Ermittlung des Sachverhalts mitwirken und, soweit es dessen bedarf, ihr Einverständnis mit der Verwendung von Beweismitteln erklären. [2]Ihr Antrag auf Gewährung von Rechtsvorteilen ist zurückzuweisen, wenn die für die Entscheidung zuständige Stelle infolge ihrer Verweigerung der Mitwirkung den Sachverhalt nicht hinreichend klären kann. [3]Der Bewerber, Wirtschaftsprüfer oder die Gesellschaft ist auf diese Rechtsfolge hinzuweisen.

[Fassung bis 31.7.2022:]

(3) [1]Es übermitteln

1. die Wirtschaftsprüferkammer, Gerichte und Behörden Daten über natürliche und juristische Personen, die aus der Sicht der übermittelnden Stelle für die Zulassung zur oder die Durchführung der Prüfung und Eignungsprüfung, für die Erteilung einer Ausnahmegenehmigung nach § 28 Abs. 2 oder 3 oder für die Rücknahme oder den Widerruf dieser

[Fassung ab 1.8.2022:][4]

(3) [1]Es übermitteln

1. die Wirtschaftsprüferkammer, Gerichte und Behörden an die für die Entscheidung zuständige Stelle: Diejenigen Daten über natürliche und juristische Personen sowie rechtsfähige Personengesellschaften, deren Kenntnis aus Sicht der übermittelnden Stelle für die Zulassung zur oder die Durchführung der Prüfung oder Eignungsprüfung, für die Erteilung einer

---

[1] §§ 35, 36 aufgeh. mWv 1.1.2002 durch G v. 19.12.2000 (BGBl. I S. 1769).

[2] Sechster Abschnitt (§§ 36a, 36b) eingef. mWv 1.1.1995 durch G v. 15.7.1994 (BGBl. I S. 1569); *Überschrift neu gef.* mWv 1.1.2001 durch G v. 19.12.2000 (BGBl. I S. 1769).

[3] § 36a neu gef. mWv 1.1.2001 durch G v. 19.12.2000 (BGBl. I S. 1769), Abs. 1 geänd. mWv 1.1.2002 durch G v. 19.12.2000 (BGBl. I S. 1769); Abs. 1 und 4 geänd., Abs. 3 neu gef. mWv 1.1.2004 durch G v. 1.12.2003 (BGBl. I S. 2446); Abs. 3 neu gef. mWv 6.9.2007 durch G v. 3.9.2007 (BGBl. I S. 2178); Abs. 3 Satz 2 geänd. mWv 3.1.2021 durch G v. 23.6.2017 (BGBl. I S. 1693); Überschr. neu gef. mWv 26.11.2019 durch G v. 20.11.2019 (BGBl. I S. 1626); Abs. 3 Satz 2 geänd. (kursiver Satzteil aufgeh.) mWv 1.1.2022 durch G v. 3.6.2021 (BGBl. I S. 1534); geänd. mWv 1.8.2021 durch G v. 25.6.2021 (BGBl. I S. 2154).

[4] § 36a Abs. 3 und 4 neu gef. mWv 1.8.2022 durch G v. 7.7.2021 (BGBl. I S. 2363).

[Fassung bis 31.7.2022:]

Entscheidung erforderlich sind, an die für die Entscheidung zuständige Stelle,

2. Gerichte und Behörden Daten über natürliche und juristische Personen, die aus Sicht der übermittelnden Stelle für die Bestellung oder Wiederbestellung, die Anerkennung oder die Rücknahme oder den Widerruf dieser Entscheidung erforderlich sind oder die den Verdacht einer Berufspflichtverletzung begründen können, an die Wirtschaftsprüferkammer,

soweit hierdurch schutzwürdige Interessen des oder der Betroffenen nicht beeinträchtigt werden oder das öffentliche Interesse das Geheimhaltungsinteresse der Beteiligten überwiegt. 2 Die Übermittlung unterbleibt, wenn besondere gesetzliche Verwendungsregelungen entgegenstehen; dies gilt nicht für das Steuergeheimnis nach § 30 der Abgabenordnung, die Verschwiegenheitspflicht nach § 59c, die Verschwiegenheitspflicht der Organmitglieder, Beauftragten und Angestellten der Berufskammer eines anderen freien Berufs im Geltungsbereich dieses Gesetzes und die Verschwiegenheitspflicht der in § 9 Abs. 1 des Kreditwesengesetzes und in § 21 des Wertpapierhandelsgesetzes *sowie der in § 342c des Handelsgesetzbuchs* benannten Personen und Stellen.

[Fassung ab 1.8.2022:][1]

Ausnahmegenehmigung nach § 28 Absatz 2 oder 3 oder für die Rücknahme oder den Widerruf dieser Entscheidung erforderlich ist,

2. Gerichte und Behörden einschließlich der Berufskammern an die Wirtschaftsprüferkammer oder die für die Entscheidung zuständige Stelle: Diejenigen Daten über natürliche und juristische Personen sowie rechtsfähige Personengesellschaften, deren Kenntnis aus Sicht der übermittelnden Stelle für die Bestellung, die Wiederbestellung oder die Anerkennung, für die Rücknahme oder den Widerruf einer solchen Entscheidung oder für die Einleitung oder Durchführung eines berufsaufsichtlichen Verfahrens erforderlich ist.

[1] § 36a Abs. 3 und 4 neu gef. mWv 1.8.2022 durch G v. 7.7.2021 (BGBl. I S. 2363).

[Fassung bis 31.7.2022:]

(4) Soweit natürliche oder juristische Personen Mitglieder einer Berufskammer eines anderen freien Berufs im Geltungsbereich dieses Gesetzes sind, darf die Wirtschaftsprüferkammer Daten im Sinne des Absatzes 3 und nach Maßgabe dieser Vorschrift auch an andere zuständige Stellen übermitteln, soweit ihre Kenntnis aus der Sicht der übermittelnden Stelle für die Verwirklichung der Rechtsfolge erforderlich ist.

[Fassung ab 1.8.2022:][1]

(4) [1]Die Übermittlung nach Absatz 3 unterbleibt, soweit

1. sie schutzwürdige Interessen einer betroffenen Person beeinträchtigen würde und das Informationsinteresse des Empfängers das Interesse der betroffenen Person an dem Unterbleiben der Übermittlung nicht überwiegt oder
2. besondere gesetzliche Verwendungsregelungen entgegenstehen.

[2]Satz 1 Nummer 2 gilt nicht für die Verschwiegenheitspflichten der für eine Berufskammer eines freien Berufs im Geltungsbereich dieses Gesetzes tätigen Personen, für das Steuergeheimnis nach § 30 der Abgabenordnung und für die Verschwiegenheitspflichten der in § 66b Absatz 1 Satz 1 dieses Gesetzes, in § 9 Absatz 1 des Kreditwesengesetzes, in § 21 des Wertpapierhandelsgesetzes sowie in § 342c des Handelsgesetzbuchs benannten Personen und Stellen.

(5) Die Wirtschaftsprüferkammer darf personenbezogene Daten ihrer Mitglieder an die Versorgungswerke der Wirtschaftsprüfer und der vereidigten Buchprüfer übermitteln, soweit sie für die Feststellung der Mitgliedschaft sowie von Art und Umfang der Beitragspflicht oder der Versorgungsleistung erforderlich sind.

Siebenter Abschnitt. Berufsregister[2]

§ 37[3] Registerführende Stelle. (1) [1]Die Wirtschaftsprüferkammer führt ein Berufsregister für Wirtschaftsprüfer und Wirtschaftsprüfungsgesellschaften.

---

[1] § 36a Abs. 3 und 4 neu gef. mWv 1.8.2022 durch G v. 7.7.2021 (BGBl. I S. 2363).

[2] Überschrift neu gef. mWv 1.1.1995 durch G v. 15.7.1994 (BGBl. I S. 1569).

[3] § 37 Abs. 3 Sätze 2 und 3 sowie Abs. 4 angef. mWv 1.1.1995 durch G v. 15.7.1994 (BGBl. I S. 1569); Abs. 2 aufgeh., bish. Abs. 3 und 4 werden Abs. 2 und 3 mWv 1.1.2002 durch G v. 19.12.2000 (BGBl. I S. 1769); Abs. 2 Satz 2 neu gef. mWv 1.1.2004 durch G v. 1.12.2003 (BGBl. I S. 2446); Abs. 1 Sätze 2 und 3 angef., bish. Wortlaut wird Satz 1, Abs. 2 neu gef. mWv 6.9.2007 durch G v. 3.9.2007 (BGBl. I S. 2178); Abs. 1 Satz 3 geänd. mWv 28.12.2010 durch G v. 22.12.2010 (BGBl. I S. 2248); Abs. 1 Satz 3 geänd., Satz 4 angef. mWv 17.6.2016 durch G v. 31.3.2016 (BGBl. I S. 518).

[2]Alle einzutragenden Berufsangehörigen und Wirtschaftsprüfungsgesellschaften erhalten jeweils eine Registernummer. [3]Das Berufsregister wird in deutscher Sprache elektronisch geführt und ist der Öffentlichkeit mit den aktuellen Daten mit Ausnahme des Geburtstags und des Geburtsortes elektronisch zugänglich. [4]Liegt einer Eintragung eine Urkunde in einer anderen Sprache zugrunde, muss sich aus dem Berufsregister ergeben, ob es sich um eine beglaubigte Übersetzung handelt oder nicht.

(2) Die Wirtschaftsprüferkammer kann ein Mitgliederverzeichnis veröffentlichen, das weitere, über § 38 hinausgehende freiwillige Angaben der Berufsangehörigen und der Berufsgesellschaften enthalten kann.

(3) [1]Auf Verlangen des Mitgliedes muß die Eintragung in das Mitgliederverzeichnis unterbleiben. [2]Das Mitglied ist von der Wirtschaftsprüferkammer auf sein Widerspruchsrecht hinzuweisen.

§ 38[1]) Eintragung. In das Berufsregister sind einleitend die für alle Berufsangehörigen und Wirtschaftsprüfungsgesellschaften verantwortlichen Stellen für die Zulassung, die Qualitätskontrolle, die Berufsaufsicht und die öffentliche Aufsicht nach § 66a (Bezeichnungen, Anschriften) und darauf folgend im Einzelnen neben der jeweiligen Registernummer einzutragen

1. Berufsangehörige, und zwar
   a) Name, Vorname, Geburtstag und Geburtsort,
   b) Tag der Bestellung und die Behörde, die die Bestellung vorgenommen hat,
   c) Datum der Begründung der beruflichen Niederlassung, deren Anschrift, in den Fällen des § 3 Abs. 1 Satz 1 Halbsatz 2 die inländische Zustellungsanschrift und , sofern der Berufsangehörige in ein Netzwerk eingebunden ist, Namen, Firmen und Anschriften der anderen Mitglieder des Netzwerks und der mit diesen durch gemeinsames Eigentum, gemeinsame Kontrolle oder gemeinsame Geschäftsführung verbundenen Unternehmen oder ein Hinweis darauf, wo diese Angaben öffentlich zugänglich sind,
   d) Art der beruflichen Tätigkeit nach § 43a Absatz 1 unter Angabe der Praxis,
   e) Name, Vorname, Berufe oder Firma und die Anschriften der beruflichen Niederlassungen der Gesellschafter einer [***ab 1.1.2024:*** rechtsfähigen][2])

---

[1]) § 38 Abs. 1 Nr. 1 Buchstabe b, Nr. 2 Buchst. b geänd. mWv 1.1.2002 durch G v. 19.12.2000 (BGBl. I S. 1769); Nr. 1 Buchst. c neu gef., Buchstaben d, e, g, h sowie Nrn. 2 und 3 geänd. mWv 1.1.2004 durch G v. 1.12.2003 (BGBl. I S. 2446); Nr. 1 Buchst. h und Nr. 2 Buchst. f geänd. mWv 1.1.2005 durch G v. 27.12.2004 (BGBl. I S. 3846); einl. Satzteil, Nr. 1 Buchstaben d, f und Nr. 2 Buchstabe c neu gef., Nr. 1 Buchstaben j, k und Nr. 4 angef., Nr. 2 Buchstabe h eingef., Nr. 1 Buchst. c, Nr. 2 abschließender Satzteil geänd. mWv 6.9.2007 durch G v. 3.9.2007 (BGBl. I S. 2178); Nr. 1 einl. Satzteil, Buchst. a, c, d und k, Nr. 2 Buchst. a, c, d und h, Nr. 2 abschl. Satzteil und Nr. 3 geänd., Nr. 1 Buchst. g aufgeh., Nr. 1 Buchst. e, f und h, Nr. 2 Buchst. f neu gef., Nr. 1 Buchst l und m sowie abschl. Satzteil, Nr. 2 Buchst. i und j angef., Nr. 4 eingef., bish. Nr. 4 wird Nr. 5 und geänd. mWv 17.6.2016 durch G v. 31.3.2016 (BGBl. I S. 518).

[2]) Eingef. **mWv 1.1.2024 durch MoPeG** v. 10.8.2021 (BGBl. I S. 3436).

Personengesellschaft im Sinne des § 44b und Name oder Firma der [***ab 1.1.2024:*** rechtsfähigen][1)] Personengesellschaft; dies gilt entsprechend im Fall der Kundmachung einer [***ab 1.1.2024:*** rechtsfähigen][1)] Personengesellschaft, auch wenn die Voraussetzungen nach § 44b Absatz 1 Satz 1 und Absatz 2 nicht vorliegen,

f) Firma, Anschrift, Internetadresse und Registernummer der Prüfungsgesellschaft, bei welcher die Berufsangehörigen angestellt oder in anderer Weise tätig sind oder der sie als Partner oder Partnerin angehören oder in ähnlicher Weise verbunden sind,

g) (aufgehoben)

h) Anzeige der Tätigkeit als gesetzlicher Abschlussprüfer nach § 57a Absatz 1 Satz 2,

i) Registrierung als Prüfer für Qualitätskontrolle nach § 57a Abs. 3,

j) alle anderen Registrierungen bei zuständigen Stellen anderer Staaten unter Angabe des Namens der betreffenden Registerstelle sowie der Registernummer,

k) berufsaufsichtlich festgesetzte, auch vorläufige Tätigkeits- und Berufsverbote und bei Tätigkeitsverboten das Tätigkeitsgebiet, jeweils unter Angabe des Beginns und der Dauer,

l) die sofort vollziehbare Aufhebung der Bestellung unter Angabe des Datums,

m) die Beurlaubung

sowie alle Veränderungen zu den Buchstaben a, c, d, e, f, h, i, j und m unter Angabe des Datums;

2. Wirtschaftsprüfungsgesellschaften, und zwar

a) Name, Firma und Rechtsform,

b) Tag der Anerkennung als Wirtschaftsprüfungsgesellschaft und die Behörde, die die Anerkennung ausgesprochen hat,

c) Anschrift der Hauptniederlassung, Kontaktmöglichkeiten einschließlich einer Kontaktperson, Internetadresse und, sofern die Wirtschaftsprüfungsgesellschaft in ein Netzwerk eingebunden ist, Namen, Firmen und Anschriften der anderen Mitglieder des Netzwerks und der mit diesen durch gemeinsames Eigentum, gemeinsame Kontrolle oder gemeinsame Geschäftsführung verbundenen Unternehmen oder ein Hinweis darauf, wo diese Angaben öffentlich zugänglich sind,

d) Namen, Berufe, Geburtsdaten und Anschriften der Gesellschafter und der Mitglieder des zur gesetzlichen Vertretung berufenen Organs einer juristischen Person und die Höhe ihrer Anteile sowie Namen, Berufe, Geburtsdaten und Anschriften der vertretungsberechtigten und der übrigen Gesellschafter einer [***ab 1.1.2024:*** rechtsfähigen][1)] Personengesellschaft und die Höhe der im Handelsregister eingetragenen Einlagen der Kommanditisten,

---

1) Eingef. **mWv 1.1.2024 durch MoPeG** v. 10.8.2021 (BGBl. I S. 3436).

e) Namen, Geschäftsanschriften und Registernummern der im Namen der Gesellschaft tätigen Wirtschaftsprüfer,

f) Anzeige der Tätigkeit als gesetzlicher Abschlussprüfer nach § 57a Absatz 1 Satz 2,

g) Registrierung als Prüfer für Qualitätskontrolle nach § 57a Abs. 3,

h) alle anderen Registrierungen bei zuständigen Stellen anderer Staaten unter Angabe des Namens der Registerstelle sowie der Registernummer,

i) berufsaufsichtlich festgesetzte, auch vorläufige Tätigkeits- und Berufsverbote und bei Tätigkeitsverboten das Tätigkeitsgebiet, jeweils unter Angabe des Beginns und der Dauer,

j) die sofort vollziehbare Aufhebung der Anerkennung unter Angabe des Datums

sowie alle Veränderungen zu Buchstaben a, c, d, e, f, g, h und i unter Angabe des Datums;

3. Zweigniederlassungen von Wirtschaftsprüfern und Wirtschaftsprüfungsgesellschaften, und zwar

a) Name,

b) Anschrift der Zweigniederlassung,

c) Namen und Anschriften der die Zweigniederlassung leitenden Personen

sowie alle Veränderungen zu Buchstaben a bis c unter Angabe des Datums;

4. EU- und EWR-Abschlussprüfungsgesellschaften gemäß § 131; die Nummern 2 und 3 gelten entsprechend mit der Maßgabe, dass nur EU- und EWR-Abschlussprüfer und Niederlassungen, die im Geltungsbereich dieses Gesetzes tätig werden, einzutragen sind;

5. Drittstaatsprüfer und Drittstaatsprüfungsgesellschaften gemäß § 134; die Nummern 1 bis 3 gelten entsprechend.

§ 39[1)] Löschung. (1) Im Berufsregister sind zu löschen

1. Berufsangehörige, wenn die Bestellung als Wirtschaftsprüfer erloschen oder unanfechtbar zurückgenommen oder widerrufen ist;

2. Wirtschaftsprüfungsgesellschaften, wenn die Anerkennung als Wirtschaftsprüfungsgesellschaft erloschen oder unanfechtbar zurückgenommen oder widerrufen ist;

3. Zweigniederlassungen,

a) wenn die Zweigniederlassung aufgehoben ist oder

b) wenn die Zweigniederlassung nicht mehr von einem Berufsangehörigen verantwortlich geleitet wird und eine Ausnahmegenehmigung der Wirtschaftsprüferkammer nicht vorliegt;

---

1) § 39 bish. Wortlaut wird Abs. 1, Abs. 2 und 3 angef. mWv 1.1.2001 durch G v. 19.12.2000 (BGBl. I S. 1769); Abs. 2 Satz 2 geänd. mWv 1.1.2004 durch G v. 1.12.2003 (BGBl. I S. 2446); Abs. 2 Satz 2 und Abs. 3 geänd. mWv 1.1.2005 durch G v. 27.12.2004 (BGBl. I S. 3846); Abs. 3 Satz 2 angef., bish. Wortlaut wird Satz 1 mWv 6.9.2007 durch G v. 3.9.2007 (BGBl. I S. 2178); Abs. 1 Nr. 1, Abs. 2 und 3 neu gef., Abs. 1 Nr. 3 Buchst. a und b geänd., Nr. 4 angef. mWv 17.6.2016 durch G v. 31.3.2016 (BGBl. I S. 518).

4. EU- und EWR-Abschlussprüfungsgesellschaften gemäß § 131, wenn
   a) die Zulassung der Prüfungsgesellschaft in dem Herkunftsmitgliedstaat erloschen ist oder unanfechtbar zurückgenommen, widerrufen oder in sonstiger Weise aufgehoben wurde oder
   b) die Prüfungsgesellschaft in dem Herkunftsmitgliedstaat nicht mehr registriert ist.

(2) [1]Die Angaben nach § 38 Nummer 1 Buchstabe h und Nummer 2 Buchstabe f sind zu löschen, wenn die Kommission für Qualitätskontrolle auf die Löschung der Eintragung als gesetzlicher Abschlussprüfer entschieden hat oder wenn die eingetragenen Berufsangehörigen oder Wirtschaftsprüfungsgesellschaften auf die Durchführung gesetzlicher Abschlussprüfungen verzichtet haben. [2]Die Angaben nach § 38 Nummer 1 Buchstabe i und Nummer 2 Buchstabe g sind zu löschen, wenn die Registrierung als Prüfer für Qualitätskontrolle unanfechtbar zurückgenommen oder widerrufen worden ist. [3]Die Angaben nach § 38 Nummer 1 Buchstabe k und i sind zu löschen, wenn die Tätigkeits- oder Berufsverbote erloschen sind.

(3) Die Berufsangehörigen haben ihre Auftraggeber während eines laufenden Mandats unverzüglich über die Löschung der Eintragung im Berufsregister nach Absatz 2 Satz 1 zu informieren.

§ 40[1] **Verfahren.** (1) Eintragungen und Löschungen werden von der Wirtschaftsprüferkammer unverzüglich von Amts wegen vorgenommen.

(2) [1]Die Mitglieder der Wirtschaftsprüferkammer sind verpflichtet, die Tatsachen, die eine Eintragung, ihre Veränderung oder eine Löschung erforderlich machen, der Wirtschaftsprüferkammer unverzüglich in einer den §§ 126, 126a des Bürgerlichen Gesetzbuchs entsprechenden Form mitzuteilen. [2]§ 62a gilt entsprechend.

(3) Auf Antrag der Berufsangehörigen oder der Wirtschaftsprüfungsgesellschaften stellt die Wirtschaftsprüferkammer einen Registerauszug über die jeweilige Eintragung nach § 38 Nummer 1 Buchstabe h oder Nummer 2 Buchstabe f zur Verfügung.

§ 40a[2] **Register für genossenschaftliche Prüfungsverbände und Prüfungsstellen der Sparkassen- und Giroverbände.** (1) [1]Bei der Wirtschaftsprüferkammer werden auch die genossenschaftlichen Prüfungsverbände eingetragen, die gesetzlich vorgeschriebene Abschlussprüfungen im Sinne des § 53 Absatz 2 des Genossenschaftsgesetzes, des § 340k Abs. 2 Satz 1 des Handelsgesetzbuchs oder des Artikels 25 Abs. 1 Satz 1 des Einführungsgesetzes zum Handelsgesetzbuch durchführen, sowie die Prüfungsstellen der Sparkas-

---

[1] § 40 neu gef. mWv 1.1.2002 durch G v. 19.12.2000 (BGBl. I S. 1769); Abs. 2 Satz 1 geänd., Satz 2 angef. mWv 1.1.2004 durch G v. 1.12.2003 (BGBl. I S. 2446); Abs. 2 Satz 1 geänd. mWv 6.9.2007 durch G v. 3.9.2007 (BGBl. I S. 2178); Abs. 1 geänd., Abs. 3 angef. mWv 17.6.2016 durch G v. 31.3.2016 (BGBl. I S. 518).

[2] § 40a eingef. mWv 29.5.2009 durch G v. 25.5.2009 (BGBl. I S. 1102); Abs. 1 Satz 1, Abs. 2 Nr. 3, Abs. 4 Satz 1 geänd., Abs. 1 Satz 3, Abs. 5 und 6 angef. mWv 17.6.2016 durch G v. 31.3.2016 (BGBl. I S. 518).

sen- und Giroverbände. [2] § 37 Abs. 1 gilt entsprechend. [3] Auf Antrag des Prüfungsverbands oder der Prüfungsstelle stellt die Wirtschaftsprüferkammer einen Registerauszug über die jeweilige Eintragung zur Verfügung.

(2) In das Register sind im Einzelnen neben der jeweiligen Registernummer einzutragen:

1. Name und Rechtsform des Prüfungsverbands oder Name der Prüfungsstelle sowie Name und Rechtsform des Trägers der Prüfungsstelle;
2. Tag der Verleihung des Prüfungsrechts und die Behörde, die das Recht verliehen hat oder gesetzliche Ermächtigung der Prüfungsstelle;
3. Anschrift des Hauptbüros sowie Kontaktmöglichkeiten einschließlich einer Kontaktperson, Internetadresse und, sofern der Prüfungsverband oder die Prüfungsstelle Mitglied in einem Netzwerk ist, Namen und Anschriften aller Mitglieder des Netzwerkes und der mit diesen durch gemeinsames Eigentum, gemeinsame Kontrolle oder gemeinsame Geschäftsführung verbundenen Unternehmen oder ein Hinweis darauf, wo diese Informationen öffentlich zugänglich sind;
4. Anschriften von weiteren Büros in Deutschland;
5. Namen und Geschäftsadressen aller Mitglieder des Vorstands des Prüfungsverbands oder des Leiters der Prüfungsstelle;
6. Namen und Registernummern der im Namen des Prüfungsverbands oder der Prüfungsstelle tätigen Wirtschaftsprüfer;
7. alle anderen Registrierungen bei zuständigen Stellen anderer Staaten unter Angabe des Namens der Registerstelle sowie der Registernummer;
8. Name und Anschrift der zuständigen Aufsichtsbehörde.

(3) [1] Die in Absatz 1 genannten Prüfungsverbände und Prüfungsstellen sind verpflichtet, der Wirtschaftsprüferkammer die in Absatz 2 genannten Tatsachen sowie jede Änderung dieser Tatsachen mitzuteilen. [2] Die Wirtschaftsprüferkammer hat die mitgeteilten Tatsachen sowie Änderungen einzutragen.

(4) [1] Die in Absatz 1 genannten genossenschaftlichen Prüfungsverbände sind verpflichtet, der Wirtschaftsprüferkammer Mitteilung zu machen, wenn sie keine gesetzlich vorgeschriebenen Abschlussprüfungen im Sinne des § 53 Absatz 2 des Genossenschaftsgesetzes, des § 340k Abs. 2 Satz 1 des Handelsgesetzbuchs oder des Artikels 25 Abs. 1 Satz 1 des Einführungsgesetzes zum Handelsgesetzbuch mehr durchführen oder wenn ihr Prüfungsrecht unanfechtbar entzogen worden ist. [2] Die in Absatz 1 genannten Prüfungsstellen der Sparkassen- und Giroverbände sind verpflichtet der Wirtschaftsprüferkammer mitzuteilen, wenn ihr Prüfungsrecht unanfechtbar entzogen worden ist. [3] In diesen Fällen hat die Wirtschaftsprüferkammer die Eintragung zu löschen.

(5) [1] Die Eintragung eines in Absatz 1 Satz 1 genannten genossenschaftlichen Prüfungsverbands wird gelöscht, wenn

1. die Qualitätskontrolle
   a) nicht innerhalb der nach § 63e Absatz 1 des Genossenschaftsgesetzes vorgegebenen Frist durchgeführt worden ist oder

b) unter Verstoß gegen § 63f Absatz 1 des Genossenschaftsgesetzes in Verbindung mit § 57a Absatz 3 Satz 1 und 5 der Wirtschaftsprüferordnung, gegen § 63f Absatz 2 Satz 2 des Genossenschaftsgesetzes oder gegen § 63f Absatz 3 des Genossenschaftsgesetzes in Verbindung mit § 57a Absatz 4 der Wirtschaftsprüferordnung durchgeführt worden ist,

2. wesentliche Prüfungshemmnisse festgestellt worden sind oder
3. wesentliche Mängel im Qualitätssicherungssystem festgestellt worden sind, die das Qualitätssicherungssystem als unangemessen oder unwirksam erscheinen lassen.

2 Erkennt die Wirtschaftsprüferkammer, dass die Eintragung zu löschen ist, so ist der Vorgang vor der Entscheidung der nach § 63 des Genossenschaftsgesetzes zuständigen Aufsichtsbehörde vorzulegen.

(6) 1 Ein genossenschaftlicher Prüfungsverband, der erstmalig eine gesetzlich vorgeschriebene Abschlussprüfung durchführt, hat dies der Wirtschaftsprüferkammer spätestens zwei Wochen nach Beginn dieser Prüfung anzuzeigen. 2 Er ist mit dem Zusatz „(vorläufige Eintragung bis zur erstmaligen Durchführung der Qualitätskontrolle)“ einzutragen. 3 Der Zusatz ist nach Durchführung der Qualitätskontrolle zu löschen.

Achter Abschnitt. Verwaltungsgerichtliches Verfahren[1)]

§ 41[2)] Unmittelbare Klage gegen Bescheide der Wirtschaftsprüferkammer. Vor Erhebung einer Klage gegen Bescheide der Wirtschaftsprüferkammer, die aufgrund von Vorschriften des Dritten und Fünften Abschnitts des Zweiten Teils und § 134a Abs. 1 und 2 dieses Gesetzes erlassen worden sind, bedarf es keiner Nachprüfung in einem Vorverfahren.

§ 42. (weggefallen)

Dritter Teil. Rechte und Pflichten der Wirtschaftsprüfer

§ 43[3)] Allgemeine Berufspflichten. (1) 1 Berufsangehörige haben ihren Beruf unabhängig, gewissenhaft, verschwiegen und eigenverantwortlich auszuüben. 2 Sie haben sich insbesondere bei der Erstattung von Prüfungsberichten und Gutachten unparteiisch zu verhalten.

(2) 1 Berufsangehörige haben sich jeder Tätigkeit zu enthalten, die mit ihrem Beruf oder mit dem Ansehen des Berufs unvereinbar ist. 2 Sie haben sich der besonderen Berufspflichten bewusst zu sein, die ihnen aus der Befugnis erwachsen, gesetzlich vorgeschriebene Bestätigungsvermerke zu erteilen. 3 Sie haben sich auch außerhalb der Berufstätigkeit des Vertrauens und der Achtung würdig zu erweisen, die der Beruf erfordert. 4 Sie sind verpflichtet, sich fortzubilden.

[1)] Abschnittsüberschrift eingef. mWv 1.1.2002 durch G v. 10.12.2001 (BGBl. I S. 3414).
[2)] § 41 neu gef. mWv 1.1.2002 durch G v. 10.12.2001 (BGBl. I S. 3414).
[3)] § 43 neu gef. mWv 17.6.2016 durch G v. 31.3.2016 (BGBl. I S. 518).

(3)[1] [1]Wer Abschlussprüfer eines Unternehmens von öffentlichem Interesse nach § 316a Satz 2 des Handelsgesetzbuchs war oder wer als verantwortlicher Prüfungspartner im Sinne der Sätze 3 oder 4 bei der Abschlussprüfung eines solchen Unternehmens tätig war, darf dort innerhalb von zwei Jahren nach der Beendigung der Prüfungstätigkeit keine wichtige Führungstätigkeit ausüben und nicht Mitglied des Aufsichtsrats, des Prüfungsausschusses des Aufsichtsrats oder des Verwaltungsrats sein. [2]Satz 1 gilt mit der Maßgabe, dass die Frist ein Jahr beträgt, entsprechend für

1. Personen, die als Abschlussprüfer oder verantwortliche Prüfungspartner gesetzliche Abschlussprüfungen eines sonstigen Unternehmens durchgeführt haben,
2. Partner und Mitarbeiter des Abschlussprüfers, die zwar nicht selbst als Abschlussprüfer oder verantwortlicher Prüfungspartner tätig, aber unmittelbar am Prüfungsauftrag beteiligt waren und die als Wirtschaftsprüfer, vereidigter Buchprüfer oder EU- oder EWR-Abschlussprüfer zugelassen sind, und
3. alle anderen Berufsangehörigen, vereidigten Buchprüfer oder EU- oder EWR-Abschlussprüfer, deren Leistungen der Abschlussprüfer des Unternehmens in Anspruch nehmen oder kontrollieren kann und die unmittelbar am Prüfungsauftrag beteiligt waren.

[3]Verantwortlicher Prüfungspartner ist, wer den Bestätigungsvermerk nach § 322 des Handelsgesetzbuchs unterzeichnet oder als Wirtschaftsprüfer von einer Wirtschaftsprüfungsgesellschaft als für die Durchführung einer Abschlussprüfung vorrangig verantwortlich bestimmt worden ist. [4]Als verantwortlicher Prüfungspartner gilt auf Konzernebene auch, wer als Wirtschaftsprüfer auf der Ebene bedeutender Tochterunternehmen als für die Durchführung von deren Abschlussprüfung vorrangig verantwortlich bestimmt worden ist.

(4)[2] [1]Berufsangehörige haben während der gesamten Prüfung eine kritische Grundhaltung zu wahren. [2]Dazu gehört es,

1. Angaben zu hinterfragen,
2. ungeachtet ihrer bisherigen Erfahrung mit der Aufrichtigkeit und Integrität des Führungspersonals des geprüften Unternehmens und der mit der Unternehmensüberwachung betrauten Personen die Möglichkeit in Betracht zu ziehen, dass es auf Grund von Sachverhalten oder Verhaltensweisen, die auf Unregelmäßigkeiten wie Betrug oder Unrichtigkeiten hindeuten, zu einer wesentlichen falschen Darstellung gekommen sein könnte,
3. auf Gegebenheiten zu achten, die auf eine falsche Darstellung hindeuten könnten, und
4. die Prüfungsnachweise kritisch zu beurteilen.

[3]Ihre kritische Grundhaltung haben Berufsangehörige insbesondere bei der Beurteilung der Schätzungen des Unternehmens in Bezug auf Zeitwertangaben, Wertminderungen von Vermögensgegenständen, Rückstellungen und künftige

---

[1] § 43 Abs. 3 Satz 1 geänd., Sätze 3 und 4 angef. mWv 1.7.2021 durch G v. 3.6.2021 *(BGBl. I S. 1534)*.

[2] § 43 Abs. 4 Satz 2 neu gef., Satz 3 angef. mWv 1.7.2021 durch G v. 3.6.2021 (BGBl. I S. 1534).

Cashflows, die für die Beurteilung der Fähigkeit des Unternehmens zur Fortführung der Unternehmenstätigkeit von Bedeutung sind, beizubehalten.

(5) Berufsangehörige haben bei der Durchführung von Abschlussprüfungen ausreichend Zeit für den Auftrag aufzuwenden und die zur angemessenen Wahrnehmung der Aufgaben erforderlichen Mittel, insbesondere – soweit erforderlich – Personal mit den notwendigen Kenntnissen und Fähigkeiten, einzusetzen.

(6)[1] [1] Wirtschaftsprüfungsgesellschaften haben darüber hinaus bei Durchführung der Abschlussprüfung

1. den verantwortlichen Prüfungspartner insbesondere anhand der Kriterien der Prüfungsqualität, Unabhängigkeit und Kompetenz auszuwählen,
2. dem verantwortlichen Prüfungspartner die zur angemessenen Wahrnehmung der Aufgaben erforderlichen Mittel, insbesondere Personal mit den notwendigen Kenntnissen und Fähigkeiten, zur Verfügung zu stellen und
3. den verantwortlichen Prüfungspartner aktiv an der Durchführung der Abschlussprüfung zu beteiligen.

[2] [***für AP ab 1.1.2022:*** Die für die Durchführung einer gesetzlichen Abschlussprüfung bei einem Unternehmen von öffentlichem Interesse nach § 316a Satz 2 des Handelsgesetzbuchs verantwortlichen Prüfungspartner beenden ihre Teilnahme an der Abschlussprüfung des geprüften Unternehmens abweichend von Artikel 17 Absatz 7 Unterabsatz 1 Satz 1 der Verordnung (EU) Nr. 537/2014 des Europäischen Parlaments und des Rates vom 16. April 2014 über spezifische Anforderungen an die Abschlussprüfung bei Unternehmen von öffentlichem Interesse und zur Aufhebung des Beschlusses 2005/909/EG der Kommission (ABl. L 158 vom 27.5.2014, S. 77; L 170 vom 11.6.2014, S. 66) spätestens fünf Jahre nach dem Datum ihrer Bestellung.]

§ 43a[2] Regeln der Berufsausübung. (1) Berufsangehörige üben ihren Beruf aus

1. in eigener Praxis oder in gemeinsamer Berufsausübung gemäß § 44b,
2. als Vorstandsmitglieder, Geschäftsführer, persönlich haftende oder nach dem Partnerschaftsgesellschaftsgesetz verbundene Personen von Wirtschaftsprüfungsgesellschaften,
3. als zeichnungsberechtigte Vertreter oder zeichnungsberechtigte Angestellte bei Berufsangehörigen, Wirtschaftsprüfungsgesellschaften, [***ab 1.1.2024:*** rechtsfähigen][3] Personengesellschaften nach § 44b Absatz 1, EU- oder EWR-Abschlussprüfern, EU- oder EWR-Abschlussprüfungsgesellschaften, genossenschaftlichen Prüfungsverbänden, Prüfungsstellen von Sparkassen- und Giroverbänden oder überörtlichen Prüfungseinrichtungen für Körperschaften und Anstalten des öffentlichen Rechts,

---

[1] § 43 Abs. 6 Satz 2 angef., bish. Text wird Satz 1 mWv 1.7.2021 durch G v. 3.6.2021 (BGBl. I S. 1534); **zur Anwendung siehe § 135 Satz 1.**

[2] § 43a neu gef. mWv 17.6.2016 durch G v. 31.3.2016 (BGBl. I S. 518); Abs. 1 Nr. 4 geänd. mWv 1.8.2022 durch G v. 7.7.2021 (BGBl. I S. 2363).

[3] Eingef. **mWv 1.1.2024 durch MoPeG** v. 10.8.2021 (BGBl. I S. 3436).

4. als Vorstandsmitglieder, Geschäftsführer, persönlich haftende oder nach dem Partnerschaftsgesellschaftsgesetz verbundene Personen einer Buchprüfungsgesellschaft, einer *Rechtsanwaltsgesellschaft oder einer Steuerberatungsgesellschaft* [***ab 1.8.2022:*** Berufsausübungsgesellschaft nach der Bundesrechtsanwaltsordnung oder einer Berufsausübungsgesellschaft nach dem Steuerberatungsgesetz],
5. als zeichnungsberechtigte Vertreter oder zeichnungsberechtigte Angestellte bei einem Angehörigen eines ausländischen Prüferberufs oder einer ausländischen Prüfungsgesellschaft oder als gesetzliche Vertreter oder Mitglieder des zur gesetzlichen Vertretung berufenen Organs einer ausländischen Prüfungsgesellschaft, wenn die Voraussetzungen für deren Berufsausübung den Vorschriften dieses Gesetzes im Wesentlichen entsprechen,
6. als gesetzliche Vertreter oder Mitglieder des zur gesetzlichen Vertretung berufenen Organs einer ausländischen Rechtsberatungsgesellschaft oder Steuerberatungsgesellschaft, wenn die Voraussetzungen für deren Berufsausübung den Vorschriften der Bundesrechtsanwaltsordnung oder des Steuerberatungsgesetzes im Wesentlichen entsprechen,
7. als Angestellte der Wirtschaftsprüferkammer,
8. als Angestellte des Bundesamts für Wirtschaft und Ausfuhrkontrolle, soweit es sich um eine Tätigkeit bei der Abschlussprüferaufsichtsstelle handelt,
9.[1] als Angestellte einer
   a) nach § 342 Absatz 1 des Handelsgesetzbuchs vom Bundesministerium der Justiz und für Verbraucherschutz durch Vertrag anerkannten Einrichtung oder

[Fassung bis 31.12.2021:]

   b) nach § 342b Absatz 1 des Handelsgesetzbuchs vom Bundesministerium der Justiz und für Verbraucherschutz im Einvernehmen mit dem Bundesministerium der Finanzen durch Vertrag anerkannten Prüfstelle oder
   c) nicht gewerblich tätigen Personenvereinigung,
      aa) deren ordentliche Mitglieder Berufsangehörige, Wirtschaftsprüfungsgesellschaften, vereidigte Buchprüfer oder Buchprüfungsgesellschaften oder Personen oder Personengesellschaften sind, die die Voraausset-

[Fassung ab 1.1.2022:]

   b) nicht gewerblich tätigen Personenvereinigung,
      aa) deren ordentliche Mitglieder Berufsangehörige, Wirtschaftsprüfungsgesellschaften, vereidigte Buchprüfer oder Buchprüfungsgesellschaften oder Personen oder [***ab 1.1.2024:*** rechtsfähige][2] Personengesellschaften sind, die

[1] § 43a Abs. 1 Nr. 9 neu gef. mWv 1.1.2022 durch G v. 3.6.2021 (BGBl. I S. 1534).
[2] Eingef. **mWv 1.1.2024 durch MoPeG** v. 10.8.2021 (BGBl. I S. 3436).

[Fassung bis 31.12.2021:]

zungen des § 44b Absatz 2 Satz 1 erfüllen,

bb) deren ausschließlicher Zweck die Vertretung der beruflichen Belange der Wirtschaftsprüfer oder vereidigten Buchprüfer ist und

cc) in der Berufsangehörige, Wirtschaftsprüfungsgesellschaften, vereidigte Buchprüfer oder Buchprüfungsgesellschaften die Mehrheit haben,

[Fassung ab 1.1.2022:]

die Voraussetzungen des § 44b Absatz 2 Satz 1 erfüllen,

bb) deren ausschließlicher Zweck die Vertretung der beruflichen Belange der Wirtschaftsprüfer oder vereidigten Buchprüfer ist und

cc) in der Berufsangehörige, Wirtschaftsprüfungsgesellschaften, vereidigte Buchprüfer oder Buchprüfungsgesellschaften die Mehrheit haben,

10. als Angestellte der Bundesanstalt für Finanzdienstleistungsaufsicht, wenn es sich um eine Tätigkeit
    a) nach Abschnitt 16[1] des Wertpapierhandelsgesetzes oder
    b) zur Vorbereitung, Durchführung und Analyse von Prüfungen bei einem von einer Aufsichtsbehörde beaufsichtigten Unternehmen

    handelt, oder
11. als Angestellte eines Prüfungsverbands nach § 26 Absatz 2 des Gesetzes über das Kreditwesen.

(2) Vereinbar mit dem Beruf des Wirtschaftsprüfers ist

1. die Ausübung eines freien Berufs auf dem Gebiet der Technik und des Rechtswesens sowie eines Berufs, mit dem die gemeinsame Berufsausübung im Sinne des § 44b zulässig ist,
2. die Tätigkeit als Lehrer oder wissenschaftlicher Mitarbeiter an wissenschaftlichen Instituten oder Hochschulen,
3. die Tätigkeit als Geschäftsführer einer Europäischen wirtschaftlichen Interessenvereinigung, deren Mitglieder ausschließlich Personen sind, mit denen die gemeinsame Berufsausübung im Sinne des § 44b zulässig ist,
4. die Durchführung von Lehr- und Vortragsveranstaltungen zur Vorbereitung auf die Prüfungen zum Wirtschaftsprüfer, zum vereidigten Buchprüfer oder zum Steuerberater sowie zur Fortbildung der Mitglieder der Wirtschaftsprüferkammer und
5. die freie schriftstellerische, wissenschaftliche und künstlerische Tätigkeit sowie die freie Vortragstätigkeit.

(3) [1] Berufsangehörige dürfen keine der folgenden Tätigkeiten ausüben:

1. gewerbliche Tätigkeiten;
2. Tätigkeiten in einem Anstellungsverhältnis mit Ausnahme der in den Absätzen 1 und 2 genannten Fälle;

---

[1] Verweis geänd. mWv 3.1.2018 durch G v. 23.6.2017 (BGBl. I S. 1693).

3. Tätigkeiten in einem Beamtenverhältnis oder einem nicht ehrenamtlich ausgeübten Richterverhältnis mit Ausnahme des in Absatz 2 Nummer 2 genannten Falls; § 44a bleibt unberührt.

[2] Auf Antrag kann die Wirtschaftsprüferkammer Berufsangehörigen genehmigen, eine Tätigkeit nach Satz 1 auszuüben, wenn diese einer der Tätigkeiten nach Absatz 1 oder 2 vergleichbar ist und durch die Tätigkeit das Vertrauen in die Einhaltung der Berufspflichten nicht gefährdet werden kann. [3] Auf Antrag kann die Wirtschaftsprüferkammer die Eingehung eines außerberuflichen Anstellungsverhältnisses vorübergehend genehmigen, wenn es der Übernahme einer Notgeschäftsführung oder der Sanierung einer gewerblichen Gesellschaft dient.

§ 44[1)] Eigenverantwortliche Tätigkeit. (1) [1] Eine eigenverantwortliche Tätigkeit übt nicht aus, wer sich als zeichnungsberechtigter Vertreter oder als zeichnungsberechtigter Angestellter an Weisungen zu halten hat, die ihn verpflichten, Prüfungsberichte und Gutachten auch dann zu unterzeichnen, wenn ihr Inhalt sich mit seiner Überzeugung nicht deckt. [2] Weisungen, die solche Verpflichtungen enthalten, sind unzulässig. [3] Anteilseigner einer Wirtschaftsprüfungsgesellschaft und Mitglieder der Verwaltungs-, Leitungs- und Aufsichtsorgane dieser oder einer verbundenen Wirtschaftsprüfungsgesellschaft dürfen auf die Durchführung von Abschlussprüfungen nicht in einer Weise Einfluss nehmen, die die Unabhängigkeit der verantwortlichen Berufsangehörigen beeinträchtigt.

(2) Die Eigenverantwortlichkeit wird nicht schon dadurch ausgeschlossen, daß für gesetzliche Vertreter von Wirtschaftsprüfungsgesellschaften und für bei Wirtschaftsprüfern oder Wirtschaftsprüfungsgesellschaften angestellte Wirtschaftsprüfer eine Mitzeichnung durch einen anderen Wirtschaftsprüfer oder bei genossenschaftlichen Prüfungsverbänden, Prüfungsstellen von Sparkassen- und Giroverbänden oder überörtlichen Prüfungseinrichtungen für Körperschaften und Anstalten des öffentlichen Rechts durch einen zeichnungsberechtigten Vertreter des Prüfungsverbandes, der Prüfungsstelle oder der Prüfungseinrichtung vereinbart ist.

§ 44a[2)] Wirtschaftsprüfer im öffentlich-rechtlichen Dienst- oder Amtsverhältnis. [1] Ist ein Wirtschaftsprüfer ein öffentlich-rechtliches Dienstverhältnis als Wahlbeamter auf Zeit oder ein öffentlich-rechtliches Amtsverhältnis eingegangen, so darf er seinen Beruf als Wirtschaftsprüfer nicht ausüben, es sei denn, daß er die ihm übertragene Aufgabe ehrenamtlich wahrnimmt. [2] Die Wirtschaftsprüferkammer kann dem Wirtschaftsprüfer auf seinen Antrag einen Vertreter bestellen oder ihm gestatten, seinen Beruf selbst auszuüben, wenn die Einhaltung der allgemeinen Berufspflichten dadurch nicht gefährdet wird.

[1)] *§ 44 neu gef. mWv 1.1.1995 durch G v. 15.7.1994 (BGBl. I S. 1569); Abs. 1 Satz 3 neu gef. mWv 17.6.2016 durch G v. 31.3.2016 (BGBl. I S. 518).*

[2)] § 44a Satz 3 aufgeh. mWv 1.1.2002 durch G v. 19.12.2000 (BGBl. I S. 1769).

§ 44b[1] Gemeinsame Berufsausübung. (1) Wirtschaftsprüfer dürfen ihren Beruf mit natürlichen und juristischen Personen sowie mit [***ab 1.1.2024:*** rechtsfähigen][2] Personengesellschaften, die der Berufsaufsicht einer Berufskammer eines freien Berufes im Geltungsbereich dieses Gesetzes unterliegen und ein Zeugnisverweigerungsrecht nach § 53 Abs. 1 Satz 1 Nr. 3 der Strafprozeßordnung haben, örtlich und überörtlich in [***ab 1.1.2024:*** rechtsfähigen][2] Personengesellschaften gemeinsam ausüben. *2 Mit Rechtsanwälten, die zugleich Notare sind, darf eine solche Personengesellschaft nur bezogen auf die anwaltliche Berufsausübung eingegangen werden. 3 Im Übrigen richtet sich die Verbindung mit Rechtsanwälten, die zugleich Notare sind, nach den Bestimmungen und Anforderungen des notariellen Berufsrechts.*

(2) 1 Eine gemeinsame Berufsausübung mit natürlichen und juristischen Personen sowie mit [***ab 1.1.2024:*** rechtsfähigen][2] Personengesellschaften, die in einem ausländischen Staat als sachverständige Prüfer ermächtigt oder bestellt sind, ist zulässig, wenn die Voraussetzungen für ihre Ermächtigung oder Bestellung den Vorschriften dieses Gesetzes im wesentlichen entsprechen und sie in dem ausländischen Staat ihren Beruf gemeinsam mit Wirtschaftsprüfern ausüben dürfen. 2 Eine gemeinsame Berufsausübung ist weiter zulässig mit Rechtsanwälten, Patentanwälten und Steuerberatern anderer Staaten, wenn diese einen nach Ausbildung und Befugnissen der Bundesrechtsanwaltsordnung, der Patentanwaltsordnung oder dem Steuerberatungsgesetz entsprechenden Beruf ausüben und mit Rechtsanwälten, Patentanwälten oder Steuerberatern im Geltungsbereich dieses Gesetzes ihren Beruf ausüben dürfen. 3 Absatz 1 Satz 2 und 3 gilt entsprechend.

(3) 1 Die Wirtschaftsprüferkammer hat ein Einsichtsrecht in die Verträge über die gemeinsame Berufsausübung. 2 Erforderliche Auskünfte sind auf Verlangen zu erteilen.

(4) Berufsangehörige dürfen ihren Beruf in [***ab 1.1.2024:*** rechtsfähigen][2] Personengesellschaften mit Personen im Sinne von Absatz 1 Satz 1, die selbst nicht als Berufsangehörige oder als vereidigte Buchprüfer oder vereidigte Buchprüferin bestellt oder als Wirtschaftsprüfungsgesellschaft oder Buchprüfungsgesellschaft anerkannt sind, nur dann gemeinsam ausüben, wenn sie der Wirtschaftsprüferkammer bei Aufnahme einer solchen Tätigkeit nachweisen, dass ihnen auch bei gesamtschuldnerischer Inanspruchnahme der nach § 54 vorgeschriebene Versicherungsschutz für jeden Versicherungsfall uneingeschränkt zur Verfügung steht.

(5) Wirtschaftsprüfer haben die gemeinsame Berufsausübung unverzüglich zu beenden, wenn sie auf Grund des Verhaltens eines Mitglieds der

---

[1] § 44b eingef. mWv 1.1.1995 durch G v. 15.7.1994 (BGBl. I S. 1569), Abs. 1 geänd. mWv 8.9.1998 durch G v. 31.8.1998 (BGBl. I S. 2585), Abs. 1, 4 und 5 geänd. mWv 1.1.2001 durch G v. 19.12.2000 (BGBl. I S. 1769), Abs. 1 geänd. mWv 23.2.2002 durch G v. 15.2.2002 (BGBl. I S. 682); Überschrift geänd., Abs. 1 Sätze 2 und 3, Abs. 2 Satz 3, Abs. 6 angef., Abs. 4 neu gef. mWv 1.1.2004 durch G v. 1.12.2003 (BGBl. I S. 2446); Überschrift, Abs. 1 Sätze 1 und 2, Abs. 2 Satz 2, Abs. 4 und 5 geänd. mWv 17.6.2016 durch G v. 31.3.2016 (BGBl. I S. 518); Abs. 1 Sätze 2 und 3 aufgeh., bish. Satz 1 wird Abs. 1 mWv 1.8.2022 durch G v. 7.7.2021 (BGBl. I S. 2363).

[2] Eingef. **mWv 1.1.2024 durch MoPeG** v. 10.8.2021 (BGBl. I S. 3436).

[*ab 1.1.2024:* rechtsfähigen][1)] Personengesellschaft ihren beruflichen Pflichten nicht mehr uneingeschränkt nachkommen können.

(6) Wird eine gemeinsame Berufsausübung im Sinne des Absatzes 1 kundgemacht, sind die Vorschriften der Absätze 4 und 5 entsprechend anzuwenden.

§ 45[2)] **Prokuristen.** [1] Wirtschaftsprüfer sollen als Angestellte von Wirtschaftsprüfungsgesellschaften die Rechtsstellung von Prokuristen haben. [2] Angestellte Wirtschaftsprüfer gelten als leitende Angestellte im Sinne des § 5 Abs. 3 des Betriebsverfassungsgesetzes.

§ 46[3)] **Beurlaubung.** (1) Wirtschaftsprüfer, die vorübergehend eine mit dem Beruf unvereinbare Tätigkeit aufnehmen oder aufgrund besonderer Umstände, insbesondere um Kinder zu erziehen oder Angehörige zu pflegen, nicht den Beruf des Wirtschaftsprüfers ausüben wollen, können auf Antrag von der Wirtschaftsprüfertätigkeit beurlaubt werden.

(2) [1] Sie dürfen während der Zeit ihrer Beurlaubung die Tätigkeit als Wirtschaftsprüfer nicht ausüben. [2] Die Gesamtzeit der Beurlaubung soll fünf aufeinanderfolgende Jahre nicht überschreiten.

§ 47[4)] **Zweigniederlassungen.** [1] Zweigniederlassungen müssen jeweils von wenigstens einem Berufsangehörigen oder EU- oder EWR-Abschlussprüfer geleitet werden, der seine berufliche Niederlassung am Ort der Zweigniederlassung hat. [2] Für Zweigniederlassungen von in eigener Praxis tätigen Berufsangehörigen kann die Wirtschaftsprüferkammer Ausnahmen zulassen.

§ 48[5)] **Siegel.** (1) [1] Wirtschaftsprüfer und Wirtschaftsprüfungsgesellschaften sind verpflichtet, ein Siegel zu benutzen, wenn sie Erklärungen abgeben, die den Berufsangehörigen gesetzlich vorbehalten sind. [2] Sie können ein Siegel führen, wenn sie in ihrer Berufseigenschaft Erklärungen über Prüfungsergebnisse abgeben oder Gutachten erstatten.

(2) Die Wirtschaftsprüferkammer trifft im Rahmen der Berufssatzung die näheren Bestimmungen über die Gestaltung des Siegels und die Führung des Siegels.

[1)] Eingef. **mWv 1.1.2024 durch MoPeG** v. 10.8.2021 (BGBl. I S. 3436).

[2)] § 45 Satz 2 angef., bish. Wortlaut wird Satz 1 mWv 6.9.2007 durch G v. 3.9.2007 (BGBl. I S. 2178).

[3)] § 46 Abs. 2 Satz 2 aufgeh. und Satz 3 geänd. mWv 1.1.2002 durch G v. 19.12.2000 (BGBl. I S. 1769); Abs. 1, Abs. 2 Satz 1 geänd., Abs. 2 Satz 2 aufgeh., bish. Satz 3 wird Satz 2 und geänd. mWv 17.6.2016 durch G v. 31.3.2016 (BGBl. I S. 518).

[4)] § 47 neu gef. mWv 1.1.1995 durch G v. 15.7.1994 (BGBl. I S. 1569); Sätze 1 und 2 geänd. mWv 17.6.2016 durch G v. 31.3.2016 (BGBl. I S. 518).

[5)] § 48 Abs. 2 geänd. mWv 1.1.1995 durch G v. 15.7.1995 (BGBl. I S. 1569) und mWv 1.1.2001 durch G v. 19.12.2000 (BGBl. I S. 1769); Abs. 2 geänd. mWv 28.11.2003 durch VO v. 25.11.2003 (BGBl. I S. 2304); Abs. 2 neu gef. mWv 6.8.2004 durch G v. 30.7.2004 (*BGBl. I S. 2014*); Abs. 2 Satz 1 geänd. mWv 8.11.2006 durch VO v. 31.10.2006 (BGBl. I S. 2407); Abs. 1 Satz 1 geänd., Abs. 2 neu gef. mWv 6.9.2007 durch G v. 3.9.2007 (BGBl. I S. 2178).

§ 49 Versagung der Tätigkeit. Der Wirtschaftsprüfer hat seine Tätigkeit zu versagen, wenn sie für eine pflichtwidrige Handlung in Anspruch genommen werden soll oder die Besorgnis der Befangenheit bei der Durchführung eines Auftrages besteht.

§ 50[1] **Verschwiegenheitspflicht beschäftigter Personen.** [1]Der Wirtschaftsprüfer hat die von ihm beschäftigten Personen in Textform zur Verschwiegenheit zu verpflichten und sie dabei über die strafrechtlichen Folgen einer Pflichtverletzung zu belehren. [2]Zudem hat er bei ihnen in geeigneter Weise auf die Einhaltung der Verschwiegenheitspflicht hinzuwirken. [3]Den von dem Wirtschaftsprüfer beschäftigten Personen stehen die Personen gleich, die im Rahmen einer berufsvorbereitenden Tätigkeit oder einer sonstigen Hilfstätigkeit an seiner beruflichen Tätigkeit mitwirken. [4]Satz 1 gilt nicht für angestellte Personen, die im Hinblick auf die Verschwiegenheitspflicht den gleichen Anforderungen wie der Wirtschaftsprüfer unterliegen. [5]Hat sich ein Wirtschaftsprüfer mit anderen Personen, die im Hinblick auf die Verschwiegenheitspflicht den gleichen Anforderungen unterliegen wie er, zur gemeinschaftlichen Berufsausübung zusammengeschlossen und besteht zu den beschäftigten Personen ein einheitliches Beschäftigungsverhältnis, so genügt auch der Nachweis, dass eine andere dieser Personen die Verpflichtung nach Satz 1 vorgenommen hat.

§ 50a[2] **Inanspruchnahme von Dienstleistungen.** (1) [1]Der Wirtschaftsprüfer darf Dienstleistern den Zugang zu Tatsachen eröffnen, auf die sich die Verpflichtung zur Verschwiegenheit gemäß § 43 bezieht, soweit dies für die Inanspruchnahme der Dienstleistung erforderlich ist. [2]Dienstleister ist eine andere Person oder Stelle, die vom Wirtschaftsprüfer im Rahmen seiner Berufsausübung mit Dienstleistungen beauftragt wird.

(2) [1]Der Wirtschaftsprüfer ist verpflichtet, den Dienstleister sorgfältig auszuwählen. [2]Die Zusammenarbeit muss unverzüglich beendet werden, wenn die Einhaltung der dem Dienstleister gemäß Absatz 3 zu machenden Vorgaben nicht gewährleistet ist.

(3) [1]Der Vertrag mit dem Dienstleister bedarf der Textform. [2]In ihm ist

1. der Dienstleister unter Belehrung über die strafrechtlichen Folgen einer Pflichtverletzung zur Verschwiegenheit zu verpflichten,
2. der Dienstleister zu verpflichten, sich nur insoweit Kenntnis von fremden Geheimnissen zu verschaffen, als dies zur Vertragserfüllung erforderlich ist, und
3. festzulegen, ob der Dienstleister befugt ist, weitere Personen zur Erfüllung des Vertrags heranzuziehen; für diesen Fall ist dem Dienstleister aufzuerlegen, diese Personen in Textform zur Verschwiegenheit zu verpflichten.

(4) Bei der Inanspruchnahme von Dienstleistungen, die im Ausland erbracht werden, darf der Wirtschaftsprüfer dem Dienstleister den Zugang zu fremden Geheimnissen unbeschadet der übrigen Voraussetzungen dieser Vor-

---

[1] § 50 neu gef. mWv 9.11.2017 durch G v. 30.10.2017 (BGBl. I S. 3618); Satz 1 geänd. mWv 1.8.2021 durch G v. 25.6.2021 (BGBl. I S. 2154).

[2] § 50a eingef. mWv 9.11.2017 durch G v. 30.10.2017 (BGBl. I S. 3618).

schrift nur dann eröffnen, wenn der dort bestehende Schutz der Geheimnisse dem Schutz im Inland vergleichbar ist, es sei denn, dass der Schutz der Geheimnisse dies nicht gebietet.

(5) Bei der Inanspruchnahme von Dienstleistungen, die unmittelbar einem einzelnen Mandat dienen, darf der Wirtschaftsprüfer dem Dienstleister den Zugang zu fremden Geheimnissen nur dann eröffnen, wenn der Mandant darin eingewilligt hat.

(6) Die Absätze 2 und 3 gelten auch im Fall der Inanspruchnahme von Dienstleistungen, in die der Mandant eingewilligt hat, sofern der Mandant nicht ausdrücklich auf die Einhaltung der in den Absätzen 2 und 3 genannten Anforderungen verzichtet hat.

(7) [1] Die Absätze 1 bis 6 gelten nicht, soweit Dienstleistungen aufgrund besonderer gesetzlicher Vorschriften in Anspruch genommen werden. [2] Absatz 3 Satz 2 gilt nicht, soweit der Dienstleister hinsichtlich der zu erbringenden Dienstleistung gesetzlich zur Verschwiegenheit verpflichtet ist.

(8) Die Vorschriften zum Schutz personenbezogener Daten bleiben unberührt.

§ 51 Mitteilung der Ablehnung eines Auftrages. [1] Der Wirtschaftsprüfer, der einen Auftrag nicht annehmen will, hat die Ablehnung unverzüglich zu erklären. [2] Er hat den Schaden zu ersetzen, der aus einer schuldhaften Verzögerung dieser Erklärung entsteht.

§ 51a[1)] Pflicht zur Übernahme der Beratungshilfe. [1] Wirtschaftsprüfer und vereidigte Buchprüfer sind verpflichtet, die in dem Beratungshilfegesetz vorgesehene Beratungshilfe zu übernehmen. [2] Sie können die Beratungshilfe im Einzelfall aus wichtigem Grund ablehnen.

§ 51b[2)] Handakten. (1) Berufsangehörige müssen durch Anlegung von Handakten ein zutreffendes Bild über die von ihnen entfaltete Tätigkeit geben können.

(2) [1] Berufsangehörige haben ihre Handakten für die Dauer von zehn Jahren nach Beendigung des Auftrags aufzubewahren. [2] Diese Verpflichtung erlischt jedoch schon vor Beendigung dieses Zeitraums, wenn die Berufsangehörigen ihre Auftraggeber aufgefordert haben, die Handakten in Empfang zu nehmen, und die Auftraggeber dieser Aufforderung binnen sechs Monaten, nachdem sie sie erhalten haben, nicht nachgekommen sind.

(3) [1] Berufsangehörige können ihren Auftraggebern die Herausgabe der Handakten verweigern, bis sie wegen ihrer Vergütung und Auslagen befriedigt sind. [2] Dies gilt nicht, soweit die Vorenthaltung der Handakten oder einzelner Schriftstücke nach den Umständen unangemessen wäre.

(4) Handakten im Sinne der Absätze 2 und 3 sind nur solche Schriftstücke, die Berufsangehörige aus Anlass ihrer beruflichen Tätigkeit von ihren Auftrag-

---

[1)] § 51a neu gef. mWv 1.1.2014 durch G v. 31.8.2013 (BGBl. I S. 3533).
[2)] § 51b neu gef. mWv 17.6.2016 durch G v. 31.3.2016 (BGBl. I S. 518).

gebern oder für diese erhalten haben, nicht aber die Briefwechsel zwischen den Berufsangehörigen und ihren Auftraggebern, die Schriftstücke, die die Auftraggeber bereits in Urschrift oder Abschrift erhalten haben, sowie die zu internen Zwecken gefertigten Arbeitspapiere.

(5)[1)] [1]Bei gesetzlichen Abschlussprüfungen nach § 316 des Handelsgesetzbuchs ist für jede Abschlussprüfung eine Handakte nach Absatz 1 (Prüfungsakte) anzulegen, die spätestens 60 Tage nach Unterzeichnung des Bestätigungsvermerks im Sinne des § 322 des Handelsgesetzbuchs zu schließen ist. [2]Berufsangehörige haben in der Prüfungsakte auch zu dokumentieren,

1. ob sie die Anforderungen an ihre Unabhängigkeit im Sinne des § 319 Absatz 2 bis 5 des Handelsgesetzbuchs erfüllen, ob ihre Unabhängigkeit gefährdende Umstände vorliegen und welche Schutzmaßnahmen sie gegebenenfalls zur Verminderung dieser Gefahren ergriffen haben,
2. ob sie über die Zeit, das Personal und die sonstigen Mittel verfügen, die nach § 43 Absatz 5 zur angemessenen Durchführung der Abschlussprüfung erforderlich sind,
3. wenn sie den Rat externer Sachverständiger einholen, die entsprechenden Anfragen und die erhaltenen Antworten.

[3]Wirtschaftsprüfungsgesellschaften haben darüber hinaus den verantwortlichen Prüfungspartner zu benennen und zu dokumentieren, dass dieser nach dem Zweiten oder Neunten Teil zugelassen ist. [4]Die Berufsangehörigen haben alle Informationen und Unterlagen aufzubewahren, die zur Begründung des Bestätigungsvermerks im Sinne des § 322 des Handelsgesetzbuchs, des Prüfungsberichts im Sinne des § 321 des Handelsgesetzbuchs oder zur Kontrolle der Einhaltung von Berufspflichten von Bedeutung sind oder die schriftliche Beschwerden über die Durchführung der Abschlussprüfungen beinhalten. [5]Die Dokumentationspflichten nach den Artikeln 6 bis 8 der Verordnung (EU) Nr. 537/2014 in der jeweils geltenden Fassung und die Aufbewahrungspflicht nach Artikel 15 der Verordnung (EU) Nr. 537/2014 bleiben unberührt.

(6) [1]Berufsangehörige, die eine Konzernabschlussprüfung durchführen, haben der Wirtschaftsprüferkammer auf deren schriftliche oder elektronische Aufforderung die Unterlagen über die Arbeit von Drittstaatsprüfern und Drittstaatsprüfungsgesellschaften, die in den Konzernabschluss einbezogene Tochterunternehmen prüfen, zu übergeben, soweit diese nicht gemäß § 134 Absatz 1 eingetragen sind und keine Vereinbarung zur Zusammenarbeit gemäß § 57 Absatz 9 Satz 5 Nummer 3 besteht. [2]Erhalten Berufsangehörige keinen Zugang zu den Unterlagen über die Arbeit von Drittstaatsprüfern und Drittstaatsprüfungsgesellschaften, so haben sie den Versuch ihrer Erlangung und die Hindernisse zu dokumentieren und der Wirtschaftsprüferkammer auf deren schriftliche oder elektronische Aufforderung die Gründe dafür mitzuteilen.

[1)] § 51b Abs. 5 Sätze 1, 2 Nr. 1, 4 und 5 geänd. mWv 1.7.2021 durch G v. 3.6.2021 (BGBl. I S. 1534).

(7) [1]Die Absätze 1 bis 6 gelten entsprechend, soweit sich Berufsangehörige zum Führen von Handakten der elektronischen Datenverarbeitung bedienen. [2]In anderen Gesetzen getroffene Regelungen über die Pflichten zur Aufbewahrung von Geschäftsunterlagen bleiben unberührt.

§ 51c[1)] Auftragsdatei. Berufsangehörige müssen für gesetzlich vorgeschriebene Abschlussprüfungen nach § 316 des Handelsgesetzbuchs eine Auftragsdatei führen, die für jeden ihrer Auftraggeber folgende Angaben enthält:

1. Name, Anschrift und Ort,
2. bei Wirtschaftsprüfungsgesellschaften die Namen der jeweils verantwortlichen Prüfungspartner und
3. für jedes Geschäftsjahr die für die Abschlussprüfung und für andere Leistungen in Rechnung gestellten Honorare.

§ 52[2)] Werbung. Werbung ist zulässig, es sei denn, sie ist unlauter.

§ 53[3)] Wechsel des Auftraggebers. Berufsangehörige dürfen keine widerstreitenden Interessen vertreten; sie dürfen insbesondere in einer Sache, in der sie oder eine Person oder eine [***ab 1.1.2024:*** rechtsfähige] Personengesellschaft, mit der sie ihren Beruf gemeinsam ausüben, bereits tätig waren, für andere Auftraggebende nur tätig werden, wenn die bisherigen und die neuen Auftraggebenden einverstanden sind.

§ 54[4)] Berufshaftpflichtversicherung. (1) [1]Berufsangehörige, die ihren Beruf nach § 43a Absatz 1 Nummer 1 ausüben, und Wirtschaftsprüfungsgesellschaften sind verpflichtet, eine Berufshaftpflichtversicherung zur Deckung der sich aus ihrer Berufstätigkeit ergebenden Haftpflichtgefahren für Vermögensschäden zu unterhalten. [2]Die Berufshaftpflichtversicherung einer Partnerschaft mit beschränkter Berufshaftung nach § 8 Absatz 4 des Partnerschaftsgesellschaftsgesetzes, die nicht selbst als Wirtschaftsprüfungsgesellschaft zugelassen ist, muss die Haftpflichtgefahren für Vermögensschäden decken, die sich aus ihrer Berufstätigkeit im Sinne der §§ 2 oder 129 ergeben. [3]Die Versicherung muss sich auch auf solche Vermögensschäden erstrecken, für die ein Berufsangehöriger nach den §§ 278 oder 831 des Bürgerlichen Gesetzbuchs einzustehen hat.

(2) [1]Der Versicherungsvertrag muss vorsehen, dass Versicherungsschutz für jede einzelne während der Geltung des Versicherungsvertrages begangene Pflichtverletzung zu gewähren ist, die gesetzliche Haftpflichtansprüche privat-

---

[1)] § 51c eingef. mWv 17.6.2016 durch G v. 31.3.2016 (BGBl. I S. 518).
[2)] § 52 neu gef. mWv 6.9.2007 durch G v. 3.9.2007 (BGBl. I S. 2178).
[3)] § 53 neu gef. mWv 6.9.2007 durch G v. 3.9.2007 (BGBl. I S. 2178); geänd. **mWv 1.1.2024 durch MoPeG** v. 10.8.2021 (BGBl. I S. 3436).
[4)] § 54 neu gef. mWv 17.6.2016 durch G v. 31.3.2016 (BGBl. I S. 518).

rechtlichen Inhalts gegen den Versicherungsnehmer zur Folge haben könnte. [2]Der Versicherungsvertrag kann vorsehen, dass die Versicherungssumme den Höchstbetrag der dem Versicherer in jedem einzelnen Schadensfall obliegenden Leistung darstellt, und zwar mit der Maßgabe, dass nur eine einmalige Leistung der Versicherungssumme in Frage kommt

1. gegenüber mehreren entschädigungspflichtigen Personen, auf welche sich der Versicherungsschutz erstreckt,
2. bezüglich eines aus mehreren Pflichtverletzungen stammenden einheitlichen Schadens,
3. bezüglich sämtlicher Folgen einer Pflichtverletzung ohne Rücksicht darauf, ob Schäden in einem oder in mehreren aufeinanderfolgenden Jahren entstanden sind.

[3]Im Fall des Satzes 2 Nummer 3 gilt mehrfaches auf gleicher oder gleichartiger Fehlerquelle beruhendes Tun oder Unterlassen als einheitliche Pflichtverletzung, wenn die betreffenden Angelegenheiten miteinander in rechtlichem oder wirtschaftlichem Zusammenhang stehen. [4]In diesem Fall kann die Leistung des Versicherers auf das Fünffache der Mindestversicherungssumme nach Absatz 4 Satz 1 begrenzt werden, soweit es sich nicht um gesetzlich vorgeschriebene Pflichtprüfungen handelt.

(3) Von der Versicherung kann der Versicherungsschutz ausgeschlossen werden für

1. Ersatzansprüche wegen wissentlicher Pflichtverletzung,
2. Ersatzansprüche wegen Schäden, die durch Fehlbeträge bei der Kassenführung, durch Pflichtverletzungen beim Zahlungsakt oder durch Veruntreuung durch das Personal des Versicherungsnehmers entstehen,
3. Ersatzansprüche, die vor Gerichten in Drittstaaten geltend gemacht werden, und
4. Ersatzansprüche wegen Verletzung oder Nichtbeachtung des Rechts von Drittstaaten, soweit die Ansprüche nicht bei der das Abgabenrecht dieser Staaten betreffenden geschäftsmäßigen Hilfeleistung in Steuersachen entstehen und soweit das den Ersatzansprüchen zugrunde liegende Auftragsverhältnis zwischen Versicherungsnehmer und Auftraggeber nicht deutschem Recht unterliegt.

[alte Fassung:]

(4) [1]Die Mindestversicherungssumme für den einzelnen Versicherungsfall muss den in § 323 Absatz 2 Satz 1 des Handelsgesetzbuchs bezeichneten Umfang betragen. [2]Die Vereinbarung eines Selbstbehalts bis

[neue Fassung:]

(4)[1)] [1]Die Mindestversicherungssumme für den einzelnen Versicherungsfall beträgt 1 Million Euro. [2]Die Leistungen des Versicherers für alle innerhalb eines Versicherungsjahres verursachten Schäden können

---

[1)] § 54 Abs. 4 Satz 1 geänd., Sätze 2 und 3 eingef., bish. Sätze 2 und 3 werden Sätze 4 und 5 durch G v. 3.6.2021 (BGBl. I S. 1534); **zur Anwendung siehe § 135 Sätze 1 und 2.**

[alte Fassung:]

zur Höhe von 1 Prozent der Mindestversicherungssumme ist zulässig. 3 Zuständige Stelle im Sinne des § 117 Absatz 2 des Versicherungsvertragsgesetzes ist die Wirtschaftsprüferkammer.

[neue Fassung:]

bei Berufsangehörigen auf den vierfachen Betrag der Mindestversicherungssumme begrenzt werden. 3 Bei Wirtschaftsprüfungsgesellschaften können die Leistungen des Versicherers für alle innerhalb eines Versicherungsjahres verursachten Schäden auf den Betrag der Mindestversicherungssumme, vervielfacht mit der Zahl der Gesellschafter, der Partner und der Geschäftsführer, die nicht Gesellschafter sind, begrenzt werden, wobei sich die Jahreshöchstleistung jedoch mindestens auf den vierfachen Betrag der Mindestversicherungssumme belaufen muss. 4 Die Vereinbarung eines Selbstbehalts bis zur Höhe von 1 Prozent der Mindestversicherungssumme ist zulässig. 5 Zuständige Stelle im Sinne des § 117 Absatz 2 des Versicherungsvertragsgesetzes ist die Wirtschaftsprüferkammer.

(5) Die Wirtschaftsprüferkammer erteilt Dritten zur Geltendmachung von Schadensersatzansprüchen auf Antrag Auskunft über den Namen, die Adresse und die Versicherungsnummer der Berufshaftpflichtversicherung der Berufsangehörigen, der Wirtschaftsprüfungsgesellschaften oder der Partnerschaften mit beschränkter Berufshaftung, soweit diese kein überwiegendes schutzwürdiges Interesse an der Nichterteilung der Auskunft haben.

(6) Die Wirtschaftsprüferkammer trifft im Rahmen der Berufssatzung die näheren Bestimmungen über den Versicherungsinhalt, den Versicherungsnachweis, das Anzeigeverfahren und die Überwachung der Versicherungspflicht.

§ 54a[1] Vertragliche Begrenzung von Ersatzansprüchen. (1) Der Anspruch der Auftraggeber aus den zwischen ihnen und den Berufsangehörigen bestehenden Vertragsverhältnissen auf Ersatz eines fahrlässig verursachten Schadens kann beschränkt werden

1. durch schriftliche Vereinbarung im Einzelfall bis zur Mindesthöhe der Deckungssumme nach § 54 Absatz 4 Satz 1 oder

---

[1] § 54a eingef. mWv 1.1.1995 durch G v. 15.7.1994 (BGBl. I S. 1569); Abs. 1 Nrn. 1 *und 2 mWv 1.5.1998* geänd. durch G v. 27.4.1998 (BGBl. I S. 786); Abs. 2 geänd. mWv 1.1.2001 durch G v. 19.12.2000 (BGBl. I S. 1769); Abs. 1 neu gef., Abs. 2 geänd., Abs. 3 angef. mWv 17.6.2016 durch G v. 31.3.2016 (BGBl. I S. 518).

2. durch vorformulierte Vertragsbedingungen auf den vierfachen Betrag der Mindesthöhe der Deckungssumme nach § 54 Absatz 4 Satz 1, wenn insoweit Versicherungsschutz besteht.

(2) Die persönliche Haftung von Mitgliedern einer [***ab 1.1.2024:*** rechtsfähigen][1)] Personengesellschaft (§ 44b) auf Schadensersatz kann auch durch vorformulierte Vertragsbedingungen auf einzelne namentlich bezeichnete Mitglieder der [***ab 1.1.2024:*** rechtsfähigen][1)] Personengesellschaft beschränkt werden, die die vertragliche Leistung erbringen sollen.

(3) Werden im Rahmen der gesetzlichen Abschlussprüfung Prüfungstätigkeiten durch Berufsangehörige auf Dritte übertragen, so bleibt die Pflichtenstellung der Berufsangehörigen gegenüber ihren Auftraggebern hiervon unberührt.

§ 55[2)] Vergütung. (1) [1]Unbeschadet des Artikels 4 der Verordnung (EU) Nr. 537/2014 dürfen Berufsangehörige für Tätigkeiten nach § 2 Abs. 1 und 3 Nr. 1 und 3 keine Vereinbarung schließen, durch welche die Höhe der Vergütung vom Ergebnis ihrer Tätigkeit als Wirtschaftsprüfer abhängig gemacht wird. [2]Für Tätigkeiten nach § 2 Abs. 2 gilt dies, soweit § 55a nichts anderes bestimmt. [3]Die Vergütung für gesetzlich vorgeschriebene Abschlussprüfungen darf über Satz 1 hinaus nicht an weitere Bedingungen geknüpft sein und sie darf auch nicht von der Erbringung zusätzlicher Leistungen für das geprüfte Unternehmen beeinflusst oder bestimmt sein. [4]Satz 3 gilt entsprechend für die Vergütung oder Leistungsbewertung von Personen, die an der Abschlussprüfung beteiligt sind oder auf andere Weise in der Lage sind, das Ergebnis der Abschlussprüfung zu beeinflussen. [5]Besteht zwischen der erbrachten Leistung und der vereinbarten Vergütung ein erhebliches Missverhältnis, muss der Wirtschaftsprüferkammer oder der Abschlussprüferaufsichtsstelle auf Verlangen nachgewiesen werden können, dass für die Prüfung eine angemessene Zeit aufgewandt und qualifiziertes Personal eingesetzt wurde.

(2) Die Abgabe und Entgegennahme eines Teils der Vergütung oder sonstiger Vorteile für die Vermittlung von Aufträgen, gleichviel ob im Verhältnis zu Berufsangehörigen oder Dritten, ist unzulässig.

(3) [1]Die Abtretung von Vergütungsforderungen oder die Übertragung ihrer Einziehung an Berufsangehörige, an Berufsgesellschaften oder an Berufsausübungsgemeinschaften ist auch ohne Zustimmung der auftraggebenden Person zulässig; diese sind in gleicher Weise zur Verschwiegenheit verpflichtet wie die beauftragte Person. [2]Satz 1 gilt auch bei einer Abtretung oder Übertragung an Berufsangehörige anderer freier Berufe, die einer entsprechenden gesetzlichen Verschwiegenheitspflicht unterliegen. [3]Die Abtretung von Vergütungsforde-

---

1) Eingef. **mWv 1.1.2024 durch MoPeG** v. 10.8.2021 (BGBl. I S. 3436).

2) § 55a eingef. mWv 1.1.1995 durch G v. 15.7.1994 (BGBl. I S. 1569); Abs. 1 Satz 1 geänd., Sätze 2 und 3 angef., Abs. 3 neu gef. mWv 6.9.2007 durch G v. 3.9.2007 (BGBl. I S. 2178); bish. § 55a wird § 55 und Abs. 1 Satz 1 geänd., Satz 2 eingef., bish. Sätze 2 und 3 werden Sätze 3 und 4 mWv 1.7.2008 durch G v. 12.6.2008 (BGBl. I S. 1000); Abs. 1 Satz 1 geänd., Satz 4 eingef., bish. Satz 4 wird Satz 5 und geänd., Abs. 2 geänd. mWv 17.6.2016 durch G v. 31.3.2016 (BGBl. I S. 518).

rungen oder die Übertragung ihrer Einziehung an andere Personen ist entweder bei rechtskräftiger Feststellung der Vergütungsforderung oder mit Zustimmung der auftraggebenden Person zulässig.

§ 55a[1)] Erfolgshonorar für Hilfeleistung in Steuersachen. (1) [1]Vereinbarungen, durch die eine Vergütung für eine Hilfeleistung in Steuersachen oder ihre Höhe vom Ausgang der Sache oder vom Erfolg der Tätigkeit des Wirtschaftsprüfers abhängig gemacht wird oder nach denen der Wirtschaftsprüfer einen Teil der zu erzielenden Steuerermäßigung, Steuerersparnis oder Steuervergütung als Honorar erhält (Erfolgshonorar), sind unzulässig, soweit nachfolgend nichts anderes bestimmt ist. [2]Vereinbarungen, durch die der Wirtschaftsprüfer sich verpflichtet, Gerichtskosten, Verwaltungskosten oder Kosten anderer Beteiligter zu tragen, sind unzulässig.

(2) Ein Erfolgshonorar darf nur für den Einzelfall und nur dann vereinbart werden, wenn der Auftraggeber bei verständiger Betrachtung ohne die Vereinbarung eines Erfolgshonorars von der Rechtsverfolgung abgehalten würde.

(3) [1]Die Vereinbarung bedarf der Textform. [2]Sie muss als Vergütungsvereinbarung oder in vergleichbarer Weise bezeichnet werden, von anderen Vereinbarungen mit Ausnahme der Auftragserteilung deutlich abgesetzt sein und darf nicht in der Vollmacht enthalten sein. [3]Die Vereinbarung muss enthalten:

1. die erfolgsunabhängige Vergütung, zu der der Wirtschaftsprüfer bereit wäre, den Auftrag zu übernehmen, sowie
2. die Angabe, welche Vergütung bei Eintritt welcher Bedingungen verdient sein soll.

(4) [1]In der Vereinbarung sind außerdem die wesentlichen Gründe anzugeben, die für die Bemessung des Erfolgshonorars bestimmend sind. [2]Ferner ist ein Hinweis aufzunehmen, dass die Vereinbarung keinen Einfluss auf die gegebenenfalls vom Auftraggeber zu zahlenden Gerichtskosten, Verwaltungskosten und die von ihm zu erstattenden Kosten anderer Beteiligter hat.

(5) [1]Aus einer Vergütungsvereinbarung, die nicht den Anforderungen der Absätze 2 und 3 entspricht, erhält der Wirtschaftsprüfer keine höhere als eine nach den Vorschriften des bürgerlichen Rechts bemessene Vergütung. [2]Die Vorschriften des bürgerlichen Rechts über die ungerechtfertigte Bereicherung bleiben unberührt.

§ 55b[2)] Internes Qualitätssicherungssystem. (1) [1]Berufsangehörige haben für ihre Praxis Regelungen zu schaffen, die die Einhaltung ihrer Berufspflichten

---

[1)] § 55a eingef. mWv 1.7.2008 durch G v. 12.6.2008 (BGBl. I S. 1000); Abs. 2 geänd. mWv *1.10.2021* durch G v. 10.8.2021 (BGBl. I S. 3415).

[2)] § 55b neu gef. mWv 17.6.2016 durch G v. 31.3.2016 (BGBl. I S. 518); Abs. 2 Satz 2 Nr. 3 geänd. mWv 1.7.2021 durch G v. 3.6.2021 (BGBl. I S. 1534).

gewährleisten, und deren Anwendung zu überwachen und durchzusetzen (internes Qualitätssicherungssystem). [2]Das interne Qualitätssicherungssystem soll in einem angemessenen Verhältnis zum Umfang und zur Komplexität der beruflichen Tätigkeit stehen. [3]Das interne Qualitätssicherungssystem ist zu dokumentieren und den Mitarbeitern der Berufsangehörigen zur Kenntnis zu geben.

(2) [1]Bei Berufsangehörigen, die Abschlussprüfungen nach § 316 des Handelsgesetzbuchs durchführen, haben die Regelungen nach Absatz 1 angemessene Grundsätze und Verfahren zur ordnungsgemäßen Durchführung und Sicherung der Qualität der Abschlussprüfung zu umfassen. [2]Dazu gehören zumindest

1. solide Verwaltungs- und Rechnungslegungsverfahren, interne Qualitätssicherungsmechanismen, wirksame Verfahren zur Risikobewertung sowie wirksame Kontroll- und Sicherheitsvorkehrungen für Datenverarbeitungssysteme,
2. Vorkehrungen zum Einsatz angemessener und wirksamer Systeme und Verfahren sowie der zur angemessenen Wahrnehmung der Aufgaben erforderlichen Mittel und des dafür erforderlichen Personals,
3. Grundsätze und Verfahren, die die Einhaltung der Anforderungen an die Eigenverantwortlichkeit des verantwortlichen Abschlussprüfers nach § 44 Absatz 1 Satz 3 dieses Gesetzes und an die Unabhängigkeit nach den §§ 319 und 319b des Handelsgesetzbuchs sowie nach den Artikeln 4 und 5 der Verordnung (EU) Nr. 537/2014 gewährleisten,
4. Grundsätze und Verfahren, die sicherstellen, dass Mitarbeiter sowie sonstige unmittelbar an den Prüfungstätigkeiten beteiligte Personen über angemessene Kenntnisse und Erfahrungen für die ihnen zugewiesenen Aufgaben verfügen sowie fortgebildet, angeleitet und kontrolliert werden,
5. die Führung von Prüfungsakten nach § 51b Absatz 5,
6. organisatorische und administrative Vorkehrungen für den Umgang mit Vorfällen, die die ordnungsmäßige Durchführung der Prüfungstätigkeiten beeinträchtigen können, und für die Dokumentation dieser Vorfälle,
7. Verfahren, die es den Mitarbeitern unter Wahrung der Vertraulichkeit ihrer Identität ermöglichen, potenzielle oder tatsächliche Verstöße gegen die Verordnung (EU) Nr. 537/2014 oder gegen Berufspflichten sowie etwaige strafbare Handlungen oder Ordnungswidrigkeiten innerhalb der Praxis an geeignete Stellen zu berichten,
8. Grundsätze der Vergütung und Gewinnbeteiligung nach § 55 und
9. Grundsätze und Verfahren, die gewährleisten, dass im Fall der Auslagerung wichtiger Prüfungstätigkeiten die interne Qualitätssicherung und die Berufsaufsicht nicht beeinträchtigt werden.

(3) [1]Im Rahmen der Überwachung nach Absatz 1 Satz 1 haben Berufsangehörige, die Abschlussprüfungen nach § 316 des Handelsgesetzbuchs durchführen, das interne Qualitätssicherungssystem zumindest hinsichtlich der Grundsätze und Verfahren für die Abschlussprüfung, für die Fortbildung, An-

leitung und Kontrolle der Mitarbeiter sowie für die Handakte einmal jährlich zu bewerten. [2]Im Fall von Mängeln des internen Qualitätssicherungssystems haben sie die zu deren Behebung erforderlichen Maßnahmen zu ergreifen. [3]Die Berufsangehörigen haben einmal jährlich in einem Bericht zu dokumentieren:

1. die Ergebnisse der Bewertung nach Satz 1,
2. Maßnahmen, die nach Satz 2 ergriffen oder vorgeschlagen wurden,
3. Verstöße gegen Berufspflichten oder gegen die Verordnung (EU) Nr. 537/2014, soweit diese nicht nur geringfügig sind, sowie
4. die aus Verstößen nach Nummer 3 erwachsenden Folgen und die zur Behebung der Verstöße ergriffenen Maßnahmen.

(4) Bei Wirtschaftsprüfungsgesellschaften, die gesetzlich vorgeschriebene Abschlussprüfungen durchführen, liegt die Verantwortung für das interne Qualitätssicherungssystem bei Berufsangehörigen, vereidigten Buchprüfern oder vereidigten Buchprüferinnen oder EU- oder EWR-Abschlussprüfern.

§ 55c[1)] Bestellung eines Praxisabwicklers. (1) [1]Ist ein Berufsangehöriger oder eine Berufsangehörige verstorben, kann die Wirtschaftsprüferkammer einen anderen Berufsangehörigen oder eine andere Berufsangehörige zum Abwickler der Praxis bestellen. [2]Ein Abwickler kann auch für die Praxis früherer Berufsangehöriger bestellt werden, deren Bestellung erloschen, zurückgenommen oder widerrufen worden ist. [3]Die Bestellung erstreckt sich nicht auf Aufträge zur Durchführung gesetzlich vorgeschriebener Abschlussprüfungen nach § 316 des Handelsgesetzbuchs.

(2) [1]Der Abwickler ist in der Regel nicht länger als für die Dauer eines Jahres zu bestellen. [2]Auf Antrag des Abwicklers ist die Bestellung jeweils höchstens um ein Jahr zu verlängern, wenn er glaubhaft macht, dass schwebende Angelegenheiten noch nicht zu Ende geführt werden konnten.

(3) [1]Dem Abwickler obliegt es, die schwebenden Angelegenheiten abzuwickeln. [2]Er führt die laufenden Aufträge fort; innerhalb der ersten sechs Monate ist er auch berechtigt, neue Aufträge anzunehmen. [3]Ihm stehen die gleichen Befugnisse zu, die die ehemaligen Berufsangehörigen hatten. [4]Der Abwickler gilt für die schwebenden Angelegenheiten als von der Partei bevollmächtigt, sofern diese nicht für die Wahrnehmung ihrer Rechte in anderer Weise gesorgt hat.

(4) [1]Berufsangehörige, die zum Abwickler bestellt werden sollen, können die Abwicklung nur aus einem wichtigen Grund ablehnen. [2]Über die Zulässigkeit der Ablehnung entscheidet die Wirtschaftsprüferkammer.

(5) [1]Dem Abwickler stehen im Rahmen der eigenen Befugnisse die rechtlichen Befugnisse der Berufsangehörigen zu, deren Praxis er abwickelt. [2]Der Abwickler wird in eigener Verantwortung, jedoch im Interesse, für Rechnung

[1)] § 55c neu gef. mWv 17.6.2016 durch G v. 31.3.2016 (BGBl. I S. 518).

und auf Kosten der abzuwickelnden Praxis tätig. [3]Die §§ 666, 667 und 670 des Bürgerlichen Gesetzbuchs gelten entsprechend.

(6) [1]Der Abwickler ist berechtigt, die Praxisräume zu betreten und die zur Praxis gehörenden Gegenstände einschließlich des den ehemaligen Berufsangehörigen zur Verwahrung unterliegenden Treugutes in Besitz zu nehmen, herauszuverlangen und hierüber zu verfügen. [2]An Weisungen der ehemaligen Berufsangehörigen oder deren Erben ist er nicht gebunden. [3]Die ehemaligen Berufsangehörigen oder deren Erben dürfen die Tätigkeit des Abwicklers nicht beeinträchtigen. [4]Die ehemaligen Berufsangehörigen oder deren Erben haben dem Abwickler eine angemessene Vergütung zu zahlen, für die Sicherheit zu leisten ist, wenn die Umstände es erfordern. [5]Können sich die Beteiligten über die Höhe der Vergütung oder über die Sicherheit nicht einigen oder wird die geschuldete Sicherheit nicht geleistet, setzt der Vorstand der Wirtschaftsprüferkammer auf Antrag der ehemaligen Berufsangehörigen oder deren Erben oder des Abwicklers die Vergütung fest. [6]Der Abwickler ist befugt, Vorschüsse auf die vereinbarte oder festgesetzte Vergütung zu entnehmen. [7]Für die festgesetzte Vergütung haftet die Wirtschaftsprüferkammer wie ein Ausfallbürge.

(7) Der Abwickler ist berechtigt, jedoch außer im Rahmen eines Kostenfestsetzungsverfahrens nicht verpflichtet, Gebührenansprüche und Kostenforderungen der ehemaligen Berufsangehörigen im eigenen Namen geltend zu machen, im Falle verstorbener Berufsangehöriger allerdings nur für Rechnung der Erben.

(8) Die Bestellung kann widerrufen werden.

(9) Der Abwickler darf für die Dauer von zwei Jahren nach Ablauf der Bestellung nicht für Auftraggeber tätig werden, die er in seiner Eigenschaft als Abwickler betreut hat, es sei denn, es liegt eine schriftliche Einwilligung der ehemaligen Berufsangehörigen oder deren Erben vor.

§ 56[1)] Anwendung der Vorschriften über die Rechte und Pflichten der Wirtschaftsprüfer auf Wirtschaftsprüfungsgesellschaften. (1) Die §§ 43, 43a Absatz 2 und 3, §§ 44b, 49 bis 53, 54a und 55 bis 55c gelten sinngemäß für Wirtschaftsprüfungsgesellschaften sowie für Vorstandsmitglieder, Geschäftsführer, Partner und persönlich haftende Gesellschafter einer Wirtschaftsprüfungsgesellschaft, die nicht Wirtschaftsprüfer sind.

(2) Die Mitglieder der durch Gesetz, Satzung oder Gesellschaftsvertrag vorgesehenen Aufsichtsorgane der Gesellschaften sind zur Verschwiegenheit verpflichtet.

---

1) § 56 Abs. 1 geänd. mWv 1.1.1995 durch G v. 15.7.1994 (BGBl. I S. 1569); Abs. 1 geänd. mWv 1.1.2005 durch G v. 27.12.2004 (BGBl. I S. 3846); Abs. 1 geänd. mWv 6.9.2007 durch G v. 3.9.2007 (BGBl. I S. 2178); Abs. 1 geänd. mWv 17.6.2016 durch G v. 31.3.2016 (BGBl. I S. 518).

Vierter Teil. Organisation des Berufs

§ 57[1)] Aufgaben der Wirtschaftsprüferkammer. (1) Die Wirtschaftsprüferkammer erfüllt die ihr durch Gesetz zugewiesenen Aufgaben; sie hat die beruflichen Belange der Gesamtheit ihrer Mitglieder zu wahren und die Erfüllung der beruflichen Pflichten zu überwachen.

(2) Der Wirtschaftsprüferkammer obliegt insbesondere:

1. die Mitglieder in Fragen der Berufspflichten zu beraten und zu belehren;
2. auf Antrag bei Streitigkeiten unter den Mitgliedern zu vermitteln;
3. auf Antrag bei Streitigkeiten zwischen Mitgliedern und ihren Auftraggebern zu vermitteln;
4. die Erfüllung der den Mitgliedern obliegenden Pflichten zu überwachen und unbeschadet des § 66a Absatz 4 Satz 2 und Absatz 6 berufsaufsichtliche Maßnahmen zu verhängen;
5. (aufgehoben)
6. in allen die Gesamtheit der Mitglieder berührenden Angelegenheiten die Auffassung der Wirtschaftsprüferkammer den zuständigen Gerichten, Behörden und Organisationen gegenüber zur Geltung zu bringen;
7. Gutachten zu erstatten, die ein Gericht oder eine Verwaltungsbehörde oder eine an der Gesetzgebung beteiligte Körperschaft des Bundes oder Landes anfordert;
8. die durch Gesetz zugewiesenen Aufgaben im Bereich der Berufsbildung wahrzunehmen;
9. (aufgehoben)
10. die berufliche Fortbildung der Mitglieder und Ausbildung des Berufsnachwuchses zu fördern;
11. die Vorschlagsliste der ehrenamtlichen Beisitzer bei den Berufsgerichten der Landesjustizverwaltungen und dem Bundesministerium der Justiz und für Verbraucherschutz einzureichen;

---

1) § 57 Abs. 2 Nr. 11 geänd., Abs. 2 Nr. 13 sowie Abs. 3 und Abs. 4 angef. mWv 1.1.1995 durch G v. 15.7.1994 (BGBl. I S. 1569), Abs. 3 Satz 2 geänd., Abs. 2 Nr. 14 angef. mWv 1.1.2001 und Nr. 15 angef. mWv 1.1.2002 durch G v. 19.12.2000 (BGBl. I S. 1769); Abs. 5 angef. mWv 1.1.2002 durch G v. 10.12.2001 (BGBl. I S. 3414); Abs. 2 Nr. 15 geänd., Nrn. 16 und 17 angef., Abs. 3 Satz 2 geänd. mWv 1.1.2004 durch G v. 1.12.2003 (BGBl. I S. 2446); Abs. 1 neu gef., Abs. 2 Nr. 9 aufgeh., Abs. 3 Satz 1 Halbs. 1 und Abs. 4 Nr. 5 geänd. mWv 1.1.2005 durch G v. 27.12.2004 (BGBl. I S. 3846); Abs. 3 Satz 2 geänd. mWv 8.11.2006 durch VO v. 31.10.2006 (BGBl. I S. 2407); Abs. 2 Nr. 5 aufgeh., Abs. 3 Satz 1 und Satz 2 geänd., Abs. 4 Nr. 1 Buchst. e und i und Nr. 4 neu gef., Abs. 3 Satz 3, Abs. 4 Nr. 1 Buchstabe l und Abs. 6 bis 9 angef. mWv 6.9.2007 durch G v. 3.9.2007 (BGBl. I S. 2178); Abs. 6 Satz 1 geänd., Abs. 9 Satz 5 neu gef. mWv 29.5.2009 durch G v. 25.5.2009 (BGBl. I S. 1102); Abs. 4 Nr. 3 Buchst. f geänd., Buchst. g angef. mWv 1.1.2014 durch G v. 31.8.2013 (BGBl. I S. 3533); Abs. 2 Nr. 11 und Abs. 3 Satz 2 geänd. mWv 8.9.2015 durch VO v. 31.8.2015 (BGBl. I S. 1474); Abs. 2 Nr. 4, Abs. 3 Satz 1, Abs. 4 Nr. 1 Buchst e, Abs. 5 Satz 2, Abs. 6 Satz 1, Abs. 8 Satz 1, Abs. 9 Satz 5 Nr. 2 geänd., Abs. 4 Nr. 4 neu gef. mWv 17.6.2016 durch G v. 31.3.2016 (BGBl. I S. 518).

12. das Berufsregister zu führen;
13. Fürsorgeeinrichtungen für Wirtschaftsprüfer und vereidigte Buchprüfer sowie deren Hinterbliebene zu schaffen;
14. ein System der Qualitätskontrolle zu betreiben;
15. Wirtschaftsprüfer sowie vereidigte Buchprüfer zu bestellen, Wirtschaftsprüfungsgesellschaften sowie Buchprüfungsgesellschaften anzuerkennen und Bestellungen sowie Anerkennungen zurückzunehmen oder zu widerrufen;
16. eine selbstständige Prüfungsstelle einzurichten und zu unterhalten;
17. die ihr als Bundesberufskammer gesetzlich eingeräumten Befugnisse im Rahmen der Geldwäschebekämpfung wahrzunehmen.

(3)[1] [1]Die Wirtschaftsprüferkammer kann eine Satzung über die Rechte und Pflichten bei der Ausübung der Berufe des Wirtschaftsprüfers und des vereidigten Buchprüfers (Berufssatzung) erlassen; die Berufssatzung wird vom Beirat der Wirtschaftsprüferkammer beschlossen. [2]Die Satzung und deren Änderungen müssen im Einklang mit den Vorgaben des auf sie anzuwendenden europäischen Rechts stehen. [3]Insbesondere sind bei neuen oder zu ändernden Vorschriften, die dem Anwendungsbereich der Richtlinie 2005/36/EG des Europäischen Parlaments und des Rates vom 7. September 2005 über die Anerkennung von Berufsqualifikationen (ABl. L 255 vom 30.9.2005, S. 22; L 271 vom 16.10.2007, S. 18; L 93 vom 4.4.2008, S. 28; L 33 vom 3.2.2009, S. 49; L 305 vom 24.10.2014, S. 115), die zuletzt durch die Richtlinie 2013/55/EU (ABl. L 354 vom 28.12.2013, S. 132; L 268 vom 15.10.2015, S. 35; L 95 vom 9.4.2016, S. 20) geändert worden ist, in der jeweils geltenden Fassung unterfallen, die Vorgaben der Richtlinie (EU) 2018/958 des Europäischen Parlaments und des Rates vom 28. Juni 2018 über eine Verhältnismäßigkeitsprüfung vor Erlass neuer Berufsreglementierungen (ABl. L 173 vom 9.7.2018, S. 25) in der jeweils geltenden Fassung einzuhalten.

(3a)[2] [1]Eine Vorschrift im Sinne des Absatzes 3 Satz 3 ist anhand der in den Artikeln 5 bis 7 der Richtlinie (EU) 2018/958 festgelegten Kriterien auf ihre Verhältnismäßigkeit zu prüfen. [2]Der Umfang der Prüfung muss im Verhältnis zu der Art, dem Inhalt und den Auswirkungen der Vorschrift stehen. [3]Die Vorschrift ist so ausführlich zu erläutern, dass ihre Übereinstimmung mit dem Verhältnismäßigkeitsgrundsatz bewertet werden kann. [4]Die Gründe, aus denen sich ergibt, dass sie gerechtfertigt und verhältnismäßig ist, sind durch qualitative und, soweit möglich und relevant, quantitative Elemente zu substantiieren. [5]Mindestens zwei Wochen vor der Beschlussfassung im Beirat über die Vorschrift ist auf der Internetseite der Wirtschaftsprüferkammer ein Entwurf mit der Gelegenheit zur Stellungnahme zu veröffentlichen. [6]Nach dem Erlass der Vorschrift ist ihre Übereinstimmung mit dem Verhältnismäßigkeitsgrundsatz zu überwachen und bei einer Änderung der Umstände zu prüfen, ob die Vorschrift anzupassen ist.

---

[1] § 57 Abs. 3 Sätze 2 und 3 neu gef. mWv 30.7.2020 durch G v. 19.6.2020 (BGBl. I S. 1403).
[2] § 57 Abs. 3a eingef. mWv 30.7.2020 durch G v. 19.6.2020 (BGBl. I S. 1403).

(3b)[1)] [1]Die Satzung und deren Änderungen bedürfen zu ihrer Wirksamkeit der Genehmigung des Bundesministeriums für Wirtschaft und Energie. [2]Dieses hat bei der Genehmigung zu prüfen, ob die Vorgaben der Richtlinie (EU) 2018/958 in der jeweils geltenden Fassung eingehalten wurden. [3]Zu diesem Zweck hat ihm die Wirtschaftsprüferkammer die Unterlagen zuzuleiten, aus denen sich die Einhaltung der Vorgaben ergibt. [4]Insbesondere sind die Gründe zu übermitteln, auf Grund derer der Beirat der Wirtschaftsprüferkammer die Satzung oder deren Änderungen als gerechtfertigt, notwendig und verhältnismäßig beurteilt hat. [5]Nach der Genehmiguung sind die Satzung und deren Änderungen unter Angabe des Datums ihres Inkrafttretens dauerhaft auf der Internetseite der Wirtschaftsprüferkammer zu veröffentlichen.

(4) Die Berufssatzung kann im Rahmen der Vorschriften dieses Gesetzes näher regeln:

1. Allgemeine Berufspflichten
   a) Unabhängigkeit, Gewissenhaftigkeit, Verschwiegenheit, Eigenverantwortlichkeit;
   b) berufswürdiges Verhalten;
   c) Wechsel des Auftraggebers und Verbot der Vertretung widerstreitender Interessen;
   d) vereinbare und unvereinbare Tätigkeiten;
   e) Inhalt, Umfang und Nachweis der Berufshaftpflichtversicherung nach § 54 Absatz 6;
   f) Vereinbarung und Abrechnung der Vergütung der beruflichen Tätigkeit und deren Beitreibung;
   g) Umgang mit fremden Vermögenswerten;
   h) Ausbildung des Berufsnachwuchses sowie der Fachgehilfen in steuer- und wirtschaftsberatenden Berufen;
   i) Siegelgestaltung (Form, Größe, Art und Beschriftung) und Siegelführung nach § 48 Abs. 2;
   j) Verbot der Mitwirkung bei unbefugter Hilfeleistung in Steuersachen;
   k) Verbot der Verwertung von Berufsgeheimnissen;
   l) Art, Umfang und Nachweis der allgemeinen Fortbildungspflicht nach § 43 Abs. 2 Satz 4, wobei der Umfang der vorgeschriebenen Teilnahme an Fortbildungsveranstaltungen 20 Stunden im Jahr nicht überschreiten darf.
2. Besondere Berufspflichten bei der Durchführung von Prüfungen und der Erstattung von Gutachten
   a) Unbefangenheit, Unparteilichkeit und Versagung der Tätigkeit;
   b) Ausschluß als Prüfer oder Gutachter.

[1)] § 57 Abs. 3b eingef. mWv 30.7.2020 durch G v. 19.6.2020 (BGBl. I S. 1403); Satz 5 angef. mWv 1.8.2021 durch G v. 25.6.2021 (BGBl. I S. 2154).

3. Besondere Berufspflichten
   a) im Zusammenhang mit der Annahme, Wahrnehmung und Beendigung eines Auftrags und bei der Nachfolge im Mandat;
   b) bei der Führung von Handakten;
   c) bei der gemeinsamen Berufsausübung;
   d) bei der Errichtung und Tätigkeit von Berufsgesellschaften;
   e) bei grenzüberschreitender Tätigkeit;
   f) gegenüber Gerichten, Behörden, der Wirtschaftsprüferkammer und anderen Mitgliedern der Wirtschaftsprüferkammer;
   g) im Zusammenhang mit der Beratungshilfe.
4. Durchführungsvorschriften zu den Kriterien zur Beschreibung der Vergütungsgrundlagen im Sinne von Artikel 13 Absatz 2 Buchstabe i der Verordnung (EU) Nr. 537/2014.
5. Besondere Berufspflichten zur Sicherung der Qualität der Berufsarbeit (§ 55b).

(5) [1] Die Wirtschaftsprüferkammer kann die in Absatz 2 Nr. 1 bis 3 bezeichneten Aufgaben einzelnen Mitgliedern des Vorstandes übertragen; weitere Aufgaben können Abteilungen im Sinne des § 59a übertragen werden. [2] Im Falle des Absatzes 2 Nr. 4 zweite Alternative entscheidet der Vorstand über den Einspruch (§ 68 Absatz 5 Satz 2).

(6)[1)] [1] Soweit nicht die Zuständigkeit der der Abschlussprüferaufsichtsstelle nach § 66c Absatz 2 gegeben ist, leistet die Wirtschaftsprüferkammer einer für die Bestellung, Anerkennung, Berufsaufsicht und Qualitätskontrolle zuständigen Stelle in einem anderen Mitgliedstaat der Europäischen Union oder Vertragsstaat des Abkommens über den Europäischen Wirtschaftsraum Amtshilfe, soweit dies für die Wahrnehmung der genannten Aufgaben der zuständigen Stelle im Einzelfall erforderlich ist. [2] Ist die Erledigung einer Anfrage innerhalb einer angemessenen Frist nicht möglich, teilt die Wirtschaftsprüferkammer dies unter Angabe von Gründen mit. [3] Die Wirtschaftsprüferkammer lehnt es ab, auf eine Anfrage eigene Ermittlungen durchzuführen, wenn

1. aufgrund derselben Handlung und gegen dieselbe Person in Deutschland bereits ein *berufsgerichtliches* [***ab 1.8.2022:*** berufsaufsichtliches] Verfahren anhängig ist oder
2. gegen die betreffende Person aufgrund derselben Handlung in Deutschland bereits *ein rechtskräftiges Urteil* [***ab 1.8.2022:*** eine rechtskräftige Entscheidung] ergangen ist.

[4] Macht die Wirtschaftsprüferkammer von ihrem Recht nach Satz 3 Gebrauch, so teilt sie dies unverzüglich der ersuchenden Stelle unter Angabe der Gründe mit und übermittelt genaue Informationen über das *berufsgerichtliche Verfahren oder das rechtskräftige Urteil* [***ab 1.8.2022:*** berufsaufsichtliche Verfahren oder die rechtskräftige Entscheidung].

[1)] § 57 Abs. 6 Satz 3 Nrn. 1 und 2, Satz 4 geänd. mWv 1.8.2022 durch G v. 7.7.2021 (BGBl. I S. 2363).

(7) [1]Die Wirtschaftsprüferkammer darf Informationen, einschließlich personenbezogener Daten, an die in Absatz 6 Satz 1 genannten Stellen auf Ersuchen übermitteln, soweit die Kenntnis der Informationen zur Wahrnehmung der in Absatz 6 Satz 1 genannten Aufgaben der zuständigen Stelle im Einzelfall erforderlich ist. [2]Informationen, die einer Geheimhaltungspflicht unterliegen, dürfen nur übermittelt werden, wenn zusätzlich sichergestellt ist, dass sie bei diesen Stellen in gleicher Weise geheim gehalten werden. [3]Bei der Übermittlung personenbezogener Daten ist auf den Zweck hinzuweisen, für den die Daten übermittelt werden. [4]Die Übermittlung von Informationen einschließlich personenbezogener Daten unterbleibt, soweit hierdurch die öffentliche Sicherheit oder Ordnung beeinträchtigt werden könnte.

(8) [1]Soweit nicht die Zuständigkeit der Abschlussprüferaufsichtsstelle nach § 66c Absatz 5 gegeben ist, arbeitet die Wirtschaftsprüferkammer mit den für die Bestellung, Anerkennung, Berufsaufsicht und Qualitätskontrolle zuständigen Stellen anderer als der in Absatz 6 Satz 1 genannten Staaten zusammen, soweit dies für die Wahrnehmung der jeweiligen Aufgabe der zuständigen Stelle im Einzelfall erforderlich ist. [2]Absatz 6 Satz 2 bis 4 gilt entsprechend.

(9)[1)] [1]Die Wirtschaftsprüferkammer darf Informationen, einschließlich personenbezogener Daten, an die in Absatz 8 Satz 1 genannten Stellen auf Ersuchen übermitteln, soweit die Kenntnis der Informationen zur Wahrnehmung der in Absatz 8 Satz 1 genannten Aufgaben der zuständigen Stelle im Einzelfall erforderlich ist. [2]Informationen, die einer Geheimhaltungspflicht unterliegen, dürfen nur übermittelt werden, wenn zusätzlich sichergestellt ist, dass sie bei diesen Stellen in gleicher Weise geheim gehalten werden. [3]Die Übermittlung personenbezogener Daten muss im Einklang stehen mit

1. Kapitel V der Verordnung (EU) 2016/679 der Europäischen Parlaments und des Rates vom 27. April 2016 zum Schutz natürlicher Personen bei der Verarbeitung personenbezogener Daten, zum freien Datenverkehr und zur Aufhebung der Richtlinie 95/46/EG (Datenschutz-Grundverordnung) (ABl. L 119 vom 4.5.2016, S. 1; L 314 vom 22.11.2016, S. 72; L 127 vom 23.5.2018, S. 2) in der jeweils geltenden Fassung und
2. den sonstigen allgemeinen datenschutzrechtlichen Vorschriften.

[4]Die Übermittlung von Informationen, einschließlich personenbezogener Daten, unterbleibt, soweit hierdurch die öffentliche Sicherheit oder Ordnung beeinträchtigt werden könnte. [5]Legt die zuständige Stelle begründet dar, dass sie mit der Erledigung durch die Wirtschaftsprüferkammer nicht einverstanden ist, kann die Wirtschaftsprüferkammer unter den Voraussetzungen der Sätze 1 bis 4 Arbeitsunterlagen und andere Dokumente auf Anforderung der zuständigen Stelle an diese herausgeben, wenn

1. diese Arbeitsunterlagen oder Dokumente sich auf Prüfungen von Unternehmen beziehen, die Wertpapiere in diesem Drittstaat ausgegeben haben oder Teile eines Konzerns sind, der in diesem Staat einen Konzernabschluss vorlegt,

---

[1)] § 57 Abs. 9 Satz 3 neu gef. mWv 26.11.2019 durch G v. 20.11.2019 (BGBl. I S. 1626).

2. die zuständige Stelle die Anforderungen erfüllt, auf die in Artikel 47 Abs. 3 der Richtlinie 2006/43/EG Bezug genommen wird und die von der Kommission der Europäischen Gemeinschaften als angemessen erklärt wurden,
3. auf der Grundlage der Gegenseitigkeit eine Vereinbarung zur Zusammenarbeit zwischen der Wirtschaftsprüferkammer und der jeweiligen Stelle getroffen wurde.

§ 57a[1)] Qualitätskontrolle. (1) [1]Berufsangehörige in eigener Praxis und Wirtschaftsprüfungsgesellschaften sind verpflichtet, sich einer Qualitätskontrolle zu unterziehen, wenn sie gesetzlich vorgeschriebene Abschlussprüfungen nach § 316 des Handelsgesetzbuchs durchführen. [2]Sie sind verpflichtet, dies bei der Wirtschaftsprüferkammer spätestens zwei Wochen nach Annahme eines Prüfungsauftrages anzuzeigen. [3]Mit der Anzeige sind Art und Umfang der Tätigkeit mitzuteilen. [4]Wesentliche Änderungen von Art und Umfang der Prüfungstätigkeit sind ebenfalls mitzuteilen.

(2) [1]Die Qualitätskontrolle dient der Überwachung, ob die Regelungen zur Qualitätssicherung nach Maßgabe der gesetzlichen Vorschriften und der Berufssatzung insgesamt und bei der Durchführung einzelner Aufträge eingehalten werden. [2]Sie erstreckt sich auf Abschlussprüfungen nach § 316 des Handelsgesetzbuchs und auf betriebswirtschaftliche Prüfungen, die von der Bundesanstalt für Finanzdienstleistungsaufsicht beauftragt werden. [3]Sie umfasst auf der Grundlage einer angemessenen Überprüfung ausgewählter Prüfungsunterlagen eine Beurteilung der Angemessenheit und Wirksamkeit des Qualitätssicherungssystems nach § 55b, insbesondere bezogen auf die Einhaltung der einschlägigen Berufsausübungsregelungen, die Unabhängigkeitsanforderungen, die Quantität und Qualität der eingesetzten Mittel und des Personals sowie die berechnete Vergütung. [4]Die Qualitätskontrolle findet auf der Grundlage einer Risikoanalyse mindestens alle sechs Jahre statt. [5]Haben zu Prüfende erstmals nach Absatz 1 Satz 2 angezeigt, gesetzlich vorgeschriebene Abschlussprüfungen nach § 316 des Handelsgesetzbuchs durchzuführen, hat die Qualitätskontrolle spätestens drei Jahre nach Beginn der ersten derartigen Prüfung stattzufinden. [6]Die Entscheidung über den Zeitpunkt der Qualitätskontrolle und die Anordnung gegenüber den zu Prüfenden trifft die Kommission für Qualitätskontrolle.

(3) [1]Die Qualitätskontrolle wird durch bei der Wirtschaftsprüferkammer registrierte Berufsangehörige in eigener Praxis oder durch Wirtschaftsprüfungsgesellschaften (Prüfer für Qualitätskontrolle) durchgeführt. [2]Berufsangehörige sind auf Antrag zu registrieren, wenn

1. sie seit mindestens drei Jahren als Wirtschaftsprüfer bestellt und dabei im Bereich der gesetzlichen Abschlussprüfung tätig sind;
2. sie eine spezielle Ausbildung in der Qualitätskontrolle absolviert haben und
3. gegen sie in den letzten fünf Jahren keine berufsaufsichtliche Maßnahme nach § 68 Absatz 1 Satz 2 Nummer 2 bis 6 wegen der Verletzung einer Be-

---

[1)] § 57a neu gef. mWv 17.6.2016 durch G v. 31.3.2016 (BGBl. I S. 518).

rufspflicht verhängt worden ist, die ihre Eignung als Prüfer für Qualitätskontrolle ausschließt.

3 Die Registrierung setzt für Berufsangehörige in eigener Praxis voraus, dass sie nach § 38 Nummer 1 Buchstabe h als gesetzlicher Abschlussprüfer eingetragen sind. 4 Wirtschaftsprüfungsgesellschaften sind auf Antrag zu registrieren, wenn mindestens ein gesetzlicher Vertreter oder ein Mitglied des zur gesetzlichen Vertretung berufenen Organs nach Satz 2 registriert ist, sie nach § 38 Nummer 2 Buchstabe f als gesetzliche Abschlussprüfer eingetragen sind und sie die Anforderungen nach Satz 2 Nummer 3 erfüllen. 5 Wird einer Wirtschaftsprüfungsgesellschaft der Auftrag zur Durchführung einer Qualitätskontrolle erteilt, so müssen die für die Qualitätskontrolle verantwortlichen Berufsangehörigen entweder dem Personenkreis nach Satz 4 angehören oder Gesellschafter der Wirtschaftsprüfungsgesellschaft und nach Satz 2 registriert sein. 6 Sind als Prüfer für Qualitätskontrolle registrierte Berufsangehörige, welche die Voraussetzung von Satz 3 nicht erfüllen, in eigener Praxis und in sonstiger Weise tätig, dürfen sie keine Qualitätskontrolle in eigener Praxis durchführen.

(3a) 1 Die Registrierung als Prüfer für Qualitätskontrolle ist zu widerrufen, wenn die Voraussetzungen für die Registrierung als Prüfer für Qualitätskontrolle entfallen sind. 2 Sie ist insbesondere zu widerrufen, wenn

1. die Eintragung als gesetzlicher Abschlussprüfer gemäß Absatz 6a Satz 2 gelöscht worden ist,
2. der Prüfer für Qualitätskontrolle in den letzten drei Jahren nicht mehr im Bereich der gesetzlichen Abschlussprüfungen tätig gewesen ist,
3. gegen den Prüfer für Qualitätskontrolle eine unanfechtbare berufsaufsichtliche Maßnahme nach § 68 Absatz 1 Satz 2 Nummer 2 bis 6 verhängt worden ist, die seine Eignung als Prüfer für Qualitätskontrolle ausschließt, oder
4. der Prüfer für Qualitätskontrolle in den letzten drei Jahren keine spezielle Fortbildung in der Qualitätskontrolle nachweisen kann.

3 Die Registrierung einer als Prüfer für Qualitätskontrolle registrierten Wirtschaftsprüfungsgesellschaft ist zu widerrufen, wenn sie die Voraussetzungen nach Absatz 3 Satz 4 nicht mehr erfüllt.

(4) 1 Berufsangehörige oder Wirtschaftsprüfungsgesellschaften dürfen nicht als Prüfer für Qualitätskontrolle tätig werden, wenn kapitalmäßige, finanzielle oder persönliche Bindungen, insbesondere als Teilhaber oder Mitarbeiter, zu den zu prüfenden Berufsangehörigen oder Wirtschaftsprüfungsgesellschaften oder sonstige Umstände, welche die Besorgnis der Befangenheit begründen, bestehen oder in den letzten drei Jahren vor ihrer Beauftragung bestanden haben. 2 Ferner sind wechselseitige Qualitätskontrollen ausgeschlossen. 3 Prüfer für Qualitätskontrolle haben zu erklären, dass keine Ausschlussgründe oder sonstigen Interessenkonflikte zwischen ihnen und den zu Prüfenden bestehen.

(5) 1 Prüfer für Qualitätskontrolle haben das Ergebnis der Qualitätskontrolle in einem Bericht (Qualitätskontrollbericht) zusammenzufassen. 2 Der Qualitätskontrollbericht hat zu enthalten:

1. die Nennung der Kommission für Qualitätskontrolle und der Geprüften als Empfänger oder Empfängerinnen des Berichts,
2. eine Beschreibung von Gegenstand, Art und Umfang der Prüfung, einschließlich einer Beschreibung des Qualitätssicherungssystems nach § 55b,
3. eine nach Prüfungsart gegliederte Angabe der Stundenanzahl,
4. die Zusammensetzung und Qualifikation der Prüfer für Qualitätskontrolle und
5. eine Beurteilung des Prüfungsergebnisses nach Absatz 2 Satz 3.

[3] Zum Inhalt und zur Vereinheitlichung des Aufbaus des Qualitätskontrollberichts nach § 57c Absatz 2 Nummer 6 getroffene weitere Bestimmungen sind zu beachten. [4] Sind von den Prüfern für Qualitätskontrolle keine wesentlichen Mängel im Qualitätssicherungssystem festgestellt worden, haben sie zu erklären, dass ihnen keine Sachverhalte bekannt geworden sind, die gegen die Annahme sprechen, dass das Qualitätssicherungssystem der Praxis in Einklang mit den gesetzlichen oder satzungsmäßigen Anforderungen steht und mit hinreichender Sicherheit eine ordnungsgemäße Abwicklung von Abschlussprüfungen nach § 316 des Handelsgesetzbuchs und von betriebswirtschaftlichen Prüfungen, die von der Bundesanstalt für Finanzdienstleistungsaufsicht beauftragt werden, gewährleistet. [5] Sind Mängel im Qualitätssicherungssystem oder Prüfungshemmnisse festgestellt worden, so haben die Prüfer für Qualitätskontrolle diese zu benennen, Empfehlungen zur Beseitigung der Mängel zu geben und, sofern die festgestellten Mängel wesentlich sind, ihre Erklärung nach Satz 4 einzuschränken oder zu versagen. [6] Eine Einschränkung oder Versagung ist zu begründen.

(5a)[1)] [1] Bei Berufsangehörigen, die gesetzlich vorgeschriebene Abschlussprüfungen bei Unternehmen von öffentlichem Interesse nach § 316a Satz 2 des Handelsgesetzbuchs durchführen, sind im Rahmen der Qualitätskontrolle die Ergebnisse der Inspektion nach Artikel 26 der Verordnung (EU) Nr. 537/2014 zu berücksichtigen. [2] Die Qualitätskontrolle und der Qualitätskontrollbericht haben nicht die in Artikel 26 Absatz 6 der Verordnung (EU) Nr. 537/2014 genannten Bereiche zu betreffen. [3] Auf der Grundlage des aktuellen Inspektionsberichts beurteilen die Prüfer für Qualitätskontrolle ausschließlich die Wirksamkeit des Qualitätssicherungssystems bei gesetzlich vorgeschriebenen Abschlussprüfungen von Unternehmen, die nicht von öffentlichem Interesse im Sinne des § 316a Satz 2 des Handelsgesetzbuchs sind, und bei betriebswirtschaftlichen Prüfungen, die von der Bundesanstalt für Finanzdienstleistungsaufsicht beauftragt werden, und benennen gegebenenfalls festgestellte Mängel in Bezug auf diese Prüfungen. [4] Der Qualitätskontrollbericht ist der Kommission für Qualitätskontrolle, den Geprüften und der Abschlussprüferaufsichtsstelle zu übermitteln. [5] Im Übrigen gilt Absatz 5 entsprechend.

(5b) [1] Die Qualitätskontrolle muss im Hinblick auf den Umfang und die Komplexität der Tätigkeit der Geprüften geeignet und angemessen sein. [2] Dies

---

[1)] § 57a Abs. 5a Satz 1 und 3 geänd. mWv 1.7.2021 durch G v. 3.6.2021 (BGBl. I S. 1534).

ist insbesondere bei der gesetzlichen Abschlussprüfung von mittleren und kleinen Unternehmen nach § 267 Absatz 1 und 2 des Handelsgesetzbuchs zu berücksichtigen, wobei der Art, der Anzahl der Mandate und der Größe der Praxis des Geprüften besondere Bedeutung zukommt.

(6) [1]Die zu Prüfenden haben bei der Kommission für Qualitätskontrolle bis zu drei Vorschläge für mögliche Prüfer für Qualitätskontrolle einzureichen. [2]Die eingereichten Vorschläge müssen jeweils um eine Unabhängigkeitsbestätigung der Prüfer für Qualitätskontrolle nach Maßgabe der Satzung für Qualitätskontrolle ergänzt sein (§ 57c Absatz 2 Nummer 7). [3]Von den Vorschlägen kann die Kommission für Qualitätskontrolle unter Angabe der Gründe einzelne oder alle ablehnen; dies ist den zu Prüfenden innerhalb von vier Wochen seit Einreichung der Vorschläge mitzuteilen, ansonsten gelten die Vorschläge als anerkannt. [4]Bei Ablehnung aller Vorschläge können die zu Prüfenden bis zu drei neue Vorschläge einreichen; die Sätze 2 und 3 finden Anwendung. [5]Im Fall der erneuten Ablehnung aller Vorschläge hat die Kommission für Qualitätskontrolle einen zu beauftragenden Prüfer für Qualitätskontrolle zu benennen. [6]Die Prüfer für Qualitätskontrolle sind von den zu Prüfenden eigenverantwortlich zu beauftragen.

(6a) [1]Nach Abschluss der Prüfung leiten die Prüfer für Qualitätskontrolle eine Ausfertigung des Qualitätskontrollberichts unverzüglich und möglichst elektronisch der Wirtschaftsprüferkammer zu. [2]Die Kommission für Qualitätskontrolle entscheidet auf Löschung der Eintragung nach § 38 Nummer 1 Buchstabe h oder Nummer 2 Buchstabe f, wenn

1. die Qualitätskontrolle nicht innerhalb der von der Kommission für Qualitätskontrolle vorgegebenen Frist oder unter Verstoß gegen Absatz 3 Satz 1 und 5 oder Absatz 4 durchgeführt worden ist,
2. wesentliche Prüfungshemmnisse festgestellt worden sind oder
3. wesentliche Mängel im Qualitätssicherungssystem festgestellt worden sind, die das Qualitätssicherungssystem als unangemessen oder unwirksam erscheinen lassen.

(7) [1]Aufträge zur Durchführung der Qualitätskontrolle können nur aus wichtigem Grund gekündigt werden. [2]Meinungsverschiedenheiten über den Inhalt des Qualitätskontrollberichts gelten nicht als wichtiger Grund. [3]Prüfer für Qualitätskontrolle haben der Kommission für Qualitätskontrolle über das Ergebnis ihrer bisherigen Prüfung und den Kündigungsgrund zu berichten. [4]Der Bericht ist von den zu Prüfenden im Fall einer späteren Qualitätskontrolle den nächsten Prüfern für Qualitätskontrolle vorzulegen.

(8)[1)] [1]Die Wirtschaftsprüferkammer hat den Qualitätskontrollbericht und den damit in Zusammenhang stehenden Vorgang sieben Jahre nach Eingang des Berichts aufzubewahren und anschließend zu vernichten. [2]Im Fall eines anhängigen Rechtsstreits über Maßnahmen der Kommission für Qualitätskontrolle verlängert sich die Frist bis zur Rechtskraft des Urteils.

[1)] § 57a Abs. 8 Satz 1 geänd. mWv 1.8.2021 durch G v. 25.6.2021 (BGBl. I S. 2154).

§ 57b[1)] Verschwiegenheitspflicht und Verantwortlichkeit. (1) Der Prüfer für Qualitätskontrolle und seine Gehilfen, die Mitglieder der Kommission für Qualitätskontrolle (§ 57e) und die Bediensteten der Wirtschaftsprüferkammer sind, auch nach Beendigung ihrer Tätigkeit, verpflichtet, über die ihnen im Rahmen der Qualitätskontrolle bekannt gewordenen Angelegenheiten Verschwiegenheit zu bewahren.

(2) [1]Für die Mitglieder der Kommission für Qualitätskontrolle und die Bediensteten der Wirtschaftsprüferkammer gilt § 59c Absatz 4 Satz 1 entsprechend. [2]Der Genehmigung bedarf auch die Vorlegung oder Auslieferung von Schriftstücken durch die Wirtschaftsprüferkammer an Gerichte oder Behörden. [3]Die Genehmigung erteilt in den Fällen der Sätze 1 und 2 die Kommission für Qualitätskontrolle. [4]Sie kann nur erteilt werden, wenn der Beschuldigte den geprüften Wirtschaftsprüfer, die geprüfte Wirtschaftsprüfungsgesellschaft oder den Prüfer für Qualitätskontrolle von der Pflicht zur Verschwiegenheit entbunden hat.

(3) Soweit dies zur Durchführung der Qualitätskontrolle erforderlich ist, ist die Pflicht zur Verschwiegenheit nach Absatz 1, § 43 Abs. 1 Satz 1, § 59c Absatz 1 und 2 Satz 1 Nummer 1 dieses Gesetzes und § 323 Abs. 1 Satz 1 des Handelsgesetzbuchs sowie die Pflicht zur Verschwiegenheit der Personen, die den Beruf gemeinsam mit dem Wirtschaftsprüfer in eigener Praxis ausüben, eingeschränkt.

(4) § 323 des Handelsgesetzbuchs gilt vorbehaltlich des Absatzes 3 entsprechend.

§ 57c[2)] Satzung für Qualitätskontrolle. (1) [1]Die Wirtschaftsprüferkammer erlässt eine Satzung für Qualitätskontrolle; die Satzung wird vom Beirat der Wirtschaftsprüferkammer beschlossen. [2]Die Satzung und deren Änderungen müssen im Einklang mit den Vorgaben des auf sie anzuwendenden europäischen Rechts stehen. [3]Insbesondere sind bei neuen oder zu ändernden Vorschriften, die dem Anwendungsbereich der Richtlinie 2005/36/EG in der jeweils geltenden Fassung unterfallen, die Vorgaben der Richtlinie (EU) 2018/958 in der jeweils geltenden Fassung einzuhalten. [4]§ 57 Absatz 3a gilt entsprechend. [5]Die Satzung und deren Änderungen bedürfen zu ihrer Wirksamkeit der Genehmigung des Bundesministeriums für Wirtschaft und Ener-

---

[1)] § 57b eingef. mWv 1.1.2001 durch G v. 19.12.2000 (BGBl. I S. 1769); Abs. 1 und Abs. 2 Satz 1 geänd. mWv 6.9.2007 durch G v. 3.9.2007 (BGBl. I S. 2178); Abs. 2 Satz 1 und Abs. 3 geänd. mWv 1.8.2021 durch G v. 25.6.2021 (BGBl. I S. 2154).

[2)] § 57c eingef. mWv 1.1.2001 durch G v. 19.12.2000 (BGBl. I S. 1769); Abs. 2 Nr. 1 geänd. mWv 11.12.2001 durch G v. 10.12.1002 (BGBl. I S. 3414); Abs. 1 Satz 2 geänd. mWv 1.1.2004 durch G v. 1.12.2003 (BGBl. I S. 2446); Abs. 2 Nr. 5 geänd., Nr. 6 und 7 angef. mWv 1.1.2005 durch G v. 27.12.2004 (BGBl. I S. 3846); Abs. 1 Satz 2 geänd. mWv 8.11.2006 durch VO v. 31.10.2006 (BGBl. I S. 2407); Abs. 2 Nr. 4, Nr. 6 neu gef., Nr. 7 eingef., bish. Nr. 7 wird neue Nr. 8 mWv 6.9.2007 durch G v. 3.9.2007 (BGBl. I S. 2178); Abs. 1 Satz 2 geänd. mWv 8.9.2015 durch VO v. 31.8.2015 (BGBl. I S. 1474); Abs. 2 Nr. 1 geänd., Nr. 4, 6 und 8 neu gef. mWv 17.6.2016 durch G v. 31.3.2016 (BGBl. I S. 518); Abs. 1 neu gef. mWv 30.7.2020 durch G v. 19.6.2020 (BGBl. I S. 1403); Abs. 1 Satz 9 angef. mWv 1.8.2021 durch G v. 25.6.2021 (BGBl. I S. 2154).

gie im Einvernehmen mit dem Bundesministerium der Justiz und für Verbraucherschutz. [6]Das Bundesministerium für Wirtschaft und Energie hat bei der Genehmigung zu prüfen, ob die Vorgaben der Richtlinie (EU) 2018/958 in der jeweils geltenden Fassung eingehalten wurden. [7]Zu diesem Zweck hat ihm die Wirtschaftsprüferkammer die Unterlagen zuzuleiten, aus denen sich die Einhaltung der Vorgaben ergibt. [8]Insbesondere sind die Gründe zu übermitteln, auf Grund derer der Beirat der Wirtschaftsprüferkammer die Satzung oder deren Änderungen als gerechtfertigt, notwendig und verhältnismäßig beurteilt hat. [9]Nach der Genehmigung sind die Satzung und deren Änderungen unter Angabe des Datums ihres Inkrafttretens dauerhaft auf der Internetseite der Wirtschaftsprüferkammer zu veröffentlichen.

(2) Die Satzung für Qualitätskontrolle hat im Rahmen der Vorschriften dieses Gesetzes näher zu regeln:

1. die Voraussetzungen und das Verfahren der Registrierung der Prüfer für Qualitätskontrolle sowie des Widerrufs der Registrierung nach § 57a Absatz 3 und 3a sowie nach § 63f Abs. 2 des Gesetzes betreffend die Erwerbs- und Wirtschaftsgenossenschaften;
2. Ausschlussgründe des Prüfers für Qualitätskontrolle nach § 57a Abs. 4;
3. das Verfahren nach den §§ 57a ff. innerhalb der Wirtschaftsprüferkammer;
4. die Mitteilungspflichten nach § 57a Absatz 1 Satz 3 und 4, die Risikoanalyse nach § 57a Absatz 2 Satz 4 und die Anordnung der Qualitätskontrolle nach § 57a Absatz 2 Satz 6;
5. die Maßnahmen der Kommission für Qualitätskontrolle;
6. Umfang und Inhalt der Qualitätskontrolle nach § 57a Absatz 2 Satz 3 und des Qualitätskontrollberichts nach § 57a Absatz 5;
7. Bestimmungen zu Inhalt und Aufbau der Unabhängigkeitsbestätigung nach § 57a Abs. 6 Satz 2;
8. Umfang und Inhalt der speziellen Ausbildungsverpflichtung nach § 57a Absatz 3 Satz 2 Nummer 2, der in § 57a Absatz 3a genannten speziellen Fortbildung sowie den entsprechenden Aus- oder Fortbildungsnachweis.

§ 57d[1)] Mitwirkungspflichten. [1]Wirtschaftsprüfer in eigener Praxis, Wirtschaftsprüfungsgesellschaften sowie die Personen, die den Beruf gemeinsam mit diesen ausüben, sind verpflichtet, dem Prüfer Zutritt zu den Praxisräumen zu gewähren, Aufklärungen zu geben sowie die verlangten Nachweise vorzulegen, soweit dies für eine sorgfältige Prüfung erforderlich ist. [2]§ 62 Absatz 2 und 3 gilt entsprechend. [3]Die Mitwirkung kann nicht im Wege des Verwaltungszwangs nach § 57e Abs. 3 erzwungen werden.

[1)] § 57d eingef. mWv 1.1.2001 durch G v. 19.12.2000 (BGBl. I S. 1769); Satz 2 eingef., bish. Satz 2 wird Satz 3 mWv 17.6.2016 durch G v. 31.3.2016 (BGBl. I S. 518).

§ 57e[1] Kommission für Qualitätskontrolle. (1) [1]In der Wirtschaftsprüferkammer wird eine Kommission für Qualitätskontrolle eingerichtet. [2]Mitglieder der Kommission für Qualitätskontrolle sind Berufsangehörige und vereidigte Buchprüfer, die auf Vorschlag des Vorstands vom Beirat gewählt werden; mindestens ein Mitglied soll im genossenschaftlichen Prüfungswesen erfahren und tätig sein. [3]Sie sind unabhängig und nicht weisungsgebunden. [4]Die Kommission für Qualitätskontrolle ist innerhalb der Wirtschaftsprüferkammer zuständig für alle Angelegenheiten der Qualitätskontrolle im Sinne von § 57a, soweit nicht die Abschlussprüferaufsichtsstelle zuständig ist. [5]Ihr obliegt insbesondere:

1. Anordnungen zur Durchführung einer Qualitätskontrolle nach § 57a Absatz 2 Satz 6 zu treffen;
2. Prüfer für Qualitätskontrolle nach § 57a Abs. 3 zu registrieren;
3. Qualitätskontrollberichte entgegenzunehmen und auszuwerten;
4. die Aufsicht über die Prüfer für Qualitätskontrolle nach Absatz 7 sowie Entscheidungen über die Rücknahme oder den Widerruf der Registrierung als Prüfer für Qualitätskontrolle zu treffen;
5. über Maßnahmen nach den Absätzen 2 und 3 und die Löschung der Eintragung nach § 57a Absatz 6a Satz 2 zu entscheiden;
6. Widersprüche gegen Entscheidungen im Zusammenhang mit der Qualitätskontrolle zu bescheiden.

[6]Die Kommission für Qualitätskontrolle kann im Einvernehmen mit der Abschlussprüferaufsichtsstelle an Qualitätskontrollen teilnehmen und sich Arbeitsunterlagen des Prüfers für Qualitätskontrolle vorlegen lassen.

(2) [1]Liegen bei Berufsangehörigen in eigener Praxis oder bei Wirtschaftsprüfungsgesellschaften Mängel vor, wurden Verletzungen von Berufsrecht, die auf Mängeln des Qualitätssicherungssystems beruhen, festgestellt oder wurde die Qualitätskontrolle nicht nach Maßgabe der §§ 57a bis 57d und der Satzung für Qualitätskontrolle durchgeführt, kann die Kommission für Qualitätskontrolle Auflagen zur Beseitigung der Mängel erteilen oder eine Sonderprüfung anordnen. [2]Werden Auflagen erteilt, haben die Geprüften diese in einer von der Kommission für Qualitätskontrolle vorgegebenen Frist umzusetzen und hierüber unverzüglich einen Bericht vorzulegen. [3]Die Kommission für Qualitätskontrolle kann bestimmen, dass mit der Sonderprüfung ein anderer Prüfer für Qualitätskontrolle beauftragt wird. [4]Sind die Voraussetzungen des § 57a Absatz 6a Satz 2 gegeben, entscheidet die Kommission für Qualitätskontrolle über die Löschung der Eintragung. [5]Die Berufsangehörigen oder Wirtschaftsprüfungsgesellschaften sind vor dem Erlass der Maßnahmen

---

[1] § 57e eingef. mWv 1.1.2001, Abs. 3 Satz 1 geänd. mWv 1.1.2002 durch G v. 19.12.2000 (BGBl. I S. 1769); Abs. 1 Satz 2 geänd. mWv 15.12.2001 durch G v. 10.12.2001 (BGBl. I S. 3414); Abs. 1 Satz 4, Abs. 3 Satz 1 und 2, Abs. 4 Satz 2 geänd., Abs. 2 neu gef. mWv 1.1.2005 durch G v. 27.12.2004 (BGBl. I S. 3846); Abs. 2 Satz 1, Abs. 3 Satz 2 neu gef., Abs. 6 angef. mWv 6.9.2007 durch G v. 3.9.2007 (BGBl. I S. 2178); Abs. 1 Sätze 2, 4 und 5 Nr. 3, Abs. 3 Satz 2, Abs. 4 Satz 1 und Abs. 6 geänd., Abs. 1 Satz 5 Nr. 1, 4 und 5, Abs. 2, Abs. 3 Satz 1 und Abs. 5 neu gef., Abs. 4 Satz 2 aufgeh., Abs. 1 Sätze 6 und Abs. 7 angef. mWv 17.6.2016 durch G v. 31.3.2016 (BGBl. I S. 518).

nach den Sätzen 1 bis 4 anzuhören. [6]Beabsichtigt die Wirtschaftsprüferkammer, eine Eintragung nach § 57a Absatz 6a Satz 2 zu löschen, hat sie den Vorgang zuvor der Abschlussprüferaufsichtsstelle vorzulegen. [7]Für Maßnahmen nach den Sätzen 1 bis 4 gegenüber Berufsangehörigen, die gesetzlich vorgeschriebene Abschlussprüfungen bei Unternehmen von öffentlichem Interesse nach § 316a Satz 2[1)] des Handelsgesetzbuchs durchführen, bleibt die Zuständigkeit der Abschlussprüferaufsichtsstelle nach § 66a Absatz 6 unberührt.

(3) [1]Befolgen Berufsangehörige oder Wirtschaftsprüfungsgesellschaften Maßnahmen nach Absatz 2 nicht, kann die Kommission für Qualitätskontrolle ein Zwangsgeld bis zu 25 000 Euro verhängen. [2]Werden trotz wiederholter Festsetzung eines Zwangsgeldes Auflagen und sonstige Maßnahmen nach Absatz 2 nicht fristgerecht oder nicht vollständig umgesetzt, ist die Eintragung der Anzeige nach § 38 Nummer 1 Buchstabe h oder Nummer 2 Buchstabe f zu löschen.

(4) Die Kommission für Qualitätskontrolle hat den Vorstand der Wirtschaftsprüferkammer zu unterrichten, wenn ein Widerruf der Bestellung als Wirtschaftsprüfer oder der Anerkennung als Wirtschaftsprüfungsgesellschaft oder die Einleitung eines berufsaufsichtlichen Verfahrens in Betracht zu ziehen ist.

(5) [1]Die im Rahmen der Qualitätskontrolle nach § 57d oder bei Maßnahmen nach den Absätzen 2 und 3 erteilten Auskünfte und übermittelten Unterlagen und Daten dürfen auch für solche Aufsichtsverfahren verwendet werden, die sonst von der Wirtschaftsprüferkammer oder der Abschlussprüferaufsichtsstelle eingeleitet oder geführt werden. [2]Sobald die Unterlagen oder Daten nicht mehr erforderlich sind, sind sie unverzüglich zurückzugeben oder zu löschen.

(6) [1]Die Absätze 2 bis 4 gelten entsprechend, wenn sich außerhalb einer Qualitätskontrolle im Sinne des § 57a Anhaltspunkte für Mängel im Qualitätssicherungssystem von Berufsangehörigen oder Wirtschaftsprüfungsgesellschaften ergeben. [2]Die Kommission für Qualitätskontrolle ist dabei an die im Verfahren nach § 62b getroffenen Feststellungen gebunden.

(7) [1]Die Kommission für Qualitätskontrolle untersucht bei Prüfern für Qualitätskontrolle (§ 57a Absatz 3), ob diese bei den Qualitätskontrollen die gesetzlichen Anforderungen und die Berufsausübungsregelungen eingehalten haben. [2]Absatz 2 Satz 1 bis 4 und 7, Absatz 3 Satz 1 und die Absätze 4 und 5 gelten entsprechend.

§ 57f.[2)] (weggefallen)

§ 57g[3)] **Freiwillige Qualitätskontrolle.** § 57a Absatz 2 bis 6a und die §§ 57b bis 57e gelten entsprechend für die freiwillige Durchführung einer Qualitätskontrolle bei Wirtschaftsprüfern in eigener Praxis und Wirtschaftsprüfungsgesellschaften.

---

1) Verweis geänd. mWv 1.7.2021 durch G v. 3.6.2021 (BGBl. I S. 1534).

2) § 57f aufgeh. mWv 6.9.2007 durch G v. 3.9.2007 (BGBl. I S. 2178).

3) § 57g eingef. mWv 1.1.2001 durch G v. 19.12.2000 (BGBl. I S. 1769); geänd. mWv 17.6.2016 durch G v. 31.3.2016 (BGBl. I S. 518).

§ 57h[1)] Qualitätskontrolle bei Prüfungsstellen der Sparkassen- und Giroverbände. (1) [1] § 57a Absatz 1 Satz 1, Absatz 3 bis 5 und 5b bis 8, die §§ 57b bis 57d und 66a Absatz 1 Satz 1, Absatz 3 Satz 1 bis 3, Absatz 5 Satz 1 und Absatz 8, § 66b und § 136 gelten entsprechend für die Qualitätskontrolle bei Prüfungsstellen der Sparkassen- und Giroverbände, soweit diese Mitglieder der Wirtschaftsprüferkammer sind und das Landesrecht hinsichtlich der Verpflichtung zur Durchführung der Qualitätskontrolle nichts anderes vorsieht. [2] Maßstab, Reichweite und Zeitpunkt der Qualitätskontrolle werden in entsprechender Anwendung von § 57a Abs. 2 durch die nach Landesrecht zuständige Aufsichtsbehörde bestimmt. [3] § 57e Abs. 2 findet mit der Maßgabe entsprechende Anwendung, dass die Kommission für Qualitätskontrolle nicht über belastende Maßnahmen gegenüber den Prüfungsstellen entscheidet, sondern der nach Landesrecht zuständigen Aufsichtsbehörde unverzüglich die Tatsachen und Schlussfolgerungen mitteilt, die Grundlage solcher Maßnahmen sein können. [4] Erkennt die Wirtschaftsprüferkammer, dass eine Eintragung nach § 57a Absatz 6a Satz 2 zu löschen ist, so ist § 57e Absatz 2 Satz 4 mit der Maßgabe anzuwenden, dass der Vorgang der nach Landesrecht zuständigen Aufsichtsbehörde zur Entscheidung vorzulegen ist.

(2) [1] Prüfer für Qualitätskontrolle können im Falle des Absatzes 1 auch Prüfungsstellen der Sparkassen- und Giroverbände sein. [2] Eine Prüfungsstelle ist auf Antrag nach § 57a Abs. 3 zu registrieren, wenn der Leiter der Prüfungsstelle nach § 57a Abs. 3 Satz 2 registriert ist und die Prüfungsstelle die Voraussetzung nach § 57a Abs. 3 Satz 3 erfüllt. [3] Wird einer Prüfungsstelle eines Sparkassen- und Giroverbandes der Auftrag zur Durchführung einer Qualitätskontrolle erteilt, so muss die für die Qualitätskontrolle nach § 57a Abs. 3 Satz 5 verantwortliche berufsangehörige Person der Leiter oder die Leiterin der Prüfungsstelle des Sparkassen- und Giroverbandes sein und nach § 57a Abs. 3 Satz 2 registriert sein.

(3) [1] Artikel 26 der Verordnung (EU) Nr. 537/2014 findet keine Anwendung auf die Prüfungsstellen der Sparkassen- und Giroverbände, soweit Landesrecht nichts anderes vorsieht. [2] Gehört die zu prüfende Sparkasse zu den in § 316a Satz 2 des Handelsgesetzbuchs genannten Unternehmen und hat sie eine Bilanzsumme von mehr als 3 Milliarden Euro, hat, soweit Landesrecht nichts anderes vorsieht, in entsprechender Anwendung des Artikels 8 der Verordnung (EU) Nr. 537/2014 eine prüfungsbegleitende Qualitätssicherung stattzufinden. [3] Die prüfungsbegleitende Qualitätssicherung darf nur von solchen fachlich und persönlich geeigneten Personen wahrgenommen werden, die an der Durchführung der Prüfung nicht beteiligt sind.

[1)] § 57h eingef. mWv 1.1.2001 durch G v. 19.12.2000 (BGBl. I S. 1769); Abs. 1 Satz 1 geänd. mWv 15.12.2001 durch G v. 10.12.2001 (BGBl. I S. 3414); Abs. 2 Satz 3 angef. mWv 1.1.2004 durch G v. 1.12.2003 (BGBl. I S. 2446); Abs. 1 Satz 1 geänd. und Satz 4 angef. mWv 1.1.2005 durch G v. 27.12.2004 (BGBl. I S. 3846); Abs. 1 Satz 1 geänd. mWv 6.9.2007 durch G v. 3.9.2007 (BGBl. I S. 2178); Abs. 1 Satz 1 geänd. mWv 29.5.2009 durch G v. 25.5.2009 (BGBl. I S. 1102); Abs. 1 Sätze 1 und 2 geänd., Satz 4 neu gef., Abs. 3 angef. mWv 17.6.2016 durch G v. 31.3.2016 (BGBl. I S. 518); Abs. 3 Satz 2 geänd. mWv 1.7.2021 durch G v. 3.6.2021 (BGBl. I S. 1534).

§ 58[1] **Mitgliedschaft.** (1) [1]Mitglieder der Wirtschaftsprüferkammer sind die Wirtschaftsprüfer, die nach diesem Gesetz bestellt sind, und Mitglieder des Vorstandes, nach dem Partnerschaftsgesellschaftsgesetz verbundene Personen, Geschäftsführer oder persönlich haftende Gesellschafter von Wirtschaftsprüfungsgesellschaften, die nicht Wirtschaftsprüfer sind, sowie die anerkannten Wirtschaftsprüfungsgesellschaften. [2]Für beurlaubte Wirtschaftsprüfer ruht die Mitgliedschaft während der Dauer ihrer Beurlaubung. [3]Sie bleiben der *Berufsgerichtsbarkeit* [***ab 1.8.2022:*** Berufsaufsicht] unterworfen.

(2) [1]Die genossenschaftlichen Prüfungsverbände, die Sparkassen- und Giroverbände für ihre Prüfungsstellen sowie die überörtlichen Prüfungseinrichtungen für öffentliche Körperschaften können die Mitgliedschaft bei der Wirtschaftsprüferkammer erwerben. [2]Die Vorschriften des § 57 Abs. 1 bis 4 sind auf diese Mitglieder nicht anzuwenden.

§ 58a[2] **Mitgliederakten.** (1) [1]Die Wirtschaftsprüferkammer führt zur Erfüllung ihrer Aufgaben Akten über ihre Mitglieder (§ 58). [2]Mitgliederakten können teilweise oder vollständig elektronisch geführt werden. [3]Zu den Mitgliederakten sind insbesondere die Dokumente zu nehmen, die im Zusammenhang mit der Bestellung oder Anerkennung, der Mitgliedschaft oder der Qualifikation des Mitglieds stehen oder die in Bezug auf das Mitglied geführte berufsaufsichtliche Verfahren betreffen.

(2) [1]Die Mitglieder der Wirtschaftsprüferkammer haben das Recht, die über sie geführten Akten einzusehen. [2]Bei einer Einsichtnahme dürfen Aufzeichnungen über den Inhalt der Akten oder Kopien der Dokumente gefertigt werden. [3]Bei einer elektronischen Aktenführung hat die Wirtschaftsprüferkammer den Inhalt elektronisch oder durch Ausdrucke zugänglich zu machen. [4]Die Akteneinsicht kann verweigert werden, solange die in § 29 Absatz 1 Satz 2 und Absatz 2 des Verwaltungsverfahrensgesetzes und § 147 Absatz 2 Satz 1 der Strafprozessordnung genannten Gründe vorliegen.

(3) [1]Mitgliederakten sind dreißig Jahre nach dem Ende des Jahres, in dem die Mitgliedschaft in der Wirtschaftsprüferkammer erloschen war, zu vernichten. [2]Davon abweichende Pflichten, Aktenbestandteile früher zu vernichten, bleiben unberührt. [3]Satz 1 gilt nicht, wenn das Mitglied in eine längere Aufbewahrung eingewilligt hat oder die Akte einem öffentlichen Archiv angeboten wird. [4]Wurde die Bestellung oder Anerkennung des Mitglieds wegen Unzuverlässigkeit, Ungeeignetheit oder Unwürdigkeit zurückgenommen oder widerrufen oder wurde das Mitglied aus dem Beruf ausgeschlossen, darf die Akte nicht vernichtet werden, bevor die entsprechende Eintragung im Bundeszentralregister entfernt wurde. [5]Satz 4 gilt auch, wenn das Mitglied während eines Rücknahme- oder Widerrufsverfahrens wegen Unzuverlässigkeit, Ungeeignetheit oder Unwürdigkeit auf die Bestellung verzichtet hat. [6]Bei

---

[1] § 58 Abs. 1 Satz 1 geänd. mWv 1.1.1995 durch G v. 15.7.1994 (BGBl. I S. 1569); Abs. 1 Satz 1 geänd. mWv 1.1.2004 durch G v. 1.12.2003 (BGBl. I S. 2446); Abs. 2 Satz 2 neu gef. mWv 6.9.2007 durch G v. 3.9.2007 (BGBl. I S. 2178); Abs. 1 Satz 1 geänd. mWv 17.6.2016 durch G v. 31.3.2016 (BGBl. I S. 518); Abs. 1 Satz 3 geänd. mWv 1.8.2022 durch G v. 7.7.2021 (BGBl. I S. 2363).

[2] § 58a eingef. mWv 1.8.2021 durch G v. 25.6.2021 (BGBl. I S. 2154).

einer elektronischen Aktenführung tritt an die Stelle der Vernichtung der Akten die Löschung der Daten.

(4) Nach dem Tod eines Mitglieds kann die Wirtschaftsprüferkammer zu Zwecken wissenschaftlicher Forschung Einsicht in die Mitgliederakte gewähren, soweit das wissenschaftliche Interesse die Persönlichkeitsrechte und Interessen der von einer Einsicht betroffenen Personen überwiegt und der Zweck der Forschung auf andere Weise nicht oder nur mit unverhältnismäßigem Aufwand erreicht werden kann.

(5) [1]Auf Personen, die einen Antrag auf Bestellung oder Anerkennung durch die Wirtschaftsprüferkammer gestellt haben, sind die Absätze 1 bis 4 entsprechend anzuwenden. [2]Absatz 2 gilt auch für frühere Mitglieder.

§ 59[1)] Organe; Kammerversammlungen. (1) Organe der Wirtschaftsprüferkammer sind

1. der Beirat,
2. der Vorstand,
3. der Präsident,
4. die Kommission für Qualitätskontrolle.

(2) [1]Die Beiratsmitglieder werden von den Mitgliedern der Wirtschaftsprüferkammer in unmittelbarer, freier und geheimer Briefwahl gewählt. [2]Der Vorstand wird vom Beirat gewählt. [3]Werden die Vorstandsmitglieder aus der Mitte des Beirats gewählt, so scheiden sie aus dem Beirat aus; wird der Beirat durch personalisierte Verhältniswahl gewählt, rücken Mitglieder der jeweiligen Listen als Beiratsmitglieder nach. [4]Zum Mitglied des Beirates und des Vorstandes kann nur gewählt werden, wer persönlich Mitglied der Wirtschaftsprüferkammer ist.

(3) [1]Die Wahl der Beiratsmitglieder erfolgt getrennt nach Gruppen. [2]Die Gruppe der Wirtschaftsprüfer und Wirtschaftsprüfungsgesellschaften wählt entsprechend der Zahl der Mitglieder der Wirtschaftsprüferkammer, die dieser Gruppe nach dem öffentlichen Berufsregister am 1. Dezember des dem Wahltag vorangehenden Kalenderjahres angehören, eine in der Satzung bestimmte Anzahl von Beiratsmitgliedern. [3]Die Gruppe der anderen stimmberechtigten Mitglieder wählt eine Anzahl von Beiratsmitgliedern, die sich nach der Zahl der stimmberechtigten Mitglieder der Wirtschaftsprüferkammer, die dieser Gruppe an dem in Satz 2 bezeichneten Tag angehören, bemißt. [4]Mindestens eine Zahl von einem Beiratsmitglied mehr als die Hälfte der Zahl aller Beiratsmitglieder muß jedoch von der Gruppe der Wirtschaftsprüfer und Wirtschaftsprüfungsgesellschaften gewählt werden. [5]Satz 1 bis 4

---

1) § 59 Abs. 1 Nr. 4 angef., Abs. 2 Satz 3 aufgeh., Abs. 3 Satz 2 geänd. mWv 1.1.2001 durch G v. 19.12.2000 (BGBl. I S. 1769); Abs. 4 angef. mWv 1.1.2004 durch G v. 1.12.2003 (BGBl. I S. 2446); Abs. 4 aufgeh. mWv 1.1.2005 durch G v. 27.12.2004 (BGBl. I S. 3846); Überschrift geänd., Abs. 1 Nr. 1 aufgeh., bish. Nr. 2–4 werden Nr. 1–3, Abs. 2 Satz 1 neu gef., Satz 2 eingef., bish. Satz 2 wird Satz 3, Abs. 3 Satz 2 geänd., Abs. 4 neu gef., Abs. 5 angef. mWv 9.12.2010 durch G v. 2.12.2010 (BGBl. I S. 1746); Abs. 1 Nr. 3 eingef., bish. Nr. 3 wird Nr. 4, Abs. 2 Satz 3 eingef., bish. Satz 3 wird Satz 4 mWv 17.6.2016 durch G v. 31.3.2016 (BGBl. I S. 518).

finden auf die Wahl der Vorstandsmitglieder entsprechende Anwendung; die Wahl des Präsidenten der Wirtschaftsprüferkammer erfolgt durch den gesamten Beirat.

(4) [1]Beirat und Vorstand erstatten den Mitgliedern jährlich Bericht. [2]Dazu kann die Wirtschaftsprüferkammer regionale Kammerversammlungen ausrichten. [3]Auf Verlangen des Beirats oder wenn mindestens ein Zwanzigstel der Mitglieder dies schriftlich unter Angabe des zu behandelnden Gegenstandes beantragt, richtet die Wirtschaftsprüferkammer eine Kammerversammlung aus, zu der alle Mitglieder eingeladen werden.

(5) Das Nähere regelt die Wirtschaftsprüferkammer in der Satzung und in der Wahlordnung gemäß § 60 Absatz 1.

§ 59a[1)] Abteilungen des Vorstandes und der Kommission für Qualitätskontrolle. (1) [1]Der Vorstand kann mehrere Abteilungen bilden, wenn die Satzung der Wirtschaftsprüferkammer es zuläßt. [2]Er überträgt den Abteilungen die Geschäfte, die sie selbständig führen.

(2) [1]Jede Abteilung muss aus mindestens drei Mitgliedern des Vorstandes bestehen. [2]Die Mitglieder der Abteilung wählen aus ihren Reihen einen Abteilungsvorsitzenden und einen Stellvertreter.

(3) [1]Der Vorstand setzt die Zahl der Abteilungen und ihrer Mitglieder fest, überträgt den Abteilungen die Geschäfte und bestimmt die Mitglieder der einzelnen Abteilungen. [2]Jedes Mitglied des Vorstandes kann mehreren Abteilungen angehören. [3]Die Anordnungen können im Laufe der Amtsperiode nur getroffen oder geändert werden, wenn dies wegen Überlastung des Vorstandes, der Abteilung oder infolge Wechsels oder dauernder Verhinderung einzelner Mitglieder der Abteilung erforderlich wird.

(4) Die Abteilungen besitzen innerhalb ihrer Zuständigkeit die Rechte und Pflichten des Vorstandes.

(5) Anstelle der Abteilung entscheidet der Vorstand, wenn er es für a ngemessen hält oder wenn die Abteilung oder ihr Vorsitzender es beantragt.

(6) [1]Die Kommission für Qualitätskontrolle kann Abteilungen bilden. [2]Die Zuständigkeiten der Abteilungen sind in der Geschäftsordnung der Kommission für Qualitätskontrolle zu regeln. [3]Absatz 1 Satz 2 und die Absätze 2 bis 5 gelten entsprechend. [4]Über Widersprüche (§ 57e Abs. 1 Satz 5 Nr. 6) gegen Beschlüsse von Abteilungen entscheidet die Kommission für Qualitätskontrolle.

§ 59b[2)] Ehrenamtliche Tätigkeit. [1]Die Mitglieder der Organe der Wirtschaftsprüferkammer (§ 59 Absatz 1) und der Aufgabenkommission, der Prü-

---

[1)] § 59a eingef. mWv 1.1.2002 durch G v. 10.12.2001 (BGBl. I S. 3414); Abs. 3 Sätze 1 und 3 geänd. mWv 1.1.2004 durch G v. 1.12.2003 (BGBl. I S. 2446); Überschrift und Abs. 3 neu gef., Abs. 6 angef. mWv 1.1.2005 durch G v. 27.12.2004 (BGBl. I S. 3846).

[2)] § 59b eingef. mWv 30.7.2020 durch G v. 19.6.2020 (BGBl. I S. 1403).

fungskommission und der Widerspruchskommission sowie die von der Wirtschaftsprüferkammer Beauftragten üben ihre Tätigkeit ehrenamtlich aus. [2]Die ehrenamtlich Tätigen können eine angemessene, auch pauschalisierte Entschädigung für den mit ihrer Tätigkeit verbundenen Aufwand, auch für Zeitaufwand und Verdienstausfall, sowie eine Erstattung von Reisekosten erhalten. [3]Die Richtlinien für die Aufwandsentschädigung und die Erstattung von Reisekosten werden vom Beirat der Wirtschaftsprüferkammer beschlossen. [4]Die Sätze 1 bis 3 gelten entsprechend für

1. Mitglieder von Gremien, die nach der Satzung oder Wahlordnung nach § 60 Absatz 1 gebildet wurden,
2. Leiter von Landesvertretungen der Wirtschaftsprüferkammer (Landespräsidenten) und
3. Mitglieder von Ausschüssen, die nach dem Berufsbildungsgesetz bei der Wirtschaftsprüferkammer eingerichtet wurden.

§ 59c[1)] Verschwiegenheitspflicht; Inanspruchnahme von Dienstleistungen. (1) [1]Die Mitglieder des Vorstands, des Beirats und der Ausschüsse haben über die Angelegenheiten, die ihnen bei ihrer jeweiligen Tätigkeit über Mitglieder der Wirtschaftsprüferkammer und andere Personen bekannt werden, Verschwiegenheit zu bewahren. [2]Dies gilt auch nach ihrem Ausscheiden aus dem Vorstand, dem Beirat oder dem Ausschuss. [3]Die Verschwiegenheitspflicht gilt nicht für Tatsachen,

1. deren Weitergabe zur Erfüllung ihrer Aufgaben erforderlich ist,
2. in deren Weitergabe die Betroffenen eingewilligt haben,
3. die offenkundig sind oder
4. die ihrer Bedeutung nach keiner Geheimhaltung bedürfen.

(2) [1]Absatz 1 gilt auch für

1. Angestellte der Wirtschaftsprüferkammer,
2. Mitglieder der Wirtschaftsprüferkammer, die von der Wirtschaftsprüferkammer zur Mitarbeit im Vorstand, im Beirat oder in den Ausschüssen herangezogen werden, und
3. Mitglieder der Wirtschaftsprüferkammer, die
   a) im Verfahren nach § 62 zur Anhörung geladen werden oder
   b) im Rahmen einer Aufsichts- oder Beschwerdesache oder eines Widerrufsverfahrens um Auskunft gebeten werden.
   c)[2)] an einer nichtöffentlichen Verhandlung nach § 99 teilgenommen haben.

[2]Die in Satz 1 Nummer 1 und 2 genannten Personen sind in Textform über ihre Verschwiegenheitspflicht zu belehren.

(3) [1]Wurde im Rahmen eines Vertretungsverhältnisses eine Berufspflichtverletzung begangen, dürfen die in den Absätzen 1 und 2 Satz 1 Nummer 1

[1)] § 59c eingef. mWv 1.8.2021 durch G v. 25.6.2021 (BGBl. I S. 2154).

[2)] § 59c Abs. 2 Satz 1 Nr. 3 Buchst. c **aufgeh. mWv 1.8.2022** durch G v. 7.7.2021 (BGBl. I S. 2363).

und 2 bezeichneten Personen den Vertretenen über ein gegen ein Mitglied der Wirtschaftsprüferkammer geführtes berufsaufsichtliches Verfahren unterrichten. [2]Abweichend von Absatz 1 dürfen die in den Absätzen 1 und 2 Satz 1 Nummer 1 und 2 bezeichneten Personen in Fällen von öffentlichem Interesse, die mögliche Pflichtverletzungen im Zusammenhang mit gesetzlichen Abschlussprüfungen betreffen, auf Anfrage darüber Auskunft geben, ob berufsaufsichtliche Verfahren eingeleitet wurden und ob diese noch andauern oder bereits abgeschlossen wurden. [3]Die Auskunft darf keine personenbezogenen Daten enthalten. [4]§ 69 bleibt unberührt.

(4) [1]In Verfahren vor Gerichten und Behörden dürfen die in Absatz 1 und 2 Satz 1 Nummer 1 und 2 genannten Personen über Angelegenheiten, die ihrer Verschwiegenheitspflicht unterliegen, ohne Genehmigung nicht aussagen. [2]Die Genehmigung zur Aussage erteilt der Vorstand der Wirtschaftsprüferkammer nach pflichtgemäßem Ermessen. [3]Die Genehmigung soll nur versagt werden, wenn dies mit Rücksicht auf die Stellung oder die Aufgaben der Wirtschaftsprüferkammer oder berechtigte Belange der Personen, über welche die Tatsachen bekannt geworden sind, unabweisbar erforderlich ist. [4]§ 28 Absatz 2 des Bundesverfassungsgerichtsgesetzes bleibt unberührt.

(5) Für die Inanspruchnahme von Dienstleistungen durch die Wirtschaftsprüferkammer gilt in Bezug auf Angelegenheiten, die der Verschwiegenheitspflicht der Wirtschaftsprüfer nach § 43 Absatz 1 unterliegen, § 50a Absatz 1 bis 4, 7 und 8 sinngemäß.

§ 60[1)] Satzung; Wirtschaftsplan. (1) [1]Die Organisation und Verwaltung der Wirtschaftsprüferkammer, insbesondere die Einrichtung von Landesgeschäftsstellen, werden in der Satzung der Wirtschaftsprüferkammer geregelt, die vom Beirat der Wirtschaftsprüferkammer beschlossen wird. [2]Die Satzung, die Wahlordnung und deren Änderungen bedürfen zu ihrer Wirksamkeit der Genehmigung des Bundesministeriums für Wirtschaft und Energie. [3]§ 57 Absatz 3b Satz 5 gilt entsprechend.

(2) [1]Die Wirtschaftsprüferkammer legt jährlich ihren Wirtschaftsplan für das darauffolgende Kalenderjahr vor Feststellung dem Bundesministerium für Wirtschaft und Energie vor. [2]Die auf die Qualitätskontrolle und die Arbeit der Berufsaufsicht bezogenen Teile des Wirtschaftsplans bedürfen der Genehmigung des Bundesministeriums für Wirtschaft und Energie.

[1)] § 60 Satz 2 geänd. mWv 1.1.1995 durch G v. 15.7.1995 (BGBl. I S. 1569); Satz 1 und 2 geänd. mWv 1.1.2001 durch G v. 19.12.2000 (BGBl. I S. 1769); Sätze 1 und 2 geänd. mWv 1.1.2004 durch G v. 1.12.2003 (BGBl. I S. 2446); Überschrift neu gef., Abs. 2 angef., bish. Wortlaut wird Abs. 1 mWv 1.1.2005 durch G v. 27.12.2004 (BGBl. I S. 3846); Abs. 1 Satz 2, Abs. 2 Sätze 1 und 2 geänd. mWv 8.11.2006 durch VO v. 31.10.2006 (BGBl. I S. 2407); Abs. 1 Satz 1 geänd. mWv 6.9.2007 durch G v. 3.9.2007 (BGBl. I S. 2178); Abs. 1 Sätze 1 und 2 geänd. mWv 9.12.2010 durch G v. 2.12.2010 (BGBl. I S. 1746); Abs. 1 Satz 2 und Abs. 2 Sätze 1 und 2 geänd. mWv 8.9.2015 durch VO v. 31.8.2015 (BGBl. I S. 1474); Abs. 2 Satz 2 geänd. mWv 17.6.2016 durch G v. 31.3.2016 (BGBl. I S. 518); Abs. 1 Satz 3 angef. mWv 1.8.2021 durch G v. 25.6.2021 (BGBl. I S. 2154).

§ 61[1)] **Beiträge und Gebühren.** (1) [1]Die Mitglieder sind verpflichtet, die Beiträge nach Maßgabe der Beitragsordnung zu leisten; die Beitragsordnung kann je nach Tätigkeitsfeld des Mitglieds verschiedene Beiträge vorsehen. [2]Der 2. Abschnitt des Verwaltungskostengesetzes in der bis zum 14. August 2013 geltenden Fassung ist entsprechend anzuwenden. [3]Die Beitragsordnung sowie deren Änderungen bedürfen zu ihrer Wirksamkeit der Genehmigung des Bundesministeriums für Wirtschaft und Energie. [4]Die Höhe der Beiträge bestimmt der Beirat der Wirtschaftsprüferkammer. [5]Der Anspruch der Wirtschaftsprüferkammer auf Zahlung von Beiträgen unterliegt der Verjährung. [6]§ 20 des Verwaltungskostengesetzes in der bis zum 14. August 2013 geltenden Fassung ist sinngemäß anzuwenden.

(2) [1]Die Wirtschaftsprüferkammer kann für die Inanspruchnahme von besonderen Einrichtungen oder Tätigkeiten, insbesondere im Zulassungs-, Prüfungs- und Widerspruchsverfahren sowie im Qualitätskontroll- und Berufsaufsichtsverfahren, für die Bestellung und Wiederbestellung als Wirtschaftsprüfer, die Anerkennung als Wirtschaftsprüfungsgesellschaft und die Erteilung von Ausnahmegenehmigungen nach § 28 Abs. 2 und 3, Gebühren nach Maßgabe einer Gebührenordnung erheben. [2]Die Gebührenordnung und deren Änderungen bedürfen der Genehmigung des Bundesministeriums für Wirtschaft und Energie. [3]Die §§ 3 bis 7 und 9 bis 21 des Bundesgebührengesetzes sind entsprechend anzuwenden.

(3) Beiträge und Gebühren werden nach Maßgabe der Vorschriften des Verwaltungsvollstreckungsgesetzes beigetrieben.

Fünfter Teil. Berufsaufsicht[2)]

§ 61a[3)] **Zuständigkeit.** [1]Für die Berufsaufsicht ist unbeschadet des § 66a die Wirtschaftsprüferkammer zuständig. [2]Liegen konkrete Anhaltspunkte für einen Verstoß gegen Berufspflichten vor, ermittelt sie den Sachverhalt und entscheidet, ob berufsaufsichtliche Maßnahmen nach § 68 veranlasst sind. [3]Beabsichtigt die Wirtschaftsprüferkammer, ein nach Satz 2 eingeleitetes Verfahren einzustellen, weil eine Berufspflichtverletzung nicht feststellbar ist oder keiner Sanktion bedarf, hat sie den Vorgang zuvor der Abschlussprüferaufsichtsstelle vorzule-

---

1) § 61 Abs. 1 Satz 1, Abs. 2 Satz 2 zuletzt geänd. mWv 1.1.2001, Abs. 2 Satz 1 geänd. mWv 1.1.2002 durch G v. 19.12.2000 (BGBl. I S. 1769); Abs. 1, Abs. 2 Satz 2 neu gef., Satz 1 geänd., Abs. 3 Satz 3 angef. mWv 1.1.2004 durch G v. 1.12.2003 (BGBl. I S. 2446); Abs. 2 Satz 1 geänd. mWv 1.1.2005 durch G v. 27.12.2004 (BGBl. I S. 3846); Abs. 1 Satz 2 und Abs. 2 Satz 2 geänd. mWv 8.11.2006 durch VO v. 31.10.2006 (BGBl. I S. 2407); Abs. 1 Satz 1 neu gef. mWv 6.9.2007 durch G v. 3.9.2007 (BGBl. I S. 2178); Abs. 1 Satz 2 eingef., bish. Sätze 2 und 3 werden Sätze 3 und 4, Abs. 3 Satz 2 geänd. mWv 15.8.2013 durch G v. 7.8.2013 (BGBl. I S. 3154); Abs. 1 Satz 3 und Abs. 2 Satz 2 geänd. mWv 8.9.2015 durch VO v. 31.8.2015 (BGBl. I S. 1474); Abs. 1 Sätze 5 und 6, Abs. 2 Satz 3 angef., Abs. 3 Sätze 1 und 2 aufgeh. mWv 17.6.2016 durch G v. 31.3.2016 (BGBl. I S. 518).

2) 5. Teil (§§ 61a–66b) Überschrift vor § 61a eingef. mWv 1.1.2005 durch G v. 27.12.2004 (BGBl. I S. 3846); 5. Teil (§§ 61a–71) geänd. mWv 17.6.2016 durch G v. 31.3.2016 (BGBl. I S. 518).

3) § 61a neu gef. mWv 17.6.2016 durch G v. 31.3.2016 (BGBl. I S. 518).

gen. [4]Wenn Berufsangehörige, die bei der Abschlussprüferaufsichtsstelle angestellt sind, für diese tätig sind, gelten die Sätze 1 bis 3 nicht.

§ 62[1)] Pflicht zum Erscheinen vor der Wirtschaftsprüferkammer; Auskunfts- und Vorlagepflichten; Betretens- und Einsichtsrecht. (1) [1]Persönliche Mitglieder der Wirtschaftsprüferkammer haben in Aufsichts- und Beschwerdesachen vor der Wirtschaftsprüferkammer zu erscheinen, wenn sie zur Anhörung geladen werden. [2]Sie haben dem Vorstand, einer Abteilung im Sinne des § 59a, dem Beirat oder einem Beauftragten des Vorstandes, des Beirates oder eines Ausschusses auf Verlangen Auskunft zu geben und ihre Handakten oder sonstige Unterlagen, die für das Aufsichts- und Beschwerdeverfahren von Bedeutung sein können, vorzulegen. [3]Sind die Unterlagen nach Satz 2 mit Hilfe eines Datenverarbeitungssystems elektronisch gespeichert worden, sind sie auf einem maschinell verwertbaren Datenträger zur Verfügung zu stellen. [4]Die Sätze 1 bis 3 gelten sinngemäß für sonstige Mitglieder der Wirtschaftsprüferkammer, soweit die Anhörung, das Auskunftsver-langen oder die Aufforderung zur Vorlage von Unterlagen die gesetzlich vorgeschriebene Abschlussprüfung betreffen.

(2) [1]Die Auskunft und die Vorlage von Unterlagen können verweigert werden, wenn und soweit dadurch die Pflicht zur Verschwiegenheit verletzt würde. [2]Die Auskunft kann verweigert werden, wenn und soweit sich dadurch die Gefahr ergäbe, wegen einer Straftat, einer Ordnungswidrigkeit oder einer Berufspflichtverletzung verfolgt zu werden, und sich das Mitglied hierauf beruft. [3]Auf ein Recht zur Auskunftsverweigerung ist hinzuweisen. [4]Wenn die Auskunft oder die Vorlage von Unterlagen nicht verweigert wurde, besteht die Verpflichtung, richtige und vollständige Auskünfte zu erteilen und richtige und vollständige Unterlagen vorzulegen.

(3) [1]Die richtige und vollständige Auskunft und Vorlage von Unterlagen können nicht von denjenigen Mitgliedern der Wirtschaftsprüferkammer verweigert werden, die zur Durchführung gesetzlich vorgeschriebener Abschlussprüfungen befugt sind oder solche ohne diese Befugnis tatsächlich durchführen, wenn die Auskunft und die Vorlage von Unterlagen im Zusammenhang mit der Prüfung eines der gesetzlichen Pflicht zur Abschlussprüfung unterliegenden Unternehmens stehen. [2]Satz 1 gilt auch für Prüfer für Qualitätskontrolle für Auskünfte und die Vorlage von Unterlagen, die mit dieser Tätigkeit im Zusammenhang stehen. [3]Absatz 2 Satz 2 und 3 gilt entsprechend.

(4) [1]Die Angestellten der Wirtschaftsprüferkammer sowie die sonstigen Personen, derer sich die Wirtschaftsprüferkammer bei der Berufsaufsicht bedient, können die Grundstücke und Geschäftsräume von Berufsangehörigen und Wirtschaftsprüfungsgesellschaften sowie von Personen, die den Beruf gemeinsam mit diesen ausüben, innerhalb der üblichen Betriebs- und Geschäftszeiten betreten und besichtigen, Einsicht in Unterlagen nehmen und hieraus Abschriften und Ablichtungen anfertigen. [2]Sind die Unterlagen mit Hilfe eines Daten-

---

[1)] § 62 neu gef. mWv 6.9.2007 durch G v. 3.9.2007 (BGBl. I S. 2178); Abs. 1 Sätze 3 und 4 angef., Abs. 3 Satz 1 geänd., Satz 2 eingef., bish. Satz 2 wird Satz 3, Abs. 4 und 5 neu gef. mWv 17.6.2016 durch G v. 31.3.2016 (BGBl. I S. 518).

verarbeitungssystems elektronisch gespeichert, haben die in Satz 1 genannten Angestellten und Personen das Recht, Einsicht in die gespeicherten Daten zu nehmen, das Datenverarbeitungssystem zur Prüfung dieser Unterlagen zu nutzen und Kopien elektronischer Daten anzufertigen. [3]Die betroffenen Berufsangehörigen und Wirtschaftsprüfungsgesellschaften sowie die Personen, die den Beruf gemeinsam mit diesen ausüben, haben diese Maßnahmen zu dulden.

(5) [1]Die bei Maßnahmen nach den Absätzen 1 bis 4 gegebenen Auskünfte und übermittelten Unterlagen und Daten dürfen auch für solche Aufsichtsverfahren verwendet werden, die sonst von der Wirtschaftsprüferkammer oder der Abschlussprüferaufsichtsstelle eingeleitet oder geführt werden. [2]Sobald die Unterlagen oder Daten nicht mehr erforderlich sind, sind sie unverzüglich zurückzugeben oder zu löschen.

§ 62a[1)] Zwangsgeld bei Verletzung von Mitwirkungspflichten.

(1) [1]Um Mitglieder der Wirtschaftsprüferkammer zur Erfüllung ihrer Pflichten nach § 62 Abs. 1 bis 3 anzuhalten, kann die Wirtschaftsprüferkammer gegen sie, auch mehrfach, ein Zwangsgeld festsetzen. [2]Das einzelne Zwangsgeld darf 1000 Euro nicht übersteigen.

(2) [1]Das Zwangsgeld muss vorher schriftlich angedroht werden. [2]Die Androhung und die Festsetzung des Zwangsgeldes sind den Betroffenen zuzustellen.

(3) [1]Gegen die Androhung und gegen die Festsetzung des Zwangsgeldes kann innerhalb eines Monats nach der Zustellung die Entscheidung des Gerichts (§ 72 Abs. 1) beantragt werden. [2]Der Antrag ist bei der Wirtschaftsprüferkammer schriftlich einzureichen. [3]Erachtet die Wirtschaftsprüferkammer den Antrag für begründet, so hat sie ihm abzuhelfen; anderenfalls hat die Wirtschaftsprüferkammer den Antrag unter Beachtung des § 66a Abs. 5 Satz 2 unverzüglich dem Gericht vorzulegen. [4]Die Vorschriften der Strafprozessordnung über die Beschwerde sind sinngemäß anzuwenden. [5]Die Gegenerklärung wird von der Wirtschaftsprüferkammer abgegeben. [6]Die Staatsanwaltschaft ist an dem Verfahren nicht beteiligt. [7]Der Beschluss des Gerichts kann nicht angefochten werden.

(4) [1]Das Zwangsgeld fließt dem Haushalt der Wirtschaftsprüferkammer zu. [2]Es wird auf Grund einer von ihr erteilten, mit der Bescheinigung der Vollstreckbarkeit versehenen beglaubigten Abschrift des Festsetzungsbescheids entsprechend § 61 Abs. 3 Satz 3 beigetrieben.

§ 62b[2)] Inspektionen. (1) [1]Berufsangehörige in eigener Praxis und Wirtschaftsprüfungsgesellschaften sind verpflichtet, sich einer Inspektion durch die Abschlussprüferaufsichtsstelle nach Artikel 26 der Verordnung (EU) Nr. 537/2014 zu unterziehen, wenn sie gesetzlich vorgeschriebene Abschlussprüfungen bei Unternehmen von öffentlichem Interesse nach § 316a Satz 2 des Handelsgesetzbuchs oder Abschlussprüfungen im Sinne von § 134 Absatz 1 dieses

---

1) § 62a eingef. mWv 1.1.2004 durch G v. 1.12.2003 (BGBl. I S. 2446); Abs. 1 Satz 1 und Abs. 3 neu gef., Abs. 4 Satz 1 geänd. mWv 6.9.2007 durch G v. 3.9.2007 (BGBl. I S. 2178); Abs. 1 Satz 1 geänd. mWv 17.6.2016 durch G v. 31.3.2016 (BGBl. I S. 518).

2) § 62b neu gef. mWv 17.6.2016 durch G v. 31.3.2016 (BGBl. I S. 518); Abs. 1 Satz 1 geänd. mWv 1.7.2021 durch G v. 3.6.2021 (BGBl. I S. 1534).

Gesetzes durchführen. 2 Im Fall von Beanstandungen können in die Inspektionen andere gesetzlich vorgeschriebene Abschlussprüfungen einbezogen werden. 3 Wird im Zusammenhang mit einer Anfrage zur internationalen Zusammenarbeit gemäß § 66c eine Inspektion durchgeführt, können andere Prüfungen bei den in § 57 Absatz 9 Satz 5 Nummer 1 genannten Unternehmen in die Inspektion nach Satz 1 einbezogen werden.

(2) Soweit Artikel 26 der Verordnung (EU) Nr. 537/2014 nichts anderes regelt, gelten § 62 Absatz 1 bis 5 und § 62a entsprechend.

(3) 1 Erkenntnisse aus den Inspektionen werden zur Entlastung der Qualitätskontrollen nach den von der Wirtschaftsprüferkammer im Einvernehmen mit der Abschlussprüferaufsichtsstelle festgelegten Grundsätzen berücksichtigt. 2 Die Abschlussprüferaufsichtsstelle übermittelt der geprüften Praxis den Inspektionsbericht. 3 Für den Inspektionsbericht gilt unbeschadet des Artikels 26 Absatz 8 und 9 der Verordnung (EU) Nr. 537/2014 § 57a Absatz 5 entsprechend.

§ 63.[1] (weggefallen)

[Fassung bis 31.7.2021:]

§ 64[2] **Pflicht der Mitglieder des Vorstandes, des Beirates und der Ausschüsse zur Verschwiegenheit.**

(1) 1 Die Mitglieder des Vorstandes, des Beirates, der Abteilungen und der Ausschüsse haben – auch nach dem Ausscheiden aus dem Vorstand, dem Beirat, der Abteilung oder dem Ausschuß – über die Angelegenheiten, die ihnen bei ihrer Tätigkeit im Vorstand, im Beirat, in der Abteilung oder im Ausschuß über Mitglieder der Wirtschaftsprüferkammer, Bewerber oder andere Personen bekanntwerden, Verschwiegenheit gegen jedermann zu bewahren. 2 Das gleiche gilt für Mitglieder, die zur Mitarbeit im Vorstand, im Beirat, in den Abteilungen oder in den Ausschüssen herangezogen werden, für Mitglieder, die im Verfahren nach § 62 zur Anhörung geladen werden, im Rahmen einer Aufsichts- und Beschwerdesache so-

[Fassung ab 1.8.2021:]

§ 64[3] **Auskünfte von Nichtkammerangehörigen.** 1 Zur Durchführung von Ermittlungen in Aufsichts- und Beschwerdesachen sowie in Widerrufsverfahren sind die in § 59c Absatz 1 Satz 1 und Absatz 2 Satz 1 Nummer 1 und 2 genannten Personen berechtigt, Nichtkammerangehörige um Auskunft zu bitten. 2 Nichtkammerangehörige sind nicht zur Auskunft verpflichtet, es sei denn, die Auskunft bezieht sich auf gesetzlich vorgeschriebene Abschlussprüfungen bei Unternehmen von öffentlichem Interesse nach § 316a Satz 2 des Handelsgesetzbuchs und die Nichtkammerangehörigen fallen unter Artikel 23 Absatz 3 Unterabsatz 2 Buchstabe b bis e der Verordnung (EU) Nr. 537/2014.

---

[1] § 63 aufgeh. mWv 17.6.2016 durch G v. 31.3.2016 (BGBl. I S. 518).

[2] § 64 Abs. 1 Sätze 1 und 2 geänd., Abs. 4 angef. mWv 1.1.2004 durch G v. 1.12.2003 (BGBl. I S. 2446); Abs. 1 Sätze 1 und 2, Abs. 2 geänd. mWv 1.1.2005 durch G v. 27.12.2004 (BGBl. I S. 3846); Abs. 4 Satz 1 geänd., Satz 2 angef., Abs. 5 angef. mWv 17.6.2016 durch G v. *31.3.2016 (BGBl. I S. 518)*; Abs. 4 Satz 2 geänd., Abs. 6 angef. mWv 1.7.2021 durch G v. 3.6.2021 (BGBl. I S. 1534).

[3] § 64 neu gef. mWv 1.8.2021 durch G v. 25.6.2021 (BGBl. I S. 2154).

[Fassung bis 31.7.2021:]

wie eines Widerrufsverfahrens um Auskunft gebeten werden oder an einer nichtöffentlichen Verhandlung nach § 99 teilgenommen haben, sowie für Angestellte und sonstige Beauftragte der Wirtschaftsprüferkammer.

(2) In gerichtlichen Verfahren und vor Behörden dürfen die in Absatz 1 bezeichneten Personen über solche Angelegenheiten, die ihnen bei ihrer Tätigkeit im Vorstand, im Beirat, in Abteilungen oder in Ausschüssen über Mitglieder der Wirtschaftsprüferkammer, Bewerber oder andere Personen bekannt geworden sind, ohne Genehmigung nicht aussagen oder Auskunft geben.

(3) [1]Die Genehmigung erteilt der Vorstand der Wirtschaftsprüferkammer nach pflichtmäßigem Ermessen. [2]Die Genehmigung soll nur versagt werden, wenn Rücksichten auf die Stellung oder die Aufgaben der Wirtschaftsprüferkammer oder berechtigte Belange der Personen, über welche die Tatsachen bekanntgeworden sind, es unabweisbar erfordern. [3]§ 28 Abs. 2 des Gesetzes über das Bundesverfassungsgericht bleibt unberührt.

(4) [1]Zur Durchführung von Ermittlungen in Aufsichts- und Beschwerdesachen sowie in Widerrufsverfahren sind die in Absatz 1 genannten ehren- und hauptamtlich für die Wirtschaftsprüferkammer tätigen Personen berechtigt, Nichtkammerangehörige um Auskunft zu bitten. [2]Nichtkammerangehörige sind nicht zur Auskunft verpflichtet, es sei denn, die Auskunft bezieht sich auf gesetzlich vorgeschriebene Abschlussprüfungen bei Unternehmen von öffentlichem Interesse nach § 316a Satz 2 des Handelsgesetzbuchs und die Nichtkammerangehörigen fallen un-

[Fassung bis 31.7.2021:]

ter Artikel 23 Absatz 3 Unterabsatz 2 Buchstabe b bis e der Verordnung (EU) Nr. 537/2014.

(5) Wurde im Rahmen eines Vertretungsverhältnisses eine Berufspflichtverletzung begangen, dürfen die in Absatz 1 bezeichneten Personen den Vertretenen über ein gegen ein Mitglied der Wirtschaftsprüferkammer geführtes berufsaufsichtliches Verfahren unterrichten.

(6) [1] Abweichend von Absatz 1 dürfen die in Absatz 1 bezeichneten Personen in Fällen von öffentlichem Interesse, die mögliche Pflichtverletzungen im Zusammenhang mit gesetzlichen Abschlussprüfungen betreffen, auf Anfrage darüber Auskunft geben, ob berufsaufsichtliche Verfahren eingeleitet wurden und ob diese noch andauern oder bereits abgeschlossen wurden. [2] Die Auskunft darf keine personenbezogenen Daten enthalten. [3] Die Absätze 4 und 5 sowie § 69 bleiben unberührt.

§ 65[1)] **Unterrichtung der Staatsanwaltschaft.** (1) [1] Erhalten die Wirtschaftsprüferkammer oder die Abschlussprüferaufsichtsstelle Kenntnis von Tatsachen, die den Verdacht begründen, dass Berufsangehörige Straftaten im Zusammenhang mit der Berufsausübung begangen haben, teilen sie die Tatsachen der zuständigen Staatsanwaltschaft unverzüglich oder nach Ermittlung (§ 61a Satz 2) mit. [2] Der Mitteilung kann eine fachliche Bewertung beigefügt werden.

(2) [1] Erhält die Staatsanwaltschaft Kenntnis von Tatsachen, die den Verdacht einer schuldhaften, eine berufsaufsichtliche Maßnahme nach § 68 Absatz 1 rechtfertigenden Pflichtverletzung eines Mitglieds der Wirtschaftsprüferkammer begründen, teilt sie die Tatsachen der Abschlussprüferaufsichtsstelle mit. [2] Soweit die Mitteilung den Zuständigkeitsbereich der Wirtschaftsprüferkammer betrifft, leitet die Abschlussprüferaufsichtsstelle die Mitteilung an die Wirtschaftsprüferkammer weiter.

§ 66[2)] **Rechtsaufsicht.** (1) [1] Das Bundesministerium für Wirtschaft und Energie führt die Rechtsaufsicht über die Wirtschaftsprüferkammer ein-

[1)] § 65 neu gef. mWv 17.6.2016 durch G v. 31.3.2016 (BGBl. I S. 518).
[2)] § 66 neu gef. mWv 17.6.2016 durch G v. 31.3.2016 (BGBl. I S. 518).

schließlich der Prüfungsstelle, soweit diese nicht nach § 66a Absatz 1 Satz 1 von der Abschlussprüferaufsichtsstelle überwacht werden. 2 Insoweit hat es darüber zu wachen, dass die Aufgaben im Rahmen der geltenden Gesetze und Satzungen erfüllt werden. 3 Es kann unter anderem den Erlass der Satzungen nach § 57 Absatz 3 und § 57c Absatz 1 oder Änderungen dieser Satzungen anordnen und, wenn die Wirtschaftsprüferkammer dieser Anordnung nicht innerhalb einer angemessenen Frist nachkommt, im Wege der Ersatzvornahme die Satzungen oder Änderungen der Satzungen anstelle der Wirtschaftsprüferkammer erlassen.

(2) 1 Das Bundesministerium für Wirtschaft und Energie führt darüber hinaus die Rechtsaufsicht über die Abschlussprüferaufsichtsstelle; Absatz 1 Satz 2 gilt entsprechend. 2 Im Übrigen bleibt die Aufsicht des Bundesministeriums für Wirtschaft und Energie über das Bundesamt für Wirtschaft und Ausfuhrkontrolle unberührt.

§ 66a[1] Abschlussprüferaufsicht. (1) 1 Die Abschlussprüferaufsichtsstelle führt eine öffentliche fachbezogene Aufsicht über die Wirtschaftsprüferkammer, soweit diese Aufgaben nach § 4 Absatz 1 Satz 1 erfüllt, die gegenüber Berufsangehörigen und Gesellschaften wahrzunehmen sind, die zur Durchführung gesetzlich vorgeschriebener Abschlussprüfungen befugt sind oder solche ohne diese Befugnis tatsächlich durchführen; § 61a Satz 3 bleibt unberührt. 2 Die Wirtschaftsprüferkammer hat vor dem Erlass und vor Änderungen von Berufsausübungsregelungen (§ 57 Absatz 3 und § 57c) die Stellungnahme der Abschlussprüferaufsichtsstelle einzuholen und dem Bundesministerium für Wirtschaft und Energie vorzulegen.

(2) Die Abschlussprüferaufsichtsstelle ist zuständige Behörde im Sinne des Artikels 13 Absatz 1 Unterabsatz 3, der Artikel 14 und 17 Absatz 8 Unterabsatz 3 sowie des Artikels 20 Absatz 1 der Verordnung (EU) Nr. 537/2014.

(3) 1 Die Abschlussprüferaufsichtsstelle beaufsichtigt die Wirtschaftsprüferkammer, ob diese ihre in Absatz 1 Satz 1 genannten Aufgaben geeignet, angemessen und verhältnismäßig erfüllt. 2 Die Abschlussprüferaufsichtsstelle kann hierzu an Sitzungen der Wirtschaftsprüferkammer teilnehmen und hat ein Informations- und Einsichtsrecht. 3 Die Abschlussprüferaufsichtsstelle kann an Qualitätskontrollen teilnehmen. 4 Die Abschlussprüferaufsichtsstelle kann die Wirtschaftsprüferkammer beauftragen, bei Hinweisen auf Berufspflichtverletzungen und bei Anfragen im Rahmen der Zusammenarbeit nach § 66c berufsaufsichtliche Ermittlungen nach § 61a Satz 2 durchzuführen. 5 Die Abschlussprüferaufsichtsstelle kann an Ermittlungen der Wirtschaftsprüferkammer teilnehmen. 6 Zur Ausführung ihrer Aufgaben kann die Abschlussprüferaufsichtsstelle Vertreter oder Vertreterinnen der Wirtschaftsprüferkammer, Berufsangehörige und Dritte als Sachverständige fallweise zur Beratung heranziehen. 7 Soweit die Abschlussprüferaufsichtsstelle Aufträge von sachverständigen Dritten ausführen lässt, stellt sie sicher, dass bei diesen im Hinblick auf die zu Prüfenden keine Interessenkonflikte bestehen und dass die sachverständigen

[1] § 66a neu gef. mWv 17.6.2016 durch G v. 31.3.2016 (BGBl. I S. 518).

Dritten über eine angemessene Ausbildung sowie angemessene Kenntnisse und Erfahrungen verfügen.

(4) [1]Die Abschlussprüferaufsichtsstelle kann Entscheidungen der Wirtschaftsprüferkammer unter Angabe der Gründe zur nochmaligen Prüfung an diese zurückverweisen (Zweitprüfung). [2]Ändert die Wirtschaftsprüferkammer beanstandete Entscheidungen nicht ab, kann die Abschlussprüferaufsichtsstelle die Entscheidungen der Wirtschaftsprüferkammer aufheben und ihr Weisungen erteilen oder selbst im Wege der Ersatzvornahme Entscheidungen treffen und die erforderlichen Maßnahmen erlassen (Letztentscheidung). [3]Die Wirtschaftsprüferkammer ist verpflichtet, Vorgänge in Umsetzung der Weisungen abzuschließen. [4]Hält sie Weisungen oder Ersatzvornahmen der Abschlussprüferaufsichtsstelle für rechtswidrig, hat sie die Vorgänge dem Bundesministerium für Wirtschaft und Energie vorzulegen.

(5) [1]Die Wirtschaftsprüferkammer ist verpflichtet, auf Anforderung der Abschlussprüferaufsichtsstelle im Einzelfall oder von sich aus aufgrund genereller von der Abschlussprüferaufsichtsstelle festgelegter Kriterien über einzelne aufsichtsrelevante Vorgänge nach Sachverhaltsaufklärung zeitnah und in angemessener Form zu berichten. [2]Aufsichtsrelevant ist ein Vorgang insbesondere dann, wenn er von der Wirtschaftsprüferkammer abschließend bearbeitet wurde und eine Entscheidung mit unmittelbarer Rechtswirkung nach außen ergehen soll. [3]Ein unmittelbarer oder mittelbarer Bezug zur Durchführung einer gesetzlich vorgeschriebenen Abschlussprüfung ist nicht erforderlich.

(6)[1)] [1]Die Abschlussprüferaufsichtsstelle ermittelt bei Berufsangehörigen und Wirtschaftsprüfungsgesellschaften, die gesetzlich vorgeschriebene Abschlussprüfungen bei Unternehmen von öffentlichem Interesse nach § 316a Satz 2 des Handelsgesetzbuchs durchgeführt haben,

1. ohne besonderen Anlass gemäß Artikel 26 der Verordnung (EU) Nr. 537/2014,
2. soweit sich aus den unter Nummer 1 genannten Inspektionen oder sonstigen Umständen konkrete Anhaltspunkte für Verstöße gegen Berufspflichten bei der Durchführung von gesetzlich vorgeschriebenen Abschlussprüfungen bei Unternehmen von öffentlichem Interesse nach § 319a Absatz 1 Satz 1 des Handelsgesetzbuchs ergeben,
3. aufgrund von Mitteilungen *der Prüfstelle nach § 342b Absatz 8 Satz 2 des Handelsgesetzbuchs,* der Bundesanstalt für Finanzdienstleistungsaufsicht nach § 110 Absatz 2 Satz 1 des Wertpapierhandelsgesetzes oder einer anderen nationalen oder internationalen Stelle.

[2]Werden bei den Ermittlungen nach Satz 1 Verletzungen von Berufsrecht festgestellt, kann die Abschlussprüferaufsichtsstelle Auflagen zur Beseitigung der Mängel erteilen oder eine Sonderprüfung anordnen; § 57e Absatz 2, 3 und 5 gilt entsprechend. [3]Die Abschlussprüferaufsichtsstelle entscheidet auch

---

[1)] § 66a Abs. 6 Satz 1 Nr. 3 geänd. mWv 3.1.2018 durch G v. 23.6.2017 (BGBl. I S. 1693), Satzteil vor Nr. 1 geänd. mWv 1.7.2021, Nr. 3 kursiver Satzteil aufgeh. mWv 1.1.2022 durch G v. 3.6.2021 (BGBl. I S. 1534).

über die Verhängung von berufsaufsichtlichen Maßnahmen, Untersagungsverfügungen sowie vorläufigen Untersagungsverfügungen; die §§ 67 bis 68a, 68b Satz 1, 3 und 4, die §§ 68c sowie 69a bis 71 gelten entsprechend, § 68 Absatz 7 mit der Maßgabe, dass die Geldbußen, die nicht berufsgerichtlich überprüft werden, dem Bundeshaushalt zufließen, § 68c Absatz 3 in Verbindung mit § 62a Absatz 4 Satz 1 mit der Maßgabe, dass die Ordnungsgelder dem Bundeshaushalt zufließen.

(7) [1] Soweit Artikel 23 Absatz 3 und Artikel 26 der Verordnung (EU) Nr. 537/2014 nichts anderes regeln, gelten die §§ 62 und 62a im Inspektions- und Berufsaufsichtsverfahren entsprechend, § 62a Absatz 4 mit der Maßgabe, dass die Zwangsgelder dem Bundeshaushalt zufließen. [2] Ermittlungsmaßnahmen in Bezug auf Abschlussprüfungen von Unternehmen von öffentlichem Interesse nach § 316a Satz 2[1)] des Handelsgesetzbuchs dürfen auch gegenüber den in Artikel 23 Absatz 3 Unterabsatz 2 Buchstabe b bis e der Verordnung (EU) Nr. 537/2014 Genannten ausgeübt werden. [3] Die Abschlussprüferaufsichtsstelle kann unbeschadet des Artikels 26 Absatz 5 Unterabsatz 2 der Verordnung (EU) Nr. 537/2014 bei Tätigkeiten nach diesem Gesetz Überprüfungen oder Untersuchungen durch solche Sachverständige vornehmen lassen, die in die Entscheidungsprozesse der Abschlussprüferaufsichtsstelle nicht eingebunden sind.

(8) Die Abschlussprüferaufsichtsstelle veröffentlicht jährlich ein Arbeitsprogramm und einen Tätigkeitsbericht.

§ 66b[2)] Verschwiegenheit; Schutz von Privatgeheimnissen. (1) [1] Beamte und Angestellte, die in der Abschlussprüferaufsichtsstelle tätig sind, Mitglieder des bei ihr eingerichteten Fachbeirats und sonstige von ihr Beauftragte sind zur Verschwiegenheit verpflichtet; die Artikel 31 bis 34 der Verordnung (EU) Nr. 537/2014 und § 66c Absatz 4 und 6 bleiben unberührt. [2] Die §§ 59c und 64 gelten sinngemäß; eine erforderliche Genehmigung nach § 59c Absatz 4 erteilt das Bundesministerium für Wirtschaft und Energie.

(2) Die in Absatz 1 Satz 1 genannten Personen dürfen, auch nach Beendigung ihrer Tätigkeit, ein fremdes Geheimnis, namentlich ein Geschäfts- oder Betriebsgeheimnis, das ihnen bei ihrer Tätigkeit bekannt geworden ist, nicht offenbaren und nicht verwerten.

§ 66c[3)] Zusammenarbeit mit anderen Stellen und internationale Zusammenarbeit. (1) [1] Die Abschlussprüferaufsichtsstelle *kann* [***ab 1.1.2022:*** übermittelt] den folgenden Stellen, soweit es zur Erfüllung der jeweiligen Aufgaben dieser Stellen erforderlich ist, vertrauliche Informationen *übermitteln:*

[1)] Verweis geänd. mWv 1.7.2021 durch G v 3.6.2021 (BGBl. I S. 1534).

[2)] § 66b neu gef. mWv 17.6.2016 durch G v. 31.3.2016 (BGBl. I S. 518); Abs. 1 Satz 2 geänd. mWv 1.8.2021 durch G v. 25.6.2021 (BGBl. I S. 2154).

[3)] § 66c eingef. mWv 17.6.2016 durch G v. 31.3.2016 (BGBl. I S. 518); Abs. 1 Satz 1 Nr. 2a eingef. mWv 17.6.2016 durch G v. 10.5.2016 (BGBl. I S. 1142); Abs. 1 Satz 1 Text vor Nr. 1 geänd., kursiver Satzteil aufgeh., Nr. 1 neu gef., Satz 2 neu gef. mWv 1.1.2022 durch G v. 3.6.2021 (BGBl. I S. 1534).

1. *der Prüfstelle nach § 342b Absatz 1 des Handelsgesetzbuchs* [***ab 1.1.2022:*** den Strafverfolgungsbehörden],
2. der Bundesanstalt für Finanzdienstleistungsaufsicht,

2a. dem Bundesamt für Justiz,

3. den Aufsichtsbehörden über die genossenschaftlichen Prüfungsverbände,
4. den Aufsichtsbehörden über die Prüfungsstellen der Sparkassen- und Giroverbände,
5. der Deutschen Bundesbank,
6. der Europäischen Zentralbank,
7. den Zentralbanken der Mitgliedstaaten der Europäischen Union sowie
8. dem Europäischen Ausschuss für Systemrisiken.

[2] *An die in Satz 1 Nummer 1 genannte Stelle übermittelt die Abschlussprüferaufsichtsstelle Informationen nur, soweit konkrete Anhaltspunkte für einen Verstoß gegen Rechnungslegungsvorschriften vorliegen.* [***ab 1.1.2022:*** [2] Für den Informationsaustausch zwischen der Abschlussprüferaufsichtsstelle und der Bundesanstalt für Finanzdienstleistungsaufsicht gilt § 109a des Wertpapierhandelsgesetzes.] [3] Die in Satz 1 Nummer 1 bis 5 genannten Stellen können der Abschlussprüferaufsichtsstelle Informationen übermitteln, soweit dies zur Erfüllung der Aufgaben der Abschlussprüferaufsichtsstelle erforderlich ist.

(2) [1] Unbeschadet der Artikel 31 bis 33 der Verordnung (EU) Nr. 537/2014 hat die Abschlussprüferaufsichtsstelle in Bezug auf die in § 66a genannten Aufgaben mit den entsprechend zuständigen Stellen der Mitgliedstaaten der Europäischen Union und der Vertragsstaaten des Europäischen Wirtschaftsraums sowie den europäischen Aufsichtsbehörden zusammenzuarbeiten, soweit dies für die Wahrnehmung der jeweiligen Aufgaben der zuständigen Stellen im Einzelfall erforderlich ist. [2] In diesem Rahmen leisten die Stellen sich insbesondere Amtshilfe, tauschen Informationen aus und arbeiten bei Untersuchungen zusammen. [3] § 57 Absatz 6 Satz 2 bis 4 gilt entsprechend.

(3) [1] Die Zusammenarbeit der zuständigen Stellen der Mitgliedstaaten findet insbesondere im Rahmen des Ausschusses der Aufsichtsstellen nach Artikel 30 der Verordnung (EU) Nr. 537/2014 statt. [2] Sie erstreckt sich auch auf die Bereiche der Angleichung

1. der theoretischen und praktischen Ausbildung von Wirtschaftsprüfern sowie der Prüfungsanforderungen nach dem Zweiten Teil und
2. der Anforderungen in Bezug auf die Eignungsprüfung nach dem Neunten Teil.

(4) [1] Hat die Abschlussprüferaufsichtsstelle konkrete Hinweise darauf, dass Berufsangehörige aus anderen Mitglied- oder Vertragsstaaten gegen das Recht der Europäischen Union über die Abschlussprüfungen von Jahresabschlüssen und Konzernabschlüssen verstoßen, hat sie diese der zuständigen Stelle des anderen Mitglied- oder Vertragsstaats mitzuteilen. [2] Erhält die Abschlussprüferaufsichtsstelle entsprechende Hinweise von der zuständigen Stelle eines anderen Mitglied- oder Vertragsstaats in Bezug auf deutsche Berufsangehörige, hat sie geeignete Maßnahmen zu treffen und kann der zuständigen Stelle des an-

deren Mitglied- oder Vertragsstaats das Ergebnis mitteilen. [3]Darüber hinaus kann die zuständige Stelle eines anderen Mitglied- oder Vertragsstaats über die Abschlussprüferaufsichtsstelle Ermittlungen verlangen, an denen Vertreter der zuständigen Stelle teilnehmen dürfen, wenn diese zur Verschwiegenheit verpflichtet sind. [4]Sind Berufsangehörige oder Wirtschaftsprüfungsgesellschaften auch in einem anderen Mitglied- oder Vertragsstaat registriert, informiert die Abschlussprüferaufsichtsstelle von Amts wegen die zuständigen Behörden des anderen Mitglied- oder Vertragsstaats über das Erlöschen, die unanfechtbare Rücknahme oder den unanfechtbaren Widerruf der Bestellung der Berufsangehörigen oder die Löschung der Wirtschaftsprüfungsgesellschaften einschließlich der Gründe hierfür. [5]§ 57 Absatz 7 Satz 2 bis 4 gilt entsprechend.

(5) [1]Unbeschadet der Artikel 36 bis 38 der Verordnung (EU) Nr. 537/2014 hat die Abschlussprüferaufsichtsstelle in Bezug auf die in § 66a Absatz 1 Satz 1 genannten Aufgaben mit den entsprechend zuständigen Stellen anderer als in Absatz 2 Satz 1 genannter Staaten zusammenzuarbeiten, soweit dies für die Wahrnehmung der jeweiligen Aufgaben der zuständigen Stellen im Einzelfall erforderlich ist oder wenn von diesen Stellen Sonderuntersuchungen oder Ermittlungen erbeten werden. [2]§ 57 Absatz 6 Satz 2 bis 4 gilt entsprechend.

(6) [1]§ 57 Absatz 9 gilt entsprechend. [2]Abweichend von § 57 Absatz 9 Satz 5 können Berufsangehörige und Prüfungsgesellschaften unter den Voraussetzungen des § 57 Absatz 9 Satz 1 bis 4 selbst Arbeitsunterlagen und andere Dokumente auf Anforderung der zuständigen Stellen an diese herausgeben, wenn sie zuvor die Abschlussprüferaufsichtsstelle über die Anfrage informiert haben und die in § 57 Absatz 9 Satz 5 genannten Bedingungen erfüllt sind.

§ 67[1)] **Ahndung einer Pflichtverletzung.** (1) Gegen einen Wirtschaftsprüfer, der seine Pflichten schuldhaft verletzt, wird eine berufsaufsichtliche Maßnahme verhängt.

(2) Ein außerhalb des Berufs liegendes Verhalten eines Wirtschaftsprüfers ist eine berufsaufsichtlich zu ahndende Pflichtverletzung, wenn es nach den Umständen des Einzelfalls in besonderem Maße geeignet ist, Achtung und Vertrauen in einer für die Ausübung der Berufstätigkeit oder für das Ansehen des Berufs bedeutsamen Weise zu beeinträchtigen.

(3) Eine berufsaufsichtliche Maßnahme kann nicht verhängt werden, wenn der Wirtschaftsprüfer zur Zeit der Tat der Berufsaufsicht nicht unterstand.

§ 68[2)] **Berufsaufsichtliche Maßnahmen.** (1) [1]Der Vorstand der Wirtschaftsprüferkammer kann gegen Berufsangehörige berufsaufsichtliche Maß-

---

[1)] § 67 Abs. 1 bis 3 geänd. mWv 17.6.2016 durch G v. 31.3.2016 (BGBl. I S. 518).

[2)] § 68 neu gef. mWv 17.6.2016 durch G v. 31.3.2016 (BGBl. I S. 518); Abs. 1 Satz 2 Nrn. 2 und 4 geänd. mWv 1.7.2021 durch G v. 3.6.2021 (BGBl. I S. 1534); Abs. 1 Satz 2 Nr. 2 geänd. durch G v. 7.7.2021 (BGBl. I S. 2363).

nahmen verhängen, wenn diese mit ihrem Verhalten ihnen obliegende Pflichten verletzt haben. [2]Berufsaufsichtliche Maßnahmen sind:

1. Rüge,
2. Geldbuße bis zu fünfhunderttausesnd Euro, bei einer berufsaufsichtlichen Maßnahme gegen eine Wirtschaftsprüfungsgesellschaft bis zu einer Million Euro,
3. Verbot, auf bestimmten Tätigkeitsgebieten für die Dauer von einem Jahr bis zu fünf Jahren tätig zu werden,
4. Verbot, bei Unternehmen von öffentlichem Interesse nach § 316a Satz 2 des Handelsgesetzbuchs für die Dauer von einem Jahr bis zu drei Jahren tätig zu werden,
5. Berufsverbot von einem Jahr bis zu fünf Jahren,
6. Ausschließung aus dem Beruf und
7. Feststellung, dass der Bestätigungsvermerk nicht die Anforderungen des § 322 des Handelsgesetzbuchs und, soweit Unternehmen von öffentlichem Interesse nach § 319a Absatz 1 Satz 1 des Handelsgesetzbuchs betroffen sind, des Artikels 10 der Verordnung (EU) Nr. 537/2014 erfüllt.

(2) [1]Die berufsaufsichtlichen Maßnahmen nach Absatz 1 können nebeneinander verhängt werden. [2]Der Vorstand der Wirtschaftsprüferkammer soll in die Entscheidung über die Verhängung berufsaufsichtlicher Maßnahmen alle Pflichtverletzungen einbeziehen, die ihm im Zeitpunkt der Verhängung der Maßnahme bekannt sind.

(3) [1]Bei der Festlegung der Art und der Höhe der Maßnahme hat der Vorstand der Wirtschaftsprüferkammer alle relevanten Umstände zu berücksichtigen. [2]Dazu gehören insbesondere die Art, die Schwere und die Dauer der Pflichtverletzung, die Verantwortung der Berufsangehörigen für die Pflichtverletzung, die Höhe etwaiger durch die Pflichtverletzung erzielter Mehrerlöse oder verhinderter Verluste, das Vorliegen früherer Verstöße und die Finanzkraft der Berufsangehörigen. [3]Zugunsten der Berufsangehörigen ist zudem zu berücksichtigen, wenn sie an der Aufklärung der Pflichtverletzung mitgewirkt haben. [4]Eine Rüge für einen fahrlässig begangenen fachlichen Fehler kann in der Regel nur verhängt werden, wenn der Fehler von einigem Gewicht ist.

(4) [1]Bevor Maßnahmen verhängt werden, sind die Berufsangehörigen anzuhören. [2]Bescheide, durch die Maßnahmen verhängt werden, sind zu begründen. [3]Sie sind mit einer Rechtsbehelfsbelehrung zu versehen und den Berufsangehörigen zuzustellen.

(5) [1]Gegen einen Bescheid nach Absatz 4 können Berufsangehörige binnen eines Monats nach der Zustellung beim Vorstand der Wirtschaftsprüferkammer Einspruch erheben. [2]Über den Einspruch entscheidet der Vorstand; Absatz 4 Satz 2 und 3 ist entsprechend anzuwenden.

(6) [1]Soweit der Einspruch nach Absatz 5 gegen eine berufsaufsichtliche Maßnahme nach Absatz 1 Satz 2 Nummer 2 bis 7 erfolgreich ist, sind die Aufwendungen für einen Rechtsanwalt oder einen sonstigen Bevollmächtigten erstattungsfähig, wenn dessen Zuziehung notwendig war. [2]Die Aufwendungen

sind von der Wirtschaftsprüferkammer zu tragen. [3]Die Wirtschaftsprüferkammer bestimmt auf Antrag der Berufsangehörigen, ob die Zuziehung eines Bevollmächtigten notwendig war, und setzt die Höhe der zu erstattenden Auslagen fest. [4]Gegen die Entscheidung nach Satz 3 kann innerhalb eines Monats nach der Zustellung die Entscheidung des Gerichts beantragt werden. [5]§ 62a Absatz 3 gilt entsprechend.

(7) [1]Geldbußen, die nicht berufsgerichtlich überprüft werden, fließen unbeschadet des § 66a Absatz 6 Satz 3 dem Haushalt der Wirtschaftsprüferkammer zu. [2]§ 61 Absatz 3 gilt entsprechend.

§ 68a[1)] Untersagungsverfügung. [1]Wird gegen Berufsangehörige eine berufsaufsichtliche Maßnahme wegen einer Pflichtverletzung, die im Zeitpunkt der Verhängung der Maßnahme noch nicht abgeschlossen ist, verhängt, so kann die Wirtschaftsprüferkammer neben der Verhängung der Maßnahme die Aufrechterhaltung des pflichtwidrigen Verhaltens untersagen. [2]Im Fall einer im Zeitpunkt der Verhängung der Maßnahme bereits abgeschlossenen Pflichtverletzung kann die Wirtschaftsprüferkammer die künftige Vornahme einer gleichgearteten Pflichtverletzung untersagen, wenn gegen die betreffenden Berufsangehörigen wegen einer solchen Pflichtverletzung bereits zuvor eine berufsaufsichtliche Maßnahme verhängt worden war oder sie von der Wirtschaftsprüferkammer über die Pflichtwidrigkeit ihres Verhaltens belehrt worden waren.

§ 68b[2)] Vorläufige Untersagungsverfügung. [1]Wird gegen Berufsangehörige eine Untersagungsverfügung nach § 68a erlassen, so kann die Wirtschaftsprüferkammer zusammen mit dem Erlass oder bis zur Einleitung des berufsgerichtlichen Verfahrens gegen die Untersagungsverfügung eine vorläufige Untersagungsverfügung verhängen. [2]Zur Verhängung der vorläufigen Untersagungsverfügung ist eine Mehrheit von zwei Dritteln der Stimmen des Vorstands der Wirtschaftsprüferkammer erforderlich. [3]Vorläufige Untersagungsverfügungen werden mit ihrer Zustellung wirksam. [4]§ 62a Absatz 3, § 68 Absatz 4 sowie die §§ 119 und 120 Absatz 1 gelten entsprechend.

§ 68c[3)] Ordnungsgeld. (1) [1]Handeln Berufsangehörige einem Tätigkeits- oder Berufsverbot (§ 68 Absatz 1 Satz 2 Nummer 3 bis 5), einer Untersagungsverfügung (§ 68a) oder einer vorläufigen Untersagungsverfügung (§ 68b) wissentlich zuwider, so kann gegen sie wegen einer jeden Zuwiderhandlung von der Wirtschaftsprüferkammer ein Ordnungsgeld verhängt werden. [2]Das einzelne Ordnungsgeld darf den Betrag von 100 000 Euro nicht übersteigen. [3]§ 68 Absatz 4 gilt entsprechend.

(2) Im Fall der Verhängung eines Ordnungsgelds gilt § 62a Absatz 3 entsprechend.

(3) § 62a Absatz 4 gilt entsprechend.

[1)] § 68a neu gef. mWv 17.6.2016 durch G v. 31.3.2016 (BGBl. I S. 518).
[2)] § 68b eingef. mWv 17.6.2016 durch G v. 31.3.2016 (BGBl. I S. 518).
[3)] § 68c eingef. mWv 17.6.2016 durch G v. 31.3.2016 (BGBl. I S. 518).

§ 69[1]) Bekanntmachung von Maßnahmen, Bußgeldentscheidungen und strafrechtlichen Verurteilungen. (1) [1]Die Wirtschaftsprüferkammer und die Abschlussprüferaufsichtsstelle machen jede ihrer unanfechtbaren berufsaufsichtlichen Maßnahmen unverzüglich auf ihren Internetseiten öffentlich bekannt und teilen dabei auch Informationen zu Art und Charakter des Verstoßes mit. [2]Bei berufsaufsichtlichen Maßnahmen nach § 68 Absatz 1 Satz 2 Nummer 2 bis 7 gegen Berufsangehörige ist in der Bekanntmachung der Name des Berufsangehörigen und die Wirtschaftsprüfungsgesellschaft zu nennen, für die der Berufsangehörige bei der Verwirklichung der Berufspflichtverletzung gehandelt hat. [3]Bei berufsaufsichtlichen Maßnahmen nach § 68 Absatz 1 Satz 2 Nummer 1 bis 7 gegen eine Wirtschaftsprüfungsgesellschaft ist die Wirtschaftsprüfungsgesellschaft in der Bekanntmachung zu nennen. [4]Wenn der Berufsangehörige oder die Wirtschaftsprüfungsgesellschaft eine Stellungnahme zu der unanfechtbaren berufsaufsichtlichen Maßnahme abgegeben hat, ist diese in der Bekanntmachung mit zu veröffentlichen. [5]Darüber hinausgehende personenbezogene Daten darf die Bekanntmachung nicht enthalten.

(1a) [1]Die Abschlussprüferaufsichtsstelle soll neben der Bekanntmachung nach Absatz 1 unverzüglich auf ihrer Internetseite öffentlich bekannt machen:

1. jede rechtskräftige Bußgeldentscheidung nach § 334 Absatz 2 und 2a, § 340n Absatz 2 und 2a und § 341n Absatz 2 und 2a des Handelsgesetzbuchs, § 20 Absatz 2 bis 2c des Publizitätsgesetzes, § 405 Absatz 3b und 3c des Aktiengesetzes, § 87 Absatz 1 bis 3 des Gesetzes betreffend die Gesellschaften mit beschränkter Haftung, § 152 Absatz 1a des Genossenschaftsgesetzes und § 332 Absatz 4a und 4b des Versicherungsaufsichtsgesetzes sowie
2. jede rechtskräftige Verurteilung wegen einer Straftat nach den §§ 332, 333, jeweils auch in Verbindung mit § 340m Absatz 1 Satz 1 oder § 341m Absatz 1 Satz 1, nach den §§ 333a, 340m Absatz 2 und nach § 341m Absatz 2 des Handelsgesetzbuchs, nach den §§ 18 bis 19a des Publizitätsgesetzes, § 404a des Aktiengesetzes, § 86 des Gesetzes betreffend die Gesellschaften mit beschränkter Haftung, § 151a des Genossenschaftsgesetzes und § 331 Absatz 2a des Versicherungsaufsichtsgesetzes.

[2]Bei der Bekanntmachung nach Satz 1 sollen auch Informationen zu Art und Charakter des Verstoßes mitgeteilt werden. [3]Absatz 1 Satz 2 bis 5 gilt entsprechend.

(2) [1]Maßnahmen, Bußgeldentscheidungen und strafrechtliche Verurteilungen werden anonymisiert bekannt gemacht, wenn im Fall einer Bekanntmachung nach Absatz 1 oder Absatz 1a die Stabilität der Finanzmärkte oder laufende strafrechtliche Ermittlungen erheblich gefährdet oder den Beteiligten ein unverhältnismäßig großer Schaden zugefügt würde. [2]Gegen Berufsangehörige verhängte Maßnahmen sowie Bußgeldentscheidungen und strafrecht-

---

[1]) § 69 neu gef. mWv 17.6.2016 durch G v. 31.3.2016 (BGBl. I S. 518); Überschrift, Abs. 2 und 3 geänd., Abs. 1a eingef., Abs. 4 Satz 2 neu gef. mWv 17.6.2016 durch G v. 10.5.2016 (BGBl. I S. 1142); Abs. 1a Satz 1 Nr. 1 und Abs. 4 Satz 2 Nr. 2 Verweis geänd. mWv 22.7.2017 durch G v. 17.7.2017 (BGBl. I S. 2446); Abs. 1 Satz 1 geänd., Satz 2 ersetzt durch Sätze 2 bis 5, Abs. 1a Satz 1 Nrn. 1 und 2 sowie Satz 3 geänd., Abs. 2 Satz 2 angef., bish. Text wird Satz 1 und geänd., Abs. 3 neu gef., Abs. 4 Satz 2 Nrn. 2 und 3 geänd. mWv 1.7.2021 durch G v. 3.6.2021 (BGBl. I S. 1534).

liche Verurteilungen werden anonymisiert bekannt gemacht, wenn eine öffentliche Bekanntmachung der personenbezogenen Daten unverhältnismäßig wäre.

(3) Eine Bekanntmachung nach den Absätzen 1 und 1a ist fünf Jahre nach ihrer Veröffentlichung zu löschen.

(4) [1]Die Abschlussprüferaufsichtsstelle unterrichtet den Ausschuss der Aufsichtsstellen (Artikel 30 der Verordnung (EU) Nr. 537/2014) unverzüglich über alle berufsaufsichtlichen Maßnahmen nach § 68 Absatz 1 Satz 2 Nummer 3 bis 6. [2]Die Abschlussprüferaufsichtsstelle übermittelt dem Ausschuss der Aufsichtsstellen jährlich aggregierte Informationen über

1. alle berufsaufsichtlichen Maßnahmen,
2. alle Bußgeldentscheidungen nach § 334 Absatz 2 und 2a, § 340n Absatz 2 und 2a und § 341n Absatz 2 und 2a des Handelsgesetzbuchs, § 20 Absatz 2 bis 2c des Publizitätsgesetzes, § 405 Absatz 3b und 3c des Aktiengesetzes, § 87 Absatz 1 bis 3 des Gesetzes betreffend die Gesellschaften mit beschränkter Haftung, § 152 Absatz 1a des Genossenschaftsgesetzes und § 332 Absatz 4a und 4b des Versicherungsaufsichtsgesetzes sowie
3. alle Verurteilungen wegen einer Straftat nach den §§ 333a, 340m Absatz 2 und nach § 341m Absatz 2 des Handelsgesetzbuchs, § 19a des Publizitätsgesetzes, § 404a des Aktiengesetzes, § 86 des Gesetzes betreffend die Gesellschaften mit beschränkter Haftung, § 151a des Genossenschaftsgesetzes und § 331 Absatz 2a und 2b des Versicherungsaufsichtsgesetzes.

(5) [1]Wird in einem Beschwerdeverfahren eine Maßnahme nach § 68 Absatz 1 verhängt und nach Absatz 1 veröffentlicht, so ist dies dem Beschwerdeführer mitzuteilen. [2]Die Mitteilung ist nicht anfechtbar.

§ 69a Anderweitige Ahndung.

[Fassung bis 31.7.2022:][1)]

(1) [1]Ist durch ein Gericht oder eine Behörde eine Strafe, eine Disziplinarmaßnahme, eine anderweitige berufsgerichtliche Maßnahme oder eine Ordnungsmaßnahme verhängt worden, so ist von einer berufsaufsichtlichen Ahndung wegen desselben Verhaltens abzusehen, wenn nicht eine berufsaufsichtliche Maßnahme zusätzlich erforderlich ist, um den Berufsangehörigen oder die Berufsangehörige zur Erfüllung seiner oder ihrer Pflichten anzuhalten und das Ansehen des Berufs zu wahren. [2]Einer Maßnahme nach § 68 Absatz 1 Satz 2 Nummer 3 bis 6 steht eine anderweitig verhängte

[Fassung ab 1.8.2022:][2)]

(1) [1]Von einer berufsaufsichtlichen Ahndung ist abzusehen, wenn

1. durch ein Gericht oder eine Behörde wegen desselben Verhaltens bereits eine Strafe, eine Geldbuße nach dem Gesetz über Ordnungswidrigkeiten oder eine berufsaufsichtliche Maßnahme verhängt worden ist oder
2. das Verhalten nach § 153a Absatz 1 Satz 5, auch in Verbindung mit Absatz 2 Satz 2, der Strafprozessordnung nicht mehr als Vergehen verfolgt werden kann.

[2]Satz 1 gilt nicht, wenn eine berufsaufsichtliche Maßnahme zusätzlich

---

1) § 69a neu gef. mWv 17.6.2016 durch G v. 31.3.2016 (BGBl. I S. 518).
2) § 69a neu gef. mWv 1.8.2022 durch G v. 7.7.2021 (BGBl. I S. 2363).

[Fassung bis 31.7.2022:][1)]

Strafe oder Maßnahme nicht entgegen.

(2) § 83 gilt sinngemäß.

(3) [1]Über Pflichtverletzungen von Berufsangehörigen, die zugleich der Disziplinar- oder Berufsgerichtsbarkeit eines anderen Berufs unterstehen, wird im berufsaufsichtlichen Verfahren dann nicht entschieden, wenn die Pflichtverletzung überwiegend mit der Ausübung des anderen Berufs im Zusammenhang steht. [2]Dies gilt nicht, wenn wegen der Schwere der Pflichtverletzung die Verhängung einer Maßnahme nach § 68 Absatz 1 Satz 2 Nummer 3 bis 6 in Betracht kommt.

(4) [1]Die Wirtschaftsprüferkammer und die Abschlussprüferaufsichtsstelle sowie die für die Einleitung anderer disziplinar- oder berufsgerichtlicher Verfahren zuständigen Stellen unterrichten sich gegenseitig über die Einleitung von Verfahren gegen Berufsangehörige, die zugleich der Disziplinar- oder Berufsgerichtsbarkeit eines anderen Berufs unterstehen. [2]Hat sich das Gericht einer Disziplinar- oder Berufsgerichtsbarkeit zuvor rechtskräftig für zuständig oder unzuständig erklärt, über die Pflichtverletzung eines oder einer Berufsange-

[Fassung ab 1.8.2022:][2)]

erforderlich ist, um den Berufsangehörigen zur Erfüllung seiner Pflichten anzuhalten. [3]Die Erforderlichkeit einer Maßnahme nach § 68 Absatz 1 Satz 2 Nummer 3 bis 6 bleibt durch eine anderweitige Ahndung unberührt.

(2) § 83 gilt sinngemäß.

(3) [1]Über eine Pflichtverletzung eines Berufsangehörigen, die zugleich Pflichten eines anderen Berufs verletzt, dessen Berufsaufsicht er untersteht, ist zunächst im berufsaufsichtlichen Verfahren nach diesem Gesetz zu entscheiden, wenn die Pflichtverletzung überwiegend mit dem nach diesem Gesetz ausgeübten Beruf des Berufsangehörigen in Zusammenhang steht. [2]Ist kein Schwerpunkt der Pflichtverletzung erkennbar oder besteht kein Zusammenhang der Pflichtverletzung mit der Ausübung eines Berufs, ist zunächst im berufsaufsichtlichen Verfahren nach diesem Gesetz zu entscheiden, wenn der Berufsangehörige hauptsächlich in dem nach diesem Gesetz ausgeübten Beruf tätig ist.

(4) Kommt eine Maßnahme nach § 68 Absatz 1 Satz 2 Nummer 3 bis 6 in Betracht, ist stets im berufsaufsichtlichen Verfahren nach diesem Gesetz zu entscheiden.

[1)] § 69a neu gef. mWv 17.6.2016 durch G v. 31.3.2016 (BGBl. I S. 518).

[2)] § 69a neu gef. mWv 1.8.2022 durch G v. 7.7.2021 (BGBl. I S. 2363).

[Fassung bis 31.7.2022:][1)]

hörigen, der oder die zugleich der Disziplinar- oder Berufsgerichtsbarkeit eines anderen Berufs untersteht, zu entscheiden, so sind die anderen Gerichte an diese Entscheidung gebunden.

(5) Die Absätze 3 bis 4 sind auf Berufsangehörige, die in einem öffentlich-rechtlichen Dienst- oder Amtsverhältnis stehen und ihren Beruf als Wirtschaftsprüfer nicht ausüben dürfen (§ 44a), nicht anzuwenden.

[Fassung ab 1.8.2022:][2)]

(5) Gegenstand der Entscheidung im berufsaufsichtlichen Verfahren nach diesem Gesetz ist nur die Verletzung der dem Berufsangehörigen nach diesem Gesetz obliegenden Pflichten.

[Fassung bis 31.7.2022:]

§ 70[3)] **Verjährung der Verfolgung einer Pflichtverletzung.**

(1) [1]Die Verfolgung einer Pflichtverletzung, die nicht eine Maßnahme gemäß § 68 Absatz 1 Satz 2 Nummer 3 bis 6 rechtfertigt, verjährt in fünf Jahren. [2]§ 78 Abs. 1, § 78a Satz 1 sowie die §§ 78b und 78c Abs. 1 bis 4 des Strafgesetzbuches gelten entsprechend; der Vernehmung nach § 78c Abs. 1 Satz 1 Nr. 1 des Strafgesetzbuchs steht die erste Anhörung durch die Wirtschaftsprüferkammer (§ 68 Absatz 4 Satz 1) oder die Abschlussprüferaufsichtsstelle gleich.

(2) Ist vor Ablauf der Verjährungsfrist nach Absatz 1 Satz 1 wegen desselben Sachverhalts ein Strafverfahren eingeleitet worden, ist der Ablauf der Verjährungsfrist für die Dauer des Strafverfahrens gehemmt.

[Fassung ab 1.8.2022:]

§ 70[4)] **Verjährung von Pflichtverletzungen.** (1) [1]Die Verfolgung einer Pflichtverletzung verjährt nach fünf Jahren. [2]Abweichend davon verjährt sie

1. nach zehn Jahren, wenn die Pflichtverletzung eine Maßnahme nach § 68 Absatz 1 Satz 2 Nummer 3 bis 5 rechtfertigt,
2. nach 20 Jahren, wenn die Pflichtverletzung eine Maßnahme nach § 68 Absatz 1 Satz 2 Nummer 6 rechtfertigt.

[3]Die Verjährung beginnt, sobald die Tat beendet ist.

(2) [1]Für das Ruhen der Verjährung gilt § 78b Absatz 1 bis 3 des Strafgesetzbuches entsprechend. [2]Die Verjährung ruht zudem für die Dauer

1. eines wegen desselben Verhaltens eingeleiteten Straf- oder Bußgeldverfahrens,

---

1) § 69a neu gef. mWv 17.6.2016 durch G v. 31.3.2016 (BGBl. I S. 518).
2) § 69a neu gef. mWv 1.8.2022 durch G v. 7.7.2021 (BGBl. I S. 2363).
3) § 70 bish. Wortlaut wird Abs. 1, Abs. 2 angef. mWv 1.1.2001 durch G v. 19.12.2000 (BGBl. I S. 1769); Abs. 1 Satz 1 neu gef. mWv 1.1.2004 durch G v. 1.12.2003 (BGBl. I S. 2446); Abs. 1 Satz 1 geänd., Satz 2 HS 2 angef. mWv 6.9.2007 durch G v. 3.9.2007 (BGBl. I S. 2178); Abs. 1 Sätze 1 und 2 geänd. mWv 17.6.2016 durch G v. 31.3.2016 (BGBl. I S. 518).
4) § 70 neu gef. mWv 1.8.2022 durch G v. 7.7.2021 (BGBl. I S. 2363).

[Fassung ab 1.8.2022:]

2. eines wegen desselben Verhaltens eingeleiteten vorrangigen berufsaufsichtlichen Verfahrens und
3. einer Aussetzung des Verfahrens nach § 83b Nummer 2 oder 3.

(3) [1]Für die Unterbrechung der Verjährung gilt § 78c Absatz 1 bis 4 des Strafgesetzbuches entsprechend. [2]Der Vernehmung nach § 78c Absatz 1 Satz 1 Nummer 1 des Strafgesetzbuches steht die erste Anhörung durch die Wirtschaftsprüferkammer (§ 68 Absatz 4 Satz 1) oder die Abschlussprüferaufsichtsstelle gleich.

§ 71[1] Vorschriften für Mitglieder der Wirtschaftsprüferkammer, die nicht Wirtschaftsprüfer sind, und Wirtschaftsprüfungsgesellschaften.

(1) [1]Die Vorschriften des Fünften und Sechsten Teils gelten entsprechend für Vorstandsmitglieder, Geschäftsführer oder persönlich haftende Gesellschafter einer Wirtschaftsprüfungsgesellschaft, die nicht Wirtschaftsprüfer sind. [2]An die Stelle der Ausschließung aus dem Beruf tritt die Aberkennung der Eignung, eine Wirtschaftsprüfungsgesellschaft zu vertreten und ihre Geschäfte zu führen.

(2) [1]Die Vorschriften des Fünften und Sechsten Teils gelten entsprechend für Wirtschaftsprüfungsgesellschaften, wenn jemand

1. als vertretungsberechtigtes Organ der Wirtschaftsprüfungsgesellschaft oder als Mitglied eines solchen Organs,
2. als vertretungsberechtigter Gesellschafter der Wirtschaftsprüfungsgesellschaft,
3. als Generalbevollmächtigter oder in leitender Stellung als Prokurist oder Handlungsbevollmächtigter der Wirtschaftsprüfungsgesellschaft,
4. als verantwortlicher Prüfungspartner nach § 43 Absatz 3 Satz 3 und 4 oder
5. als sonstige Person, die für die Leitung der Wirtschaftsprüfungsgesellschaft verantwortlich handelt, wozu auch die Überwachung der Geschäftsführung oder die sonstige Ausübung von Kontrollbefugnissen in leitender Stellung gehört,

Berufspflichten der Wirtschaftsprüfungsgesellschaft betreffend die Durchführung von gesetzlichen Abschlussprüfungen verletzt hat. [2]Bei der Entscheidung, ob berufsaufsichtliche Maßnahmen gegen eine Wirtschaftsprüfungsgesellschaft verhängt werden und ob diese zusätzlich zu berufsaufsichtlichen

[1] § 71 Satz 1 geänd. mWv 1.1.2005 durch G v. 27.12.2004 (BGBl. I S. 3846) und geänd. *mWv 6.9.2007 durch G v. 3.9.2007* (BGBl. I S. 2178); Überschrift geänd., Abs. 2 angef. mWv 17.6.2016 durch G v. 31.3.2016 (BGBl. I S. 518); Abs. 2 Satz 1 Nr. 4 geänd., Satz 3 aufgeh., bish. Satz 4 wird Satz 3 mWv 1.7.2021 durch G v. 3.6.2021 (BGBl. I S. 1534).

Maßnahmen gegen die die Gesellschaft vertretenden Berufsangehörigen verhängt werden, hat der Vorstand der Wirtschaftsprüferkammer alle relevanten Umstände zu berücksichtigen. [3]§ 68 Absatz 1 Satz 2 Nummer 4 und 6 findet keine Anwendung.

Sechster Teil.[1)] Berufsgerichtsbarkeit

Erster Abschnitt.[1)] Berufsgerichtliche Entscheidung

§ 71a[1)] Antrag auf berufsgerichtliche Entscheidung. Wird der Einspruch gegen eine berufsaufsichtliche Maßnahme zurückgewiesen, so können Berufsangehörige innerhalb eines Monats nach der Zustellung schriftlich die berufsgerichtliche Entscheidung beantragen.

Zweiter Abschnitt. Gerichte

§ 72[2)] Kammer für Wirtschaftsprüfersachen. (1) In dem berufsgerichtlichen Verfahren entscheidet im ersten Rechtszug eine Kammer des Landgerichts (Kammer für Wirtschaftsprüfersachen), in dessen Bezirk die Wirtschaftsprüferkammer ihren Sitz hat.

(2) [1]Die Kammer für Wirtschaftsprüfersachen entscheidet außerhalb der Hauptverhandlung in der Besetzung von drei Mitgliedern mit Einschluß des Vorsitzenden. [2]In der Hauptverhandlung ist sie mit dem Vorsitzenden und zwei Berufsangehörigen als Beisitzern besetzt.

§ 73[3)] Senat für Wirtschaftsprüfersachen beim Oberlandesgericht.
(1) In dem berufsgerichtlichen Verfahren entscheidet im zweiten Rechtszug ein Senat des Oberlandesgerichts (Senat für Wirtschaftsprüfersachen beim Oberlandesgericht).

(2) [1]Der Senat für Wirtschaftsprüfersachen beim Oberlandesgericht entscheidet außerhalb der Hauptverhandlung in der Besetzung von drei Mitgliedern mit Einschluß des Vorsitzenden. [2]In der Hauptverhandlung wirken außerdem als Beisitzer zwei Berufsangehörige mit.

§ 74[4)] Senat für Wirtschaftsprüfersachen beim Bundesgerichtshof.
(1) [1]In dem berufsgerichtlichen Verfahren entscheidet im dritten Rechtszug ein Senat des Bundesgerichtshofes (Senat für Wirtschaftsprüfersachen beim Bundesgerichtshof). [2]Er gilt als Strafsenat im Sinne des § 132 des Gerichtsverfassungsgesetzes.

[1)] Überschrift 6. Teil (§§ 71a–127) und 1. Abschnitt (§ 71a) neu gef. mWv 17.6.2016 durch G v. 31.3.2016 (BGBl. I S. 518).
[2)] § 72 Abs. 2 Satz 2 geänd. mWv 17.6.2016 durch G v. 31.3.2016 (BGBl. I S. 518).
[3)] § 73 Abs. 2 Satz 2 geänd. mWv 17.6.2016 durch G v. 31.3.2016 (BGBl. I S. 518).
[4)] § 74 Abs. 2 neu gef. mWv 1.1.1995 durch G v. 15.7.1994 (BGBl. I S. 1569); Abs. 2 geänd. mWv 17.6.2016 durch G v. 31.3.2016 (BGBl. I S. 518).

(2) Der Senat für Wirtschaftsprüfersachen beim Bundesgerichtshof besteht aus einem Vorsitzenden sowie zwei Mitgliedern des Bundesgerichtshofs und zwei Berufsangehörigen als Beisitzern.

§ 75[1)] Berufsangehörige als Beisitzer. (1) Die Beisitzer aus den Reihen der Berufsangehörigen sind ehrenamtliche Richter.

(2) [1]Die ehrenamtlichen Richter werden für die Gerichte des ersten und zweiten Rechtszuges von der Landesjustizverwaltung und für den Bundesgerichtshof von dem Bundesministerium der Justiz und für Verbraucherschutz auf die Dauer von fünf Jahren berufen. [2]Sie können nach Ablauf ihrer Amtszeit wieder berufen werden.

(3) [1]Die ehrenamtlichen Richter werden den Vorschlagslisten entnommen, die der Vorstand der Wirtschaftsprüferkammer im Einvernehmen mit der Abschlussprüferaufsichtsstelle der Landesjustizverwaltung für die Gerichte des ersten und zweiten Rechtszuges und dem Bundesministerium der Justiz und für Verbraucherschutz für den Bundesgerichtshof einreicht. [2]Die Landesjustizverwaltung und das Bundesministerium der Justiz und für Verbraucherschutz bestimmen, welche Zahl von Beisitzern für jedes Gericht erforderlich ist; sie haben vorher den Vorstand der Wirtschaftsprüferkammer zu hören. [3]Jede Vorschlagsliste soll mindestens die doppelte Zahl der zu berufenden Berufsangehörigen enthalten.

(4) Scheidet ein ehrenamtlicher Richter vorzeitig aus, so wird für den Rest seiner Amtszeit ein Nachfolger berufen.

(5) Die Landesjustizverwaltung und das Bundesministerium der Justiz und für Verbraucherschutz können einen von ihnen berufenen ehrenamtlichen Richter auf seinen Antrag aus dem Amt entlassen, wenn er aus gesundheitlichen Gründen auf nicht absehbare Zeit gehindert ist, sein Amt ordnungsgemäß auszuüben.

(6) Das Amt eines ehrenamtlichen Richters, der zum ehrenamtlichen Richter bei einem Gericht des höheren Rechtszuges berufen wird, endet mit seiner Ernennung.

§ 76[2)] Voraussetzungen für die Berufung zum Beisitzer und Recht zur Ablehnung. (1) [1]Zu ehrenamtlichen Richtern können nur Berufsangehörige berufen werden, die in den Vorstand der Wirtschaftsprüferkammer gewählt werden können. [2]Sie dürfen als Beisitzer nur für die Kammer für Wirtschaftsprüfersachen, den Senat für Wirtschaftsprüfersachen beim Ober-

---

[1)] § 75 Abs. 2 Satz 1, Abs. 3 Satz 1 und 2 geänd., Abs. 5 und Abs. 6 angef. mWv 1.1.1995 durch G v. 15.7.1994 (BGBl. I S. 1569), Abs. 5 geänd. mWv. 1.5.2002 durch G v. 27.4.2002 (BGBl. I S. 1467); Abs. 2 Satz 1 geänd., Abs. 5 eingef., bish. Abs. 5 und 6 werden Abs. 6 und 7 mWv 1.1.2005 durch G v. 21.12.2004 (BGBl. I S. 3599); Abs. 2 Satz 1, Abs. 3 Sätze 1 und 2 und Abs. 6 geänd. mWv 8.9.2015 durch VO v. 31.8.2015 (BGBl. I S. 1474); Überschrift und Abs. 1, Abs. 3 Sätze1 und 3 geänd. mWv 17.6.2016 durch G v. 31.3.2016 (BGBl. I S. 518); Abs. 5 aufgeh., bish. Abs. 6 und 7 werden Abs. 5 und 6 mWv 1.8.2021 *durch G v. 25.6.2021 (BGBl. I S. 2154).*

[2)] § 76 Abs. 3 Nr. 3 neu gef. mWv 1.5.2002 durch G v. 27.4.2002 (BGBl. I S. 1467); Abs. 1 neu gef. mWv 17.6.2016 durch G v. 31.3.2016 (BGBl. I S. 518).

landesgericht oder den Senat für Wirtschaftsprüfersachen beim Bundesgerichtshof berufen werden.

(2) Die ehrenamtlichen Richter dürfen nicht gleichzeitig dem Vorstand oder dem Beirat der Wirtschaftsprüferkammer angehören oder bei der Wirtschaftsprüferkammer im Haupt- oder Nebenberuf tätig sein.

(3) Die Übernahme des Beisitzeramtes kann ablehnen,

1. wer das fünfundsechzigste Lebensjahr vollendet hat;
2. wer in den letzten vier Jahren Mitglied des Vorstandes der Wirtschaftsprüferkammer gewesen ist;
3. wer in gesundheitlicher Hinsicht beeinträchtigt ist.

§ 77[1)] Enthebung vom Amt des Beisitzers. (1) Ein ehrenamtlicher Richter ist auf Antrag der Justizverwaltung, die ihn berufen hat, seines Amtes zu entheben,

1. wenn nachträglich bekannt wird, daß er nicht hätte zum Beisitzer berufen werden dürfen;
2. wenn nachträglich ein Umstand eintritt, welcher der Berufung zum Beisitzer entgegensteht;
3. wenn der oder die Berufsangehörige seine oder ihre Amtspflicht als Beisitzer grob verletzt.

(2) [1] Über den Antrag der Landesjustizverwaltung entscheidet ein Zivilsenat des Oberlandesgerichts, über den Antrag des Bundesministeriums der Justiz und für Verbraucherschutz ein Zivilsenat des Bundesgerichtshofes. [2] Bei der Entscheidung dürfen die Mitglieder der Senate für Wirtschaftsprüfersachen nicht mitwirken.

(3) [1] Vor der Entscheidung ist der ehrenamtliche Richter zu hören. [2] Die Entscheidung ist endgültig.

§ 78[2)] Stellung der ehrenamtlichen Richter und Pflicht zur Verschwiegenheit. (1) Die ehrenamtlichen Richter haben in der Sitzung, zu der sie herangezogen werden, die Stellung eines Berufsrichters.

(2) [1] Die ehrenamtlichen Richter haben über Angelegenheiten, die ihnen bei ihrer Tätigkeit bekannt werden, Verschwiegenheit zu bewahren. [2] § 59c Absatz 1 Satz 2 und 3 und Absatz 4 ist entsprechend anzuwenden. [3] Die Genehmigung zur Aussage erteilt der Präsident des Gerichts.

§ 79 Reihenfolge der Teilnahme an den Sitzungen. (1) Die ehrenamtlichen Richter sind zu den einzelnen Sitzungen in der Reihenfolge einer Liste heranzuziehen, die der Vorsitzende nach Anhörung der beiden ältesten der berufenen ehrenamtlichen Richter vor Beginn des Geschäftsjahres aufstellt.

[1)] § 77 Abs. 2 Satz 1 geänd. mWv 1.1.1995 durch G v. 15.7.1995 (BGBl. I S. 1569); Abs. 2 Satz 1 geänd. mWv 8.9.2015 durch VO v. 31.8.2015 (BGBl. I S. 1474); Abs. 1 Nr. 3 geänd. mWv 17.6.2016 durch G v. 31.3.2016 (BGBl. I S. 518).

[2)] § 78 Abs. 2 Satz 1 und 2 geänd. mWv 1.8.2021 durch G v. 25.6.2021 (BGBl. I S. 2154).

(2) Für die Entbindung eines ehrenamtlichen Richters von der Dienstleistung an bestimmten Sitzungstagen gilt § 54 des Gerichtsverfassungsgesetzes sinngemäß.

§ 80[1] **Entschädigung der ehrenamtlichen Richter.** Die ehrenamtlichen Richter erhalten eine Entschädigung nach dem Justizvergütungs- und -entschädigungsgesetz.

Dritter Abschnitt. Verfahrensvorschriften

Erster Unterabschnitt. Allgemeines

§ 81[2] **Vorschriften für das Verfahren.** Für das berufsgerichtliche Verfahren gelten die nachstehenden Vorschriften sowie § 62 entsprechend.

§ 82[3] **Keine Verhaftung von Berufsangehörigen.** [1] Berufsangehörige dürfen zur Durchführung des berufsgerichtlichen Verfahrens weder vorläufig festgenommen noch verhaftet oder vorgeführt werden. [2] Sie dürfen zudem nicht zur Vorbereitung eines Gutachtens über ihren psychischen Zustand in ein psychiatrisches Krankenhaus gebracht werden.

§ 82a[4] **Verteidigung.** (1) Zu Verteidigern im berufsgerichtlichen Verfahren vor dem Landgericht und vor dem Oberlandesgericht können außer den in § 138 Abs. 1 der Strafprozeßordnung genannten Personen auch Berufsangehörige gewählt werden.

(2) § 140 Abs. 1 Nr. 1 bis 3, 6, 7 und 9 der Strafprozeßordnung ist auf die Verteidigung im berufsgerichtlichen Verfahren nicht anzuwenden.

§ 82b[5] **Akteneinsicht; Beteiligung der Wirtschaftsprüferkammer und der Abschlussprüferaufsichtsstelle.** (1) [1] Die Wirtschaftsprüferkammer, die Abschlussprüferaufsichtsstelle und die betroffenen Berufsangehörigen sind befugt, die Akten, die dem Gericht vorliegen, einzusehen sowie amtlich verwahrte Beweisstücke zu besichtigen. [2] § 147 Absatz 2 Satz 1, Absatz 3, 5 und 6 der Strafprozessordnung ist insoweit entsprechend anzuwenden.

(2)[6] [1] Der Wirtschaftsprüferkammer und der Abschlussprüferaufsichtsstelle sind Ort und Zeit der Hauptverhandlung mitzuteilen; die von dort entsandten Personen erhalten auf Verlangen das Wort. [***bis 31.7.2022:*** *[2] § 99 Absatz 2 Satz 1 bleibt unberührt.*] [2] Einstellungen nach den §§ 153 bis 153b und 154 der Strafpro-

---

[1] § 80 geänd. mWv 1.1.2004 durch G v. 1.12.2003 (BGBl. I S. 2446); geänd. mWv 1.7.2004 durch G v. 5.5.2004 (BGBl. I S. 718).

[2] § 81 geänd. mWv 6.9.2007 durch G v. 3.9.2007 (BGBl. I S. 2178).

[3] § 82 Überschrift, Sätze 1 und 2 geänd. mWv 17.6.2016 durch G v. 31.3.2016 (BGBl. I S. 518).

[4] § 82a Abs. 2 geänd. mWv 1.9.2013 durch G v. 26.6.2013 (BGBl. I S. 1805); Abs. 1 geänd. mWv 17.6.2016 durch G v. 31.3.2016 (BGBl. I S. 518).

[5] § 82b neu gef. mWv 17.6.2016 durch G v. 31.3.2016 (BGBl. I S. 518).

[6] § 82b Abs. 2 Satz 2 aufgeh., bish. Sätze 3 bis 5 werden Sätze 2 bis 4 **mWv 1.8.2022** durch G v. 7.7.2021 (BGBl. I S. 2363).

zessordnung bedürfen zusätzlich der Zustimmung der Abschlussprüferaufsichtsstelle. [3] Entsprechendes gilt für den Fall, dass nach § 154a der Strafprozessordnung von der Verfolgung von Teilen einer Tat abgesehen werden soll. [4] Erfolgt die Einstellung oder das Absehen von der Verfolgung in der Hauptverhandlung, gelten die Sätze 3 und 4 nur, wenn ein Vertreter der Abschlussprüferaufsichtsstelle an der Hauptverhandlung teilnimmt.

§ 83[1)] Verhältnis des berufsgerichtlichen Verfahrens zum Straf- oder Bußgeldverfahren. [1] Werden Berufsangehörige im gerichtlichen Verfahren wegen einer Straftat oder einer Ordnungswidrigkeit verurteilt oder freigesprochen, so sind für die Entscheidung im berufsgerichtlichen Verfahren die tatsächlichen Feststellungen des Urteils im Strafverfahren oder Bußgeldverfahren bindend, auf denen die Entscheidung des Gerichts beruht. [2] In dem berufsgerichtlichen Verfahren kann ein Gericht jedoch die nochmalige Prüfung solcher Feststellungen beschließen, deren Richtigkeit seine Mitglieder mit Stimmenmehrheit bezweifeln; dies ist in den Gründen der berufsgerichtlichen Entscheidung zum Ausdruck zu bringen.

§ 83a.[2)] (weggefallen)

§ 83b[3)] Aussetzung des berufsgerichtlichen Verfahrens. Das berufsgerichtliche Verfahren kann ausgesetzt werden, wenn

1. gegen den Berufsangehörigen oder die Berufsangehörige in einem anderen berufsaufsichtlichen Verfahren der Wirtschaftsprüferkammer oder der Abschlussprüferaufsichtsstelle wegen weiterer Berufspflichtverletzungen ermittelt wird und für den Fall, dass in dem anderen berufsaufsichtlichen Verfahren ein Antrag auf berufsgerichtliche Entscheidung gestellt wird, eine Verbindung beider Verfahren zweckmäßig wäre,
2. in einem anderen gesetzlich geregelten Verfahren ein Sachverhalt aufzuklären oder eine Rechtsfrage zu entscheiden ist, ohne deren Beurteilung eine Entscheidung im berufsgerichtlichen Verfahren nicht möglich oder nicht zweckmäßig ist oder
3. der rechtskräftige Abschluss eines anderen gesetzlich geregelten Verfahrens, in dem über einen Sachverhalt oder eine Rechtsfrage zu entscheiden ist, deren Beurteilung für die Entscheidung im berufsgerichtlichen Verfahren von Bedeutung ist, innerhalb von sechs Monaten zu erwarten ist.

§ 83c[4)] Wiederaufnahme des berufsgerichtlichen Verfahrens. [1] Die Wiederaufnahme eines rechtskräftig abgeschlossenen berufsgerichtlichen Ver-

---

[1)] § 83 neu gef. mWv 17.6.2016 durch G v. 31.3.2016 (BGBl. I S. 518).

[2)] § 83a aufgeh. mWv 17.6.2016 durch G v. 31.3.2016 (BGBl. I S. 518).

[3)] § 83b neu gef. mWv 1.1.2004 durch G v. 1.12.2003 (BGBl. I S. 2446); Nr. 1 geänd. mWv 6.9.2007 durch G v. 3.9.2007 (BGBl. I S. 2178); einl. Satzteil geänd., Nr. 1 eingef., bish. Nr. 1 und 2 werden Nr. 2 und 3 mWv 17.6.2016 durch G v. 31.3.2016 (BGBl. I S. 518).

[4)] § 83c eingef. mWv 1.1.2004 durch G v. 1.12.2003 (BGBl. I S. 2446).

fahrens ist zulässig, wenn die tatsächlichen Feststellungen, auf denen die Verurteilung oder der Freispruch im berufsgerichtlichen Verfahren beruht, den Feststellungen in einem strafgerichtlichen Verfahren wegen desselben Verhaltens widersprechen. [2]Den Antrag auf Wiederaufnahme des Verfahrens können die Staatsanwaltschaft oder die betroffenen Berufsangehörigen binnen eines Monats nach Rechtskraft des Urteils im strafgerichtlichen Verfahren stellen.

Zweiter Unterabschnitt. Verfahren im ersten Rechtszug

§ 84 Mitwirkung der Staatsanwaltschaft. Die Staatsanwaltschaft bei dem Oberlandesgericht, bei dem der Senat für Wirtschaftsprüfersachen besteht, nimmt in den Verfahren vor der Kammer für Wirtschaftsprüfersachen die Aufgaben der Staatsanwaltschaft wahr.

§ 85[1)] Einleitung des berufsgerichtlichen Verfahrens. Das berufsgerichtliche Verfahren wird dadurch eingeleitet, dass der oder die Berufsangehörige den Antrag nach § 71a schriftlich bei dem Landgericht einreicht.

§ 86[2)] Verfahren. (1) Ist der Antrag auf berufsgerichtliche Entscheidung verspätet eingelegt oder sonst unzulässig, verwirft ihn das Landgericht ohne Hauptverhandlung durch Beschluss; gegen den Beschluss ist sofortige Beschwerde zulässig.

(2) [1]Anderenfalls beraumt das Landgericht eine Hauptverhandlung an. [2]Für diese gelten die Vorschriften der Strafprozessordnung sinngemäß, soweit dieses Gesetz nichts anderes bestimmt.

§§ 87 bis 93. (weggefallen)

§ 94[3)] Verlesung der berufsaufsichtlichen Entscheidung. In der Hauptverhandlung tritt an die Stelle der Verlesung des Anklagesatzes nach § 243 Absatz 3 der Strafprozessordnung die Verlesung des Tenors der angefochtenen Entscheidung über die Verhängung der berufsaufsichtlichen Maßnahme.

§§ 95 bis 97.[4)] (weggefallen)

§ 98[5)] Hauptverhandlung trotz Ausbleibens der Berufsangehörigen.
[1]Die Hauptverhandlung kann gegen Berufsangehörige, die nicht erschienen sind, durchgeführt werden, wenn diese ordnungsmäßig geladen wurden und in der Ladung darauf hingewiesen wurde, dass in ihrer Abwesenheit verhandelt werden kann. [2]Eine öffentliche Ladung ist nicht zulässig.

---

1) § 85 neu gef. mWv 17.6.2016 durch G v. 31.3.2016 (BGBl. I S. 518).
2) § 86 neu gef. mWv 17.6.2016 durch G v. 31.3.2016 (BGBl. I S. 518).
3) § *94* neu gef. mWv 17.6.2016 durch G v. 31.3.2016 (BGBl. I S. 518).
4) §§ 95–97 aufgeh. mWv 17.6.2016 durch G v. 31.3.2016 (BGBl. I S. 518).
5) § 98 neu gef. mWv 17.6.2016 durch G v. 31.3.2016 (BGBl. I S. 518).

§ 99[1] ***Nichtöffentliche Hauptverhandlung.*** *(1) [1] Die Hauptverhandlung ist nicht öffentlich. [2] Auf Antrag der Staatsanwaltschaft kann, auf Antrag der betroffenen Berufsangehörigen muss die Öffentlichkeit hergestellt werden. [3] Ferner ist die Hauptverhandlung immer dann öffentlich, wenn die vorgeworfene Pflichtverletzung im Zusammenhang mit der Durchführung einer Prüfung nach § 316 des Handelsgesetzbuchs steht. [4] In den Fällen einer öffentlichen Verhandlung nach Satz 2 oder 3 sind die Vorschriften des Gerichtsverfassungsgesetzes über die Öffentlichkeit sinngemäß anzuwenden.*

(2) [1] Zu nichtöffentlichen Verhandlungen ist Vertretern der Landesjustizverwaltung, dem Präsidenten des Oberlandesgerichts oder seinem Beauftragten, den Beamten der Staatsanwaltschaft bei dem Oberlandesgericht, Vertretern des Bundesministeriums für Wirtschaft und Energie, Vertretern der Abschlussprüferaufsichtsstelle, Vertretern der Wirtschaftsprüferkammer und den Wirtschaftsprüfern der Zutritt gestattet. [2] Die Kammer für Wirtschaftsprüfersachen kann nach Anhörung der Beteiligten auch andere Personen als Zuhörer zulassen.

§ 100. (weggefallen)

§ 101[2] **Beweisaufnahme durch einen ersuchten Richter.** [1] Die Kammer für Wirtschaftsprüfersachen kann ein Amtsgericht um die Vernehmung von Zeugen oder Sachverständigen ersuchen. [2] Der Zeuge oder Sachverständige ist jedoch auf Antrag der Staatsanwaltschaft oder der Berufsangehörigen in der Hauptverhandlung zu vernehmen, es sei denn, daß er voraussichtlich am Erscheinen in der Hauptverhandlung verhindert ist oder ihm das Erscheinen wegen großer Entfernung nicht zugemutet werden kann.

§ 102[3] **Verlesen von Protokollen.** (1) Die Kammer für Wirtschaftsprüfersachen beschließt nach pflichtmäßigem Ermessen, ob die Aussage eines Zeugen oder eines Sachverständigen, der bereits in dem berufsgerichtlichen oder in einem anderen gesetzlich geordneten Verfahren vernommen worden ist, zu verlesen sei.

(2) [1] Bevor der Gerichtsbeschluß ergeht, können die Staatsanwaltschaft oder die Berufsangehörigen beantragen, den Zeugen oder Sachverständigen in der Hauptverhandlung zu vernehmen. [2] Einem solchen Antrag ist zu entsprechen, es sei denn, daß der Zeuge oder Sachverständige voraussichtlich am Erscheinen in der Hauptverhandlung verhindert ist oder ihm das Erscheinen wegen großer Entfernung nicht zugemutet werden kann. [3] Wird dem Antrag stattgegeben, so darf das Protokoll über die frühere Vernehmung nicht verlesen werden.

(3) [1] Ist ein Zeuge oder Sachverständiger durch einen ersuchten Richter vernommen worden (§ 101), so kann der Verlesung des Protokolls nicht widersprochen werden. [2] Die Staatsanwaltschaft oder die Berufsangehörigen können jedoch der Verlesung widersprechen, wenn ein Antrag gemäß § 101

[1] § 99 **aufgeh. mWv 1.8.2022** durch G v. 7.7.2021 (BGBl. I S. 2363).
[2] § 101 Satz 2 geänd. mWv 17.6.2016 durch G v. 31.3.2016 (BGBl. I S. 518).
[3] § 102 Abs. 2 Satz 1, Abs. 3 Satz 2 geänd. mWv 17.6.2016 durch G v. 31.3.2016 (BGBl. I S. 518).

Satz 2 abgelehnt worden ist und Gründe für eine Ablehnung des Antrags jetzt nicht mehr bestehen.

§ 103[1] **Entscheidung.** (1) Die mündliche Verhandlung schließt mit der auf die Beratung folgenden Verkündung des Urteils.

(2) [1]Das Gericht entscheidet in der Sache selbst über alle Berufspflichtverletzungen, die Gegenstand der angefochtenen berufsaufsichtlichen Entscheidung nach § 68 sind. [2]Es entscheidet auf Zurückweisung des Antrags auf berufsgerichtliche Entscheidung oder unter Aufhebung der angefochtenen Entscheidung auf Verurteilung zu einer oder mehreren der in § 68 Absatz 1 und § 68a genannten Maßnahmen, auf Freisprechung oder auf Einstellung des Verfahrens nach Absatz 3.

(3) Das berufsgerichtliche Verfahren ist, abgesehen von dem Fall des § 260 Absatz 3 der Strafprozessordnung, einzustellen,

1. wenn die Bestellung als Wirtschaftsprüfer oder die Anerkennung als Wirtschaftsprüfungsgesellschaft erloschen, zurückgenommen oder widerrufen ist (§§ 19, 20, 33, 34) oder
2. wenn nach § 69a Absatz 1 von einer berufsgerichtlichen Ahndung abzusehen ist.

Dritter Unterabschnitt. Rechtsmittel

§ 104 Beschwerde. Für die Verhandlung und Entscheidung über Beschwerden ist der Senat für Wirtschaftsprüfersachen beim Oberlandesgericht zuständig.

§ 105[2] **Berufung.** (1) Gegen das Urteil der Kammer für Wirtschaftsprüfersachen ist die Berufung an den Senat für Wirtschaftsprüfersachen zulässig.

(2) [1]Die Berufung muß binnen einer Woche nach Verkündung des Urteils bei der Kammer für Wirtschaftsprüfersachen schriftlich eingelegt werden. [2]Ist das Urteil nicht in Anwesenheit des oder der Berufsangehörigen verkündet worden, so beginnt für diesen oder diese die Frist mit der Zustellung.

(3) Die Berufung kann nur schriftlich gerechtfertigt werden.

[Fassung bis 31.7.2022:]

(4) Auf das Verfahren sind im übrigen neben den Vorschriften der Strafprozeßordnung über die Berufung die §§ 98 bis 103 dieses Gesetzes sinngemäß anzuwenden.

[Fassung ab 1.8.2022:]

(4) Die §§ 98 und 101 bis 103 sind auf das Berufungsverfahren sinngemäß anzuwenden; hierbei lässt die sinngemäße Anwendung des § 98 die sinngemäße Anwendung des § 329 Absatz 1 der Strafprozessordnung unberührt.

---

[1] *§ 103* neu gef. mWv *17.6.2016* durch G v. 31.3.2016 (BGBl. I S. 518).

[2] § 105 Abs. 2 Satz 2 und Abs. 4 geänd. mWv 17.6.2016 durch G v. 31.3.2016 (BGBl. I S. 518); Abs. 4 neu gef. mWv 1.8.2022 durch G v. 7.7.2021 (BGBl. I S. 2363).

§ 106 Mitwirkung der Staatsanwaltschaft vor dem Senat für Wirtschaftsprüfersachen. Die Aufgaben der Staatsanwaltschaft in dem Verfahren vor dem Senat für Wirtschaftsprüfersachen werden von der Staatsanwaltschaft bei dem Oberlandesgericht wahrgenommen, bei dem der Senat besteht.

§ 107 Revision. (1) Gegen ein Urteil des Senats für Wirtschaftsprüfersachen bei dem Oberlandesgericht ist die Revision an den Bundesgerichtshof zulässig,

1. wenn das Urteil auf Ausschließung aus dem Beruf lautet;
2. wenn der Senat für Wirtschaftsprüfersachen bei dem Oberlandesgericht entgegen einem Antrag der Staatsanwaltschaft nicht auf Ausschließung erkannt hat;
3. wenn der Senat für Wirtschaftsprüfersachen beim Oberlandesgericht sie in dem Urteil zugelassen hat.

(2) Der Senat für Wirtschaftsprüfersachen beim Oberlandesgericht darf die Revision nur zulassen, wenn er über Rechtsfragen oder Fragen der Berufspflichten entschieden hat, die von grundsätzlicher Bedeutung sind.

(3) [1] Die Nichtzulassung der Revision kann selbständig durch Beschwerde innerhalb eines Monats nach Zustellung des Urteils angefochten werden. [2] Die Beschwerde ist bei dem Oberlandesgericht einzulegen. [3] In der Beschwerdeschrift muß die grundsätzliche Rechtsfrage ausdrücklich bezeichnet werden.

(4) Die Beschwerde hemmt die Rechtskraft des Urteils.

(5) [1] Wird der Beschwerde nicht abgeholfen, so entscheidet der Bundesgerichtshof durch Beschluß. [2] Der Beschluß bedarf keiner Begründung, wenn die Beschwerde einstimmig verworfen oder zurückgewiesen wird. [3] Mit Ablehnung der Beschwerde durch den Bundesgerichtshof wird das Urteil rechtskräftig. [4] Wird der Beschwerde stattgegeben, so beginnt mit Zustellung des Beschwerdebescheids die Revisionsfrist.

§ 107a[1)] Einlegung der Revision und Verfahren. (1) [1] Die Revision ist binnen einer Woche bei dem Oberlandesgericht schriftlich einzulegen. [2] Die Frist beginnt mit der Verkündung des Urteils. [3] Ist das Urteil nicht in Anwesenheit der Berufsangehörigen verkündet worden, so beginnt für diesen oder diese die Frist mit der Zustellung.

(2) Berufsangehörige können die Revisionsanträge und deren Begründung nur schriftlich anbringen.

[Fassung bis 31.7.2022:]

(3) [1] Auf das Verfahren vor dem Bundesgerichtshof sind im übrigen neben den Vorschriften der Strafprozeßordnung über die Revision § 99 und § 103 Abs. 3 dieses Gesetzes sinngemäß anzuwenden. [2] In den Fällen des § 354 Abs. 2 der Strafprozeßordnung ist an den nach § 73

[Fassung ab 1.8.2022:]

(3) [1] § 103 Absatz 3 ist auf das Verfahren vor dem Bundesgerichtshof sinngemäß anzuwenden. [2] In den Fällen des § 354 Absatz 2 der Strafprozessordnung ist an den nach § 73 zuständigen Senat für Wirtschaftsprüfersachen beim Oberlandesgericht zurückzuverweisen.

---

1) § 107a Abs. 1 Satz 3 und Abs. 2 geänd. mWv 17.6.2016 durch G v. 31.3.2016 (BGBl. I S. 518); Abs. 3 neu gef. mWv 1.8.2022 durch G v. 7.7.2021 (BGBl. I S. 2363).

[Fassung bis 31.7.2022:] *[Fassung ab 1.8.2022:]*

zuständigen Senat für Wirtschaftsprüfersachen beim Oberlandesgericht zurückzuverweisen.

§ 108 Mitwirkung der Staatsanwaltschaft vor dem Bundesgerichtshof. Die Aufgaben der Staatsanwaltschaft in den Verfahren vor dem Bundesgerichtshof werden von dem Generalbundesanwalt wahrgenommen.

Vierter Unterabschnitt. Sicherung von Beweisen

§ 109[1] Anordnung der Beweissicherung. (1) [1] Wird ein berufsgerichtliches Verfahren eingestellt, weil die Bestellung als Wirtschaftsprüfer erloschen oder zurückgenommen ist, so kann in der Entscheidung zugleich auf Antrag der Staatsanwaltschaft die Sicherung der Beweise angeordnet werden, wenn zu erwarten ist, daß auf Ausschließung aus dem Beruf erkannt worden wäre. [2] Die Anordnung kann nicht angefochten werden.

(2) [1] Die Beweise werden von der Kammer für Wirtschaftsprüfersachen beim Landgericht aufgenommen. [2] Die Kammer kann eines ihrer berufsrichterlichen Mitglieder mit der Beweisaufnahme beauftragen.

§ 110[2] Verfahren. (1) [1] Die Kammer für Wirtschaftsprüfersachen beim Landgericht hat vom Amts wegen alle Beweise zu erheben, die eine Entscheidung darüber begründen können, ob das eingestellte Verfahren zur Ausschließung aus dem Beruf geführt hätte. [2] Den Umfang des Verfahrens bestimmt die Kammer für Wirtschaftsprüfersachen beim Landgericht nach pflichtmäßigem Ermessen, ohne an Anträge gebunden zu sein; ihre Verfügungen können insoweit nicht angefochten werden.

(2) Zeugen sind, soweit nicht Ausnahmen vorgeschrieben oder zugelassen sind, eidlich zu vernehmen.

(3) [1] Die Staatsanwaltschaft und der oder die frühere Berufsangehörige sind an dem Verfahren zu beteiligen. [2] Ein Anspruch auf Benachrichtigung von den Terminen, die zum Zwecke der Beweissicherung anberaumt werden, steht den früheren Berufsangehörigen nur zu, wenn sie sich im Inland aufhalten und sie ihre Anschrift dem Landgericht angezeigt haben.

Fünfter Unterabschnitt. Vorläufiges Tätigkeits- und Berufsverbot[3]

§ 111[4] Voraussetzung des Verbots. (1) Sind dringende Gründe für die Annahme vorhanden, dass gegen Berufsangehörige auf Ausschließung aus dem Beruf erkannt werden wird, so kann durch Beschluss ein vorläufiges Tätigkeits- oder Berufsverbot verhängt werden.

---

[1] § 109 Abs. 1 Satz 1 geänd. mWv 17.6.2016 durch G v. 31.3.2016 (BGBl. I S. 518).

[2] § 110 Abs. 3 neu gef. mWv 17.6.2016 durch G v. 31.3.2016 (BGBl. I S. 518).

[3] Überschrift neu gef. mWv 6.9.2007 durch G v. 3.9.2007 (BGBl. I S. 2178).

[4] § 111 Abs. 1 neu gef. mWv 1.1.1995 durch G v. 15.7.1994 (BGBl. I S. 1569); Abs. 1 Satz 2 aufgeh. mWv 1.1.2004 durch G v. 1.12.2003 (BGBl. I S. 2446); Abs. 1 neu gef., Abs. 2 Satz 1 geänd. mWv 6.9.2007 durch G v. 3.9.2007 (BGBl. I S. 2178); Abs. 1, Abs. 2 Sätze 1 und 2 und Abs. 3 geänd. mWv 17.6.2016 durch G v. 31.3.2016 (BGBl. I S. 518).

(2) [1]Die Wirtschaftsprüferkammer oder die Abschlussprüferaufsichtsstelle kann in ihren jeweiligen Zuständigkeitsbereichen vor Einleitung des berufsgerichtlichen Verfahrens den Antrag auf Verhängung eines vorläufigen Tätigkeits- oder Berufsverbots stellen. [2]In dem Antrag sind die Pflichtverletzung, die dem oder der Berufsangehörigen zur Last gelegt wird, sowie die Beweismittel anzugeben.

(3) Für die Verhandlung und Entscheidung ist das Gericht zuständig, das im berufsgerichtlichen Verfahren gegen die Berufsangehörigen zu entscheiden hat oder vor dem das berufsgerichtliche Verfahren anhängig ist.

§ 112[1)] Mündliche Verhandlung. (1) Der Beschluß, durch den ein vorläufiges Tätigkeits- oder Berufsverbot verhängt wird, kann nur auf Grund mündlicher Verhandlung ergehen.

(2) Auf die Besetzung des Gerichts, die Ladung und die mündliche Verhandlung sind die Vorschriften entsprechend anzuwenden, die für die Hauptverhandlung vor dem erkennenden Gericht maßgebend sind, soweit sich nicht aus den folgenden Vorschriften etwas anderes ergibt.

(3) [1]In der ersten Ladung ist die den Berufsangehörigen zur Last gelegte Pflichtverletzung durch Anführung der sie begründenden Tatsachen zu bezeichnen; ferner sind die Beweismittel anzugeben. [2]Dies ist jedoch nicht erforderlich, wenn den Berufsangehörigen die Anschuldigungsschrift bereits mitgeteilt worden ist.

(4) Den Umfang der Beweisaufnahme bestimmt das Gericht nach pflichtmäßigem Ermessen, ohne an Anträge der Staatsanwaltschaft oder der Berufsangehörigen gebunden zu sein.

§ 113[2)] Abstimmung über das Verbot. Zur Verhängung des vorläufigen Tätigkeits- oder Berufsverbots ist eine Mehrheit von zwei Dritteln der Stimmen erforderlich.

§ 114[3)] Verbot im Anschluss an die Hauptverhandlung. [1]Hat das Gericht auf Ausschließung aus dem Beruf erkannt, so kann es im unmittelbaren Anschluß an die Hauptverhandlung über die Verhängung des vorläufigen Tätigkeits- oder Berufsverbots verhandeln und entscheiden. [2]Dies gilt auch dann, wenn die Berufsangehörigen zu der Hauptverhandlung nicht erschienen sind.

§ 115[4)] Zustellung des Beschlusses. [1]Der Beschluß ist mit Gründen zu versehen. [2]Er ist den Berufsangehörigen zuzustellen. [3]Waren die Berufsangehörigen bei der Verkündung des Beschlusses nicht anwesend, ist ihnen zusätzlich der Beschluß ohne Gründe unverzüglich nach der Verkündung zuzustellen.

[1)] § 112 Abs. 3 Satz 1 neu gef. mWv 1.1.1995 durch G v. 15.7.1994 (BGBl. I S. 1569); Abs. 1 geänd. mWv 6.9.2007 durch G v. 3.9.2007 (BGBl. I S. 2178); Abs. 3 Sätze 1 und 2 und Abs. 4 geänd. mWv 17.6.2016 durch G v. 31.3.2016 (BGBl. I S. 518).

[2)] § 113 geänd. mWv 6.9.2007 durch G v. 3.9.2007 (BGBl. I S. 2178).

[3)] § 114 Satz 1 geänd. mWv 6.9.2007 durch G v. 3.9.2007 (BGBl. I S. 2178); Satz 2 geänd. mWv 17.6.2016 durch G v. 31.3.2016 (BGBl. I S. 518).

[4)] § 115 Satz 3 angef. mWv 1.1.1995 durch G v. 15.7.1994 (BGBl. I S. 1569); Satz 2 und 3 geänd. mWv 17.6.2016 durch G v. 31.3.2016 (BGBl. I S. 518).

§ 116[1)] Wirkungen des Verbots. (1) Der Beschluß wird mit der Verkündung wirksam.

(2) [1]Berufsangehörige, gegen die ein vorläufiges Tätigkeitsverbot verhängt ist, dürfen die in der Entscheidung genannten Tätigkeiten nicht ausüben. [2]Berufsangehörige, gegen die ein vorläufiges Berufsverbot verhängt ist, dürfen ihren Beruf nicht ausüben.

(3) Berufsangehörige, gegen die ein vorläufiges Tätigkeits- oder Berufsverbot verhängt ist, dürfen jedoch ihre eigenen Angelegenheiten sowie die Angelegenheiten ihrer Ehegatten, Lebenspartner und minderjährigen Kinder wahrnehmen, soweit es sich nicht um die Erteilung von Prüfungsvermerken handelt.

(4) [1]Die Wirksamkeit von Rechtshandlungen, die Berufsangehörige vornehmen, wird durch vorläufige Tätigkeits- oder Berufsverbote nicht berührt. [2]Das Gleiche gilt für Rechtshandlungen, die ihnen gegenüber vorgenommen werden.

§ 117[2)] Zuwiderhandlungen gegen das Verbot. (1) Berufsangehörige, die gegen sie ergangene vorläufige Tätigkeits- oder Berufsverbote wissentlich zuwiderhandeln, werden aus dem Beruf ausgeschlossen, sofern nicht wegen besonderer Umstände eine mildere berufsgerichtliche Maßnahme ausreichend erscheint.

(2) Gerichte und Behörden sollen Berufsangehörige, die entgegen einem vorläufigen Tätigkeits- oder Berufsverbot vor ihnen auftreten, zurückweisen.

§ 118[3)] Beschwerde. (1) [1]Gegen den Beschluß, durch den das Landgericht oder das Oberlandesgericht ein vorläufige Tätigkeits- oder Berufsverbot verhängt, ist die sofortige Beschwerde zulässig. [2]Die Beschwerde hat keine aufschiebende Wirkung.

(2) Gegen den Beschluß, durch den das Landgericht oder das Oberlandesgericht es ablehnt, ein vorläufige Tätigkeits- oder Berufsverbot zu verhängen, steht der Staatsanwaltschaft die sofortige Beschwerde zu.

(3) [1]Über die sofortige Beschwerde entscheidet, sofern der angefochtene Beschluß von dem Landgericht erlassen ist, das Oberlandesgericht und, sofern er vor dem Oberlandesgericht ergangen ist, der Bundesgerichtshof. [2]Für das Verfahren gelten neben den Vorschriften der Strafprozeßordnung über die Beschwerde § 112 Abs. 1, 2 und 4 sowie §§ 113 und 115 dieses Gesetzes entsprechend.

§ 119[4)] Außerkrafttreten des Verbots. [1]Vorläufige Tätigkeits- und Berufsverbote treten außer Kraft, wenn das ihrer Verhängung zugrundeliegende berufsgerichtliche Verfahren eingestellt oder rechtskräftig abgeschlossen wird.

[1)] § 116 Abs. 3 geänd. mWv 1.8.2001 durch G v. 16.2.2001 (BGBl I S. 266); Abs. 2 bis 4 Satz 1 geänd. mWv 6.9.2007 durch G v. 3.9.2007 (BGBl. I S. 2178); Abs. 2 bis 4 neu gef. mWv 17.6.2016 durch G v. 31.3.2016 (BGBl. I S. 518).

[2)] § 117 neu gef. mWv 17.6.2016 durch G v. 31.3.2016 (BGBl. I S. 518).

[3)] *§ 118 Abs. 1 Satz 1 und* Abs. 2 geänd. mWv 6.9.2007 durch G v. 3.9.2007 (BGBl. I S. 2178).

[4)] § 119 neu gef. mWv 17.6.2016 durch G v. 31.3.2016 (BGBl. I S. 518).

[2]Ein vorläufiges Berufsverbot tritt über Satz 1 hinaus außer Kraft, wenn ein Urteil ergeht, in dem nicht auf eine Ausschließung aus dem Beruf oder ein Berufsverbot erkannt wird. [3]Ein vorläufiges Tätigkeitsverbot tritt über Satz 1 hinaus außer Kraft, wenn ein Urteil ergeht, in dem weder auf eine Ausschließung aus dem Beruf oder ein Berufsverbot noch ein dem vorläufigen entsprechendes Tätigkeitsverbot erkannt wird.

§ 120[1)] **Aufhebung des Verbots.** (1) Das vorläufige Tätigkeits- oder Berufsverbot wird aufgehoben, wenn sich ergibt, daß die Voraussetzungen für seine Verhängung nicht oder nicht mehr vorliegen.

(2) Über die Aufhebung entscheidet das nach § 111 Abs. 3 zuständige Gericht.

(3) [1]Auf Antrag der Berufsangehörigen, das Verbot aufzuheben, kann eine erneute mündliche Verhandlung angeordnet werden. [2]Der Antrag kann nicht gestellt werden, solange über eine sofortige Beschwerde von Berufsangehörigen nach § 118 Abs. 1 noch nicht entschieden ist. [3]Gegen den Beschluß, durch den der Antrag abgelehnt wird, ist eine Beschwerde nicht zulässig.

§ 120a[2)] **Mitteilung des Verbots.** (1) Der Beschluß, durch den ein vorläufiges Tätigkeits- oder Berufsverbot verhängt wird, ist alsbald der Wirtschaftsprüferkammer in beglaubigter Abschrift mitzuteilen.

(2) Tritt das vorläufige Tätigkeits- oder Berufsverbot außer Kraft oder wird es aufgehoben, so gilt Absatz 1 entsprechend.

§ 121[3)] **Bestellung eines Vertreters.** (1) [1]Für Berufsangehörige, gegen die ein vorläufiges Tätigkeits- oder Berufsverbot verhängt ist, wird im Fall des Bedürfnisses von der Wirtschaftsprüferkammer ein Vertreter bestellt. [2]Vor der Bestellung sind die vom vorläufigen Tätigkeits- oder Berufsverbot betroffenen Berufsangehörigen zu hören; sie können geeignete Vertreter vorschlagen.

(2) Die Vertreter müssen Berufsangehörige sein.

(3) [1]Berufsangehörige, denen die Vertretung übertragen wird, können sie nur aus einem wichtigen Grund ablehnen. [2]Über die Ablehnung entscheidet die Wirtschaftsprüferkammer.

(4) [1]Die Vertreter führen ihr Amt unter eigener Verantwortung, jedoch für Rechnung und auf Kosten der Vertretenen. [2]An Weisungen der Vertretenen sind sie nicht gebunden.

(5) [1]Die Vertretenen haben den Vertretern eine angemessene Vergütung zu zahlen. [2]Auf Antrag der Vertretenen oder der Vertreter setzt der Vorstand der Wirtschaftsprüferkammer die Vergütung fest. [3]Die Vertreter sind befugt, Vor-

---

[1)] § 120 Abs. 1 geänd. mWv 6.9.2007 durch G v. 3.9.2007 (BGBl. I S. 2178); Abs. 3 Sätze 1 und 2 geänd. mWv 17.6.2016 durch G v. 31.3.2016 (BGBl. I S. 518).

[2)] § 120a Abs. 1 geänd. mWv 1.1.2002 durch G v. 19.12.2000 (BGBl. I S. 1769); Abs. 1 und 2 geänd. mWv 6.9.2007 durch G v. 3.9.2007 (BGBl. I S. 2178).

[3)] § 121 neu gef. mWv 17.6.2016 durch G v. 31.3.2016 (BGBl. I S. 518).

schüsse auf die vereinbarte oder festgesetzte Vergütung zu entnehmen. [4]Für die festgesetzte Vergütung haftet die Wirtschaftsprüferkammer wie ein Bürge.

Sechster Unterabschnitt. Vorläufige Untersagung[1)]

§ 121 a[2)] Voraussetzung des Verfahrens. (1) Sind dringende Gründe für die Annahme vorhanden, dass den betroffenen Berufsangehörigen die Aufrechterhaltung oder Vornahme eines pflichtwidrigen Verhaltens untersagt werden wird, so kann gegen sie durch Beschluss eine vorläufige Untersagung ausgesprochen werden.

(2) Für das weitere Verfahren gelten § 111 Abs. 2 bis § 120a sinngemäß.

Vierter Abschnitt. Kosten des berufsgerichtlichen Verfahrens; Vollstreckung der *berufsgerichtlichen* [*ab 1.8.2022:* berufsaufsichtlichen] Maßnahmen und der Kosten; Tilgung[3)]

§ 122[4)] Gerichtskosten. [1]In gerichtlichen Verfahren nach diesem Gesetz werden Gebühren nach dem Gebührenverzeichnis der Anlage zu diesem Gesetz erhoben. [2]Im Übrigen sind die für Kosten in Strafsachen geltenden Vorschriften des Gerichtskostengesetzes entsprechend anzuwenden.

§ 123.[5)] (weggefallen)

§ 124[6)] Kostenpflicht. (1) [1]Berufsangehörigen, die ihren Antrag auf berufsgerichtliche Entscheidung zurücknehmen, deren Antrag auf berufsgerichtliche Entscheidung zurückgewiesen wird oder die in dem berufsgerichtlichen Verfahren verurteilt werden, sind die in dem Verfahren entstandenen Kosten ganz oder teilweise aufzuerlegen. [2]Dasselbe gilt, wenn das berufsgerichtliche Verfahren wegen Erlöschens, Rücknahme oder Widerrufs der Bestellung eingestellt wird und nach dem Ergebnis des bisherigen Verfahrens die Verhängung einer berufsaufsichtlichen Maßnahme gerechtfertigt war; zu den Kosten des berufsgerichtlichen Verfahrens gehören in diesem Fall auch diejenigen, die in einem anschließenden Verfahren zum Zwecke der Beweissicherung (§§ 109 und 110) entstehen. [3]Wird das Verfahren nach § 103 Absatz 3 Nummer 2 eingestellt, kann das Gericht den Berufsangehörigen die in dem Verfahren entstandenen Kosten ganz oder teilweise auferlegen, wenn es dies für angemessen erachtet.

(2) [1]Den Berufsangehörigen, die in dem berufsgerichtlichen Verfahren ein Rechtsmittel zurückgenommen oder ohne Erfolg eingelegt haben, sind die durch dieses Verfahren entstandenen Kosten aufzuerlegen. [2]Hatte das Rechtsmittel teilweise Erfolg, so kann den Berufsangehörigen ein angemessener Teil dieser Kosten auferlegt werden.

[1)] 6. Unterabschnitt eingef. mWv 1.1.2004 durch G v. 1.12.2003 (BGBl. I S. 2446).

[2)] § 121a eingef. mWv 1.1.2004 durch G v. 1.12.2003 (BGBl. I S. 2446).

[3)] Überschrift 4. Abschn. geänd. mWv 17.6.2016 durch G v. 31.3.2016 (BGBl. I S. 518); geänd. mWv 1.8.2022 durch G v. 7.7.2021 (BGBl. I S. 2363).

[4)] *§ 122 neu gef. mWv 17.6.2016* durch G v. 31.3.2016 (BGBl. I S. 518).

[5)] § 123 aufgeh. mWv 17.6.2016 durch G v. 31.3.2016 (BGBl. I S. 518).

[6)] § 124 neu gef. mWv 17.6.2016 durch G v. 31.3.2016 (BGBl. I S. 518).

(3) Für die Kosten, die durch einen Antrag auf Wiederaufnahme des durch ein rechtskräftiges Urteil abgeschlossenen Verfahrens verursacht worden sind, ist Absatz 2 entsprechend anzuwenden.

(4) [1]Werden Berufsangehörige unter Aufhebung der angefochtenen Entscheidung freigesprochen, so sind die notwendigen Auslagen der Berufsangehörigen der Staatskasse aufzuerlegen. [2]Auslagen, die weder den Berufsangehörigen noch Dritten auferlegt oder die von den Berufsangehörigen nicht eingezogen werden können, fallen der Staatskasse zur Last.

§ 125.[1)] (weggefallen)

§ 126[2)] **Vollstreckung der *berufsgerichtlichen* [*ab 1.8.2022:* berufsaufsichtlichen] Maßnahmen und der Kosten.** (1) Die Ausschließung aus dem Beruf wird mit der Unanfechtbarkeit der Entscheidung über die berufsaufsichtliche Maßnahme wirksam.

(2) [1]Die Vollstreckung einer Geldbuße und eines Tätigkeitsverbots nach § 68 Absatz 1 Satz 2 Nummer 4 sowie die Beitreibung der Kosten werden nicht dadurch gehindert, dass der oder die Berufsangehörige nach rechtskräftigem Abschluss des Verfahrens aus dem Beruf ausgeschieden ist. [2]Werden zusammen mit einer Geldbuße die Kosten des Verfahrens beigetrieben, so gelten auch für die Kosten die Vorschriften über die Vollstreckung der Geldbuße.

§ 126a Tilgung.

[Fassung bis 31.7.2022:][3)]

(1) [1]Eintragungen in den über Berufsangehörige geführten Akten über berufsaufsichtliche Maßnahmen nach § 68 Absatz 1 Satz 2 sind nach zehn Jahren zu tilgen. [2]Die Frist beträgt nur fünf Jahre für

1. Rügen nach § 68 Absatz 1 Satz 2 Nummer 1,
2. Geldbußen nach § 68 Absatz 1 Satz 2 Nummer 2 bis zu 10 000 Euro und
3. Feststellungen nach § 68 Absatz 1 Satz 2 Nummer 7.

[3]Die über berufsaufsichtliche Maßnahmen entstandenen Vorgänge sind bei Fristablauf aus den über Berufsangehörige geführten Akten zu ent-

[Fassung ab 1.8.2022:][4)]

(1) [1]Eintragungen in den über Berufsangehörige geführten Akten über die in den Sätzen 4 und 5 genannten Maßnahmen und Entscheidungen sind nach Ablauf der dort bestimmten Fristen zu tilgen. [2]Dabei sind die über diese Maßnahmen und Entscheidungen entstandenen Vorgänge aus den Akten zu entfernen und zu vernichten. [3]Die Sätze 1 und 2 gelten sinngemäß, wenn die Akten über Berufsangehörige elektronisch geführt werden. [4]Die Fristen betragen

1. fünf Jahre bei
   a) Rügen,
   b) Belehrungen,

---

1) § 125 aufgeh. mWv 17.6.2016 durch G v. 31.3.2016 (BGBl. I S. 518).
2) § 126 neu gef. mWv 17.6.2016 durch G v. 31.3.2016 (BGBl. I S. 518); Überschr. geänd. mWv 1.8.2022 durch G v. 7.7.2021 (BGBl. I S. 2363).
3) § 126a neu gef. mWv 17.6.2016 durch G v. 31.3.2016 (BGBl. I S. 518).
4) § 126a neu gef. mWv 1.8.2022 durch G v. 7.7.2021 (BGBl. I S. 2363).

[Fassung bis 31.7.2022:][1)]

fernen und zu vernichten. [4]Nach Ablauf der Frist dürfen diese Maßnahmen bei weiteren berufsaufsichtlichen Maßnahmen nicht mehr berücksichtigt werden.

(2) [1]Die Frist beginnt mit dem Tag, an dem die berufsaufsichtliche Maßnahme unanfechtbar geworden ist. [2]Für die Entfernung und Ver-

[Fassung ab 1.8.2022:][2)]

c) Geldbußen nach § 68 Absatz 1 Satz 2 Nummer 2 bis zu zehntausend Euro,
d) Feststellungen nach § 68 Absatz 1 Satz 2 Nummer 7,
e) Entscheidungen in Verfahren wegen der Verletzung von Berufspflichten nach diesem Gesetz, die nicht zu einer Maßnahme nach § 68 Absatz 1 Satz 2 geführt haben,
f) Entscheidungen und nicht Satz 5 unterfallende Maßnahmen in Verfahren wegen Straftaten oder Ordnungswidrigkeiten oder in berufsaufsichtlichen Verfahren anderer Berufe;

2. zehn Jahre bei Geldbußen nach § 68 Absatz 1 Satz 2 Nummer 2 über zehntausend Euro und Verboten nach § 68 Absatz 1 Satz 2 Nummer 3 und 4;
3. 20 Jahre bei Berufsverboten nach § 68 Absatz 1 Satz 2 Nummer 5 und bei einer Ausschließung aus dem Beruf, nach der eine Wiederbestellung erfolgt ist.

[5]Für Maßnahmen, die in Verfahren wegen Straftaten oder Ordnungswidrigkeiten oder in berufsaufsichtlichen Verfahren anderer Berufe getroffen wurden und bei denen das zugrundeliegende Verhalten zugleich die Berufspflichten nach diesem Gesetz verletzt hat, gelten die für die Tilgung der jeweiligen Maßnahmen geltenden Fristen entsprechend.

(2) [1]Die Frist beginnt mit dem Tag, an dem die Maßnahme oder Entscheidung unanfechtbar geworden ist. [2]Im Fall der Wiederbestel-

---

1) § 126a neu gef. mWv 17.6.2016 durch G v. 31.3.2016 (BGBl. I S. 518).
2) § 126a neu gef. mWv 1.8.2022 durch G v. 7.7.2021 (BGBl. I S. 2363).

[Fassung bis 31.7.2022:][1)]

nichtung beginnt die Frist mit dem auf das Jahr, in dem die berufsaufsichtliche Maßnahme unanfechtbar geworden ist, folgenden Jahr.

(3) Die Frist endet nicht, solange gegen die Berufsangehörigen ein Strafverfahren, ein berufsaufsichtliches Verfahren oder ein Disziplinarverfahren schwebt, eine andere berufsaufsichtliche Maßnahme berücksichtigt werden darf oder ein auf Geldbuße lautendes Urteil noch nicht vollstreckt ist.

(4) Nach Ablauf der Frist gelten Berufsangehörige als von berufsaufsichtlichen Maßnahmen nicht betroffen.

(5) [1] Eintragungen über strafgerichtliche Verurteilungen oder über andere Entscheidungen in Verfahren wegen Straftaten, Ordnungswidrigkeiten oder der Verletzung von Berufspflichten, die nicht zu einer berufsaufsichtlichen Maßnahme geführt haben, sowie über Belehrungen der Wirtschaftsprüferkammer sind nach fünf Jahren zu tilgen. [2] Absatz 1 Satz 3 und die Absätze 2 und 3 gelten entsprechend.

[Fassung ab 1.8.2022:][2)]

lung nach einer Ausschließung beginnt die Frist mit der Wiederbestellung. [3] Nach Fristablauf kann die Entfernung und Vernichtung nach Absatz 1 Satz 2 bis zum Ende des Kalenderjahres aufgeschoben werden.

(3) Die Frist endet mit Ausnahme der Fälle des Absatzes 1 Satz 4 Nummer 1 Buchstabe e und f nicht, solange

1. eine andere Eintragung über eine strafrechtliche Verurteilung, eine Ordnungswidrigkeit oder eine berufsaufsichtliche Maßnahme berücksichtigt werden darf,
2. ein Verfahren anhängig ist, das eine in Nummer 1 bezeichnete Eintragung zur Folge haben kann, oder
3. eine Geldbuße nach § 68 Absatz 1 Satz 2 Nummer 2 noch nicht vollstreckt ist.

(4) Nach Ablauf der Frist gelten Berufsangehörige als von den Maßnahmen oder Entscheidungen nach Absatz 1 nicht betroffen.

---

1) § 126a neu gef. mWv 17.6.2016 durch G v. 31.3.2016 (BGBl. I S. 518).
2) § 126a neu gef.mWv 1.8.2022 durch G v. 7.7.2021 (BGBl. I S. 2363).

Fünfter Abschnitt. Anzuwendende Vorschriften

§ 127[1] **Anzuwendende Vorschriften.** Für die Berufsgerichtsbarkeit sind ergänzend das Gerichtsverfassungsgesetz und die Strafprozeßordnung sinngemäß anzuwenden.

Siebenter Teil. Vereidigte Buchprüfer und Buchprüfungsgesellschaften[2]

§ 128[3] **Berufszugehörigkeit und Berufsbezeichnung.** (1) [1]Vereidigter Buchprüfer ist, wer nach den Vorschriften dieses Gesetzes als solcher anerkannt oder bestellt ist; wird ein vereidigter Buchprüfer zum Wirtschaftsprüfer bestellt, so erlischt die Bestellung als vereidigter Buchprüfer. [2]Buchprüfungsgesellschaften sind die nach den Vorschriften dieses Gesetzes anerkannten Buchprüfungsgesellschaften; wird eine Buchprüfungsgesellschaft als Wirtschaftsprüfungsgesellschaft anerkannt, so erlischt die Anerkennung als Buchprüfungsgesellschaft.

(2) [1]Vereidigte Buchprüfer haben im beruflichen Verkehr die Berufsbezeichnung „vereidigter Buchprüfer", Buchprüfungsgesellschaften die Bezeichnung „Buchprüfungsgesellschaft" zu führen. [2]Frauen können die Berufsbezeichnung „vereidigte Buchprüferin" führen.

(3) [1]Vereidigte Buchprüfer und Buchprüfungsgesellschaften sind Mitglieder der Wirtschaftsprüferkammer. [2]Im übrigen gilt § 58 Abs. 1 entsprechend.

§ 129[4] **Inhalt der Tätigkeit.** (1) [1]Vereidigte Buchprüfer haben die berufliche Aufgabe, Prüfungen auf dem Gebiete des betrieblichen Rechnungswesens, insbesondere Buch- und Bilanzprüfungen, durchzuführen. [2]Sie können über das Ergebnis ihrer Prüfungen Prüfungsvermerke erteilen. [3]Zu den Prüfungsvermerken gehören auch Bestätigungen und Feststellungen, die vereidigte Buchprüfer auf Grund gesetzlicher Vorschriften vornehmen. [4]Zu den beruflichen Aufgaben des vereidigten Buchprüfers gehört es insbesondere, die Prüfung des Jahresabschlusses von mittelgroßen Gesellschaften mit beschränkter Haftung und Personenhandelsgesellschaften im Sinne des § 264a des Handelsgesetzbuchs (§ 267 Abs. 2des Handelsgesetzbuchs) nach § 316 Abs. 1 Satz 1 des Handelsgesetzbuchs durchzuführen.

---

[1] § 127 geänd. mWv 31.12.2006 durch G v. 22.12.2006 (BGBl. I S. 3416).
[2] Bish. 6. Teil wird 7. Teil mWv 1.1.2005 durch G v. 27.12.2004 (BGBl. I S. 3846).
[3] *§ 128* Abs. 2 Satz 2 angef. mWv 1.1.1995 durch G v. 15.7.1994 (BGBl. I S. 1569).
[4] § 129 Abs. 2 und 3 neu gef. mWv 1.1.1995 durch G v. 15.7.1994 (BGBl. I S. 1569); Abs. 1 Satz 4 geänd. mWv 9.3.2000 durch G v. 24.2.2000 (BGBl. I S. 154).

(2) [1]Vereidigte Buchprüfer sind befugt, ihre Auftraggeber in steuerlichen Angelegenheiten nach Maßgabe der bestehenden Vorschriften zu beraten und zu vertreten. [2]In Angelegenheiten, die das Abgabenrecht fremder Staaten betreffen, sind sie zur geschäftsmäßigen Hilfe in Steuersachen befugt; die entsprechenden Befugnisse Dritter bleiben unberührt.

(3) Vereidigte Buchprüfer sind weiter befugt

1. unter Berufung auf ihren Berufseid auf den Gebieten des betrieblichen Rechnungswesens als Sachverständige aufzutreten;
2. in wirtschaftlichen Angelegenheiten zu beraten und fremde Interessen zu wahren;
3. zur treuhänderischen Verwaltung.

§ 130[1)] Anwendung von Vorschriften des Gesetzes. (1) [1]Auf vereidigte Buchprüfer finden § 1 Abs. 2 und § 3 sowie die Bestimmungen des Dritten, Sechsten, Siebenten und Achten Abschnitts des Zweiten Teils und des Dritten, Fünften und Sechsten Teils entsprechende Anwendung. [2]Im berufsgerichtlichen Verfahren gegen vereidigte Buchprüfer können vereidigte Buchprüfer und Wirtschaftsprüfer als Beisitzer berufen werden.

(2) [1]Auf Buchprüfungsgesellschaften finden § 1 Absatz 3, § 3, die Bestimmungen des Dritten, Fünften, Sechsten, Siebten und Achten Abschnitts des Zweiten Teils und die Bestimmungen des Dritten Teils sowie § 71 Absatz 2 entsprechende Anwendung. [2]Sobald die Zahl der gesetzlichen Vertreter (§ 28 Abs. 1), die Berufsangehörige sind, die Zahl der gesetzlichen Vertreter, die vereidigte Buchprüfer oder vereidigte Buchprüferinnen sind, übersteigt, ist der Antrag auf Anerkennung als Wirtschaftsprüfungsgesellschaft zu stellen, sofern die übrigen Anerkennungsvoraussetzungen insbesondere nach § 28 vorliegen. [3]Die Anerkennung als Buchprüfungsgesellschaft ist zurückzunehmen oder zu widerrufen, wenn bei Vorliegen der Voraussetzungen des Absatzes 2 Satz 2 ein Antrag auf Anerkennung als Wirtschaftsprüfungsgesellschaft unterbleibt.

(3) [1]Die §§ 57a bis 57g gelten für die Qualitätskontrolle bei vereidigten Buchprüfern in eigener Praxis und Buchprüfungsgesellschaften entsprechend. [2]Prüfer für Qualitätskontrolle können auch vereidigte Buchprüfer oder Buchprüfungsgesellschaften sein; sie können Qualitätskontrollen nur bei vereidigten Buchprüfern und Buchprüfungsgesellschaften durchführen. [3]Für die Registrierung von vereidigten Buchprüfern oder Buchprüfungsgesellschaften gilt § 57a Abs. 3 entsprechend.

[1)] § 130 Abs. 1 Satz 1 geänd. sowie Abs. 2 neu gef. mWv 1.1.1995 durch G v. 15.7.1994 (BGBl. I S. 1569); Abs. 3 angef. mWv 1.1.2001 durch G v. 19.12.2000 (BGBl. I S. 1769); Abs. 1 Satz 1 und Abs. 2 Satz 1 geänd. mWv 1.1.2002 durch G v. 10.12.2001 (BGBl. I S. 3414); Abs. 1 geänd., Abs. 2 neu gef. mWv 1.1.2004 durch G v. 1.12.2003 (BGBl. I S. 2446); Abs. 1 Satz 1 geänd. mWv 1.1.2005 durch G v. 27.12.2004 (BGBl. I S. 3846); Abs. 2 Satz 2 neu gef., Abs. 3 Satz 2 HS 2 angef. mWv 6.9.2007 durch G v. 3.9.2007 (BGBl. I S. 2178); Abs. 2 Satz 1 geänd. mWv 17.6.2016 durch G v. 31.3.2016 (BGBl. I S. 518).

Achter Teil. EU- und EWR-Abschlussprüfungsgesellschaften[1)]

§ 131[1) · 2)] Prüfungstätigkeit von EU- und EWR-Abschlussprüfungsgesellschaften. [1]Eine EU- oder EWR-Abschlussprüfungsgesellschaft darf unter der Berufsbezeichnung ihres Herkunftsstaats Abschlussprüfungen nach § 316 des Handelsgesetzbuchs durchführen, wenn der für die jeweilige Prüfung verantwortliche Prüfungspartner im Sinne des § 43 Absatz 3 Satz 3 und 4 gemäß den Vorgaben des Zweiten Abschnitts des Zweiten Teils oder dem Neunten Teil zugelassen ist. [2]Entsprechendes gilt für sonstige Tätigkeiten nach § 2 Absatz 1 und 3 und Aufgaben, die Wirtschaftsprüfern oder Buchprüfern vorbehalten sind. [3]Die EU- oder EWR-Abschlussprüfungsgesellschaft ist verpflichtet, sich nach § 131a registrieren zu lassen; soweit Abschlussprüfungen nach § 316 des Handelsgesetzbuchs durchgeführt werden, ist sie auch verpflichtet, ihre Tätigkeit nach § 57a Absatz 1 Satz 2 anzuzeigen.

§ 131a[1)] Registrierungsverfahren. [1]EU- und EWR-Abschlussprüfungsgesellschaften, die nach § 131 tätig werden wollen, haben der Wirtschaftsprüferkammer zum Zwecke ihrer Registrierung die in § 38 Nummer 4 in Verbindung mit den Nummern 2 und 3 genannten Angaben mitzuteilen sowie eine Bescheinigung der zuständigen Stelle des Herkunftsstaats über ihre dortige Zulassung und Registrierung vorzulegen. [2]Die Bescheinigung darf nicht älter als drei Monate sein. [3]Die Wirtschaftsprüferkammer erkundigt sich bei der zuständigen Stelle des Herkunftsstaats, ob die Abschlussprüfungsgesellschaft dort zugelassen und registriert ist. [4]Die Wirtschaftsprüferkammer informiert die zuständige Stelle des Herkunftsstaats über die Eintragung nach § 38 Nummer 4.

§ 131b[1)] Überwachung der EU- und EWR-Abschlussprüfungsgesellschaften. [1]Soweit nichts anderes geregelt ist, unterliegen EU- und EWR-Abschlussprüfungsgesellschaften im Hinblick auf ihre Tätigkeiten nach § 131 Satz 1 und 2 den Vorschriften dieses Gesetzes, insbesondere denjenigen der Berufsaufsicht (§§ 61a bis 71) und der Berufsgerichtsbarkeit (§§ 71a bis 127). [2]Hinsichtlich der Inspektionen und der sonstigen Qualitätssicherungsprüfungen im Sinne des Artikels 29 der Richtlinie 2006/43/EG unterliegen sie der Aufsicht des Herkunftsstaats. [3]Die Abschlussprüferaufsichtsstelle arbeitet nach § 66c mit den zuständigen Stellen der Herkunftsstaaten und gegebenenfalls anderer Aufnahmestaaten zusammen.

§§ 131c bis 131f. (weggefallen)

---

1) 8. Teil (§§ 131 bis 131b neu gef. mWv 17.6.2016 durch G v. 31.3.2016 (BGBl. I S. 518).
2) § 131 Satz 1 geänd. mWv 1.7.2021 durch G v. 3.6.2021 (BGBl. I S. 1534).

Neunter Teil. Eignungsprüfung als Wirtschaftsprüfer[1)]

§ 131g[2) · 3)] Zulassung zur Eignungsprüfung als Wirtschaftsprüfer.

(1) Eine Person, die in einem Mitgliedstaat oder in einem anderen Vertragsstaat des Abkommens über den Europäischen Wirtschaftsraum oder der Schweiz außerhalb des Geltungsbereichs dieses Gesetzes als Abschlussprüfer zugelassen ist, kann abweichend von den Vorschriften des Ersten und Zweiten Abschnitts des Zweiten Teils als Wirtschaftsprüfer bestellt werden, wenn sie eine Eignungsprüfung als Wirtschaftsprüfer abgelegt hat.

(2) [1]Über die Zulassung zur Eignungsprüfung entscheidet die Prüfungsstelle; der Antrag ist schriftlich oder elektronisch einzureichen. [2]Die §§ 13 bis 13b finden entsprechende Anwendung.

§ 131h[4)] Eignungsprüfung als Wirtschaftsprüfer. (1) Bewerber und Bewerberinnen, die zugelassen worden sind, legen die Eignungsprüfung vor der Prüfungskommission ab.

(2) [1]Bei der Eignungsprüfung wird überprüft, ob der Bewerber oder die Bewerberin über angemessene Kenntnisse der für die Abschlussprüfung relevanten Rechtsvorschriften der Bundesrepublik Deutschland verfügt. [2]Die Eignungsprüfung muss dem Umstand Rechnung tragen, dass der Bewerber oder die Bewerberin in einem Mitgliedstaat der Europäischen Union oder in einem anderen Vertragsstaat des Abkommens über den Europäischen Wirtschaftsraum oder in der Schweiz über die beruflichen Voraussetzungen verfügt, die für die

---

1) Überschrift geänd. mWv 1.1.2004 durch G v. 1.12.2003 (BGBl. I S. 2446); bish. 8. Teil wird 9. Teil mWv 1.1.2005 durch G v. 27.12.2004 (BGBl. I S. 3846).

2) § 131g Abs. 3 Satz 7 geänd. mWv 1.1.2002 durch G v. 19.12.2000 (BGBl. I S. 1769); Abs. 3 Satz 2 geänd. mWv 1.2.2003 durch G v. 21.8.2002 (BGBl. I S. 3322); Abs. 1 und Abs. 2 Satz 2 geänd. mWv 1.11.2003 durch G v. 26.10.2003 (BGBl. I S. 2074); Abs. 3 neu gef. mWv 1.1.2004 durch G v. 1.12.2003 (BGBl. I S. 2446); Abs. 1 und 2 Satz 2 geänd. mWv 6.9.2007 durch G v. 3.9.2007 (BGBl. I S. 2178); Abs. 1 Satz 1 und Abs. 2 Satz 2 geänd. mWv 29.5.2009 durch G v. 25.5.2009 (BGBl. I S. 1102); Abs. 1 geänd. mWv 1.4.2012 durch G v. 6.12.2011 (BGBl. I S. 2515); Abs. 1 geänd., Abs. 2 aufgeh., bish. Abs. 3 wird Abs. 2 und Satz 1 geänd. mWv 17.6.2016 durch G v. 31.3.2016 (BGBl. I S. 518).

3) Siehe dazu auch Art. 115 Nr. 7 des ÄndG v. 27.4.1993:

„7. Artikel 50 Nr. 3 Buchstabe a [= Änderungen des § 131g Abs. 1] ist auf in der Schweiz, Liechtenstein, Finnland, Island, Norwegen, Österreich oder Schweden ausgestellte Diplome im Sinne von § 131g Abs. 1 und 2 der Wirtschaftsprüferordnung mit Beginn des Tages anwendbar, an dem der jeweilige Vertragsstaat die Achte Richtlinie 84/253/EWG des Rates vom 10. April 1984 auf Grund von Artikel 54 Abs. 3 Buchstabe g des Vertrages über die *Zulassung der mit der Pflichtprüfung der Rechnungslegungsunterlagen beauftragten Personen* vollständig durchgeführt hat, im Fall der Schweiz und Liechtensteins spätestens am 1. Januar 1996, im Fall von Finnland, Island, Norwegen, Österreich und Schweden spätestens am 1. Januar 1995. Der Bundesminister für Wirtschaft gibt diesen Tag jeweils im Bundesgesetzblatt bekannt.“

4) § 131h Abs. 4 angef. mWv 1.1.1995 durch G v. 15.7.1994 (BGBl I S. 1569); Abs. 2 Satz 2 geänd. mWv 1.11.2003 durch G v. 26.10.2003 (BGBl. I S. 2074); Abs. 1 neu gef., Abs. 4 aufgeh.. mWv 1.1.2004 durch G v. 1.12.2003 (BGBl. I S. 2446); Abs. 2 Satz 2 neu gef. mWv 6.9.2007 durch G v. 3.9.2007 (BGBl. I S. 2178); Abs. 1 geänd., Abs. 2 Satz 1 neu gef. mWv 17.6.2016 durch G v. 31.3.2016 (BGBl. I S. 518).

Zulassung zur Pflichtprüfung von Jahresabschlüssen und anderer Rechnungsunterlagen in diesem Staat erforderlich sind.

(3) [1]Die Prüfung gliedert sich in eine schriftliche und eine mündliche Prüfung. [2]Sie wird in deutscher Sprache abgelegt. [3]Prüfungsgebiete sind durch Rechtsverordnung näher zu bestimmende Bereiche des Wirtschaftlichen Prüfungswesens (rechtliche Vorschriften), des Wirtschaftsrechts, des Steuerrechts und das Berufsrecht der Wirtschaftsprüfer.

§ 131i[1)] Anwendung des Berufsqualifikationsfeststellungsgesetzes. Das Berufsqualifikationsfeststellungsgesetz findet mit Ausnahme des § 17 keine Anwendung.

§ 131j.[2)] (weggefallen)

§ 131k[3)] Bestellung. Auf die Bestellung der Personen, die die Prüfung nach § 131h bestanden haben, als Wirtschaftsprüfer findet der Dritte Abschnitt des Zweiten Teils entsprechende Anwendung.

§ 131l[4)] Verordnungsermächtigung. [1]Das Bundesministerium für Wirtschaft und Energie wird ermächtigt, durch Rechtsverordnung für die Prüfung nach § 131h Bestimmungen zu erlassen über die Zusammensetzung der Prüfungskommission und die Berufung ihrer Mitglieder, die Einzelheiten der Prüfung, der Prüfungsgebiete und des Prüfungsverfahrens, insbesondere über die in § 14 bezeichneten Angelegenheiten, den Erlass von Prüfungsleistungen sowie die Zulassung zur Eignungsprüfung von Bewerbenden, welche die Voraussetzungen des Artikels 13 Absatz 2 der Richtlinie 2005/36/EG in der jeweils geltenden Fassung erfüllen. [2]Die Rechtsverordnung bedarf nicht der Zustimmung des Bundesrates.

§ 131m[5)] Bescheinigungen des Herkunftsmitgliedstaats. Soweit es für die Entscheidung über die Bestellung als Wirtschaftsprüfer der Vorlage oder Anforderung von

1. Bescheinigungen oder Urkunden darüber, daß keine schwerwiegenden beruflichen Verfehlungen, Straftaten oder sonstige, die Eignung des Bewerbers für den Beruf des Wirtschaftsprüfers in Frage stellende Umstände bekannt sind,

---

[1)] § 131i eingef. mWv 1.4.2012 durch G v. 6.12.2011 (BGBl. I S. 2515).

[2)] § 131j aufgeh. mWv 1.1.2004 durch G v. 1.12.2003 (BGBl. I S. 2446).

[3)] § 131k Satz 2 geänd. sowie Satz 3 angef. mWv 1.1.1995 durch G v. 15.7.1994 (BGBl. I S. 1569); Satz 2 geänd. mWv 1.1.2001 durch G v. 19.12.2000 (BGBl. I S. 1769); Satz 1 geänd. mWv 1.1.2004 durch G v. 1.12.2003 (BGBl. I S. 2446); Sätze 2 und 3 aufgeh., bish. Satz 1 wird alleiniger Wortlaut mWv 6.9.2007 durch G v. 3.9.2007 (BGBl. I S. 2178).

[4)] § 131l neu gef. mWv 1.1.2004 durch G v. 1.12.2003 (BGBl. I S. 2446; Satz 1 geänd. mWv 8.11.2006 durch VO v. 31.10.2006 (BGBl. I S. 2407); Satz 1 geänd. mWv 8.9.2015 durch VO v. 31.8.2015 (BGBl. I S. 1474); Satz 1 geänd. mWv 17.6.2016 durch G v. 31.3.2016 (BGBl. I S. 518); Satz 1 geänd. mWv 30.7.2020 durch G v. 19.6.2020 (BGBl. I S. 1403).

[5)] § 131m geänd. mWv 1.1.2004 durch G v. 1.12.2003 (BGBl. I S. 2446); Überschrift und abschl. Satzteil geänd. mWv 17.6.2016 durch G v. 31.3.2016 (BGBl. I S. 518).

2. Bescheinigungen oder Urkunden darüber, daß sich der Bewerber nicht im Konkurs befindet,
3. Bescheinigungen über die körperliche oder geistige Gesundheit,
4. Führungszeugnissen

des Herkunftsmitgliedstaats bedarf, genügt eine Bescheinigung oder Urkunde im Sinne des Artikels 50 Absatz 1 in Verbindung mit Anhang VII Nummer 1 Buchstabe d und e der Richtlinie 2005/36/EG.

Zehnter Teil. Straf- und Bußgeldvorschriften[1)]

§ 132[2)] Verbot verwechslungsfähiger Berufsbezeichnungen; Siegelimitate. (1) Untersagt ist

1. das Führen der Berufsbezeichnung „Buchprüfer", „Bücherrevisor" oder „Wirtschaftstreuhänder" oder
2. das nach dem Recht eines anderen Staates berechtigte Führen der Berufsbezeichnungen „Wirtschaftsprüfer", „Wirtschaftsprüferin", „vereidigter Buchprüfer" oder „vereidigte Buchprüferin", ohne dass der andere Staat angegeben wird.

(2) Siegel dürfen nur im geschäftlichen Verkehr verwendet werden, wenn sie den Bestimmungen über die Gestaltung des Siegels nach Maßgabe der Berufssatzung nach § 48 Abs. 2 entsprechen.

(3) Ordnungswidrig handelt, wer

1. entgegen Absatz 1 Nr. 1 oder 2 eine Berufsbezeichnung führt oder
2. entgegen Absatz 2 ein Siegel verwendet.

(4) Die Ordnungswidrigkeit kann mit einer Geldbuße bis zu 5000 Euro geahndet werden.

§ 133[3)] Schutz der Bezeichnung „Wirtschaftsprüfungsgesellschaft" und „Buchprüfungsgesellschaft". (1) Ordnungswidrig handelt, wer die Bezeichnung „Wirtschaftsprüfungsgesellschaft" oder „Buchprüfungsgesellschaft" oder eine einer solchen zum Verwechseln ähnliche Bezeichnung für eine Gesellschaft gebraucht, obwohl diese nicht als solche anerkannt ist.

(2) Die Ordnungswidrigkeit kann mit einer Geldbuße bis zu 10 000 Euro geahndet werden.

---

1) 9. Teil Überschrift geänd. mWv 1.1.2001 durch G v. 19.12.2000 (BGBl. I S. 1769); bish. 9. Teil wird 10. Teil mWv 1.1.2005 durch G v. 27.12.2004 (BGBl. I S. 3846).

2) § 132 neu gef. mWv 6.9.2007 durch G v. 3.9.2007 (BGBl. I S. 2178); Abs. 4 Satz 2 aufgeh. mWv 9.12.2010 durch G v. 2.12.2010 (BGBl. I S. 1746).

3) § 133 Abs. 1 neu gef. sowie Abs. 2 geänd. mWv 1.1.1995 durch G v. 15.7.1994 (BGBl. I S. 1569); Abs. 2 Satz 1 geänd., Abs. 3 angef. mWv 1.1.2002 durch G v. 19.12.2000 (BGBl. I S. 1769); Abs. 3 neu gef. mWv 1.1.2004 durch G v. 1.12.2003 (BGBl. I S. 2446); Abs. 2 Satz 2 angef., Abs. 3 aufgeh. mWv 29.5.2009 durch G v. 25.5.2009 (BGBl. I S. 1102); Abs. 2 Satz 2 aufgeh. mWv 9.12.2010 durch G v. 2.12.2010 (BGBl. I S. 1746).

§ 133a[1)] Unbefugte Ausübung einer Führungsposition bei dem geprüften Unternehmen. (1) Ordnungswidrig handelt, wer entgegen § 43 Abs. 3 eine wichtige Führungsposition ausübt.

(2) Die Ordnungswidrigkeit kann mit einer Geldbuße bis zu fünfzigtausend Euro geahndet werden.

§ 133b[2)] Unbefugte Verwertung fremder Betriebs- oder Geschäftsgeheimnisse. (1) Mit Freiheitsstrafe bis zu zwei Jahren oder mit Geldstrafe wird bestraft, wer entgegen § 66b Abs. 2 ein fremdes Geheimnis verwertet.

(2) Die Tat wird nur auf Antrag verfolgt.

§ 133c[3)] Unbefugte Offenbarung fremder Betriebs- oder Geschäftsgeheimnisse. (1) Mit Freiheitsstrafe bis zu einem Jahr oder mit Geldstrafe wird bestraft, wer entgegen § 66b Abs. 2 ein fremdes Geheimnis offenbart.

(2) Handelt der Täter gegen Entgelt oder in der Absicht, sich oder einen anderen zu bereichern oder einen anderen zu schädigen, ist die Strafe Freiheitsstrafe bis zu zwei Jahren oder Geldstrafe.

(3) Die Tat wird nur auf Antrag verfolgt.

§ 133d[4)] Verwaltungsbehörde. [1]Verwaltungsbehörde im Sinne des § 36 Absatz 1 Nummer 1 des Gesetzes über Ordnungswidrigkeiten ist für Ordnungswidrigkeiten nach § 132 Absatz 3, § 133 Absatz 1 und § 133a Absatz 1 die Wirtschaftsprüferkammer. [2]Das Gleiche gilt für durch Mitglieder der Wirtschaftsprüferkammer im Sinne des § 58 Absatz 1 Satz 1 begangene Ordnungswidrigkeiten nach § 56 des Geldwäschegesetzes und nach § 6 der Dienstleistungs-Informationspflichten-Verordnung.

§ 133e[5)] Verwendung der Geldbußen. (1) Die Geldbußen fließen in den Fällen von § 132 Absatz 3, § 133 Absatz 1, § 133a Absatz 1 sowie § 56 des Geldwäschegesetzes und § 6 der Dienstleistungs-Informationspflichten-Verordnung in die Kasse der Verwaltungsbehörde, die den Bußgeldbescheid erlassen hat.

(2) [1]Die nach Absatz 1 zuständige Kasse trägt abweichend von § 105 Absatz 2 des Gesetzes über Ordnungswidrigkeiten die notwendigen Auslagen. [2]Sie ist auch ersatzpflichtig im Sinne des § 110 Absatz 4 des Gesetzes über Ordnungswidrigkeiten.

[1)] § 133a eingef. mWv 29.5.2009 durch G v. 25.5.2009 (BGBl. I S. 1102); Abs. 2 Satz 2 aufgeh. mWv 9.12.2010 durch G v. 2.12.2010 (BGBl. I S. 1746).

[2)] Bish. § 133a wird § 133b mWv 29.5.2009 durch G v. 25.5.2009 (BGBl. I S. 1102).

[3)] Bish. § 133b wird § 133c mWv 29.5.2009 durch G v. 25.5.2009 (BGBl. I S. 1102).

[4)] § 133d neu gef. mWv 9.12.2010 durch G v. 2.12.2010 (BGBl. I S. 1746); Satz 2 Verweis geänd. mWv 26.6.2017 durch G v. 23.6.2017 (BGBl. I S. 1822).

[5)] § 133e eingef. mWv 9.12.2010 durch G v. 2.12.2010 (BGBl. I S. 1746); Abs. 1 Verweis geänd. mWv 26.6.2017 durch G v. 23.6.2017 (BGBl. I S. 1822).

Elfter Teil. Übergangs- und Schlussvorschriften[1)]

§ 134[2)] Anwendung von Vorschriften dieses Gesetzes auf Abschlussprüfer, Abschlussprüferinnen und Abschlussprüfungsgesellschaften aus Drittstaaten. (1) [1] Abschlussprüfer, Abschlussprüferinnen und Abschlussprüfungsgesellschaften aus Drittstaaten, bei denen keine Bestellung oder Anerkennung nach diesem Gesetz oder dem Recht eines anderen Mitgliedstaats der Europäischen Union oder eines anderen Vertragsstaats des Abkommens über den Europäischen Wirtschaftsraum vorliegt (Drittstaatsprüfer und Drittstaatsprüfungsgesellschaften), sind verpflichtet, sich nach den Vorschriften des Siebten Abschnitts des Zweiten Teils eintragen zu lassen, wenn sie beabsichtigen, den Bestätigungsvermerk für einen gesetzlich vorgeschriebenen Jahresabschluss oder Konzernabschluss einer Gesellschaft mit Sitz außerhalb der Europäischen Union und des Europäischen Wirtschaftsraums zu erteilen, deren übertragbare Wertpapiere zum Handel an einem geregelten Markt im Sinne von Artikel 4 Absatz 1 Nummer 14 der Richtlinie 2004/39/EG des Europäischen Parlaments und des Rates vom 21. April 2004 über Märkte für Finanzinstrumente, zur Änderung der Richtlinien 85/611/EWG und 93/6/EWG des Rates und der Richtlinie 2000/12/EG des Europäischen Parlaments und des Rates und zur Aufhebung der Richtlinie 93/22/EWG des Rates (ABl. L 145 vom 30.4.2004, S. 1) in der jeweils geltenden Fassung in Deutschland zugelassen sind. [2] Die Pflicht, sich eintragen zu lassen, gilt nicht bei Bestätigungsvermerken für Gesellschaften, die ausschließlich zum Handel an einem geregelten Markt eines Mitgliedstaats der Europäischen Union zugelassene Schuldtitel im Sinne des Artikels 2 Absatz 1 Buchstabe b der Richtlinie 2004/109/EG des Europäischen Parlaments und des Rates vom 15. Dezember 2004 zur Harmonisierung der Transparenzanforderungen in Bezug auf Informationen über Emittenten, deren Wertpapiere zum Handel auf einem geregelten Markt zugelassen sind, und zur Änderung der Richtlinie 2001/34/EG (ABl. L 390 vom 31.12.2004, S. 38) in der jeweils geltenden Fassung begeben, wenn diese Schuldtitel

1. eine Mindeststückelung zu je 100 000 Euro oder einen am Ausgabetag entsprechenden Gegenwert einer anderen Währung aufweisen oder
2. eine Mindeststückelung zu je 50 000 Euro oder einen am Ausgabetag entsprechenden Gegenwert einer anderen Währung aufweisen und vor dem 31. Dezember 2010 begeben worden sind.

(2) [1] Drittstaatsprüfungsgesellschaften können nur eingetragen werden, wenn

1. sie die Voraussetzungen erfüllen, die denen des Fünften Abschnitts des Zweiten Teils gleichwertig sind,

---

[1)] Bish. 10. Teil wird 11. Teil mWv 1.1.2005 durch G v. 27.12.2004 (BGBl. I S. 3846).

[2)] § 134 neu eingef. mWv 6.9.2007 durch G v. 3.9.2007 (BGBl. I S. 2178); Abs. 2a eingef., Abs. 4 neu gef. mWv 29.5.2009 durch G v. 25.5.2009 (BGBl. I S. 1102); Abs. 4 Sätze 3, 5 und 6 geänd. mWv 8.9.2015 durch VO v. 31.8.2015 (BGBl. I S. 1474); Abs. 1 und 3 Satz 1 neu gef., Abs. 2 Satz 2 angef., Satz 1 einl. Satzteil und Nr. 4 geänd., Abs. 3 Sätze 2 und 3, Abs. 4 Sätze 1, 4, 7 und 8 geänd. mWv 17.6.2016 durch G v. 31.3.2016 (BGBl. I S. 518).

2. die Person, welche die Prüfung im Namen der Drittstaatsprüfungsgesellschaft durchführt, diejenigen Voraussetzungen erfüllt, die denen des Ersten Abschnitts des Zweiten Teils gleichwertig sind,
3. die Prüfungen nach den internationalen Prüfungsstandards und den Anforderungen an die Unabhängigkeit oder nach gleichwertigen Standards und Anforderungen durchgeführt werden und
4. sie auf ihrer Website einen jährlichen Transparenzbericht veröffentlichen, der die in Artikel 13 der Verordnung (EU) Nr. 537/2014 genannten Informationen enthält, oder sie gleichwertige Bekanntmachungsanforderungen erfüllen.

[2]Entsprechendes gilt für Drittstaatsprüfer, wenn die Voraussetzungen entsprechend Absatz 1 und den Nummern 2 bis 4 vorliegen.

(2a) Liegen die Voraussetzungen des Absatzes 1 und 2 vor, erteilt die Wirtschaftsprüferkammer dem eingetragenen Abschlussprüfer, der Abschlussprüferin oder der Abschlussprüfungsgesellschaft eine Eintragungsbescheinigung.

(3) [1]Die nach den Absätzen 1 und 2 eingetragenen Drittstaatsprüfer und Drittstaatsprüfungsgesellschaften unterliegen im Hinblick auf ihre Tätigkeit nach Absatz 1 den Vorschriften der Qualitätskontrolle (§§ 57a bis 57g), der Berufsaufsicht (§§ 61a bis 71) sowie der Berufsgerichtsbarkeit (§§ 71a bis 127). [2]Von der Durchführung einer Qualitätskontrolle kann abgesehen werden, wenn in einem anderen Mitgliedstaat der Europäischen Union in den vorausgegangenen drei Jahren bereits eine Qualitätskontrolle bei dem Drittstaatsprüfer oder bei der Drittstaatsprüfungsgesellschaft durchgeführt worden ist. [3]Satz 2 gilt entsprechend, wenn in einem Drittstaat in den vorangegangenen drei Jahren bereits eine Qualitätskontrolle bei dem Drittstaatsprüfer oder bei der Drittstaatsprüfungsgesellschaft durchgeführt worden ist, wenn die dortige Qualitätskontrolle aufgrund der Bewertung gemäß Absatz 4 als gleichwertig anerkannt wurde.

(4) [1]Von der Eintragung und deren Folgen nach Absatz 3 ist auf der Grundlage der Gegenseitigkeit abzusehen, wenn die in Absatz 1 Satz 1 genannten Personen und Gesellschaften in ihrem jeweiligen Drittstaat einer öffentlichen Aufsicht, einer Qualitätskontrolle sowie einer Berufsaufsicht unterliegen, die Anforderungen erfüllen, welche denen der in Absatz 3 genannten Vorschriften gleichwertig sind oder wenn die Europäische Kommission dies für eine Übergangsfrist nach Artikel 46 Abs. 2 Satz 5 der Richtlinie 2006/43/EG vorsieht. [2]Die in Satz 1 genannte Gleichwertigkeit wird von der Kommission der Europäischen Gemeinschaften in Zusammenarbeit mit den Mitgliedstaaten bewertet und festgestellt. [3]Solange die Kommission der Europäischen Gemeinschaften noch keine Übergangsentscheidung nach Satz 1 oder Feststellung nach Satz 2 getroffen hat, kann das Bundesministerium für Wirtschaft und Energie die Gleichwertigkeit selbst bewerten und feststellen. [4]Es wird bei der Bewertung die Bewertungen und Feststellungen anderer Mitgliedstaaten sowie diejenigen Kriterien berücksichtigen, die die Europäische Kommission auf der Grundlage des Artikels 46 Absatz 2 Unterabsatz 2 der Richtlinie 2006/43/EG in delegierten Rechtsakten bestimmt. [5]Trifft das Bundesministerium für Wirtschaft und Energie eine solche Feststellung, macht es diese durch Veröffent-

lichung im Bundesanzeiger bekannt. [6]Lehnt das Bundesministerium für Wirtschaft und Energie die Gleichwertigkeit im Sinn des Satzes 1 ab, kann es den in Absatz 1 Satz 1 genannten Personen und Gesellschaften für einen angemessenen Übergangszeitraum die Fortführung ihrer Prüfungstätigkeit im Einklang mit den einschlägigen deutschen Vorschriften gestatten. [7]Die Feststellung und die Ablehnung der Gleichwertigkeit wird der Abschlussprüferaufsichtsstelle mitgeteilt, damit sie diese Entscheidung gemäß § 66c Abs. 6 berücksichtigen kann. [8]Erfolgt nach Maßgabe dieses Absatzes keine Eintragung gemäß Absatz 1, so bestätigt die Wirtschaftsprüferkammer dies dem Abschlussprüfer, der Abschlussprüferin oder der Abschlussprüfungsgesellschaft auf Antrag schriftlich oder elektronisch.

(5) Liegen die Voraussetzungen einer Eintragung im Sinne der Absätze 1 und 2 nicht mehr vor, erfolgt eine Löschung der Eintragung von Amts wegen.

§ 134a[1)] Übergangsregelung. (1) [1]Wirtschaftsprüfer und vereidigte Buchprüfer, die am 31. Dezember 1989 bestellt sind, behalten ihre Bestellung, auch wenn sie die Voraussetzungen der am 1. Januar 1990 in Kraft tretenden Vorschriften des Artikels 6 des Bilanzrichtlinien-Gesetzes vom 19. Dezember 1985 (BGBl. I S. 2355) nicht erfüllen. [2]Entsprechendes gilt für Wirtschaftsprüfungsgesellschaften und Buchprüfungsgesellschaften, die am 31. Dezember 1989 anerkannt sind. [3]Die Anerkennung einer Wirtschaftsprüfungsgesellschaft und einer Buchprüfungsgesellschaft ist jedoch zu widerrufen, wenn sie nach dem 31. Dezember 1994 die Voraussetzungen des § 28 Abs. 2 und 3 in der ab 1. Januar 1990 geltenden Fassung nicht erfüllt.

(2) [1]Wirtschaftsprüfungsgesellschaften und Buchprüfungsgesellschaften, die im Zeitpunkt des Inkrafttretens des Artikels 6 Nr. 6 Buchstabe b des Bilanzrichtlinien-Gesetzes anerkannt sind, bleiben anerkannt. [2]Die Anerkennung einer solchen Wirtschaftsprüfungsgesellschaft oder Buchprüfungsgesellschaft ist von der Wirtschaftsprüferkammer zu widerrufen, wenn nach dem 31. Dezember 1987 bei der Wirtschaftsprüfungsgesellschaft oder Buchprüfungsgesellschaft der Bestand der Gesellschafter oder das Verhältnis ihrer Beteiligungen oder Stimmrechte durch Rechtsgeschäft oder auf Grund Erbfalls verändert und dabei § 28 Abs. 4 nicht beachtet wird. [3]§ 34 Abs. 1 Nr. 2 ist entsprechend anzuwenden.

§ 135[2)] Übergangsvorschrift zum Finanzmarktintegritätsstärkungsgesetz. [1]§ 43 Absatz 6 Satz 2 und § 54 in der ab dem 1. Juli 2021 geltenden

---

[1)] § 134a Abs. 5 Satz 2 und 4 geänd. sowie Abs. 6 angef. mWv 1.1.1995 durch G v. 15.7.1994 (BGBl. I S. 1569); Abs. 3 und 4 aufgeh., bish. Abs. 5 wird Abs. 3, neuer Abs. 3 Satz 2 und 4 geänd., Satz 6 angef., bish. Abs. 6 wird Abs. 4 mWv 1.1.2001 durch G v. 19.12.2000 (BGBl. I S. 1769); Abs. 2 Satz 2 und Abs. 3 Satz 2 geänd. mWv 1.1.2002 durch G v. 19.12.2000 (BGBl. I S. 1769); Abs. 3 und 4 aufgeh. mWv 1.1.2004 durch G v. 1.12.2003 (BGBl. I S. 2446).

[2)] § 135 eingef. durch G v. 3.6.2021 (BGBl. I S. 1534); Satz 1 geänd. durch G v. 25.6.2021 (BGBl. I S. 2154).

Fassung sind erstmals auf alle gesetzlich vorgeschriebenen Abschlussprüfungen für das nach dem 31. Dezember 2021 beginnende Geschäftsjahr anzuwenden. [2]§ 54 in der bis einschließlich 30. Juni 2021 geltenden Fassung ist letztmals anzuwenden auf alle gesetzlich vorgeschriebenen Abschlussprüfungen für das vor dem 1. Januar 2022 beginnende Geschäftsjahr.

§§ 136 bis 139a.[1)] (weggefallen)

§ 139b[2)] **Übergangsregelung für den bis zum 31. Dezember 2003 geltenden § 51a.** (1) Die regelmäßige Verjährungsfrist nach § 195 des Bürgerlichen Gesetzbuchs findet auf die am 1. Januar 2004 bestehenden und noch nicht verjährten Ansprüche des Auftraggebers auf Schadensersatz aus dem zwischen ihm und dem Wirtschaftsprüfer bestehenden Vertragsverhältnis Anwendung.

(2) [1]Die regelmäßige Verjährungsfrist nach § 195 des Bürgerlichen Gesetzbuchs wird vom 1. Januar 2004 an berechnet. [2]Läuft jedoch die bis zu diesem Tag geltende Verjährungsfrist des § 51a früher als die regelmäßige Verjährungsfrist nach § 195 des Bürgerlichen Gesetzbuchs ab, so ist die Verjährung mit dem Ablauf der bis zu diesem Tag geltenden Verjährungsfrist des § 51a vollendet.

§ 140.[3)] (weggefallen)

§ 141[4)] **Inkrafttreten.** (1) Dieses Gesetz tritt am ersten Kalendertage des vierten auf seine Verkündung[5)] folgenden Kalendermonats in Kraft.

(2) Die §§ 14, 48, 54, 131 Abs. 4 treten am Tage der Verkündung in Kraft.

[1)] §§ 136 bis 139a aufgeh. mWv 1.8.2021 durch G v. 25.6.2021 (BGBl. I S. 2154).

[2)] § 139b neu gef. mWv 1.1.2004 durch G v. 1.12.2003 (BGBl. I S. 2446).

[3)] § 140 aufgeh. mWv 17.6.2016 durch G v. 31.3.2016 (BGBl. I S. 518).

[4)] § 141 betrifft das Inkrafttreten des G in der ursprünglichen Fassung. Das Inkrafttreten der späteren Änderungen ergibt sich aus den jeweiligen Änderungsgesetzen.

[5)] Verkündet am 29.7.1961.

Anlage[1)]
(zu § 122 Satz 1)

Gebührenverzeichnis

Nr.	Gebührentatbestand	Gebührenbetrag oder Satz der jeweiligen Gebühr 110 bis 114

Vorbemerkung:

(1) In Verfahren über Anträge auf berufsgerichtliche Entscheidung werden, soweit nichts anderes bestimmt ist, Gebühren nur erhoben, soweit auf Zurückweisung des Antrags auf berufsgerichtliche Entscheidung oder auf Verurteilung zu einer oder mehrerer der in § 68 Abs. 1 und § 68a WPO genannten Maßnahmen entschieden wird. Die Gebühren bemessen sich nach der rechtskräftig verhängten Maßnahme, die Gegenstand der Entscheidung im Sinne des Satzes 1 ist. Maßgeblich ist die Maßnahme, für die die höchste Gebühr bestimmt ist.

(2) Im Rechtsmittelverfahren ist Absatz 1 entsprechend anzuwenden.

(3) Wird ein Antrag auf berufsgerichtliche Entscheidung, ein Antrag auf Entscheidung des Gerichts oder ein Rechtsmittel nur teilweise verworfen oder zurückgewiesen, so hat das Gericht die Gebühr zu ermäßigen, soweit es unbillig wäre, den Berufsangehörigen damit zu belasten.

(4) Im Verfahren nach Wiederaufnahme werden die gleichen Gebühren wie für das wiederaufgenommene Verfahren erhoben. Wird jedoch nach Anordnung der Wiederaufnahme des Verfahrens das frühere Urteil aufgehoben, gilt für die Gebührenerhebung jeder Rechtszug des neuen Verfahrens mit dem jeweiligen Rechtszug des früheren Verfahrens zusammen als ein Rechtszug. Gebühren werden auch für Rechtszüge erhoben, die nur im früheren Verfahren stattgefunden haben.

Abschnitt 1. Verfahren vor dem Landgericht

Unterabschnitt 1. Verfahren über Anträge auf berufsgerichtliche Entscheidung

	Verfahren mit Urteil bei	
110	– Erteilung einer Rüge nach § 68 Abs. 1 Satz 2 Nr. 1 oder einer Feststellung nach § 68 Abs. 1 Satz 2 Nr. 7 WPO jeweils	160,00 EUR
111	– Verhängung einer Geldbuße nach § 68 Abs. 1 Satz 2 Nr. 2 WPO	240,00 EUR

[1)] Anl. neu gef. mWv 17.6.2016 durch G v. 31.3.2016 (BGBl. I S. 518) und geänd. mWv 1.8.2021 (BGBl. I S. 2154).

Nr.	Gebührentatbestand	Gebührenbetrag oder Satz der jeweiligen Gebühr 110 bis 114
112	– Verhängung eines Tätigkeitsverbots nach § 68 Abs. 1 Satz 2 Nr. 3 oder Nr. 4 oder eines Berufsverbots nach § 68 Abs. 1 Satz 2 Nr. 5 WPO jeweils	360,00 EUR
113	– Ausschließung aus dem Beruf nach § 68 Abs. 1 Satz 2 Nr. 6 WPO	480,00 EUR
114	– Erlass einer Untersagungsverfügung nach § 68a WPO	60,00 EUR
115	Zurückweisung des Antrags auf berufsgerichtliche Entscheidung durch Beschluss nach § 86 Abs. 1 WPO	0,5
116	Zurücknahme des Antrags auf berufsgerichtliche Entscheidung vor Beginn der Hauptverhandlung Die Gebühr bemisst sich nach der Maßnahme, die Gegenstand des Verfahrens war. Maßgeblich ist die Maßnahme, für die die höchste Gebühr bestimmt ist.	0,25
117	Zurücknahme des Antrags auf berufsgerichtliche Entscheidung nach Beginn der Hauptverhandlung Die Gebühr bemisst sich nach der Maßnahme, die Gegenstand des Verfahrens war. Maßgeblich ist die Maßnahme, für die die höchste Gebühr bestimmt ist.	0,5

Unterabschnitt 2. Verfahren über Anträge auf Entscheidung des Gerichts

Vorbemerkung 1.2:

(1) Die Gebühren entstehen für jedes Verfahren gesondert.

(2) Ist in den Fällen der Nummern 120 und 123 das Zwangs- oder Ordnungsgeld geringer als die Gebühr, so ermäßigt sich die Gebühr auf die Höhe des Zwangs- oder Ordnungsgeldes.

Nr.	Gebührentatbestand	Gebührenbetrag oder Satz der jeweiligen Gebühr 110 bis 114
120	Verfahren über einen Antrag auf Entscheidung des Gerichts über die Androhung oder die Festsetzung eines Zwangsgeldes nach § 62a Abs. 3 Satz 1 WPO: Der Antrag wird verworfen oder zurückgewiesen	160,00 EUR
121	Verfahren über einen Antrag auf Entscheidung des Gerichts über eine vorläufige Untersagungsverfügung nach § 68b Satz 4 i. V. m. § 62a Abs. 3 Satz 1 WPO: Der Antrag wird verworfen oder zurückgewiesen	100,00 EUR
122	Verfahren über einen Antrag auf Entscheidung des Gerichts über die Verhängung eines Ordnungsgeldes nach § 68c Abs. 2 i. V. m. § 62a Abs. 3 Satz 1 WPO: Der Antrag wird verworfen oder zurückgewiesen	360,00 EUR
123	Verfahren über einen Antrag auf Entscheidung des Gerichts über die Notwendigkeit der Zuziehung eines Bevollmächtigten nach § 68 Abs. 6 Satz 4 WPO: Der Antrag wird verworfen oder zurückgewiesen	100,00 EUR

Nr.	Gebührentatbestand	Gebührenbetrag oder Satz der jeweiligen Gebühr 110 bis 114

Abschnitt 2. Verfahren vor dem Oberlandesgericht

Unterabschnitt 1. Berufung

210	Berufungsverfahren mit Urteil	1,5
211	Erledigung des Berufungsverfahrens ohne Urteil	0,5
	Die Gebühr bemisst sich nach der Maßnahme, die Gegenstand des Verfahrens war. Maßgeblich ist die Maßnahme, für die die höchste Gebühr bestimmt ist. Die Gebühr entfällt bei Zurücknahme der Berufung vor Ablauf der Begründungsfrist.	

Unterabschnitt 2. Beschwerde

220	Verfahren über eine Beschwerde gegen die Verwerfung eines Antrags auf berufsgerichtliche Entscheidung (§ 86 Abs. 1 WPO): Die Beschwerde wird verworfen oder zurückgewiesen	1,0
221	Verfahren über eine Beschwerde gegen den Beschluss, durch den ein vorläufiges Tätigkeits- oder Berufsverbot verhängt wurde, nach § 118 Abs. 1 WPO: Die Beschwerde wird verworfen oder zurückgewiesen	250,00 EUR
222	Verfahren über sonstige Beschwerden im berufsgerichtlichen Verfahren, die nicht nach anderen Vorschriften gebührenfrei sind: Die Beschwerde wird verworfen oder zurückgewiesen	50,00 EUR
	Von dem Berufsangehörigen wird eine Gebühr nur erhoben, wenn gegen ihn rechtskräftig eine der in § 68 Abs. 1 und § 68a WPO genannten Maßnahmen verhängt worden ist.	

Abschnitt 3. Verfahren vor dem Bundesgerichtshof

Unterabschnitt 1. Revision

310	Revisionsverfahren mit Urteil oder mit Beschluss nach *§ 107a Abs. 3 Satz 1* [***ab 1.8.2022:*** § 127][1] WPO i. V. m. § 349 Abs. 2 oder Abs. 4 StPO	2,0
311	Erledigung des Revisionsverfahrens ohne Urteil und ohne Beschluss nach *§ 107a Abs. 3 Satz 1* [***ab 1.8.2022:*** § 127][1] WPO i. V. m. § 349 Abs. 2 oder Abs. 4 StPO	1,0

[1] Verweis geänd. mWv 1.8.2022 durch G v. 7.7.2021 (BGBl. I S. 2363).

Nr.	Gebührentatbestand	Gebührenbetrag oder Satz der jeweiligen Gebühr 110 bis 114
	Die Gebühr bemisst sich nach der Maßnahme, die Gegenstand des Verfahrens war. Maßgeblich ist die Maßnahme, für die die höchste Gebühr bestimmt ist. Die Gebühr entfällt, wenn die Revision vor Ablauf der Begründungsfrist zurückgenommen wird.	
	Unterabschnitt 2. Beschwerde	
320	Verfahren über die Beschwerde gegen die Nichtzulassung der Revision nach § 107 Abs. 3 Satz 1 WPO: Die Beschwerde wird verworfen oder zurückgewiesen	1,0
321	Verfahren über eine Beschwerde gegen den Beschluss, durch den ein vorläufiges Tätigkeits- oder Berufsverbot verhängt wurde, nach § 118 Abs. 1 WPO: Die Beschwerde wird verworfen oder zurückgewiesen	300,00 EUR
322	Verfahren über sonstige Beschwerden im berufsgerichtlichen Verfahren, die nicht nach anderen Vorschriften gebührenfrei sind: Die Beschwerde wird verworfen oder zurückgewiesen Von dem Berufsangehörigen wird eine Gebühr nur erhoben, wenn gegen ihn rechtskräftig eine der in § 68 Abs. 1 und § 68a WPO genannten Maßnahmen verhängt worden ist.	50,00 EUR
	Abschnitt 4. **Rüge wegen Verletzung des Anspruchs auf rechtliches Gehör**	
400	Verfahren über die Rüge wegen Verletzung des Anspruchs auf rechtliches Gehör: Die Rüge wird in vollem Umfang verworfen oder zurückgewiesen	50,00 EUR
	Abschnitt 5. **Verfahren über den Antrag auf Aufhebung eines vorläufigen Tätigkeits- oder Berufsverbots nach § 120 WPO**	
500	Verfahren über den Antrag auf Aufhebung eines vorläufigen Tätigkeits- oder Berufsverbots nach § 120 Abs. 3 Satz 1 WPO: Der Antrag wird in vollem Umfang verworfen oder zurückgewiesen	50,00 EUR

Sachverzeichnis

Stand: September 2021

Die fett gedruckte Ziffer nach dem Stichwort bezeichnet die Nummer innerhalb der Sammlung, die nachfolgende magere Ziffer den Paragraphen bzw. Artikel. Die in Klammer gesetzten Zahlen verweisen auf die Nummern innerhalb der Vorschrift. Der Zusatz „F" verweist auf eine Fußnote.

Für handschriftliche Notizen

Für handschriftliche Notizen

Für handschriftliche Notizen

Für handschriftliche Notizen

Für handschriftliche Notizen

Für handschriftliche Notizen

Für handschriftliche Notizen

Für handschriftliche Notizen

Für handschriftliche Notizen

Für handschriftliche Notizen

Für handschriftliche Notizen

Für handschriftliche Notizen

Für handschriftliche Notizen

Für handschriftliche Notizen

Für handschriftliche Notizen

Für handschriftliche Notizen

Für handschriftliche Notizen

Für handschriftliche Notizen

Für handschriftliche Notizen

Für handschriftliche Notizen

Für handschriftliche Notizen

Für handschriftliche Notizen

Für handschriftliche Notizen